圖一　東漢光武帝畫像（錄自唐閻立本《歷代帝王圖卷》部分）

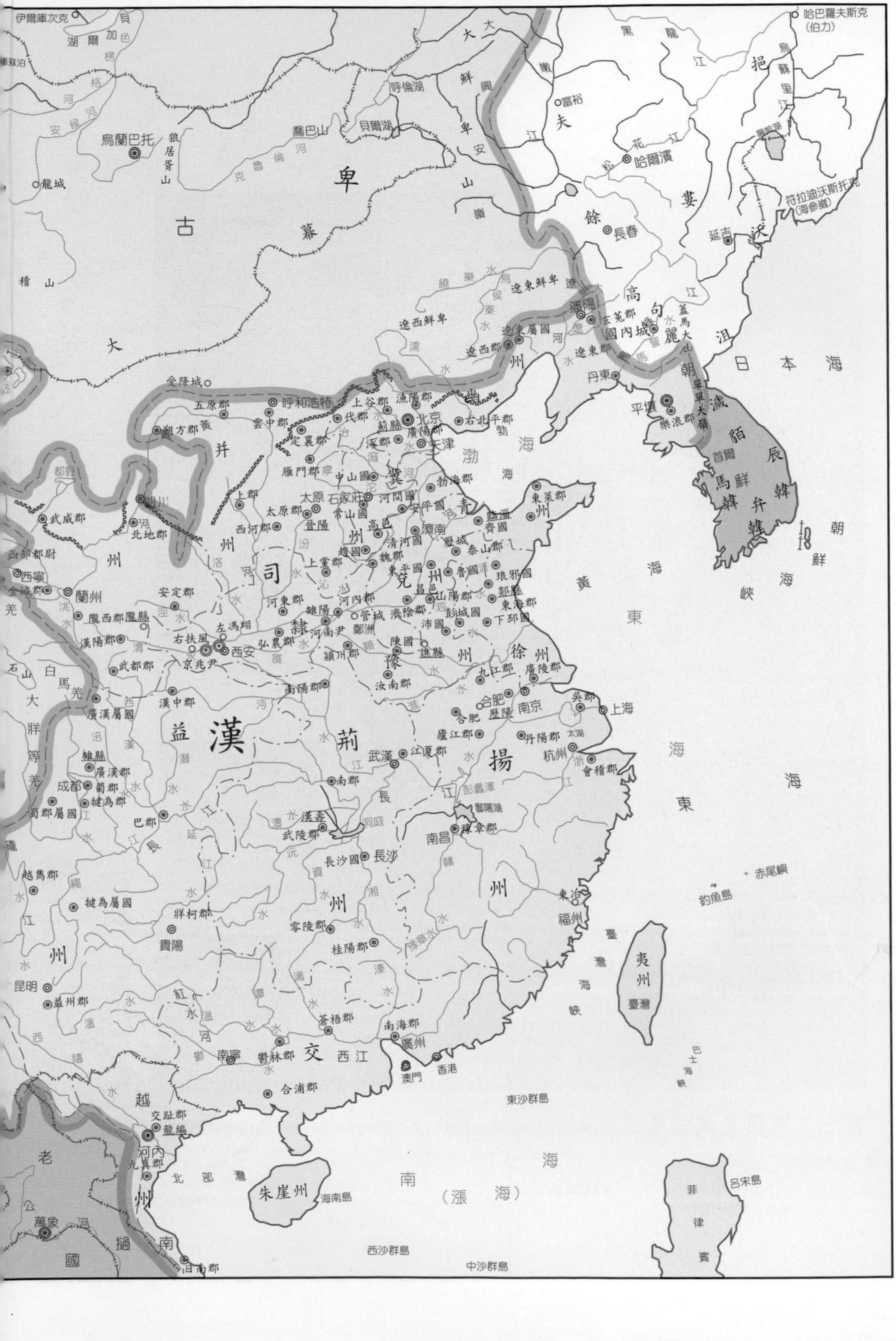

伊爾庫次克
貝加爾湖
色楞格河
安侯河
烏蘭巴托
狼居胥山
龍城
稽山
古
大
呼倫湖
貝爾湖
喬巴山
克魯倫河
鮮卑
大興安嶺
鮮卑山
嫩江
黑龍江
哈巴羅夫斯克（伯力）
烏蘇里江
挹
婁
富裕
夫
餘
松花江
哈爾濱
長春
符拉迪沃斯托克（海參崴）
延吉
沃
沮
高句麗
瀋陽
玄菟郡
國內城
蓋馬大山
遼東鮮卑
遼西鮮卑
饒樂水
烏侯秦水
遼東屬國
遼西郡
遼東郡
丹東
日本海
朝
平壤
樂浪郡
單單大嶺
濊
貊
辰韓
首爾
馬韓
弁韓
朝鮮海峽
受降城
五原郡
呼和浩特
雲中郡
朔方郡
定襄郡
上谷郡
漁陽郡
代郡
北京
薊縣
涿郡
廣陽郡
右北平郡
天津
渤海
雁門郡
中山國
冀州
勃海郡
河間國
安平國
太原
石家莊
常山國
東萊郡
青州
臨淄
齊國
濟南
歷城
泰山郡
琅邪國
東海郡
郯縣
下邳國
上郡
西河郡
太原郡
晉陽
并州
上黨郡
趙國
魏郡
清河國
東平國
兗州
魯國
山陽郡
昌邑
濟陰郡
彭城國
沛國
河東郡
河內郡
雒陽
河南尹
管城
鄭州
陳國
潁川郡
豫州
譙縣
汝南郡
司隸
九江郡
廣陵郡
徐州
黃海
東海
武威郡
北地郡
西部都尉
西寧
金城郡
蘭州
安定郡
隴西郡
隴縣
漢陽郡
右扶風
左馮翊
西安
京兆尹
弘農郡
武都郡
南陽郡
漢中郡
廣漢屬國
益
漢
雒縣
廣漢郡
成都
蜀郡
犍為郡
蜀郡屬國
巴郡
荊州
武漢
江夏郡
南郡
漢壽
武陵郡
洞庭
長沙國
長沙
合肥
歷陽
南京
吳郡
上海
太湖
丹陽郡
廬江郡
揚州
杭州
會稽郡
彭蠡澤
鄱陽湖
南昌
豫章郡
長江
越巂郡
犍為屬國
牂柯郡
貴陽
零陵郡
桂陽郡
東冶
福州
臺灣海峽
夷州
臺灣
赤尾嶼
釣魚島
昆明
益州郡
紅河
西隨
南寧
鬱林郡
交
西江
蒼梧郡
南海郡
廣州
澳門
香港
巴士海峽
東沙群島
合浦郡
越
交趾郡
龍編
河內
九真郡
北部灣
朱崖州
海南島
南海
（漲海）
西沙群島
中沙群島
日南郡
老撾
萬象
國
呂宋島
菲律賓

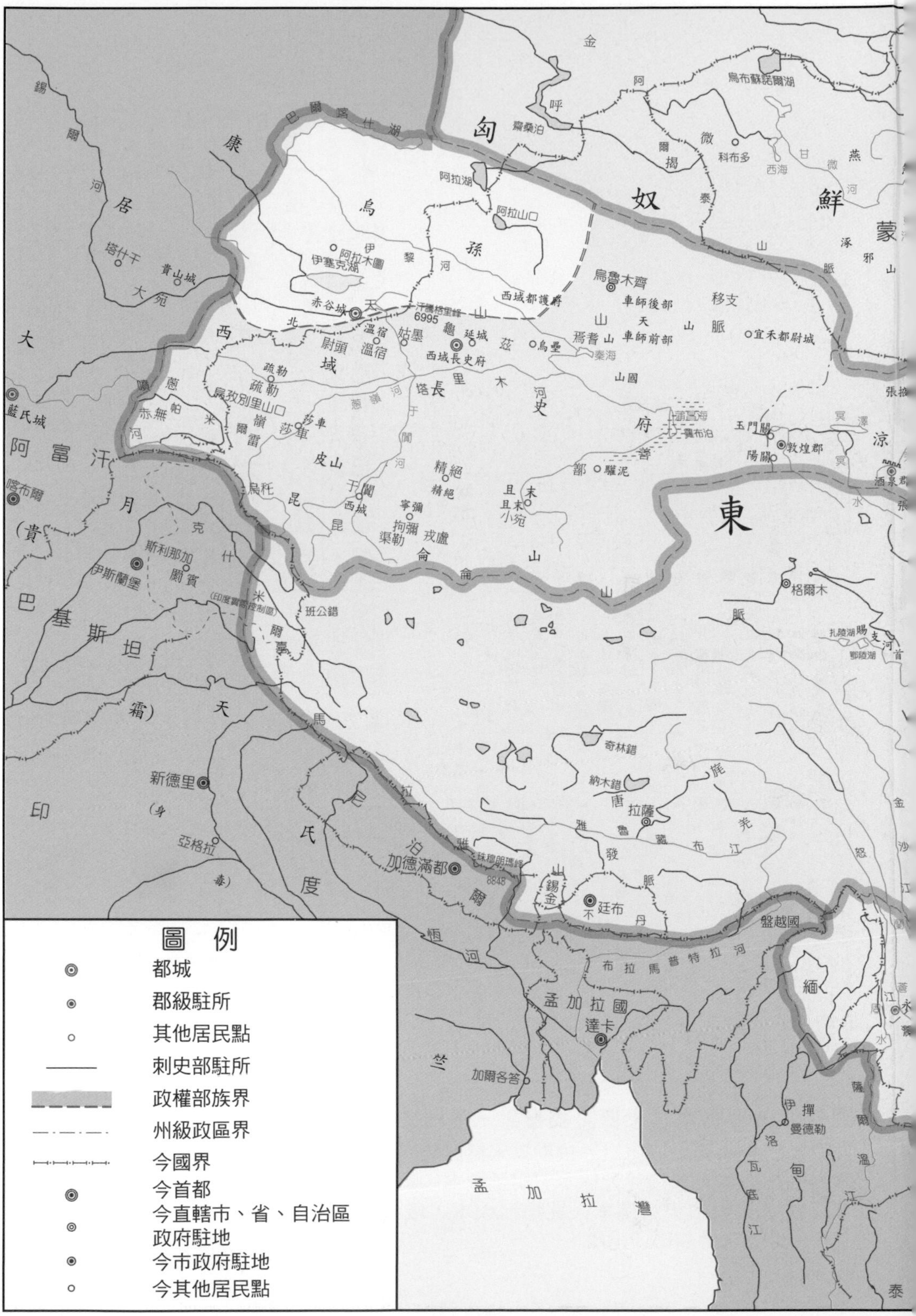
圖例
都城
郡級駐所
其他居民點
刺史部駐所
政權部族界
州級政區界
今國界
今首都
今直轄市、省、自治區政府駐地
今市政府駐地
今其他居民點
匈奴
鮮卑
蒙
東
烏孫
西域
西域都護府
西域長史府
赤谷城
汗騰格里峰 6995
天山
烏魯木齊
車師後部
車師前部
焉耆
宜禾都尉城
移支
龜茲
延城
烏壘
姑墨
溫宿
尉頭
疏勒
莎車
于闐
西城
精絕
且末
小宛
戎盧
拘彌
寧彌
渠勒
皮山
烏秏
昆侖山
塔里木河
玉門關
陽關
敦煌郡
酒泉郡
涼
張掖
格爾木
扎陵湖
鄂陵湖
阿拉湖
阿拉山口
齋桑泊
伊塞克湖
阿拉木圖
巴爾喀什湖
伊犁河
科布多
烏布蘇諾爾湖
康居
塔什干
貴山城
大宛
大月氏
藍氏城
阿富汗
喀布爾
巴基斯坦
伊斯蘭堡
斯利那加
罽賓
(印度實際控制區)
喀喇昆侖山
班公錯
馬
拉
雅
山
新德里
亞格拉
天竺
印度
尼泊爾
加德滿都
珠穆朗瑪峰
8848
奇林錯
納木錯
拉薩
雅魯藏布江
發羌
唐旄
錫金
不丹
廷布
盤越國
布拉馬普特拉河
孟加拉國
達卡
加爾各答
恆河
孟加拉灣
緬甸
曼德勒
伊洛瓦底江
撣
薩爾溫江
泰
金沙江
怒江

圖二　東漢全圖

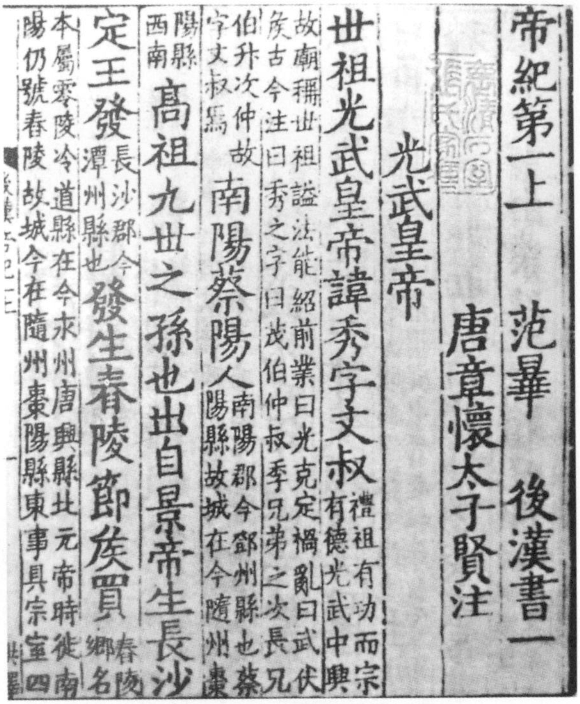

圖三　南宋紹興刊本《後漢書》書影

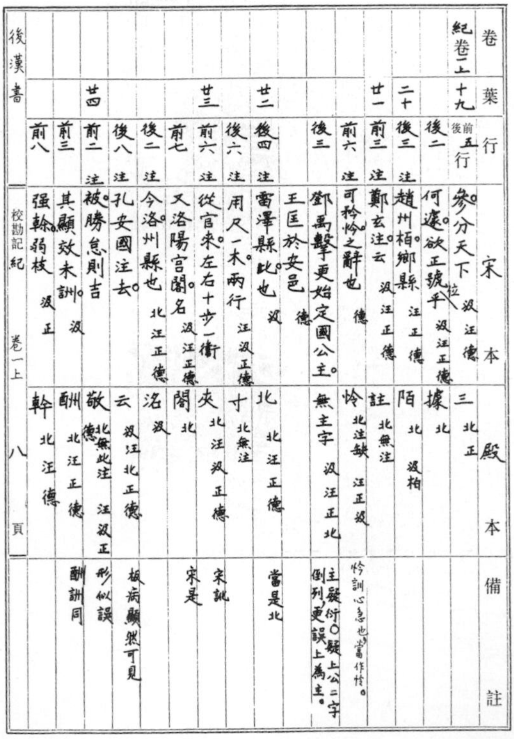

圖四　《百衲本二十四史校勘記－後漢書校勘記》書影

此校勘記是由張元濟審定。校勘以宋紹興監本為底本，主要校本為武英殿本，參校元大德本、明正統本、萬曆北監本、嘉靖汪文盛本、崇禎汲古閣本、孔繼涵校本，後經王紹曾等人整理，由商務印書館影印出版。

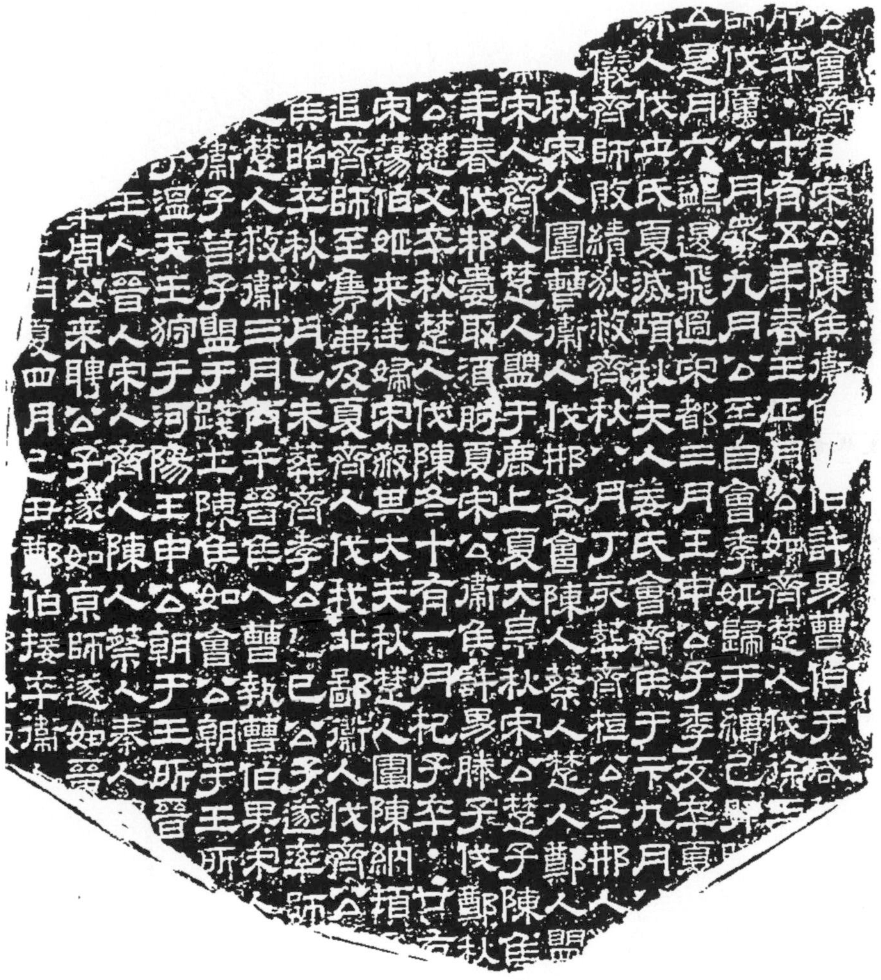

圖五　東漢熹平石經

石經四十八枚，枚高丈許，三十六行，行七十字，毀於董卓之亂。宋以來殘石常出土，此為1934年出土之《公羊傳》。

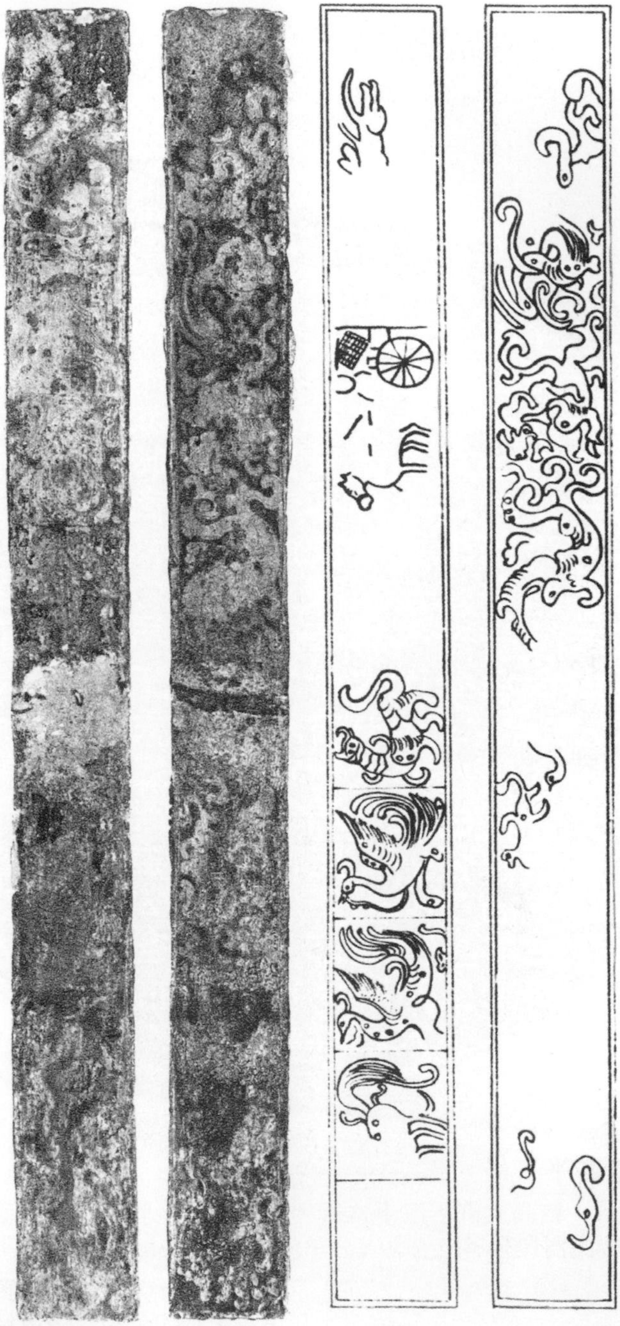

圖六　東漢鎏金銅尺（1956年山東掖縣出土，錄自《中國古代度量衡圖集》）
此銅尺通體鎏金。正面分成兩段，一段分五個寸格，未刻分，格內線刻鳥獸紋飾。東漢一尺，約今24公分。

圖七　東漢光和大司農銅斛（傳1815年河南睢州出土，錄自《中國古代度量衡圖集》）
此銅斛口沿、底沿皆刻相同銘文八十九字：「大司農以戊寅詔書，秋分之日，同度量，均衡石，捔斗桶，正權概，特更為諸州作銅斗、斛、稱、尺。依黃鍾律曆，九章算術，以均長短、輕重、大小，用齊七政，令海內都用。光和二年閏月廿三日，大司農曹祾，丞淳于宮，右倉曹掾朱音，史韓鴻造。」器壁刻「陽安」二字。東漢一斛，約今20公升。

圖八　東漢光和大司農銅權（錄自《中國古代度量衡圖集》）
此銅權有鼻紐。權身有一鑲檢封的方穴，旁刻銘文：「大司農以戊寅詔書，秋分之日，同度量，均衡石，捔斗桶，正權概，特更為諸州作銅稱；依黃鍾律曆、九章算術，以均長短、輕重、大小，用齊七政，令海內都用。光和二年閏月廿三日，大司農曹祾，丞淳于宮，右庫曹掾朱音，史韓鴻造，青州樂安郡壽光金曹掾胡吉作。」東漢一斤，約今250公克。

圖九　驂駕容車（東漢）（2000年四川新津出土，錄自《中國畫像石棺全集》）

圖十　秋胡戲妻・季札掛劍（東漢）（2005年四川射洪出土，錄自《中國畫像石棺全集》）

圖十一　雜技・庖廚・飲宴（東漢）（1986年四川長寧晉王墳出土，錄自《中國畫像石棺全集》）

魏連科等 注譯

新譯後漢書(一)紀一

三民書局

刊印古籍今注新譯叢書緣起

劉振強

人類歷史發展，每至偏執一端，往而不返的關頭，總有一股新興的反本運動繼起，要求回顧過往的源頭，從中汲取新生的創造力量。孔子所謂的述而不作，溫故知新，以及西方文藝復興所強調的再生精神，都體現了創造源頭這股日新不竭的力量。古典之所以重要，古籍之所以不可不讀，正在這層尋本與啟示的意義上。處於現代世界而倡言讀古書，並不是迷信傳統，更不是故步自封；而是當我們愈懂得聆聽來自根源的聲音，我們就愈懂得如何向歷史追問，也就愈能夠清醒正對當世的苦厄。要擴大心量，冥契古今心靈，會通宇宙精神，不能不由學會讀古書這一層根本的工夫做起。

基於這樣的想法，本局自草創以來，即懷著注譯傳統重要典籍的理想，由第一部的四書做起，希望藉由文字障礙的掃除，幫助有心的讀者，打開禁錮於古老話語中的豐沛寶藏。我們工作的原則是「兼取諸家，直注明解」。一方面熔鑄眾說，擇善而從；一方面也力求明白可喻，達到學術普及化的要求。叢書自陸續出刊以來，頗受各界的喜愛，使我們得到很大的鼓勵，也有信心繼續推廣這項工作。隨著海峽兩岸的交流，我們注譯的成員，也由臺灣各大學的教授，擴及大陸各有專長的學者。陣容的充實，使我們有更多的資源，整理更多樣化的古籍。兼採經、史、子、集四部的要典，重拾對通才器識的重視，將是我們進一步工作的目標。

古籍的注譯，固然是一件繁難的工作，但其實也只是整個工作的開端而已，最後的完成與意義的賦予，全賴讀者的閱讀與自得自證。我們期望這項工作能有助於為世界文化的未來匯流，注入一股源頭活水；也希望各界博雅君子不吝指正，讓我們的步伐能夠更堅穩地走下去。

新譯後漢書 目次

刊印古籍今注新譯叢書緣起

導讀

第一冊

卷一上 光武帝紀第一上……一
卷一下 光武帝紀第一下……五五
卷二 顯宗孝明帝紀第二……一二三
卷三 肅宗孝章帝紀第三……一七七
卷四 孝和孝殤帝紀第四……二四三
和帝 二四三 殤帝 三〇八

卷五 孝安帝紀第五……三一七
卷六 孝順孝沖孝質帝紀第六……三九七
順帝 三九七 沖帝 四四六 質帝 四四八
卷七 孝桓帝紀第七……四六一
卷八 孝靈帝紀第八……五一七
卷九 孝獻帝紀第九……五七一

第二冊

卷十上 皇后紀第十上……六一一
光武郭皇后 六二〇 光烈陰皇后 六二六 明德馬皇后 六三一
賈貴人 六四五 章德竇皇后 六四五 和帝陰皇后 六四九
和熹鄧皇后 六五一
卷十下 皇后紀第十下……六七七
安思閻皇后 六七七 順烈梁皇后 六八三 虞美人 六八八
陳夫人 六八八 孝崇匽皇后 六九〇 桓帝懿獻梁皇后 六九二
桓帝鄧皇后 六九五 桓思竇皇后 六九七 孝仁董皇后 六九九
靈帝宋皇后 七〇一 靈思何皇后 七〇四 獻帝伏皇后 七一一

獻穆曹皇后 七一五 附皇女 七一九

卷十一 劉玄劉盆子列傳第一……七三一

劉玄 七三一 劉盆子 七五一

卷十二 王劉張李彭盧列傳第二……七七三

王昌 七七三 劉永 七八〇 龐萌 七八六 張步 七九〇 王閎 七九五

李憲 七九七 彭寵 七九九 盧芳 八〇八

卷十三 隗囂公孫述列傳第三……八一九

隗囂 八一九 公孫述 八五一

卷十四 宗室四王三侯列傳第四……八七三

齊武王縯 八七三 子北海靖王興 八八五 趙孝王良 八九〇

城陽恭王祉 八九二 泗水王歙 八九七 安成孝侯賜 八九九

成武孝侯順 九〇二 順陽懷侯嘉 九〇四

卷十五 李王鄧來列傳第五……九〇九

李通 九〇九 王常 九二〇 鄧晨 九二八 來歙 九三三 曾孫歷 九四四

卷十六 鄧寇列傳第六……九五五

鄧禹 九五五 子訓 九七五 孫騭 九八二 寇恂 九九六 曾孫榮 一〇一〇

卷十七 馮岑賈列傳第七……一〇二一

卷十八 吳蓋陳臧列傳第八……一〇七七
馮異 一〇二一 岑彭 一〇四六 賈復 一〇六四
吳漢 一〇七七 蓋延 一〇九八 陳俊 一一〇四 臧宮 一一〇八
卷十九 耿弇列傳第九……一一二一
耿弇 一一二一 弟國 一一四五 國子秉 一一四七 秉弟夔 一一五三
國弟子恭 一一五六
卷二十 銚期王霸祭遵列傳第十……一一六九
銚期 一一六九 王霸 一一七五 祭遵 一一八四 從弟彤 一一九四
卷二十一 任李萬邳劉耿列傳第十一……一二〇五
任光 一二〇五 子隗 一二〇七 李忠 一二一三 萬脩 一二一七
邳彤 一二一八 劉植 一二二三 耿純 一二二五

第三冊

卷二十二 朱景王杜馬劉傅堅馬列傳第十二……一二三九
朱祐 一二三九 景丹 一二四四 王梁 一二四八 杜茂 一二五一
馬成 一二五五 劉隆 一二五八 傅俊 一二六二 堅鐔 一二六四
馬武 一二六六

卷二十三 竇融列傳第十三……一二八一
竇融 一二八一 弟子固 一三〇六 曾孫憲 一三一一 玄孫章 一三二七
卷二十四 馬援列傳第十四……一三三一
馬援 一三三一 子廖 一三七一 子防 一三七二 兄子嚴 一三七四
族孫棱 一三七七
卷二十五 卓魯魏劉列傳第十五……一三九一
卓茂 一三九一 魯恭 一三九八 弟丕 一四一三 魏霸 一四一八
劉寬 一四二〇
卷二十六 伏侯宋蔡馮趙牟韋列傳第十六……一四二五
伏湛 一四二五 子隆 一四三四 侯霸 一四三九 宋弘 一四四四
族孫漢 一四四六 蔡茂 一四五一 郭賀 一四五二 馮勤 一四五五
趙憙 一四五九 牟融 一四六七 韋彪 一四六九 族子義 一四七五
卷二十七 宣張二王杜郭吳承鄭趙列傳第十七……一四八一
宣秉 一四八一 張湛 一四八四 王丹 一四八七 王良 一四九二
杜林 一四九六 郭丹 一五〇七 吳良 一五一三 承宮 一五一六
鄭均 一五一九 趙典 一五二二
卷二十八上 桓譚馮衍列傳第十八上……一五三三

桓譚　一五三四　馮衍　一五四七
卷二十八下　馮衍傳第十八下……一五七三
馮衍　一五七三　子豹　一五九七
卷二十九　申屠剛鮑永郅惲列傳第十九……一六〇三
申屠剛　一六〇三　鮑永　一六一四　子昱　一六二三　郅惲　一六二八
子壽　一六四三
卷三十上　蘇竟楊厚列傳第二十上……一六五一
蘇竟　一六五二　楊厚　一六六六
卷三十下　郎顗襄楷列傳第二十下……一六七四
郎顗　一六七四　襄楷　一七二七
卷三十一　郭杜孔張廉王蘇羊賈陸列傳第二十一……一七四九
郭伋　一七四九　杜詩　一七五五　孔奮　一七六二　張堪　一七六六
廉范　一七六九　王堂　一七七七　蘇章　一七八〇　族孫不韋　一七八二
羊續　一七八八　賈琮　一七九二　陸康　一七九四
卷三十二　樊宏陰識列傳第二十二……一八〇三
樊宏　一八〇三　子儵　一八〇九　族曾孫準　一八一五　陰識　一八二四
弟興　一八二七

卷三十三　朱馮虞鄭周列傳第二十三……一八三五
朱浮　一八三五　馮魴　一八五三　虞延　一八六〇　鄭弘　一八六七
周章　一八七一

第四冊

卷三十四　梁統列傳第二十四……一八七九
梁統　一八八〇　子松　一八八九　子竦　一八九〇　曾孫商　一八九八
玄孫冀　一九〇四
卷三十五　張曹鄭列傳第二十五……一九二七
張純　一九二八　子奮　一九四一　曹褒　一九四七　鄭玄　一九五九
卷三十六　鄭范陳賈張列傳第二十六……一九八三
鄭興　一九八三　子衆　一九九八　范升　二〇〇四　陳元　二〇一二
賈逵　二〇二二　張霸　二〇三三　子楷　二〇三七　楷子陵　二〇三九
陵弟玄　二〇四〇
卷三十七　桓榮丁鴻列傳第二十七……二〇四七
桓榮　二〇四八　子郁　二〇五六　郁子焉　二〇六一　焉孫典　二〇六三
郁孫鸞　二〇六五　鸞子曄　二〇六六　郁曾孫彬　二〇六八　丁鴻　二〇七二

卷三十八 張法滕馮度楊列傳第二十八……二〇八七
張宗 二〇八七 法雄 二〇九一 滕撫 二〇九四 馮緄 二〇九七
度尚 二一〇六 楊琁 二一一三
卷三十九 劉趙淳于江劉周趙列傳第二十九……二一一九
劉平 二一二四 王望 二一二六 王扶 二一二六 趙孝 二一三〇
淳于恭 二一三三 江革 二一三五 劉般 二一三八 子愷 二一四三
周磐 二一五二 趙咨 二一五六
卷四十上 班彪列傳第三十上自東都主人以下分為下卷……二一六九
班彪 二一六九 子固 二一八三
卷四十下 班彪列傳第三十下……二二二七
子固 二二二七
卷四十一 第五鍾離宋寒列傳第三十一……二二九九
第五倫 二二九九 曾孫種 二三一九 鍾離意 二三二五 宋均 二三三五
族子意 二三四二 寒朗 二三四八
卷四十二 光武十王列傳第三十二……二三五七
東海恭王彊 二三五七 沛獻王輔 二三六七 楚王英 二三七〇
濟南安王康 二三七六 東平憲王蒼 二三八一 子任城孝王尚 二四〇二

皐陵質王延 二四〇四 廣陵思王荊 二四〇八 臨淮懷公衡 二四一三
中山簡王焉 二四一三 琅邪孝王京 二四一六
卷四十三 朱樂何列傳第三十三……二四二一
朱暉 二四二一 孫穆 二四三〇 樂恢 二四五三 何敞 二四五八
卷四十四 鄧張徐張胡列傳第三十四……二四七五
鄧彪 二四七六 張禹 二四七八 徐防 二四八五 張敏 二四九〇
胡廣 二四九四

第五冊

卷四十五 袁張韓周列傳第三十五……二五一一
袁安 二五一二 子京 二五二四 子敞 二五二八 玄孫閎 二五三一
張酺 二五三七 韓棱 二五四七 周榮 二五五一 孫景 二五五三
卷四十六 郭陳列傳第三十六……二五五九
郭躬 二五六〇 弟子鎮 二五六四 陳寵 二五七〇 子忠 二五八四
卷四十七 班梁列傳第三十七……二六〇九
班超 二六一〇 子勇 二六三九 梁慬 二六四九 何熙 二六五一
卷四十八 楊李翟應霍爰徐列傳第三十八……二六五九

楊終 二六六〇 李法 二六六九 翟酺 二六七〇 應奉 二六八〇
子劭 二六八四 霍諝 二六九七 爰延 二七〇二 徐璆 二七〇八

卷四十九 王充王符仲長統列傳第三十九……二七一五
王充 二七一五 王符 二七一八 仲長統 二七四四

卷五十 孝明八王列傳第四十……二七八一
千乘哀王建 二七八二 陳敬王羨 二七八二 彭城靖王恭 二七八八
樂成靖王黨 二七九〇 下邳惠王衍 二七九四 梁節王暢 二七九五
淮陽頃王昞 二八〇〇 濟陰悼王長 二八〇二

卷五十一 李陳龐陳橋列傳第四十一……二八〇五
李恂 二八〇五 陳禪 二八〇九 龐參 二八一四 陳龜 二八二六
橋玄 二八三一

卷五十二 崔駰列傳第四十二……二八四一
崔駰 二八四一 子瑗 二八七六 孫寔 二八七八

卷五十三 周黃徐姜申屠列傳第四十三……二九〇三
周燮 二九〇七 黃憲 二九一一 徐穉 二九一三 姜肱 二九一八
申屠蟠 二九二二

卷五十四 楊震列傳第四十四……二九三一

第六冊

卷五十五 章帝八王傳第四十五……二九八七
楊震 二九三一 子秉 二九四八 孫賜 二九五二 曾孫彪 二九五七
玄孫脩 二九五九
千乘貞王伉 二九八八 平春悼王全 二九九二 清河孝王慶 二九九二
濟北惠王壽 三〇〇七 河閒孝王開 三〇一〇 城陽懷王淑 三〇一二
廣宗殤王萬歲 三〇一二 平原懷王勝和帝子 三〇一二
卷五十六 張王种陳列傳第四十六……三〇一九
張晧 三〇一九 子綱 三〇二〇 王龔 三〇三〇 子暢 三〇三二
种暠 三〇四二 子岱 三〇四四 子拂 三〇四五 拂子劭 三〇四五
陳球 三〇五三
卷五十七 杜欒劉李劉謝列傳第四十七……三〇六七
杜根 三〇六七 欒巴 三〇七二 劉陶 三〇七六 李雲 三〇九四
劉瑜 三〇九九 謝弼 三一〇七
卷五十八 虞傅蓋臧列傳第四十八……三一一五
虞詡 三一一五 傅燮 三一三二 蓋勳 三一四三 臧洪 三一五三

卷五十九　張衡列傳第四十九……三一七一
卷六十上　馬融列傳第五十上……三二二五
卷六十下　蔡邕列傳第五十下……三二五三
卷六十一　左周黃列傳第五十一……三三〇五
左雄　三三〇五　周舉　三三二四　子勰　三三三〇　黃瓊　三三四三
孫琬　三三四九
卷六十二　荀韓鍾陳列傳第五十二……三三七一
荀淑　三三七一　子爽　三三七五　孫悅　三三九一　韓韶　三四〇一
鍾皓　三四〇三　陳寔　三四〇五　子紀　三四一二
卷六十三　李杜列傳第五十三……三四一九
李固　三四一九　子燮　三四五四　杜喬　三四五九
卷六十四　吳延史盧趙列傳第五十四……三四七一
吳祐　三四七一　延篤　三四七九　史弼　三四八九　盧植　三四九八
趙岐　三五一三
卷六十五　皇甫張段列傳第五十五……三五二七
皇甫規　三五二八　張奐　三五四九　段熲　三五六四
卷六十六　陳王列傳第五十六……三五八七

卷六十七 黨錮列傳第五十七……三六三七
陳蕃 三五八七　王允 三六一七
劉淑 三六五二　李膺 三六五三　杜密 三六六六　劉祐 三六六八
魏朗 三六七二　夏馥 三六七四　宗慈 三六七六　巴肅 三六七六
范滂 三六七七　尹勳 三六八五　蔡衍 三六八六　羊陟 三六八八
張儉 三六八九　岑晊 三六九三　陳翔 三六九六　孔昱 三六九六
苑康 三六九八　檀敷 三六九八　劉儒 三六九八　賈彪 三七〇〇
何顒 三七〇三
卷六十八 郭符許列傳第五十八……三七〇七
郭太 三七〇七　符融 三七二〇　許劭 三七二三
卷六十九 竇何列傳第五十九……三七二九
竇武 三七二九　何進 三七四七
卷七十 鄭孔荀列傳第六十……三七六九
鄭太 三七六九　孔融 三七七七　荀彧 三八〇八

第七冊

卷七十一 皇甫嵩朱儁列傳第六十一……三八三一

皇甫嵩 三八三一 朱儁 三八四九
卷七十二 董卓列傳第六十二……三八六五
卷七十三 劉虞公孫瓚陶謙列傳第六十三……三九二三
劉虞 三九二三 公孫瓚 三九三五 陶謙 三九五三
卷七十四上 袁紹劉表列傳第六十四上……三九六一
袁紹 三九六二
卷七十四下 袁紹劉表列傳第六十四下……四〇一〇
紹子譚 四〇一〇 劉表 四〇二六
卷七十五 劉焉袁術呂布列傳第六十五……四〇四一
劉焉 四〇四一 袁術 四〇五三 呂布 四〇六四
卷七十六 循吏列傳第六十六……四〇八三
衛颯 四〇八八 任延 四〇九一 王景 四〇九七 秦彭 四一〇三
王渙 四一〇六 許荊 四一一一 孟嘗 四一一三 第五訪 四一一八
劉矩 四一一九 劉寵 四一二二 仇覽 四一二五 童恢 四一二八
卷七十七 酷吏列傳第六十七……四一三三
董宣 四一三六 樊曄 四一四〇 李章 四一四三 周紆 四一四五
黃昌 四一五〇 陽球 四一五三 王吉 四一六二

卷七十八 宦者列傳第六十八……四一六九

鄭衆 四一七九 蔡倫 四一八〇 孫程 四一八二 曹騰 四一九二
單超 四一九四 侯覽 四一九九 曹節 四二〇二 呂強 四二〇九
張讓 四二二一

卷七十九上 儒林列傳第六十九上……四二三三

劉昆 四二四四 洼丹 四二四五 任安 四二四六 楊政 四二四六
張興 四二四七 戴憑 四二四七 孫期 四二四八 歐陽歙 四二五七
牟長 四二五八 宋登 四二五九 張馴 四二五九 尹敏 四二五九
周防 四二六〇 孔僖 四二六一 楊倫 四二六三

卷七十九下 儒林列傳第六十九下……四二七九

高詡 四二七九 包咸 四二七九 魏應 四二八〇 伏恭 四二八一
任末 四二八一 景鸞 四二八二 薛漢 四二八二 杜撫 四二八二
召馴 四二八二 楊仁 四二八三 趙曄 四二八四 衛宏 四二八四
董鈞 四二九三 丁恭 四二九五 周澤 四二九六 鍾興 四二九七
甄宇 四二九八 樓望 四二九八 程曾 四二九八 張玄 四二九八
李育 四二九九 何休 四三〇〇 服虔 四三〇〇 潁容 四三〇〇
謝該 四三〇一 許慎 四三一三 蔡玄 四三一三

卷八十上　文苑列傳第七十上……四三二一
杜篤　四三二一　王隆　四三四五　夏恭　四三四六　傅毅　四三四八
黃香　四三五四　劉毅　四三六〇　李尤　四三六〇　蘇順　四三六二
劉珍　四三六三　葛龔　四三六四　王逸　四三六五　崔琦　四三六七
邊韶　四三七四
卷八十下　文苑列傳第七十下……四三七七
張升　四三七七　趙壹　四三八〇　劉梁　四三九三　邊讓　四四〇一
酈炎　四四一四　侯瑾　四四一七　高彪　四四一八　張超　四四二三
禰衡　四四二四

第八冊

卷八十一　獨行列傳第七十一……四四三九
譙玄　四四四一　李業　四四四六　劉茂　四四五〇　溫序　四四五四
彭脩　四四五六　索盧放　四四五九　周嘉　四四六〇　范式　四四六三
李善　四四六八　王忳　四四七〇　張武　四四七三　陸續　四四七四
戴封　四四七七　李充　四四七九　繆肜　四四八二　陳重　四四八四
雷義　四四八六　范冉　四四八七　戴就　四四九三　趙苞　四四九五

卷八十二上 方術列傳第七十二上……四五〇九
向栩 四四九七 諒輔 四四九九 劉翊 四五〇一 王烈 四五〇三
任文公 四五一九 郭憲 四五二二 許楊 四五二五 高獲 四五二七
王喬 四五二九 謝夷吾 四五三一 楊由 四五三八 李南 四五四〇
李郃 四五四二 段翳 四五四七 廖扶 四五四八 折像 四五五〇
樊英 四五五二
卷八十二下 方術列傳第七十二下……四五六一
唐檀 四五六一 公沙穆 四五六三 許曼 四五六六 趙彥 四五六八
樊志張 四五六九 單颺 四五七一 韓說 四五七二 董扶 四五七三
郭玉 四五七五 華陀 四五七七 徐登 四五八七 費長房 四五八九
薊子訓 四五九四 劉根 四五九七 左慈 四五九八 計子勳 四六〇一
上成公 四六〇一 解奴辜 四六〇二 甘始 四六〇三 王真 四六〇五
王和平 四六〇六
卷八十三 逸民列傳第七十三……四六〇九
野王二老 四六一四 向長 四六一六 逢萌 四六一七 周黨 四六二〇
王霸 四六二三 嚴光 四六二四 井丹 四六二六 梁鴻 四六二八
高鳳 四六三五 臺佟 四六三七 韓康 四六三八 矯慎 四六三九

戴良 四六四二　法真 四六四五　漢陰老父 四六四七　陳留老父 四六四八
龐公 四六五〇
卷八十四　列女傳第七十四……四六五五
鮑宣妻 四六五七　王霸妻 四六五九　姜詩妻 四六六〇　周郁妻 四六六二
曹世叔妻 四六六三　樂羊子妻 四六七七　程文矩妻 四六七九
孝女曹娥 四六八一　許升妻 四六八二　袁隗妻 四六八三　龐淯母 四六八五
劉長卿妻 四六八六　皇甫規妻 四六八八　陰瑜妻 四六九〇　盛道妻 四六九二
孝女叔先雄 四六九三　董祀妻 四六九四
卷八十五　東夷列傳第七十五……四七〇五
夫餘 四七一四　挹婁 四七一八　高句驪 四七一九　東沃沮 四七二六
濊 四七二八　三韓 四七三一　倭 四七三五
卷八十六　南蠻西南夷列傳第七十六……四七四三
南蠻 四七四三　巴郡南郡蠻 四七七〇　板楯蠻夷 四七七三　西南夷 四七七八
夜郎 四七八〇　滇 四七八二　哀牢 四七八六　邛都 四七九三
莋都 四七九七　冉駹 四八〇五　白馬氐 四八〇七
卷八十七　西羌傳第七十七……四八一五
羌無弋爰劍 四八三二　滇良 四八三九　東號子麻奴 四八五八

卷八十八 西域傳第七十八……四八九五
湟中月氏胡 四八八六
拘彌 四九一〇 于窴 四九一二 西夜 四九一五 子合 四九一六
德若 四九一六 條支 四九一七 安息 四九一八 大秦 四九二〇
大月氏 四九二四 高附 四九二六 天竺 四九二六 東離 四九二八
粟弋 四九二八 嚴 四九二九 奄蔡 四九二九 莎車 四九三〇 疏勒 四九三八
焉耆 四九四〇 蒲類 四九四一 移支 四九四二 東且彌 四九四二
車師 四九四三
卷八十九 南匈奴列傳第七十九……四九五七
卷九十 烏桓鮮卑列傳第八十……五〇二一
烏桓 五〇二二 鮮卑 五〇三八

第九冊

志第一 律曆上……五〇六三
律準 五〇七〇 候氣 五〇九一
志第二 律曆中……五〇九三
賈逵論曆 五一〇〇 永元論曆 五一〇九 延光論曆 五一一三

志第三　律曆下……五一三七
漢安論曆　五一一七　熹平論曆　五一二一　論月食　五一二七
曆法　五一三七
志第四　禮儀上……五一九九
合朔　五二〇〇　立春　五二〇二　五供　五二〇三　上陵　五二〇三　冠　五二〇六
夕牲　五二〇七　耕　五二〇八　高禖　五二〇九　養老　五二〇九　先蠶　五二一二
祓禊　五二一二
志第五　禮儀中……五二一三
立夏　五二一三　請雨　五二一四　拜皇太子　五二一五　拜王公　五二一五
桃印　五二一七　黃郊　五二一九　立秋　五二一九　貙劉　五二一九
案戶　五二二一　祠星　五二二一　立冬　五二二二　冬至　五二二二　臘　五二二七
大儺　五二二七　土牛　五二三〇　遣衛士　五二三〇　朝會　五二三一
志第六　禮儀下……五二三三
大喪　五二三四　諸侯王列侯始封貴人公主薨　五二五一
志第七　祭祀上……五二五七
光武即位告天　五二五九　郊　五二六〇　封禪　五二六五
志第八　祭祀中……五二八一

志第九 祭祀下……五二九三

北郊 五二八一 明堂 五二八三 辟雍 五二八三 靈臺 五二八三

迎氣 五二八四 增祀 五二八七 六宗 五二八九 老子 五二九一

宗廟 五二九三 社稷 五三〇七 靈星 五三〇九 先農 五三一一

迎春 五三一一

志第十 天文上……五三一七

王莽三 五三二一 光武十二 五三二五

志第十一 天文中……五三三三

明十二 五三三三 章五 五三三九 和三十三 五三四〇 殤一 五三四八

安四十六 五三四八 順二十三 五三五五 質三 五三六一

志第十二 天文下……五三六三

桓三十八 五三六三 靈二十 五三六九 獻九 五三七六 隕石 五三七八

第十冊

志第十三 五行一……五三八一

貌不恭 五三八四 淫雨 五三八七 服妖 五三九一 雞禍 五三九八

青眚 五三九九 屋自壞 五四〇〇 訛言 五四〇五 旱 五四〇六 謠 五四一一

狼食人 五四二一
志第十四 五行二……五四二五
災火 五四二七 草妖 五四三九 羽蟲孽 五四四三 羊禍 五四四六
志第十五 五行三……五四四九
大水 五四五一 水變色 五四五三 大寒 五四六一 雹 五四六二
冬雷 五四六五 山鳴 五四六九 魚孽 五四六九 蝗 五四七〇
志第十六 五行四……五四七七
地震 五四七九 山崩 五四九三 地陷 五四九三 大風拔樹 五五〇一
螟 五五〇五 牛疫 五五〇七
志第十七 五行五……五五一一
射妖 五五一三 龍蛇孽 五五一四 馬禍 五五一七 人痾 五五一九
人化 五五二三 死復生 五五二四 疫 五五二六 投蜺 五五二八
志第十八 五行六……五五三三
日蝕 五五三四 日抱 五五五八 日赤無光 五五五八 日黃珥 五五五九
日中黑 五五五九 虹貫日 五五五九 月蝕非其月 五五六一
志第十九 郡國一……五五六五
河南 五五六七 河內 五五七三 河東 五五七六 弘農 五五八〇

志第二十 郡國二……五五八九
京兆 五五八二 馮翊 五五八四 扶風 五五八六
右司隸
潁川 五五九〇 汝南 五五九二 梁國 五五九六 沛國 五五九八
陳國 五六〇〇 魯國 五六〇二
右豫州
魏郡 五六〇三 鉅鹿 五六〇五 常山 五六〇六 中山 五六〇八
安平 五六一〇 河閒 五六一二 清河 五六一三 趙國 五六一四
勃海 五六一五
右冀州
志第二十一 郡國三……五六一七
陳留 五六一七 東郡 五六二〇 東平 五六二三 任城 五六二四
泰山 五六二五 濟北 五六二七 山陽 五六二八 濟陰 五六二九
右兗州
東海 五六三二 琅邪 五六三三 彭城 五六三五 廣陵 五六三六
下邳 五六三七
右徐州

志第二十二　郡國四……五六四一
濟南　五六四二　平原　五六四三　樂安　五六四五　北海　五六四六
東萊　五六四八　齊國　五六四九
右青州
南陽　五六五一　南郡　五六五五　江夏　五六五七　零陵　五六五八
桂陽　五六五九　武陵　五六六〇　長沙　五六六一
右荊州
九江　五六六三　丹陽　五六六四　廬江　五六六五　會稽　五六六七
吳郡　五六六八　豫章　五六七〇
右揚州
志第二十三　郡國五……五六七三
漢中　五六七四　巴郡　五六七五　廣漢　五六七六　蜀郡　五六七八
犍為　五六七八　牂牁　五六八〇　越巂　五六八一　益州　五六八二
永昌　五六八三　廣漢屬國　五六八四　蜀郡屬國　五六八五　犍為屬國　五六八六
右益州
隴西　五六八七　漢陽　五六八八　武都　五六九〇　金城　五六九一
安定　五六九一　北地　五六九二　武威　五六九三　張掖　五六九四

酒泉 五六九五 敦煌 五六九六 張掖屬國 五六九七 張掖居延屬國 五六九七
右涼州
上黨 五六九八 太原 五六九九 上郡 五七〇一 西河 五七〇二
五原 五七〇三 雲中 五七〇四 定襄 五七〇五 鴈門 五七〇五
朔方 五七〇六
右并州
涿郡 五七〇七 廣陽 五七〇八 代郡 五七〇九 上谷 五七一〇
漁陽 五七一〇 右北平 五七一一 遼西 五七一二 遼東 五七一二
玄菟 五七一三 樂浪 五七一四 遼東屬國 五七一五
右幽州
南海 五七一六 蒼梧 五七一七 鬱林 五七一八 合浦 五七一九
交阯 五七一九 九真 五七二〇 日南 五七二一
右交州
志第二十四 百官一……五七二五
太傅 五七二九 太尉 五七三〇 司徒 五七三一 司空 五七三二
將軍 五七三五
志第二十五 百官二……五七四三

太常 五七四三　光祿勳 五七五〇　衛尉 五七五六　太僕 五七五九
廷尉 五七六一　大鴻臚 五七六一

志第二十六　百官三……五七六五
宗正 五七六五　大司農 五七六六　少府 五七六八

志第二十七　百官四……五七八一
執金吾 五七八一　太子太傅 五七八二　大長秋 五七八三　太子少傅 五七八六
將作大匠 五七八八　城門校尉 五七八九　北軍中候 五七九〇
司隸校尉 五七九二

志第二十八　百官五……五七九七
州郡 五七九七　縣鄉 五八〇二　亭里 五八〇三　匈奴中郎將 五八〇五
烏桓校尉 五八〇五　護羌校尉 五八〇五　王國 五八〇六　宋衛國 五八〇九
列侯 五八〇九　關內侯 五八一〇　四夷國 五八一二　百官奉 五八一二

志第二十九　輿服上……五八一七
玉輅 五八二七　乘輿 五八二八　金根 五八二八　安車 五八二八
立車 五八二八　耕車 五八三〇　戎車 五八三一　獵車 五八三二
軿車 五八三二　青蓋車 五八三三　綠車 五八三三　皁蓋車 五八三四
夫人安車 五八三五　大駕 五八三六　法駕 五八三七　小駕 五八三九

志第三十 輿服下……五八四九

輕車 五八四〇 大使車 五八四一 小使車 五八四二 載車 五八四三
導從卒 五八四三 車馬飾 五八四六
冕冠 五八五四 長冠 五八五六 委貌冠 五八五七 皮弁冠 五八五七
爵弁冠 五八五八 通天冠 五八五九 遠遊冠 五八六〇 高山冠 五八六〇
進賢冠 五八六一 法冠 五八六一 武冠 五八六二 建華冠 五八六四
方山冠 五八六四 巧士冠 五八六五 卻非冠 五八六五 卻敵冠 五八六六
樊噲冠 五八六六 術氏冠 五八六七 鶡冠 五八六七 幘 五八六九
佩 五八七一 刀 五八七三 印 五八七四 黃赤綬 五八七五 赤綬 五八七五
綠綬 五八七六 紫綬 五八七六 青綬 五八七七 黑綬 五八七八
黃綬 五八七八 青紺綸 五八七八 后夫人服 五八七九

導讀

主要為范曄所撰的《後漢書》，是繼《史記》、《漢書》之後，另一部歷史名著。全書共一百二十卷，包括范曄所作的「本紀」十卷，「列傳」八十卷，以及後人所補的「志」三十卷（司馬彪撰）。它與《史記》、《漢書》、《三國志》合稱「前四史」，是廿四史之一。《後漢書》系統地記述了東漢一百九十四年的歷史，是我們研究東漢史事的主要資料來源。

一、范曄的生平

《後漢書》作者范曄，字蔚宗，南朝宋順陽郡順陽縣（今河南淅川縣，一說為內鄉縣）人。生於晉安帝隆安二年（西元三九八年），至宋文帝元嘉二十二年（西元四四五年）以圖謀推翻文帝劉義隆擁立劉義康為帝而被殺，時年四十八歲。

范曄是在其母親如廁時所生，生下來額頭被磚所傷，故小名為磚頭。范曄的家庭是當時典型的世宦書香世家。他的高祖范晷，仕晉為雍州刺史，加左將軍；曾祖范汪，仕晉為安北將軍、徐兗二州刺史，進爵武興縣侯；祖父范寧，仕晉為豫章太守；父范泰，初為太學博士，仕至度支尚書，遷大司馬左長史，右衛將軍，官至三公。劉裕建宋，因范泰幫劉裕篡晉有功，為劉宋金紫光祿大夫，加散騎常侍。范曄受家庭的薰陶，自然以讀書入仕為事。范曄少年聰明，「少好學，博涉經史，善為文章，能隸書，曉音律」

（《宋書・范曄傳》），而多才多藝。

范曄曾三度在彭城王劉義康手下任事，頗受劉義康器重，故被提拔為尚書吏部郎。但在劉義康之母去世，舉喪期間，范曄在王府酣飲，且聽哀樂曲為樂。劉義康大怒，將范曄貶為宣城太守。范曄遭貶，在仕途上是一挫折，但在成就他一生的事業上卻起了催化作用。仕途不得志，於是范曄「廣集學徒，窮覽舊籍，刪煩補略」（劉知幾《史通・古今正史》），以成一家之作。後來，范曄又任始興王劉浚的後軍長史，領下邳太守，元嘉二十一年（西元四四四年），范曄又任太子詹事，次年即被殺。

范曄多才多藝，又撰著一代史書，是其歷史貢獻，值得充分肯定。但他的人品實在令人不敢恭維，可以說是不忠不孝、行同禽獸。他臣事文帝劉義隆，卻助劉義康謀逆，當然是不忠。至於其不孝之行，這裡引《南史・范泰傳》之范曄附傳二則史料，即可見一斑：「樂器服玩並皆珍麗，妓妾亦盛飾。母住止單陋，唯有二廚盛樵薪。弟子冬無被，叔父單布衣。」「兄暠為宜都太守，嫡母隨暠在官亡，報之以疾，曄不時奔赴。及行，又攜妓妾自隨。」擁妓妾而自享，不管生母的死活。更有甚者，范曄淫亂成性，且有亂倫的獸行，「曄素有閨庭議論，朝野所知，故門胄雖華，而國家不與姻」，「人作犬豖相遇」。故而對於范曄的被處死，難怪獄官會說：「亦何足惜。」

人品如此卑劣，在中國歷代史學家中，恐怕是獨一無二的。這種現象，值得深入研究思考。

二、《後漢書》之編纂取材

范曄生活的年代距後漢之亡已二百餘年，其間出現了眾多關於後漢的史著，為范曄修纂《後漢書》，提供了豐富的史料。據王先謙《後漢書集解述略》所述，約有十八家：

班固、盧植等《東觀漢記》一百四十三卷。
謝承《後漢書》一百三十卷。
薛瑩《後漢書》一百卷。
司馬彪《續漢書》八十三卷。
華嶠《後漢書》（一稱《漢後書》）九十七卷。
謝沈《後漢書》一百二十二卷。
張瑩《後漢南記》五十八卷。
袁山松《後漢書》一百零一卷。
袁宏《後漢紀》三十卷。
張璠《後漢紀》三十卷。
袁曄《獻帝春秋》十卷。
劉芳《漢靈獻二帝記》六卷。
樂資《山陽公載記》十卷。
王粲《漢末英雄記》十卷。
侯瑾《漢皇德記》三十卷、《漢獻帝起居注》五卷。
劉義慶《後漢書》五十八卷。
孔衍《後漢尚書》六卷、《後漢春秋》六卷。
張溫《後漢尚書》十四卷。

若「史不足徵」，難以成書，巧婦難為無米之炊；若史料過多，多有重複，且其中不免互相矛盾、詳略不一，這也是對史家的嚴峻考驗。范曄以其敏銳的史鑑和深厚的修史功力，以班固、盧植的《東觀漢記》和華嶠的《後漢書》為藍本，對眾書所載史料，選擇考辨，去粗取精、去偽存真、取長補短，以成一家之書。唐代劉知幾評道：「范曄博采眾書，裁成漢典，觀其所取，頗有奇工。」（《史通・書事》）還說：「范曄之刪後漢也，簡而且周，疏而不漏，蓋云備矣。」（《史通・補注》）正因為如此，范書淘汰了之前的眾家後漢史著，范書之後的蕭子顯《後漢書》一百卷、王韶《後漢林》二百卷，亦皆不傳。流傳下來的只有范書和袁宏的《後漢紀》。而《後漢紀》是編年體史書，內容較簡略，所以我們研究東漢一代的歷史，范曄的《後漢書》是主要依據。

另外，值得注意的是，范曄修撰《後漢書》時也繼承了《史記》、《漢書》以來的做法，在人物傳記中收錄傳主的短篇論著。如〈崔寔傳〉中收錄其〈政論〉一篇，〈桓譚傳〉收錄其〈陳時政〉一疏，〈馮衍傳〉收錄其《說廉丹》一書和《說鮑宣》一書，〈王符傳〉收錄其《潛夫論》五篇，〈仲長統傳〉收錄其〈樂志論〉及《昌言》中二篇，〈張衡傳〉收錄其〈客問〉一篇、〈上疏陳事〉一篇、〈請禁圖讖〉一篇，〈蔡邕傳〉收錄其〈釋海〉一篇、〈條陳所宜行者七事〉一疏。這些論著都是研究東漢歷史的重要資料，若無《後漢書》中加以收錄，這些文章恐怕就失傳了。

三、《後漢書》之編纂特色

范曄撰著《後漢書》，也繼司馬遷的《史記》和班固的《漢書》，採用紀傳體，計劃撰寫十紀、十志、八十列傳。范曄本人完成了十紀、八十列傳，十志則請謝儼撰寫。謝儼尚未完成，范曄即被殺，謝儼亦受牽連被殺，所撰十志的文稿亦散佚。

關於范曄計劃所撰之十志，他在〈獄中與諸甥姪書〉中說：「欲遍作諸志，前書所有者，悉令備。」

明確表示，《前漢書》所有的志，他的《後漢書》中都會設置。班固《漢書》中的十志為：律曆、禮樂、刑法、食貨、郊祀、天文、五行、溝洫、藝文，而范曄在《後漢書》的紀傳中曾提及自己的志書撰寫情況，如〈后妃紀〉稱：「僚品秩事，在〈百官志〉。」〈東平王蒼傳〉云：「(蒼)乃與公卿共議定南北郊冠冕車服制度，及光武廟登歌八佾舞數，語在〈禮樂〉、〈輿服〉志。」〈蔡邕傳〉云：「使中常侍曹節、王甫就問災異及消改變故所宜施行。邕悉心以對，事在〈五行〉、〈天文〉志。」以上三處涉及〈百官志〉、〈禮樂志〉、〈輿服志〉、〈五行志〉、〈天文志〉。這表明，以上五志似乎已經脫稿。對照班固《漢書》各志，應該還有〈律曆〉、〈刑法〉、〈食貨〉、〈地理〉、〈溝洫〉、〈藝文〉等五志，但具體志目就不得而知了。

現行《後漢書》中的八志三十卷，是晉人司馬彪《續漢書》中之志，南朝梁劉昭注《後漢書》時取來補作范書之志。

范曄對自己的《後漢書》的質量相當自負，他在〈獄中與諸甥姪書〉中說：

> 既造《後漢》，轉得統緒。詳觀古今著述及評論，殆少可意者。班氏最有高名，既任情無例，不可甲乙辨。「後贊」於理近無所得，唯「志」可推耳。博贍不可及之，整理未必愧也。吾雜傳論，皆有精意深旨，既有裁味，故約其詞句。至於〈循吏〉以下及〈六夷〉諸序論，筆勢縱放，實天下之奇作。其中合者，往往不減〈過秦〉篇。嘗共比方班氏所作，非但不愧之而已。……又欲因事就卷內發論，以正一代得失，意復未果。「贊」自是吾文之傑思，殆無一字空設，奇變不窮，同含異體，乃自不知所以稱之。此書行，故應有賞音者。紀、傳例為舉其大略耳，諸細意甚多。自古體大而思精，未有此也。

這段文字，可以看作是《後漢書》的自序。關於這段文字，有數事可以討論。

第一，關於志，因范書之志已散佚，不可深論。上文只是推測其志目的大概。

第二，紀傳體史書體例的創新。如「本紀」部分，本來是記述皇帝事跡的，范曄卻將后妃也列入本紀。當然，《史記》和《漢書》也將呂后列為本紀，但只是呂后一人而已，是實事求是的。呂后在惠帝死後，太子年幼而臨朝稱制，實是一代帝王，《史記》、《漢書》將其列入本紀，是合適的。《後漢書》將后妃列入本紀，亦有其道理。皇后與外戚專權，是東漢政局突出的特點，因皇帝多短命，皇后專權就自然而然，不可避免。正如清人何焯所說：「東京皇后，竇、鄧、閻、梁、竇、何，臨朝者六，其間殤帝、北鄉侯、沖帝、質帝皆未嘗親政，鄧后既立安帝，復臨朝者十六年，遂終身稱制。作〈皇后紀〉為得其實，雖後人所不必效，然范氏自合史家之變，未可議也。」（《義門讀書記・後漢書》）除后妃外，外家的其他人物，則列入〈外戚傳〉。這樣安排，眉目更清楚。

范曄還在《後漢書》裡創立了七個新的類傳：黨錮、宦者、文苑、獨行、逸民、方術、列女。范曄之所以創立這些類傳，並非故意標新立異，而是根據東漢社會的現實需要。東漢宦官為禍之烈，是空前的。宦官專權，引起正直知識分子反對，宦官則以「黨人」之罪，兩次大規模迫害「黨人」，形成歷史上著名的「黨錮」之禍。所以設立黨錮、宦者兩個類傳，從正反兩方面反映這種歷史現象。在正史中為婦女立傳，是范曄的首創，在封建禮教盛行的社會，婦女沒有社會地位，范曄首倡〈列女傳〉，是有積極意義的。可惜的是，後世有的史書改「列女」為「烈女」，半字之差，便成為專門歌頌「誓死不嫁二夫」的貞節烈女了。比之范曄，無疑是開歷史的倒車。自西漢武帝實行罷黜百家、獨尊儒術以來，世上重經術而輕詞章，傳儒林而文苑缺如。實際上兩漢時期文學已經有相當的發展，范曄立文苑傳，正是看到了這種發展趨勢。漢、魏文學的繁榮，即是最好的印證。關於為方術立傳，劉知幾說它：「言唯迂誕，事多詭越，可謂美玉之瑕，白珪之玷，惜哉。」（《史通・書事》）對這種批評，我們還需要具體分析。東漢統治者迷信讖緯，因而各種術數發展起來，禨祥、巫祝、神仙之說，也應之而盛，歪門邪道甚是風行。范曄立〈方術傳〉，也是反映了這樣的現實，無可厚非。范曄是主張無鬼論的，但在傳中記述了許多荒誕不經之事，且描寫得活靈活現，像真有其事，這就與他絕無佛鬼的主張相矛盾。從這裡可以看出，范曄的無鬼論是模糊的、不徹底的。

第三，范曄提出了「正一代得失」的光輝論點，他所以要編寫《後漢書》，是為了總結歷史的經驗教訓，供當世以及後世所借鑑。他的這一主張比之司馬遷的「究天人之際，通古今之變」、班固的「窮人理，該萬方」的思想更向前發展了一步，這是應該充分肯定的。而體現這一主張，主要是傳中的序、論、贊來論述的。比如卷二十二的後論中說：

> 議者多非光武不以功臣任職，至使英姿茂績，委而勿用。然原夫深圖遠筭，固將有以焉爾。……降自秦、漢，世資戰力，至於翼扶王運，皆武人屈起。亦有鬻繒屠狗輕猾之徒，或崇以連城之賞，或任以阿衡之地，故勢疑則隙生，力侔則亂起。蕭、樊且猶縲紲，信、越終見葅戮，不其然乎！……故光武鑒前事之違，存矯枉之志，雖寇、鄧之高勳，耿、賈之鴻烈，分土不過大縣數四，所加特進、朝請而已。觀其治平臨政，課職責咎，將所謂「導之以政，齊之以刑」者乎！若格之功臣，其傷已甚。何者？直繩則虧喪恩舊，橈情則違廢禁典，選德則功不必厚，舉勞則人或未賢，參任則群心難塞，並列則其敝未遠。不得不校其勝否，即以事相權。故高秩厚禮，允荅元功，峻文深憲，責成吏職。建武之世，侯者百餘，若夫數公者，則與參國議，分均休咎，其餘並優以寬科，完其封祿，莫不終以功名延慶于後。

西漢初年，劉邦誅殺功臣之事，引起光武帝的深思，皇權與當政功臣的矛盾，即使是蕭何、樊噲、韓信、彭越這樣的功臣，也成為皇權的犧牲品。光武帝採取寵以厚爵，不使任實職的辦法，既加強皇權，又可保全功臣。至於朝廷事務，則以非功臣之吏員充任，皇帝可對任事之臣課職責咎，導之以政，齊之以刑。這樣，可避免功臣遭誅殺的悲劇，又不會大權旁落。范曄看到光武帝這種用人之術，並從理論上加以總結，是眼光獨具的。這就是「一代得失」之得。以後宋代開國皇帝趙匡胤「杯酒釋兵權」即有異曲同工之妙。但是，君權與功臣之間的矛盾，在封建專制制度下，是無法從根本上解決的，所以也就不斷上演功臣被誅的慘劇。

東漢宦官為禍之烈，是空前的，鑑於此，范曄特設〈宦者傳〉。此傳的前敘，可視為一篇宦官小史，後論則是對形成宦官專權的教訓總結。自周至東漢，范曄追蹤宦官權力發展的歷史，宦官從單純在內庭服務，逐漸干預朝政，到東漢時，已是「手握王爵，口含天憲，非復掖廷永巷之職，閨牖房闥之任也」。作威作福，肆無忌憚，「舉動回山海，呼吸變霜露，阿旨曲求，則光寵三族；直情忤意，則參夷五宗」，「凡稱善士，莫不離被災毒」，使「忠賢所以智屈，社稷故其為墟」。

宦官為何能逐漸干政專權呢？范曄認為，君主利用宦官，「推情未鑒其敝，即事易以取信，加漸染朝事，頗識典物，故少主憑謹舊之庸，女君資出內之命，顧訪無猜憚之心，恩狎有可悅之色」，加之「或敏才給對，飾巧亂實」，「故能回惑昏幼，迷瞀視聽」。宦官日夜在君主之側，服侍唯謹，加之巧言令色，以偽亂實；比之外廷正直之臣讜言直諫，更易迷惑人主，宦官干政專權就自然而然的了。這正是范曄「正一代得失」之「失」。

總的來看，范曄的史論，筆勢縱放，議論風生，時時閃耀進步思想的火花，且文詞典雅，妙筆生花。范曄的議論，「貴德義，抑勢力，進處士，黜奸雄，論儒學則深美康成，哀黨錮則推崇李杜，宰相多無述，而特表逸民；公卿不見采，而推尊獨行。」（王鳴盛《十七史商榷‧范蔚宗以謀反伏誅》）這一評價是中肯的。

《後漢書》中的傳序、傳論，不少篇寫得相當精彩，但每卷皆有論，則容易平庸。而且論後又加贊，顯得疊床架屋。劉知幾批評它：「夫每卷立論，其煩已多，而嗣以贊，為黷彌甚。亦猶如文士製碑，序終而續以『銘曰』；釋氏演法，義盡而宣以『偈言』。苟撰史若斯，難以議夫簡要者矣。」（《史通‧論贊》）雖然范曄對自己的贊非常自負，稱之為「傑思」、「無一字空設」，但大多贊語是「論」的重複或概括，且文詞簡得近乎空洞，故不為讀史者所重。

四、《後漢書》之流傳版本

《後漢書》是未完稿，「志」的成稿也已散失，雖然劉昭將司馬彪《續漢書》中的「志」移補過來，但司馬彪的「志」只有〈律曆〉、〈禮儀〉、〈祭祀〉、〈天文〉、〈五行〉、〈郡國〉、〈百官〉、〈輿服〉等八「志」，對比班固的《漢書》，顯然缺少反映一代社會經濟發展情況的〈食貨志〉，這實在是一大缺憾。又無〈藝文志〉，遂使東漢一代的著述難見全豹。

《後漢書》行世之後，不斷有人為范書作注。最早的是南朝梁劉昭為其作注（包括司馬彪《續漢書的八志》）。到了唐代，章懷太子李賢集中多名文人學士為《後漢書》作較詳細的注釋。由於李注全面詳細，糾正前人的錯誤，彌補缺漏，因而成為最好的注本，一直流傳至今。清代學者惠棟作《後漢書補注》，貢獻較大。王先謙繼之作《後漢書集解》，是集古今對《後漢書》注解的大成，最有參考價值。由於司馬彪的志不夠全面，清代的錢大昕作《補後漢書藝文志》，侯康作《補後漢書藝文志》。宋代熊方作《補後漢書年表》，其他如清人褚以敦、錢大昭、萬斯同等，都有補表之作。

這次對《後漢書》作注譯，採用的底本是南宋紹興年間刻本。如有疑義，則以明汲古閣本和清武英殿本以及清王先謙《後漢書集解》、近人研究成果來校定。

五、本書注譯過程

本書的整理，我們做了以下五個方面的工作：

一、題解。在每卷之首。以簡略的文字，概括介紹該卷的主要內容，以使讀者在閱讀前有一個總體把握。

二、章旨。鑒於史文較長，依文義酌分為幾個大段落，各大段落後用「章旨」概括其內容，以使讀者掌握段落大意。

三、研析。在每卷之後，對該卷中所記述的主要史實、人物、精彩的議論，逐一進行分析，以啟發讀者對歷史事實作深入的思考，達到讀史知世的目的。

四、注釋。這是本書最為用力的部分。準確的注釋，是幫助讀者正確讀懂史文的關鍵。譯文準確與否，也以注釋為基礎。注釋的項目，約有以下六個方面：

1.人名。本書有傳的人物，簡略敘其事跡，並指明詳見本書某卷；本書無傳的後漢人物，則參考他書記載予以簡介，以助讀者知人論世；史文所涉及的前代人物，簡介其事跡，並指明詳見某書某卷某傳。

2.地名。古代地名其及轄區不斷變化，古地名與今地名雖然名同，但具體位置、治所、轄區，各代不同，故對後漢的地名，註明今在某省某縣，資料較詳者，可注出在今某鄉某鎮。政區名則指出其治所今地，或指明其轄區的大致範圍。

3.官名。一代有一代的官制，官名相同，不同時代，其職掌和職權不盡相同。故對後漢時的官名，注明其品級職掌，以及前後期的變化。對於前代的官名，則按前代的制度注明其職守。

4.名物。隨著社會的發展，古代的一些事物，不斷被淘汰，致使後世人不知其為何事何物，有什麼功用。對此，我們參考眾書，對這些事物加以注明，以幫助讀者深入理解史文。

5.制度。一代有一代的典章制度，如職官制度、禮儀制度、政治制度、軍事制度等，不明制度，就不可能準確地理解史文，故對涉及後漢及前代的各種制度，則簡明扼要地予以介紹。

6.疏通難解的語句，解釋冷僻的字。史文中所用典故，注明其出處、意義。

五、今譯。按照信、達、雅的標準要求譯文，首先要做到「信」、「達」，我們要求注譯者以規範的現代漢語忠實、準確、順暢地譯出原文。在此基礎上，努力使譯文雅訓一些。原則上採用直譯的方法，但有些篇章和段落，實在難以直譯，只好採用意譯的方法，盡量完整準確地表達出原文之義。

注譯古籍，繁難瑣碎，要求作者具備堅實的文史功底。由於種種原因，古籍整理成果往往不被重視，甚至認為它不是科研成果，故而使這項工作成為壯夫不為而弱者又不能為的工作，因而處於尷尬的境地。實際上，整理好一部古籍，並非輕而易舉之事，它要求整理者既要有深厚的學養，又具備較高的語言表達能力，而且能淡泊名利、甘於坐冷板凳。在這人心浮躁、物欲橫流的時代，能甘心於此，實在難得。

二〇〇三年春，好友吳樹平先生引薦我為三民書局主編注譯《後漢書》，我鑑於以上所說的情況，加之自己的學力有限，猶豫再三，最後還是答應了。誰知這一腳陷進去，竟然花費了十年工夫。人邁入老年，能有幾個十年！

《後漢書》部頭大、涉及面廣，個人或少數幾個人很難完成，困難在於尋找合適的注譯者，我熟悉的朋友，不是身體不好就是有其他項目，難以承擔。有的為了老朋友的面子，少量承擔一些。所幸的是，在組織這一任務的過程中，結識了不少有能力、有水平，且甘心於此的學者，如張文質先生、王明信先生、趙芳遠先生，這三位先生都年近八十，另外還有年富力強的楊寄林先生、辛戰軍先生，還有我的同事孫繼民先生、楊倩描先生及其夫人徐立群女士、魏建震先生、馬春香女士、韋占彬先生、聶樹鋒先生等。他們既承擔了大量的注譯任務，又從各個方面給予熱心的幫助，在此均表感謝。

另外，史書中的天文、律曆等志，屬專門之學，是史家的短板。因此，三民書局編輯部特請古天文學家陳久金先生承擔本書天文、律曆志的注譯，在此衷心致謝。

由於本書成於眾手，注譯內容難免參差不齊，部分注譯稿經過反覆修改，才能達到出版要求。不容諱言，也有少數注譯稿不合要求，即使修改，也難有大的提升，為全書質量計，只好放棄，另請他人補作。

十年辛苦不尋常。本書各篇的注譯者，都付出認真努力，主編者也盡其能力加以修改潤飾，特別是三民書局編輯部的諸位先生，認真細緻地審讀注譯稿，不厭其煩地核對引書引文，提出不少寶貴意見，使本書質量有不小的提升。儘管如此，由於我們水平的局限，書中可能還存在這樣那樣的錯誤，敬祈專家和讀者不吝指正。

魏連科　謹識

卷一上

光武帝紀第一上

【題解】本卷是《後漢書》「帝紀」的第一篇。所謂「帝紀」即帝王本紀，也就是帝王的傳記。由於本紀是按年月日順序、以帝王個人活動為中心敘事，同時兼記其在位時期的歷史大事，所以本紀又具有「大事記」的功能。它備見一代歷史梗概，實為全書的綱領。〈光武帝紀〉分為上卷和下卷。上卷記述了光武帝的家世、年輕時的經歷以及從王莽地皇三年（西元二二年）起兵到建武五年（西元二九年）七年間光武帝本人的主要活動和當時中國所發生的大事。下卷記述了從建武六年正月至中元二年（西元五七年）二月光武帝去世這近二十七年間光武帝本人的主要活動和當時中國所發生的大事。光武帝劉秀（西元前六—西元五七年），字文叔，南陽蔡陽（今湖北棗陽）人。西漢皇室疏族。王莽末年，他與其兄劉縯聚眾起兵，加入綠林軍。經歷千難萬險，於西元二十五年建立東漢政權，年號建武。逐漸削平各地割據勢力，統一了全國。西元二五—五七年在位。卒葬原陵，廟號世祖，謚光武。

世祖❶光武❷皇帝諱❸秀，字文叔，南陽蔡陽人，高祖❹九世之孫也，出自景帝❺生長沙定王發❻。發生舂陵節侯買❼，買生鬱林❽太守❾外，外生鉅鹿❿都尉⓫

回，回生南頓⑫令⑬欽，欽生光武。

光武年九歲而孤⑭，養於叔父良。身長七尺⑮三寸，美須眉，大口，隆準⑯，日角⑰。性勤於稼穡⑱，而兄伯升⑲好俠養士，常非笑⑳光武事田業，比之高祖兄仲㉑。王莽㉒天鳳㉓中，乃之長安㉔，受尚書㉕，略通大義。

【章　旨】以上敘述光武帝的家世及其外貌、性情特點，並交代了他往長安在太學求學的情況。

【注　釋】❶世祖　劉秀之廟號。❷光武　劉秀之諡號。❸諱　舊時指死去的帝王或尊者的名字。❹高祖　即漢高祖（西元前二五六—前一九五年），西漢王朝建立者。姓劉名邦，字季，沛（今江蘇沛縣）人。西元前二〇二—前一九五年在位。死後葬長陵。廟號高祖，諡高皇帝。❺景帝　西漢皇帝劉啟（西元前一八八—前一四一年），漢文帝次子，母為竇皇后。西元前一五七—前一四一年在位。死後葬陽陵。諡孝景。❻長沙定王發　即長沙定王劉發。劉發為漢景帝之子，封長沙王。生卒年不詳，諡曰定。❼春陵節侯買　劉買為劉發次子，封於零道之春陵鄉（治今湖南寧遠東北），為春陵侯。生卒年不詳，諡曰節。漢制，大縣侯位同三公，小縣侯位同上卿，鄉侯、亭侯同中二千石。漢元帝初元四年（西元前四五年），劉買之孫春陵考侯劉仁以春陵潮溼不便居住為由，上書請求削減食邑內徙，遂徙封於南陽郡蔡陽縣之白水鄉（今湖北棗陽南），仍以春陵為國名。❽鬱林　郡名。治今廣西桂平西南，轄境約相當於今廣西西部。❾太守　一郡之最高行政長官，秩二千石，故亦別稱二千石。❿鉅鹿　鉅鹿郡。西漢治鉅鹿（今河北雞澤東北），東漢移治所於廮陶（今河北柏鄉東），轄境約相當於今河北藁城、晉縣、束鹿、寧晉、柏鄉、隆堯、鉅鹿、任縣、平鄉、南和、雞澤、曲周、威縣等地。⓫都尉　秦漢時期，以都尉官稱呼者很多，大多為主兵官，也有部分任其他專職，也稱都尉，如水衡都尉、奉事都尉等。領兵之都尉，位在將軍、校尉下。地方郡國都尉，亦主軍事。東漢初，省諸郡都尉，併其職於太守。⓬南頓　汝南郡南頓縣，治今河南項城西南。春秋時頓國為陳國所迫，南遷，故號南頓。西漢置縣，因以為名。⓭令　縣令。⓮孤　幼而喪父。《東觀漢記》載：「年九歲而南頓君卒，隨其叔父在蕭，入小學。」⓯尺　王莽銅斛尺、貨布尺與光武帝建武銅尺均短於今尺，相當於今〇・二三一公尺。⓰隆準　高鼻梁。⓱日

角　額角飽滿如日。⑱稼穡　耕作。⑲伯升　劉縯（？—西元二三年）之表字。劉縯為光武帝長兄。性剛毅，慷慨有大節。自王莽篡漢，常懷恢復漢室之心。莽末，縯起兵於舂陵，自稱柱天都部。後與新市、平林農民軍會合，大敗王莽軍隊，縯遂自稱柱天大將軍，農民軍議立天子，畏劉縯威明而貪劉玄懦弱，遂立劉玄為帝，而以劉縯為大司徒，封漢信侯。劉縯攻城略地，功勳卓著。劉玄忌其威名，執殺之。見本書卷十四。⑳非笑　譏笑。㉑仲　即漢高祖劉邦之兄劉仲（？—西元前一九三年），名喜，沛人。為人懦弱。漢高祖六年，立為代王。次年，匈奴攻代，棄國遁歸京師，被貶為郃陽侯。後因其子劉濞被封為吳王，故追謚為吳頃王。㉒王莽　新朝建立者（西元前四五—前二三年），字巨君，漢元帝皇后姪。折節讀書，以外戚封新都侯。平帝立，元后臨朝稱制，王莽受命主持朝政，封安漢公。平帝娶其女為皇后。其後，王莽殺掉平帝，立孺子嬰。初始元年篡漢稱帝，改國號為「新」。西元八—二三年在位。在位期間實行改制，將全國土地改稱「王田」，奴婢改稱「私屬」，均不得買賣。推行「五均六管」，控制和壟斷工商業，增加國家稅收。又屢改幣制。法令苛細，徭役繁重，吏治腐敗，階級矛盾日益激化。天鳳四年（西元一七年）爆發全國性的民眾暴動。更始元年，民眾武裝攻入長安，王莽被殺。㉓天鳳　王莽年號，西元一四—一九年。㉔長安　西漢京都，治今陝西西安西北。㉕受尚書　《東觀漢記》載：「受《尚書》于中大夫廬江許子威。」

【語譯】東漢世祖光武皇帝名秀，表字文叔，南陽郡蔡陽縣人，是漢高祖劉邦的第九世孫，出自漢景帝所生長沙定王劉發這一支。劉發生舂陵節侯劉買，劉買生鬱林太守劉外，劉外生鉅鹿都尉劉回，劉回生南頓令劉欽，劉欽生光武帝。

光武帝九歲時死了父親，由叔父劉良撫養。光武帝成年後，身高七尺三寸，鬚眉秀密，英俊偉岸，嘴闊鼻高，額角飽滿如日。生性勤於耕作，然而他的哥哥劉伯升卻喜好仗義行俠，蓄養門客，常譏笑光武帝經營田產，將他比作高祖劉邦的哥哥劉喜。天鳳年間，光武帝前往長安，跟老師學習《尚書》，基本了解了《尚書》的主要內容。

莽末，天下連歲災蝗，寇盜鋒起。地皇❶三年，南陽❷荒饑，諸家賓客多為小盜。光武避吏❸新野❹，因賣穀於宛❺。宛人李通等以圖讖❻說光武云：「劉氏復起，李氏為輔。」光武初不敢當，然獨念兄伯升素結輕客，必舉大事，且王莽敗亡已兆❼，天下方亂，遂與定謀，於是乃市❽兵弩❾。十月，與李通❿從弟軼⓫等起於宛，時年二十八。

十一月，有星孛于張⓬。光武遂將賓客還舂陵。時伯升已會眾起兵。初，諸家子弟恐懼，皆亡逃自匿，曰「伯升殺我」。及見光武絳衣大冠⓭，皆驚曰：「謹厚者亦復為之！」，乃稍自安。伯升於是招新市⓮、平林⓯兵，與其帥王鳳⓰、陳牧⓱西擊長聚⓲。光武初騎牛，殺新野尉⓳乃得馬。進屠唐子鄉⓴，又殺湖陽㉑尉。軍中分財物不均，眾恚恨，欲反攻諸劉。光武斂宗人所得物，悉以與之，眾乃悅。進拔棘陽㉒，與王莽前隊大夫㉓甄阜㉔、屬正㉕梁丘賜㉖戰於小長安㉗，漢軍大敗，還保棘陽。

【章　旨】以上記敘光武帝與李通等人在宛縣起兵、與其兄劉縯的農民軍匯合，參加新市、平林軍及在小長安遭到慘敗的經過。文中特意記錄了「有星孛于張」的天文現象，以彰顯光武帝乃天命所歸；並刻意描寫了光武帝謹厚的性格，以突出他在早期農民軍的作用。

【注　釋】❶地皇　王莽年號，西元二〇—二三年。❷南陽　荊州南陽郡。治今河南南陽。❸避吏　因受官司牽連而躲避。

司馬彪《續漢書》載：「伯升賓客劫人，上避吏于新野鄧晨家。」❹新野　縣名。治今河南新野。❺宛　宛縣（今河南南陽），南陽郡郡治所在。❻圖讖　指《河圖》《洛書》等符命之書。讖，符命之書。❼兆　露出徵兆；顯現。❽市　購買。❾兵弩　泛指兵器。❿李通　（？—西元四二年），字次元，南陽宛人。王莽時，為五威將軍從事，出補巫丞。以家庭豪富，不樂為吏，自免歸。及下江、新市兵起，與劉秀等密謀，起兵於南陽。劉秀即位，封固始侯，拜大司農。卒謚恭侯。見本書卷十五。⓫軼　李軼（？—西元二五年），字季文，南陽宛人。新莽地皇三年，與劉秀起兵於宛。更始元年，為五威中郎將。二年，以英勇善戰，封舞陰王。與大司馬朱鮪同勸更始帝執殺劉秀之兄大司徒劉縯。後被劉秀用借刀殺人之計，使朱鮪殺之。⓬有星孛于張　有星孛于，指有孛星掠過。孛，即孛星，彗星的一種。古人認為彗星有明顯的彗尾，而孛星則光芒四射，沒有明顯的彗尾。古代占星術認為：孛星出現預示將有兵亂。它出現在天空某個空域，其地上相對應的地區便會有兵災。張，二十八宿之一。二十八宿指分布於黃道、赤道帶附近的二十八個星宿，是我國古代觀測日、月、五星在星空中的運行及其他天象的相對標誌。張宿的分野為周地。《續漢志》：張為周地。星孛于張，東南行即翼、軫之分。翼、軫，楚地，是楚地將有兵亂。後一年正月，光武起兵舂陵，攻南陽，斬阜、賜等，殺其士眾數萬人。光武都洛陽，居周地，除穢布新之象。⓭絳衣大冠　絳衣，大紅色衣服。大冠，即武將所戴的帽子。《東觀漢記》記載：「上時絳衣大冠，將軍服也。」⓮新市　縣名。舊址在今湖北京山縣東北。⓯平林　古地名。舊址在今湖北隨州北。⓰王鳳　王莽末年「新市兵」首領。新市人。天鳳四年（西元一七年）在綠林山起義。與王匡率軍北入南陽，號「新市兵」。劉玄更始元年，因昆陽之戰立有大功，封成國上公、宜城王。⓱陳牧　王莽末年「平林兵」首領。平林人。地皇三年，與廖湛率眾千餘人起義。更始帝即位，拜大司空，封陰平王。後受命與王匡、成丹等屯兵新豐，抵禦赤眉軍。更始帝疑其謀不軌，乃殺之。⓲長聚　村落名。小於鄉者曰聚。其舊址在今湖北棗陽北。⓳尉　官名。秦漢時，郡縣均設尉。縣尉，大縣二人，小縣一人，負責治安。⓴唐子鄉　鄉名。屬湖陽縣。舊址在今湖北棗陽北與河南唐河縣南交界處。㉑湖陽　縣名。屬南陽郡。一作胡陽。治今河南唐河縣西南。㉒棘陽　縣名。屬南陽郡。治今河南南陽南。㉓前隊大夫　王莽改制時官名。當時，王莽在六郡分設六隊，南陽為前隊，河內為後隊，潁川為左隊，弘農為右隊，河東為兆隊，滎陽為祈隊。隊置大夫一人，職如太守。前隊大夫，相當於原南陽太守。㉔甄阜　王莽新朝時官吏。任前隊大夫。地皇三年，在小長安打敗劉秀，殺劉秀族兄劉祉母弟妻子。劉玄更始元年，復與劉秀戰於沘水西，兵敗被殺。㉕屬正　王莽改制時官名。職掌如都尉。㉖梁丘賜　王莽新朝將領。地皇三年，任屬正，與前隊大夫甄阜和劉秀、劉伯升的漢軍戰於小長安，大破之。更始元年，復與漢軍戰於沘水西，兵敗，被劉縯斬殺。㉗小長安　城邑名。故址在今河南南陽白河流域。

【語譯】王莽末年，天下連年遭受蝗災，盜寇四處為亂。地皇三年，南陽發生饑荒，連各大戶人家的門客也大多當了小盜賊。光武帝為逃避官司，躲到了新野縣，因而又從新野運載稻穀去宛縣販賣。宛縣人李通等人用符命之書勸說光武帝，稱：「劉氏復興，李氏為輔佐。」光武帝起初不敢領頭起事，但心中暗想：兄長伯升素來喜結豪俠，必定會做出大事，況且王莽敗亡已經顯露徵兆，天下已經開始動亂了，便與李通等人合謀，於是開始購置兵器。十月，光武帝與李通及其堂弟李軼等人在宛縣起兵，他當時的年齡為二十八歲。

十一月，有彗星掠過天空中的張宿。於是，光武帝率領眾門客回到了春陵。這時，劉伯升已經聚眾起兵。起初，各家子弟因感到恐懼，都逃走藏匿起來，說「伯升是在殺我們」。等看到光武帝穿大紅衣戴武將帽，都吃了一驚，說：「連處事謹慎、忠厚老實的人也幹起這種事了！」因此，情緒稍稍得到穩定。劉伯升於是招來了新市兵和平林兵，與他們的首領王鳳、陳牧一道，率軍西攻長聚。光武帝起初騎的是牛，殺了新野縣尉後才得到馬騎。他們向前進攻，屠殺了在唐子鄉的敵軍，又殺了湖陽縣尉。軍中分配財物不均，新市兵和平林兵十分憤怒，打算反戈攻打劉氏部隊。光武帝收繳劉氏族人所得財物，全部給了他們，他們這才滿意了。部隊進占棘陽後，與王莽的前隊大夫甄阜、屬正梁丘賜在小長安交戰，漢軍大敗，退守棘陽。

1 更始❶元年正月甲子朔❷，漢軍復與甄阜、梁丘賜戰於沘水❸西，大破之，斬阜、賜。伯升又破王莽納言將軍❹嚴尤❺、秩宗將軍❻陳茂❼於淯陽❽，進圍宛城❾。

2 二月辛巳，立劉聖公❿為天子，以伯升為大司徒⓫，光武為太常偏將軍⓬。

3 三月，光武別與諸將徇昆陽⓭、定陵⓮、郾⓯，皆下之。多得牛、馬、財物，穀數十萬斛，轉以饋宛下。

4 莽聞阜、賜死，漢帝立，大懼，遣大司徒王尋⑯、大司空⑰王邑⑱將兵百萬，其甲士四十二萬人。五月，到潁川⑲，復與嚴尤、陳茂合。初，光武為舂陵侯家訟逋租⑳於尤，尤見而奇之。及是時，城中出降尤者，言光武不取財物，但會兵計策。尤笑曰：「是美須眉者邪？何為乃如是？」

5 初，王莽徵天下能為兵法者六十三家數百人，並以為軍吏；選練武衛㉑，招募猛士，旌旗輜重，千里不絕。時有長人巨無霸，長一丈㉒，大十圍㉓，以為壘尉㉔。又驅諸猛獸虎豹犀象之屬，以助威武。自秦、漢，出師之盛，未嘗有也。

6 光武將數千兵，徼之於陽關㉕。諸將見尋、邑兵盛，反走，馳入昆陽，皆惶怖，憂念妻孥，欲散歸諸城。光武議曰：「今兵穀既少，而外寇彊大，并力禦之，功庶可立；如欲分散，埶無俱全。且宛城未拔，不能相救。昆陽即破，一日之間，諸部亦滅矣。今不同心膽共舉功名，反欲守妻子財物邪？」諸將怒曰：「劉將軍何敢如是！」光武笑而起。會候騎還言：「大兵且至城北，軍陳數百里，不見其後。」諸將遽相謂曰：「更請劉將軍計之。」光武復為圖畫成敗，諸將憂迫，皆曰「諾」。

7 時城中唯有八九千人，光武乃使成國上公㉖王鳳、廷尉大將軍㉗王常㉘留守，夜自與驃騎大將軍[29]宗佻[30]、五威將軍[31]李軼等十三騎，出城南門，於外收兵。時莽軍到城下者且十萬，光武幾不得出。既至郾、定陵，悉發諸營兵，而諸將貪惜財貨，欲分留守之。光武曰：「今若破敵，珍珤萬倍，大功可成；如為所敗，首領無餘，何財物之有！」眾乃從。

8 嚴尤說王邑曰：「昆陽城小而堅。今假號者在宛，亟進大兵，彼必奔走。宛敗，昆陽自服。」邑曰：「吾昔以虎牙將軍[32]圍翟義[33]，坐不生得，以見責讓。今將百萬之眾，遇城而不能下，何謂邪？」遂圍之數十重，列營百數。雲車[34]十餘丈，瞰臨城中，旗幟蔽野，埃塵連天，鉦[35]鼓之聲聞數百里。或為地道，衝輣橦城[36]。積弩[37]亂發，矢下如雨，城中負戶而汲。王鳳等乞降，不許。尋、邑自以為功在漏刻[38]，意氣甚逸。夜有流星墜營中，晝有雲如壞山[39]，當營而隕，不及地尺而散，吏士皆厭伏。

9 六月己卯，光武遂與營部俱進，自將步騎千餘，前去大軍四五里而陳。尋、邑亦遣兵數千合戰。光武奔之，斬首數十級。諸部喜曰：「劉將軍平生見小敵怯，今見大敵勇甚，可怪也。且復居前，請助將軍！」光武復進，尋、邑兵卻，諸部共乘之，斬首數百千級，連勝遂前。時伯升拔宛已三日，而光武尚未知。乃偽使持書報城中，云「宛下兵到」，而陽墮㊵其書。尋、邑得之，不憙。諸將既經累捷，膽氣益壯，無不一當百。光武乃與敢死者三千人，從城西水上衝其中堅，尋、邑陳亂，乘銳崩之，遂殺王尋。城中亦鼓譟而出，中外合埶，震呼動天地，莽兵大潰，走者相騰踐，奔殪百餘里間。會大雷風，屋瓦皆飛，雨下如注，滍川㊶盛溢，虎豹皆股戰，士卒爭赴，溺死者以萬數，水為不流。王邑、嚴尤、陳茂輕騎，乘死人度水逃去。盡獲其軍實輜重，車甲珍寶，不可勝筭，舉之連月不盡，或燔燒其餘。

【章　旨】以上記述了更始政權成立、昆陽之戰的經過。在這次戰役中，劉秀以其過人的謀略、驚人的勇敢而得以嶄露頭角。

【注　釋】❶更始　更始帝劉玄的年號，西元二三—二五年。❷朔　農曆每月初一日。❸沘水　水名。一作比水、泌水。即今河南西南部泌陽河及其下游唐河。源出河南泌陽東北，西流經泌陽縣城南至唐河縣北轉折南流，經唐河縣西到湖北襄樊東北與白河交匯，南流至襄樊入漢水。❹納言將軍　官名。王莽改制時將大司農改稱納言，縣令公卿皆兼稱將軍，故有納言將軍之號，即大司農卿兼主兵。❺嚴尤　（?—西元二三年），王莽新朝時將領。曾以討穢將軍出漁陽擊匈奴，封武建伯，劉玄更始元年，下江兵起，以納言將軍擊荊州，在昆陽為劉秀所敗。又歸鍾武侯劉望，封大司馬。不久，為更始奮威大將軍劉信擊殺。❻秩宗將軍　王莽改制時的官名。據《尚書・舜典》記載，秩宗是郊廟祭祀之官。王莽為了復古，乃改太常為秩宗。❼陳茂　（?—西元二三年），王莽新朝時將領。為秩宗將軍，擊敗下江兵。更始元年，於淯陽為劉玄將劉伯升所破，退守潁川。昆陽戰後，輕騎渡水逃去，投依汝南鍾武侯劉望。後為更始奮威大將軍劉信所誅。❽淯陽　縣名。治今河南新野東北。淯，一作「育」。❾宛城　宛縣縣城。故址今河南南陽。❿劉聖公　劉玄（?—西元二五年），字聖公，西漢皇族，南陽蔡陽（今湖北棗陽）人。新莽末，參加綠林起義軍。初被推為更始將軍，後被擁立為天子，建元更始。更始元年，率軍進入洛陽。二年，進入關中，建都長安。因殺戮起義將領，背叛者多。三年，赤眉軍入關，劉玄兵敗，投降後被殺。⓫大司徒　官名。先秦三公之一。西漢哀帝元壽二年改丞相為大司徒。東漢去「大」字為司徒，與司空、太尉並為三公。⓬太常偏將軍　官名。其職掌同於注❹之納言將軍。更始政權復改秩宗為太常，亦設九卿將軍。⓭昆陽　縣名。治今河南葉縣。⓮定陵　縣名。治今河南舞陽北。⓯郾　縣名。治今河南郾城南。⓰王尋　王莽從父兄弟。王莽時為大司徒，封丕進侯、章新公。更始元年兵敗，為劉秀所殺。⓱大司空　官名。西漢成帝綏和元年改御史大夫為大司空，祿比丞相，金印紫綬，與大司馬、丞相並為三公。不久，又復改為御史大夫。哀帝元壽二年，再改為大司空。⓲王邑　王莽時為大司空，封成都侯、隆新公。更始元年，在昆陽為劉秀擊敗，逃回長安。同年，起義軍攻入長安後，被殺。⓳潁川　郡名。治所在今河南禹州。⓴為春陵侯家訟逋租　春陵侯，指當時承襲春陵侯爵位的劉敞。劉敞是光武帝三叔。《東觀漢記》：「為季父故春陵侯詣大司馬府，訟地皇元年十二月壬寅前租二萬六千斛、芻藁錢若干萬。」逋，拖欠。㉑武衛　禁衛軍。㉒一丈　按當時的長度，一丈為今二・三一公尺。㉓圍　古代計度圓周的量詞。一說五寸為圍，一說徑尺為圍，說法不一。亦有說一抱為一圍的。㉔壘尉　官名。主管軍中壁壘之事。㉕徼之於陽關　徼，攔截。陽關，聚邑名。在今河南禹州西北。《水經注》：「潁水東南經陽關聚，聚夾潁水相對。」㉖成國上公　更始政權所置官名。㉗廷尉大將軍　更始政權所置官名。職位高於太常偏將軍。㉘王常　東漢初將領。字顏卿，潁川舞陽（今河南舞陽）人。王莽末，與王鳳、王匡等起兵雲杜綠林中，聚眾數萬人。後與成丹、張卬別入南郡藍口，號下江兵。後歸漢。更始立，為廷尉、大將軍，封知命侯，與劉秀共擊破王尋、王邑。後為行南陽太守事，封鄧王，賜姓劉氏。光武建武初，封山桑侯。又遷為漢忠將軍，以功拜橫野大將軍。建武十二年（西元三六年）卒，諡曰節侯。見本書卷十五。㉙驃騎大將軍　官名。秩位同驃騎將軍，不常置。東漢初，更始及光武帝都曾設置此官。㉚宗佻　新莽末更始帝部屬。更始元年，拜驃騎大將軍，封潁陰王。㉛五威將軍　官名。西漢末王莽置。其衣服依五方之色，以此威服天下。劉秀部下李軼初起兵時，以五威將軍自號。㉜虎牙將軍　官名。西漢末，王莽稱制所置官屬有虎牙將軍。㉝翟義　（？—西元七年），字文仲，西漢汝南上蔡（今河南上蔡）人。丞相翟方進少子。初任南陽都尉，歷任弘農、河內、東郡太守。居攝二年（西元七年），因不滿王莽把持朝政，遂連結東郡都尉劉宇、嚴鄉侯劉信等起兵，立劉信為帝，自號柱天大將軍。眾達十餘萬。王莽派遣孫建、王邑等人率兵擊之，兵敗自殺。㉞雲車　樓車。一種裝置有高梯的車子，用於瞭望敵情。稱雲車，形容其高也。㉟鉦　形似鐘而狹長，有長柄。用時口朝上，以槌敲擊。行軍時用來節制步伐。㊱衝輣橦城　衝輣，用來衝撞城門的戰車。橦，衝撞。㊲積弩　連射之弩。㊳漏刻　頃刻；片刻。漢哀帝時，用於計時的漏壺刻度將一晝夜分為一百二十個刻度的時間單位。當時的一刻等於今十二分鐘。㊴雲如壞山　《續漢志》：「雲如壞山，謂營頭之星也。占曰：『營頭之所墜，其下覆軍殺將，血流千里。』」㊵陽墯　陽，通「佯」。詐偽。墯，同「墮」。墜落。㊶滍川　古水名。即今河南魯山縣、葉縣境內的沙河。

【語　譯】更始元年正月初一日，漢軍在沘水以西再次與甄阜、梁丘賜交戰，大破敵軍，斬殺了甄阜、梁丘賜。劉伯升又在淯陽縣擊敗王莽的納言將軍嚴尤和秩宗將軍陳茂，進兵包圍了宛城。

2　二月辛巳日，眾人擁立劉玄為天子，劉伯升被任命為大司徒，光武帝為太常偏將軍。

3　三月，光武帝另與其他將領進攻昆陽、定陵和郾縣，將其全部攻克。繳獲了大量的牛、馬、財物，將穀物數十萬斛，將其轉運到宛城，以接濟包圍宛城的部隊。

4　王莽聞知甄阜、梁丘賜戰死和漢帝即位，非常驚恐，便派遣大司徒王尋、大司空王邑率兵百萬出征，其中有披甲的精兵四十二萬人。五月，王尋、王邑到達了潁川，又與嚴尤、陳茂會師。當初，光武帝曾為他的三叔舂陵侯劉敞所拖欠田租一事去面見嚴尤，提出申訴，嚴尤一見到光武帝，就認為他是一個與眾不同的人。到這時，從城中逃出來投降嚴尤的人，說光武帝不取財物，只是在調集軍隊、謀劃策略。嚴尤笑道：「是那個鬚眉漂亮的人嗎？他怎麼會幹這樣的事情呢？」

5　當初，王莽從天下能講說兵法的六十三家私學中徵召了數百人，都起用為軍官；又選練禁衛軍，招募勇猛之士。這次出兵，旌旗和輜重車輛，延綿千里。當時有個大個子名巨無霸，身高一丈，腰粗十圍，被王莽任命為壘尉。王莽軍隊又驅使各種猛獸，如老虎、豹子、犀牛、大象之類上陣，以壯軍威。從秦、漢以來，像這樣規模盛大的出征，還從未有過。

6　光武帝指揮數千士兵，在陽關攔截。眾將領一見王尋、王邑軍隊陣容強盛，轉身後撤，奔回昆陽城中，眾人惶恐不安，擔憂妻子兒女，打算各自率部回到自己家屬所在的城市。光武帝建議說：「現今兵力、糧草已經很少，而城外敵寇強大，同心協力抗禦敵軍，或許還能有獲勝之功；如果分散而去，勢必大家都不能保全。況且，宛城還未被攻克，在那裡攻城的部隊也不能來救援我們。昆陽一被攻破，一天之內，其餘各部也都會被消滅。現今不同心同德共同建立功名，反倒打算去保住妻子兒女和財物嗎？」眾將領大怒：「劉將軍你怎麼敢這樣！」光武帝一笑而起。這時，偵察騎兵回來報告說：「敵軍大部隊將到城北了，隊伍長達數百里，一眼望不見尾巴。」眾將領急忙對光武帝說：「還是請劉將軍來出主意吧。」光武帝又為眾將領畫圖講解了成敗的形勢，眾將領迫於眼前形勢危急，都說「是」。

7 當時，城中只有八九千人，光武帝於是讓成國上公王鳳、廷尉大將軍王常留守，入夜，自己與驃騎大將軍宗佻、五威大將軍李軼等十三騎，出縣城南門，到外地去召集兵馬。當時，王莽軍隊到達城下的將近有十萬人，光武帝險些沒能出去。到了郾、定陵後，光武帝調集各營全部兵馬，然而各位將領卻捨不得自己的錢財和物資，想要分兵留守。光武帝說：「如今若能打敗敵軍，那就不但能獲得萬倍的珍寶，而且還能建立大功；如果被敵人擊敗，連腦袋都保不住了，哪還有什麼財物呢！」眾將領這才服從調遣。

8 嚴尤向王邑建議，說：「昆陽城雖小但卻堅固。如今假稱天子名號的人在宛城，如我們急速指揮大軍進擊，他們就必然會逃跑。宛城一敗，昆陽自然就降服了。」王邑說：「過去，我擔任虎牙將軍，圍攻翟義，因未能生擒翟義而受到了責備。如今我統率百萬大軍，遇到城池而不能攻拔，那又怎麼交代呢？」於是，王邑便把昆陽城圍了數十重，紮下一百多座營寨。他們的雲車高達十餘丈，俯瞰城中，旗幟遮蔽了原野，塵土高揚到天空，鉦鼓的聲音傳到了數百里之外。他們或挖地道，或用衝輣撞城。積弩亂射，箭矢如雨點一樣從空中落下來，城中軍民只得背負著門板外出取水。王鳳等人乞求投降，遭到了拒絕。王尋、王邑自以為大功告成只在片刻之間，心情十分輕鬆。夜晚有流星墜落在營中，白天有雲團猶如山崩一般正對著軍營隕落下來，在離地面不到一尺的地方消散了，王莽軍隊的將士們都被這種景象所震懾。

9 六月己卯日，光武帝乘機與各營兵馬一齊向昆陽城推進，他親率一千多名步兵和騎兵，向前推進到離王莽大軍四五里處擺好戰陣。王尋、王邑也派兵數千交戰。光武帝奔向敵陣，斬下數十級頭顱。各部將領驚喜地說：「劉將軍歷來見了小股敵人就膽怯，可如今見到大敵卻十分驍勇，真是奇怪。請將軍暫且再領頭衝鋒一次，我們願為將軍助力！」光武帝再次向前衝去，王尋、王邑兵馬退卻，漢軍各部兵馬乘機追殺，砍下敵人的首級成百上千，連連獲勝，於是便向前推進。當時，劉伯升攻下宛城已有三天了，但光武帝還不知道。於是，他派一人假冒宛城來的信使，讓他到城中報信，稱「宛城的兵馬已到」，故意將信遺失。王尋、王邑得到這封信，滿心不悅。

10 漢軍各部將領連戰連捷後，膽氣更壯，無不以一當百。光武帝於是與三千名敢死將士一道，從昆陽城西的河邊猛攻敵軍的大營，王尋、王邑軍戰陣大亂，漢軍乘勝追殺，擊潰敵軍，殺死王尋。城中守軍也擊鼓吶喊，從城中殺出，內外合力，喊殺聲震天動地，王莽軍大敗，逃命的士兵互相踐踏，百餘里地之內，士卒奔逃、屍橫遍地。這時，炸雷震天，狂風驟起，屋頂的瓦片都被狂風刮飛，大雨傾盆，滍川洪水暴漲，虎豹都嚇得發抖，士卒爭相跳水渡河逃命，被淹死的數以萬計，以致河水堵塞不流。王邑、嚴尤、陳茂輕裝騎馬，踏著死人渡河逃去。漢軍繳獲了敵軍的全部軍需輜重，戰車、鎧甲、珍寶的數量，不可計算，連月搬運也沒能運完，只好將剩下的給燒掉了。

1 光武因復徇下潁陽❶。會伯升為更始❷所害，光武自父城❸馳詣宛謝。司徒官屬迎弔光武，光武難交私語，深引過而已。未嘗自伐昆陽之功，又不敢為伯升服喪，飲食言笑如平常。更始以是慙，拜光武為破虜大將軍❹，封武信侯。

2 九月庚戌，三輔❺豪桀共誅王莽，傳首詣宛。

3 更始將北都洛陽❻，以光武行司隸校尉❼，使前整修宮府。於是置僚屬，作文移❽，從事司察❾，一如舊章。時三輔吏士東迎更始，見諸將過，皆冠幘❿而服婦人衣，諸于⓫繡镼⓬，莫不笑之，或有畏而走者。及見司隸僚屬，皆歡喜不自勝。老吏或垂涕曰：「不圖今日復見漢官威儀！」由是識者皆屬心焉。

【章　旨】以上記敘光武帝忍辱負重而躲過劉縯之難及更始政權定都洛陽，光武帝以行司隸校尉率部先行進入洛陽、恢復西漢舊制以贏得民心的舉措。

【注　釋】❶潁陽　縣名。治今河南襄城東北。❷更始　指更始帝劉玄。❸父城　縣名。治今河南寶豐東。❹破虜大將軍　官名。雜號將軍之一，掌武事。❺三輔　地區名。京畿地區的合稱。漢景帝二年（西元前一五五年）分內史為左、右內史，與主爵中尉（尋改主爵都尉）同治京城長安城中，所轄皆為京畿之地，故合稱「三輔」，武帝時，左、右內史、主爵都尉分別改名為京兆尹、左馮翊、右扶風。轄境相當今陝西關中地區。❻洛陽　今河南洛陽。❼行司隸校尉　行，代理；兼任。司隸校尉，官名。漢武帝征和四年（西元前八九年），始置司隸校尉，領兵千餘人，捕巫蠱，督捕京師奸猾。後罷其兵，使糾察京師百官及所轄畿輔地區。哀帝時改稱司隸。更始、東漢復稱司隸校尉。秩比二千石，糾察百官，職權顯赫，與御史中丞、尚書令並稱「三獨坐」。❽作文移　《東觀漢記》：「文書移與屬縣也。」❾從事司察　《續漢書》：「司隸置從事史十二人，秩皆百石，主督促文書，察舉非法。」❿幘　頭巾。《漢官儀》：「幘者，古之卑賤不冠者之所服也。」⓫諸于　婦女穿的長袍。《前書音義》：「諸于，大掖衣也，如婦人之袿衣。」⓬镼　即半臂。一種短袖式的外套。

【語　譯】光武帝乘勢又攻占了潁陽。這時，劉伯升被更始殺害，光武帝從父城快速趕到宛縣，向更始謝罪。司徒屬官前來迎接，寬慰光武帝，光武帝不輕易與人私下交談，只是深深地引咎自責而已。他從不誇耀昆陽之役的戰功，又不敢為劉伯升服喪，飲食談笑一如平常。更始因此而感到慚愧，便拜光武帝為破虜大將軍，封武信侯。

2　九月庚戌日，三輔的豪傑共同誅殺了王莽，將他的首級送到了宛城。

3　更始準備北上定都洛陽，便任命光武帝代理司隸校尉，讓他先期趕往洛陽，修整宮殿官府。於是，光武帝設置屬官，往屬縣發送公文、從事史負責察處違法之事，完全與西漢時的舊制度一樣。當時，三輔的官吏士人東來，迎接更始帝進入洛陽，看到各位將領經過時，都隨意裹著頭巾，穿著女式的長袍，外套著女式繡花半臂，莫不嗤笑，甚至還有被嚇跑的。等人們看到司隸校尉官屬時，都高興得不得了。有的老年官吏流著眼淚說：「沒想到今日又能看到漢朝官家的威嚴儀容。」從此，有見識的人都心向著光武帝。

1 及更始至洛陽，乃遣光武以破虜將軍❶行大司馬❷事。十月，持節❸北度河❹，鎮慰州郡。所到部縣，輒見二千石❺、長吏❻、三老❼官屬，下至佐史❽，考察黜陟，如州牧行部事。輒平遣❾囚徒，除王莽苛政，復漢官名。吏人喜悅，爭持牛酒迎勞。

2 進至邯鄲❿，故趙繆王⓫子林⓬說光武曰：「赤眉⓭今在河東，但決水灌之，百萬之眾可使為魚。」光武不荅，去之真定⓮。林於是乃詐以卜者王郎⓯為成帝⓰子子輿⓱，十二月立郎為天子，都邯鄲，遂遣使者降下郡國。

3 二年正月，光武以王郎新盛，乃北徇⓲薊⓳。王郎移檄購光武十萬戶。而故廣陽王⓴子劉接㉑起兵薊中以應郎，城內擾亂，轉相驚恐，言邯鄲使者方到，二千石以下皆出迎。於是光武趣駕南轅，晨夜不敢入城邑，舍食道傍。至饒陽㉒，官屬皆乏食，光武乃自稱邯鄲使者，入傳舍㉓。傳吏方進食，從者飢，爭奪之。

傳吏疑其偽，乃椎鼓數十通，紿言邯鄲將軍至，官屬皆失色。光武升車欲馳；既而懼不免，徐還坐，曰：「請邯鄲將軍入。」久乃駕去。傳中人遙語門者閉之，門長曰：「天下詎可知，而閉長者㉔乎？」遂得南出。晨夜兼行，蒙犯霜雪。天時寒，面皆破裂。至呼沱河㉕，無船，適遇冰合，得過，未畢，數車而陷。

4 進至下博㉖城西，遑惑不知所之。有白衣老父在道旁，指曰：「努力！信都郡㉗為長安㉘守，去此八十里。」光武即馳赴之，信都太守任光㉙開門出迎。世祖因發旁縣，得四千人，先擊堂陽㉚、貰縣㉛，皆降之。王莽和成㉜卒正㉝邳彤㉞亦舉郡降。又昌城㉟人劉植㊱，宋子㊲人耿純㊳，各率宗親子弟，據其縣邑，以奉光武。於是北降下曲陽㊴，眾稍合，樂附者至有數萬人。

5 復北擊中山㊵，拔盧奴㊶。所過發奔命兵，移檄邊部，共擊邯鄲，郡縣還復響應。南擊新市㊷、真定、元氏㊸、防子㊹，皆下之，因入趙㊺界。

6 時王郎大將李育㊻屯柏人㊼，漢兵不知而進，前部偏將朱浮㊽、鄧禹㊾為育所破，亡失輜重。光武在後聞之，收浮、禹散卒，與育戰於郭門，大破之，盡得其所獲。育還保城，攻之不下，於是引兵拔廣阿㊿。會上谷(51)太守耿況(52)、漁陽(53)太守彭寵(54)各遣其將吳漢(55)、寇恂(56)等，將突騎(57)來助擊王郎，更始亦遣尚書僕射(58)

謝躬[59]討郎，光武因大饗士卒，遂東圍鉅鹿。王郎守將王饒堅守，月餘不下。郎遣將倪宏、劉奉率數萬人救鉅鹿，光武逆戰於南䜌[60]，斬首數千級。四月，進圍邯鄲，連戰破之。五月甲辰，拔其城，誅王郎。收文書，得吏人與郎交關[61]謗毀者數千章。光武不省，會諸將軍燒之，曰：「令反側子[62]自安。」

【章旨】以上主要記敘光武帝奉更始帝之命安撫河北、平滅王郎的經過。

【注釋】❶破虜將軍　官名。雜號將軍之一，掌武事。❷大司馬　官名。秦漢以前設此官掌邦政。西漢武帝元狩四年（西元前一一九年）初置，但無印綬、官屬。成帝時以王根為大司馬，置印綬、官屬，與丞相、御史大夫並為三公。東漢建武二十七年改名為太尉。靈帝末復置大司馬。❸節　符節。表示特殊身分的儀仗。竹柄，長八尺，纏帛有三層旄牛尾。❹河　指黃河。❺二千石　官吏秩俸等級名。漢代官吏秩俸共分為二十等，九卿郎將、郡守尉等官秩為二千石，其中又分為中二千石、真二千石、二千石、比二千石幾等。俸額或有增減，所發或穀或錢，或錢穀兼支。這裡借指太守。❻長吏　這裡泛指縣令、縣長。❼三老　官名。西漢高帝初，鄉始置三老一人，以民年五十以上，有德行威信能率服民眾者任之。其後，縣、郡、國均置有三老，職掌教化，終兩漢之世不改。三老無俸祿，不是國家正式官吏，但地位尊崇，可免服徭役，常受賞賜，與縣令丞尉分庭抗禮，以事相教，還可直接上書皇帝言事。這裡泛指鄉官。❽佐史　泛指郡縣所屬小吏。❾平遣　公平地審理和重新發落。❿邯鄲　縣名。故治在今河北邯鄲。⓫趙繆王　（？—西元前五六年），西漢王侯，西漢景帝七世孫，頃王劉偃之子。元鳳元年（西元前八〇年）嗣爵為王。凡立二十五年卒，諡為繆王。以生前殘殺奴婢，子男殺謁者，為人所奏，國除。⓬林　即劉林。兩漢之際人。西漢景帝八世孫。好術數，任俠於趙、魏間。更始元年，擁立王郎為天子，自任丞相。後為光武帝軍隊所滅。⓭赤眉　指西漢末年樊崇領導的農民起義軍。因其士卒皆染眉為赤，以為標誌，故稱赤眉。⓮真定　郡名。治所在今河北正定。⓯王郎　（？—西元二四年），一名昌，王莽新朝時趙國邯鄲（今河北邯鄲）人。為卜相工，明星曆。與劉林親善，常以為河北有天子氣。更始元年，劉林等率車騎數百入邯鄲城，擁立王郎為天子。次年，被劉秀擊敗，死於逃亡途中。

⑯成帝　西漢皇帝劉驁（西元前五一—前七年），西元前三三—前七年在位。⑰子輿　劉子輿（？—西元一〇年），本名武仲，西漢末長安（今陝西西安）人。王莽始建國二年（西元一〇年），不滿王莽統治，自稱為漢成帝之子，名劉子輿，欲以此鼓動人心，恢復劉氏天下，被王莽誅殺。⑱徇　通「巡」。⑲薊　縣名。治今北京市區西南隅，曾為燕國都城。⑳廣陽王　指西漢廣陽王劉嘉。劉嘉為漢武帝五代孫。㉑劉接　兩漢之際人。西漢武帝六世孫。更始二年（西元二四年），起兵薊中，與邯鄲割據者王郎相呼應。後為光武帝所滅。㉒饒陽　縣名。治今河北饒陽東北。㉓傳舍　官府的客館。㉔長者　地位尊貴的人。㉕呼沱河　水名。一作呼淹，又名虖沱、虖池、滹沱河。即今山西、河北境內之滹沱河。源出今山西五臺山東北泰戲山，穿割太行山東流入河北平原，下游歷代屢有變遷。東漢時，河流經今天津靜海南至天津東南直接入海。今河道在河北獻縣和滏陽河匯合為子牙河。㉖下博　縣名。治所在今河北深縣東南。㉗信都郡　治所在今河北冀州。㉘長安　借指更始政權。更始二年二月，更始帝遷都長安。㉙任光　（？—西元二九年），字伯卿，南陽宛（今河南南陽）人。王莽末，參加農民起義軍。更始帝定都洛陽，以其為信都太守。後從劉秀，以功拜左大將軍，封武成侯。見本書卷二十一。㉚堂陽　鉅鹿郡堂陽縣。治所在今河北新河西北。以在堂水之陽得名。㉛貰縣　縣名。治所在今河北束鹿西南。㉜和成　郡名。治所在今河北晉縣西。轄境相當今河北晉縣、辛集等地。㉝卒正　官名。西漢末王莽改制所置官，職如太守。㉞邳彤　（？—西元三〇年），字偉君，信都（今河北冀州）人。早年為王莽和成卒正，後歸降劉秀，攻拔邯鄲有功，封武義侯。建武元年（西元二五年），更封靈壽侯，行大司空事。歷任太常、少府、左曹侍中。見本書卷二十一。㉟昌城　縣名。一名昌城侯國。治今河北冀縣西北。㊱劉植　（？—西元二六年），字伯先，鉅鹿昌城（今河北冀州）人。王郎起兵時，與其弟劉喜等率宗族賓客數千人占據昌城。旋歸劉秀，為驍騎將軍，從平河北。建武二年，封昌城侯。討伐密縣農民起義軍，陣亡。見本書卷二十一。㊲宋子　縣名。治所在今河北趙縣東北。㊳耿純　（？—西元三七年），字伯山，鉅鹿宋子（今河北趙縣）人。王莽末學於長安，因除為納言士。更始帝立，拜騎都尉，奉命安撫趙、魏。率宗族賓客二千餘人從劉秀平河北，又破銅馬軍。建武元年，封高陽侯。次年，任東郡太守。卒諡成侯。見本書卷二十一。㊴下曲陽　縣名。治今河北晉縣西五公里。㊵中山　即中山國。治所在今河北定州。轄境相當今山西、河北交界的恆山以南、河北無極、深澤以北、唐縣以東、清苑以西地區。㊶盧奴　中山國治所，在今河北定州。㊷新市　縣名。治今河北新樂南。㊸元氏　縣名。治今河北元氏西北。㊹防子　一名房子。縣名。治今河北高邑西南。㊺趙　泛指今河北南部地區。㊻李育　兩漢之際趙國（今河北邯鄲）人。家豪富。更始元年，與劉林、張參等人共謀，擁立王郎為帝。王郎任命他為大司馬。㊼柏人　縣名。治今河北隆堯西。㊽朱浮　字叔元，沛國蕭（今安徽蕭縣）人。早從劉秀，

歷任大司馬主簿、偏將軍、大將軍幽州牧。建武二年，封舞陽侯。建武二十年，拜大司空。明帝永平中，以罪賜死。見本書卷三十三。㊾鄧禹　（西元二─五八年），字仲華，南陽新野人。少受業長安，與劉秀相結識。更始帝時，從劉秀平定河北，又擊破銅馬軍。劉秀稱帝後，拜為大司徒，封酇侯。明帝即位，拜太傅。卒謚元侯。見本書卷十六。㊿廣阿　縣名。治今河北隆堯東。(51)上谷　郡名。郡治沮陽（今河北懷來東南三十公里）。轄境相當今河北張家口、小五臺山以東、北京延慶、昌平居庸關以西、房山以北至長城以內。(52)耿況　（?─西元三六年），字俠遊，西漢末，以明經為郎。王莽時，為朔調連率（上谷太守）。歸降劉秀，為大將軍，拜興義侯，劉秀即位後，進封隃麋侯。卒謚烈侯。(53)漁陽　郡名。治今北京密雲西南。轄境相當今河北灤河上游以南、薊運河以西，天津海河以北，北京懷柔、通縣以東地區。(54)彭寵　（?─西元三〇年），字伯通，南陽宛人。王莽時，為大司空士。更始立，封偏將軍，行漁陽太守事。後歸劉秀，封建忠侯，賜號大將軍。東漢建立，起兵反叛，自立為燕王。後被家奴斬首，獻於劉秀。見本書卷十二。(55)吳漢　（?─西元四四年），字子顏，南陽宛人。王莽末，以販馬為業，往來燕薊間。更始立，拜漢安樂令。後歸劉秀，授偏將軍，賜號建策侯。劉秀稱帝，以為大司馬。更封舞陽侯。病卒，謚曰忠侯。見本書卷十八。(56)寇恂　（?─西元三六年），字子翼，上谷昌平（今北京昌平）人。世為地方豪族。初為郡功曹，為太守耿況所重。歸依劉秀後，拜為偏將軍，號承義侯。歷任河內、潁川、汝南太守，卒謚曰威侯。見本書卷十六。(57)突騎　用於衝鋒陷陣的重甲騎兵。(58)尚書僕射　尚書臺副長官。秦置尚書僕射，屬少府，漢因之。成帝時置尚書五人，一人為僕射，主文書啟封。東漢為尚書令之副職。(59)謝躬　（?─西元二五年），王莽新朝末更始政權官吏。南陽人。更始元年，任尚書令，領兵權。三年與劉秀聯軍，共定邯鄲。不久，被劉秀部將吳漢以計殺之。(60)南䜌　一稱倉城。縣名。治今河北鉅鹿北。(61)交關　串通；勾結。(62)反側子　反覆無常的人。

【語　譯】更始帝到洛陽後，便派遣光武帝以破虜將軍身分代行大司馬職務。十月，光武帝持符節北渡黃河，鎮撫和慰問州郡。光武帝到達自己所負責的郡縣，總是要會見上到太守、縣令、縣長、三老等屬官，下至郡縣的下級屬吏，對他們進行考察後予以升降，如同刺史巡視自己所負責的州郡時一樣。光武帝總是要對囚犯進行公平的審理和重新發落，廢除王莽苛酷的政令，恢復西漢時的官職名號。官吏和百姓們都感到高興，爭先恐後用牛肉和酒來迎接和慰勞光武帝。

2　光武帝進抵邯鄲，已故趙繆王的兒子劉林勸說光武帝：「赤眉軍現在黃河以東，只要決開黃河水灌他們，可以讓百萬大軍變為魚蝦。」光武帝不予理睬，去了真定。於是，劉林便讓占卜者王郎詐稱漢成帝的兒子劉子輿，在十二月擁立王郎為天子，定都邯鄲，並派出使者前往各郡國，讓他們都降順了王郎。

3 二年正月，光武帝見王郎新起而勢力強盛，便向北巡視薊縣。王郎發檄文，懸賞十萬戶捉拿光武帝。已故廣陽王的兒子劉接在薊縣境內起兵以回應王郎，薊縣城內擾攘混亂，相互驚嚇，稱邯鄲派來的使者剛剛到來，城中二千石以下的官員都出城迎接去了。於是，光武帝趕緊駕車南走，無論白天黑夜都不敢進入城邑，只能食宿道旁。到了饒陽，屬下的官員們都沒有吃的了，光武帝便自稱是邯鄲使者，進到客館中。客館中的官吏正在吃飯，光武帝的隨從們飢不可耐，爭相搶食。館舍中的官吏懷疑他們有假，便擊鼓數十下，謊稱邯鄲將軍將到，光武帝屬下的官員都大驚失色。光武帝上車想走，但轉念一想，若邯鄲將軍真來了，那是跑也跑不掉的，於是又不慌不忙地回到客館中坐下，說：「請邯鄲將軍進來。」過了一陣，才駕車離去。客館中的人急忙從遠處呼叫守門人關閉城門，但負責守門的官吏卻說：「天下是誰的還不知道呢，怎能不讓貴人出門呢？」這樣，光武帝才得以南去。他們日夜兼程，踏霜冒雪。當時天氣寒冷，他們的臉都被凍裂。到了滹沱河邊，無船可渡，正巧遇上河水封凍，才得以踏冰過河。他們還沒有過完，後面的幾輛車便陷入了河中。

4 光武帝一行進至下博縣城西，惶惑迷惘，不知該去哪裡好。一位白衣老人在路旁，指點說：「努力呵！信都郡還在為長安那邊堅守，離此地有八十里。」光武帝立即趕赴信都郡，信都太守任光開門出迎。世祖憑藉任光的支援，徵調鄰近各縣兵馬，得到了四千人，首攻堂陽和貰縣。這兩縣都投降了光武帝。王莽的和成卒正邳彤也率全郡投降了光武帝。另外，昌城人劉植、宋子人耿純也率領各自的宗親子弟，占據了各自所在的縣城，以擁戴光武帝。於是，光武帝向北降服了下曲陽，部眾逐漸聚集起來，樂於歸附光武帝的達到了數萬人。

5 光武帝又北攻中山，攻下了盧奴。光武帝每經過一地，都要派出勇敢的士兵，向周邊郡縣傳送檄文，號召他們出兵共同攻打邯鄲，郡縣也紛紛響應。光武帝向南進攻新市、真定、元氏、防子等縣，將它們都攻占了，乘勝進入了趙地境內。

6　當時，王郎的大將李育屯駐在柏人，漢軍不知敵情而向前推進。前軍偏將朱浮、鄧禹被李育擊敗，丟失了輜重。光武帝在後面得知這一情況後，收編了朱浮、鄧禹的散兵，與李育在柏人城門外大戰，大破李育，將敵軍所繳獲的物資又全部奪了回來。李育退守柏人城，光武帝攻城不下，於是領兵攻下了廣阿。這時，上谷太守耿況、漁陽太守彭寵各自派遣其部將吳漢、寇恂等人率突騎前來助攻王郎，更始帝也派遣尚書僕射謝躬率兵討伐王郎，光武帝抓住這個機會大肆犒賞士卒，然後率軍東進，圍攻鉅鹿。王郎守將王饒堅守鉅鹿城，光武帝攻打了一個多月，未能攻下。王郎派遣將領倪宏、劉奉率兵數萬救援鉅鹿，光武帝在南䜌迎擊敵人援軍，斬敵軍首級數千。四月，光武帝進兵圍攻邯鄲，連戰連勝。五月甲辰日，光武帝攻下邯鄲城，誅殺了王郎。部隊收繳王郎的文書，獲得官吏與王郎串通、譭謗的文書信件數千件。光武帝對此連看也不看，召集各位將領，當眾燒掉，說：「讓反覆無常的人得個心安吧。」

1　更始遣侍御史❶持節立光武為蕭王，悉令罷兵詣行在所❷。光武辭以河北未平，不就徵。自是，始貳於更始。

2　是時，長安政亂，四方背叛。梁王劉永❸擅命睢陽❹，公孫述❺稱王巴蜀❻，李憲❼自立為淮南王，秦豐❽自號楚黎王，張步❾起琅邪❿，董憲⓫起東海⓬，延岑⓭起漢中⓮，田戎⓯起夷陵⓰，並置將帥，侵略郡縣。又別號諸賊⓱銅馬、大彤、高湖、重連、鐵脛、大搶、尤來、上江、青犢、五校、檀鄉、五幡、五樓、富平、獲索等，各領部曲，眾合數百萬人，所在寇掠。

3 光武將擊之，先遣吳漢北發十郡⑱兵。幽州牧苗曾⑲不從，漢遂斬曾而發其眾。秋，光武擊銅馬於鄡⑳，吳漢將突騎來會清陽㉑。賊數挑戰，光武堅營自守；有出鹵掠者，輒擊取之。絕其糧道，積月餘日，賊食盡，夜遁去，追至館陶㉒，大破之。受降未盡，而高湖、重連從東南來，與銅馬餘眾合，光武復與大戰於蒲陽㉓，悉破降之。封其渠帥㉔為列侯㉕，降者猶不自安。光武知其意，敕令各歸營勒兵，乃自乘輕騎按行部陳。降者更相語曰：「蕭王推赤心置人腹中，安得不投死乎！」由是皆服。悉將降人分配諸將，眾遂數十萬，故關西㉖號光武為「銅馬帝」。赤眉別帥與大彤、青犢十餘萬眾在射犬㉗，光武進擊，大破之，眾皆散走。

4 使吳漢、岑彭㉘襲殺謝躬於鄴㉙。

5 青犢、赤眉賊入函谷關㉚，攻更始，光武乃遣鄧禹率六裨將引兵而西，以乘更始、赤眉之亂。時更始使大司馬朱鮪㉛、舞陰王李軼等屯洛陽，光武亦令馮異㉜守孟津㉝以拒之。

6 建武元年春正月，平陵㉞人方望㉟立前孺子劉嬰㊱為天子，更始遣丞相李松㊲擊斬之。

7 光武北擊尤來、大搶、五幡於元氏㊳，追至右北平㊴，連破之。又戰於順水㊵

北，乘勝輕進，反為所敗。賊追急，短兵接，光武自投高岸，遇突騎王豐(41)，下馬授光武，光武撫其肩而上，顧笑謂耿弇(42)曰：「幾為虜嗤。」弇頻射卻賊，得免。士卒死者數千人，散兵歸保范陽(43)。軍中不見光武，或云已歿，諸將不知所為，吳漢曰：「卿曹努力！王兄子(44)在南陽，何憂無主！」眾恐懼，數日乃定。賊雖戰勝，而素懾大威，客主不相知，夜遂引去。大軍復進至安次(45)，與戰，破之，斬首三千餘級。賊入漁陽，乃遣吳漢率耿弇、陳俊(46)、馬武(47)等十二將軍追戰于潞(48)東，及平谷(49)，大破滅之。

8 朱鮪遣討難將軍蘇茂(50)攻溫(51)，馮異、寇恂與戰，大破之，斬其將賈彊(52)。

9 於是諸將議上尊號。馬武先進曰：「天下無主，如有聖人承敝而起，雖仲尼(53)為相，孫子(54)為將，猶恐無能有益。反水不收，後悔無及。大王雖執謙退，柰宗廟社稷(55)何？宜且還薊即尊位，乃議征伐。今此誰賊？而馳騖擊之乎？」光武驚曰：「何將軍出是言？可斬也！」武曰：「諸將盡然。」光武使出曉之，乃引軍還至薊。

10 夏四月，公孫述自稱天子。

11 光武從薊還，過范陽，命收葬吏士。至中山，諸將復上奏曰：「漢遣王莽，宗廟廢絕，豪傑憤怒，兆人(56)塗炭(57)。王與伯升首舉義兵，更始因其資(58)以據帝位，而不能奉承大統，敗亂綱紀，盜賊日多，群生危蹙。大王初征昆陽，王莽自潰；後拔邯鄲，北州弭定。參分天下而有其二，跨州據土(59)，帶甲(60)百萬。言武力則莫之敢抗，論文德(61)則無所與辭。臣聞帝王不可以久曠，天命(62)不可以謙拒，惟大王以社稷為計、萬姓為心。」光武又不聽。

12 行到南平棘(63)，諸將復固請之。光武曰：「寇賊未平，四面受敵，何遽欲正號位乎？諸將且出。」耿純進曰：「天下士大夫(64)捐親戚、棄土壤，從大王於矢石之間者，其計固望其攀龍鱗、附鳳翼(65)，以成其所志耳。今功業即定，天人亦應，而大王留時逆眾，不正號位。純恐士大夫望絕計窮(66)，則有去歸之思，無為久自苦也。大眾一散，難可復合；時不可留，眾不可逆。」純言甚誠切，光武深感，曰：「吾將思之。」

13 行至鄗(67)，光武先在長安時同舍生(68)彊華(69)自關中(70)奉赤伏符(71)，曰：「劉秀發兵捕不道，四夷(72)雲集龍鬭野，四七之際火為主(73)。」群臣因復奏曰：「受命之符，人應為大。萬里合信(74)，不議同情。周之白魚(75)，曷足比焉？今上無天子，海內淆亂。符瑞之應，昭然著聞，宜荅天神，以塞群望。」光武於是命有司設壇場於鄗南千秋亭五成陌。

14 六月己未，即皇帝位。燔燎告天[76]，禋于六宗[77]，望於群神[78]。其祝文[79]曰：「皇天[80]上帝，后土[81]神祇，眷顧降命，屬[82]秀黎元，為人父母，秀不敢當。群下百辟[83]，不謀同辭，咸曰：『王莽篡位，秀發憤興兵，破王尋、王邑於昆陽，誅王郎、銅馬於河北，平定天下，海內蒙恩，上當天地之心，下為元元[84]所歸。』讖記[85]曰：『劉秀發兵捕不道，卯金[86]修德為天子。』秀猶固辭，至于再，至于三。群下僉曰：『皇天大命，不可稽留。』敢不敬承！」於是建元為建武，大赦天下，改鄗為高邑。

15 是月，赤眉立劉盆子[87]為天子。

16 甲子，前將軍[88]鄧禹擊更始定國公王匡[89]於安邑[90]，大破之，斬其將劉均[91]。

【章　旨】以上記敘光武帝以河北為根據地而脫離更始政權，收編銅馬軍，殲滅尤來、大搶、五幡等農民軍，在自己力量強大之後在鄗即位的經過，及公孫述自稱天子、赤眉軍擁立劉盆子為帝的情況。

【注　釋】❶侍御史　官名。周有柱下史，秦改稱待御史為侍御史，漢因之。為御史大夫屬官，秩六百石。主要負責監察、檢舉各級官員的非法行為。❷行在所　皇帝所在之地。這裡指長安。❸劉永　（？—西元二七年），梁郡睢陽（今河南商丘）人，西漢梁孝王劉武八世孫。更始帝入洛陽，得嗣封為梁王，國都睢陽。見更始帝政治混亂，遂起兵割據梁地。後又自立為天子。建武三年，漢軍攻陷睢陽，被殺。見本書卷十二。❹睢陽　即梁國睢陽縣。治今河南商丘南。❺公孫述　（？—西元三六年），字子陽，扶風茂陵（今陝西興平）人。王莽時，為導江卒正。更始中，起兵自立為蜀王，定都成都。建武十二年，兵敗，遇刺而死。見本書卷十三。❻巴蜀　泛指古代巴國、蜀國所轄地區，約相當今四川和重慶市所轄大部分地區。❼李憲（？—西元三〇年），潁川許縣（今河南許昌）人。王莽時，歷任廬江屬令、偏將軍、廬江連率。更始元年，自稱淮南王。建武三年，自立為帝。建武六年，被漢軍攻敗，逃亡中被部下所殺。見本書卷十二。❽秦豐　（？—西元二九年），南郡（今湖北江陵）人。更始中，以黎丘（治今湖北襄樊北）為據點，割據稱雄，自號楚黎王，人稱秦王。建武五年，被漢軍攻敗，被迫投降。俘至洛陽，被斬首。❾張步　（？—西元三二年），字文公，琅邪不其（今山東青島）人。更始中，聚眾數千，自為五威將軍，依附梁王劉永，為輔漢大將軍，封忠節侯。建武三年，被劉永立為齊王，遂據齊地十二郡。後降劉秀，封為安丘侯。建武八年，被東漢琅邪太守陳俊斬殺。見本書卷十二。❿琅邪　郡名。治今山東膠南琅邪臺西北。⓫董憲　（？—西元三〇年），東海（今山東郯城）人。更始中，起兵東海，依附梁王劉永，被立為海西王，拜翼漢大將軍。建武六年，兵敗，被漢軍校尉韓湛斬殺。⓬東海　郡名。治今山東郯城西北。西漢轄境相當今山東費縣、臨沂至江蘇贛榆以南，山東棗莊、江蘇邳縣以東和江蘇宿遷、灌南以北地區。⓭延岑　（？—西元三六年），字叔牙，南陽人。更始中，起兵於漢中。光武帝建武二年，自稱武安王，大破赤眉軍於杜陵。後屢為劉秀軍隊所破，乃降於公孫述，為大司馬，封汝寧王。公孫述敗亡，被漢軍所殺。⓮漢中　郡名。治今陝西安康西北。⓯田戎　（？—西元三六年），豫州西平（今河南舞陽）人。更始中，起兵於夷陵，自稱掃地大將軍。後降公孫述，封翼江王。建武十二年，兵敗被殺。⓰夷陵　縣名。治今湖北宜昌東南。⓱別號諸賊　指當時各股農民軍。他們或以山川土地為名，或以軍容強盛為號。⓲十郡　指屬幽州管轄的十郡。東漢幽州治所在薊縣（今北京市區西南）。轄境相當今北京、河北北部、山西恆山、陽高、靈丘以東、遼寧大部、天津海河以北以及朝鮮半島北部地區。⓳苗曾　（？—西元二五年），更始政權官員。更始二年，為削弱劉秀在河北的勢力，更始帝特命苗曾為幽州牧，韋順為上谷太守，蔡充為漁陽太守。⓴鄡　鉅鹿郡鄡縣。治今河北束鹿東南。㉑清陽　縣名。治今河北清河縣東南。㉒館陶　縣名。治今河北館陶。㉓蒲陽　山名。在今河北順平西北。㉔渠帥　首領。舊稱反抗者的首領或部落酋長。㉕列侯　秦制爵分二十級，徹侯位最高。漢承秦制，後避漢武帝劉徹名諱，改徹侯為通侯，或稱列侯。㉖關西　地區名。又稱關右。指函谷關或潼關以西地區。㉗射犬　城邑名。一作射犬聚。故址在今河南修武西南。㉘岑彭　（？—西元三五年），字君然，南陽棘陽（今河南新野）人。王莽時，守本縣長。綠林起義爆發，城破而降。更始帝封其為歸德侯，令屬劉縯。劉縯遇害後，為大司馬朱鮪校尉，歷任淮陽都尉、潁川太守。未幾，歸劉秀，任刺奸大將軍。劉秀即位，累官至征南大將軍，封舞陰侯。建武十一年，率軍入蜀擊公孫述，遇刺身亡，謚曰壯侯。見本書卷十七。㉙鄴　魏郡治所鄴縣。治今河北臨漳西南。㉚函谷關　關隘名。戰國時，秦置有函谷關，故址在今河南靈寶東北。漢武帝時，向東徙關置於新安縣（故址在今河南新安東），西去秦函谷關三百里，故名新關。㉛朱鮪　淮陽（今河南淮陽）人。王莽時，參加新市兵，為將軍之一。更始立，拜大司馬，與李軼共勸更始帝殺劉縯。更始二年，封膠東王，固辭不受，徙為左大司馬，與李軼等鎮撫關東。三年三月，與赤眉軍戰於蓩鄉，大敗。後又與光武帝劉秀部將馮異交戰，亦失利。其年十月，降於光武帝，拜為平狄將軍，封扶溝侯。後累官為少府。㉜馮異　（？—西元三四年），字公孫，潁川父城（今河南寶豐）人。初為郡掾，為王莽拒漢。後降於劉秀，為主簿，拜為偏將軍。從破王郎，封應侯。建武二年，拜陽夏侯。次年，為征西大將軍，大破赤眉，又擊破延岑。後領安定太守事、守征虜將軍。率軍攻隗純，病卒軍中，謚曰節侯。見本書卷十七。㉝孟津　津渡名。故址在今河南孟津東北、孟州西南的黃河上。㉞平陵　縣名。治今陝西咸陽西北。㉟方望　（？—西元二五年），東漢初平陵（今陝西咸陽）人。更始三年，立前孺子為天子，旋為更始軍隊所擊敗，被斬殺。㊱劉嬰　（？—西元二五年），西漢末皇帝。宣帝玄孫，廣戚侯劉顯之子。平帝卒，無子，王莽遂以他為孺子，奉平帝後。王莽代漢後，改為安定公。王莽敗，平陵人方望起兵，將他從長安帶往臨涇，立為天子。更始三年，更始帝令丞相李松擊斬之。㊲李松　（？—西元二五年），南陽宛人。更始元年，任丞相司直。次年，升任丞相。三年，與赤眉軍大戰，死於陣中。㊳元氏　縣名。治今河北元氏西北。㊴右北平　縣名。即北平縣。治今河北滿城北。㊵順水　河流名。在今河北徐水縣。㊶王豐　東漢將領。早年為突騎兵。更始三年，曾救光武帝突圍。明帝初，累功擢為中郎將。㊷耿弇　（西元三—五八年），字伯昭，扶風茂陵人。從劉秀經略河北，拜偏將軍。劉秀即位，拜建威大將軍。建武二年，封好時侯。多有戰功。建武十三年，上大將軍印綬，以列侯奉朝請。卒謚愍侯。見本書卷十九。㊸范陽　縣名。治今河北定興西南固城鎮。㊹兄子　指光武兄劉縯之子劉章、劉興。㊺安次　縣名。治今河北廊坊西北。㊻陳俊　（？—西元四七年），字子昭，南陽西鄂（今河南南陽）人。從劉秀經營河北，拜強弩將軍。建武二年，封新處侯。歷任太山太守、琅邪太守，建武十三年，封祝阿侯。見本書卷十八。㊼馬武　（？—西元六一年），字子張，南陽湖陽（今河南唐河縣）人。王莽末，參加綠林軍。更始立，拜振威將軍，隨尚書令謝躬共攻王郎。後歸劉秀，為騎都尉，封山都侯。建武四年，拜捕虜將軍。先後參與征伐劉永、龐萌、隗囂之役，多有戰功。見本書卷二十二。㊽潞　縣名。治今河北三河市西南。㊾平谷　縣名。治今北京平谷東北。㊿蘇茂　（？—西元二九年），兩漢之際陳留（今河南開封）人。初為更始帝部將，擢討難將軍。後轉附梁王劉永，受封大司馬、淮陽王。光武建武五年，為張步所殺。(51)溫　縣名。治今河南溫縣西南。(52)賈彊　更始政權將領，大司馬朱鮪部將。更始三年，朱鮪任命蘇茂為討難將軍，賈彊為副將，率軍三萬攻溫，兵敗。賈彊退往洛陽，被追兵所殺。[53]仲尼　孔子（西元前五五一－前四七九年），名丘，字仲尼，魯國陬邑（今山東曲阜）人。是中國春秋末期思想家、政治家、教育家，儒家的創始者。[54]孫子　即孫武。孫武字長卿，春秋時期齊國人。曾被吳王闔閭任命為將，率吳軍攻破楚國。其著作《孫子兵法》為中國最早最傑出的兵書。[55]宗廟社稷　借指國家。宗廟，祭祀祖宗的祠廟。社稷，祭祀土地神和穀神的祠廟。[56]兆人　百萬為兆。此處泛指天下民眾。[57]塗炭　亦作「荼炭」。塗，泥淖。炭，炭火。比喻極端困苦的境地。[58]資　皇室繼承資格。劉玄為光武帝族兄，乃舂陵戴侯劉熊渠四世孫，而劉秀兄弟乃舂陵節侯劉買的五世孫。因此，劉玄在繼承關係上比劉秀兄弟更有資格。[59]跨州據土　形容占據的土地之廣。[60]帶甲　穿戴鎧甲的士兵。借指軍隊。[61]文德　仁愛政治。[62]天命　上天的意志和命令。[63]南平棘　即平棘縣。治今河北趙縣東南。[64]士大夫　古代指官僚階層。[65]攀龍鱗附鳳翼　借指跟從帝王。[66]望絕計窮　沒有了希望，無計可施。[67]鄗　縣名。治今河北柏鄉北。因劉秀在縣南千秋亭五成陌即帝位，遂改名高邑。[68]同舍生　同窗共舍讀書的學生。[69]彊華　兩漢之際潁川（今河南禹州）人。生平事跡不詳。[70]關中　秦、西漢均建都今陝西，因稱函谷關以西地區為關中。[71]赤伏符　解說《河圖》的一部緯書。當時緯書流行，多借儒家經典，附會人事吉凶禍福，以預言治亂興廢。[72]四夷　中國古代將四邊少數民族泛稱為「四夷」。這裡借指四方。[73]四七之際火為主　此句暗隱著以下意思：四七，二十八也。自高祖至光武初起，合二百二十八年，即四七之際也。漢為火德，故言「火為主」。[74]萬里合信　指遠在關中的彊華不遠萬里來到河北獻《赤伏符》，其擁立劉秀為帝的願望與諸將不謀而合。[75]周之白魚　殷商末年，周武王出兵討伐商紂。乘船渡過孟津中流時，有白魚躍入其船中。魚長三尺，身有紅色文字。人們傳說：這是上天借此告喻武王伐紂。[76]燔燎告天　一種祭天的儀式。《爾雅》：「祭天曰燔柴。」燔燎，即燔柴，將木柴堆積在祭壇上，再將玉、犧牲放在柴上，然後將其焚燒。古人認為天高不可達，而燔柴之煙氣上揚，則可以達到天上。告天，向上天報告。[77]禋于六宗　禋，原指煙祭，即升煙以祭天。在這裡，泛指祭祀。六宗，古代尊祀的六神。漢平帝元始中，將六宗定為《易》卦中的六子之氣，即水、火、雷、風、山、澤。光武帝時，遵循不改。至漢安帝即位，改六宗為天、地、東、南、西、北。[78]望於群神　望，望祀，即在郊外遙望而祭。古人認為山林川谷能興致雲雨，都有神靈。但因其分布太廣，不可遍至，故望而總祭之。[79]祝文　祭祀時用於宣讀的禱告文。[80]皇天　古人對天的尊稱。[81]后土　古人對地神的尊稱。[82]屬　託付。[83]百辟　原指諸侯，後也泛指公卿大官。[84]元元　庶民；民眾。[85]讖記　預言未來事象的文字圖錄。[86]卯金　即劉字。劉字析之為卯金刀，或省刀稱卯金，用作劉姓的代稱。[87]劉盆子　西漢皇族，城陽景王劉章之後。泰山式（今山東泰安）人。王莽末，參加赤眉軍。更始三年，被赤眉軍將領強行立為皇帝，建年號為建世。後為光武帝擊敗，被迫投降。光武帝命其為趙王郎中。其後，病卒。見本書卷十一。❽❽前將軍　官名。兩漢將軍名號很多，位次亦有不同。前將軍位在大將軍、驃騎將軍之下，皆金印紫綬，位次上卿。❽❾定國公王匡　（？—西元二五年），新市（今湖北京山縣）人。王莽天鳳四年（西元一七年）在綠林山聚眾起義，號「新市兵」。劉玄更始元年，封定國公、定國上公、比陽王。後遭劉玄猜忌，率兵歸赤眉軍，又降劉秀。在東去洛陽途中，與胡殷、成丹等降將企圖逃亡，被劉秀部將宗廣所殺。❾⓪安邑　縣名。治今山西夏縣西北禹王城。❾❶劉均　（？—西元二五年），更始政權將領。更始三年，為抗威將軍，與定國公王匡等率兵阻擊赤眉軍西進長安。時光武帝欲乘勢占領關中，遣前將軍鄧禹西討。劉均率部受王匡指揮迎戰鄧禹，兵敗被殺。

【語　譯】更始派侍御史持符節封光武帝為蕭王，命令各位將領都交出兵權，前往更始帝所在的地方。光武帝藉口河北尚未平定，不接受徵召。從此，光武帝便對更始帝有了二心。

2　當時，長安朝政混亂，四方都有背叛者。梁王劉永在睢陽擅自稱天子，公孫述在巴蜀稱王，李憲自立為淮南王，秦豐自號楚黎王，張步在琅邪起兵，董憲在東海起兵，延岑在漢中起兵，田戎在夷陵起兵，都各自設置將帥，攻掠郡縣。另有不同名號的諸多盜賊，如銅馬、大彤、高湖、重連、鐵脛、大搶、尤來、上江、青犢、五校、檀鄉、五幡、五樓、富平、獲索等等，各率部屬，總數合起來有數百萬人，各自在所在地區進行搶掠。

3　光武帝打算攻擊他們，便先派吳漢北上，調發十郡兵馬。幽州牧苗曾拒不從命，吳漢便斬殺了苗曾而調發了他的部眾。秋天，光武帝在鄗縣攻打銅馬，吳漢率突騎前來，在清陽縣會師。銅馬軍數次挑戰，光武帝堅守營壘不出；銅馬兵有外出劫掠的，光武帝就派人襲擊捕獲他們。光武帝斷絕銅馬軍的糧食運輸線，過了一個多月後，賊兵糧盡，乘夜逃去。光武帝的兵馬追到館陶，大破銅馬軍。收編投降的銅馬兵還沒有結束，高湖軍和重連軍便從東南方向趕來，與銅馬餘部會合，光武帝又與他們在蒲陽大戰，將他們徹底擊敗，迫使他們全部投降了。光武帝將他們的首領封為列侯，但投降者仍內心不安。光武帝了解他們的心思，於是強令他們各自回到營中統領兵馬，自己則單人匹馬巡查各支部隊。投降者相互交換意見，說：「蕭王能如此推心置腹，我們怎能不以死報效呢！」從此，投降者都心悅誠服。光武帝將全部投降者分編給各位將領，於是部眾多達數十萬，因此關西地區將光武帝稱為「銅馬帝」。赤眉軍另一路統帥與大彤、青犢軍在射犬，有十餘萬人。光武帝揮師進擊，將他們打得大敗，其部眾四下逃散。

4 光武帝指使吳漢、岑彭襲擊謝躬，在鄴城將他殺死。

5 青犢、赤眉賊軍進入函谷關，進攻更始，光武帝於是派遣鄧禹率領六位副將帶兵西進，以便利用更始、赤眉之亂得到發展。當時，更始帝讓大司馬朱鮪、舞陰王李軼等人屯駐洛陽，光武帝也命令馮異守衛孟津，以抗拒更始軍隊。

6 建武元年春季正月，平陵人方望立前孺子劉嬰為天子，更始派丞相李松率軍進攻，斬殺了劉嬰、方望。

7 光武帝率兵北進，在元氏縣攻打尤來、大搶、五幡，追至右北平，連連擊破他們。在順水以北再戰，光武帝乘勝貿然推進，反被敵軍擊敗。賊兵窮追不捨，兩軍短兵相接，光武帝自己從高岸上跳下，遇到突騎士兵王豐，王豐下馬把自己的坐騎讓給光武帝，光武帝按著王豐的肩頭上了馬，回頭笑著對耿弇說：「差點被匪徒嗤笑。」耿弇連連發箭射退賊兵，光武帝脫離了危險。光武帝的士兵有數千人戰死，潰散的士兵退守范陽。軍中見不到光武帝，有人說他已經死了，各位將領不知所措，吳漢說：「大家振作起來！大王哥哥的兒子在南陽，何必擔心沒有主子呢！」眾人惶懼不安，幾天後才平靜下來。賊軍雖然取勝，但一向畏懼光武帝的威勢，加上客軍與主軍互不知情，便乘夜退去了。光武帝的大軍向前推進到安次，與敵軍交戰，擊敗了他們，斬敵軍三千多首級。賊軍進入漁陽，光武帝便派遣吳漢率領耿弇、陳俊、馬武等十二位將軍追擊，在潞縣東與敵軍交戰，追到平谷，全殲了敵軍。

8 朱鮪派遣討難將軍蘇茂進攻溫縣，馮異、寇恂與他們交戰，大敗敵軍，斬殺了蘇茂的部將賈彊。

9 這時眾將領一起商議，想向光武帝獻上天子的稱號。馬武首先去見光武帝，說：「天下沒有君主，如有聖人乘亂而起，那即便有孔子為丞相、孫武為大將，恐怕也無濟於事了。覆水難收，後悔莫及。大王雖然堅持謙恭遜讓，那國家的命運又當如何？您應該先返回薊縣登上天子之位，然後再商議征伐攻戰。當今誰是盜賊？我們殺來殺去的，又該去攻擊誰呢？」光武帝大驚，說：「將軍為什麼說出這樣的話來了？夠殺頭的了！」馬武說：「眾將領都是這個意思。」光武帝讓他出去開導眾將領，然後率軍回到薊縣。

10 夏季四月，公孫述自稱天子。

11 光武帝從薊縣返回，路過范陽，命令掩埋官兵的屍體。到了中山，眾將領再次上奏：「漢室遭王莽篡權，宗廟廢絕，豪傑憤怒，億萬民眾陷於水深火熱。大王與伯升首先興起義兵，更始憑藉他的資格占據了帝位，但卻沒有能力當好天子，敗壞法紀，天下盜賊日漸增多，百姓生計艱難困苦。大王首戰昆陽，王莽因此瓦解；後占邯鄲，北方平定。天下三分而占有其二，占據的土地跨過了一州又一州，擁有大軍百萬。要講武力，那無人敢抗衡；要論文德，那您就更不能推辭了。臣下我聽說帝王的位子不能長期空著，天命也不能用謙讓來拒絕。希望大王以國家為重，順萬民之心。」光武帝還是不聽從。

12 走到南平棘，眾將領又一再請求光武帝即帝位。光武帝說：「盜賊還沒有平定，我們四面都是敵人，為什麼一定要急急忙忙地正名號、即帝位呢？各位將領還是先出去吧。」耿純上前說道：「天下士大夫之所以拋棄親戚、離鄉背井，跟隨大王在羽箭和砲石之間戰鬥，他們不過是希望能夠抓住飛龍的鱗片、附著鳳凰的翅膀，以實現他們的志向罷了。現今功業即將奠定，天意人心也相互感應，但大王卻不跟上時機、違背眾人意志，不正名號、不即帝位。耿純我擔心士大夫一旦沒有了希望，就會有離去回家的念頭，不願自己長久吃苦。大眾一散，就難以重新召集；時機不可失，眾人之心不可違。」耿純言詞非常誠懇，光武帝深為感動，說：「我會考慮這個問題的。」

13 走到鄗縣，光武帝早年在長安時的同學彊華從關中來了，向光武帝獻上《赤伏符》。《赤伏符》中說：「劉秀發兵，捕捉違背天道的人；雲在四邊聚集，龍在野外爭鬥；遇到四七的時候，火為主子。」群臣因此再次上奏說：「接受天命的徵兆，與人相應最為重要。相距萬里而彼此心願相同，不謀而合。當年武王伐紂，白魚躍舟，哪能與今日之符應相比呢？現今上無天子，海內混亂。符瑞的相應，顯而易見，眾人盡知，應該回應天神之意，以滿足眾人的願望。」光武帝於是命令有關官員在鄗縣南面的千秋亭五成陌修整場地，修建祭壇。

14 六月己未日，光武帝即皇帝位。用燔柴儀式祭告上天，用禋祀儀式祭祀水、火、雷、風、山、澤六神，用望祭儀式遍祭山川眾神。光武帝宣讀祝文：「皇天上帝，大地之神，垂愛照顧，降下命令，把百姓託付給劉秀，讓劉秀做百姓父母，劉秀實在不敢當。群臣諸侯，事先沒有商議，但卻眾口一詞，都說：『王莽篡位，劉秀發憤起兵，大破王尋、王邑於昆陽，誅殺王郎、銅馬於河北，平定天下，海內蒙受他的恩惠，上應天地的心意，下被百姓衷心擁戴。』讖記說：『劉秀發兵捕不道，卯金修德為天子。』劉秀仍然堅決推辭，一而再，再而三。群臣都說：『皇天的最高命令，不可遲疑不決。』劉秀哪敢不恭敬地承受天命呢！」於是，劉秀建年號為建武，大赦天下，將鄗縣改稱為高邑。

15 這月，赤眉軍擁立劉盆子為天子。

16 甲子日，前將軍鄧禹在安邑縣攻擊更始帝的定國公王匡，將他打得大敗，斬殺了他的部將劉均。

1 秋七月辛未，拜前將軍鄧禹為大司徒。丁丑，以野王❶令王梁❷為大司空。壬午，以大將軍吳漢為大司馬、偏將軍景丹❸為驃騎大將軍、大將軍耿弇為建威大將軍❹、偏將軍蓋延❺為虎牙大將軍❻、偏將軍朱祐❼為建義大將軍❽、中堅將軍❾杜茂❿為大將軍。

2 時宗室劉茂⓫自號「厭新將軍⓬」，率眾降，封為中山王。

3 己亥，幸⓭懷⓮。遣耿弇率彊弩將軍陳俊軍五社津⓯，備滎陽⓰以東。使吳漢率朱祐及廷尉岑彭、執金吾⓱賈復⓲、揚化將軍堅鐔⓳等十一將軍圍朱鮪於洛陽。

4 八月壬子，祭社稷。癸丑，祠高祖、太宗⑳、世宗㉑於懷宮。進幸河陽㉒。更始廩丘王田立降。

5 九月，赤眉入長安，更始奔高陵㉓。辛未，詔曰：「更始破敗，棄城逃走，妻子裸袒，流冗道路，朕甚愍之。今封更始為淮陽王。吏人敢有賊害者，罪同大逆。」

6 甲申，以前密令卓茂㉔為太傅㉕。

7 辛卯，朱鮪舉城降。

8 冬十月癸丑，車駕入洛陽，幸南宮㉖卻非殿，遂定都焉。

9 遣岑彭擊荊州㉗群賊。

10 十一月甲午，幸懷。

11 劉永自稱天子。

12 十二月丙戌，至自懷。

13 赤眉殺更始，而隗囂㉘據隴右㉙，盧芳㉚起安定㉛。破虜大將軍叔壽㉜擊五校㉝賊於曲梁㉞，戰歿。

【章　旨】以上交代光武帝定都洛陽以及更始、赤眉、隗囂、劉永、盧芳、五校等政權及割據勢力的動態。

【注　釋】❶野王　河內郡野王縣。治所在今河南沁陽。❷王梁　（？—西元三八年），字君嚴，漁陽要陽（今河北豐寧）人。隨彭寵從劉秀平河北，拜野王令。建武二年，因違命貶為中郎將，行執金吾事。歷任前將軍、山陽太守、河南尹等職，封阜成侯。見本書卷二十二。❸景丹　（？—西元二六年），字孫卿，馮翊櫟陽（今陝西臨潼）人。原為王莽朔調連率副貳。降於更始，復為上谷長史。從劉秀，拜偏將軍，號奉義侯。建武二年，定封櫟陽侯。見本書卷二十二。❹建威大將軍　官名。東漢初光武帝劉秀所置。雜號將軍中，多以「威」、「武」為號，建威即其中之一。❺蓋延　（？—西元三九年），字巨卿，漁陽要陽人。原為彭寵部將，從劉秀平河北，拜偏將軍，號建功侯。建武二年，改封安平侯，多有戰功，因病拜為左馮翊。見本書卷十八。❻虎牙大將軍　官名。東漢所置雜號大將軍之一。臨時而設，不常置。❼朱祐　（？—西元四八年），字仲先，南陽（今河南南陽）人。原為劉縯部將，後從劉秀，為大司馬。征討河北，為偏將軍，封安陽侯。建武二年，更封堵陽侯。建武十三年，定封鬲侯。見本書卷二十二。❽建義大將軍　官名。東漢初光武帝劉秀所置。為將軍中地位較高之武官，主征伐。❾中堅將軍　官名。東漢雜號大將軍之一。❿杜茂　（？—西元四三年），字諸公，南陽冠軍（今河南鄧州）人。初歸劉秀於河北，為中堅將軍，常從征伐。建武二年，更封苦陘侯，後拜驃騎大將軍，更封修侯。建武十五年，坐罪免官，定封參渠鄉侯。見本書卷二十二。⓫劉茂　東漢南陽蔡陽（今湖北棗陽）人。光武帝族父。新莽末起兵，自號劉失職，稱厭新將軍，攻下潁川、汝南，眾十餘萬人。建武元年，率眾歸附光武帝，封中山王。十三年，以茂服屬已疏，降封為單父侯，旋改封穰侯。⓬厭新將軍　即戰勝王莽新朝的將軍。厭，以詛咒制人；厭勝。⓭幸　指帝王駕臨。⓮懷　縣名。治今河南武陟西南。秦漢為河內郡治所。⓯五社津　津渡名。為著名黃河古渡之一。故址在今河南鞏義西北的黃河上。⓰滎陽　縣名。治今河南滎陽東北。⓱執金吾　官名。秦始置，名中尉。漢武帝太初元年（西元前一〇四年），改名執金吾。東漢沿置，秩中二千石。主管京師宮外之警衛及防非常水火之事，與衛尉互為表裡。皇帝出行，則任儀仗護衛。⓲賈復　（？—西元五四年），字君文，南陽冠軍人。初為縣掾，乘綠林兵起，聚眾起兵，投歸漢中王劉嘉，為校尉。後辭劉嘉往河北投靠劉秀，任破虜將軍。光武立，拜執金吾，封冠軍侯。建武十三年，定封膠東侯。卒諡剛侯。見本書卷十七。⓳堅鐔　（？—西元五〇年），字子伋，潁川襄城（今河南襄城）人。初為郡縣吏，後投劉秀，拜偏將軍。河北平定，拜揚化將軍。建武六年，封合肥侯。⓴太宗　即漢文帝。㉑世宗　漢武帝。㉒河陽　縣名。治今河南孟縣西。因地處黃河北岸，故名。㉓高陵　縣名。治今陝西高陵西南。㉔前密令卓茂　密，縣名。治今河南新密東南。卓茂（？—西元二八年），南陽宛人。元帝時號為通儒。以儒術舉為侍郎，給事黃門，遷密令。王莽秉政，遷京部丞。不滿王莽專政，稱病歸鄉。更始立，召為侍中祭酒。光武即位，徵召為太傅，封褒德侯。見本書卷二十五。㉕太傅　官名。三公之一，與太師、太保並為上公，位三公上。東漢時，上公僅置太傅，其錄尚書事者，參預朝政，不加錄尚書事者則無常職。㉖南宮　秦、漢時洛陽宮殿名。南宮位處宮城南部。㉗荊州　漢武帝所置「十三刺史部」之一。東漢承其制，故治漢壽（今湖南常德東北）。其轄地相當今湖北、湖南與河南南陽地區與信陽部分地區、貴州銅仁、廣西桂林、廣東韶關地區以及陝西山陽與重慶市秀山縣等地。㉘隗囂　字季孟，天水成紀（今甘肅秦安）人。王莽末，起兵割據天水、武都、金城等郡，一度依附劉玄。不久，自稱西州上將軍。後屢被漢軍擊敗，憂死。見本書卷十三。㉙隴右　指隴山（六盤山）以西地區，古代以西為右，故名。約相當今甘肅六盤山以西、黃河以東地區。㉚盧芳　字君期，安定三水（今寧夏同心）人。王莽末，他詐稱漢武帝曾孫劉文伯，與本鄉羌胡貴族起兵。更始時至長安，被任命為騎都尉。更始敗後，自立為上將軍、西平王，遣使與西羌、匈奴和親。建武元年，被匈奴迎入，單于立其為漢帝。建武五年，建都九原縣，占據有五原、朔方、雲中、定襄、鴈門五郡，與漢政權對峙。建武十六年，請降，被立為代王，後復叛。十餘年後在匈奴病死。見本書卷十二。㉛安定　郡名。西漢治高平（今寧夏固原），東漢移治臨涇縣（今甘肅鎮原東南）。轄境約相當今寧夏中衛以南清水河流域與甘肅鎮原、平涼、涇水上游流域等地區。西漢並於此郡境內置安定縣，故治在今甘肅涇川北涇河北岸。東漢廢。㉜叔壽　（？—西元二五年），父城（今河南寶豐）人。更始元年，光武為司隸校尉，道經父城，以馮異薦，為掾史，從至洛陽。後以戰功累擢為破虜大將軍。㉝五校　河北農民軍的一支。㉞曲梁　侯國名。治今河北永年東南。

【語　譯】秋季七月辛未日，光武帝拜前將軍鄧禹為大司徒。丁丑日，任命野王令王梁為大司空。壬午日，任命大將軍吳漢為大司馬、偏將軍景丹為驃騎大將軍、大將軍耿弇為建威大將軍、偏將軍蓋延為虎牙大將軍、偏將軍朱祐為建義大將軍、中堅將軍杜茂為大將軍。

2　當時，漢朝宗室劉茂自稱「厭新將軍」，率眾前來投降，被光武帝封為中山王。

3　己亥日，光武帝到達懷縣。他派遣耿弇率領彊弩將軍陳俊在五社津駐紮，防禦滎陽以東。他派遣吳漢率領朱祐和廷尉岑彭、執金吾賈復、揚化將軍堅鐔等十一位將軍，圍攻朱鮪於洛陽。

4 八月壬子日，祭祀土神穀神。癸丑日，在懷縣宮中祭祀高祖、太宗、世宗。光武帝到達河陽。更始的廩丘王田立投降。

5 九月，赤眉軍攻入長安城，更始逃往高陵。辛未日，光武帝頒布詔令：「更始失敗，棄城逃跑，妻兒沒衣穿，流浪街頭，朕很可憐他們。現今封更始為淮陽王。無論官吏百姓，如有敢傷害更始的，一律按大逆治罪。」

6 甲申日，以前密縣令卓茂為太傅。

7 辛卯日，朱鮪以洛陽城投降。

8 冬季，十月癸丑日，光武帝乘車進入洛陽，住進南宮卻非殿，於是定都洛陽。

9 光武帝派遣岑彭進攻荊州的群賊。

10 十一月甲午日，光武帝到達懷縣。

11 劉永自稱天子。

12 十二月丙戌日，光武帝從懷縣回到洛陽。

13 赤眉軍殺死了更始帝，而隗囂占據了隴右，盧芳起兵於安定。破虜大將軍叔壽在曲梁攻打五校賊，戰死。

1 二年春正月甲子朔，日有食之。大司馬吳漢率九將軍擊檀鄉賊，於鄴東大破降之。庚辰，封功臣皆為列侯，大國四縣，餘各有差。下詔曰：「人情❶得足，苦於❷放縱，快須臾之欲，忘慎罰❸之義。惟諸將業遠功大，誠欲傳於無窮，宜如臨深淵，如履薄冰，戰戰慄慄，日慎一日。其顯效未詶❹、名籍未立者，大鴻臚趣上，朕將差而錄之。」博士❺丁恭❻議曰：「古帝王封諸侯不過百里，故『利以建侯』，取法於雷❼，強榦弱枝，所以為治也。今封諸侯四縣，不合法制。」帝曰：「古之亡國，皆以無道，未嘗聞功臣地多而滅亡者。」乃遣謁者❽即授印綬❾。策❿曰：『在上不驕，高而不危；制節謹度⓫，滿而不溢。』敬之戒之⓬，傳爾子孫，長為漢藩⓭。」

2 壬午，更始復漢將軍鄧曄⓮、輔漢將軍于匡⓯降，皆復爵位。

3 壬子，起高廟⓰，建社稷於洛陽，立郊兆⓱于城南，始正火德⓲，色尚赤⓳。

4 是月，赤眉焚西京⓴宮室，發掘園陵，寇掠關中。大司徒鄧禹入長安，遣府掾㉑奉十一帝㉒神主㉓，納於高廟。真定王楊㉔、臨邑侯讓㉕謀反，遣前將軍耿純誅之。

5 二月己酉，幸修武㉖。大司空王梁免。壬子，以太中大夫㉗宋弘㉘為大司空。遣驃騎大將軍景丹率征虜將軍㉙祭遵㉚等二將軍擊弘農㉛賊，破之，因遣祭遵圍蠻中㉜賊張滿㉝。

6 漁陽太守彭寵反，攻幽州牧朱浮於薊。延岑自稱武安王於漢中。

7 辛卯，至自修武。

8 三月乙未，大赦天下，詔曰：「頃獄多冤人，用刑深刻，朕甚愍之。孔子云：『刑罰不中，則民無所措手足。』其與中二千石㉞、諸大夫、博士、議郎㉟議省刑法。」

9 遣執金吾賈復率二將軍擊更始郾王尹遵，破降之。驍騎將軍㊱劉植擊密賊，戰歿。遣虎牙大將軍蓋延率四將軍伐劉永。夏四月，圍永於睢陽。更始將蘇茂殺淮陽㊲太守潘蹇而附劉永。

10 甲午，封叔父良為廣陽王，兄子章㊳為太原王，章弟興㊴為魯王，舂陵侯嫡子祉㊵為城陽王。

11 五月庚辰，封更始元氏王歙㊶為泗水王，故真定王楊子得㊷為真定王，周後姬常㊸為周承休公。癸未，詔曰：「民有嫁妻賣子欲歸父母者，恣聽之。敢拘執，論如律。」

12 六月戊戌，立貴人郭氏㊹為皇后，子彊㊺為皇太子，大赦天下。增郎、謁者、從官秩各一等。丙午，封宗子劉終㊻為淄川王。

13 秋八月，帝自將征五校。丙辰，幸內黃㊼，大破五校於羛陽㊽，降之。遣游擊將軍鄧隆救朱浮，與彭寵戰於潞，隆軍敗績。蓋延拔睢陽，劉永奔譙㊾。破虜將軍鄧奉[50]據淯陽反。

14 九月壬戌，至自內黃。驃騎大將軍景丹薨[51]。延岑大破赤眉於杜陵[52]。關中饑，民相食。

15 冬十一月，以廷尉岑彭為征南大將軍[53]，率八將軍討鄧奉於堵鄉[54]。銅馬、青犢、尤來餘賊共立孫登為天子於上郡[55]。登將樂玄殺登，以其眾五萬餘人降。遣偏將軍馮異代鄧禹伐赤眉。使太中大夫伏隆[56]持節安輯青徐二州，招張步降之。

16 十二月戊午，詔曰：「惟宗室列侯為王莽所廢，先靈無所依歸。朕甚愍之，其並復故國。若侯身已歿，屬所上其子孫見名尚書，封拜。」

17 是歲，蓋延等大破劉永於沛西。初，王莽末，天下旱蝗，黃金一斤易粟一斛[57]。至是野穀旅生[58]，麻尗[59]尤盛，野蠶成繭，被於山阜，人收其利焉。

18 三年春正月甲子，以偏將軍馮異為征西大將軍[60]，杜茂為驃騎大將軍。大司徒鄧禹及馮異與赤眉戰於回溪[61]，禹、異敗績。征虜將軍祭遵破蠻中，斬張滿。辛巳，立皇考[62]南頓君[63]已上四廟。壬午，大赦天下。

19 閏月乙巳，大司徒鄧禹免。馮異與赤眉戰於崤底[64]，大破之。餘眾南向宜陽[65]，帝自將征之。己亥，幸宜陽。甲辰，親勒六軍，大陳戎馬，大司馬吳漢精卒當前，中軍次之，驍騎、武衛分陳左右。赤眉望見震怖，遣使乞降。丙午，赤眉君臣面縛，奉高皇帝[66]璽綬，詔以屬城門校尉[67]。戊申，至自宜陽。己酉，詔曰：「群盜縱橫，賊害元元，盆子竊尊號，亂惑天下。朕奮兵討擊，應時崩解，十餘萬眾束手降服，先帝璽綬歸之王府。斯皆祖宗之靈、士人之力，朕曷足以享斯哉！其擇吉日祠高廟，賜天下長子當為父後者爵，人一級。」

20 二月己未，祠高廟，受傳國璽。劉永立董憲為海西王、張步為齊王。步殺光祿大夫[68]伏隆而反。幸懷。遣吳漢率二將軍擊青犢於軹[69]西，大破降之。

21 三月壬寅，以大司徒司直[70]伏湛[71]為大司徒。彭寵陷薊城，寵自立為燕王。帝自將征鄧奉，幸堵陽[72]。

22 夏四月，大破鄧奉於小長安，斬之。馮異與延岑戰於上林[73]，破之。吳漢率七將軍與劉永將蘇茂戰於廣樂[74]，大破之。虎牙大將軍蓋延圍劉永於睢陽。

23 五月己酉，車駕還宮。乙卯晦，日有食之。

24 六月壬戌，大赦天下。耿弇與延岑戰於穰[75]，大破之。

25 秋七月，征南大將軍岑彭率三將軍伐秦豐，戰於黎丘，大破之，獲其將蔡宏。庚辰，詔曰：「吏不滿六百石，下至墨綬[76]長[77]、相[78]，有罪先請。男子八十以上，十歲以下，及婦人從坐者，自非不道、詔所名捕，皆不得繫。當驗問者即就驗。女徒雇山⑲歸家。」

26 蓋延拔睢陽，獲劉永，而蘇茂、周建⑳立永子紆㉑為梁王。

27 冬十月壬申，幸春陵㉒，祠園廟。因置酒舊宅，大會故人父老。

28 十一月乙未，至自春陵。涿郡㉓太守張豐反。

29 是歲，李憲自稱天子。西州㉔大將軍隗囂奉奏㉕。建義大將軍朱祐率祭遵與延岑戰於東陽㉖，斬其將張成。

【章　旨】以上記述光武帝在加強政權建設的同時，消滅赤眉軍、戰勝青犢軍、平定鄧奉反叛、攻敗劉永等一系列的勝利。

【注　釋】❶人情　人的情慾；願望。❷苦於　急於。❸慎罰　明德慎罰，懂得仁德愛民、知道慎用刑罰。❹詶　通「酬」。酬答；對答。❺博士　秦置博士官，掌通古今，備顧問。漢武帝時，設五經博士，掌教授經學，國有疑事，顧問諮詢。❻丁恭　字子然，山陽東緡（今山東金鄉）人。治《公羊嚴氏春秋》，世稱大儒。光武建武初，為諫議大夫、博士，封關內侯。建武十一年（西元三五年），遷少府。二十年，拜侍中祭酒、騎都尉。見本書卷七十九下。❼取法於雷　《周易・屯卦》的上卦為「坎」、下卦為「震」。其〈爻辭〉初九曰「利建侯」，意為占得此爻，主有利於封建諸侯。「震」為雷。因此在這裡，丁恭將「利建侯」與「震」（雷）聯繫起來，以申明自己反對分封、加強中央集權的意思。❽謁者　官名。秦置，西漢因之，為光祿勳的屬官。掌賓贊受事，秩比六百石。東漢又有常侍謁者、給事謁者、灌謁者之分。謁者僕射為其主管官，秩比千石。❾印綬　印和繫印的絲帶。指官吏的印章。❿策　策書。古代命官授爵，用策書為符信，相當於今任命書、委任狀之類。⓫制節謹度　制節，指費用約儉。謹度，指慎行禮法。《孝經》：「在上不驕，高而不危；制節謹度，滿而不溢。」⓬敬之戒之　即警戒之意。《詩・常武》：「既敬既戒，惠此南國。」⓭藩　屏障；掩蔽。此處指藩國。⓮鄧曄　兩漢之際析縣（今河南西峽縣）人。以勁悍廉直聞名。王莽末，與于匡聚眾起兵，自稱復漢將軍。率軍攻占武關。後開關迎更始帝大將李松入關，加入更始政權，曾任執金吾。建武二年，歸附光武帝，仍任復漢將軍。四年，隨鄧禹大破割據者延岑於鄧縣。⓯于匡　兩漢之際析縣人。王莽末，與鄧曄聚眾起兵，自稱輔漢將軍，率軍攻占武關。後開關迎更始帝大將李松入關，加入更始政權。建武二年降漢。四年，受鄧禹派遣，與復漢將軍鄧曄攔擊延岑，大破之，降其將蘇臣等八千餘人。⓰高廟　漢高祖劉邦之廟。⓱郊兆　設在郊外祭天的祭祀壇。⓲火德　古代有德運之說。即各王朝按五行相生相剋的原理，都要制定自己的氣運。或為水德，或為火德，依此類推。⓳色尚赤　各封建王朝都按德運之說、根據五行的顏色制定自己的服色。如屬水德則色尚黑，屬火德則色尚赤，依此類推。⓴西京　西漢都長安，東漢稱長安為西京。㉑府掾　官名。即公府掾。漢三公所居稱府，其置掾統稱府掾。㉒十一帝　即西漢高祖、惠帝、文帝、景帝、武帝、昭帝、宣帝、元帝、成帝、哀帝、平帝。㉓神主　宗廟中擺放的祖宗牌位。㉔真定王楊　劉楊（？—西元二六年），或作劉陽、劉揚。漢景帝七世孫，真定共王劉普之子。綏和二年（西元前七年）嗣爵為王。王莽始建國元年，貶為公。二年，廢為庶人。更始二年，起兵以附邯鄲割據者王郎，旋降於光武帝。建武元年，仍封真定王。次年，起兵謀反被誅。㉕臨邑侯讓　劉讓（？—西元二六年）。劉楊之弟。初封臨邑侯，王莽時被廢為庶人。東漢建立，歸附光武帝，仍封臨邑侯。建武二年，起兵謀反被誅。㉖修武　縣名。治今河南獲嘉。㉗太中大夫　官名。西漢秩比千石，東漢秩比二千石。為天子高級參謀顧問官。㉘宋弘　字仲子，京兆長安（今陝西西安）人。西漢末，官至侍中。王莽時，任共工。光武帝即位，徵拜太中大夫。建武二年，拜大司空，封栒邑侯。家無資產，以清廉著稱。見本書卷二十六。㉙征虜將軍　東漢所置雜號將軍之一。㉚祭遵　（？—西元三三年），字弟孫，潁川潁陽（今河南許昌）人。從劉秀平河北，歷任軍市令、刺奸將軍、拜偏將軍，封列侯。建武二年拜征虜將軍，定封潁陽侯。多有戰功，後卒於軍中。見本書卷二十。㉛弘農　郡名。治今河南靈寶東北。其轄境約今豫西、陝南地區。㉜蠻中　聚邑名。一名鄤聚。俗謂之麻城（今河南汝陽東南）。㉝張滿　（？—西元二七年），新城（今河南伊川縣）人。光武建武初聚眾舉兵，屯守險隘。建武二年，為漢征虜將軍祭遵所圍，次年，城破，被漢軍擒斬。㉞中二千石　官階和薪俸等級名。漢制，官吏秩俸二十等。萬石之下有中二千石。太常、光祿勳、衛尉、太僕、廷尉、大鴻臚、宗正、大司農、少府等諸卿秩俸居此等。㉟議郎　郎中令的屬官，郎官中地位較高者。秩六百石，掌顧問應對。㊱驍騎將軍　官名。在雜號將軍中品秩較高，主征伐。漢武帝初置，以李廣任其官，屬護軍將軍。㊲淮陽　郡國名。漢高帝十一年，置淮陽國，都於陳（今河南淮陽）。成帝時轄境相當今河南淮陽、鹿邑、太康、柘城、扶溝等地。章和二年改為陳國。㊳章　劉章（？—西元四六年），南陽蔡陽（今湖北棗陽）人，光武帝長兄劉縯之子。建武二年，封太原王。建武十一年，徙為齊王。卒諡哀王。見本書卷十四。㊴興　劉興（？—西元六四年），劉章之弟。建武二年，封魯王，過繼給光武帝次兄劉仲為子。建武二十八年，徙為北海王。卒諡靖王。見本書卷十四。㊵祉　劉祉（？—西元三五年），字巨伯，南陽蔡陽人，舂陵康侯劉敞之子，光武帝族兄。王莽末，從光武帝起兵。更始帝立，授太常將軍，封舂陵侯，從更始入長安，封定陶王。更始政權敗亡，轉附光武帝。建武二年，封為城陽王。卒諡恭王。見本書卷十四。㊶元氏王歙　劉歙（？—西元三四年），字經孫，南陽蔡陽人，光武帝族父。王莽末，從光武帝起兵。後從更始帝入長安，封為元氏王。更始帝敗，轉附光武帝。建武二年，封為泗水王。見本書卷十四。㊷得　劉得，真定王劉楊之子。建武二年，襲封為真定王。建武十三年，光武帝以其服屬已疏，降封為真定侯。㊸姬常　姬武，周朝後裔。建武二年，以周代後裔，封周承休公，十三年，改封衛公。㊹郭氏　（？—西元五二年），字聖通，真定槀（今河北藁城）人。更始二年，劉秀娶之為妻，及即位，以為貴人。建武二年，立為皇后。建武十七年，被廢為中山王太后。見本書卷十上。㊺彊　劉彊（？—西元五八年），郭皇后之子。建武二年，立為皇太子。建武十九年，降封東海王。卒諡恭王。見本書卷四十二。㊻劉終　（？—西元三四年）南陽蔡陽人，泗水王劉歙之子，光武帝族兄。初從光武帝起兵，後從更始帝入長安，為侍中。更始帝敗亡，轉附光武帝。建武二年，封淄川王。建武十年病卒。㊼內黃　縣名。治今河南內黃西北。㊽羛陽　即羛陽聚。屬內黃縣。㊾譙　縣名。治今安徽亳州。㊿鄧奉　（？—西元二七年），新野人，西華侯鄧晨之兄子。從光武帝起兵，以功遷破虜將軍。建武二年，率軍歸新野，因怒漢軍吳漢部掠其鄉里，遂與其弟鄧終、光武帝陰皇后之兄陰識等人反叛，擊破吳漢軍，獲其輜重，屯據淯陽。次年，兵敗投降，被光武帝處斬。[51]薨　周代稱諸侯之死為薨。《禮記・曲禮下》：「天子死曰崩，諸侯曰薨。」唐以後稱二品以上官員之死為薨。[52]杜陵　縣名。治今陝西長安東南。[53]征南大將軍　東漢所置四征大將軍之一，位在將軍之上。[54]堵鄉　地名。在今河南方城境內。[55]上郡　郡名。治所在膚施（今陝西榆林東南）。兩漢轄境相當今陝西北部和內蒙古烏審旗等地。[56]伏隆　字伯文，琅邪東武（今山東諸城）人。建武二年，拜太中大夫，招降張步，旋授光祿大夫。後因張步接受劉永所授齊王封號，伏隆遂被張步所殺。見本書卷二十六。[57]斛　古代量器，也是容量單位。一斛等於十斗。[58]旅生　指蔬穀之類不待種而自生。[59]尗　即菽，豆類植物。[60]征西大將軍　東漢所置四征大將軍之一，位在將軍之上。[61]回溪　水溪名。一作回谿，俗名回坑，又名回溪阪。在今河南洛寧東北。[62]皇考　古人對死去父親的尊稱。[63]南頓君　即光武帝之父南頓令劉欽。[64]崤底　地名。崤，崤山。在今河南洛寧西北古二崤南。[65]宜陽　縣名。治今河南宜陽西、洛河北岸。[66]高皇帝　漢高祖劉邦。[67]城門校尉官名。掌京師城門屯兵，秩比二千石。下屬有司馬一人，城門候十二人。(68)光祿大夫　官名。秩比二千石。掌顧問應對，無常職，隨時聽詔令所使。(69)軹　河內郡軹縣。治今河南濟源南。(70)司直　官名。為丞相最高屬官，掌監察檢舉，督錄諸州事，秩比二千石，位在司隸校尉之上。(71)伏湛　（？—西元三七年），字惠公，琅邪東武人。伏隆之父。西漢成帝時，以父任為博士弟子。王莽時，為繡衣執法。更始立，為平原太守。光武帝即位，徵拜尚書，使典定舊制。未幾，拜司直，行大司徒事。建武三年，代鄧禹為大司徒，封陽都侯。建武五年，坐事免職。次年，徙封不其侯。見本書卷二十六。(72)堵陽　南陽郡堵陽縣。治今河南方城東。(73)上林　長安上林苑。(74)廣樂　廣樂城。故址在今河南虞城東北。(75)穰　南陽郡穰縣。治今河南鄧州。(76)墨綬　指黑色的繫印絲帶。漢代規定，官品不同，綬帶的顏色亦異。黑色綬帶為四百石以上至千石的諸官員所用。(77)長　縣長。漢因秦制，縣置令、長。萬戶以上縣設令，秩千石至六百石；不足萬戶之縣置長，秩五百石至三百石。(78)相　兩漢時期，王國、侯國的行政長官稱相，職位與郡守、縣令相當。(79)雇山　每月出錢雇人在山中伐木。(80)周建　沛人。為地方豪強。更始二年，從劉永起兵割據。建武三年，劉永死，他與蘇茂等擁立劉永之子劉紆為梁王。建武四年，被漢將蓋延擊敗，投奔董憲。(81)紆　劉紆（？—西元二九年），梁郡睢陽（今河南商丘）人，劉永之子。建武三年，其父為漢軍俘虜後，被蘇茂、周建等擁立為梁王。不久，連連被漢軍擊敗，被迫四下逃竄。建武五年，被其軍士高扈斬殺。(82)舂陵　南陽郡舂陵鄉。舊址在今湖北棗陽南。(83)涿郡　郡名。治所在今河北涿州。東漢轄境約相當於今河北保定以北，霸縣、固安以西，北京房山區以南，太行山以東地區。(84)西州　地區名。秦、漢、魏時稱涼州、朔方（一說不包括朔方）為西州，以在中原之西得名。故地即今河西走廊至玉門關附近一帶。(85)奉奏　進獻奏章，以表示服從。當時，隗囂表示願意歸服東漢，鄧禹承制任命他為西州大將軍，專制涼州、朔方事。(86)東陽　聚邑名。故址在今河南鄧州南。

【語　譯】二年春季正月初一日，發生日蝕。大司馬吳漢率九位將軍進攻檀鄉賊軍，在鄴縣東部將他們打得大敗，收降了他們。庚辰日，光武帝將眾功臣都封為列侯，侯國最大的轄有四縣，其餘各有等級差異。光武帝下詔說：「人的志願得到滿足後，便會肆意放縱，貪圖一時的慾望，而忘掉明德慎罰的道理。眾將領勳勞卓著，功業久遠，要真正想把功業無窮無盡地傳下去，就應該如臨深淵、如履薄冰，戰戰慄慄，一天比一天更謹慎。那些功勞顯著而沒有得到酬答、名字沒有載入簿冊的人，由大鴻臚從速報上來，朕將按等級而錄功任用。」博士丁恭提出異議：「古代帝王分封諸侯，其領地不超過百里，因此『利以建侯』是取法於雷震百里的，加強樹幹而削弱旁枝，才能治理好國家。現今分封給諸侯四縣，不符合法式。」光武帝說：「古代亡國，都是因為君主無道，從未聽說因功臣封地多而導致滅亡的。」便派謁者將印章立隨授予列侯。光武帝在策書中告誡他們說：「《孝經》上說：『官位在上而不驕，居於高位而無險；節儉守法，滿而不溢。』恭敬而謹慎，傳給你們的子孫，永遠成為漢朝的屏藩。」

2 壬午日，更始的復漢將軍鄧曄、輔漢將軍于匡投降，光武帝都恢復了他們的爵位。

3 壬子日，蓋高廟，建社稷於洛陽，在城南建立了郊兆，首次確定東漢為火德，以赤為正色。

4 這月，赤眉軍焚燒了西京的宮殿，發掘了帝王的陵墓，搶劫了關中地區。大司徒鄧禹進入長安，派遣府掾恭送十一位皇帝的神主，安放到洛陽的高廟中。真定王劉楊、臨邑侯劉讓謀反，光武帝派遣前將軍耿純誅殺了他們。

5 二月己酉日，光武帝到修武縣。大司空王梁被免職。壬子日，以太中大夫宋弘為大司空。派遣驃騎大將軍景丹率領征虜將軍祭遵等二位將軍攻擊弘農郡的盜賊，打敗他們，乘勢派遣祭遵去圍攻蠻中的盜賊張滿。

6 漁陽太守彭寵反叛，在薊縣攻擊幽州牧朱浮。延岑在漢中自稱武安王。

7 辛卯日，光武帝從修武回到洛陽。

8 三月乙未日，大赦天下，下詔說：「近來治獄斷案多有冤枉的人，用刑苛酷，朕非常可憐他們。孔子說：『刑罰不適當，則百姓手足無措。』應與中二千石、諸大夫、博士、議郎商議省減刑法。」

9 派遣執金吾賈復率領二位將軍攻打更始的郾王尹遵，將他擊敗並迫使投降了。驍騎將軍劉植攻打密縣的盜賊，戰死。派遣虎牙大將軍蓋延率領四位將軍討伐劉永。夏季四月，將劉永圍困在睢陽。更始的將領蘇茂殺了淮陽太守潘蹇而投靠了劉永。

10 甲午日，封叔父劉良為廣陽王，哥哥的兒子劉章為太原王，劉章的弟弟劉興為魯王，春陵侯嫡子劉祉為城陽王。

11 五月庚辰日，封更始的元氏王劉歙為泗水王，已故真定王劉楊的兒子劉得為真定王，周朝後裔姬常為周承休公。癸未日，下詔書說：「民間有嫁妻賣子想歸到生身父母那裡的，都應允許。如有敢拘捕他們的，按法律治罪。」

12 六月戊戌日，立貴人郭氏為皇后，兒子劉彊為太子，大赦天下。增加郎官、謁者、從官的秩祿各一等。丙午日，封宗族子弟劉終為淄川王。

13 秋季八月，光武帝親自率軍征討五校。丙辰日，到達內黃縣，大破五校於羛陽，降服了他們。光武帝派遣游擊將軍鄧隆去救援朱浮，與彭寵戰於潞城，鄧隆軍戰敗。蓋延攻占了睢陽，劉永逃奔譙縣。破虜將軍鄧奉占據淯陽反叛。

14 九月壬戌日，光武帝從內黃回到洛陽。驃騎大將軍景丹去世。延岑大破赤眉軍於杜陵縣。關中地區鬧饑荒，人民相食。

15 冬季十一月，以廷尉岑彭為征南大將軍，率領八位將軍在堵鄉討伐鄧奉。銅馬、青犢、尤來的殘部在上郡共同擁立孫登為天子。孫登的將領樂玄殺了孫登，帶領他的部眾五萬多人投降。光武帝派遣偏將軍馮異代替鄧禹討伐赤眉軍。派遣太中大夫伏隆手持符節去安撫青、徐二州，招降張步。

16 十二月戊午日，下詔書說：「漢家宗室列侯被王莽廢除，祖先神靈無所依歸。朕非常憐憫他們，讓他們都恢復原來的封國。如果諸侯本人已死亡，其下屬郡縣就把他們子孫的名字上報於尚書，進行封拜。」

17 這年，蓋延等在沛縣以西大敗劉永。當初，在王莽末年，天下大旱蝗蟲成災，黃金一斤只能換粟米一斛。到這時田野稻穀不播自生，大麻豆類尤其繁盛，野蠶結繭，覆蓋了山野丘陵，人們獲得自然生成的好處。

18 三年春季正月甲子日，以偏將軍馮異為征西大將軍，杜茂為驃騎大將軍。大司徒鄧禹及馮異與赤眉軍戰於回溪，鄧禹、馮異戰敗。征虜將軍祭遵攻破蠻中，斬殺張滿。辛巳日，光武帝修建父親南頓君以上四代祖先的宗廟。壬午日，大赦天下。

19 閏月乙巳日，免除大司徒鄧禹職務。馮異在崤底與赤眉軍交戰，把赤眉軍打得大敗。赤眉軍殘部向南逃往宜陽，光武帝親自率軍征討他們。己亥日，光武帝到達宜陽。甲辰日，光武帝親自指揮六軍，將兵馬擺成巨大戰陣，大司馬吳漢率精銳兵士在前，中軍在後面，驍騎和武衛分列左右兩翼。赤眉軍望見，感到害怕，派來使者請降。丙午日，赤眉軍君臣將自己反綁，獻上了傳國璽印，光武帝命令把他們交給城門校尉。戊申日，光武帝從宜陽回到洛陽。己酉日，下詔說：「群盜縱橫，殘害百姓，劉盆子竊據尊號，惑亂天下。朕揮師討伐，他們頓時瓦解，十幾萬人束手投降，先皇帝的大印回到了皇宮。這都是祖宗的神靈、軍人的力量，朕哪敢個人享有這個勝利！選擇良辰吉日祭祀高廟，把爵位賜給天下作為父親繼承人的長子，每人一級。」

20 二月己未日，祭祀高廟，接受傳國大印。劉永封董憲為海西王、張步為齊王。張步殺了光祿大夫伏隆，反叛東漢。光武帝到達懷縣，派遣吳漢率二位將軍攻打青犢軍於軹縣之西，將他們打得大敗，迫使他們投降。

21 三月壬寅日，以大司徒司直伏湛為大司徒。彭寵攻陷薊城，並自立為燕王。光武帝親自率軍征討鄧奉，來到堵陽。

22 夏季四月，漢軍在小長安大破鄧奉，光武帝將他斬首。馮異與延岑交戰於上林，將他擊敗。吳漢率領七位將軍與劉永的部將蘇茂在廣樂交戰，將他打得大敗。虎牙大將軍蓋延將劉永圍困在睢陽。

23 五月己酉日，光武帝回到宮中。乙卯日是本月的最後一天，發生了日蝕。

24 六月壬戌日，大赦天下。耿弇與延岑交戰於穰縣，將他打得大敗。

25 秋季七月，征南大將軍岑彭率三位將軍討伐秦豐，交戰於黎丘，將他打得大敗，俘虜了他的部將蔡宏。庚辰日，光武帝下詔：「年俸不滿六百石的官吏，下至繫印絲帶為黑色的縣長、國相等地方官員，如果犯罪，必須先請示朝廷後才能治罪。年齡在八十歲以上、十歲以下的男子，以及因受牽連而獲罪的婦女，如果不是犯下大逆不道的惡罪、詔書所指名點姓要逮捕的人，都不得隨意拘禁。應複審查明的，就必須當即復審。被判徒刑的女犯可以出錢雇人入山伐木，本人可以回家。」

26 蓋延攻克睢陽，俘虜了劉永，但蘇茂、周建卻將他的兒子劉紆擁立為梁王。

27 冬季十月壬申日，光武帝到了舂陵，祭祀在故鄉的宗廟。借此機會，在故居設置酒宴，大會親朋故舊、父老鄉親。

28 十一月乙未日，光武帝從舂陵回到了洛陽。涿郡太守張豐反叛。

29 這年，李憲自稱天子。西州大將軍隗囂向朝廷進獻奏章。建義大將軍朱祐率祭遵與延岑在東陽交戰，斬殺了他的部將張成。

1 四年春正月甲申，大赦天下。

2 二月壬子，幸懷。壬申，至自懷。遣右將軍鄧禹率二將軍與延岑戰於武當❶，破之。

3 夏四月丁巳，幸鄴。己巳，進幸臨平❷。遣大司馬吳漢擊五校賊於箕山❸，大破之。

4 五月，進幸元氏。辛巳，進幸盧奴。遣征虜將軍祭遵率四將軍討張豐於涿郡，斬豐。

5 六月辛亥，車駕還宮。

6 七月丁亥，幸譙。遣捕虜將軍馬武、偏將軍王霸❹圍劉紆於垂惠❺。董憲將賁休以蘭陵❻城降，憲圍之。虎牙大將軍蓋延率平狄將軍❼龐萌❽救賁休，不克，蘭陵為憲所陷。

7 秋八月戊午，進幸壽春❾。太中大夫徐惲擅殺臨淮❿太守劉度，惲坐誅。遣揚武將軍⑪馬成⑫率三將軍伐李憲。九月，圍憲於舒⑬。

8 冬十月甲寅，車駕還宮。太傅卓茂薨。

9 十一月丙申，幸宛。遣建義大將軍朱祐率二將軍圍秦豐於黎丘。十二月丙寅，進幸黎丘。

10 是歲，征西大將軍馮異與公孫述將程焉⑭戰於陳倉⑮，破之。

11 五年春正月癸巳，車駕還宮。

12 二月丙午，大赦天下。捕虜將軍馬武、偏將軍王霸拔垂惠。乙丑，幸魏郡⑯。壬申，封殷⑰後孔安⑱為殷紹嘉公。彭寵為其蒼頭⑲所殺，漁陽平。大司馬吳漢率建威大將軍耿弇擊富平、獲索賊於平原⑳，大破降之。復遣耿弇率二將軍討張步。

13 三月癸未，徙廣陽王良為趙王，始就國。平狄將軍龐萌反，殺楚郡㉑太守孫萌而東附董憲。遣征南大將軍岑彭率二將軍伐田戎於津鄉㉒，大破之。

14 夏四月，旱，蝗。河西大將軍竇融㉓始遣使貢獻。

15 五月丙子，詔曰：「久旱傷麥，秋種未下，朕甚憂之。將殘吏未勝，獄多冤結，元元愁恨，感動天氣乎？其今中都官㉔、三輔、郡、國出繫囚，罪非犯殊死，一切勿案，見徒免為庶人。務進柔良，退貪酷，各正厥事焉。」

16 六月，建義大將軍朱祐拔黎丘，獲秦豐。而龐萌、蘇茂圍桃城[25]。帝時幸蒙[26]，因自將征之。先理兵任城[27]，乃進救桃城，大破萌等。

17 秋七月丁丑，幸沛，祠高原廟[28]。詔修復西京園陵。進幸湖陵[29]，征董憲。又幸蕃[30]，遂攻董憲於昌慮[31]，大破之。

18 八月己酉，進幸郯[32]，留吳漢攻劉紆、董憲等，車駕轉徇彭城[33]、下邳[34]。吳漢拔郯，獲劉紆，漢進圍董憲、龐萌於朐[35]。

19 冬十月，還，幸魯[36]，使大司空祠孔子。耿弇等與張步戰於臨淄[37]，大破之。帝幸臨淄，進幸劇[38]。張步斬蘇茂以降，齊地[39]平。初起太學[40]。車駕還宮，幸太學，賜博士弟子各有差。

20 十一月壬寅，大司徒伏湛免，尚書令[41]侯霸[42]為大司徒。

21 十二月，盧芳自稱天子於九原[43]。西州大將軍隗囂遣子恂[44]入侍。交阯[45]牧鄧讓[46]率七郡太守遣使奉貢。詔復[47]濟陽[48]二年傜役。

22 是歲，野穀漸少，田畝益廣焉。

【章旨】以上記述東漢軍隊在中國東部地區的作戰行動中取得勝利，割據河西地區的竇融、隗囂迫於壓力而在表面上臣服於東漢以及中原地區的農業生產已開始恢復等大事。

【注　釋】❶武當　縣名。治今湖北丹江口市西北。❷臨平　鉅鹿郡臨平縣。治今河北東鹿北。❸箕山　地名。故址在東郡（今河南濮陽）。❹王霸　（?—西元五九年），字元伯，潁川潁陽（今河南許昌）人。早從劉秀，多有戰功。劉秀即位，拜偏將軍，更封富波侯。建武九年，遷上谷太守。三十年，定封淮陵侯。見本書卷二十。❺垂惠　聚邑名。一名禮城。故址在今安徽蒙城北。❻蘭陵　東海郡蘭陵縣。治今山東蒼山縣西南蘭陵鎮。❼平狄將軍　東漢雜號將軍之一，平狄或作「平敵」。❽龐萌　兩漢之際山陽郡（今山東金鄉）人。初投下江兵，有軍功，更始帝授其為冀州牧，率兵從尚書令謝躬攻王郎。後降光武，任侍中，拜平狄將軍。奉命與蓋延共擊董憲，因光武帝下詔只給蓋延，乃自疑，遂反。光武帝親率大軍征討，將其擊敗。在逃亡中，被人斬殺。見本書卷十二。❾壽春　縣名。治所在今安徽壽縣。❿臨淮　郡名。治所在今江蘇泗洪南。轄境相當今長江以北睢寧、漣水縣以南江蘇大部，以及安徽一部分地區。東漢移治下邳（今江蘇睢寧西北）。⓫揚武將軍　東漢雜號將軍之一，掌征伐。⓬馬成　（?—西元二八年），字君遷，南陽棘陽（今河南南陽）人。從劉秀起兵，累功拜護軍都尉。建武四年，遷揚武將軍。建武七年，封平舒侯。後任天水太守、行大司空事、中山太守等職。建武二十七年，定封全椒侯。見本書卷二十二。⓭舒　廬江郡治所舒縣。今安徽廬江縣西南。⓮程焉　一作程烏。公孫述部將。受命率數萬人守陳倉，屢被漢將馮異所敗。後降漢，光武帝以其有才幹，擢用之。⓯陳倉　縣名。治今陝西寶雞東。⓰魏郡　郡名。治所在鄴縣（今河北臨漳西南）。東漢轄境相當今河北大名、館陶、丘縣、肥鄉、成安、武安、涉縣、磁縣、臨漳、魏縣、廣平，河南滑縣、浚縣、內黃及山東冠縣等地。⓱殷　殷朝。因商王盤庚從奄（今山東曲阜）遷都至殷，直至商朝被周所滅而都城未改，故後人以殷代稱商，又名殷商、殷朝。⓲孔安　兩漢之際人。西漢成帝曾封孔吉為殷紹嘉公。孔安為孔吉後人。光武建武五年，封為殷紹嘉公。十三年，改封宋公。位在三公上。⓳蒼頭　秦漢對奴僕的稱呼。⓴平原　郡名。治今山東平原縣南。轄境相當今山東齊河縣、禹城、平原縣、陵縣、德州、臨邑、商河縣、惠民、陽信等地區。㉑楚郡　郡國名。東漢初，改楚國為楚郡，章帝章和二年又改稱彭城國。治所在彭城（今江蘇徐州）。轄境相當今山東微山縣、江蘇徐州、銅山縣、沛縣東南部、邳縣西北部及安徽濉溪縣東部。㉒津鄉　鄉邑名。故址在今湖北江陵東南的長江北岸。㉓竇融　（西元前一六—西元六二年），字周公，扶風平陵（今陝西咸陽）人。王莽時，歷任強弩將軍司馬、波水將軍。王莽敗，率軍降劉玄，先後擔任鉅鹿太守、張掖屬國都尉。劉玄敗，割據酒泉、張掖、敦煌等河西五郡。光武即位，乃歸漢，授涼州牧，封安豐侯。歷任冀州牧、大司空、行衛尉事兼領將作大匠等職。卒諡戴侯。見本書卷二十三。㉔中都官　漢代對京師諸官府及官員之稱。㉕桃城　鄉邑名。一作桃聚，又名桃鄉。故址在今山東鄒縣西南、泗河下游南陽湖東。㉖蒙　梁國蒙縣。治今河南商丘東北。㉗任城　縣名。

治今山東濟寧東南。㉘原廟　正廟之外另建之廟。㉙湖陵　山陽郡湖陵縣。治今山東魚台東南與江蘇交界處。㉚蕃　縣名。治今山東滕縣。㉛昌慮　縣名。治今山東滕州東南。㉜郯　東海郡郯縣。治今山東郯城西北。秦漢為東海郡治所。㉝彭城　縣名。治今江蘇徐州。兩漢時，為彭城國治所。㉞下邳　郡國名、侯國名。故治下邳縣。治今江蘇睢寧西北古邳鎮東。轄地相當今安徽泗縣、明光市和江蘇東北部邳縣、睢寧、泗洪、宿遷、沭陽、淮安、清江市、盱眙等地。㉟朐　縣名。治今江蘇連雲港市西南。因其東北境有朐山，故名。㊱魯　縣名。故址在今山東曲阜。㊲臨淄　縣名。一作臨甾、臨菑。故城在今山東淄博東北。㊳劇　縣名。治今山東壽光南。西漢為菑川國、東漢為北海國治所。㊴齊地　相當於今山東東部地區。㊵太學　古代國家的最高學府。夏朝稱序，商朝稱瞽宗，周朝稱辟雍。西漢武帝元朔五年（西元前一二四年），始置太學，立《五經》博士。東漢因之。㊶尚書令　官名。秦置，漢因之，秩六百石，屬少府。武帝始用宦者任之，成帝時則專用士人。東漢為尚書臺長官，總典綱紀，無所不統，職權極重。㊷侯霸　（？—西元三七年），字君房，河南密（今河南新密）人。西漢成帝時，為太子舍人。王莽時，先後任隨宰、淮平大尹。建武四年，光武帝徵拜尚書令。次年，拜大司徒，封關內侯。病卒，追封則鄉哀侯。見本書卷二十六。㊸九原　縣名。治今內蒙包頭西二十公里。㊹恂　隗恂（？—西元三三年），字伯春，隗囂長子，天水成紀（今甘肅秦安）人。建武五年，入漢為人質。建武八年，因隗囂不降被誅。㊺交阯　一作「交趾」。漢武帝所置「十三刺史部」之一。轄境相當今廣東、廣西的大部和越南承天以北之北部、中部等地。東漢改稱交州。㊻鄧讓　兩漢之際南陽人。娶光武帝陰皇后之姐為妻，素與岑彭友善。更始時，為交阯牧。建武五年，聽從岑彭書信勸告，歸漢，封為列侯。㊼復　免除。㊽濟陽　縣名。治今河南蘭考東北。光武帝出生於此，曾數免該縣徭役。

【語譯】四年春季正月甲申日，大赦天下。

2 二月壬子日，光武帝到達懷縣。壬申日，從懷縣回到洛陽。派遣右將軍鄧禹率領二位將軍與延岑在武當交戰，將他擊敗。

3 夏季四月丁巳日，光武帝到了鄴城。己巳日，又行至臨平。派遣大司馬吳漢在箕山進攻五校賊，將他們打得大敗。

4 五月，光武帝行至元氏。辛巳日，又行至盧奴。派遣征虜將軍祭遵率領四位將軍在涿郡討伐張豐，將他斬殺了。

5 六月辛亥日，光武帝回到宮中。

6 七月丁亥日，光武帝到達譙縣。派遣捕虜將軍馬武、偏將軍王霸將劉紆包圍在垂惠。董憲的部將賁休獻出蘭陵城投降，董憲包圍了蘭陵。虎牙大將軍蓋延率領平狄將軍龐萌援救賁休，沒有成功，蘭陵被董憲攻陷。

7 秋季八月戊午日，光武帝到達壽春。太中大夫徐惲擅自殺了臨淮太守劉度，徐惲因此獲罪被處斬。光武帝派遣揚武將軍馬成率領三位將軍討伐李憲。九月，將李憲包圍在舒縣。

8 冬季十月甲寅日，光武帝回到宮中。太傅卓茂去世。

9 十一月丙申日，光武帝到了宛縣。派遣建義大將軍朱祐率領二位將軍將秦豐圍困在黎丘。十二月丙寅日，光武帝前行至黎丘。

10 這年，征西大將軍馮異與公孫述的部將程焉在陳倉交戰，將他擊敗。

11 五年春季正月癸巳日，光武帝回到宮中。

12 二月丙午日，大赦天下。捕虜將軍馬武、偏將軍王霸攻下垂惠。乙丑日，光武帝到達魏郡。壬申日，封殷商後裔孔安為殷紹嘉公。彭寵被他的奴僕所殺，漁陽被平定。大司馬吳漢率領建威大將軍耿弇攻打富平、獲索賊軍於平原郡，將他們打得大敗，迫使他們投降了。光武帝再次派遣耿弇率領二位將軍討伐張步。

13 三月癸未日，改封廣陽王劉良為趙王，劉良這才去了自己的封國。平狄將軍龐萌反叛，殺死楚郡太守孫萌而向東依附於董憲。光武帝派遣征南大將軍岑彭率領二位將軍討伐田戎於津鄉，將他打得大敗。

14 夏季四月，大旱，蝗災。河西大將軍竇融開始向朝廷派遣使者貢獻物品。

15 五月丙子日，光武帝下詔書說：「久旱傷害了麥子，秋季收穫的莊稼現也無法種下去，朕對此非常擔憂。這是不是因為殘酷的官吏未能究治，導致刑獄多有冤枉，百姓愁苦怨恨，從而影響了天氣呢？現令中都官、三輔、各郡、各國釋放在押的囚犯，對除了犯斬首之罪的罪犯，暫且停止審判，正在服徒刑的犯人，免罪為平民。務必要任用和善官吏，斥退貪婪殘酷的官吏，做到各盡其職。」

16 六月，建義大將軍朱祐攻克黎丘，俘虜了秦豐。但龐萌、蘇茂卻包圍了桃城。光武帝當時正在蒙縣，因而親自指揮軍隊征討他們。先在任城整軍，然後才向前推進，救援桃城，大破龐萌等人。

17 秋季七月丁丑日，光武帝到了沛縣，祭祀高祖原廟。光武帝下令修復西京的皇帝陵園。光武帝向前行，到達湖陵，征討董憲。又到了蕃縣，於是在昌慮縣攻擊董憲，將他打得大敗。

18 八月己酉日，光武帝向前行，到達郯縣，留下吳漢進攻劉紆、董憲等，自己轉而巡行彭城，下邳。吳漢攻克郯縣，俘虜了劉紆，又向前推進，將董憲、龐萌包圍在朐縣。

19 冬季十月，光武帝向洛陽返回，行至魯縣，派大司空祭祀孔子。耿弇等人與張步在臨淄交戰，將他打得大敗。光武帝到達臨淄，向前又到了劇縣。張步斬殺了蘇茂前來投降，齊地被平定。開始建造太學。光武帝回到宮中，視察太學，賜給博士弟子多少不等的物品。

20 十一月壬寅日，大司徒伏湛免職，尚書令侯霸擔任了大司徒。

21 十二月，盧芳在九原縣自稱天子。西州大將軍隗囂送兒子隗恂進京，侍候朝廷。交阯牧鄧讓領頭，交阯七郡的太守都派遣使者向朝廷進貢。光武帝下詔免除濟陽縣二年的徭役。

22 這年，野生的穀物逐漸稀少，墾種的土地面積越來越大。

卷一下

光武帝紀第一下

1 六年春正月丙辰，改舂陵鄉❶為章陵縣。世世復傜役，比豐❷、沛❸，無有所豫。辛酉，詔曰：「往歲水旱蝗蟲為災，穀價騰躍，人用困乏。朕惟百姓無以自贍，惻然愍之。其命郡國有穀者，給稟❹高年、鰥、寡、孤、獨及篤癃、無家屬貧不能自存者，如律❺。二千石勉加循撫，無令失職❻。」揚武將軍馬成等拔舒，獲李憲。

2 二月，大司馬吳漢拔朐，獲董憲、龐萌，山東❼悉平。諸將還京師，置酒賞賜。

3 三月，公孫述遣將任滿❽寇南郡❾。

4 夏四月丙子，幸長安❿，始謁高廟，遂有事⓫十一陵⓬。遣虎牙大將軍⓭蓋延等七將軍從隴道[14]伐公孫述。

5 五月己未，至自長安。隗囂反，蓋延等因與囂戰於隴阺[15]，諸將敗績。辛丑，詔曰：「惟天水[16]、隴西[17]、安定[18]、北地[19]吏人為隗囂所詿誤者，又三輔[20]遭難赤眉，有犯法不道者，自殊死以下，皆赦除之。」

6 六月辛卯，詔曰：「夫張官置吏，所以為人也。今百姓遭難，戶口耗少，而縣官[21]吏職所置尚繁。其令司隸[22]、州牧[23]各實所部，省減吏員。縣、國不足置長吏可并合者，上大司徒、大司空二府。」於是條奏并省四百餘縣，吏職減損，十置其一。代郡[24]太守劉興擊盧芳將賈覽於高柳[25]，戰歿。

7 初，樂浪[26]人王調[27]據郡不服。秋，遣樂浪太守王遵擊之，郡吏殺調降。遣前將軍[28]李通率二將軍，與公孫述將戰於西城[29]，破之。

8 夏，蝗。

9 秋九月庚子，赦樂浪謀反大逆殊死已下。

10 丙寅晦，日有食之。

11 冬十月丁丑，詔曰：「吾德薄不明，寇賊為害，彊弱相陵，元元失所。詩云：『日月告凶，不用其行。』永念厥咎，內疚於心。其敕[30]公卿[31]舉賢良[32]、方正[33]

各一人，百僚並上封事[34]，無有隱諱。有司修職，務遵法度。」

12 十一月丁卯，詔王莽時吏人沒入為奴婢、不應舊法者，皆免為庶人。

13 十二月壬辰，大司空宋弘免。癸巳，詔曰：「頃者師旅未解，用度不足，故行什一之稅[35]。今軍士屯田，糧儲差積。其令郡國收見田租三十稅一，如舊制。」

隗囂遣將行巡[36]寇扶風[37]，征西大將軍[38]馮異拒破之。

14 是歲，初罷郡國都尉官[39]，始遣列侯就國。匈奴[40]遣使來獻，使中郎將[41]報命[42]。

15 七年春正月丙申，詔中都官[43]、三輔、郡、國出繫囚，非犯殊死[44]，皆一切勿案其罪。見徒免為庶人。耐罪[45]亡命，吏以文除之。又詔曰：「世以厚葬為德，薄終為鄙，至于富者奢僭，貧者單財。法令不能禁，禮義不能止，倉卒[46]乃知其咎。其布告天下，令知忠臣、孝子、慈兄、悌弟薄葬送終之義。」

16 二月辛巳，罷護漕都尉官[47]。

17 三月丁酉，詔曰：「今國有眾軍，並多精勇，宜且罷輕車[48]、騎士[49]、材官[50]、樓船士[51]及軍假吏[52]，令還復民伍。」

公孫述立隗囂為朔寧王。癸亥晦，日有食之，避正殿，寢兵，不聽事五日。詔曰：「吾德薄致災，謫見日月。戰慄恐懼，夫何言哉！今方念愆，庶消厥咎。其令有司各修職任，奉遵法度，惠茲元元。百僚各上封事，無有所諱。其上書者，不得言聖。」

18 夏四月壬午，詔曰：「比陰陽錯謬，日月薄食。百姓有過，在予一人！大赦天下，公、卿、司隸、州牧舉賢良、方正各一人，遣詣公車[53]，朕將覽試焉。」

19 五月戊戌，前將軍李通為大司空。

20 甲寅，詔吏人遭饑亂及為青[54]、徐[55]賊所略為奴婢、下妻，欲去留者，恣聽之。敢拘制不還，以賣人法從事。

21 是夏，連雨水。

22 漢忠將軍[56]王常為橫野大將軍[57]。

23 八月丁亥，封前河閒王邵[58]為河閒王。隗囂寇安定，征西大將軍馮異、征虜將軍祭遵擊卻之。

24 冬，盧芳所置朔方[59]太守田颯[60]、雲中[61]太守喬扈[62]各舉郡降。

25 是歲，省長水[63]、射聲[64]二校尉[65]官。

【章旨】以上記述光武帝在平定中國東部、中部地區後，開始動手整頓吏治、省併縣級政權、赦免一般罪犯、實行屯田、減輕租稅、解決戰亂中遭掠奪的人口、裁撤多餘軍隊編制和人員等緩解社會矛盾、減輕國家財政負擔的舉措。

【注釋】❶春陵鄉 舊址在今湖北棗陽南。❷豐 縣名。今江蘇豐縣。漢高祖故鄉。漢高祖乃沛縣豐邑中陽里人。豐，原為鄉，後升為縣，置沛郡。❸沛 縣名。今江蘇沛縣。❹給稟 又作「給廩」。官府供給糧食。❺律 這裡指《漢律》。❻失職 失業。❼山東 地區名。戰國、秦、漢通稱華山（今屬陝西）或崤山（今屬河南）以東地區為山東，與當時的關東地區相同。一般專指關東黃河下游平原，有時泛指戰國時秦以外六國領土，包括長江中、下游地區。春秋晉國及以後有些政權因地居太行山西，故又稱太行山以東地區為山東。此處指華山以東的關外廣大地區。❽任滿 （？—西元三五年），東漢初公孫述部屬。公孫述稱帝後，以滿為將軍，東據扞關。建武六年，與田戎出江關，下臨沮、夷陵間，略地南郡。建武九年，拜為大司馬徒，率軍攻占荊門。建武十一年，岑彭率漢軍數萬人攻圍荊門，滿大敗，為其部下王政所殺，將其首級獻於漢軍。❾南郡 郡名。治所在今湖北江陵。轄境相當今湖北襄樊以南，荊門、潛江市、洪湖市以西，洞庭湖區至來鳳、鶴峰一線以北，包括湖北西部、江漢平原大部地區。❿長安 西漢京都。治今陝西西安西北郊。⓫有事 祭祀。⓬十一陵 即高祖長陵、惠帝安陵、文帝霸陵、景帝陽陵、武帝茂陵、昭帝平陵、宣帝杜陵、元帝渭陵、成帝延陵、哀帝義陵、平帝康陵。⓭虎牙大將軍 官名。東漢所置雜號大將軍之一。臨時而設，不常置。⓮隴道 指蜀隴之間的通道。⓯隴阺 山名。一作隴山、隴坻、隴阪。即今六盤山南段，位於今陝西隴縣西北的陝、甘、寧交界地區。⓰天水 郡名。治今甘肅通渭西北。轄境相當今甘肅通渭、靜寧、莊浪、張家川回族自治縣、天水市、禮縣、武山縣、定西等地區。⓱隴西 郡名。秦置。因在隴山之西而得名。治所在狄道（今甘肅臨洮南）。東漢時轄境相當今甘肅蘭州以南、岷縣以北的洮河中游，武山縣以西的渭河上游及青海東端同仁、尖紮以東地區。⓲安定 郡名。西漢治高平（今寧夏固原），東漢移治臨涇縣（今甘肅鎮原東南）。轄境約相當今寧夏中衛以南清水河流域與甘肅鎮原、平涼、涇水上游流域等地區。西漢並於此郡境內置安定縣，治今甘肅涇川縣北涇河北岸。東漢廢。⓳北地 郡名。西漢治馬嶺（今甘肅慶陽西北馬嶺鎮）。東漢移治富平（今寧夏吳忠西南黃河東岸）。轄境相當今甘肅寧縣、慶陽、環縣、正寧、合水縣、華池縣、寧夏石嘴山市、銀川市、靈武、青銅峽市、永寧與陝西銅川市西北、內蒙古烏蘭布和沙漠東南一部分地區。⓴三輔 漢景帝二年分內史為左、右內史，與主爵中尉（尋改主爵都尉）同治京城長安城中，所轄皆為京畿之地，故合稱「三輔」，武帝時，左、右內史、主爵都尉分別改名為京兆尹、左馮翊、右扶風。轄境相當今陝西關中地區。㉑縣官 指國家。㉒司隸 司隸校尉。秩比二千石，糾察百官，上至諸侯、外戚、三公，下至地方郡守，並領司隸一部（畿輔地區），職權顯赫。㉓州牧 官名。古分九州，每州置牧，為一州之長官。秦置監御史，掌監郡。漢省，由丞相遣史臨州。武帝元封五年（西元前一〇六年）置刺史，秩六百石，奉詔條察州。成帝綏和元年罷刺史，置州牧，秩二千石。

哀帝建平二年復為刺史。元壽二年又改為州牧。東漢建武十八年又復為刺史。靈帝中平五年又選列卿為州牧，掌軍政大權，統治一方。㉔代郡　郡名。秦、西漢治所在代縣（今河北蔚縣），東漢移治高柳（今山西陽高西北），後復還故治。轄境相當今山西陽高、廣靈、靈丘、河北蔚縣、陽原、懷安等地區，即今桑乾河流域一帶。㉕高柳　縣名。治今山西陽高西北。西漢置縣，東漢末廢。㉖樂浪　郡名。漢武帝元封三年置。治今朝鮮平壤西南。轄境大致相當今朝鮮平安南道、黃海南北道、江原道、咸鏡南道等地。㉗王調　（？—西元三〇年），東漢初樂浪（今朝鮮平壤）人。更始敗，調殺郡守劉憲，自稱大將軍、樂浪太守。建武六年，劉秀遣太守王遵將兵擊之。郡吏楊邑等殺調迎遵降。㉘前將軍　官名。兩漢將軍名號很多，位次亦有不同。前將軍位在大將軍、驃騎將軍之下，皆金印紫綬，位次上卿。㉙西城　縣名。故治在今陝西安康西北。㉚勑　同「敕」。告誡；告諭。漢代凡官長告諭僚屬、尊長告諭子孫都稱勑。南北朝以後，始專稱君主的詔命。㉛公卿　指三公九卿。㉜賢良　漢代選舉人才的科目之一。始於漢文帝時，東漢因之。賢良與方正和文學常常並提，稱賢良方正或賢良文學，也可看作是一個科目。如同「孝廉」一樣，本是「孝」與「廉」兩個科目，後來始混同為一科。㉝方正　漢代選舉官吏的科目之一。始於西漢文帝時。㉞封事　密封的奏章。亦稱封章。㉟什一之稅　按十分之一的稅率收稅。㊱行巡　平襄（今甘肅通渭）人。為隗囂部將。建武元年，被隗囂擢為大將軍。建武六年，率兵進攻扶風，為漢軍所破。建武十年，降漢。㊲扶風　政區名。即右扶風。相當於郡級，因地屬西漢長安京畿地區，故不稱郡。㊳征西大將軍　官名。東漢所置四征大將軍之一。位在將軍上。㊴都尉官　秦漢時期，以都尉官稱呼者很多，大都為主兵官，也有部分任其他專職，也稱都尉，如水衡都尉、奉事都尉等。領兵之都尉，位在將軍、校尉下。地方郡國都尉，亦主軍事。東漢初，省諸郡都尉，並其職於太守。㊵匈奴　先秦至漢代時北方強大的游牧民族。戰國中後期，分布在陰山南北。秦漢之際，匈奴東擊東胡，滅東胡王；西擊走月氏；南並樓煩、白羊河南王，繼侵燕代。其控制地區東從遼東乃至朝鮮半島北部，西抵祁連山北至天山一帶，領有大漠南北（今內蒙古、蒙古）廣大地區。在漢武帝大規模反擊匈奴以後，其勢力漸衰。此後，匈奴呼韓邪單于一部附漢。東漢建武二十四年匈奴分裂為南北二大部，南下附漢的稱為南匈奴，留居漠北的稱為北匈奴。南匈奴屯居朔方、五原、雲中等郡，東漢末分為左、右、南、北、中五部。北匈奴在漢和帝時被東漢與南匈奴所擊敗，大部匈奴內遷附漢，部分西遷到中亞等地。㊶中郎將　官名。秦置。漢沿置，為中郎的長官。武帝設中郎三將，分五官、左、右三署，隸光祿勳，秩皆比二千石。職掌護衛侍從天子。至東漢，三署中郎將主要協助光祿勳考課察舉三署諸郎。東漢還遣中郎將領兵，遂增設東、西、南、北四中郎將，以征討四方，類似將軍。另有虎賁中郎將、使匈奴中郎將等。這裡的中郎將乃使匈奴中郎將之略稱。㊷報命　指派使者回訪。本書卷八十九〈南匈奴傳〉：「光武初，方平諸夏，未遑外事。至六年，始令歸德侯劉颯使匈奴，匈奴亦遣使來獻，漢令中郎將韓統報命，賂遺金幣，以通舊好。」㊸中都官　漢代對京師諸官府及官員之稱。㊹犯殊死　漢代稱斬首之罪。㊺耐罪　被判輕刑之罪。漢代稱一年之刑為罰作，二年之刑為耐。對判耐刑者要剃去頰鬚。㊻倉卒　這裡指戰亂。意為在戰亂中那些厚葬者之墓皆被人掘墓盜財。㊼護漕都尉官　官名。西漢有督軍糧侍御史，掌督州郡賦稅漕運軍糧。東漢初，改置護漕都尉。㊽輕車　車兵。這裡特指郡國的車兵。漢代諸兵種中，既有騎兵、步兵，還有車兵、水兵，隨地區地形的不同，以配合作戰。㊾騎士　騎兵。這裡特指郡國的騎兵。㊿材官　這裡特指郡國的材官。漢代由步兵組成的山地作戰兵種。(51)樓船士　水兵戰士。水兵乘船作戰，故稱。這裡特指郡國的樓船士。(52)軍假吏　軍中臨時超額設置的低級軍官。(53)公車　官署名。長官為公車令，負責派出公車接送受皇帝徵召赴京或赴京上書之人。(54)青　指「十三刺史部」之一的青州，故治今山東淄博臨淄北。其轄境相當今山東半島全部，包括濟南以東、黃河以南、沂水縣、莒縣以北的廣大地區。(55)徐　指「十三刺史部」之一的徐州，治今山東郯城。其轄地約當今江蘇長江以北、山東南部沿海沂水流域地區以及安徽明光市、天長、泗縣、淮北等地區。(56)漢忠將軍　官名。以「漢忠」名將軍，獎其為漢之忠臣之故。(57)橫野大將軍　官名。光武帝為尊崇漢忠將軍王常，特拜此官。(58)河間王邵　劉邵。兩漢之際王侯。西漢末為河間王，王莽時被廢為庶人。東漢建武七年，復封為河間王。十三年，以服屬已疏，降封為樂成侯。(59)朔方　郡名。西漢元朔二年（西元前一二七年）置。故治今內蒙古杭錦旗西北黃河南岸。東漢移治臨戎縣（今內蒙古磴口北）。轄地約當今內蒙古烏加河流域以南、杭錦旗至烏蘭布和沙漠中部以北、伊金霍洛旗以西、杭錦後旗以東的廣大地區。(60)田颯　東漢初朔方（今內蒙古杭錦旗）人。王莽末，天下大亂，颯起兵自稱將軍。後投靠盧芳，任朔方太守。光武建武七年，舉郡降漢。後任隴西長史，與謁者張鴻領郡兵擊羌，敗，沒於軍中。(61)雲中　郡名。秦漢治所在雲中（今內蒙古托克托東北）。秦轄境相當今內蒙古土默特右旗以東，大青山以南，卓資以西，黃河南岸及長城以北。漢轄境縮小。東漢末郡廢。(62)喬扈　一作橋扈。(63)長水　即長水校尉。官名。漢代京師屯兵八校尉之一，武帝始設有長水校尉，秩二千石，掌長水胡騎。(64)射聲　即射聲校尉。官名。漢武帝時所置八校尉之一。掌待詔射聲士，秩二千石，以宿衛京師。所謂射聲士，指聞聲即能射中的善射者。(65)校尉　官名。秦置，漢沿襲之。漢武帝時置八校尉，以統領宿衛兵。漢制，一般軍隊中，將軍以下有校尉。又有城門、司隸等校尉，以守衛城門和監察百官及京師近郡等事。

【語　譯】六年春季正月丙辰日，改春陵鄉為章陵縣。世世代代免除傜役，與漢高祖的故鄉豐、沛一樣，沒有任何負擔。辛酉日，頒布詔書說：「往年水、旱、蝗蟲成災，穀價飛漲，物資匱乏。朕每當想到百姓自己無法養活自己時，便感到痛心，非常憐憫他們。現令各郡國有穀物的人，都必須按《漢律》的規定，向那些老年人、鰥夫、寡婦、孤兒、老年無子以及殘疾病重、無家可歸無人贍養而難以自己養活自己的人提供糧食。二千石官員應勤加安撫，不要讓他們失去生計。」揚武將軍馬成等人攻克舒縣，俘虜了李憲。

2 二月，大司馬吳漢攻下朐縣，俘虜了董憲、龐萌，山東地區全部平定。眾將領回到京師，光武帝設酒宴款待並賞賜他們。

3 三月，公孫述派遣部將任滿進犯南郡。

4 夏季四月丙子日，光武帝到了長安，首次參拜高廟，然後祭祀了十一陵。派虎牙大將軍蓋延等七將軍從隴蜀之間的通道進軍，討伐公孫述。

5 五月己未日，光武帝從長安回到洛陽。隗囂反叛，蓋延等人因此與隗囂交戰於隴阺，眾將領都被隗囂擊敗。辛丑日，光武帝下詔說：「天水、隴西、安定、北地四郡的官吏人民，凡被隗囂所迷惑而誤入歧途的，以及三輔地區遭赤眉之難時，有犯法作惡的，自斬首之罪以下的罪犯，全部赦免。」

6 六月辛卯日，又下詔說：「設置官吏，是為了治理百姓。現今百姓遭難，戶數損耗、人口減少，但國家所設官吏職位名目繁多。現命司隸、州牧，各自核實自己所轄郡縣，減省官吏員額。縣、國不夠設長官、可以合併的，具名開列，上報大司徒、大司空二府。」於是，各地條列呈報朝廷，合併減省了四百餘縣，官吏職位減少了十分之九。代郡太守劉興在高柳攻打盧芳的部將賈覽，戰死。

7 當初，樂浪郡人王調占據該郡，不服從東漢朝廷。這年秋天，光武帝派遣樂浪太守王遵去攻打他，郡吏殺了王調前來投降。光武帝派遣前將軍李通率領二位將軍，與公孫述的部將在西城縣交戰，將他們打敗了。

8 這年夏季，發生了蝗災。

9 秋季九月庚子日，赦免樂浪郡謀反大逆和斬首以下的罪犯。

10 本月的最後一天是丙寅日，發生了日蝕。

11 冬天，十月丁丑日，下詔說：「我的德行淺薄、不能明察，以致賊寇為害，強弱相欺，天下百姓流離失所。《詩》說：『日月運行顯示凶兆，不能遵循正常軌道。』我將永遠記住自己的過失，心中內疚不安。現今告諭公卿大夫舉薦賢良、方正各一人，百官同時要上密章奏事，不要有所隱瞞。各部門要做好自己的事情，務必要遵守法度。」

12 十一月丁卯日，詔命凡在王莽時官吏和百姓因犯罪而被罰為奴婢、但不符合西漢舊法律條文的，一律赦免，恢復為平民。

13 十二月壬辰日，免去大司空宋弘的職務。癸巳日，光武帝頒布詔書說：「前些時候，因征戰不斷，費用不足，所以實行了什一之稅。如今軍隊士兵實行屯田，糧食儲備已略有積蓄。現令各郡國新收田租按三十稅一，如同舊制。」隗囂派部將行巡進犯扶風，征西大將軍馮異率兵抵禦，將他打敗。

14 這年，開始撤消郡國的都尉官，首次派遣列侯去自己的封國。匈奴派遣使者前來獻上禮物，光武帝派中郎將去匈奴回訪。

15 七年春季正月丙申日，光武帝詔命中都官、三輔、郡、國，釋放所拘押的囚犯，凡非犯下斬首罪的，一概停止追究其罪行。正在服徒刑的犯人，免罪為平民。被判處耐刑而逃亡在外者，主管刑獄的官員在登記下他們的姓名後，免除他們的罪名。光武帝又下詔說：「世上以厚葬為美德，薄葬遭人鄙夷，以至於富人奢侈豪華、僭越名分，窮人錢財耗盡。法令不能禁止，禮義不能制止，直到戰亂發生墳墓被盜掘才知厚葬的過失。現布告天下，使人們明白忠臣、孝子、慈愛兄弟都應薄葬送終的道理。」

16 二月辛巳日，罷除護漕都尉官。

17 三月丁酉日，光武帝下詔書說：「現今國家擁有龐大的軍隊，其中有很多精壯勇武的猛士，因此應當權且廢除郡國的輕車、騎士、材官、樓船士及軍隊中臨時設置的超編低級軍官，讓他們退伍復員。」公孫述立隗囂為朔寧王。本月的最後一天是癸亥日，發生了日蝕，光武帝停止去正殿辦公，停止軍事活動，五天不聽臣下奏事。下詔書說：「我的德行淺薄，招致天災，太陽和月亮傳達了上天的譴責。除了戰慄誠恐，我還有什麼可說的呢！現今我正在反省罪過，希望能消除這些災禍。現命令各有關部門各自做好自己的事情，遵守法度，讓百姓得到恩惠。百官各自寫出密奏上報，不要有所隱瞞。凡上書的人，不得在書中稱我為聖君。」

18 夏季四月壬午日，光武帝下詔書說：「近來陰陽差錯，出現日蝕、月蝕現象。百姓有過失，是我一個人的責任！大赦天下，公、卿、司隸、州牧各自舉薦賢良、方正各一人，將他們送到公車令那裡，朕將當面考試他們。」

19 五月戊戌日，前將軍李通被任命為大司空。

20 甲寅日，詔令官吏和民眾凡有遭受饑荒戰亂以及被青州、徐州盜賊所掠奪為奴婢、小妾的，想留下或離開，完全聽他們自願。如敢拘禁強制不放人的，按販賣人口的法令治罪。

21 這年夏季，雨水接連不斷。

22 光武帝任命漢忠將軍王常為橫野大將軍。

23 八月丁亥日，封前河閒王劉邵為河閒王。隗囂進犯安定郡，征西大將軍馮異、征虜將軍祭遵將他擊退。

24 冬季，盧芳所設置的朔方太守田颯、雲中太守喬扈各自率本郡投降。

25 這年，裁減了長水、射聲二校尉官。

1 八年春正月，中郎將來歙❶襲略陽❷，殺隗囂守將而據其城。

2 夏四月，司隸校尉傅抗下獄死。隗囂攻來歙，不能下。閏月，帝自征囂，河西❸大將軍竇融率五郡太守與車駕會高平❹。隴右❺潰，隗囂奔西城，遣大司馬吳漢、征南大將軍岑彭圍之。進幸上邽❻，不降，命虎牙大將軍蓋延、建威大將軍❼

耿弇攻之。潁川❽盜賊寇沒屬縣，河東守兵❾亦叛，京師騷動。

3 秋，大水。

4 八月，帝自上邽晨夜東馳。

5 九月乙卯，車駕還宮。庚申，帝自征潁川盜賊，皆降。安丘侯張步叛歸琅邪❿，琅邪太守陳俊討獲之。戊寅，至自潁川。

6 冬十月丙午，幸懷⓫。

7 十一月乙丑，至自懷。公孫述遣兵救隗囂，吳漢、蓋延等還軍長安。天水、隴西復反歸囂。

8 十二月，高句麗王⓬遣使奉貢。

9 是歲大水。

【章旨】以上記述建武八年形勢的突然逆轉。東漢軍隊在隴右先勝後敗，隨即又有潁川盜起、河東兵變，光武帝率軍西征東討，不得安寧。

【注釋】❶來歙（?—西元三五年），字君叔，南陽新野人。為光武帝遠親。更始政權滅亡後，與劉嘉同歸光武帝，拜太中大夫。建武三年，出使隗囂。經幾度往返，說服隗囂稱臣於漢，遣子入質，以功拜中郎將。隗囂反漢，割據西北，來歙乃率軍擊之。建武十一年，在軍中被公孫述所遣刺客殺死。追贈中郎將，諡曰節侯。❷略陽　縣名。治今甘肅莊浪西南。西漢置，稱略陽道，屬天水郡。東漢屬漢陽郡。❸河西　地區名。春秋、戰國時指今山西、陝西間黃河南段以西地區。漢、魏以後指今甘肅、青海間黃河以西，即河西走廊與湟水流域一帶。後又泛指今山西呂梁山以西的黃河東西兩岸地區。❹高平　即涼州安定郡高平縣。治今寧夏固原。❺隴右　地區名。指隴山以西地區，古代以西為右，故名。約相當今甘肅六盤山以西、黃河以東地區。❻上邽　縣名。治今甘肅天水市。❼建威大將軍　官名。東漢初光武帝劉秀所置。雜號將軍中，多以「威」、「武」為號，建威即其中之一。❽潁川　郡名。治所在今河南禹州。❾河東守兵　原文「守兵」上處衍一「守」字。宋人劉攽曰：「案文多一守字，若云太守之兵，又不合去太字。」河東，郡名。黃河在今山西、陝西間作北南流向，故戰國、秦、漢時稱今山西西南部為河東。秦時並於此置河東郡。故治安邑（今山西夏縣西北禹王城）。東漢同。轄境相當今山西沁水縣、霍縣、陽城以西、永和、汾西以南地區。❿琅邪　郡國名。秦置郡。治今山東膠南。西漢移治東武（今山東諸城）。置有鐵官、鹽官。轄境相當今山東半島東南部。東漢改為國，移治開陽（今山東臨沂北）。省城陽國，以其縣屬之，並以東海郡的繒、即丘、臨沂、開陽四縣來屬。轄境較前為大。⓫懷　縣名。治今河南武陟西南。秦漢為河內郡治所。⓬高句麗王　高句麗國王。建武八年，遣使奉獻。先是，王號為王莽所廢。光武帝為邊境安寧，復其王號。

【語　譯】八年春季正月，中郎將來歙襲擊略陽，殺了隗囂的守將而占據了略陽城。

2 夏季四月，司隸校尉傅抗被關進監獄而死去。隗囂進攻來歙，但攻不下他防守的略陽城。閏四月，光武帝親自征伐隗囂，河西大將軍竇融率領五個郡的太守與光武帝會師於高平。隴右的敵人潰敗，隗囂逃往西城，光武帝派遣大司馬吳漢、征南大將軍岑彭圍攻他。光武帝到了上邽，上邽城的敵軍不投降，光武帝命令虎牙大將軍蓋延、建威大將軍耿弇進攻他。潁川郡的盜賊占領了所屬各縣，河東郡的守兵也反叛了，京師騷動不安。

3 秋季，發大水。

4 八月，光武帝自上邽晝夜兼程，向東急馳。

5 九月乙卯日，光武帝回到宮中。庚申日，光武帝親自征討潁川郡的盜賊，盜賊們全都投降了。安丘侯張步反叛，回到琅邪郡，琅邪太守陳俊率兵討伐，將他俘虜了。戊寅日，光武帝從潁川回到洛陽。

6 冬季十月丙午日，光武帝到了懷縣。

7 十一月乙丑日，從懷縣回到洛陽。公孫述派兵援救隗囂，吳漢、蓋延等人撤軍回到長安。天水、隴西二郡又反叛了，投歸隗囂。

8 十二月，高句麗王派遣使者前來進貢。

9 這一年，發大水。

1 九年春正月，隗囂病死，其將王元❶、周宗❷復立囂子純❸為王。徙鴈門❹吏人於太原❺。

2 三月辛亥，初置青巾左校尉官。公孫述遣將田戎❻、任滿❼據荊門❽。

3 夏六月丙戌，幸緱氏❾，登轘轅❿。遣大司馬吳漢率四將軍擊盧芳將賈覽於高柳，戰不利。

4 秋八月，遣中郎將來歙監征西大將軍馮異等五將軍，討隗純於天水。

5 驃騎大將軍杜茂與賈覽戰於繁時⓫，茂軍敗績。

6 是歲，省關都尉⓬，復置護羌校尉⓭官。

7 十年春正月，大司馬吳漢率捕虜將軍王霸等五將軍擊賈覽於高柳，匈奴遣騎救覽，諸將與戰，卻之。修理長安高廟。

8 夏，征西大將軍馮異破公孫述將趙匡於天水，斬之。征西大將軍馮異薨。

9 秋八月己亥，幸長安，祠高廟，遂有事十一陵。戊戌，進幸汧⑭。隗囂將高峻⑮降。

10 冬十月，中郎將來歙等大破隗純於落門⑯，其將王元奔蜀，純與周宗降，隴右平。先零羌⑰寇金城⑱、隴西，來歙率諸將擊羌於五谿⑲，大破之。庚寅，車駕還宮。

11 是歲，省定襄郡⑳，徙其民於西河㉑。泗水王歙薨。淄川王終薨。

【章旨】以上記述在建武九年和十年兩年間，光武帝指揮東漢軍隊集中兵力平滅隗囂、征服隴右地區以及在高柳一線抗擊盧芳、匈奴軍隊的史事。

【注釋】❶王元　字惠孟，又字遊翁，長陵（今陝西咸陽）人。隗囂病死，與周宗立隗囂少子隗純為王。隗純敗後，又奔蜀投公孫述。後降漢，為上蔡令，遷東平相，坐墾田不實，下獄死。❷周宗　天水冀（今甘肅甘谷）人。綠林起義爆發後，與楊廣等人起兵，推舉隗囂為上將軍。受隗囂之封，為雲旗將軍，旋為大將軍。隗囂病卒，與王元共立隗囂少子隗純為王。隗純敗，降漢。❸純　隗純（？—西元四二年），字仲舒，天水成紀（今甘肅秦安）人。隗囂少子。隗囂病卒，被隗囂部將王元、周宗立為王。建武十年，被漢將來歙、耿弇、蓋延等人擊敗，被迫投降。不久，與賓客數十騎逃往匈奴，行至武威，被漢軍捕殺。❹鴈門　郡名。秦、西漢治所在善無（今山西左雲西南），東漢移治陰館（今山西代縣西北）。轄境相當今山西原平、寧武以北，左雲、偏關以東，內蒙古涼城、岱海以南，山西渾源、大同以西地區。❺太原　郡名。戰國秦莊襄王四年置郡。治晉陽，故址在今山西太原西南三十公里。西漢文帝改為國，不久復為郡。東漢承其制，其轄境相當今山西五臺山和管涔山以南、霍山以北，呂梁山以東，包括太原、介休、汾陽、靜樂、定襄、五臺、盂縣等地。❻田戎　（？—西元三六年），豫州西平（今河南舞陽）人。更始中，起兵於夷陵，自稱掃地大將軍。後降公孫述，封翼江王。建武十二年，兵敗被殺。❼任

滿　（？—西元三五年），公孫述部將。多有戰功，擢大司徒。建武十一年，在荊門與漢將岑彭交戰，兵敗被殺。❽荊門　山名。一名郢門山。在今湖北宜昌東南長江西南岸，東北與虎牙山相對。上合下開，為大江絕險處，荊楚之西塞，水勢急峻，為歷代兵家必爭之地。❾緱氏　縣名。治今河南偃師東南。❿轘轅　山名。以山路彎曲盤旋得名。在今河南偃師東南鄰接鞏縣、登封。山地險要，為兵家必爭之地。⓫繁時　縣名。西漢置。屬鴈門郡。治今山西渾源西南。⓬關都尉　官名。掌領兵鎮守函谷關。⓭護羌校尉　官名。漢武帝時置，秩比二千石，持節，以護西羌。王莽時亂，遂罷。光武建武九年，由於班彪的建議，復置此官。其屬有長吏、司馬、主簿、從事等官。⓮汧　縣名。治今陝西隴縣東南、千河南岸。⓯高峻　兩漢之際安定（今寧夏固原）人。隗囂部將。建武七年，屯駐朝那，抵禦漢軍。八年，擁眾萬人，據高平第一城，光武帝使待詔馬援招降之。中郎將來歙承制拜峻通路將軍，封關內侯。後屬大司馬吳漢，共圍隗囂於天水冀城。及漢軍退，復歸隗囂拒漢。建武十年，因走投無路，被迫降漢。⓰落門　聚邑名。在今甘肅武山縣東北。⓱先零羌　部族名。一作先零種。或為羌族先零種的主要分支。先零羌為漢時西羌中的一大支。它包括滇零、鍾羌等部族或小支。主要分布在今甘肅臨夏以西和青海東北等地。漢武帝時移居西海（今青海湖）鹽池地區。以游牧為生，常出入黃河、湟水一帶，屢進擾金城、隴西等郡。東漢初，被隴西太守馬援征服，遷徙天水市、隴西、扶風一帶。後漸與漢族及西北其他民族融合。⓲金城　郡名。舊治允吾縣（今甘肅永靖西北湟水南岸）。轄境相當今青海黃河以北、祁連山脈以南、海晏、貴德以東、甘肅榆中以西的湟水流域地區。⓳五谿　聚落名，即五谿聚。故址在今甘肅隴西境內。⓴定襄郡　郡名。西漢分雲中郡置。故治成樂（今內蒙和林格爾西北土城子）。轄境相當今內蒙古長城以北的卓資、和林格爾及清水河一帶。東漢移治善無縣，轄境縮小，僅有今渾河流域清水河一帶地區。㉑西河　郡名。漢武帝元朔四年（西元前一二五年）置。故治平定（在今內蒙古東勝境），東漢永和五年移治離石（今山西離石）。轄境相當今山西隰縣以北，偏關以南與陝西延安以北的兩省交界的黃河流域地區，兼有內蒙古河套地區的黃河以南的東勝、伊金霍洛和準葛爾等地區。

【語　譯】九年春季正月，隗囂病死，他的部將王元、周宗又立隗囂的兒子隗純為王。光武帝將鴈門郡的官吏和民眾遷徙到太原。

2 三月辛亥日，首次設置青巾左校尉官。公孫述派遣部將田戎、任滿占據了荊門。

3 夏季六月丙戌日，光武帝到達緱氏縣，登上了轘轅山。光武帝派遣大司馬吳漢率領四位將軍在高柳進攻盧芳的部將賈覽，但戰事不利。

4 秋季八月，光武帝派遣中郎將來歙監督征西大將軍馮異等五位將軍，在天水討伐隗純。

5 驃騎大將軍杜茂與賈覽在繁畤交戰，杜茂軍戰敗。

6 這一年，裁撤了關都尉，重新設置了護羌校尉官。

7 十年春季正月，大司馬吳漢率領捕虜將軍王霸等五位將軍在高柳進攻賈覽，匈奴派騎兵救援賈覽，眾將領與他們交戰，擊退了他們。修理長安的高廟。

8 夏季，征西大將軍馮異在天水擊敗公孫述的部將趙匡，斬殺了他。征西大將軍馮異去世。

9 秋季八月己亥日，光武帝到達長安，祭祀高廟，於是連帶祭祀了十一陵。戊戌日，光武帝前行到了汧縣。隗囂部將高峻投降。

10 冬季十月，中郎將來歙等人大破隗純於落門，隗純部將王元逃往蜀地，隗純與周宗投降，隴右平定。先零羌進犯金城、隴西，來歙率領眾將在五谿攻打羌人，將他們打得大敗。庚寅日，光武帝回到宮中。

11 這一年，裁撤了定襄郡，將那裡的人民遷移到西河。泗水王劉歙去世。淄川王劉終去世。

1 十一年春二月己卯，詔曰：「『天地之性人為貴❶。』其殺奴婢，不得減罪。」

2 三月己酉，幸南陽；還，幸章陵❷，祠園陵。城陽王祉薨。

3 庚午，車駕還宮。

4 閏月，征南大將軍岑彭率三將軍與公孫述將田戎、任滿戰於荊門，大破之，獲任滿。威虜將軍馮駿❸圍田戎於江州❹，岑彭遂率舟師伐公孫述，平巴郡❺。

5 夏四月丁卯，省大司徒司直[6]官。先零羌寇臨洮[7]。

6 六月，中郎將來歙率揚武將軍馬成破公孫述將王元、環安於下辯[8]。安遣間人刺殺中郎將來歙。

7 帝自將征公孫述。秋七月，次長安。

8 八月，岑彭破公孫述將侯丹於黃石[9]。輔威將軍臧宮[10]與公孫述將延岑戰於沈水[11]，大破之。王元降。至自長安。癸亥，詔曰：「敢炙灼[12]奴婢，論如律，免所炙灼者為庶人。」

9 冬十月壬午，詔除奴婢射傷人棄市[13]律。公孫述遣間人刺殺征南大將軍岑彭。馬成平武都[14]，因隴西太守馬援[15]擊破先零羌，徙致天水、隴西、扶風。

10 十二月，大司馬吳漢率舟師伐公孫述。

11 是歲，省朔方牧，并并州[16]。初斷州牧自還奏事[17]。

12 十二年春正月，大司馬吳漢與公孫述將史興戰於武陽[18]，斬之。

13 三月癸酉，詔隴、蜀民被略為奴婢自訟者，及獄官未報，一切免為庶人。

14 夏，甘露[19]降南行唐[20]。

15 六月，黃龍見東阿[21]。

16 秋七月，威虜將軍馮駿拔江州，獲田戎。

17 九月，吳漢大破公孫述將謝豐于廣都㉒，斬之。輔威將軍臧宮拔涪城㉓，斬公孫恢㉔。大司空李通罷。

18 冬十一月戊寅，吳漢、臧宮與公孫述戰於成都㉕，大破之。述被創，夜死。辛巳，吳漢屠成都，夷述宗族及延岑等。

19 十二月辛卯，揚武將軍馬成行大司空事。

20 是歲，九真㉖徼外㉗蠻夷㉘張游率種人內屬，封為歸漢里君。省金城郡，屬隴西。參狼羌㉙寇武都，隴西太守馬援討降之。詔邊吏力不足戰則守，追虜料敵不拘以逗留法㉚。橫野大將軍王常薨。遣驃騎大將軍杜茂將眾郡施刑㉛屯北邊，築亭候㉜，修烽燧㉝。

【章旨】以上主要記敘光武帝在建武十一年、十二年間平滅公孫述、釋放奴婢、提高奴婢人身地位、擊破先零羌和參狼羌、加強北部邊境防禦等大事。

【注釋】❶天地之性人為貴　語出《孝經》。性，本質；生命；生靈。這裡指生靈。❷章陵　縣名。治今湖北棗陽南。光武帝改西漢舂陵縣為章陵縣。以其父陵墓曰章陵而得名。❸馮駿　一作馮峻。東漢初，為長沙中尉。率兵受征南大將軍岑彭指揮，璽書拜為威虜將軍。建武九年（西元三三年），被公孫述將田戎、任滿破於江關。建武十一年，破江州，擒田戎而斬之。❹江州　縣名。治今重慶市區嘉陵江北岸。❺巴郡　郡名。故治江州（今重慶市區嘉陵江北岸）。轄境相當今四川旺蒼、西充、重慶市永川區、綦江縣以東地區。❻大司徒司直　官名。大司徒司直屬官，秩比二千石，掌佐大司徒糾舉不法、監察諸州。❼臨洮　即隴西郡臨洮縣。治今甘肅岷縣。❽下辯　縣名。治今甘肅成縣西北。❾黃石　地名。即黃石灘，在今重慶市涪陵區東北。❿臧宮　（？—西元五八年），字君翁，潁川郟（今河南郟縣）人。少為亭長、游徼。後率賓客入下江兵中為校尉。光武即位，為侍中、騎都尉。建武二年，封成安侯。以功拜輔威將軍，更封期思侯。率部與吳漢共滅蜀王公孫述，任廣漢太守。後遷城門校尉，轉左中郎將。卒諡湣侯。見本書卷十八。⓫沈水　水名。今四川中部涪江支流楊桃溪。源出四川西充北，西南流至今射洪東南注入涪江。⓬炙灼　用艾炷燒灼人。⓭棄市　在鬧市執行死刑並陳屍街頭示眾。⓮武都　郡名。西漢元鼎六年置，故治武都（今甘肅西和南）。東漢徙治下辯縣（今甘肅成縣西）。轄境相當今甘肅西漢水流域、甘肅與陝西交界處的嘉陵江上游地區，約當今甘肅宕昌、舟曲、武都、西和、成、康、兩當、徽與陝西鳳縣、略陽等地區。⓯馬援　（西元前一四—西元四九年），字文淵，扶風茂陵（今陝西興平）人。初為郡督郵，王莽末為新成大尹（即漢中太守）。王莽敗，遂避亂至涼州，被隗囂任命為綏德將軍。勸隗囂歸附光武帝，遂歸洛陽。建武九年，光武帝拜為太中大夫，隨諸將平涼州。歷任隴西太守、虎賁中郎將、伏波將軍，封新息侯。後病卒於軍中，遭讒言而被奪爵。章帝建初三年，追諡忠成侯。見本書卷二十四。⓰并州　州名。「十三刺史部」之一。屬地相當今山西大部和內蒙古、河北的一部分。東漢治晉陽（今山西太原西南）。轄境擴大，除原有屬土外，還包括今陝西北部一部分與河套地區。⓱初斷州牧自還奏事　斷，禁止。自還，擅自還朝。「州牧自還奏事」是指州牧擅自還朝奏事。《東漢會要・職官二・刺史》：「光武十一年，初斷州牧自還奏事，不復自詣京師，雖父母之喪不得去職。」。⓲武陽　縣名。治今四川彭山縣東、岷江東岸。⓳甘露　甘美的雨露。古人以降甘露為祥瑞。⓴南行唐　縣名。治今河北行唐北。㉑東阿　縣名。治今山東陽穀東北阿城鎮。㉒廣都　縣名。治今四川成都南。㉓涪城　地名。在今四川綿陽東北。㉔公孫恢　（？—西元三六年），扶風茂陵人。公孫述之弟。光武帝建武元年，公孫述自稱天子，號成家，建元龍興，任命公孫恢為大司空。建武十二年，兵敗被殺。㉕成都　縣名。為蜀郡治所（今四川成都）。㉖九真　郡名。兩漢時治胥浦（今越南清化西北東山縣陽舍村）。轄境相當今越南清化、河靜兩省及義東省東部地區。㉗徼外　境外；塞外。㉘蠻夷　封建社會對周邊少數民族的蔑稱。㉙參狼羌　部族名。羌人的一支。分布在今甘肅南部武都附近一帶，尤其是白龍江沿岸地區。白龍江古稱羌水，其上源有參狼谷，因稱居此的羌人曰參狼羌。曾多次起兵反抗東漢王朝。㉚逗留法　漢朝軍法。其內容為：軍行逗留畏懦者斬。㉛施刑　有赦令去掉服刑罪犯鉗釱、赭衣，謂之施刑。施，變易；棄置。㉜亭候　瞭望敵人動向的高臺。㉝烽燧　烽火臺。

【語譯】十一年春季二月己卯日，光武帝下詔書說：「『天地中的生靈，以人最為寶貴。』如果有殺害奴婢的，不得減罪。」

2 三月己酉日，光武帝到了南陽；返回時去了章陵縣，祭祀祖宗園陵。城陽王劉祉去世。

3 庚午日，光武帝回到宮中。

4 閏三月，征南大將軍岑彭率領三位將軍與公孫述的部將田戎、任滿在荊門交戰，將他們打得大敗，俘虜了任滿。威虜將軍馮駿把田戎圍困在江州縣，岑彭於是率領水軍討伐公孫述，平定了巴郡。

5 夏季四月丁卯日，裁撤了大司徒司直官。先零羌進犯臨洮縣。

6 六月，中郎將來歙率領揚武將軍馬成擊敗公孫述部將王元、環安於下辯。環安派遣間諜刺殺了中郎將來歙。

7 光武帝親自率軍征討公孫述。秋季七月，部隊駐紮在長安。

8 八月，岑彭在黃石打敗公孫述部將侯丹。輔威將軍臧宮與公孫述部將延岑交戰於沈水，將他打得大敗。王元投降。光武帝從長安回到了洛陽。癸亥日，下詔書說：「膽敢用艾炷燒灼奴婢的，按《漢律》定罪，將遭燒灼的奴隸赦免為平民。」

9 冬季十月壬午日，光武帝下詔廢除奴婢射傷人即處以棄市罪的法律條文。公孫述派間諜刺殺征南大將軍岑彭。馬成平定了武都，依靠隴西太守馬援擊破了先零羌，把他們遷徙到天水、隴西、扶風。

10 十二月，大司馬吳漢率領水軍討伐公孫述。

11 這年，裁撤朔方牧，將朔方郡併入并州。首次下令禁止州牧擅自回到京師奏報事務。

12 十二年春季正月，大司馬吳漢與公孫述部將史興在武陽縣交戰，斬殺了他。

13 三月癸酉日，下令隴、蜀地區的百姓有被掠為奴婢而自己提起訴訟以及典獄官吏沒有上報的，一律赦免為平民。

14 夏季，甘露降落於南行唐縣。

15 六月，黃龍出現於東阿。

16 秋季七月，威虜將軍馮駿攻占江州，俘虜了田戎。

17 九月，吳漢大破公孫述部將謝豐於廣都，斬殺了他。輔威將軍臧宮攻克涪城，斬殺了公孫恢。大司空李通被免職。

18 冬季十一月戊寅日，吳漢、臧宮與公孫述在成都交戰，將他打得大敗。公孫述受了傷，當晚就死去了。辛巳日，吳漢屠殺了成都軍民，將公孫述的宗族和延岑等人全部殺盡。

19 十二月辛卯日，揚武將軍馬成代行大司空職務。

20 這一年，九真郡邊境之外的蠻夷張遊率領部族接受漢朝統治，被封為歸漢里君。裁撤金城郡，將其隸屬於隴西郡。參狼羌進犯武都，隴西太守馬援討伐並降伏了他們。光武帝下詔命令：邊境地區的官吏如力量不足與來犯之敵交戰，可以採取守勢；追擊敵人時停下來瞭望，不受逗留法約束。橫野大將軍王常去世。光武帝派遣驃騎大將軍杜茂統領各郡去掉了枷鎖、囚服的罪犯在北部邊境屯田戍守，築起瞭望臺，修建烽火臺。

1 十三年春正月庚申，大司徒侯霸薨。戊子，詔曰：「往年已敕郡國，異味不得有所獻御，今猶未止。非徒有豫養導擇之勞，至乃煩擾道上，疲費過所。其令太官❶勿復受，明敕下以遠方，口實❷所以薦❸宗廟❹，自如舊制。」

2 二月，遣捕虜將軍馬武屯虖沱河❺以備匈奴。盧芳自五原❻亡入匈奴。

3 丙辰，詔曰：「長沙王興、真定王得、河間王邵、中山王茂，皆襲爵為王，不應經義。其以興為臨湘侯，得為真定侯，邵為樂成侯，茂為單父侯。」其宗室及紹國封侯者，凡一百三十七人。丁巳，降趙王良⑦為趙公，太原王章為齊公，魯王興為魯公。庚午，以殷紹嘉公孔安為宋公，周承休公姬武為衛公。省并西京⑧十三國：廣平⑨屬鉅鹿⑩，真定⑪屬常山⑫，河間⑬屬信都⑭，城陽⑮屬琅邪，泗水⑯屬廣陵⑰，淄川⑱屬高密⑲，膠東⑳屬北海㉑，六安㉒屬廬江㉓，廣陽㉔屬上谷㉕。

4 三月辛未，沛郡㉖太守韓歆㉗為大司徒。丙子，行大司空馬成罷。

5 夏四月，大司馬吳漢自蜀還京師，於是大饗將士，班勞策勳。功臣增邑更封，凡三百六十五人；其外戚㉘恩澤㉙封者，四十五人。罷左右將軍㉚官。建威大將軍耿弇罷。益州㉛傳送公孫述瞽師㉜、郊廟樂器、葆車㉝、輿輦㉞，於是法物始備。時兵革既息，天下少事，文書調役，務從簡寡，至乃十存一焉。

6 甲寅，冀州㉟牧竇融為大司空。

7 五月，匈奴寇河東。

8 秋七月，廣漢㊱徼外白馬羌㊲豪率種人內屬。

9 九月，日南㊳徼外蠻夷獻白雉、白兔。

10 冬十二月甲寅，詔：「益州民自八年以來被略為奴婢者，皆一切免為庶人；或依託為人下妻㊴欲去者，恣聽之；敢拘留者，比青、徐二州以略人法從事。」

復置金城郡。

11 十四年春正月，起南宮㊵前殿。匈奴遣使奉獻，使中郎將報命。

12 夏四月辛巳，封孔子後志㊶為褒成侯。越巂㊷人任貴㊸自稱太守，遣使奉計㊹。

13 秋九月，平城㊺人賈丹㊻殺盧芳將尹由來降。

14 是歲，會稽㊼大疫。莎車國㊽、鄯善國㊾遣使奉獻。

15 十二月癸卯，詔：「益、涼㊿二州奴婢，自八年以來自訟在所官，一切免為庶人，賣者無還直。」

【章　旨】以上記述光武帝在國內大規模戰事結束後所採取的禁止上貢、裁併郡國、冊封功臣和外戚、解放益涼二州奴婢等措施，以及匈奴、莎車、鄯善對東漢的態度，越巂和平城兩地的動態。

【注　釋】❶太官　太官令之簡稱。掌皇帝飲食宴會。東漢時，秩六百石，隸少府。❷口實　口中的食物。這裡指鮮美的食物。❸薦　薦新。每逢時節，用新熟的五穀或別的時新食物祭祀祖先。❹宗廟　古代帝王、諸侯或大夫、士祭祀祖宗的廟堂。❺虖沱河　滹沱河。又作呼沲、虖池、呼沱河。源出今山西五臺山東北泰戲山，穿割太行山東流入河北平原，下游歷代屢有變遷。東漢時，河流經今天津靜海南至天津東南直接入海。今河道在河北獻縣和滏陽河匯合為子牙河。❻五原　郡名。漢武帝時改秦九原郡置。故治九原（今內蒙古包頭西二十公里）。轄境相當今內蒙古河套地區東半部，包括包頭、達拉特、山西偏關以西等地區。❼趙王良　劉良（？—西元四一年），字次伯，南陽蔡陽（今湖北棗陽）人，光武帝叔父。西漢平帝時舉孝廉，為蕭縣縣令。光武帝兄弟少孤，良撫養盡心。光武帝兄弟起兵時，良加以反對，後不得已而從之。更始帝立，以良為國三老，從入關。更始帝敗降赤眉軍，良聞光武帝建都洛陽，往歸之。建武二年，封廣陽王。五年，徙為趙王，始就國。十三年，降為趙公，旋復為王。十七年，病卒，諡為孝王。❽西京　西漢都長安，東漢定都洛陽，故稱其為西京。此處借指西漢。❾廣

平　西漢置為廣平國。治今河北雞澤東南。東漢廢國為縣，屬鉅鹿郡。❿鉅鹿　郡名。西漢治鉅鹿（今河北雞澤東北），東漢移治所於廮陶（今河北柏鄉東），轄境約相當於今河北藁城、晉縣、束鹿、寧晉、柏鄉、隆堯、鉅鹿、任縣、平鄉、南和、雞澤、曲周、威縣等地。⓫真定　真定國。治真定（今河北正定南）。漢武帝元鼎年間設，設有四縣：真定、藁城、肥累、綿曼，轄境約相當於今河北石家莊、藁城、正定等地區。王莽始建國二年廢。⓬常山　郡、國名。秦置恆山郡。西漢避文帝諱改為常山郡。高后及景帝、武帝時曾為國，後又為郡。治所在元氏（今河北元氏西北）。東漢初改為國。轄境相當今河北阜平以南，趙縣、正定以西，高邑、贊皇以北，山西昔陽、平定以東地區。⓭河間　河間國。西漢文帝二年（西元前一七八年）設國。故治樂成（今河北獻縣東南）。轄境相當今河北獻縣、泊頭（交河）、阜城、河間、肅寧、高陽、任丘、安新、雄縣、文安、青縣、大城等地。⓮信都　郡名。西漢高帝置信都國。故治信都（今河北冀州）。轄境相當今河北中部安平、饒陽、深縣、武強、武邑、衡水市、新河縣、冀縣、南宮、廣宗等地區。⓯城陽　城陽國。西漢文帝二年初置城陽國。故治莒縣（今山東莒縣）。轄境相當今山東莒縣等地。⓰泗水　封國名。西漢置。故治淩縣（今江蘇泗陽西北）。轄境相當今江蘇泗陽和清江部分地區。⓱廣陵　廣陵國。西漢元狩三年（西元前一二〇年）改江都國置廣陵國。治所在廣陵（今江蘇揚州西北）。轄境相當今江蘇、安徽交界的洪澤湖和六合以東，泗陽、寶應、灌南以南，串塲河以西，長江以北地區。⓲淄川　甾川國。西漢文帝十六年初置。治所在劇（今山東壽光東），領縣三：劇、東安平、橋鄉。轄境相當於今山東淄博、壽光、青州等地。⓳高密　縣名。治今山東高密西南。⓴膠東　膠東國。楚漢之際置國，西漢初改為郡，文帝時復為國。治所在即墨（今山東平度東南）。轄境相當今山東平度、萊陽、萊西等縣及其以南等地。㉑北海　郡名。西漢景帝中元二年置。故治營陵（今山東昌樂東南）。轄境相當今山東昌樂、濰坊、昌邑、安丘、高密、諸城、萊西、萊陽、平度等地區。㉒六安　即六安國。西漢武帝元狩年間置，領縣五：六、蓼、安豐、安風、陽泉。轄境相當於今安徽淮河以南、六安以西和河南固始以東地區。㉓廬江　郡名。治今安徽廬江縣西南。轄境相當今安徽巢縣、舒城、霍山縣以南，長江以北，湖北黃梅、羅田，河南商城、固始等地。㉔廣陽　廣陽國。漢初以秦廣陽郡改置燕國，元鳳初復為廣陽郡，本始初改為國。治所在薊縣（今北京市區西南）。轄境相當今北京大興及河北固安等地。㉕上谷　郡名。治沮陽（今河北懷來）。轄境相當今河北張家口、小五臺山以東、北京延慶、昌平居庸關以西、房山以北至長城以內。㉖沛郡　郡名。故治相縣（今安徽濉溪縣西北）。轄境在今安徽、江蘇、河南、山東交界地區，約當今安徽淮水流域以北、宿州、固鎮、五河縣、泗縣、蕭縣、碭山縣、鳳臺、利辛、懷遠、渦陽、亳州，河南永城、夏邑，江蘇豐縣、沛縣，山東微山縣等地區。㉗韓歆　（？—西元三九年），字翁君，南陽（今河南南陽）人。初為更始河內太守，後降劉秀，任劉秀西征軍軍師。因攻伐有功，被封為扶陽侯。建武十三年，由沛郡太守遷為大司徒。為人剛直，素有重名。建武十五年，因直言被免官，又被詔書責問，遂與其子韓嬰同自殺。㉘外戚　帝王的母族、妻族。㉙恩澤　比喻恩德及人，像雨露滋潤草木。舊時常用以稱皇帝或官吏給予臣民的恩惠。㉚左右將軍　官名。左將軍和右將軍之連稱。始置於周代，秦、漢因之。其職掌為統兵作戰，事畢則罷。㉛益州　「十三刺史部」之一。東漢初年治所在雒縣（今四川廣漢北）。漢靈帝中平年間移治綿竹（今四川德陽東北），漢獻帝興平年間又移成都（今四川成都）。轄境約當今四川邛崍山、雲南怒山、緬甸那拉山、薩爾溫江以東，甘肅疊部、岷縣、西和與陝西秦嶺以南，東面與湖北、湖南交界，除貴州東部外，包括今雲南全部，四川、貴州大部，陝西、甘肅、廣西、越南、緬甸等各一部分地區。轄地為漢十三部州中最大的一州。㉜瞽師　古以瞽者為樂官，因以為樂官的代稱。瞽，瞎眼。㉝葆車　用五彩羽毛作羽蓋所裝飾的大車。㉞輿輦　泛指君王、后妃的車輦。輿，原指車廂，借指車子。輦，即步輦。用人抬的轎子，上下臺階、出入宮殿所用。㉟冀州　「十三刺史部」之一。東漢治所在高邑（今河北柏鄉北），末期移治鄴縣（今河北臨漳西南）。轄境相當今河北中南部、山東西部及河南北部地區。㊱廣漢　郡名。西漢治所在乘鄉（一作「繩鄉」，今四川金堂東）。東漢移治雒縣（今四川廣漢北）。轄境相當今陝西寧強，四川青州、廣元、劍閣、江油、梓潼、綿竹、綿陽、德陽、什邡、廣漢、金堂、新都、中江縣、三臺、射洪、遂寧等地。㊲白馬羌　西南、西北地區少數民族中羌族的一支。因聚居古白馬國之地，故名。其地在東漢廣漢郡西北，即今川、甘交界的岷山南部一帶。㊳日南　郡名。秦置象郡，漢武帝更名為日南郡。故治西卷（今越南廣治省廣治河與甘露河合流處）。㊴下妻　小妾。㊵南宮　秦、漢時洛陽宮殿名。南宮位處皇城南部。㊶志　即孔志。孔子後裔，孔均之子。㊷越嶲　郡名。治所在邛都（今四川西昌東南）。轄境相當今雲南麗江納西族自治縣以東、大姚以北，四川寧南、美姑以西、峨邊以南的包括金沙江、雅礱江流域部分地區在內的雲南北部、四川南部地區。㊸任貴　（？—西元四三年），兩漢之際越嶲郡（今四川西昌）人。王莽時，被太守枚根任命為軍候。更始二年，殺枚根自立為邛谷王，領太守事。次年，降於公孫述。公孫述敗，降漢，受封為邛谷王。建武十四年，授越嶲太守。建武十九年，圖謀反漢，被東漢武威將軍劉尚所誅。㊹計　指關於戶口、土地、財政的年度報告。㊺平城　縣名。治今山西大同東北古城。東漢靈帝時廢，建安中復置，移治今代縣東平城堡。㊻賈丹　鴈門平城（今山西大同）人。初被盧芳將領尹由所脅迫，擔任其部將，共守平城。建武十四年，聞盧芳敗，遂與霍匡、解勝等共殺尹由降漢，以功封為列侯。㊼會稽　郡名。秦、西漢治所在吳縣（今江蘇蘇州）。東漢順帝永建四年（西元一二九年）北部另置吳郡，治所移到山陰（今浙江紹興）。轄境縮小，大致相當今浙江蕭山區、鎮海區以南，江山市、衢州以東廣大地區及福建全省。㊽莎車國　西域城國名。故治在今新疆莎車。為漢武帝時西域三十六國之一。一作渠沙國。西漢神爵二年（西元前六〇年）後，屬西域都護府，東漢同。㊾鄯善國　國名。西域諸國之一。在今新疆若羌附近。㊿涼　「十三刺史部」之一。東漢時治所在隴縣（今甘肅張家川回族自治縣）。轄境約相當今甘肅、寧夏、青海湟水流域，陝西定邊、吳旗、鳳縣、略陽和內蒙古額濟納旗一帶。

【語譯】十三年春季正月庚申日，大司徒侯霸去世。戊子日，光武帝下詔說：「往年已告誡郡國，奇異的美食一律不得進獻給朕，但至今進獻仍沒有停止。不僅有預先餵養或搜尋採摘的勞苦，甚至還要辛辛苦苦地長途運輸，太浪費人力財力。現令太官不要再接收，將明確的告諭下達給遠方，鮮美的食物用於祭祀宗廟，還是如同過去的制度一樣。」

2 二月，派遣捕虜將軍馬武屯駐滹沱河以防備匈奴。盧芳從五原逃亡入匈奴。

3 丙辰日，下詔書說：「長沙王劉興、真定王劉得、河間王劉邵、中山王劉茂都承繼爵位為王，不符合經典的原則。現以劉興為臨湘侯，劉得為真定侯，劉邵為樂成侯，劉茂為單父侯。」漢朝宗室及國統斷絕而被封侯的，共有一百三十七人。丁巳日，降趙王劉良為趙公，太原王劉章為齊公，魯王劉興為魯公。庚午日，以殷紹嘉公孔安為宋公，周承休公姬武為衛公。省減合併西漢所封的十三國：廣平屬鉅鹿，真定屬常山，河間屬信都，城陽屬琅邪，泗水屬廣陵，淄川屬高密，膠東屬北海，六安屬廬江，廣陽屬上谷。

4 三月辛未日，以沛郡太守韓歆為大司徒。丙子日，代行大司空職務的馬成被免職。

5 夏季四月，大司馬吳漢從蜀地回都城，於是光武帝大擺酒宴犒享將士，以示慰問並將他們的功績記錄在冊。功臣增加食邑或改封的，共三百六十五人；光武帝的母族、妻族蒙受恩惠而被封爵的，有四十五人。廢除左右將軍官。建威大將軍耿弇被罷免。益州用驛站的大車送來公孫述的樂師、祭祀天地和宗廟所用的樂器、葆車和輿輦，於是儀仗器物才得以完備。當時戰事已經結束，天下很少有事，官府發送公文、調發勞役，力求減少，甚至只有過去的十分之一。

6 甲寅日，任命冀州牧竇融為大司空。

7 五月，匈奴進犯河東。

8 秋季七月，廣漢境外的白馬羌酋長率領本部族人接受了漢朝的統治。

9 九月，日南郡境外的蠻夷獻上了白色的野雞和白兔。

10 冬季十二月甲寅日，下詔命令：「益州民眾自建武八年以來被掠奪為奴婢的，一律赦免為平民；有依附於人當了小妾而又想離開的，一概聽從本人的意願；膽敢拘留不放的，比照青、徐二州之例，按照掠賣人口的法令治罪。」恢復設置了金城郡。

11 十四年春季正月，修建南宮的前殿。匈奴派遣使者來進獻禮物，光武帝指派中郎將前往匈奴回訪。

12 夏季四月辛巳日，封孔子的後裔孔志為褒成侯。越嶲人任貴自稱太守，派遣使者到朝廷獻上了越嶲郡的戶口、土地、財政的年度報告。

13 秋季九月，平城人賈丹殺了盧芳的部將尹由前來投降。

14 這年，會稽郡發生大規模的瘟疫。莎車國、鄯善國派使者來貢獻。

15 十二月癸卯日，光武帝下詔命令：「益、涼二州的奴婢，自從建武八年以來自己到所在官府訴訟的，一律赦免為平民，賣身的人不用歸還賣身價錢。」

1 十五年春正月辛丑，大司徒韓歆免，自殺。

2 丁未，有星孛於昴❶。汝南❷太守歐陽歙❸為大司徒。建義大將軍朱祐罷。丁未，有星孛於營室❹。

3 二月，徙鴈門、代郡、上谷三郡民，置常關❺、居庸關❻以東。

4 初，巴蜀既平，大司馬吳漢上書請封皇子，不許，重奏連歲。三月，乃詔群臣議。大司空融、固始侯通、膠東侯復、高密侯禹、太常⑦登⑧等奏議曰：「古者封建諸侯，以藩屏京師。周封八百，同姓諸姬並為建國。夾輔王室，尊事天子，享國永長，為後世法。故詩云：『大啟爾宇，為周室輔。』高祖聖德，光有天下，亦務親親，封立兄弟諸子，不違舊章。陛下德橫天地，興復宗統⑨，褒德賞勳，親睦九族⑩，功臣宗室，咸蒙封爵，多受廣地，或連屬縣。今皇子賴天，能勝衣趨拜，陛下恭謙克讓，抑而未議，群臣百姓，莫不失望。宜因盛夏吉時，定號位，以廣藩輔，明親親，尊宗廟，重社稷⑪，應古合舊，厭塞眾心。臣請大司空上輿地圖，太常擇吉日，具禮儀。」制⑫曰：「可。」

5 夏四月戊申，以太牢⑬告祠宗廟。丁巳，使大司空融告廟，封皇子輔⑭為右翊公，英⑮為楚公，陽⑯為東海公，康⑰為濟南公，蒼⑱為東平公，延⑲為淮陽公，荊⑳為山陽公，衡㉑為臨淮公，焉㉒為左翊公，京㉓為琅邪公。癸丑，追謚兄伯升為齊武公，兄仲為魯哀公。

6 六月庚午，復置屯騎㉔、長水、射聲三校尉官，改青巾左校尉為越騎校尉㉕。詔下州郡檢覈墾田頃畝及戶口年紀，又考實二千石長吏阿枉不平者。

7 冬十一月甲戌，大司徒歐陽歙下獄死。十二月庚午，關內侯戴涉㉖為大司徒。

盧芳自匈奴入居高柳。

8 是歲，驃騎大將軍杜茂免，虎牙大將軍蓋延薨。

【章旨】以上主要記述了光武帝在建武十五年立太子、分封皇子，下詔檢核墾田畝數及戶口年齡，以及兩位大司徒之死和兩位大將軍被免職等大事。

【注釋】❶昴　即昴宿。二十八宿之一。❷汝南　郡名。故治上蔡（今河南上蔡西南）。東漢移治平輿（今河南平輿北）。轄地約相當今淮河以北、河南項城、郾城、漯河以下的南汝河流域和安徽渦陽、蒙城、潁上以西等地區。❸歐陽歙（？—西元三九年），字正思，樂安千乘（今山東高青）人。精於《尚書》，門徒甚眾。東漢建武元年，拜河南尹，封被陽侯。歷任揚州牧、汝南太守。建武十五年，徵為大司徒。旋因在汝南貪贓至千餘萬之事暴露而下獄，死於獄中。見本書卷七十九上。❹營室　即室宿之別稱。二十八宿之一。❺常關　關名。為常山關之略稱。常山關又名鴻上關，即今河北唐縣西北太行山麓的倒馬關。❻居庸關　關隘名。一作軍都關、又名納款關、薊門關。故址即今北京昌平西北居庸關。關門南北相距二十公里。兩山夾峙，巨澗中流，懸崖峭壁，稱為絕險。❼太常　官名。秦置奉常。漢初因之。景帝中元六年改名為太常。王莽時曾改名秩宗。東漢又復名太常，為諸卿之首。職掌宗廟祭祀禮儀，兼選試博士。秩中二千石。❽登　其姓不詳。❾宗統　祖先開創、世代相傳的系統。❿九族　即上自高祖，下至玄孫。⓫社稷　古代帝王、諸侯所祭的土神和穀神。舊時用作國家的代稱。⓬制　帝王的命令。⓭太牢　古代帝王、諸侯祭祀社稷時，牛、羊、豕三牲全備，稱為「太牢」。⓮輔　劉輔（？—西元八四年），光武帝之子，郭皇后所生。建武十五年，封右翊公。建武十七年，以母郭皇后廢為中山太后，故徙輔為中山王。建武二十年，復徙封沛王。著有《五經論》，時人號之為《沛王通論》。卒諡獻王。見本書卷四十二。⓯英　劉英（？—西元七一年），光武帝之子，許妃所生。建武十五年，封為楚公。建武十七年，進爵為王。少時好遊俠，交結賓客，晚年更喜黃老之術及佛教。永平十三年，造作圖書，有謀逆之意，為人所告。次年，自殺，國除。見本書卷四十二。⓰陽　劉陽（西元二八—七五年），光武帝第四子，陰皇后所生。建武十五年，封東海公。建武十九年，立為皇太子。建武中元二年，即皇帝位。是為漢明帝。見本書卷二。⓱康　劉康（？—西元九七年），光武帝之子。建武十五年，封濟南公。建武十七年，進爵為王。卒諡安王。見本書卷四十二。⑱蒼　劉蒼（?—西元八三年），光武帝之子。建武十五年，封東平公。建武十七年，進爵為王。明帝即位，拜為驃騎將軍。卒諡憲王。見本書卷四十二。⑲延　劉延（?—西元八九年），光武帝之子。建武十五年，封淮陽公。建武十七年，進爵為王。漢明帝建初中，降為阜陵侯。章和元年，復封為阜陵王。卒諡質王。見本書卷四十二。⑳荊　劉荊（?—西元六七年），光武帝之子。建武十五年，封山陽公。建武十七年，進爵為王。明帝即位，因有謀反意，徙封廣陵王。永平十年，自殺，諡思王，封國被廢除。見本書卷四十二。㉑衡　劉衡（?—西元四一年），光武帝之子。建武十五年，封臨淮公。卒諡懷公。見本書卷四十二。㉒焉　劉焉（?—西元九〇年），光武帝之子，郭皇后所生。建武十五年，封左翊公。建武十七年，進爵為王。建武三十年，徙封中山王。卒諡簡王。見本書卷四十二。㉓京　劉京（?—西元八一年），光武帝之子，陰皇后所生。建武十五年，封琅邪公。建武十七年，進爵為王。卒諡孝王。見本書卷四十二。㉔屯騎　屯騎校尉。西漢武帝時始置。東漢光武帝建武七年改屯騎為驍騎，建武十五年復置。秩比二千石，領司馬一人，員吏百二十八，兵士七百人。㉕越騎校尉　漢武帝時所置的八校尉之一，掌越騎。秩比二千石，掌宿衛兵，為北軍五校之一，屬北軍中侯所監督。㉖戴涉　（?—西元四四年），字叔平，冀州清河（今山東臨清）人。建武初，任上黨太守，以功封關內侯。建武十五年，遷大司徒。二十年，坐所薦舉之人盜金罪，下獄死。

【語　譯】 十五年春季正月辛丑日，大司徒韓歆被免職，自殺。

2 丁未日，有彗星掠過昴宿。汝南太守歐陽歙任命為大司徒。建義大將軍朱祐被免職。丁未日，有彗星掠過營宿。

3 二月，遷徙鴈門、代郡、上谷三郡民，安置於常山關、居庸關以東。

4 當初，平定巴蜀以後，大司馬吳漢上書請求冊封皇子，光武帝不允許，吳漢連年上奏。三月，光武帝才下詔命令群臣討論。大司空竇融、固始侯李通、膠東侯賈復、高密侯鄧禹、太常登等人上奏說：「古代封建諸侯，讓他們作為藩籬來屏障京師。周朝封了八百個諸侯，與周王同是姬姓的都建立了封國。他們輔佐王室，尊敬地侍奉天子，享有封國的時間長久，成為後世的法式。因此《詩》說：『極大地開拓你的封疆，成為周王室的輔佐。』高祖有神聖的品德，一統了天下，他也注重愛護宗親，封立兄弟和子姪，不違背傳統制度。

陛下的功德覆蓋天下，復興了劉氏宗統，褒獎有道德的人，獎賞有功勳的人，讓九族親近和睦，功臣和宗室，都蒙恩封了爵位，得到了廣袤的土地，有的甚至地跨數縣。現今皇子承蒙上天保佑，已經能夠穿著成人衣服叩拜皇上了，但是陛下卻謙遜忍讓，壓住此事而不進行討論，群臣百姓，都很失望。應當趁著盛夏吉利的時候，定下名號和爵位，以擴大藩籬的範圍，表明對親人的親愛，尊崇宗廟，重視社稷，應承古代、符合傳統，滿足眾人的願望。臣下們請求讓大司空呈上疆域圖，太常選擇吉利的日子、做好所有的禮儀安排。」光武帝批准了，說：「可以。」

5 夏季四月戊申日，用牛、羊、豬三牲祭告祖宗之廟。丁巳日，派大司空竇融到宗廟向祖先之靈祭告，封皇子劉輔為右翊公，劉英為楚公，劉陽為東海公，劉康為濟南公，劉蒼為東平公，劉延為淮陽公，劉荊為山陽公，劉衡為臨淮公，劉焉為左翊公，劉京為琅邪公。癸丑日，追諡兄長劉伯升為齊武公，兄長劉仲為魯哀公。

6 六月庚午日，恢復設置屯騎、長水、射聲三個校尉官，改青巾左校尉為越騎校尉。下詔書命令州郡檢查核實墾田的頃、畝數以及戶口年齡，又查證二千石長官徇私枉法、辦事不公等事。

7 冬季十一月甲戌日，大司徒歐陽歙被逮捕而死在獄中。十二月庚午日，任命關內侯戴涉為大司徒。盧芳從匈奴進入高柳居住。

8 這一年，驃騎大將軍杜茂被免職，虎牙大將軍蓋延去世。

1 十六年春二月，交阯❶女子徵側❷反，略有城邑。

2 三月辛丑晦，日有蝕之。

3 秋九月，河南尹❸張伋及諸郡守十餘人，坐度田不實，皆下獄死。

4 郡國大姓及兵長、群盜處處並起，攻劫在所，害殺長吏。郡縣追討，到則解散，去復屯結。青、徐、幽、冀四州尤甚。冬十月，遣使者下郡國，聽群盜自相糾擿，五人共斬一人者，除其罪。吏雖逗留回避故縱者，皆勿問，聽以禽討為效。其牧守令長坐界內盜賊而不收捕者，又以畏愞捐城委守者，皆不以為負，但取獲賊多少為殿最❹；唯蔽匿者乃罪之。於是更相追捕，賊並解散。徙其魁帥於它郡，賦田受稟，使安生業。自是牛馬放牧，邑門不閉❺。

5 盧芳遣使乞降。十二月甲辰，封芳為代王。

6 初，王莽亂後，貨幣雜用布❻、帛、金、粟。是歲，始行五銖錢❼。

7 十七年春正月，趙公良薨。

8 二月乙未晦，日有食之。

9 夏四月乙卯，南巡狩❽，皇太子❾及右翊公輔、楚公英、東海公陽、濟南公康、東平公蒼從，幸潁川，進幸葉❿、章陵。五月乙卯，車駕還宮。

10 六月癸巳，臨淮公衡薨。

11 秋七月，妖巫⓫李廣⓬等群起據皖城⓭，遣虎賁中郎將⓮馬援、驃騎將軍⓯段志⓰討之。九月，破皖城，斬李廣等。

12 冬十月辛巳，廢皇后郭氏為中山太后，立貴人陰氏[17]為皇后。進右翊公輔為中山王，食[18]常山郡。其餘九國公，皆即舊封進爵為王。甲申，幸章陵。脩園廟，祠舊宅，觀田廬，置酒作樂，賞賜。時宗室諸母因酣悅，相與語曰：「文叔[19]少時謹信，與人不款曲[20]，唯直柔耳。今乃能如此！」帝聞之，大笑曰：「吾理天下，亦欲以柔道行之。」乃悉為舂陵宗室起祠堂。有五鳳皇見於潁川之郟縣[21]。

十二月，至自章陵。

13 是歲，莎車國遣使貢獻。

14 十八年春二月，蜀郡[22]守將史歆叛，遣大司馬吳漢率二將軍討之，圍成都。

甲寅，西巡狩，幸長安。

15 三月壬午，祠高廟，遂有事十一陵。歷馮翊[23]界，進幸蒲坂[24]，祠后土[25]。

16 夏四月癸酉，車駕還宮。甲戌，詔曰：「今邊郡盜穀五十斛，罪至於死，開殘吏妄殺之路。其蠲除此法，同之內郡。」遣伏波將軍[26]馬援率樓船將軍[27]段志等擊交阯賊徵側等。

17 甲申，幸河內[28]。戊子，至自河內。

18 五月，旱。盧芳復亡入匈奴。

19 秋七月，吳漢拔成都，斬史歆等。壬戌，赦益州所部殊死已下。

20 冬十月庚辰，幸宜城[29]。還，祠章陵[30]。

21 十二月乙丑，車駕還宮。

22 是歲，罷州牧，置刺史[31]。

【章　旨】以上記載了東漢軍隊平定全國性民眾暴亂、史歆之亂，罷州牧而置刺史、廢立皇后、為諸子進爵以及光武帝兩次回故鄉的史事。

【注　釋】❶交阯　漢武帝所置「十三刺史部」之一。轄境相當今廣東、廣西的大部和越南承天以北之北部、中部等地。東漢改為交州。故以後也以交阯泛指五嶺以南地區。❷徵側　(?—西元四三年)，東漢交阯(今越南河內)女子。因丈夫詩索犯法為太守所殺，遂與妹徵貳起兵反抗官府，攻破郡縣。於是九真、日南、合浦蠻夷皆應之，凡略六十五城，自立為王。後被伏波將軍馬援擊破，斬之。❸河南尹　政區名。秦於古豫州河南地置三川郡，秦亡後項羽封申陽於此置河南國，都洛陽縣(今河南洛陽東白馬寺一帶)，轄三川郡等地，相當今河南中部伊、洛水流域。漢高祖二年，改置河南郡。東漢建武十五年因地屬京畿，改名河南尹。同時亦以為官名。故治洛陽(今河南洛陽東北)。轄境相當今河南黃河以南洛水、伊水下游、北汝河、賈魯河上游、東至開封、延津、南到新鄭、汝陽、北臨新安、宜陽以及黃河以北原陽等地。❹殿最　古代考核政績或軍功，上等的稱「最」，下等的稱「殿」。❺牛馬放牧二句　喻指天下太平。❻布　古代錢幣。❼五銖錢　錢幣名。錢重五銖，上有「五銖」二篆字，故名。始鑄於漢武帝。王莽廢，光武帝建武十六年始行之。自漢迄隋，皆有冶鑄，惟形制大小不一。❽巡狩　指皇帝外出巡視。❾皇太子　皇太子劉彊。❿葉　南陽郡葉縣。治今河南葉縣西南。⓫妖巫　使用妖術的巫師。⓬李廣　(?—西元四一年)，東漢初術士。光武建武十七年，聚眾攻占廬江皖城，殺皖侯劉閔，自稱「南嶽大師」。光武帝遣謁者張宗將兵討之，為李廣所敗。光武帝復遣虎賁中郎將馬援擊之。李廣兵敗，被馬援軍所殺。⓭皖城　城名。今安徽潛山縣故皖縣城。⓮虎賁中郎將　官名。西漢武帝建元三年初置期門郎，掌出入儀衛。平帝元始元年更名為虎賁郎，置中郎將統領虎賁中郎、侍郎、郎中，掌宿衛侍從，秩比二千石，屬光祿勳。⑮驃騎將軍　官名。漢武帝元符二年（西元前一二一年）始置，以霍去病任之，秩位同大將軍，金印紫綬，地位與三公同。⑯段志　（？—西元四二年），東漢初將領。光武建武十七年，為驃騎將軍，後為樓船將軍。多次隨馬援四出征伐。建武十八年，跟從馬援南擊交阯，軍至合浦而病卒。⑰陰氏　（西元五一六四年），名麗華，南陽新野人。東漢光武帝皇后。更始元年，劉秀納之為妻，稱帝後，封為貴人。建武十七年，郭皇后廢，立為皇后。見本書卷十上。⑱食　食邑；采邑。為封建主提供租稅的封地。⑲文叔　光武帝的表字。⑳款曲　殷勤應酬。㉑郟縣　縣名。今河南郟縣。㉒蜀郡　治今四川成都。東漢時轄境相當今四川松潘以南、邛崍以北、邛崍山以東的岷江上游兩岸地區。㉓馮翊　政區名。因地屬畿輔，故不稱郡。為三輔之一。轄境約相當今陝西渭河以北、涇河以東洛河中、下游地區。東漢治所在高陵（今陝西高陵西南）。㉔蒲坂　縣名。秦置。治今山西永濟西蒲州。西漢為蒲反縣，東漢改為蒲坂縣。地當黃河彎曲處，有風陵（一作封陵，今稱風陵渡）隔河與潼關相對，為河東通往關中的要道。㉕后土　古人對地神的尊稱。㉖伏波將軍　官名。東漢雜號將軍之一，取能平定海外風波之意。㉗樓船將軍　官名。因是率領水兵作戰的將領，故稱。㉘河內　郡名。春秋、戰國時稱黃河以北為河內，約相當今河南黃河以北地區。漢高祖二年始置郡，治懷縣（今河南武陟西南）。轄境相當今河南所屬黃河以北、京漢鐵路以西，包括汲縣等地區。㉙宜城　侯國名。秦置鄢縣，西漢惠帝三年改名為宜城縣，東漢改置為宜城侯國。故治在今湖北宜城南。㉚章陵　光武帝父親劉欽陵墓名。㉛刺史　官名。武帝元封五年（西元前一〇六年）設部（州）刺史，督察郡國，官階低於郡守。成帝綏和元年改為州牧。東漢建武十八年復為刺史。靈帝時，罷刺史，置州牧，居郡守之上，由原單純的監察官發展為總攬地方軍政大權的軍政長官。

【語　譯】十六年春季二月，交阯女子徵側起兵造反，攻占城邑。

2 三月辛丑日是本月的最後一天，發生了日蝕。

3 秋季九月，河南尹張伋和各郡太守共十餘人，因犯丈量核實田地數量不實罪，都被逮捕而死在獄中。

4 各地郡國豪門大姓及軍隊官兵、成群結隊的強盜蜂擁而起，進攻和搶劫所在郡縣，殺害長官。郡縣發兵追討，但軍隊一到，他們便四下散去，軍隊一去，他們又重新聚集。青、徐、幽、冀四州尤其嚴重。冬季十月，光武帝派遣使者下到各郡國，允許群盜自己互相舉報告發，如果五人能共同斬殺一人的，那就赦免他們的罪過。官吏雖曾逗留不前、遇敵回避、故意放跑敵人的，都不予追究，允許他們捕殺盜賊，以觀後效。那些州牧、郡守、縣令、縣長負有不搜捕境內盜賊罪責的，另外因畏懼怯懦而棄城不守的，都不算過錯，而只以擒獲盜賊的多少作為確定他們政績的上、中、下等級標準；只是對隱匿盜賊不報的，要治他們的罪。於是，各地官吏爭相追捕，盜賊瓦解散去。官府將盜賊首領遷往他郡，分給他們田地口糧，讓他們安居田業。從此以後，牛馬放牧，邑門不關。

5 盧芳派遣使者來請求投降。十二月甲辰日，封盧芳為代王。

6 當初，王莽之亂以後，貨幣以布、帛、金、小米雜用。這年，開始使用五銖錢。

7 十七年春季正月，趙公劉良去世。

8 二月乙未日是本月最後一天，發生了日蝕。

9 夏季四月乙卯日，光武帝到南方巡視，皇太子以及右翊公劉輔、楚公劉英、東海公劉陽、濟南公劉康、東平公劉蒼跟隨。光武帝到了潁川，又向前到了葉縣、章陵。五月乙卯日，光武帝回到宮中。

10 六月癸巳日，臨淮公劉衡去世。

11 秋季七月，妖巫李廣等人聚眾而起，占據了皖城。光武帝派遣虎賁中郎將馬援、驃騎將軍段志討伐他們。九月，他們攻破皖城，斬殺了李廣等人。

12 冬季十月辛巳日，廢除皇后郭氏，降為中山王太后，立貴人陰氏為皇后。升右翊公劉輔為中山王，將常山郡作為他的食邑。其餘九位國公，都維持原有封地不變而進爵為王。甲申日，光武帝到了章陵。他修整祖先陵園和宗廟，祭祀過去居住過的房屋，參觀田舍，擺下酒宴、奏起音樂，進行賞賜。當時，家族中的老太太們因飲酒酣暢，便高興地相互談論說：「文叔小的時候很老實，不會殷勤應酬人，對人只有實在、和氣。沒想到他現在竟能如此！」光武帝聽了，大笑道：「我治理天下，也還是想用柔和的手段來推行政事。」於是，他為春陵的宗室全部修建了祠堂。有五隻鳳凰出現在潁川郡的郟縣。十二月，光武帝從章陵回到洛陽。

13 這年，莎車國派遣使者前來進貢。

14 十八年春季二月，蜀郡的守將史歆反叛，光武帝派遣大司馬吳漢率領二位將軍去討伐他，包圍了成都。

甲寅日，去西方巡視，到了長安。

15 三月壬午日，祭祀高廟，順便祭祀了十一陵。經過馮翊地界，前行到達了蒲坂，祭祀后土。

16 夏季四月癸酉日，光武帝回到了宮中。甲戌日，下詔書說：「現今邊遠郡偷盜穀物五十斛，就要處以死罪，開了殘酷官吏濫殺的路子。現令廢除這條法令，使它與內地郡縣相同。」派遣伏波將軍馬援率領樓船將軍段志等人攻打交阯賊人徵側等。

17 甲申日，光武帝到了河內郡。戊子日，從河內郡回到洛陽。

18 五月，大旱。盧芳再次逃到匈奴。

19 秋季七月，吳漢攻下成都，斬殺史歆等人。壬戌日，赦免益州境內死刑以下的罪犯。

20 冬季十月庚辰日，光武帝到了宜城。返回時，祭祀了章陵。

21 十二月乙丑日，光武帝回到了宮中。

22 這年，廢除州牧，改稱為刺史。

1 十九年春正月庚子，追尊孝宣皇帝❶曰中宗。始祠昭帝❷、元帝❸於太廟，成帝❹、哀帝❺、平帝❻於長安，舂陵節侯❼以下四世於章陵。

2 妖巫單臣、傅鎮等反，據原武❽。遣太中大夫❾臧宮圍之。夏四月，拔原武，斬臣、鎮等。

3 伏波將軍馬援破交阯，斬徵側等。因擊破九真賊都陽等，降之。

4 閏月戊申，進趙、齊、魯三國公爵為王。

5 六月戊申，詔曰：「春秋之義，立子以貴。東海王陽，皇后之子，宜承大統。皇太子彊，崇執謙退，願備藩國。父子之情，重久違之。其以彊為東海王，立陽為皇太子，改名莊。」

6 秋九月，南巡狩。壬申，幸南陽，進幸汝南南頓⑩縣舍，置酒會，賜吏人，復南頓田租歲。父老前叩頭言：「皇考⑪居此日久，陛下識知寺舍，每來輒加厚恩，願賜復十年。」帝曰：「天下重器，常恐不任，日復一日，安敢遠期十歲乎？」吏人又言：「陛下實惜之，何言謙也？」帝大笑，復增一歲。進幸淮陽⑫、梁⑬、沛。

7 西南夷⑭寇益州郡⑮，遣武威將軍劉尚⑯討之。越嶲太守任貴謀叛，十二月，劉尚襲貴，誅之。

8 是歲，復置函谷關都尉。修西京宮室。

【章　旨】以上記述建武十九年東漢軍隊平定交阯徵側、越嶲太守任貴的反叛，以及光武帝追尊漢宣帝為中宗、改立太子之事。

【注　釋】❶孝宣皇帝　西漢宣帝劉詢（西元前九一—前四九年），漢武帝曾孫，父為史皇孫，母為王夫人。昭帝死，霍光迎入為帝。西元前七四—前四九年在位，親政十八年。卒葬杜陵。廟號中宗，諡孝宣。《漢官儀》記載：「光武第雖十二，於父子之次，於成帝為兄弟，於哀帝為諸父，於平帝為祖父，皆不可為之後。上至元帝，於光武為父，故上繼元帝而為九代。故《河圖》云：『赤九會昌』，謂光武也。」光武帝本為西漢皇室疏族，他追尊漢宣帝，是為了提高自己的地位。❷昭帝　西漢昭帝劉弗陵（西元前九四—前七四年），武帝少子，趙婕妤所生。年八歲即皇帝位，大司馬大將軍霍光受遺詔輔政。西元前八七—前七四年在位。卒葬平陵，謚孝昭。❸元帝　西漢元帝劉奭（西元前七六—前三三年），宣帝子，許皇后所生。西元前四九—前三三年在位。卒葬渭陵。廟號高宗，謚孝元。❹成帝　西漢成帝劉驁（西元前五一—前七年），漢元帝長子，王皇后所生。西元前三三—前七年在位。卒葬延陵，謚孝成。❺哀帝　西漢哀帝劉欣（西元前二五—前一年），元帝庶孫，定陶恭王劉康之子，母丁姬。西元前七—前一年在位。卒葬義陵，謚孝哀。❻平帝　西漢平帝劉衎（西元前九—西元五年），元帝庶孫，中山孝王劉興之子，母衛姬。哀帝卒，被迎立為帝，年九歲，太皇太后王氏臨朝，大司馬王莽秉政。西元一—五年在位。卒葬康陵，謚孝平。❼舂陵節侯　光武帝四世祖劉買。❽原武　縣名。治今河南原陽城。❾太中大夫　官名。西漢秩比千石，東漢秩比二千石。凡大夫皆掌言議，顧問應對，為天子高級參謀顧問官。❿南頓　縣名。治今河南項城西南。⓫皇考　古代對已故父親的尊稱。⓬淮陽　淮陽國。國都在陳（今河南淮陽），轄境相當今河南淮陽、鹿邑、太康、柘城、扶溝等地。⓭梁　梁國。國都在睢陽（今河南商丘東南）。東漢轄境相當今河南虞城、寧陵、夏邑，山東曹縣，安徽碭山縣、亳州部分地區。⓮西南夷　古代對西南地區各少數民族的總稱。兩漢前後，多稱巴蜀西南地區，即今甘肅南部、四川大部、貴州西南部及雲南各少數民族為西南夷，有時也泛指其中一支或數支。秦漢時，西南夷族國主要有哀牢、儋耳、僬僥、槃木、白狼、動粘、大牟、大羊、姑復、楪榆、梇棟、連然、滇池、建伶、昆明、夜郎國、滇國、邛都國、莋都國、冉駹國、夷貊、朱提夷、卷夷、大牛種、汶山夷、旄牛、青衣、汙衍、三襄夷、白狼樓薄、益州夷、牂牁夷等。部族、族支多以其聚地為名，或以其部族首領為號，或以其部族中某一特點為稱呼。漢武帝平西南夷後，始於此置郡、縣，設官治理。西漢後期至東漢初，一些夷族部落反覆反叛。原哀牢國地也漸縮小。東漢時承前制，於西南地區恢復郡、縣制，設官治理。⓯益州郡　西漢元封二年置。故治滇池（今雲南晉寧東北晉城鎮）。東漢承其制，但明帝永平中期以後轄境縮小。其地約當今雲南哀牢山以東，大姚、東川區以南，元江縣、個舊市以北，蒙自、華寧、陸良、富源等縣以西的雲南東南部地區。⓰劉尚　（？—西元四七年），東漢將領。建武初，為武威將軍，四出征伐，參加過討伐公孫述、隗囂等主要戰役。建武十九年，西南蠻寇益州郡，尚率軍討之。越巂太守任貴謀叛，尚襲貴，誅之。二十一年，破益州夷，平之。二十三年，南郡蠻叛，尚討破之，徙其種人於江夏。旋進討武陵蠻，在沅水戰死。

【語譯】十九年春季正月庚子日，追尊孝宣皇帝為中宗。首次規定在太廟祭祀昭帝、元帝，在長安祭祀成帝、哀帝、平帝，在章陵祭祀春陵節侯以下四世。

2 妖巫單臣、傅鎮等人造反，占據原武。光武帝派遣太中大夫臧宮等人率軍包圍了他們。夏季四月，臧宮等人攻克原武，斬殺單臣、傅鎮等人。

3 伏波將軍馬援攻破交阯，斬殺徵側等人，又乘勢擊破九真郡賊人都陽等，降伏了他們。

4 閏四月戊申日，光武帝進封趙、齊、魯三位國公的爵位，將他們都封為王。

5 六月戊申日，光武帝下詔書說：「按照《春秋》的原則，立太子要根據其身分的高貴。東海王劉陽，是皇后的兒子，應該繼承皇位。皇太子劉彊，品德高尚，一再謙讓，願到藩國做諸侯王。這件事如果長久拖下去，那父子之情就會受到影響。現在以劉彊為東海王，立劉陽為皇太子，改名為莊。」

6 秋季九月，光武帝去南方巡視。壬申日，到達南陽，再向前走，到了汝南郡南頓縣的縣衙，光武帝設置酒宴，賞賜官吏和父老，免除了南頓縣一年的田租。父老向前叩頭，說：「皇考在這裡待的時間很長，因此陛下熟悉這裡的官衙房舍，每次來都賜予大恩，希望能免除我們十年的租稅。」光武帝說：「治理天下是個重任，我常常擔心自己不堪勝任，過一天是一天，哪敢遠訂十年的約定呢？」官吏們又說：「陛下其實是捨不得，何必說話這樣謙虛呢？」光武帝大笑，又答應再免一年的租稅。光武帝繼續前行，到了淮陽、梁、沛等地。

7 西南夷進犯益州郡，光武帝派遣武威將軍劉尚去討伐。越巂太守任貴圖謀叛亂，十二月，劉尚襲擊任貴，誅殺了他。

8 這年，恢復設置了函谷關都尉。修理西京的宮室。

1 二十年春二月戊子，車駕還宮。

2 夏四月庚辰，大司徒戴涉下獄死。大司空竇融免。

3 五月辛亥，大司馬吳漢薨。匈奴寇上黨❶、天水，遂至扶風。

4 六月庚寅，廣漢太守蔡茂❷為大司徒，太僕❸朱浮為大司空。壬辰，左中郎將❹劉隆❺為驃騎將軍，行大司馬事。乙未，徙中山王輔為沛王。

5 秋，東夷❻韓國❼人率眾詣樂浪內附❽。

6 冬十月，東巡狩。甲午，幸魯❾，進幸東海❿、楚⓫、沛國⓬。

7 十二月，匈奴寇天水。

8 壬寅，車駕還宮。

9 是歲，省五原郡，徙其吏人置河東。復濟陽⓭縣傜役六歲。

10 二十一年春正月，武威將軍劉尚破益州夷，平之。

11 夏四月，安定屬國胡⓮叛，屯聚青山⓯，遣將兵長史⓰陳訢⓱討平之。

12 秋，鮮卑⓲寇遼東⓳，遼東太守祭彤⓴大破之。

13 冬十月，遣伏波將軍馬援出塞擊烏桓㉑，不克。匈奴寇上谷、中山㉒。

14 其冬，鄯善王、車師㉓王等十六國皆遣子入侍，奉獻，願請都護㉔。帝以中國初定，未遑外事，乃還其侍子㉕，厚加賞賜。

【章　旨】以上記述建武二十年、二十一年兩年間大司徒、大司馬、大司空的變動，和東漢與匈奴、鮮卑、烏桓的戰事，以及光武帝對經營西域的態度。

【注　釋】❶上黨　郡名。秦、西漢、東漢前期治長子（今山西長子西南）。東漢後期移治壺關，今山西長治北古驛（一說東漢末移治壺關）。東漢和帝時轄有沾縣、涅縣、穀遠、陭氏、陽阿、高都、泫氏、長子、屯留、壺關、潞縣、襄垣、銅鞮共十三縣，相當今山西和順、榆社以南，沁水流域以東地區。❷蔡茂　（西元前二五—四七年），字子禮，河內懷（今河南武陟）人。西漢末，以通儒學聞名，擢為議郎，遷侍中。王莽時，稱病不仕。劉秀即位，為廣漢太守。光武建武二十年（西元四四年）為大司徒。見本書卷十六。❸太僕　官名。為九卿之一，秩中二千石。掌車馬，天子每出行，奏駕上鹵簿用；大駕則執駕車。❹左中郎將　官名。隸郎中令（即光祿勳），秩比二千石，主掌屬下中郎、侍郎、郎中等宿衛宮殿。❺劉隆　（？—西元五七年），字元伯，南陽蔡陽（今湖北棗陽）人。更始帝時，拜騎都尉。後從光武帝於河北，封亢父侯。歷任誅虜將軍、守南郡太守。建武十三年，更封竟陵侯。受命為中郎將，從伏波將軍馬援擊交阯有功，更封為長平侯。建武二十年，為驃騎將軍，行大司馬事。建武三十年，定封慎侯。卒謚靖侯。見本書卷二十二。❻東夷　中國古代對東方少數民族的總稱。❼韓國　古國名。在今朝鮮南部。分馬韓（在西部）、辰韓（在東部）、弁韓（中南部），合稱三韓。其內又分若干小國。❽詣樂浪內附　此句語焉不詳。本書卷八十五〈東夷傳〉：「初，朝鮮王准為衛滿所破，乃將其餘眾數千人走入海，攻馬韓，破之，自立為韓王。准後滅絕，馬韓人復自立為辰王。建武二十年，韓人廉斯人蘇馬諟等詣樂浪貢獻。光武封蘇馬諟為漢廉斯邑君，使屬樂浪郡，四時朝謁。」此處所言韓國人，當指韓國廉斯邑的蘇馬諟。❾魯　縣名。今山東曲阜。❿東海　郡名。治今山東郯城西北。西漢轄境相當今山東費縣、臨沂至江蘇贛榆以南，山東棗莊、江蘇邳縣以東和江蘇宿遷、灌南以北地區。⓫楚　郡國名。東漢初，改楚國為楚郡，章帝章和二年又改稱彭城國。治所在彭城（今江蘇徐州）。轄境相當今山東微山縣、江蘇徐州、銅山縣、沛縣東南部、邳縣西北部及安徽濉溪縣東部。⓬沛國　秦置泗水郡，漢高祖改置為沛郡，東漢改置為沛國。故治相縣（今安徽濉溪縣西北）。轄境在今安徽、江蘇、河南、山東交界地區，約當今安徽淮水流域以北宿州、固鎮、五河縣、泗縣、蕭縣、碭山縣、鳳臺、利辛、懷遠、渦陽、亳州，河南永城、夏邑，江蘇豐縣、沛縣，山東微縣等地區。改置為沛國後，其轄境比舊沛郡縮小。⓭濟陽　縣名。治今河南蘭考東北。光武帝出生於此。⓮胡　中國古代對北方和西域各族的泛稱；也泛指一切外國為「胡」。多含輕視之意。蔑稱其人為胡人、胡虜、胡寇、胡騎、胡兒等。漢時，多為對匈奴、鮮卑、羌、烏桓等族或其政權的蔑稱。⑮青山　山名。在今甘肅環縣西南。⑯將兵長史　官名。漢制，將軍幕府設長史和司馬，為高級屬員，有時也可獨當一面，領兵作戰。將兵長史即為獨當一面之長史。⑰陳訢　東漢將領。光武建武十年為漁陽太守，與王霸充先鋒擊賈覽，匈奴左南將軍救之，訢等與戰平城，破之。二十一年，為將兵長史，平安定屬國胡之叛亂。二十五年，為右輔都尉，隨捕虜將軍馬武率軍四萬於金城浩亹敗羌兵，斬六百餘級。⑱鮮卑　部族名。東胡族的一支。相傳依居鮮卑山得名。秦漢時期，游牧於今內蒙古東部沙拉木倫河與洮兒河之間及其以西地區。初附於匈奴，常隨其騷掠中原。北匈奴西遷後，鮮卑據其故地，勢力漸趨強盛。魏晉南北朝以後，漸與各地漢族及其他民族融合。⑲遼東　郡名。戰國燕置。治所在襄平（治今遼寧朝陽）。轄境相當今遼寧醫巫閭山以東和丹東、撫順、本溪以西地區。東漢因玄菟郡、遼東屬國占去一部分，轄境縮小。⑳祭肜　（？—西元七三年），字次孫，潁川潁陽（今河南許昌）人。祭遵從弟。歷任黃門侍郎、偃師長、襄賁令、遼東太守。屢破鮮卑、匈奴赤山烏桓，威震北方。後擢為太僕，率萬餘騎伐北匈奴，以無功而下獄。出獄後數日，嘔血而死。見本書卷二十。㉑烏桓　國名；族名。一作烏丸，又名赤山、赤沙，或為烏桓支族，是東胡族的一支，居烏桓山（故地在今大興安嶺山脈南端）。漢初，部分烏桓附匈奴，武帝以後附漢，遷至上谷、漁陽、右北平、遼東、遼西等五郡塞外。漢、魏以後，漸與各地漢族及其他民族融合。㉒中山　即中山國。治所在今河北定州。轄境相當今山西、河北交界的恆山以南、河北無極、深澤以北、唐縣以東、清苑以西地區。㉓車師　漢代西域三十六國之一。原名姑師。一說即車師前部。約在初元元年（西元前四八年）漢分其地為車師前、後兩部（或前、後兩國）及山北（因其地相鄰，皆聚居天山以北的地區）六國，後皆歸西域都護所轄。車師前部治交河城（今新疆吐魯番西北雅爾湖村附近交河古城遺址）。後部治務塗谷（今新疆吉木薩爾南山中）。西漢元帝時事設戊己校尉屯田車師前王庭。山北六國，即且彌東、西國；卑陸前、後國；蒲類前、後國。本書卷八十八〈西域傳〉則以車師前、後部及東且彌、卑陸、蒲類、移支為車師六國。㉔都護　官名。西域都護的簡稱。漢宣帝時初置，秩比二千石，使護西域三十六國。東漢沿置。㉕侍子　古代諸侯或屬國國王遣其子入朝侍奉皇帝。侍子實際就是變相的人質。

【語　譯】二十年春季二月戊子日，光武帝回到宮中。

2 夏季四月庚辰日，大司徒戴涉被捕入獄而死。大司空竇融被免職。

3 五月辛亥日，大司馬吳漢去世。匈奴進犯上黨、天水，進至扶風。

4 六月庚寅日，廣漢太守蔡茂為大司徒，太僕朱浮為大司空。壬辰日，左中郎將劉隆任驃騎大將軍，代行大司馬職務。乙未日，遷徙中山王劉輔為沛王。

5 秋季，東夷中的韓國人率領民眾到樂浪郡，接受了東漢的統治。

6 冬季十月，光武帝到東方巡視。甲午日，到了魯縣，繼續向前，又到了東海、楚、沛國。

7 十二月，匈奴進犯天水。

8 壬寅日，光武帝回到宮中。

9 這年，裁撤了五原郡，將那裡的官吏和百姓安置在河東郡。免除了濟陽縣六年的徭役。

10 二十一年春季正月，武威將軍劉尚打敗益州夷，平定了益州。

11 夏季四月，安定屬國的胡人反叛，集結在青山。光武帝派遣將兵長史陳訢前去討伐，平定了反叛。

12 秋季，鮮卑進犯遼東，遼東太守祭肜將他們打得大敗。

13 冬季十月，光武帝派遣伏波將軍馬援率軍出邊塞進攻烏桓，但沒有取得勝利。匈奴進犯上谷、中山。

14 這年冬天，鄯善王、車師王等十六國都派遣王子入朝侍奉，並獻上禮物，請求在西域派駐都護。光武帝認為中原地區剛剛安定，還顧不上對外事務，於是把他們的侍子都送了回去，給予他們豐厚的賞賜。

1 二十二年春閏月丙戌，幸長安，祠高廟，遂有事十一陵。二月己巳，至自長安。

2 夏五月乙未晦，日有食之。

3 秋七月，司隸校尉蘇鄴下獄死。

4 九月戊辰，地震裂。制詔曰❶：「日者❷地震，南陽尤甚。夫地者，任物至重、靜而不動者也。而今震裂，咎在君上。鬼神不順無德，災殃將及吏人，朕甚懼焉。其令南陽勿輸❸今年田租芻稾❹。遣謁者❺案行❻，其死罪繫囚在戊辰以前，減死罪一等；徒皆弛解鉗，衣絲絮。賜郡中居人壓死者棺錢，人三千。其口賦、逋稅，而廬宅尤破壞者，勿收責❼。吏人死亡，或在壞垣毀屋之下，而家羸弱不能收拾者，其以見錢穀取傭，為尋求之。」

5 冬十月壬子，大司空朱浮免。癸丑，光祿勳❽杜林❾為大司空。

6 是歲，齊王章薨。青州蝗。匈奴薁鞬日逐王比❿遣使詣漁陽⓫，請和親，使中郎將李茂報命。烏桓擊破匈奴，匈奴北徙，幕南⓬地空。詔罷諸邊郡亭候吏卒。

7 二十三年春正月，南郡蠻⓭叛，遣武威將軍劉尚討破之，徙其種人於江夏⓮。

8 夏五月丁卯，大司徒蔡茂薨。

9 秋八月丙戌，大司空杜林薨。

10 九月辛未，陳留⓯太守玉況⓰為大司徒。

11 冬十月丙申，太僕張純⓱為大司空。高句麗⓲率種人詣樂浪內屬。

12 十二月，武陵蠻⓳叛，寇掠郡縣，遣劉尚討之，戰於沅水⓴，尚軍敗歿。

13 是歲，匈奴薁鞬日逐王比率部曲遣使詣西河內附。

14 二十四年春正月乙亥，大赦天下。匈奴薁鞬日逐王比遣使款[21]五原塞[22]，求扞禦北虜[23]。

15 秋七月，武陵蠻寇臨沅[24]，遣謁者李嵩、中山太守馬成討蠻，不克，於是伏波將軍馬援率四將軍討之。詔有司申明[25]舊制阿附蕃王法[26]。

16 冬十月，匈奴薁鞬日逐王比自立為南單于[27]，於是分為南、北匈奴[28]。

17 二十五年春正月，遼東徼外貊人[29]寇右北平[30]、漁陽、上谷、太原，遼東太守祭肜招降之。烏桓大人[31]來朝。

18 南單于遣使詣闕貢獻，奉蕃稱臣；又遣其左賢王[32]擊破北匈奴，卻地千餘里。三月，南單于遣子入侍。

19 戊申晦，日有食之。

20 伏波將軍馬援等破武陵蠻於臨沅。冬十月，叛蠻悉降。

21 夫餘[33]王遣使奉獻。

22 是歲，烏桓大人率眾內屬，詣闕朝貢。

【章旨】以上記述建武二十二年的南陽地震及光武帝的救災措施，建武二十三年南郡蠻和武陵蠻的反叛、高句麗的內屬，以及兩年間東漢大司空、大司徒人選的變化及建武二十四年、二十五年兩年中北方匈奴的分裂及東北地區濊貊、烏桓、夫餘與東漢的關係以及東漢軍隊對武陵蠻反叛的鎮壓。

【注 釋】❶制詔曰 此處疑多一「制」字。宋劉攽曰：「案史無有書『制詔曰』者，唯下三公及它官詔有云『制詔某官』，史亦不著『曰』字，明此多一『制』字也。」❷日者 往日；近日。❸輸 輸送；繳納。❹芻稾 飼牲畜之乾草。芻，飼牲畜之草料。稾，亦作「稿」，麥、稻之稈。❺謁者 官名。為光祿勳的屬官。掌賓贊受事，秩比六百石。東漢又有常侍謁者、給事謁者、灌謁者之分。謁者僕射為其主管官，秩比千石。❻案行 巡視檢查。❼收責 督催徵繳。❽光祿勳 官名。秩中二千石，為宮內總管，統領皇帝的顧問參議、宿衛侍從、傳達接待等官。❾杜林 （？—西元四七年），字伯山，扶風茂陵（今陝西興平）人。博洽多聞，時稱通儒。建武六年，徵拜侍御史。歷任大司徒司直、光祿勳、東海王傅、少府。二十二年，復為光祿勳。不久，代朱浮為大司空。次年，卒於任上。見本書卷二十七。❿薁鞬日逐王比 匈奴呼韓邪單于之孫、烏珠留若鞮單于之子，名比。其叔父孝單于輿繼承單于位，遂任命他為右薁鞬日逐王，統領匈奴南邊及烏桓。建武二十四年，匈奴八部大人共議，立他為呼韓邪單于。在位九年病卒。⓫漁陽 郡名。治今北京密雲西南。轄境相當今河北灤河上游以南、薊運河以西，天津海河以北，北京懷柔、通縣以東地區。⓬幕南 沙漠之南。「幕」即「漠」字之訛。⓭南郡蠻 部族名。秦漢時南方少數民族中蠻族的一支。因聚居南郡，故名。⓮江夏 郡名。治今湖北新洲西。轄境相當今以湖北武漢為中心的鄂東南、鄂東北、鍾祥以下漢水流域，包括京山縣、安陸和河南信陽、羅山縣、光山縣等地區。⓯陳留 郡名。治今河南開封東南。轄境相當今河南東至民權，南至睢縣、扶溝，西至開封、尉氏，北至延津、長垣等地區。⓰玉況 （？—西元五一年），字文伯，京兆杜陵（今陝西西安）人。性聰敏，善行德教。初為陳留太守。光武建武二十三年，任大司徒。在位四年病卒。⓱張純 （？—西元五六年），字伯仁，京兆杜陵人。張安世曾孫，襲爵富平侯。西漢末，官至侍中。王莽時，為列卿。光武帝即位，先來入朝，故得復爵。歷任太中大夫、中郎將，改封武始侯。明習禮儀典故，光武帝甚重之，使兼虎賁中郎將。建武二十年，為太僕。建武二十三年，為大司空。卒謚節侯。見本書卷三十五。⓲高句麗 國名；部族名。其族源於扶餘，後擴展勢力，占有今中國東北一部與朝鮮部分地區。古代高句麗主要分為五部：消奴部、絕奴部、順奴部、灌奴部、桂婁部。在西漢時屬玄菟郡，東漢時不屬中國直轄。國都內城（今吉林集安城東），轄境相當今鴨綠江及其支流渾江流域一帶，包括遼東一小部、吉林東南部、朝鮮咸興、清川江以北廣大地區。東漢末年遷都丸都城（今吉林集安境南），四世紀初向南擴展占據漢魏樂浪郡地。西元四二七年，遷都今朝鮮平壤。⓳武陵蠻 部族名。秦、漢時南方少數民族蠻族的一支。為盤瓠蠻的分支。因聚居武陵郡地，故名。⑳沅水　水名。即今湖南沅江，源出貴州雲霧山，上游稱清水江，自湖南黔陽黔城鎮以下始名沅江。東北流經辰溪、沅陵、常德等，到漢壽入洞庭湖。㉑款　叩；敲。㉒五原塞　關塞名。一名五原關。漢武帝敗匈奴後於元朔二年改秦九原郡為五原郡時重置。一名榆柳塞，俗稱五原塞。故址在今內蒙古包頭西北一帶。㉓北虜　北方的敵人。這裡指北匈奴。㉔臨沅　縣名。治所在今湖南常德。東漢為武陵郡治所。㉕申明　公開宣布；鄭重宣布。㉖阿附蕃王法　指漢武帝時期制定的左官之律、附益之法。其規定：阿曲附益王侯者，將從重制裁。蕃王，同「藩王」。㉗南單于　漢代匈奴君主稱為單于，其意為廣大之貌。南單于即統治南匈奴的單于。建武二十四年，匈奴八部大人共議，立右薁鞬日逐王比為呼韓邪單于。南單于是其俗稱。㉘南北匈奴　東漢建武二十四年，匈奴分裂為南北兩大部，南下附漢的稱為南匈奴，留居漠北的稱為北匈奴。南匈奴屯居朔方、五原、雲中（今內蒙古境）等郡，東漢末分為左、右、南、北、中五部。西晉時，曾先後建立趙、夏、北涼等國。北匈奴於和帝時為東漢與南匈奴所擊敗，大部內遷附漢，部分西遷中亞等地。㉙貊人　濊貊人。濊貊，亦作穢貊。古部族名。西周以前，濊、貊單稱，後常復稱為濊貊。秦漢以後，主要活動於今松嫩平原、鴨綠江流域及朝鮮半島。㉚右北平　即右北平郡。秦治無終（今天津薊縣），西漢移治平剛（今遼寧凌源西南），東漢移治上垠（今河北豐潤東南），轄境較之前代已大為縮小，僅轄有上垠、徐無、俊靡、無終四縣，相當於今天津薊縣、河北興隆、遵化、豐潤、唐山市等地區。㉛烏桓大人　烏桓部落首領。其首領稱大人。㉜左賢王　匈奴官名。為單于儲副，即單于繼承人。㉝夫餘　族名。一名夫餘夷。又作扶餘、鳧臾。故地在今松花江中游平原上，以今農安為中心，南至今遼寧北境，與高句麗、沃沮接界，東臨挹婁，西與鮮卑相連，北抵弱水（今黑龍江）。居民從事農、牧業。夫餘在西漢一度臣屬漢設置於東北地區的玄菟郡，東漢末年一度改屬遼東郡。其南部沃沮有時也臣屬於夫餘。夫餘為漢時東北強大的少數民族政權，後漸衰。

【語　譯】二十二年春季閏月丙戌日，光武帝到長安，祭祀高廟，然後祭祀了十一陵。二月己巳日，從長安回到了洛陽。

2 夏季五月的最後一天是乙未日，發生了日蝕。

3 秋季七月，司隸校尉蘇鄴被捕入獄而死。

4 九月戊辰日，地震，大地開裂。光武帝下詔說：「最近地震，南陽尤其嚴重。所謂大地，本是承載物體最重、平靜而不動的。而今震裂，罪過在君主身上。鬼神不會順從沒有德行的君主，災禍殃及官吏和百姓，朕對此非常畏懼。現令南陽不再繳納今年的田租和草料。派出謁者巡視檢查，凡在戊辰日前犯下死罪的在押囚犯，減去死罪一等；被判處徒刑的，全部解除鐵鉗枷鎖，可穿絲絮衣服。賜棺材錢給南陽郡中被壓死的居民，每人三千。居室廬舍遭到嚴重破壞的，口賦和拖欠的田租不要督催徵繳。官吏死亡，或被壓在殘垣壞屋之下，但家貧無力而不能挖掘尋屍的，官府用現錢、穀米作佣金雇人，為他們尋找到屍體。」

5 冬季十月壬子日，大司空朱浮被免職。癸丑日，任命光祿勳杜林為大司空。

6 這一年，齊王劉章去世。青州鬧蝗災。匈奴薁鞬日逐王比派使者到漁陽請求與漢朝和親，朝廷派中郎將李茂前往匈奴回訪。烏桓打敗了匈奴，匈奴往北遷徙，沙漠之南空虛無人。光武帝下詔裁撤沿邊各郡的瞭望臺的士兵。

7 二十三年春季正月，南郡蠻反叛，光武帝派遣武威將軍劉尚前去討伐，打敗了他們，將其部眾遷移到江夏郡。

8 夏季五月丁卯日，大司徒蔡茂去世。

9 秋季八月丙戌日，大司空杜林去世。

10 九月辛未日，陳留太守玉況被任命為大司徒。

11 冬季十月丙申日，太僕張純被任命為大司空。高句麗率領本族部眾到樂浪郡，接受漢朝的統治。

12 十二月，武陵蠻反叛，進犯和搶掠郡縣，光武帝派遣劉尚前去討伐他們，在沅水交戰，劉尚兵敗戰死。

13 這年，匈奴薁鞬日逐王比率領部眾並派使者到西河郡，依附於漢朝。

14 二十四年春季正月乙亥日，大赦天下。匈奴薁鞬日逐王比派使者到五原塞叩關請見，要求為東漢抵抗北匈奴。

15 秋季七月，武陵蠻進犯臨沅，光武帝派遣謁者李嵩、中山太守馬成去討伐他們，但沒能取勝。於是，伏波將軍馬援率領四位將軍去討伐他們。光武帝詔令有關部門鄭重宣布：過去所制定的阿附蕃王法仍然有效。

16 冬季十月，匈奴薁鞬日逐王比自立為南單于，從此匈奴分裂為南、北匈奴。

17 二十五年春季正月，遼東邊境之外的貊人進犯右北平、漁陽、上谷、太原，遼東太守祭彤招降了他們。烏桓首領前來朝覲。

18 匈奴南單于派遣使者來朝廷進貢，願做東漢的藩屬和臣子；他又派左賢王打敗了北匈奴，使其領地退卻一千多里。三月，南單于送兒子入朝當侍子。

19 三月戊申日是這月的最後一天，發生了日蝕。

20 伏波將軍馬援等人在臨沅縣打敗了武陵蠻。冬季十月，叛亂的蠻族全部投降。

21 夫餘王派使者來朝廷進貢。

22 這年，烏桓首領率部族接受漢朝統治，並前來向朝廷進貢。

1 二十六年春正月，詔有司增百官奉。其千石已上，減於西京舊制；六百石已下，增於舊秩。

2 初作壽陵❶。將作大匠❷竇融❸上言：「園陵廣袤，無慮所用。」帝曰：「古者帝王之葬，皆陶人瓦器，木車茅馬，使後世之人不知其處。太宗❹識終始之義，景帝❺能述遵孝道❻，遭天下反覆❼，而霸陵獨完受其福。豈不美哉？今所制地不過二三頃，無為山陵❽，陂池❾裁令流水而已。」

3 遣中郎將段郴授南單于璽綬❿，令入居雲中。始置使匈奴中郎將⓫，將兵衛護之。南單于遣子入侍，奉奏詣闕。於是雲中、五原、朔方、北地、定襄、鴈門、上谷、代[12]八郡民歸於本土。遣謁者分將施刑補理城郭；發遣邊民在中國[13]者，布還諸縣，皆賜以裝錢[14]，轉輸給食。

4 二十七年夏四月戊午，大司徒玉況薨。

5 五月丁丑，詔曰：「昔契[15]作司徒[16]，禹[17]作司空[18]，皆無『大』名，其令二府去『大』。」又改大司馬為太尉[19]。驃騎大將軍行大司馬劉隆即日罷。以太僕趙憙[20]為太尉，大司農[21]馮勤[22]為司徒。

6 益州郡徼外蠻夷率種人內屬。北匈奴遣使詣武威[23]，乞和親。

7 冬，魯王興、齊王石[24]始就國。

8 二十八年春正月己巳，徙魯王興為北海王，以魯國益東海。賜東海王彊[25]虎賁[26]、旄頭[27]、鍾虡[28]之樂。

9 夏六月丁卯，沛太后郭氏[29]薨。因詔郡縣捕王侯賓客[30]，坐死者數千人。

10 秋八月戊寅，東海王彊、沛王輔、楚王英、濟南王康、淮陽王延始就國。

11 冬十月癸酉，詔：「死罪繫囚皆一切募下蠶室[31]，其女子宮[32]。」

12 北匈奴遣使貢獻，乞和親。

【章　旨】以上記述了建武二十六至二十八年光武帝修改官制、修建陵墓、整頓邊防、遣諸子就國、沛太后之死、以宮刑抵死罪，以及北匈奴請求和親等大事。

【注　釋】❶壽陵　生前預建的陵墓。❷將作大匠　官名。掌修作宗廟、路寢、宮室、陵園土木之功，秩二千石。❸竇融（西元前一六—西元六二年），字周公，扶風平陵（今陝西咸陽）人。王莽時，歷任強弩將軍司馬、波水將軍。王莽敗，率軍降劉玄，先後擔任鉅鹿太守、張掖屬國都尉。劉玄敗，割據酒泉、張掖、敦煌等河西五郡。光武即位，乃歸漢，授涼州牧，封安豐侯。歷任冀州牧、大司空、行衛尉事兼領將作大匠等職。卒謚戴侯。見本書卷二十三。❹太宗　西漢文帝劉恆（西元前二〇二—前一五七年）。西元前一八〇—前一五七年在位。卒葬霸陵。廟號太宗，謚孝文。❺景帝　西漢景帝劉啟（西元前一八八—前一四一年）。漢文帝次子，母為竇皇后。西元前一五七—前一四一年在位。死後葬陽陵。謚孝景。❻能述遵孝道　指景帝能按文帝的遺囑辦理文帝的後事。❼遭天下反覆　遭遇天下動亂。指王莽末，赤眉起義軍入長安，諸帝陵墓皆遭發掘，惟霸陵未被掘。❽山陵　像山丘一樣的陵墓。❾陂池　池塘。這裡指陵園中的水池。❿璽綬　印章和繫印絲帶。古代官員的印章和繫印絲帶按不同等級，其印章質材和繫印絲帶的顏色各不相同。東漢規定：諸侯王金璽綟綬，公侯金印紫綬，二千石銀印青綬。其下，還有銅印黑綬、銅印黃綬等等。⓫使匈奴中郎將　官名。西漢武帝始以中郎將出使匈奴，後沿為定制。東漢正式設置使匈奴中郎將，或稱為護匈奴中郎將、領中郎將、匈奴中郎將等，秩比二千石，負責監護南匈奴。⓬代　代郡。秦、西漢治所在代縣（今河北蔚縣），東漢移治高柳（今山西陽高西北），後復還故治。轄境相當今山西陽高、廣靈、靈丘，河北蔚縣、陽原、懷安等地區，即今桑乾河流域一帶。⓭中國　這裡指中原。⓮裝錢　出行的路費。⓯契　商部族始祖。帝嚳之子。相傳其母簡狄氏吞玄鳥卵而生。大舜時，助大禹治水有功，被任命為司徒。契做司徒，只是歷史傳說。⓰司徒　官名。西周始置，春秋沿置。職掌治理民事、掌握戶口、官司籍田、徵發徒役及收納財賦。秦罷司徒而置丞相，漢因之。哀帝元壽二年改丞相為大司徒，為三公之一。⓱禹　夏朝創立者。姒姓，夏后氏部落領袖。父鯀治水無功被殺，被舜舉以續父之業，為司空。經歷十年之久，終於戰勝洪水。繼舜為部落聯盟首領後，加強國家機構建設，廢除禪讓制度，成為中國歷史上階級社會第一位統治者。禹做司空，只是歷史傳說。⓲司空　官名。西周有司空，為六卿之一，主造器械車服。春秋戰國沿襲。西漢成帝綏和元年，改御史大夫為大司空，後復舊稱，哀帝時又改為大司空，為三公之一。東漢司空，雖位高祿重，但無實權，只是名義上統領宗正、少府、大司農三卿，掌檢查四方水土功課、奏其殿最行賞罰而已。⓳太尉　官名。秦置。金印紫綬，掌軍事。漢因之，尊與丞相等，並御史大夫合稱三公。其職掌武事，但無發兵、領兵之權，僅作為武將的最高榮譽銜，為皇帝軍事顧問。武帝元狩四年改名為大司馬。東漢建武二十七年復稱太尉，綜理軍政，職權漸重，與司徒、司空合稱三公，地位最尊。⑳趙憙　（西元前四—西元八〇年），字伯陽，南陽宛（今河南南陽）人。更始時，為郎中，行偏將軍事，以功拜五威偏將軍。曾與劉秀共擊王尋、王邑於昆陽。更始敗，遂投劉秀，拜懷令，遷平原太守，歷任太僕、太尉，賜爵關內侯。明帝時更封節鄉侯，代行太尉事。章帝即位，進太傅，錄尚書事。卒諡正侯。見本書卷二十六。㉑大司農　官名。秦名治粟內史，漢初因之。景帝後元元年（西元前一四三年）更名為大農令。武帝太初元年更名為大司農，秩中二千石，掌管國家財政。㉒馮勤　（？—西元五六年），字偉伯，魏郡繁陽（今河南內黃）人。王莽末，率家人投劉秀，為郎中、給事尚書。以籌議軍糧精勤，遂被重用，掌管諸侯封爵之事。遷尚書僕射，賜爵關內侯。又升尚書令、大司農，官至司徒。見本書卷二十六。㉓武威　郡名。西漢元狩二年置。故治在姑臧縣（今甘肅武威）。轄境相當今甘肅蘭州以東黃河流域以西、永昌以東河西走廊地區，包括內蒙古賀蘭山脈以西騰格里沙漠一帶。㉔齊王石　劉石（？—西元七〇年），齊哀王劉章之子。劉石嗣爵為王，凡立二十四年卒，諡曰煬王。㉕東海王彊　即劉彊（？—西元五八年），郭皇后之子。建武二年，立為皇太子。建武十九年，降封東海王。卒諡恭王。見本書卷四十二。㉖虎賁　皇帝禁衛軍之一。《漢官儀》：「虎賁千五百人，戴鶡尾，屬虎賁中郎將。」㉗旄頭　皇帝出行時行進在隊伍前列的儀仗兵。因其裝束的特點為披散著頭髮，故稱旄頭。《漢官儀》：「舊選羽林為旄頭，被髮先驅。」㉘鍾虡　古樂器鐘磬及其支架。虡，亦作「簴」。古時懸掛編鐘編磬，兩側立直柱為「虡」，中間橫梁為「筍」。㉙沛太后郭氏　（？—西元五二年），字聖通，東漢光武帝皇后，真定槀（今河北槀城）人。更始二年（西元二四年），劉秀娶她為妻。及即位，封貴人。建武二年，立為皇后。其後，以寵稍衰，數露怨言。建武十七年，被廢為中山王太后，封其中子右翊公輔為中山王。建武二十年，中山王輔徙封沛王，改稱沛太后。㉚捕王侯賓客　本書卷四十二〈光武十王傳〉：「壽光侯劉鯉，更始子也，得幸於輔。鯉怨劉盆子害其父，因輔結客，報殺盆子兄故式侯恭，輔坐繫詔獄，三日乃得出。自是後，諸王賓客多坐刑罰，各循法度。」此應指與劉輔案有關王侯。㉛募下蠶室　在死囚自願的情況下，聽任其以受宮刑而抵死罪。蠶室，獄名。受宮刑者所居之室。男犯人被閹割之後畏風懼冷，須居於密封之暖室，如養蠶之室，故名。㉜宮　宮刑。古代割去男子生殖器、毀壞女子生殖器的酷刑。對男子的宮刑又稱腐刑，對女子的宮刑又稱幽閉。

【語　譯】二十六年春季正月，光武帝詔令有關部門增加百官的俸祿。千石以上級別的官員，俸祿比西漢舊制減少；六百石以下級別的官員，比過去的俸祿有所增加。

2 光武帝開始修建自己的陵墓。將作大匠竇融向光武帝進言：「陵園務必廣大，不要計較花費。」光武帝說：「古代帝王下葬，陪葬用的都是陶人瓦器、木車草馬，讓後人不知道他們下葬的地點。太宗明白生命終始、儉約葬禮的道理，景帝能遵行孝道，所以雖然遭遇天下動亂，但霸陵獨存、完好無損，享受到了薄葬之福。這難道不是一件大好事？現今的規制：占地不超過二三頃，不要建造山陵，池塘只要水能流動即可。」

3 光武帝派遣中郎將段郴前往匈奴授給南單于官印，讓他進雲中居住。首次設置了使匈奴中郎將，率領軍隊護衛南單于。南單于送兒子到朝廷做侍子，捧著奏章到了京師。於是，雲中、五原、朔方、北地、定襄、鴈門、上谷、代郡等八郡的百姓都回到了本地。光武帝派遣謁者分別率領去掉了枷鎖、囚服的罪犯修補城牆；遣送在中原地區暫住的邊民，安置他們回邊疆各縣居住，全部都賜給路費，並一路運送糧食供給他們。

4 二十七年夏季四月戊午日，大司徒玉況去世。

5 五月丁丑日，光武帝下詔書說：「過去契曾任過司徒，禹曾任過司空，但他們的官號前面都沒有加『大』的名稱，現在命令司徒、司空二府都去掉『大』字。」又改大司馬為太尉。驃騎大將軍代理大司馬劉隆當天被免職。光武帝任命太僕趙憙為太尉，大司農馮勤為司徒。

6 益州郡邊境之外的蠻夷率領部族民眾接受漢朝的統治。北匈奴派使者到武威，請求與漢朝通婚和好。

7 冬季，魯王劉興、齊王劉石開始到自己的封國居住。

8 二十八年春季正月己巳日，改封魯王劉興為北海王，將他遷走，而把魯國的地方併入東海國。賜給東海王劉彊虎賁、旄頭，以及鐘磬等樂器。

9 夏季六月丁卯日，沛太后郭氏去世。光武帝抓住這個機會，下詔各郡縣逮捕王侯的賓客，犯罪處死者達數千人。

10 秋季八月戊寅日，東海王劉彊、沛王劉輔、楚王劉英、濟南王劉康、淮陽王劉延開始到各自的封國去居住。

11 冬季十月癸酉日，詔令：「犯死罪的在押的囚犯，男犯人全部下蠶室受腐刑以抵死，女犯人則受宮刑以抵死罪。」

12 北匈奴派遣使者前來進貢，請求通婚和好。

1 二十九年春二月丁巳朔，日有食之。遣使者舉冤獄，出繫囚。庚申，賜天下男子爵，人二級；鰥、寡、孤、獨、篤癃、貧不能自存者粟，人五斛。

2 夏四月乙丑，詔令：「天下繫囚，自殊死已下及徒各減本罪一等，其餘贖罪、輸作各有差。」

3 三十年春正月，鮮卑大人❶內屬。朝賀。

4 二月，東巡狩。甲子，幸魯，進幸濟南❷。閏月癸丑，車駕還宮。有星孛于紫宮❸。

5 夏四月戊子，徙左翊王焉為中山王。

6 五月，大水。賜天下男子爵，人二級；鰥、寡、孤、獨、篤癃、貧不能自存者粟，人五斛。

7 秋七月丁酉，幸魯國。復濟陽縣是年傜役。

8 冬十一月丁酉，至自魯。

9 三十一年夏五月，大水。戊辰，賜天下男子爵，人二級；鰥、寡、孤、獨、篤癃、貧不能自存者粟，人六斛。癸酉晦，日有食之。

10 是夏，蝗。

11 秋九月甲辰，詔令：「死罪繫囚皆一切募下蠶室，其女子宮。」

12 是歲，陳留雨穀，形如稗實。北匈奴遣使奉獻。

【章　旨】以上記述在建武二十九年、三十年、三十一年這三年中，光武帝減輕刑罰和賑恤社會弱勢人群的措施。

【注　釋】❶鮮卑大人　鮮卑部落的首領。❷濟南　郡國名。西漢初分齊郡置郡。文帝時改為國。景帝時參加七國叛亂後改為郡，東漢復改為國。治所在平陵（今山東章丘西北）。轄境相當今山東濟南、章丘、鄒平、濟陽等地。❸紫宮　星區名。古人參照五行將星空分為東南西北中五宮。紫宮即紫微中宮，又稱紫微垣。包括拱極區諸星。它們繞天極旋轉，有星官三十七，一百六十三星。

【語　譯】二十九年春季二月丁巳日是本月的第一天，發生了日蝕。光武帝派遣使者去清查冤案，放出在押囚犯。庚申日，賜給天下男子爵位，每人二級；鰥夫、寡婦、孤兒、無子女的老人、患有重病的、貧窮不能生存的，都賜給粟米，每人五斛。

2 夏季四月乙丑日，詔令：「天下在押囚犯，從死罪以下以及判徒刑的，各減去原有罪狀一等，其餘用錢贖罪、為官府勞作各有等差。」

3 三十年春季正月，鮮卑族的首領接受了漢朝統治。朝廷舉行慶賀。

4 二月，光武帝到東方巡視。甲子日，到達魯國，再向前到了濟南。閏二月癸丑日，光武帝回到宮中。有彗星掠過紫宮。

5 夏季四月戊子日，改封左翊王劉焉為中山王。

6 五月，發生水災。賜天下的男人以爵位，每人二級；鰥夫、寡婦、孤兒、無子女的老人、患有重病的、貧窮不能生存的，都賜給粟米，每人五斛。

7 秋季七月丁酉日，光武帝到了魯國。免除濟陽縣本年的徭役。

8 冬季十一月丁酉日，光武帝從魯國回到了洛陽。

9 三十一年夏季五月，發生水災。戊辰日，賜天下的男人以爵位，每人二級；鰥夫、寡婦、孤兒、無子女的老人、患有重病的、貧窮不能生存的，都賜給粟米，每人六斛。癸酉日是本月最後一天，發生了日蝕。

10 這個夏季，發生了蝗災。

11 秋季九月甲辰日，光武帝詔令：「犯死罪的在押的囚犯，男犯人全部下蠶室受腐刑以抵死，女犯人則受宮刑以抵死罪。」

12 這年，陳留下雨時從天落下了穀子，其形狀類似稗子。北匈奴派遣使者來進貢。

1 中元元年春正月，東海王彊、沛王輔、楚王英、濟南王康、淮陽王延、趙王盱❶皆來朝。丁卯，東巡狩。

2 二月己卯，幸魯，進幸太山❷。北海王興❸、齊王石朝于東嶽❹。辛卯，柴望岱宗❺，登封太山❻。甲午，禪于梁父❼。

3 三月戊辰，司空張純薨。

4 夏四月癸酉，車駕還宮。己卯，大赦天下。復嬴⑧、博⑨、梁父⑩、奉高⑪，勿出今年田租芻稾。改年為中元⑫。行幸長安。戊子，祀長陵⑬。

5 五月乙丑，至自長安。

6 六月辛卯，太僕馮魴⑭為司空。乙未，司徒馮勤薨。

7 是夏，京師醴泉涌出，飲之者固疾皆愈，惟眇、蹇者不瘳。又有赤草⑮生於水崖，郡國頻上甘露。群臣奏言：「地祇靈應而朱草萌生。孝宣帝每有嘉瑞，輒以改元。神爵⑯、五鳳⑰、甘露⑱、黃龍⑲，列為年紀。蓋以感致神祇，表彰德信。是以化致升平，稱為中興⑳。今天下清寧，靈物仍降。陛下情存損挹，推而不居，豈可使祥符顯慶，沒而無聞？宜令太史㉑撰集，以傳來世。」帝不納。常自謙無德，每郡國所上，輒抑而不當，故史官罕得記焉。

8 秋，郡國三蝗。

9 冬十月辛未，司隸校尉東萊㉒李訢㉓為司徒。甲申，使司空告祠高廟曰：「高皇帝㉔與群臣約：非劉氏不王。呂太后㉕賊害『三趙㉖』，專王呂氏。賴社稷之靈，祿㉗、產㉘伏誅。天命幾墜，危朝更安。呂太后不宜配食高廟，同祧㉙至尊。薄太后㉚母德慈仁，孝文皇帝㉛賢明臨國，子孫賴福，延祚至今。其上薄太后尊號曰高皇后，配食地祇。遷呂太后廟主于園，四時上祭。」

10 十一月甲子晦，日有食之。

11 是歲，初起明堂㉜、靈臺㉝、辟雍㉞，及北郊兆域㉟。宣布圖讖㊱於天下。復濟陽、南頓是年傜役。參狼羌寇武都，敗郡兵。隴西太守劉盱遣軍救之，及武都郡兵討叛羌，皆破之。

【章　旨】以上記述光武帝舉行封禪、建明堂、靈臺、辟雍、北郊兆域、退呂太后而尊薄太后為高皇后、抑卻嘉瑞而又宣揚圖讖等一系列禮制建設措施。

【注　釋】❶趙王盱　劉栩（?—西元八一年），南陽蔡陽（今湖北棗陽）人。趙孝王劉良之子。建武十七年，嗣爵為王。凡立四十年卒，諡為節王。見本書卷十四。❷太山　郡名。又作泰山郡。秦置濟北郡，後分其東境改置博陽郡。西漢高帝劉邦改博陽置泰山郡，初治博（今山東泰安東南）。後治奉高（今山東泰安東）。轄境相當今山東泰安地區、萊蕪、新汶、平邑、費縣等地。❸興　劉興（?—西元六四年），劉章之弟。建武二年，封魯王。過繼給光武帝次兄劉仲為子。建武二十八年，徙為北海王。卒諡靖王。見本書卷十四。❹東嶽　泰山。❺岱宗　泰山。❻太山　山名。一名岱山、岱宗、岱嶽，又名東嶽、東岱，又作泰山。為五嶽之一，我國五大名山之一。在今山東中部、泰安北。從東平湖東岸向東北延伸至淄博市南和魯山相接，長約二〇〇公里。主峰玉皇頂在泰安城北。古稱泰山，多指此。海拔一五二四公尺，山峰突兀峻拔，雄偉壯麗。有南天門、日觀峰、經石峪、黑龍潭等名勝古蹟。❼梁父　梁父山。泰山之下的小山。❽嬴　縣名。一作「羸」。屬泰山郡。治今山東萊蕪西北。❾博　縣名。屬泰山郡。治今山東泰安東南。❿梁父　縣名。屬泰山郡。西漢為梁父縣。東漢改為梁甫，為侯國。治今山東泰安東南。⓫奉高　縣名。屬泰山郡。治今山東泰安東。⓬中元　東漢光武帝劉秀年號。一作建武中元。西元五六—五七年。明帝劉莊即位未改元，尚沿用中元年號近一年。⓭長陵　陵墓名。漢高祖劉邦之陵墓名。⓮馮魴　（西元前一—西元八五年），字孝孫，南陽湖陽（今河南唐河縣）人。建武三年，被劉秀任命為虞令，以敢殺伐著稱。歷任郟令、魏郡太守、太僕。中元元年，遷司空，賜爵關內侯。章帝建初三年，以老病乞免，奉朝賀，就列侯位。見本書卷三十三。⑮赤草　朱草。《大戴禮》：「朱草日生一葉，至十五日已後日落一葉，周而復始。」⑯神爵　西漢宣帝劉詢年號。因神爵集於長樂宮，故改元為神爵。西元前六一—前五八年。神爵，即神鳥。爵，通「雀」。⑰五鳳　西漢宣帝劉詢年號。因鳳凰五至，故改元為五鳳。西元前五七—前五四年。⑱甘露　西漢宣帝劉詢年號。因甘露降集，故改元為甘露。西元前五三—前五〇年。⑲黃龍　西漢宣帝劉詢年號。西元前四九年，因黃龍現廣漢郡，故改元為黃龍。⑳中興　由衰落而重新興盛。㉑太史　官名。先秦有太史，為史官和曆官之長，掌撰文修史，兼及天文曆法。秦置太史令，兩漢均置，簡稱太史。㉒東萊　郡名。西漢高帝置。治今山東萊州。東漢徙治黃縣（今山東龍口市東）。轄境相當今山東半島東部沿海大部分地區，大致包括今萊州、棲霞、萊陽、即墨、膠州及其以東至海等十六個縣市地區。㉓李訢　東漢初大臣。東萊（今山東萊州）人。光武建武中任司隸校尉。中元元年，升任司徒，中元二年，封安鄉侯。明帝永平三年（西元六〇年），坐事免官。㉔高皇帝　漢高祖劉邦。㉕呂太后　（西元前二四一—前一八〇年），漢高祖皇后，名雉，字娥姁，單父（今山東單縣）人。漢初，助劉邦殺韓信、彭越等異姓王。其子劉盈即位年少，呂太后遂代其治理朝政。劉盈死，立少帝，又臨朝稱制。後殺少帝，立恆山王劉弘為帝，封呂氏數人為王。呂太后病卒後，周勃、陳平等起兵盡滅諸呂，擁立文帝，恢復劉氏政權。㉖三趙　高帝子趙幽王劉友、趙恭王劉恢、趙隱王劉如意。㉗祿　呂祿（？—西元前一七九年），單父人。呂太后兄子。呂太后稱制後，封為趙王。呂太后七年，為上將軍。呂太后病卒，受命掌北軍，與相國呂產專兵秉政。周勃、陳平發兵誅諸呂，遂斬其首。㉘產　呂產（？—西元前一七九年）。西漢初官吏。單父人，呂太后兄子。呂太后稱制後，封為梁王。呂太后七年，為相國。呂太后病卒，受命掌南軍。周勃、陳平發兵誅諸呂，朱虛侯劉章將其殺於郎中府吏舍廁中。㉙同祧　同遷藏神主於一祖廟。祧，遷主所藏之謂。㉚薄太后　（？—西元前一五五年），西漢高祖劉邦妃，文帝母，會稽山陰（今浙江紹興）人。生性仁善。劉邦為漢王時納入後宮，文帝即位後尊為皇太后。西元前一五五年卒，葬南陵。㉛孝文皇帝　漢文帝（西元前二〇二—前一五七年），西漢皇帝，名恆。高祖子，母薄姬。西元前一八〇—前一五七年在位。初立為代王，後周勃等誅滅諸呂，遂迎立為帝。繼續執行漢初與民休息和輕徭薄賦政策，加強中央集權，景帝即位後因之，史稱「文景之治」。後元七年卒，葬霸陵。廟號太宗，謚孝文。㉜明堂　即天子舉行典禮的禮堂。舉行朝會、祭祀、慶賞、選士、養老、教學等大典的場所。㉝靈臺　觀測天象的高臺。靈臺類似今天文臺，屬太史令管轄。東漢靈臺高三丈、有十二門。故址在東漢洛陽宮城外附近南部，今河南洛陽東白馬寺一帶。㉞辟雍　本為西周天子所置大學。以圓如璧，四周雍以水得名。漢都城長安、洛陽皆有辟雍。東漢辟雍位於今河南洛陽東郊故洛陽城東南。

東漢以後，歷代皆有辟雍，除宋代外，均僅為祭祀之所，為都城禮制建築之一。㉟兆域　祭壇所在的區域。㊱圖讖　指《河圖》、《洛書》等符命之書。

【語譯】中元元年春季正月，東海王劉彊、沛王劉輔、楚王劉英、濟南王劉康、淮陽王劉延、趙王劉盱都來到京師朝覲光武帝。丁卯日，光武帝到東方巡視。

2 二月己卯日，光武帝到達魯國，又往前行到了泰山。北海王劉興、齊王劉石在東嶽朝覲了光武帝。辛卯日，光武帝在岱宗燒柴祭天、望祭山川，登上泰山頂聚土築壇祭天。甲午日，光武帝在梁父平整場地祭地。

3 三月戊辰日，司空張純去世。

4 夏季四月癸酉日，光武帝回到宮中。己卯日，大赦天下。免除嬴縣、博縣、梁父縣、奉高縣的賦稅，不用繳納今年的田租和草料。改年號為中元。光武帝前往長安。戊子日，祭祀長陵。

5 五月乙丑日，光武帝從長安回到洛陽。

6 六月辛卯日，任命太僕馮魴為司空。乙未日，司徒馮勤去世。

7 這年夏天，京城中有甘美的泉水湧出，凡喝了泉水的人，頑疾舊病都能痊癒，只有一隻眼瞎、一隻腳跛的人治不好。又有赤草生長在水邊，郡國也頻繁地獻上甘露。為此，群臣上奏說：「地神顯靈而至朱草萌生。孝宣帝每當遇到祥瑞出現，便要據此更改年號，神爵、五鳳、甘露、黃龍，都被用來紀年。藉以表示能感召神靈，彰顯道德和誠信。孝宣帝因此能教化大行而使天下達到昇平，被人稱為中興。現今天下平靜安寧，靈應之物頻頻降臨。陛下性情謙遜，一再推辭，不肯自應祥瑞之兆，但又怎能讓祥瑞顯慶之物不得昭著於世而湮沒無聞呢？應該命令太史採集編撰，以傳後世。」光武帝沒有採納。他常常自謙說自己無德，每當郡國獻上祥瑞之物，他都予以制止而不認為祥瑞是應在自己身上，所以對這類事情，史官很少能記載下來。

8 這年秋季，三個郡國發生蝗災。

9 冬季十月辛未日，任命司隸校尉東萊人李訢為司徒。甲申日，光武帝命令司空告祭高廟說：「高皇帝與群臣約定：除了劉氏，任何人不得為王。呂太后殘害『三趙』，專封呂氏為王。仰仗社稷之神的保佑，呂祿、呂產終被誅殺。漢朝天命，差一點就斷絕了，劉姓的朝廷，最終轉危為安。因此，呂太后的神主不宜留在高廟，陪伴高皇帝享受祭祀。薄太后有母德，慈善仁愛，孝文皇帝治國賢明，子孫後代仰仗他的福分，國運一直延續到今日。現給薄太后獻上尊號，稱高皇后，陪同地神享受祭祀。將呂太后神位遷往她的陵園中，四季舉行祭祀。」

10 十一月甲子日是本月的最後一天，發生了日蝕。

11 這一年，開始建造明堂、靈臺、辟雍，以及北郊祭壇所在場地。將符命之書在天下宣傳發布。免除濟陽、南頓這一年的傜役。參狼羌進犯武都郡，擊敗了武都郡的軍隊。隴西太守劉盱派軍隊去援救武都，與武都郡的部隊會合，一起討伐叛亂的羌人，把他們都打敗了。

1 二年春正月辛未，初立北郊，祀后土。東夷倭奴❶國王遣使奉獻。

2 二月戊戌，帝崩於南宮前殿，年六十二。遺詔曰：「朕無益百姓，皆如孝文皇帝制度，務從約省。刺史、二千石長吏皆無離城郭，無遣吏及因郵奏。」

3 初，帝在兵間久，厭武事，且知天下疲耗，思樂息肩❷。自隴、蜀平後，非儆急，未嘗復言軍旅。皇太子嘗問攻戰之事，帝曰：「昔衛靈公❸問陳，孔子不對。此非爾所及。」每旦視朝，日仄乃罷。數引公卿、郎❹、將講論經理，夜分乃寐。皇太子見帝勤勞不怠，承間諫曰：「陛下有禹湯❺之明，而失黃❻老❼養性之福。願頤愛❽精神，優游自寧。」帝曰：「我自樂此，不為疲也。」雖身濟大業，兢兢如不及，故能明慎政體，總擥❾權綱，量時度力❿，舉無過事。退功臣而進文吏，戢弓矢而散馬牛⓫，雖道未方古，斯亦止戈之武⓬焉。

【章　旨】以上記述了光武帝之死及遺詔薄葬的情況後，作者又對光武帝的厭惡戰爭、崇尚文治及政治能力作了概括。

【注　釋】❶倭奴　古國名。一名烏奴。故地在今日本九州島一帶，是當時倭人所建百餘屬國之一。❷息肩　從肩上卸下重擔。這裡指結束戰爭、解除戰爭負擔。❸衛靈公　（？—西元前四九三年），春秋時衛國國君，名元，衛襄公子。西元前五三四—前四九三年在位。數次接待周遊列國的孔子，然終不任用之。晚年怠於政事，好靡靡之音。❹郎　帝王侍從官的通稱。春秋時始置，秦漢因之，隸屬於郎中令。❺湯　商湯王。商朝開創者。原名履、天乙，卜辭稱太乙、高祖乙。子姓。滅夏後又稱武湯、成湯或成唐。原為商族首領，以亳（今河南商丘北）為據點，歷經十一戰而滅夏，建立了商朝。❻黃　黃帝。傳說中遠古部落首領。姬姓，號軒轅氏（一作有熊氏），故亦稱為「黃軒」。其部落原定居西北高原，與炎帝出於少典氏，分路東進，在阪泉發生衝突，炎帝敗，遂合併為一。後協力於涿鹿大敗九黎族，殺蚩尤，被推為炎黃部落聯盟首領。傳說有很多創造發明，如養蠶、舟車、文字、音律、醫學、算學等。後被推崇為中華民族的共同祖先。❼老　老子。春秋時期的思想家。後人將其附會為道教的創始人。姓李名耳，字伯陽，楚國苦縣（今河南鹿邑）人。曾為周朝守藏室之史，後隱退。著有《老子》。❽頤愛　保養愛護。❾擥　同「擥（攬）」。執；持。❿量時度力　判斷時機是否有利、掂量力量是否能勝任。⓫馬牛　這裡指戰馬和拉輜重的牛。⓬止戈之武　古人認為「武」字是由「止」與「戈」組成，「戈」象徵戰爭，因此「武」的最高境界就是制止戰爭。參見《左傳・宣公十二年》。

【語　譯】二年春季正月辛未日，開始建立北郊，祭祀后土神。東夷的倭奴國王派遣使者前來進貢。

2　二月戊戌日，光武帝在南宮前殿去世，享年六十二歲。光武帝在遺詔中說：「朕沒有為百姓做出好事。

一切行事都遵循孝文皇帝的制度，務必執行節省的原則。刺史、二千石長官都不要離開本城，不要派遣屬下官吏和利用郵傳上書致哀。」

3 當初，光武帝長年用兵作戰，厭煩了戰爭，而且知道天下消耗嚴重、疲憊不堪，都希望能解脫戰爭重負、過上快樂安寧的日子。自從隴、蜀平定後，如若不是緊急情況，他從不再談論軍事。皇太子曾經問起用兵作戰的事情，光武帝說：「從前衛靈公問起戰陣，孔子不予回答。這不是你應當涉及的事情。」他每天日出便上朝聽政，日落後才退朝回宮。他多次引見公卿、郎官、將領，講說討論經典的理論，到了半夜才上床睡覺。皇太子見光武帝辛勤操勞、毫不鬆懈，便找了個機會勸說他：「陛下有夏禹、商湯的聖明，但卻失去了黃帝、老子修身養性的福分。願陛下保養精神，優閒安寧。」光武帝說：「我自己樂意這樣，並不覺得疲勞。」光武帝雖成就了大業，卻仍然兢兢業業，唯恐事情辦不好。因此，他深明政治要領、謹慎施政，總攬大權，量時度力，所作所為沒有過失。他讓功臣退下來而讓文官頂上去，刀槍入庫、遣散馬牛，他的治國之道雖不能與古代聖人相提並論，但也稱得上是「止戈之武」了。

論曰：皇考南頓君❶初為濟陽令，以建平❷元年十二月甲子夜生光武於縣舍，有赤光照室中。欽異焉，使卜者王長占之。長辟左右❸曰：「此兆吉不可言。」是歲，縣界有嘉禾❹生，一莖九穗，因名光武曰「秀」。明年，方士❺有夏賀良者，上言哀帝，云漢家歷運❻中衰，當再受命。於是改號為太初❼元年，稱「陳聖劉太平皇帝」，以厭勝❽之。及王莽篡位，忌惡劉氏，以錢文有「金刀」❾，故改為貨泉。或以貨泉字文為「白水真人❿」。後望氣者⓫蘇伯阿為王莽使至南陽，遙望見春陵郭，唶曰：「氣佳哉！鬱鬱葱葱然。」及始起兵還春陵，遠望舍南，火光赫然屬天，有頃不見。初，道士⑫西門君惠、李守⑬等亦云「劉秀當為天子」。其王者受命，信有符乎！不然，何以能乘時龍而御天⑭哉？

贊曰：炎正⑮中微，大盜⑯移國。九縣⑰飆回⑱，三精⑲霧塞。人厭淫詐，神思反德。光武誕命，靈既⑳自甄。沈幾先物，深略緯文。尋、邑百萬，貔虎為群。長轂㉑雷野，高鋒彗雲。英威既振，新都㉒自焚。虔劉㉓庸㉔、代㉕，紛紜梁㉖、趙㉗。三河㉘未澄㉙，四關重擾㉚。神旌㉛乃顧㉜，遞行天討。金湯失險，車書共道㉝。靈慶㉞既啟，人謀咸贊。明明廟謨㉟，赳赳雄斷。於赫㊱有命，系隆㊲我漢！

【章　旨】作者以「論曰」和「贊曰」的形式對光武帝進行了評論和讚揚，也表達自己的天命論思想。在贊辭中，作者主要讚美了光武帝建立東漢的功績。本書的「論曰」類似《史記》的「太史公曰」、《漢書》的「贊曰」，是對傳主的總體評價；但本書的「贊曰」卻與《漢書》的「贊曰」完全不同，是用四字一句的韻文形式所寫的對傳主的贊辭。作者范曄對自己新創的贊體非常得意，曾說：「贊自是吾文傑思，殆無一字虛設，奇變不窮，同合異體，乃自不知所以稱之。」

【注　釋】❶南頓君　光武帝之父南頓令劉欽。❷建平　西漢哀帝劉欣年號。西元前六—前三年。建平二年六月曾改元為太初元將，八月復稱建平二年。❸左右　這裡指劉欽身邊的人。❹嘉禾　稻穀變異的植株。古人認為其有嘉瑞之應，故稱之。❺方士　方術之士。指古代求仙、煉丹，自言能長生不老之人。❻歷運　命運。❼太初　西漢哀帝劉欣年號。西元前六年六月起，八月止。僅行用兩月。❽厭勝　以詛咒制勝。古代巫術之一。這裡指抑制惡運。❾錢文有金刀　王莽專制朝政時，一面繼續使用五銖錢，一面又鑄造了三種大錢：圓錢、栔刀、錯刀。栔刀上有「栔刀五百」四字，意為每枚栔刀值五銖錢五百枚；錯刀上有「一刀平五千」五字，意為每枚值五銖錢五千枚；其中，「一刀」二字用黃金嵌錯，俗稱金錯刀。錢文即錢面文字，「錢文有金刀」指錯刀。《漢書・食貨志下》：「莽即真，以為書『劉』字有金刀，乃罷錯刀、栔刀及五銖錢，而更作金、銀、龜、貝、錢、布之品，名曰『寶貨』。」❿白水真人　「泉」字上下分，為白水；「貨」字拆出「亻」作人，剩餘部分類似「真」字。⓫望氣者　用望氣術占卜的人。⓬道士　道術之士。⓭李守　兩漢之際，南陽宛人。西漢末從學於劉歆，好星曆讖記。新莽時，為宗卿師。王莽地皇三年（西元二二年），因其子李通等起兵，被王莽政權誅殺。⓮乘時龍而御天　此句源出《周易・乾卦・彖》：「大哉乾『元』！萬物資始，乃統天。雲行雨施，品物流形。大明終始，六位時成，時乘六龍以御天。乾道變化，各正性命。保合太和，乃『利貞』。首出庶物，萬國咸寧。」另，《初學記・天部》上引《淮南子》之注曰：「日乘車，駕以六龍，羲和御之。」此句將光武帝比為太陽，將時機比喻為駕車的六龍。⓯炎正　按德運之說，漢朝為火德，故曰炎正。⓰大盜　這裡指王莽。⓱九縣　九州。借指中國。⓲飆回　混亂。⓳三精　指日月星。⓴靈貺　謂佳氣神光之類的祥瑞。㉑長轂　兵車。㉒新都　王莽初封為新都侯。周武王伐紂，商紂自焚而死。王莽雖係被殺，但這裡作者特將他比為商紂一類的人物，故假擬以言之。㉓虔劉　殺伐；蹂躪。㉔庸　古庸國。治今湖北竹山縣西南。此指今四川東部地區。這裡以「庸」借指公孫述稱帝於巴蜀。㉕代　代郡。這裡借指盧芳據代郡。㉖梁　指古梁國。這裡借指梁王劉永。㉗趙　指古趙國。這裡借指稱王於趙地的王郎。㉘三河　指河南、河北、河東。㉙澄　澄清。這裡指平定。㉚四關重擾　四關，指關中東面的函谷關、南面的武關、西面的散關、北面的蕭關。這裡借指位於四關之內的關中地區。重擾，指更始帝率軍定關中，赤眉入關又殺更始及隗囂割據隴右等。㉛神旌　神聖的旌旗。這裡借指神勇的軍隊。㉜乃顧　這裡指征討。源出《詩・皇矣》：「乃眷西顧。」㉝車書共道　「車同軌，書同文」的變通用法。語見《禮記・中庸》。喻天下統一。㉞靈慶　指符讖。㉟廟謨　在朝廷上所策劃的計謀。《淮南子》有「運籌於廟堂之上，決勝千里之外」之說。㊱於赫　表示強烈的感歎。㊲系隆　中興。系，指前繫西漢。隆，指興隆東漢。

【語　譯】史家評論說：光武帝先父南頓君劉欽早年任濟陽縣令時，於建平元年十二月甲子日深夜在縣衙中生下了光武帝，當時有紅光照耀室中。劉欽對此感到奇怪，便讓占卜先生王長為光武帝占卦。王長屏退左右，說：「這個徵兆吉利得不能說。」這一年，濟陽縣境內長出了嘉禾，一株莖上長有九穗，劉欽便為光武帝取名叫「秀」。明年，有一位叫夏賀良的方士上書告訴哀帝，說漢朝命運已經衰敗，應該再受命於天。於是，哀帝把年號改為太初元年，自稱「陳聖劉太平皇帝」，以壓制惡運。等到王莽篡位後，憎惡劉氏，因錢面文字有「金刀」，所以改用貨泉。有人認為「貨泉」字文為「白水真人」。後來，望氣者蘇伯阿被王莽派到南陽辦事，他遠遠望見春陵城郭，感歎道：「此地氣好，鬱鬱蔥蔥！」到光武帝在宛城起兵、率軍回到春陵時，遠遠望見自家屋宅的南方，火光赫然沖天，不久又不見了。當初，道士西門君惠、李守等也曾說「劉秀當為天子」。王者受命於天，果然是有徵兆的呵！不然，為什麼光武帝能乘坐時機之龍而馳騁於天上呢？

史官評議說：以火德為王的漢朝中途衰落了，大盜王莽竊據了漢室江山。中國大地紛亂動盪，日月星三光雲遮霧罩。人們厭惡了王莽的邪惡奸詐，神明決定將天下交還有德行的劉氏。光武帝接受了天命，靈氣神光自然顯現。他能洞察細微、有先見之明，富有智慧和謀略。王尋、王邑率領百萬之眾，豺狼虎豹成群結隊。兵車聲響如雷震原野，刀槍鋒刃劃破雲天。光武帝奮勇威武，新都侯王莽自焚。公孫述在庸稱帝，盧芳占據代郡，劉永、王郎作亂於梁、趙。三河尚未平定，四關屢遭戰亂。光武帝指揮神勇的軍隊，代表上天逐一進行討伐。金城湯池縱然險要堅固卻也無用，光武帝最終統一了天下。上天用符瑞圖讖明示意志，眾人一心一意都出力相助。運籌於朝廷而神機妙算，兩軍決勝而威武果斷。啊！他享有天命，中興我漢家江山。

【研析】西漢末年，隨著豪強地主和大商人勢力的不斷增長，土地兼併之風愈演愈烈，各種社會矛盾日益加劇。王莽篡奪西漢政權、建立新朝後，託古改制，對官制、田制、幣制、稅制、奴婢等問題進行了大規模的改革。但王莽的改革不僅沒有解決長期積累起來的社會危機，反而使當時的社會經濟陷於崩潰，導致了以赤眉、綠林為主的農民起義的爆發。光武帝劉秀也就是在這樣的歷史背景下登上了歷史舞臺。

在中國歷史上，光武帝無疑是最具特色的帝王之一。他集漢朝宗室、地方豪強、太學生的身分於一身，外表柔弱，內中剛毅，善於把握時機，富有出眾的政治軍事才能。從長安求學到南陽起兵，從昆陽之戰到劉縯被殺，從鎮撫河北到收編銅馬，他時而鋒芒畢露，時而韜光養晦，一步一步地積聚起了自己強大的勢力，逐鹿中原，最終統一了中國。

在建立起自己的國家後，光武帝又逐步地、較為成功地解決了功臣問題，提拔了大批文吏，提倡儒學，恢復封建秩序，強化了皇權。為解決土地兼併問題，他又強制推行「度田」制度，並鎮壓了豪強地主的反抗。他改革法律，釋放奴婢，併滅四百餘縣，推行寬和政治，偃武修文，發展生產，照顧社會弱勢群體，極大地緩解了當時的各種社會矛盾。

但是，「本紀」由於受體例的限制，一般都缺乏細節描寫。因此，單從上下這兩分卷中，讀者還很難體會到光武帝的個人性格的魅力。沒有細節描寫的歷史記述是很難打動人心的。讀者只有結合相關人物的傳記進行細緻閱讀，才能夠獲得一個有血有肉的光武帝形象。例如，在本書卷十上〈光烈陰皇后傳〉中有這樣的描述：「初，光武適新野，聞后美，心悅之。後至長安，見執金吾車騎甚盛，因歎曰：『仕宦當作執金吾，娶妻當得陰麗華。』」在卷十七〈馮異傳〉中，作者記述道：「自伯升（劉縯）之敗，光武不敢顯其悲戚，每獨居，輒不御酒肉，枕席有涕泣處。」而讀卷八十三〈嚴光傳〉，你才能真正體會到李白在〈笙篌謠〉中「貴賤結交心不移，唯有嚴陵及光武」的感慨。（徐立群注譯）

卷二

顯宗孝明帝紀第二

【題解】劉莊（西元二八—七五年），字子麗。初名陽，立為皇太子後，乃改名莊。光武帝劉秀第四子，生於元氏（今河北元氏西北），生母為光武帝皇后陰麗華。在位十八年，政治清明，社會經濟有較大的發展。史稱「是時天下安平，人無傜役，歲比登稔，百姓殷富，粟斛三十，牛羊被野」。卒葬顯節陵，廟號顯宗，諡孝明，史稱孝明帝或簡稱明帝。

1 顯宗孝明皇帝諱莊，光武第四子也，母陰皇后❶。帝生而豐下❷，十歲能通春秋，光武奇之。建武❸十五年封東海公，十七年進爵為王，十九年立為皇太子。師事博士❹桓榮❺，學通尚書。

2 中元❻二年二月戊戌，即皇帝位，年三十。尊皇后曰皇太后。

3 三月丁卯，葬光武皇帝於原陵❼。有司❽奏上尊廟曰世祖。

【章　旨】以上交代明帝的出身、即位前的經歷。

【注　釋】❶陰皇后（西元五一—六四年），名麗華，南陽新野（今河南新野）人。東漢光武帝皇后。更始元年，劉秀納之為妻，稱帝後，封為貴人。建武十七年，郭皇后廢，立為皇后。見本書卷十上。❷豐下　腮頰豐滿、方臉。❸建武　東漢光武帝劉秀年號，西元二五—五六年。❹博士　官名。漢武帝時，置「五經博士」，掌教授經學，國有疑事，掌承問對。東漢沿置。❺桓榮　字春卿，沛郡龍亢（今安徽懷遠）人。西漢末遊學於長安，習《歐陽尚書》。王莽時，教授生徒數百人。東漢建武十九年，始辟大司徒府。光武帝聞其名，召問《尚書》，善之，拜為議郎，使教授太子。累拜太子少傅、太常。明帝即位，拜為五更，封關內侯。不久病卒，年八十餘。見本書卷三十七。❻中元　東漢光武帝劉秀年號。一作建武中元。西元五六—五七年。西元五七年二月明帝劉莊即位，仍沿用此年號，幾近一年。❼原陵　東漢光武帝劉秀墓。故址在東漢洛陽都城西北，今河南洛陽東白馬寺東洛水北岸劉家井大塚。❽有司　指官吏。設官分職，事各有司，故稱有司。

【語　譯】顯宗孝明皇帝名叫劉莊，是光武帝的第四子，母親是陰皇后。明帝一生下來就長得面目豐滿，十歲時就能讀懂《春秋》，光武帝對此感到驚奇。建武十五年封為東海公，建武十七年進爵為王，建武十九年被立為皇太子。以博士桓榮為師，治學通曉《尚書》。

2 建武中元二年二月戊戌日，即皇帝位，年齡三十歲。尊稱皇后為皇太后。

3 三月丁卯日，安葬光武皇帝於原陵。有關部門上奏，尊稱光武帝廟號為世祖。

夏四月丙辰，詔曰：「予末❶小子，奉承聖業，夙夜震畏，不敢荒寧。先帝受命中興❷，德侔帝王❸。協和萬邦❹，假於上下❺。懷柔❻百神，惠於鰥寡。朕承大運❼，繼體守文，不知稼穡之艱難，懼有廢失。聖恩❽遺戒：顧重❾天下，以元元❿為首。公卿⓫百僚⓬，將何以輔朕不逮？其賜天下男子爵，人二級；三老、孝悌⑬、力田⑭人三級；爵過公乘⑮，得移與子若⑯同產⑰、同產子；及⑱流人無名數欲自占者人一級；鰥、寡、孤、獨、篤癃⑲粟，人十斛⑳。其弛刑㉑及郡國徒、在中元元年四月己卯赦前所犯而後捕繫者，悉免其刑。又，邊人遭亂為內郡人妻，在己卯赦前，一切遣還邊，恣其所樂。中二千石㉒下至黃綬㉓，貶秩贖論者，悉皆復秩還贖。『方今上無天子，下無方伯㉔』，若涉淵水而無舟楫。夫萬乘㉕至重而壯者慮輕，實賴有德左右小子。高密侯禹㉖元功㉗之首，東平王蒼㉘寬博有謀，並可以受六尺㉙之託，臨大節㉚而不撓。其以禹為太傅㉛，蒼為驃騎將軍㉜。太尉㉝憙㉞告謚南郊㉟，司徒㊱訢㊲奉安梓宮㊳，司空㊴魴㊵將校復土㊶。其封憙為節鄉侯，訢為安鄉侯，魴為楊邑侯。」

【章　旨】作者移錄明帝即位詔書，以說明孝明帝即位之初的政治思想、赦免措施、三公人選的安排。

【注　釋】❶末　渺小；淺薄。❷中興　由衰落而重新興盛。❸帝王　這裡指三王五帝。語出《韓非子・五蠹》：「超五帝，侔三王者，必此法也。」❹萬邦　萬國。泛指全國各地或統指天下。❺假於上下　假，至也。上下，指天地之間。❻懷柔　這裡指祭祀以取悅。❼大運　大任。這裡指治理天下之任。❽聖恩　這裡指光武帝的恩澤。❾顧重　顧念；重視。❿元元　庶民；民眾。⓫公卿　對三公九卿等高級官員的統稱。⓬百僚　百官。⓭孝悌　鄉官名。西漢初，令民舉孝悌力田，免除徭役、多有賞賚，以為民眾之表率。高后時以孝悌為鄉官，勸導鄉里、助成風化。文帝時以民戶口多少置孝悌、力田、三老等鄉官員數。⓮力田　漢代與三老、孝悌相配合設置的勸督當地農事的鄉官。西漢惠帝四年，始「舉民孝悌力田」。高后元年「初置孝弟力田，二千石者各一人。」至文帝時，力田之設遂為定制。東漢因之。力田督導農事，頗受朝廷重視，經常得到賜爵、賜帛的厚遇。⑮公乘　第八級爵。秦漢制爵二十級：一，公士；二，上造；三，簪嫋；四，不更；五，大夫；六，官大夫；七，公大夫；八，公乘；九，五大夫；十，左庶長；十一，右庶長；十二，左更；十三，中更；十四，右更；十五，少上造；十六，大上造；十七，駟車庶長；十八，大庶長；十九，關內侯；二十，徹侯。⑯若　或者。⑰同產　同母兄弟。⑱及　兼顧。⑲瘽　同「癃」。疲病；衰弱多病。⑳斛　古代量器，也是容量單位。一斛等於十斗。㉑弛刑　指弛刑徒。解除枷鎖的刑徒。㉒中二千石　官階和薪俸等級名。漢制，官吏秩俸共分為二十等，萬石之下有中二千石。太常、光祿勳、衛尉、太僕、廷尉、大鴻臚、宗正、大司農、少府等諸卿秩俸居此等。㉓黃綬　黃色繫印的絲帶。漢制，隨官吏品秩的不同，所佩帶印綬的顏色亦異，而且有嚴格的規定。四百石至二百石官，為銅印黃綬。㉔方今上無天子二句　語出《春秋公羊傳・莊公四年》。方伯，指諸侯。孝明帝在此講的是謙虛話，但也暗指自二月光武帝死後至今的兩個月內，自己還沒有建立起正常的統治秩序。㉕萬乘　指帝王之位。㉖高密侯禹　鄧禹（西元二一—五八年），字仲華，南陽新野（今河南新野）人。少受業長安，與劉秀相結識。更始帝時，從劉秀平定河北。更始二年，拜前將軍，率軍入河東，擊破赤眉軍王匡、成丹等部。劉秀稱帝後，拜為大司徒，封酇侯。建武二年，更封禹為梁侯。建武三年，拜右將軍。十三年，定封高密侯，食四縣。中元元年，復行司徒事。明帝即位，拜太傅。卒謚元侯。見本書卷十六。㉗元功　指佐興帝王功業者。㉘東平王蒼　劉蒼（？—西元八三年），光武帝之子。建武十五年，封東平公。建武十七年，進爵為王。明帝即位，拜為驃騎將軍。卒謚憲王。見本書卷四十二。㉙六尺　指年紀在十五以下、尚未成年之人。孝明帝在此乃自謙之語。㉚大節　大事；原則性問題。㉛太傅　官名。三公之一，與太師、太保並為上公，位三公上。東漢時，上公僅置太傅，其錄尚書事者，參與朝政，不加錄尚書事者則無常職。㉜驃騎將軍　官名。漢武帝元狩二年始置，秩位同大將軍，金印紫綬，地位與三公相等。㉝太尉　官名。東漢太尉綜理軍政，職權極重，與司徒、司空合稱三公，地位最尊。㉞憙　趙憙（西元前四—西元八〇年），字伯陽，南陽宛（今河南南陽）人。更始時，為郎中，行偏將軍事，以功拜五威偏將軍。曾與劉秀共擊王尋、王邑於昆陽。更始敗，遂投劉秀，拜懷令，遷平原太守，歷任太僕、太尉，賜爵關內侯。明帝時更封節鄉侯，代行太尉事。明帝即位，進太傅，錄尚書事。卒謚正侯。見本書卷二十六。㉟告謚南郊　在南郊舉行儀式，將光武帝的謚號告訴上天。應劭《風俗通》：「禮，臣子無爵謚君父之義也，故群臣累其功美，葬日，遣太尉于南郊告天而謚之。」㊱司徒　官名。哀帝元壽二年改丞相為大司徒，為三公之一。東漢去「大」，稱司徒。㊲訢　李訢。東漢初大臣，東萊（今山東萊州）人。光武建武中任司隸校尉。中元元年，升任司徒，中元二年，封安鄉侯。明帝永平三年（西元六〇年），坐事免官。㊳梓宮　皇帝皇后所用以梓木製的棺材。㊴司空　官名。西漢成帝綏和元年改御史大夫為大司空，後復舊稱，哀帝時又改為大司空，為三公之一。東漢去「大」，稱司空，位高祿重，但無實權，只是名義上主管宗正、少府、大司農三卿。㊵魴　馮魴（西元前一—西元八五年），字孝孫，南陽湖陽（今河南唐河縣）人。建武三年，被劉秀任命為虞令，以敢殺伐著稱。歷任郟令、魏郡太守、太僕。中元元年，遷司空，賜爵關內侯。章帝建初三年，以老病乞免，奉朝賀，就列侯位。見本書卷三十三。㊶將校復土　指揮五校兵回填墓穴並堆土為墳。

【語譯】夏季四月丙辰日，下詔說：「我這個淺薄的小子，繼承了神聖大業，日夜提心吊膽，不敢安逸懈怠。先帝接受天命中興漢室，功德可與三皇五帝相等。調理萬邦，天下融洽。祭祀百神使其高興，連鰥夫寡婦也得到了恩惠。朕繼承了治理天下的大任，要遵循先帝的規矩而堅持文治，但朕卻不了解種莊稼的艱難，唯恐有缺漏和過失。先帝留下了告誡：顧惜天下，以百姓為第一。公卿百官，將怎樣輔助朕的不足？現賜給天下男子爵位，每人二級；三老、孝悌、力田，每人三級；爵位超過公乘的，可以轉與兒子或同母兄弟、同母兄弟之子；兼及流浪之人沒有戶籍而想自願登記入籍的，每人一級；賜給鰥夫、寡婦、孤兒、無子女的老人、患有重病的人粟米，每人十斛。對弛刑徒和郡國服徒刑的罪犯、以及在中元元年四月己卯日赦免前犯罪而在之後被逮捕者，全部免除其刑罰。另外，邊地居民因遭戰亂而嫁給內地人為妻、在己卯日赦免之前的，一律遣還邊地，遂其所樂。中二千石以下至於黃綬的官吏，遭貶降官級並用錢贖罪的，都恢復其原官級並返還贖金。現在是『上無天子，下無方伯』，就好像渡深水而沒有舟船。帝王之位最重而我正當壯年、考慮問題不深，確實要仰仗有德之人來輔助我。高密侯鄧禹，功居開國元勳之首，東平王劉蒼，寬厚淵博而富有智謀，都可以承受輔佐少主的重託，面臨大事而不屈不撓。現任命鄧禹為太傅，劉蒼為驃騎將軍。太尉趙憙在南郊主持告諭儀式，司徒李訢指揮安放先帝梓宮，司空馮魴督領五校兵築墳。現封趙憙為節鄉侯，李訢為安鄉侯，馮魴為楊邑侯。」

秋九月，燒當羌❶寇隴西❷，敗郡兵於允街❸。赦隴西囚徒，減罪一等，勿收今年租調。又所發天水❹三千人，亦復是歲更賦❺。遣謁者❻張鴻討叛羌於允吾❼，鴻軍大敗戰歿。冬十一月，遣中郎將❽竇固❾監捕虜將軍❿馬武⓫等二將軍討燒當羌。

十二月甲寅，詔曰：「方春戒節⓬，人以耕桑。其勑有司務順時氣，使無煩擾。天下亡命殊死⓭以下，聽得贖論：死罪入縑⓮二十匹，右趾⓯至髡鉗城旦舂⓰十匹，完⓱城旦舂至司寇作⓲三匹。其未發覺、詔書到先自告者，半入贖。今選舉不實，邪佞⓳未去，權門⓴請託㉑，殘吏放手，百姓愁怨，情無告訴。有司明奏罪名，并正舉者。又郡縣每因徵發㉒，輕為姦利㉓，詭責㉔羸弱㉕，先急下貧。其務在均平，無令枉刻。」

【章　旨】以上記述東漢軍隊與燒當羌的戰事及孝明帝甲寅日所頒詔書的內容。

【注　釋】❶燒當羌　部族名。羌人部落。居於今青海東部黃河兩岸海晏、貴德、同仁一帶。其居住地較為富庶，經濟實力較強，漢和帝時其勢衰落。❷隴西　郡名。治今甘肅臨洮南。東漢時轄境相當今甘肅蘭州以南、岷縣以北的洮河中游，武山以西的渭河上游及青海東端同仁、尖紮等地區。❸允街　縣名。治今甘肅永登南莊浪河西岸。❹天水　郡名。西漢元鼎三年置。故治平襄（今甘肅通渭西北）。轄境相當今甘肅通渭、靜寧、莊浪、張家川回族自治縣、天水市、禮縣、武山縣、定西等地。東漢永平十七年改置為漢陽郡，並移治冀縣（今甘肅甘谷東）。❺更賦　漢代所徵的一種代役稅。漢代凡二十三至五十六歲的男子必須輪流為郡縣服兵役一月，為中央服兵役一年、戍邊三日。如自己不服役，可出錢由政府代為雇役。❻謁者　官名。秦置，西漢因之，為光祿勳的屬官。掌賓贊受事，秩比六百石。東漢又有常侍謁者、給事謁者、灌謁者之分。謁者僕射為其主管官，秩比千石。❼允吾　縣名。治今甘肅永靖西北湟水南岸。❽中郎將　官名。秦置，漢沿置，為中郎的長官。武帝設中郎三將，分五官、左、右三署，隸光祿勳，秩皆比二千石。職掌護衛侍從天子。至東漢，三署中郎將主要協助光祿勳考課察舉三署諸郎。東漢還令中郎將領兵，遂增設東、西、南、北四中郎將，以征討四方，類似將軍。另有虎賁中郎將、使匈奴中郎將等。❾竇固　（？—西元八八年），字孟孫，扶風平陵（今陝西咸陽）人。竇友子。光武帝中元元年，襲封顯親侯。明帝即位，遷中郎將，監羽林士。永平十五年，拜為奉車都尉。與騎都尉耿忠等率兵出屯涼州，又出張掖、酒泉、敦煌至天山，擊北匈奴呼衍王，追至蒲類海。後復出玉門擊西域，破白山，降車師。章帝時，徵為大鴻臚。建初七年，任光祿勳。次年，遷衛尉。卒諡文侯。見本書卷二十三。❿捕虜將軍　官名。東漢雜號將軍之一，主征伐。⓫馬武　（？—西元六一年），字子張，南陽湖陽人。王莽末，參加綠林起義軍。更始立，拜振威將軍，隨尚書令謝躬共攻王郎。後歸劉秀，為騎都尉，封山都侯。建武四年，拜捕虜將軍。先後參與征伐劉永、龐萌、隗囂之役，多有戰功。見本書卷二十二。⓬戒節　已到……時節。戒，通「界」。《古儷府・為李采訪賀收西京表》：「及清秋戒節，太白方高。」⓭殊死　漢代稱斬首之罪。⓮縑　微帶黃色的細絹。⓯右趾　刑罰名。指因罪斷其右足者。⓰髡鉗城旦舂　漢代刑罰名。謂受髡刑之後，再處以城旦舂之刑。髡刑是剃去頭髮而以鐵圈束頸。城旦舂，是四歲刑，白日伺察虜寇，夜幕築長城。舂，為婦人犯罪者令舂米以供罪徒食用。⓱完　漢代刑罰名。指不加髡鉗而築城。⓲司寇作　即被判處服司寇刑的做苦役罪犯。司寇，漢代刑罰名。司，或作「伺」。⓳邪佞　偽善、不正直的人。⓴權門　有權勢之家。㉑請託　託關係；走後門。㉒徵發　徵收賦稅、調發差役。㉓姦利　用不正當的手段所取得的利益。㉔詭責　編造名目強行徵收錢物。㉕羸弱　貧賤；疲憊瘦弱。這裡指弱勢人群。

【語　譯】秋季九月，燒當羌進犯隴西郡，在允街縣戰敗隴西郡兵。明帝寬赦隴西在押、服徒刑的罪犯，減罪一等，免收隴西當年租調。另外，天水郡被徵發的三千人，也免除當年更賦。孝明帝派遣謁者張鴻到允吾縣討伐叛羌，張鴻軍大敗，張鴻戰死。冬季十一月，孝明帝派遣中郎將竇固監護捕虜將軍馬武等二位將軍討伐燒當羌。

十二月甲寅日，下詔說：「現在已到春季，人們從事農桑。現命各有關部門務必順從時節，使百姓不受煩擾。天下負罪逃亡、罪在斬首以下的，准許以錢物贖罪：死罪交納縑二十匹，犯右趾至髡鉗城旦舂等罪者交納縑十匹，犯完城旦舂至司寇作等罪者交納縑三匹。那些犯罪而未被發覺、詔書到達之前而自首者，減半贖罪。現今推舉人才有假，奸邪之人未被除去，權門私下請託，酷吏貪財不法，百姓愁苦怨恨，實情無法申訴。有關部門要對這些行為明確制定罪名，奏報上來，並追究舉薦者的責任。另外，郡縣常常乘朝廷徵發的機會，隨意撈取好處，編造名目，強行向無權無勢的百姓徵收賦稅、調發差役，而且是搶先徵發最貧窮的民眾。徵發一事，務必要公平，不准枉法苛刻。」

1 永平❶元年春正月，帝率公卿已下朝於原陵，如元會儀。

2 夏五月，太傅鄧禹薨❷。戊寅，東海王彊❸薨。遣司空馮魴持節❹視❺喪事，賜升龍❻、旄頭❼、鑾輅❽、龍旂❾。

3 六月乙卯，葬東海恭王❿。

4 秋七月，捕虜將軍馬武等與燒當羌戰，大破之。募士卒戍隴右⓫，賜錢人三萬。

5 八月戊子，徙山陽王荊⓬為廣陵王，遣就國。

6 是歲，遼東⓭太守⓮祭肜⓯使鮮卑⓰擊赤山烏桓⓱，大破之，斬其渠帥⓲。越嶲⓳姑復夷⓴叛，州郡討平之。

【章旨】以上主要記述永平元年明帝以天子之禮安葬東海王劉彊及東漢軍隊與周邊少數民族的戰事。

【注釋】❶永平　東漢明帝劉莊年號。西元五八—七五年。章帝劉炟即位後仍沿用數月。❷薨　周代稱諸侯之死為薨。《禮記・曲禮下》：「天子死曰崩，諸侯曰薨。」唐以後稱二品以上官員之死為薨。❸東海王彊　劉彊（？—西元五八年），郭皇后之子。建武二年，立為皇太子。建武十七年，郭皇后被廢，日夕不自安，多次請人上告光武帝，願降為藩王。建武十九年，降封東海王。卒謚恭王。見本書卷四十二。❹持節　古代出使者多執符節以為憑證。❺視　視事。即治事；任職。❻升龍　繡有飛騰之龍的大旗。升龍為天子專用之旗。❼旄頭　皇帝出行時行進在隊伍前列的儀仗兵。因其裝束的特點為披散著頭髮，故稱旄頭。《漢官儀》：「舊選羽林為旄頭，被髮先驅。」❽鑾輅　帶有鑾鈴的大車。鑾輅為天子專用之車。❾龍旂　繡有兩龍相交的大旗。龍旂為天子專用之旗。❿東海恭王　東海王劉彊。劉彊謚恭王。⓫隴右　指隴山（六盤山）以西地區，古代以西為右，故名。約相當今甘肅六盤山以西、黃河以東地區。⓬山陽王荊　劉荊（？—西元六七年）。光武帝之子。建武十五年，封山陽公。建武十七年，進爵為王。明帝即位，因有謀反之嫌，徙封廣陵王。永平十年，自殺，謚思王，封國被廢除。見本書卷四十二。⓭遼東　郡名。戰國燕置。治所在襄平（今遼寧朝陽）。轄境相當今遼寧醫巫閭山以東和丹東、撫順、本溪市以西地區。東漢玄菟郡、遼東屬國占去一部分，轄境縮小。⓮太守　一郡之最高行政長官，秩二千石，故亦別稱二千石。⓯祭肜　（？—西元七三年），字次孫，潁川潁陽（今河南許昌）人。祭遵從弟。歷任黃門侍郎、偃師長、襄賁令、遼東太守。屢破鮮卑、匈奴、赤山烏桓，威震北方。後擢為太僕，率萬餘騎伐北匈奴，以無功而下獄。出獄後數日，嘔血而死。見本書卷二十。⓰鮮卑　部族名。東胡族的一支。相傳依居鮮卑山得名。秦漢時期，游牧於今內蒙古東部沙拉木倫河與洮兒河之間及其以西地區。初附於匈奴，常隨其騷掠中原。北匈奴西遷後，鮮卑據其故地，勢力漸趨強盛。桓帝時，首領檀石槐立廷建制，組成軍事行政聯合體。分東、中、西三部，各置大人率領，皆屬檀石槐。檀石槐死後，聯合體瓦解，有步度根、軻比能等首領各擁所部，附屬漢魏。兩晉南北朝時，有慕容、乞伏、禿發、宇文、拓跋等部先後在今華北及西北地區建立政權。⓱赤山烏桓　烏桓。一作烏丸，又名赤山、赤沙。或為烏桓支族。烏桓是東胡族的一支。秦末，東胡被匈奴擊破後，部分退遷烏桓山，因以為名。故地當在今內蒙古阿魯科爾沁旗以北，即大興安嶺山脈南端。漢初部分烏桓附匈奴，武帝以後附漢，遷至上谷、漁陽、右北平、遼東、遼西等五郡塞外。漢、魏為置護烏桓校尉。建安十二年（西元二〇七年），曹操遷烏桓萬餘落於中原，部分留居長城一帶，後漸與各地漢族及其他族人相融合。烏桓因山得名。烏桓者，烏蘭之轉音也。在蒙古語中，稱紅為烏蘭，故又稱為赤山。⓲渠帥　首領。舊稱反抗者的首領或部落酋長。⓳越巂　郡名。治所在邛都（今四川西昌東南）。轄境相當今雲南麗江納西族自治縣以東、大姚以北，四川寧南、美姑以西、峨邊以南的包括金沙江、雅礱江流域部分地區在內的雲南北部、四川南部地區。⓴姑復夷　部族名。西南夷族的一支。因聚居姑復縣（今雲南永勝北）一帶，故名。

【語譯】永平元年春季正月，明帝率公卿以下百官朝拜原陵，儀式如同元旦朝會。

2 夏季五月，太傅鄧禹去世。戊寅日，東海王劉彊去世。明帝派遣司空馮魴持符節代表皇室操辦喪事，賜升龍、旄頭、鑾輅、龍旂。

3 六月乙卯日，安葬東海恭王劉彊。

4 秋季七月，捕虜將軍馬武等與燒當羌交戰，將他們打得大敗。召募士卒戍守隴右，每人賜錢三萬。

5 八月戊子日，徙封山陽王劉荊為廣陵王，遣送他到封國居住。

6 這年，遼東太守祭肜讓鮮卑人進攻赤山烏桓，將他們打得大敗，斬殺了他們的首領。越巂姑復夷反叛，州郡出兵討伐，平定了叛亂。

二年春正月辛未，宗祀❶光武皇帝於明堂❷，帝及公卿、列侯❸始服冠冕❹、衣裳❺、玉佩❻、絇屨❼以行事。禮畢，登靈臺❽。使尚書令❾持節詔驃騎將軍、三公❿曰：「今令月吉日，宗祀光武皇帝於明堂，以配五帝⓫。禮備法物⓬，樂和八音，詠祉福，舞功德。班時令⓭，勑群后⓮。事畢，升靈臺，望元氣；吹時律⓯，觀物變。群僚藩輔，宗室子孫，眾郡奉計⓰，百蠻貢職⓱，烏桓、濊貊⓲咸來助祭，單于⓳侍子⓴、骨都侯㉑亦皆陪位㉒。斯固聖祖功德之所致也！朕以闇陋，奉承大業。親執珪璧㉓，恭祀天地。仰惟㉔先帝受命中興，撥亂反正，以寧天下，封泰山㉕、建明堂、立辟雍㉖、起靈臺，恢弘大道被之八極。而胤子㉗無成、康之質，群臣無呂、旦之謀，盥洗進爵㉘，踧踖惟慙㉙。素性頑鄙，臨事益懼，故『君子坦蕩蕩，小人長戚戚㉚』。其令天下自殊死已下，謀反大逆，皆赦除之。百僚師尹，其勉修厥職㉛，順行時令，敬若昊天，以綏兆人。」

【章　旨】以上記載明帝在明堂宗祀光武帝一事，移錄其宣示驃騎將軍、三公的詔書。

【注　釋】❶宗祀　祭祀祖宗。❷明堂　天子舉行典禮的禮堂。舉行朝會、祭祀、慶賞、選士、養老、教學等大典的場所。❸列侯　秦制爵分二十級，徹侯位最高。漢承秦制，後避漢武帝劉徹名諱，改徹侯為通侯，或稱列侯。❹冕　古代帝王、諸侯、卿大夫所戴的禮帽。❺衣裳　這裡特指禮服。董巴《輿服志》：「顯宗初服冕衣裳以祀天地。衣裳以玄上纁下，乘輿備文日月星辰十二章，三公、諸侯用山龍九章，卿已下用華蟲七章，皆五色采。乘輿刺繡，公卿已下皆織成。」❻玉佩　結在衣帶上的玉製裝飾物。《禮記》：「古之君子必佩玉，君子于玉比德焉。天子佩白玉，公侯佩山玄玉，大夫佩水蒼玉，世子佩瑜玉。」❼絢屨　鞋頭有青綵裝飾物的鞋子。絢，飾於鞋頭，有孔，可穿繫鞋帶。屨，單底鞋。多以麻、葛、皮等製成。後亦泛指鞋。❽靈臺　觀測天象的高臺。靈臺類似今天文臺，屬太史令管轄。東漢靈臺高三丈、有十二門。故址在東漢洛陽宮城外附近南部，今河南洛陽東白馬寺一帶。❾尚書令　官名。秦置，漢因之，秩六百石，屬少府。武帝始用宦者任之，成帝時則專用士人。東漢為尚書臺長官，總典綱紀，無所不統，職權極重。❿三公　指大司馬、大司徒、大司空。光武帝建武二十七年，改大司馬為太尉、大司徒為司徒、大司空為司空。⓫五帝　緯書上所稱的五方帝，即蒼帝靈威仰、赤帝赤熛怒、黃帝含樞紐、白帝白招矩、黑帝汁光紀。⓬法物　各種禮儀物品。⓭時令　按時節制定的生產規劃和政令。⓮群后　各方諸侯。這裡指各地方長官。⓯吹時律　吹奏十二音階。古人以十二音調與十二個月相配。十二音階有陰陽之分，合稱律呂。陽六為律，即黃鍾、太簇、姑洗、蕤賓、夷則、無射；陰六為呂，即大呂、夾鍾、中呂、林鍾、南呂、應鍾。《大戴禮》：「聖人截十二管，察八音之清濁，謂之律呂。律呂不正，則諸氣不和。」⓰眾郡奉計　指各郡送呈計書的官吏。計是關於戶口、土地、財政的年度報告。漢代上計制度規定：每年各郡必須派人到京師送交計書，向丞相彙報。⓱百蠻貢職　百蠻，泛指南方各少數民族。貢職，這裡借指百蠻向朝廷上貢的使者。⓲濊貊　貊人。亦作穢貊。古部族名。西周以前，濊、貊單稱，後常復稱為濊貊。秦漢以後，主要活動於今松嫩平原、鴨綠江流域及朝鮮半島。⑲單于　匈奴君主的稱號。⑳侍子　古代諸侯或屬國國王所遣送入朝侍奉皇帝的兒子。實際就是變相的人質。㉑骨都侯　匈奴部官名。匈奴國君稱單于。其下置左右賢王，左右谷蠡，左右大將，左右大都尉，左右大當戶，左右骨都侯。從賢王至當戶，均有其部眾，而骨都侯則為輔政之臣。㉒陪位　陪同出席。㉓珪璧　祭祀天地的玉製禮器。㉔仰惟　仰仗。這僅是敬語詞，表示尊崇之意。㉕泰山　山名。一名岱山、岱宗、岱嶽，又名東嶽、東岱，又作太山。為五嶽之一，即我國五大名山之一。在今山東中部、泰安北。從東平湖東岸向東北延伸至淄博南和魯山相接，長約二〇〇公里。主峰玉皇頂在泰安城北，海拔一五二四公尺。古稱泰山，多指此。㉖辟雍　本為西周天子所置大學。以其形圓如璧，四周環雍以水而得名。漢都城長安、洛陽皆有辟雍。東漢辟雍位於今河南洛陽東郊故洛陽城東南。東漢以後，歷代皆有辟雍，除宋代外，均僅為祭祀之所，為都城禮制建築之一。㉗胤子　嗣子；兒子。胤，後代。㉘盥洗進爵　洗手洗臉後獻上盛滿酒的銅爵。借指祭祀祖先。在祭祀時先盥洗後進爵，意在表示虔誠肅穆。㉙踧踖惟慚　因慚愧而局促不安。踧，通「蹙」。㉚君子坦蕩蕩二句　語出《論語》。戚戚，憂懼不安貌。㉛勉修厥職　努力做好自己的本職工作。

【語　譯】永平二年春季正月辛未日，祭祀光武皇帝於明堂，明帝及公卿、列侯首次穿戴禮帽、禮服、玉佩、有絇飾的鞋舉行祭祀。祭祀禮畢，登靈臺。命尚書令持節詔令驃騎將軍、三公說：「現在吉月吉日，祭祀光武皇帝於明堂，以配享五帝。舉行典禮，法物齊備；演奏音樂，八音和諧。唱起祈求福祉之歌，跳起宣揚功德之舞。頒布時令，告誡諸侯。祭祀完畢，登上靈臺，仰望蒼天之氣；吹響時律，以觀察事物的變化。百官藩王，宗室子孫，各郡上計的官吏，蠻夷進貢的使者，烏桓、濊貊皆來助祭，單于侍子、骨都侯也都來陪位。這的確是聖祖功德所造就的啊！朕愚昧淺薄，但卻得以繼承大業。朕親手持握珪璧，恭敬祭祀天地。先帝接受天命而使漢室基業中興，撥亂反正而使天下得以安寧，封泰山、建明堂、立辟雍、起靈臺，恢弘的大功大德覆蓋了四面八方。然而，他的兒子沒有周成王、周康王那樣的才質，群臣沒有呂望、周公那樣的謀略，因此在盥洗進爵之時，我滿心慚愧而深感局促不安。我一向本性愚頑鄙陋，遇到大事就更加害怕，所以孔子說『君子心懷坦蕩，小人常憂懼不安』。現今天下自判斬首以下，甚至犯有謀反大逆的罪人，都予以赦免。百官宰相，都要盡職盡責，遵照時令辦事，就像敬重上天一樣，以安定萬民。」

1 三月，臨辟雍，初行大射禮❶。

2 秋九月，沛王輔❷、楚王英❸、濟南王康❹、淮陽王延❺、東海王政❻來朝。

3 冬十月壬子，幸辟雍，初行養老禮。詔曰：「光武皇帝建三朝之禮❼，而未及臨饗。眇眇小子，屬當聖業❽。間暮春吉辰，初行大射；令月元日，復踐辟雍。尊事三老，兄事五更❾。安車輭輪❿，供綏⓫執授。侯王設醬⓬，公卿饌珍，朕親袒割⓭，執爵而酳⓮。祝哽在前，祝噎在後⓯。升歌鹿鳴⓰，下管新宮⓱，八佾⓲具脩，萬舞於庭。朕固薄德，何以克當？易陳『負乘』⓳，詩刺『彼己』⓴，永念慙疚，無忘厥心。三老李躬㉑，年耆學明；五更桓榮，授朕尚書。詩曰：『無德不報，無言不酬㉒。』其賜榮爵關內侯，食邑五千戶。三老、五更皆以二千石祿養終厥身。其賜天下三老㉓酒人一石，肉四十斤。有司其存耆耋、恤幼孤、惠鰥寡，稱朕意焉。」中山王焉㉔始就國。甲子，西巡狩㉕，幸長安㉖。祠高廟，遂有事於十一陵㉗。歷覽館邑㉘，會郡縣吏，勞賜作樂。

4 十一月甲申，遣使者以中牢㉙祠蕭何㉚、霍光㉛。帝謁陵園，過式其墓。進幸河東㉜，所過賜二千石、令長㉝已下至於掾史㉞，各有差。癸卯，車駕還宮。

十二月，護羌校尉㉟竇林下獄死。

是歲，始迎氣於五郊㊱。少府㊲陰就㊳子豐殺其妻酈邑公主㊴，就坐自殺。

【章　旨】以上記述明帝首次舉行養老禮及巡視長安拜廟謁陵、首次舉行五郊迎氣儀式等禮制建設措施。

【注　釋】❶大射禮　古代射禮之一，在祭祀前所舉行的射箭表演。《儀禮》：「大射之禮，王將祭射宮，擇士以助祭也。張虎侯、熊侯、豹侯，其制若今之射的矣。謂之為侯者，天子射中之，可以服諸侯也。天子侯中一丈八尺，畫以雲氣焉。王以六耦射三侯，樂以《騶虞》九節；諸侯以四耦射二侯，樂以《貍首》七節；孤卿、大夫以三耦射一侯，樂以《采蘋》五節；士以二耦射豻侯，樂以《采蘩》三節。」❷沛王輔　劉輔（？—西元八四年），光武帝之子，郭皇后所生。建武十五年，封右翊公。建武十七年，以母郭皇后廢為中山太后，故徙輔為中山王。建武二十年，復徙封沛王。著有《五經論》，時人號之為《沛王通論》。卒諡獻王。見本書卷四十二。❸楚王英　劉英（？—西元七一年），光武帝之子，許妃所生。建武十五年，封為楚公。建武十七年，進爵為王。少時好遊俠，交結賓客，晚年更喜黃老之術及佛教。永平十三年，造作圖書，有謀逆之意，為人所告。次年，自殺，國除。見本書卷四十二。❹濟南王康　劉康（？—西元九七年），光武帝之子。建武十五年，封濟南公。建武十七年，進爵為王。卒諡安王。見本書卷四十二。❺淮陽王延　劉延（？—西元八九年），光武帝之子。建武十五年，封淮陽公。建武十七年，進爵為王。漢明帝建初中，降為阜陵侯。章和元年，復封為阜陵王。卒諡質王。見本書卷四十二。❻東海王政　劉政（？—西元一〇二年），東海恭王劉彊之子。明帝初，嗣爵為王。因縱欲薄行，私取簡王姬徐妃，又盜迎掖庭出女，詔削封邑一縣。凡立四十四年，卒諡靖王。見本書卷四十二。❼三朝之禮　指三代尊敬老人的禮制。唐李賢注曰：「三朝之禮，謂中元元年初起明堂、辟雍、靈臺也。」但此說有誤。這裡的「三朝」應指夏商周三代。❽聖業　指帝王之業。❾尊事三老二句　相傳古代天子設三老五更之位，以養老人。《禮記・王文世子》：「遂設三老五更，群老之席位焉。」注：「三老五更各一人也，皆年老更事致仕者也，天子以父兄養之，示天下之孝悌也。」一說三老為三人、五更為五人，五更乃五叟之訛。❿安車輭輪　車輪為軟輪、行駛平穩的車子。軟輪，以蒲葉包裹的輪子。輭，「軟」的本字。⓫綏　上車時挽手的繩索，類似今天的拉手。⑫醬　通「醢」。肉醬。⑬袒割　袒臂割肉。⑭酳　食畢用酒漱口。⑮祝哽在前二句　祝哽、祝噎為古代養老之禮。老人進食時多哽噎，故派人在飯前飯後念頌祝福之語，以使其不哽噎。在飯前祝老人不打哽，稱祝哽；在飯後祝老人不噎食，稱祝噎。⑯鹿鳴　《詩·小雅》首篇。周代貴族享宴群臣嘉賓時所用之歌。⑰新宮　《詩·小雅》之逸篇。已佚。⑱八佾　天子觀看的樂舞。佾，行列。古代天子觀舞，舞者八佾，諸侯六佾，大夫四佾，士二佾。⑲易陳負乘　《周易·解卦》六三：「負且乘，致寇至。」負乘，指無能之人坐在君子之位。負，小人之事。乘，君子之器。⑳詩刺彼己　譏諷無勞而獲利、無功而居高位者。《詩·候人》：「維鵜在梁，不濡其翼。彼己之子，不稱其服。」《禮記》：「彼記之子，不稱其服。」今本作「彼其之子，不稱其服。」㉑李躬　兩漢之際常山郡（今河北元氏）人。生平事跡不詳。㉒無德不報二句　今本《詩·抑》：「無言不讎，無德不報。」讎，通「酬」。㉓天下三老　指縣、郡、國所置三老。㉔中山王焉　劉焉（？—西元九〇年），光武帝之子，郭皇后所生。建武十五年，封左翊公。建武十七年，進爵為王。建武三十年，徙封中山王。卒諡簡王。見本書卷四十二。㉕巡狩　指皇帝外出巡視。㉖長安　西漢京師，今陝西西安西北郊。㉗十一陵　即高祖長陵、惠帝安陵、文帝霸陵、景帝陽陵、武帝茂陵、昭帝平陵、宣帝杜陵、元帝渭陵、成帝延陵、哀帝義陵、平帝康陵。㉘館邑　通「館驛」。官府的客館和驛站。㉙中牢　少牢的別稱。古代祭祀用羊、豕二牲。㉚蕭何　（？—西元前一九三年），西漢沛（今江蘇沛縣）人。初任沛主吏掾，隨劉邦起兵。入咸陽後，注意收集律令圖書。劉邦受封漢王，拜其為丞相。楚漢戰爭中，薦韓信為大將，自己鎮守關中，整頓後方，輸送士卒、糧餉。漢朝建立，劉邦以其功最大，封為酇侯。後定律令制度，協助劉邦、呂后計誅韓信等異姓諸侯王，拜為相國。惠帝二年，卒於官，諡文終侯。㉛霍光　（？—西元前六八年），字子孟，西漢河東平陽（今山西臨汾）人。驃騎將軍霍去病異母弟。武帝時，任奉車都尉、光祿大夫，封博陸侯。後元二年，任大司馬大將軍，受遺詔輔佐少主昭帝。繼昭帝位的昌邑王劉賀淫亂，廢而立宣帝。地節二年，卒於官，諡宣成侯。㉜河東　郡名。黃河在今山西、陝西間作北南流向，故戰國、秦、漢時稱今山西西南部為河東。秦時並於此置河東郡。故治安邑（今山西夏縣西北禹王城）。東漢同。轄境相當今山西沁水縣、霍縣、陽城以西、永和、汾西以南地區。㉝令長　官名。秦凡縣皆置令或長，其萬戶以上大縣置縣令，以下小縣則置長。漢因之，縣令秩千石至六百石，縣長秩五百石至三百石。東漢縣、邑、道，大者置令，小者置長。㉞掾史　佐吏屬官的通稱。秦漢時期，中央及地方各級官府中，均置有掾史之吏。概而言之，掾史不分；具體而言，掾史有別，掾高於史。㉟護羌校尉　官名。漢武帝時置，秩比二千石，持節，以護西羌。王莽時亂，遂罷。光武建武九年，由於班彪的建議，復置此官。其屬有長史、司馬、主簿、從事等官。㊱五郊　古制皇帝迎節氣之所。立春之日，迎春於東郊；立夏之日，迎夏於南郊；先立秋十八日，迎黃靈於中兆；立秋之日，迎秋於西郊；立冬之日，迎冬於北郊。㊲少府　官名。秦官，兩漢沿置，為九卿之一。西漢主管皇室財政。東漢掌管宮中服御諸物、衣服、寶貨、珍膳等。卿一人，秩中二千石；丞一人，比二千石；員吏三十四人。㊳陰就　東漢南陽新野人。陰陸之子，襲父封為宣恩侯，後改封為新陽侯。性剛傲，善談論。明帝立，為少府，位特進。子豐尚光武帝女酈邑公主。永平二年（西元五九年）豐殺公主，遂自殺，爵廢。㊴酈邑公主　劉綬（？—西元五九年），東漢光武帝之女。建武二十一年，封酈邑公主。嫁於新陽侯世子陰豐。為人驕妒，被豐殺死。

【語　譯】三月，明帝親臨辟雍，首次舉行了大射典禮。

2 秋季九月，沛王劉輔、楚王劉英、濟南王劉康、淮陽王劉延、東海王劉政來朝覲見。

3 冬季十月壬子日，明帝到辟雍，首次舉行了養老典禮。明帝在詔書說：「光武皇帝建立起三朝的禮制，但沒有來得及親臨供養。我這個微不足道的人，繼承了聖業。前日在暮春吉時，首次舉行了大射，現在吉月初一日，又來到辟雍。用對待長輩的禮節來侍奉三老，用對待兄長的禮節來侍奉五更。用軟輪安車迎接他們，手捧綏繩交到他們手上。侯王調製肉醬，公卿排辦美食，朕親自挽袖割肉，執爵服侍他們飯後用酒漱口。在飯前祝哽，在飯後祝噎。登堂而唱《鹿鳴》，下堂吹奏《新宮》。舞者八行排列齊整，在庭下翩翩起舞。朕確實是德行不足，怎能承辦養老之禮？《周易》論說了『負乘』，《詩》譏諷了『彼己』，要永遠牢記這些令人羞愧的事例，在心中時刻不忘。三老李躬，年紀高學問精；五更桓榮，曾教授朕《尚書》。《詩》上說：『沒有不報答的恩德，沒有不酬謝的獻言』。現賜桓榮爵位為關內侯，食邑五千戶。三老、五更都以二千石官吏的俸祿奉養終生。現賜天下三老每人酒一石，肉四十斤。有關部門要慰問老人、撫恤幼孤、優惠鰥寡，以表達朕的心意。」中山王劉焉開始到他的封國居住。甲子日，明帝去西方巡視，到了長安。祭祀高廟，於是祭祀了十一陵。他一路察看各地客館驛站，會見郡縣官吏，慰勞、賞賜他們並飲酒作樂。

4 十一月甲申日，明帝派使者以中牢的規格祭祀蕭何、霍光。明帝拜謁他們的陵園，經過他們的墳墓時都默立致敬。明帝繼續前行，到達河東。所過之處，賞賜二千石、令長以下至於掾史等官吏，數量各有等差。

癸卯日，明帝回到洛陽宮中。

5 十二月，護羌校尉竇林被捕入獄而死。

6 這年，首次舉行在五郊迎氣的禮儀。少府陰就之子陰豐殺其妻酈邑公主，陰就因此受牽連犯罪而被責令自殺。

1 三年春正月癸巳，詔曰：「朕奉郊祀❶，登靈臺，見史官❷，正儀度❸。夫春者，歲之始也。始得其正，則三時有成。比者水旱不節，邊人食寡。政失於上，人受其咎。有司其勉順時氣，勸督農桑，去其螟蜮❹，以及蝥賊❺；詳刑慎罰，明察單辭，夙夜匪懈，以稱朕意。」

2 二月甲寅，太尉趙憙、司徒李訢免。丙辰，左馮翊❻郭丹❼為司徒。己未，南陽太守虞延❽為太尉。甲子，立貴人馬氏❾為皇后，皇子炟為皇太子。賜天下男子爵，人二級；三老、孝悌、力田人三級；流人無名數欲占者人一級；鰥、寡、孤、獨、篤癃、貧不能自存者粟，人五斛。

3 夏四月辛酉，封皇子建❿為千乘王，羨⓫為廣平王。

4 六月丁卯，有星孛于天船⓬北。

5 秋八月戊辰，改大樂⓭為大予樂。壬申晦，日有蝕之。詔曰：「朕奉承祖業，無有善政。日月薄蝕⑭，彗孛見天，水旱不節，稼穡不成，人無宿儲⑮，下生愁墊。雖夙夜勤思，而智能不逮。昔楚莊⑯無災，以致戒懼；魯哀⑰禍大，天不降譴。今之動變，儻尚可救。有司勉思厥職，以匡無德。古者卿士⑱獻詩，百工⑲箴諫⑳。其言事者，靡有所諱。」

6 冬十月，蒸祭㉑光武廟㉒，初奏文始㉓、五行㉔、武德㉕之舞。甲子，車駕從皇太后幸章陵㉖，觀舊廬。十二月戊辰，至自章陵。

7 是歲，起北宮㉗及諸官府。京師及郡國七大水。

【章旨】以上記述明帝永平三年的災害及救災措施、三公的任免、立皇后和太子、封其他皇子、祭祀光武廟、幸章陵、起北宮及諸官府等大事。

【注釋】❶郊祀　古代祭禮。帝王在京城郊外祭祀天地。❷史官　指太史令，或簡稱太史。為史官和曆官之長，掌撰文修史，兼及天文曆法。❸儀度　渾儀的刻度。渾儀，古代觀測天文的儀器。度，日月星辰的運行刻度。❹螟蜮　《呂氏春秋・任地》注：「食心曰螟，食葉曰蜮。」這裡泛指農作物害蟲。❺蟊賊　《爾雅》：「食苗心曰螟，食節曰賊，食根曰蟊。」這裡泛指農作物害蟲。❻左馮翊　官名。漢承秦制，以內史掌京師。景帝時內史分左、右。武帝太初元年將左內史更名為左馮翊，與京兆尹、右扶風，共稱三輔，秩中二千石，參與朝議，其轄京師及附近地區共二十四縣。❼郭丹　（西元前二五—西元六二年），字少卿，南陽穰（今河南鄧州）人。王莽時，入長安講學，諸儒咸敬重之。更始時，徵為諫議大夫。光武帝建武十三年，大司馬吳漢辟舉高第，出任并州牧。授使匈奴中郎將，遷左馮翊。明帝永平三年任司徒。在朝廉直公正。後免官，卒於家。見本書卷二十七。❽虞延　（？—西元七一年），字子大，陳留東昏（今河南蘭考）人。少為戶牖亭長。光武帝建武初，仕執金吾府，任細陽令、陳留郡功曹。光武帝東巡，召見，拜公車令，遷洛陽令。外戚陰氏賓客馬成犯法，延捕其人獄，殺之。於是，外戚斂手，莫敢干法。遷南陽太守。明帝永平三年，徵為太尉，八年，為司徒。後受楚王劉英謀反牽連，自殺於家。見本書卷三十三。❾馬氏　明德馬皇后（？—西元七九年），扶風茂陵（今陝西興平）人，伏波將軍馬援之女。明帝即位，封為貴人，令撫養賈氏所生子劉炟。永平三年，立為皇后。每於侍執之際，言及政事，而未嘗以家私相干求，故寵敬日隆，始終無衰。章帝即位，尊為皇太后。見本書卷十上。❿建　劉建（？—西元六一年），明帝之子。永平三年，封為千乘王。永平四年卒，諡為哀王。以年少無子，國除。見本書卷五十。⓫羨　劉羨（？—西元九六年），明帝之子。永平三年，封為廣平王。博涉經書，曾與諸儒進論於白虎觀。建初七年，徙為西平王。章帝卒，遺詔徙為陳王。卒諡敬王。見本書卷五十。⓬天船　星官名。屬胃宿，位於胃宿北，由九星組成。⓭大樂　官名。秦、西漢奉常（即太常）屬官有大樂令，簡稱大樂，掌祭祀奏樂。東漢永平三年，更名為大予樂令。秩六百石，有丞一人，員吏二十五人。⓮薄蝕　太陽和月亮互相掩蝕。薄，迫近。⓯宿儲　隔夜的存糧。⓰楚莊　楚莊王（？—西元前五九一年），芈姓，名旅（又作呂或侶）。春秋時楚國國君，西元前六一三—前五九一年在位。他整頓內政、興修水利，國勢大盛，在邲之戰中擊敗晉國，遂成為霸主。⓱魯哀　魯哀公（？—西元前四六七年），春秋末魯國國君。姬姓，名將，魯定公之子。西元前四九四—前四六七年在位。以三桓氏強，欲借助外力伐之，遭三桓進攻，奔衛，後至鄒，最後逃亡至越。卒於有山氏（楚國境內）。⓲卿士　卿、大夫、士的合稱。⓳百工　百官；眾官。⓴箴諫　規諫。對君主進行告誡、規勸。㉑蒸祭　在冬季舉行的祭祀。㉒光武廟　東漢開國皇帝劉秀廟。因其諡號為「光武」，故名。光武廟是東漢的祭祖之廟，故址在東漢都邑洛陽宮城南（今河南洛陽東白馬寺一帶）。㉓文始　樂舞名。相傳為帝舜所創。漢高祖六年改稱此名。參加舞蹈者均執羽籥，故稱。㉔五行　樂舞名。本是周代的樂舞。秦始皇二十六年更名為「五行」。因參加舞蹈者所用冠冕分別仿照五行的色彩，故稱。㉕武德　樂舞名。漢高祖四年創制。意謂行武以除暴亂。參加舞蹈者均執干戚，故名。㉖章陵　縣名。今湖北棗陽南。光武帝改西漢舂陵縣為章陵縣。以其父陵墓曰章陵而得名。㉗北宮　宮殿名。東漢都城洛陽的兩大宮殿建築群之一。位處宮城北面，故名北宮。與南部宮殿群南宮相對稱。北宮南北長約一五〇〇公尺，東西寬約一二〇〇公尺，面積約一・八平方公里。其中主要有德陽殿、德陽前殿、溫明殿、增喜觀、白虎觀等宮殿臺觀建築。故址在今河南洛陽東白馬寺一帶。

【語　譯】永平三年春季正月癸巳日，明帝下詔說：「朕舉行郊祀後，登上靈臺，會見史官，校正了渾儀的刻度。春天是一年的開始。一開始就能得到正確的天象觀測結果並據此制定出精確的曆法來，那以後的三個季節都會有收成。近來水旱失常，邊民糧食匱乏。上面政治出現失誤，人們便會遭受禍害。有關部門要盡力依據時節變化，勸導督促人們務農事、栽桑養蠶，除去農作物的各種害蟲；辦案要仔細、量刑要謹慎，要有正確的判斷、不要聽信片面之詞，日夜不要懈怠，以做到讓朕滿意放心。」

2 二月甲寅日，太尉趙憙、司徒李訢被免官。丙辰日，左馮翊郭丹為司徒。己未日，南陽太守虞延為太尉。甲子日，立貴人馬氏為皇后，皇子劉炟為皇太子。賜天下男子爵位，每人二級；三老、孝悌、力田，每人三級；流浪之人沒有戶籍而自願登記入籍的，每人一級；鰥夫、寡婦、孤兒、無子女的老人、患有重病、貧窮不能自存的，每人賜給粟米五斛。

3 夏季四月辛酉日，封皇子劉建為千乘王，劉羨為廣平王。

4 六月丁卯日，有彗星掠過天船星之北。

5 秋季八月戊辰日，改大樂為大予樂。這一月的最後一天是壬申日，發生了日蝕。明帝下詔說：「朕繼承祖業，沒有善政。日月相食，彗星現於天上，水旱失常，莊稼沒有收成，人們的食糧吃了今天便沒了明天的，百姓陷於憂苦之中。朕雖然日夜不停思考對策，但卻智慧不足。從前楚莊王在位時沒有災害，但卻引起他警惕戒備；魯哀公在位時政事極度昏亂，但上天卻不降下災害來警告他。現今發生了災害，或許還可以補救。有關部門要盡心盡職，以匡正我這無德之人。古時候有卿士獻詩，百工規諫。現有上書言事的，不要有所忌諱。」

6 冬季十月，冬祭光武皇帝廟，首次奏演《文始》、《五行》、《武德》之舞。甲子日，明帝隨從皇太后到了章陵，瞻仰了祖先舊居。十二月戊辰日，明帝從章陵返回洛陽。

7 這年，動工修建北宮及眾多官府。京師和七個郡國發了大水。

1 四年春二月辛亥，詔曰：「朕親耕藉田❶，以祈農事。京師冬無宿雪，春不煥沐❷，煩勞群司，積精禱求。而比再得時雨，宿麥潤澤，其賜公卿半奉。有司勉遵時政❸，務平刑罰。」

2 秋九月戊寅，千乘王建薨。

3 冬十月乙卯，司徒郭丹、司空馮魴免。丙辰，河南尹❹范遷❺為司徒，太僕❻伏恭❼為司空。

4 十二月，陵鄉侯梁松❽下獄死。

5 五年春二月庚戌，驃騎將軍東平王蒼罷歸藩；琅邪王京❾就國。

6 冬十月，行幸鄴❿。與趙王栩⓫會鄴。常山⓬三老言於帝曰：「上生於元氏⓭，願蒙優復。」詔曰：「豐⓮、沛⓯、濟陽⓰，受命所由，加恩報德，適其宜也。今永平之政，百姓怨結，而吏人求復，令人愧笑。重逆此縣之拳拳，其復元氏縣田租、更賦六歲，勞賜縣掾史，及門闌⓱走卒⓲。」至自鄴。

7 十一月，北匈奴⓳寇五原⓴；十二月，寇雲中㉑，南單于㉒擊卻之。

8 是歲，發遣邊人在內郡者，賜裝錢㉓人二萬。

【章旨】以上記述了永平四年、五年兩年間的大事。其中，司徒、司空的任免和北匈奴進犯五原、雲中是這兩年中的主要事件。

【注　釋】❶藉田　古代帝王親耕之田。❷燠沐　溫暖溼潤。❸時政　這裡指月令，即根據節氣所制定的農事安排。❹河南尹　政區名；官名。東漢建武十五年，改河南郡名為河南尹，同時亦以為官名。故治洛陽（今河南洛陽東北）。轄境相當今河南黃河以南洛水、伊水下游，北汝河、賈魯河上游，東至開封、延津，南到新鄭、汝陽，北臨新安、宜陽以及黃河以北原陽等地。❺范遷　字子廬，沛國（今安徽濉溪縣）人。光武帝時為漁陽太守，以智略安邊，匈奴不敢犯界。明帝初為河南尹。永平四年（西元六一年），拜司徒。永平八年免官，旋卒。❻太僕　官名。為九卿之一，秩中二千石。掌車馬，天子每出行，奏駕上鹵簿用；大駕則執駕車。❼伏恭　（西元前六—西元八四年），字叔齊，琅邪東武（今山東諸城）人。少傳其父伏黯《詩》學，以任為郎。光武帝建武四年，為劇令。建武十七年，太常試經第一，拜博士，遷常山太守。明帝永平二年，拜太僕。四年，拜司空。在位九年，辭官，詔以千石俸祿以終其身。建初二年，章帝行饗禮，以恭為三老。見本書卷七十九下。❽梁松　字伯孫，安定烏氏（今寧夏固原）人。梁統之子。少為郎，尚光武女舞陰長公主，遷虎賁中郎將。光武帝臨終，受遺詔輔政。明帝永平元年遷太僕。因私下寫信請託郡縣，免官。後以寫匿名信誹謗朝廷，下獄死。見本書卷三十四。❾琅邪王京　劉京（？—西元八一年），光武帝之子，陰皇后所生。建武十五年，封琅邪公。建武十七年，進爵為王。卒諡孝王。見本書卷四十二。❿鄴　魏郡治所鄴縣（今河北磁縣）。⓫趙王栩　劉栩（？—西元八一年），一作劉盱，南陽蔡陽（今湖北棗陽）人。趙孝王劉良之子。建武十七年，嗣爵為王。凡立四十年卒，諡為節王。⓬常山　郡、國名。秦置恆山郡。西漢避文帝諱改為常山郡。高后及景帝、武帝時曾為國，後又為郡。治所在元氏（今河北元氏西北）。東漢初改為國。轄境相當今河北阜平以南，趙縣、正定以西，高邑、贊皇以北，山西昔陽、平定以東地區。⓭元氏　元氏縣（今河北元氏西北）。⓮豐　縣名。今江蘇豐縣。漢高祖故鄉。漢高祖乃沛縣豐邑中陽里人。豐，原為鄉，後升為縣，置沛郡。⓯沛　沛縣（今江蘇沛縣）。漢高祖故鄉。⓰濟陽　縣名。今河南蘭考東北。光武帝出生於此，曾數免該縣傜役。⓱門闌　即門闌部署。縣衙中吏人之一。⓲走卒　街里走卒。縣衙中吏人之一。⓳北匈奴　東漢建武二十四年，匈奴分裂為南北兩大部，南下附漢的稱為南匈奴，留居漠北的稱為北匈奴。南匈奴屯居朔方、五原、雲中（今內蒙古境）等郡，東漢末分為左、右、南、北、中五部。西晉時，曾先後建立趙、夏、北涼等國。北匈奴於和帝時為東漢與南匈奴所擊敗，大部內遷附漢，部分西遷中亞等地。⓴五原　郡名。故治九原（今內蒙古包頭西二十公里）。轄境相當今內蒙古河套地區東半部，包括包頭、達拉特、山西偏關以西等地區。東漢初匈奴南單于分部眾屯此。東漢末年郡廢。㉑雲中　郡名。戰國趙武靈王置。秦漢治所在雲中（今內蒙古托克托東北）。秦轄境相當今內蒙古土默特右旗以東，大青山以南，卓資以西，黃河南岸及長城以北。漢轄境縮小。東漢末郡廢。㉒南單于　南匈奴單于。

漢代匈奴君主稱為單于，其意為廣大之貌。㉓裝錢　出行的路費。

【語　譯】永平四年春季二月辛亥日，明帝下詔說：「朕親自耕種藉田，以為農事祈禱。京師冬無積雪，春不溫暖溼潤，煩勞各有關部門，集中精力禱告求福。近來兩次得到及時雨，冬麥滋潤。現賜給公卿一半的俸祿。有關部門要努力遵守農時，務必公正執法。」

2 秋季九月戊寅日，千乘王劉建去世。

3 冬季十月乙卯日，司徒郭丹、司空馮魴被免官。丙辰日，任命河南尹范遷為司徒，任命太僕伏恭為司空。

4 十二月，陵鄉侯梁松被捕入獄而死。

5 永平五年春季二月庚戌日，驃騎將軍東平王劉蒼被罷官，遣回藩國；琅邪王劉京到了自己的封國居住。

6 冬季十月，明帝前往鄴城，與趙王劉栩在鄴城會面。常山三老對明帝說：「皇上出生在元氏，希望能得到免除租稅的優待。」明帝下詔說：「豐、沛、濟陽，是漢室承受天命的源頭，加恩報德，是非常恰當的。現在永平政治，使百姓怨愁，而吏人卻請求免除租稅，令人羞愧而笑。難於拂逆此縣的拳拳之心，現免除元氏縣田租、更賦六年，慰勞賞賜縣掾史及門闌走卒等官吏。」明帝從鄴城返回了洛陽。

7 十一月，北匈奴進犯五原；十二月，進攻雲中，南匈奴單于將他們擊退。

8 這年，遣返在內地郡國居住的邊地百姓，賜給行裝費，每人錢二萬。

1 六年春正月，沛王輔、楚王英、東平王蒼、淮陽王延、琅邪王京、東海王政、趙王盱❶、北海王興❷、齊王石❸來朝。

2 二月，王雒山❹出寶鼎，廬江❺太守獻之。夏四月甲子，詔曰：「昔禹❻收九牧❼之金，鑄鼎以象物，使人知神姦，不逢惡氣❽。遭德則興❾，遷于商❿、周⓫；

周德既衰，鼎乃淪亡。祥瑞之降，以應有德。方今政化多僻，何以致茲？易曰鼎象三公，豈公卿奉職得其理邪？太常⑫其以礿祭⑬之日，陳鼎於廟，以備器用。賜三公帛五十匹，九卿⑭、二千石半之。先帝詔書，禁人上事言聖，而間者章奏頗多浮詞。自今若有過稱虛譽，尚書⑮皆宜抑而不省，示不為諂子蚩也。」

3 冬十月，行幸魯，祠東海恭王陵；會沛王輔、楚王英、濟南王康、東平王蒼、淮陽王延、琅邪王京、東海王政。十二月，還，幸陽城⑯，遣使者祠中岳⑰。壬午，車駕還宮。東平王蒼、琅邪王京從駕來朝皇太后。

【章旨】明帝在永平六年與諸王的往還及對寶鼎之事的處理，說明他謙遜的品德及和睦宗室的努力。

【注釋】❶趙王盱　劉盱，前文又作劉栩，南陽蔡陽（今湖北棗陽）人。趙孝王劉良之子。建武十七年（西元四一年），嗣爵為王。凡立四十年卒，諡為節王。❷北海王興　劉興（？—西元六四年），劉章之弟。建武二年，封魯王，過繼給光武帝次兄劉仲為子。建武二十八年，徙為北海王。卒諡靖王。見本書卷十四。❸齊王石　劉石（？—西元七〇年），東漢宗室，南陽蔡陽人，齊哀王劉章之子。劉石嗣爵為王，凡立二十四年卒，諡曰煬王。❹王雒山　山名。雒，一作雄。當屬廬江郡。故地當在今安徽長江以北地區。❺廬江　郡名。治所在舒縣（今安徽廬江縣西南）。轄境相當今安徽巢縣、舒城、霍山縣以南，長江以北，湖北黃梅、羅田，河南商城、固始等地。❻禹　夏朝創立者。姒姓，夏后氏部落領袖。父鯀治水無功被殺，被舜舉以續父之業，為司空。經歷十年之久，終於戰勝洪水。繼舜為部落聯盟首領後，加強國家機構建設，廢除禪讓制度，成為中國歷史上階級社會第一位統治者。❼九牧　九州之牧。傳說古代把天下分為九州，州的長官叫牧。❽惡氣　指魑魅魍魎之類。❾遭德則興　有德則興，無德則亡之意。❿商　朝代名。西元前十六世紀商湯夏后建立的國家。建都亳。後曾多次遷徙，到盤庚時遷殷（今河南安陽小屯），故也被稱為殷。商王朝的統治中心地區，東起泗上，西到關中，包括整個兗豫大平原。到紂王時，被周武王攻滅。共傳十七代。三十一王，約當西元前十六到前十一世紀。⓫周　朝代名。西元前十一世紀周武王滅商後建立。建都於鎬（今陝西長安灃河以東）。分為西周和東周兩個時期。西周從西元前十一世紀周武王滅商至前七七一年周幽王被犬戎兵所殺。東周從西元前七七〇年周平王東遷洛邑至前二五六年被秦國所滅。東周又可分為春秋、戰國兩個時期。西周東周共歷三十四王，八百多年。⓬太常　官名。為九卿之首，掌宗廟祭祀禮儀，兼選試博士。秩中二千石。⓭礿祭　古代祭名。亦作「禴祭」。《禮記・王制》：「天子諸侯宗廟之祭，春曰礿，夏曰禘」。鄭玄注：「此蓋夏殷之祭名，周則改之，春曰祠，夏曰礿。」⓮九卿　位次於「公」的諸種高級官員的習慣統稱。西周官制有三公、九卿之說，三、九或為虛數，泛指諸高級官員。戰國時，卿位次於丞相、相國。中令（光祿勳）、衛尉、太僕、廷尉、典客（大鴻臚）、宗正、治粟內史（大司農）、少府、中尉（執金吾）等。東漢上述官員雖直接標稱為某某卿，但可稱為九卿者不限九種，「九」仍然只是統稱虛數，用以泛指地位相當的高級官員。⓯尚書　官名。秦少府屬官，掌殿內文書，地位很低。西漢中期以後尚書職權漸重。成帝建始四年置尚書五人，一人為僕射，四人分曹治事，組成宮廷內政治機構，地位不高但已有相當權力。東漢的尚書臺正式成為總理國家政務的中樞。有令一、僕射一、尚書六、丞二（分左、右）、郎三十四及令史等官。⓰陽城　縣名。春秋鄭邑。秦置縣。漢屬潁川郡。治今河南登封東南告成鎮。⓱中岳　山名。一名嵩山、嵩高。岳，一作嶽。五嶽之一。古以山東泰山為東嶽、山西恆山為北嶽、陝西華山為西嶽、湖南衡山為南嶽、加上中嶽，合稱「五嶽」。中嶽位於今河南登封北。東漢皇帝常遣使至此祭祀。

【語譯】永平六年春季正月，沛王劉輔、楚王劉英、東平王劉蒼、淮陽王劉延、琅邪王劉京、東海王劉政、趙王劉盱、北海王劉興、齊王劉石來京師覲見。

2 二月，王雒山有寶鼎出土，廬江太守將它獻給朝廷。夏季四月甲子日，明帝下詔說：「過去夏禹收納九牧的金子鑄鼎，鼎上鑄畫各地的山川神怪等奇異之物，使人們知道鬼神奸怪的形狀，以避免遇上魑魅魍魎。遇到有德之君便會興盛，寶鼎輾轉傳到了商、周二朝；周德衰敗後，鼎便消失了。祥瑞的降生，是德政的反應。現今政治和教化有很多缺失，怎麼能招致此寶鼎呢？《周易》說鼎象徵三公，難道是公卿盡心盡職符合了祥瑞降生的原理？太常在夏季祭祀之日，將寶鼎陳列於宗廟，以使祭祀的器物更加完備。賜三公帛五十匹，九卿、二千石官員賜給一半。先帝有詔書，禁止人們上書將他稱為『聖』，而最近的奏章中卻頗多浮華不實的詞語。從今以後，如有過分稱頌和虛假讚譽的，尚書都應該扣下而不予理睬，以表示朕不被諂媚之人所欺騙。」

3 冬季十月，明帝到了魯國，在東海恭王劉彊的陵墓前舉行祭奠；會見沛王劉輔、楚王劉英、濟南王劉康、東平王劉蒼、淮陽王劉延、琅邪王劉京、東海王劉政。十二月，回返京師，到達陽城，派遣使者祭祀中嶽嵩山。壬午日，明帝回到宮中。東平王劉蒼、琅邪王劉京隨從明帝來到京師覲見皇太后。

1 七年春正月癸卯，皇太后陰氏崩。二月庚申，葬光烈皇后❶。

2 秋八月戊辰，北海王興薨。

3 是歲，北匈奴遣使乞和親。

4 八年春正月己卯，司徒范遷薨。三月辛卯，太尉虞延為司徒，衛尉❷趙憙行❸太尉事。

5 遣越騎司馬❹鄭眾❺報使北匈奴。初置度遼將軍，屯五原曼柏❻。

6 秋，郡國十四雨水。

7 冬十月，北宮成。丙子，臨辟雍，養三老、五更。禮畢，詔三公募郡國中都官❼死罪繫囚，減罪一等，勿笞，詣度遼將軍營，屯朔方❽、五原之邊縣；妻子自隨，便占著❾邊縣；父母同產欲相代者，恣聽之。其大逆無道殊死者，一切募下蠶室❿。亡命者，令贖罪各有差。凡徙者，賜弓弩衣糧。

8 壬寅晦，日有食之，既⑪。詔曰：「朕以無德奉承大業，而下貽人怨，上動三光⑫。日食之變，其災尤大，春秋、圖讖所為至譴。永思⑬厥咎，在予一人。群司勉修職事，極言無諱。」於是在位者皆上封事⑭，各言得失。帝覽章，深自引咎，乃以所上班示百官。詔曰：「群僚所言，皆朕之過。人冤不能理，吏黠不能禁，而輕用人力，繕修宮宇，出入無節，喜怒過差。昔應門失守⑮，關雎⑯刺世；飛蓬隨風⑰，微子⑱所歎。永覽前戒，竦然兢懼⑲。徒恐薄德，久而致怠耳。」

9 北匈奴寇西河⑳諸郡。

【章旨】以上記述陰太后、北海王劉興、司徒范遷之死，以及明帝的〈日食詔〉、東漢與北匈奴的戰和關係、東漢移民實邊的舉措。

【注釋】❶光烈皇后　皇太后陰氏諡曰光烈。❷衛尉　官名。為九卿之一，秩中二千石。掌宮門衛士，負責宮中安全。❸行　漢代以低級官職行使高級官職之職權。❹越騎司馬　官名。越騎校尉之屬官，秩千石。❺鄭眾　（？—西元八三年），字仲師，河南開封人。精通經學，知名於世。明帝初，辟司空府，以明經給事中，再遷越騎司馬，復留給事中。出使北匈奴，不辱使命。歷任中郎將、武威太守、左馮翊等職。建初六年，代鄧彪為大司農。其後，奉詔作《春秋刪》十九篇。見本書卷三十六。❻曼柏　縣名。西漢置，屬五原郡。治今內蒙古準噶爾旗西北。❼中都官　漢代對京師諸官府及官員之稱。❽朔方　郡名。西漢元朔二年置。故治朔方縣（今內蒙古杭錦旗西北黃河南岸）。東漢移治臨戎縣（今內蒙古磴口北）。轄地約當今內蒙古烏加河流域以南、杭錦旗至烏蘭布和沙漠中部以北、伊金霍洛旗以西、杭錦後旗以東的廣大地區。❾占著　附隸名籍。此指落戶定居。❿蠶室　獄名。受宮刑者所居之室。男性犯人被閹割生殖器之後畏風懼冷，須居於密封之暖室，如養蠶之室，故名。⓫既　這裡指日全蝕。⓬三光　這裡指日、月、星。⓭永思　深思。永，深長。⓮封事　密封的奏章。亦稱封章。⓯應門失

守　指不以政事為重而沉溺於女色。應門，王宮的正門。借喻聽政之處。⑯關雎　《詩》篇名。為〈國風〉和全《詩》之首篇。《詩・序》以為「詠后妃之德」、「樂而不淫」。薛君《韓詩章句》：「詩人言雎鳩貞潔慎匹，以聲相求，隱蔽於無人之處。故人君退朝，入於私宮，后妃御見有度，應門擊柝，鼓人上堂，退反宴處，體安志明。今時大人內傾於色，賢人見其萌，故詠〈關雎〉，說淑女，正容儀，以刺時。」⑰飛蓬隨風　《管子》：「無儀法程式，飛搖而無所定，謂之飛蓬。飛蓬之問，明王不聽。」⑱微子　商朝王族，紂王庶兄。名啟，因避漢景帝劉啟諱亦作開。受封於微（今山西沁水縣梁山西北）。數強諫紂，不聽，憤而出走。周武王伐紂，他持祭器，肉袒面縛，至軍前投降。武王釋其縛，復其位。後以殷嗣受封，為宋國始祖。⑲兢懼　謹慎畏懼。⑳西河　郡名。漢武帝元朔四年置。故治平定（今內蒙古東勝境），東漢永和五年移治離石（今山西離石）。轄境相當今山西隰縣以北，偏關以南與陝西延安以北的兩省交界的黃河流域地區，兼有內蒙古河套地區的黃河以南的東勝、伊金霍洛和準噶爾等地區。

【語　譯】永平七年春季正月癸卯日，皇太后陰氏去世。二月庚申日，安葬光烈皇后。

2　秋季八月戊辰日，北海王劉興去世。

3　這年，北匈奴派遣使者來請求與漢朝和好結親。

4　永平八年春季正月己卯日，司徒范遷去世。三月辛卯日，太尉虞延擔任司徒，衛尉趙憙被任命為代理太尉事。

5　明帝派遣越騎司馬鄭眾回訪北匈奴。首次設置度遼將軍，駐屯五原曼柏。

6　秋季，十四個郡國大雨成災。

7　冬季十月，北宮修建完工。丙子日，明帝親臨辟雍，奉養三老、五更。禮畢，詔令三公招募郡國、中都官所關押的死罪囚徒，減罪一等，不要鞭笞，讓他們到度遼將軍營，駐屯朔方、五原的邊地屬縣；妻子兒女自願跟隨，便在邊縣登記戶籍；父母及同母兄弟想代替的，隨其所願。其中，犯大逆不道判處斬刑的，一律下蠶室受腐刑以抵死。逃亡者，讓他們用錢財贖罪，數量各有等差。凡遷徙邊地者，賜給他們弓弩和衣物糧食。

8 這一月的最後一天是壬寅日，發生了日全蝕。明帝下詔說：「朕以無德之身繼承大業，因而在下招致人怨，對上擾動三光。日蝕的異變，災禍極大，《春秋》、符命之書對此譴責得最為厲害。深思這一罪責，完全在我一個人身上。各部門要盡心盡職，暢所欲言、不要有所忌諱。」於是，在位的人都進呈密封的奏章，各言朝政得失。明帝觀看奏章，深刻地反省過失，於是將那些進呈密封的奏章公開展示給百官。下詔說：「百官所說的，皆是朕的過錯。人的冤屈不能申雪辨明，官吏狡黠不能禁止，而濫用人力，修繕宮室，出入沒有節制，喜怒無常。從前應門失守，〈關雎〉予以諷刺；儀禮法度變來變去，微子為之感歎。永遠記住前世的教訓，謹慎小心、保持警惕。只恐怕朕道德淺薄，時間一久便會產生懈怠了。」

9 北匈奴進犯西河諸郡。

1 九年春三月辛丑，詔：「郡國死罪囚減罪，與妻子詣五原、朔方占著，所在死者皆賜妻父若男同產一人，復終身；其妻無父兄獨有母者，賜其母錢六萬，又復其口筭❶。」

2 夏四月甲辰，詔郡國以公田賜貧人各有差。令司隸校尉❷、部刺史❸歲上墨綬❹長吏❺視事三歲已上理狀尤異者各一人，與計❻偕上。及尤不政理者，亦以聞。

3 是歲，大有年。為四姓小侯❼開立學校，置五經❽師。

4 十年春二月，廣陵王荊❾有罪，自殺，國除。

5 夏四月戊子，詔曰：「昔歲五穀❿登衍⓫，今茲蠶麥善收，其大赦天下。方盛夏長養之時，蕩滌宿惡，以報農功。百姓勉務桑稼，以備災害。吏敬厥職，無令愆墮。」

6 閏月甲午，南巡狩。幸南陽，祠章陵。日北至⑫，又祠舊宅。禮畢，召校官弟子⑬作雅樂⑭，奏鹿鳴，帝自御⑮塤⑯、篪⑰和之，以娛嘉賓。還，幸南頓⑱，勞饗⑲三老、官屬。

7 冬十一月，徵淮陽王延會平輿⑳，徵沛王輔會睢陽㉑。

8 十二月甲午，車駕還宮。

【章旨】以上記述永平九年、十年間農業連年豐收的情況，明帝以大赦等形式緩和社會矛盾的措施以及南巡的經過。

【注釋】❶口筭　口賦，亦稱口錢。漢代對三至十四歲未成年人所徵收的人頭稅稱「口錢」，對十五至五十六歲成年人所徵收的人頭稅稱「算賦」。筭，同「算」。❷司隸校尉　官名。秩比二千石，負責糾察百官並管理畿輔地區，職權顯赫，與御史中丞、尚書令並稱「三獨坐」。❸部刺史　官名。即州刺史。漢武帝元封五年，初置部刺史。掌奉詔條監察諸州，秩六百石。東漢沿置。十二人各主一州，另一州屬司隸校尉。諸州常以八月巡行所部郡國，錄囚徒，考殿最。❹墨綬　黑色的繫印絲帶。漢代規定，官品不同，綬帶的顏色亦異。黑色綬帶為四百石以上至千石的諸官員所用。❺長吏　泛指郡縣長官。❻計　這裡指上計的官吏。漢代上計制度規定：每年各郡必須派人到京師送交計書，向丞相彙報。❼四姓小侯　指東漢外戚樊氏、郭氏、陰氏、馬氏四家年幼子弟。❽五經　五部儒家經典。即《易》、《書》、《詩》、《禮》、《春秋》的總稱。漢文帝時，以《詩》列於學官，置《詩經》博士。武帝建元五年（西元前一三六年）置「五經博士」，於是始有「五經」之稱。❾廣陵王荊　劉荊，光武帝之子。明帝即位，因有謀反之嫌，徒封廣陵王。見本書卷四十二。❿五穀　指黍、稷、麥、麻、菽。⓫登衍　收成豐饒。⓬北至　夏至。⓭校官弟子　官立學校的學生。校官，又稱學官，即掌管學校教育官員。弟子即其學生。⓮雅樂　在郊祀、廟祭、朝會等場合演奏的嚴肅音樂。⓯御　封建社會指皇帝的各種行為動作及與皇帝有關的種種事物。⓰塤　古代土製樂器，形狀像雞蛋，有六孔。⓱篪　古代竹製管樂器。⓲南頓　縣名。今河南項城。⓳勞饗　慰勞；宴請。⓴平輿　縣名。治今河南平輿北。㉑睢陽　梁國睢陽縣（今河南商丘）。

【語　譯】永平九年春季三月辛丑日，明帝下詔：「郡國在押死刑犯予以減罪後，其與妻子兒女前去五原、朔方落戶，在那裡死亡的，全都給予其妻子的父親或同母兄弟一人免除終身賦役的恩賜；其妻沒有父親兄弟只有母親的，賞賜其母錢六萬，並免收她的人頭稅。」

2 夏季四月甲辰日，明帝詔令郡國以公田賞賜窮人，數量各有等差。命令司隸校尉、部刺史每年從四百石至一千石的郡縣長官中奏舉任職三年以上政績特別優異者各一人，與上計官吏一同到朝廷，對政績尤其差劣的，也要上報。

3 這年，五穀大豐收。為外戚樊氏、郭氏、陰氏、馬氏等四姓小侯開辦學校，設置《五經》老師。

4 永平十年春季二月，廣陵王劉荊犯罪自殺，其封國被廢除。

5 夏季四月戊子日，明帝下詔說：「去年五穀豐登，今年蠶、麥又獲豐收，現宣布大赦天下。正當盛夏作物生長之時，以此蕩清舊惡，以回報農事。百姓要努力養蠶和耕種，以備災荒。官吏要恪盡自己的職守，不要失職。」

6 閏四月甲午日，去南方巡視。到達南陽，祭祀章陵。夏至這一天，又祭祀了故居。禮畢，召校官弟子表演雅樂，演奏《鹿鳴》，明帝親自吹奏塤、篪，參加演奏，為嘉賓表演助興。回返京師，到了南頓，設宴款待了當地的三老和官屬。

7 冬季十一月，明帝徵召淮陽王劉延到平輿相會，徵召沛王劉輔到睢陽相會。

8 十二月甲午日，明帝回到宮中。

1 十一年春正月，沛王輔、楚王英、濟南王康、東平王蒼、淮陽王延、中山王焉、琅邪王京、東海王政來朝。

2 秋七月，司隸校尉郭霸❶下獄死。

3 是歲，灤湖❷出黃金，廬江太守以獻。時麒麟❸、白雉❹、醴泉❺、嘉禾❻所在出焉。

4 十二年春正月，益州❼徼外❽夷哀牢王❾相率內屬。於是置永昌郡❿，罷益州西部⓫都尉⓬。

5 夏四月，遣將作謁者⓭王吳修汴渠⓮，自滎陽⓯至于千乘⓰海口。

6 五月丙辰，賜天下男子爵，人二級；三老、孝悌、力田，人三級；流民無名數欲占者，人一級；鰥、寡、孤、獨、篤癃、貧無家屬不能自存者粟，人三斛。詔曰：「昔曾⓱、閔⓲奉親，竭歡致養；仲尼葬子，有棺無槨⓳。喪貴致哀，禮存寧儉⓴。今百姓送終之制，競為奢靡，生者無擔石之儲，而財力盡於墳土㉑。伏臘㉒無糟糠㉓，而牲牢㉔兼於一奠。糜破積世之業，以供終朝㉕之費，子孫飢寒，絕命於此，豈祖考㉖之意哉！又車服制度㉗，恣極耳目；田荒不耕，游食㉘者眾。有司其申明㉙科禁，宜於今者宣下郡國。」

7 秋七月乙亥，司空伏恭罷。乙未，大司農㉚牟融㉛為司空。

8 冬十月，司隸校尉王康下獄死。

9 是歲，天下安平，人無傜役，歲比登稔㉜，百姓殷富，粟斛三十，牛羊被野。

【章旨】以上重點記述了明帝置永昌郡、修汴渠以及明帝的〈申明科禁詔〉，同時對當時天下太平的情況作了概要的說明。

【注釋】❶郭霸　東漢初將領。光武帝建武十年，為將軍，受命與馬武、劉尚、岑彭、馮駿等平武都、巴郡。明帝時，官至司隸校尉。❷瀙湖　湖泊名。瀙，一作「巢」。在今安徽合肥東南。❸麒麟　傳說中的瑞獸。麇身、牛尾、狼蹄、一角。❹白雉　白色的野雞。❺醴泉　甘美的泉水。❻嘉禾　稻穀變異的植株。古人認為其有嘉瑞之應，故稱之。❼益州　州名。漢武帝所置「十三刺史部」之一。東漢同。東漢治所在雒縣（今四川廣漢北）。中平年間移治綿竹（今四川德陽東北），興平年間又移成都（今四川成都）。轄境約當今雲南全部，四川、貴州大部，陝西、甘肅、廣西、越南、緬甸等各一部分地區，為漢代十三部州中最大的一州。❽徼外　境外；塞外。❾哀牢王　東漢時哀牢王柳貌。❿永昌郡　郡名。東漢明帝永平十年置益州西部都尉。十二年改為永昌郡。故治不韋（今雲南保山市東北金雞村），轄境相當今雲南瀾滄江流域，包括北至橫斷山脈以南，劍川縣、祥雲、元江縣以西和今緬甸北部大部分地區以及老撾孟烏怒地區。⓫益州西部　地區名。即益州郡所轄之西部不韋、嶲唐、比蘇、楪榆、邪龍、雲南六縣地區。大致相當今雲南哀牢山以西的祥雲、巍山彝族回族自治縣、大理、下關、雲龍、保山市等地區。這年，明帝分此益州郡西部六縣等地置永昌郡，置哀牢、博南二縣。⓬都尉　秦漢時期，以都尉官稱呼者很多，大都為主兵官，也有部分任其他專職，也稱都尉，如水衡都尉、奉事都尉等。領兵之都尉，位在將軍、校尉下。地方郡國都尉，亦主軍事。東漢初，省諸郡都尉，並其職於太守。⓭將作謁者　官名。秦設有將作少府一官，西漢因之。漢景帝時，改稱將作大匠。掌修作宗廟、路寢、宮室、陵園等。東漢光武中元二年省，以謁者領之，故稱將作謁者。⓮汴渠　水名。一作汴水，又簡稱汴。故道自今河南滎陽東北接黃河，東南經今開封南、民權與商丘北，復東南經今安徽碭山縣、蕭縣北，至江蘇徐州北入泗水。上游又稱鴻溝或狼湯（或浪湯）渠，中、下游又稱汳水、獲水。漢末、魏、晉時為中原通往東南沿海地區的重要水運幹道。⑮滎陽　縣名。今河南滎陽東北。⑯千乘　縣名。西漢置。治今山東高青東北高苑鎮北，跨古漯水兩岸，分南北兩城。⑰曾　曾參（約西元前五〇五—前四三五年），春秋末魯國學者，字子輿，曾點之子。為孔子得意學生。以孝行著稱。曾為吏，祿雖薄，賴以樂道養親。嚴於律己，重內省修養，一貫奉行忠恕之道。⑱閔　閔損。春秋時人。孔子弟子，字子騫。有孝行。⑲有棺無椁　棺指內棺，椁指外棺。有棺無椁，說明下葬簡陋。椁，同「槨」。⑳寧儉　《論語・八佾》：「禮，與其奢也，寧儉。」一切的禮，與其過於奢侈，寧過在節儉上。㉑墳土　墳頭土堆。借指葬事。㉒伏臘　秦漢夏天伏日，冬天臘日都是節日，合稱伏臘。㉓糟糠　酒渣和穀皮。比喻粗劣的食物。㉔牲牢　供祭祀用的牲畜。㉕終朝　一個早晨，也指一個整天。形容時間短暫。㉖祖考　祖先。㉗制度　形制；式樣。㉘游食　不務農而食。㉙申明　公開宣布；聲明。㉚大司農　官名。秦名治粟內史，漢初因之。景帝後元元年更名為大農令。武帝太初元年更名為大司農，秩中二千石，掌管國家財政。東漢亦置。㉛牟融　（？—西元七九年），字子優，北海安丘（今山東安丘）人。少博學，精通《大夏侯尚書》。歷任豐令、司隸校尉、大鴻臚、大司農、司空等職。章帝即位，代趙憙為太尉，與趙憙參錄尚書事。見本書卷二十六。㉜登稔　收成豐足。

【語譯】永平十一年春季正月，沛王劉輔、楚王劉英、濟南王劉康、東平王劉蒼、淮陽王劉延、中山王劉焉、琅邪王劉京、東海王劉政來京覲見。

2 秋季七月，司隸校尉郭霸下獄死。

3 這一年，漅湖發現黃金，廬江太守將它獻給明帝。當時，麒麟、白雉、醴泉、嘉禾，到處都有出現。

4 永平十二年春季正月，益州境外夷人哀牢王相率歸附漢朝，於是設置永昌郡，罷益州西部都尉。

5 夏季四月，遣將作謁者王吳修汴渠，從滎陽修到了千乘縣的入海口。

6 五月丙辰日，賜給天下男子爵位，每人二級；三老、孝悌、力田，每人三級；流民無戶籍而願意登入戶籍者，每人一級。賞賜粟米給鰥夫、寡婦、孤兒、無子女的老人、患有重病者、貧窮而沒有家屬不能生存者，每人三斛。明帝下詔說：「從前曾參、閔損奉養父母，盡力使父母生活得快樂；仲尼埋葬兒子，有棺無槨。辦喪事貴在致哀，禮節存在於儉樸之中。如今百姓送終的規矩，爭相大搞奢靡鋪張。生者連一石糧食的儲積都沒有，卻將財力全都用於喪葬。伏日和臘日祭祀之時，家裡連糟糠也吃不上，而舉行一次祭奠卻要同時備齊牲牢。用盡累世的家業，以供一天的費用。子孫飢寒，因此而送命。這難道是祖先的意願嗎！另外，用車和穿著的式樣，也極盡奢華，讓人見所未見、聞所未聞；以致田地荒蕪得不到耕種，游離於農業之外的人口極多。現令有關部門申明禁令條文，適用於今天的，發下郡國實施。」

7 秋季七月乙亥日，司空伏恭免官。乙未日，大司農牟融出任司空。

8 冬季十月，司隸校尉王康下獄死。

9 這年，天下安定，人們沒有徭役，莊稼連年豐收，百姓富足，一斛粟僅值三十錢，牛羊遍野。

1 十三年春二月，帝耕於藉田。禮❶畢，賜觀者食。

2 三月，河南尹薛昭下獄死。

3 夏四月，汴渠成。辛巳，行幸滎陽，巡行河渠。乙酉，詔曰：「自汴渠決敗，六十餘歲，加頃年❷以來，雨水不時，汴流東侵，日月益甚，水門❸故處，皆在河中。漭瀁❹廣溢，莫測圻岸❺，蕩蕩極望，不知綱紀❻。今兗❼、豫❽之人，多被水患，乃云縣官❾不先人急，好興它役。又或以為河流入汴，幽❿、冀⓫蒙利，故曰左隄彊則右隄傷，左右俱彊則下方傷，宜任水埶所之，使人隨高而處，公家息壅塞之費，百姓無陷溺之患。議者不同，南北異論，朕不知所從，久而不決。今既築隄理渠，絕水立門，河、汴分流，復其舊迹，陶丘⓬之北，漸就壤墳⓭，故薦嘉玉絜牲⓮，以禮河神。東過洛汭⓯，歎禹之績。今五土之宜⓰，反其正色⓱。濱渠下田，賦與貧人，無令豪右⓲得固其利⓳，庶繼世宗⓴瓠子㉑之作。」因遂度河，登太行㉒，進幸上黨㉓。壬寅，車駕還宮。

4 冬十月壬辰晦，日有食之。三公免冠㉔自劾㉕。制㉖曰：「冠履、勿劾。災異屢見，咎在朕躬，憂懼遑遑，未知其方。將有司陳事，多所隱諱，使君上壅蔽，下有不暢乎？昔衛㉗有忠臣，靈公㉘得守其位。今何以和穆陰陽，消伏災譴？刺史㉙、太守詳刑理冤，存恤鰥孤，勉思職焉。」

5 十一月，楚王英謀反，廢，國除，遷於涇縣㉚，所連及死徙者數千人。

6 是歲，齊王石薨。

【章旨】以上記述了永平十三年明帝所頒布的〈汴渠成詔〉、〈日食勿劾三公制〉以及河南尹薛昭下獄、楚王劉英被廢等事件。

【注釋】❶禮　指親耕藉田之禮。古代帝王親耕藉田為象徵性禮儀，意在督勸農耕，因此被列為朝廷典禮。❷頃年　近年。❸水門　水閘。❹漭瀁　水勢廣闊無邊的樣子。❺圻岸　河岸。❻綱紀　治理。❼兗　州名。漢武帝所置「十三刺史部」之一。轄有濟陰、濟北等八郡國，昌邑、高平等八十縣，邑、公、侯國。東漢治所在昌邑縣，即今山東金鄉西北。轄地大致相當今山東西南部；北至長清、濟南、臨朐，東至沂河流域，東南以棗莊、微山湖、泗水東岸為界，包括河南東部開封、濮陽、滑縣以東，扶溝、柘城以北地區。❽豫　州名。漢武帝所置「十三刺史部」之一。東漢治所在譙縣（今安徽亳州）。轄境相當今淮河以北、伏牛山以東的豫東、皖北地區。❾縣官　政府；朝廷。❿幽　州名。漢武帝所置「十三刺史部」之一。東漢幽州治所在薊縣（今北京市區西南）。轄境相當今北京市、河北北部，山西恆山、陽高、靈丘以東，遼寧大部，天津海河以北以及朝鮮半島北部地區。⓫冀　州名。漢武帝所置「十三刺史部」之一。東漢治所在高邑（今河北柏鄉北），後移治鄴縣（今河北臨漳西南）。轄境相當今河北中南部、山東西部及河南北部地區。⓬陶丘　地名。一名釜丘。在今山東定陶西南。⓭壤墳　按〈禹貢〉的分類，壤，指平原上等土地。墳，指丘陵下等土地。⓮嘉玉絜牲　祭神所用的玉和犧牲稱嘉玉、潔牲。⓯洛汭　地名。一作雒汭。水北曰汭，洛汭，指洛水入古黃河處，故址在今河南鞏義境。⓰五土之宜　五土指山林、川澤、丘陵、平地、低窪地等五種土地。宜，相稱、相適應的事情。此處所謂「宜」，是以「五土」對應下句的「五色」。⓱正色　古代以純色為正色，兩色相雜為間色。正色謂青、赤、黃、白、黑五方正色。古人認為土有五色，五色分別標示著土地的五種特性。⓲豪右　地方上的豪族大姓。⓳得固其利　原來渠邊下田不收田賦或田賦極輕，被豪右所霸占。固，意為閉塞、禁固。⓴世宗　即漢武帝。㉑瓠子　樂府歌辭名。即《瓠子歌》。漢武帝劉徹作。徹在元封二年（西元前一〇九年）東巡泰山行封禪之事，回經瓠子，親臨黃河決口，沉白馬玉璧於河中，令隨從自將軍以下皆負薪堵決口，自作此歌，以抒發治理河決的艱辛和變河害為利的期望。㉒太行　山名。東漢時指今丹河中游以西、古沁水中游以東，今河南濟源、沁陽以北與山西晉城以南之間的山脈，即今太行山南端餘脈。㉓上黨　郡名。東漢前期治長子（今山西長子西南），後期移治壺關，即今山西長治北古驛（一說東漢末移治壺關）。其轄境相當於今山西和順、榆社以南，沁水流域以東地區。㉔免冠　不戴帽子。古代表示自劾，不僅免冠，而且不穿鞋，多稱「免冠徒跣」或「免冠跣足」。從下文看，此處的免冠，亦為「免冠徒跣」之略。㉕自劾　自己譴責或責怪自己。㉖制　帝王的書面命令。㉗衛　故國名。姬姓。始封之君為周武王弟康叔。周公平定武庚反叛後，把原來商都周圍地區和殷民七族分封給他，建都朝歌。後遷都楚丘、帝丘。西元前二五四年，為魏國所滅，成為魏的附庸。後秦又把它遷至野王，作為秦的附庸。西元前二〇九年，為秦所滅。㉘靈公　衛靈公（？—西元前四九三年），春秋時衛國國君。名元，衛襄公子。西元前五三四—前四九三年在位。數次接待周遊列國的孔子，然終不任用之。晚年怠於政事，好靡靡之音。㉙刺史　官名。武帝元封五年設部（州）刺史，督察郡國，官階低於郡守。成帝綏和元年改為州牧。東漢建武十八年復為刺史。靈帝時，罷刺史，置州牧，居郡守之上，由原單純的監察官發展為總攬地方軍政大權的軍政長官。㉚涇縣　縣名。治今安徽涇縣西北。

【語譯】永平十三年春季二月，明帝在藉田進行耕作。禮畢，賞賜觀看者用餐。

2 三月，河南尹薛昭被捕入獄而死。

3 夏季四月，汴渠修成。辛巳日，明帝親臨滎陽，視察黃河水渠。乙酉日，下詔說：「自從汴渠決堤，至今已經六十餘年。加上近年以來，雨水反常，汴水東溢，一天比一天、一月比一月更加嚴重，原來水閘所在的地方，都在黃河水中。浩淼廣闊，水勢漫無邊際，看不到河岸。極目遠望，一片茫茫蕩蕩，不知如何治理。現今兗、豫二州的人們，多遭水患，於是說朝廷不先做人們急需做的事情，而好興建其他工程。又有人以為黃河水流入汴渠，幽、冀二州蒙受利益，於是說左堤強固則右堤受損，左右都強則下游受損，應該聽任水勢自由奔流，讓人們隨高處而居，這樣，國家就能省下堵塞水流的費用，百姓也沒有受淹的禍害。議論者意見不同，南北各持異論，朕不知到底該聽誰的，因此久久沒能做出決斷。現今已經築堤修渠，截斷水流而修建了水門，黃河、汴水分流，恢復了過去的河道，陶丘以北，平原和丘陵的土地漸漸已恢復了原貌，因而進獻嘉玉潔牲為禮物，祭祀河神。東過洛汭，讚歎大禹的功績。現今山林、川澤、丘陵、平地、低窪地等五種土地，已恢復了原本的特性。渠邊的田地，租給窮人耕種，不要讓豪門大族占據這些土地而得利。這樣，大致就可以繼承世宗所作《瓠子歌》中所寄託的豪情壯志了」。於是，明帝渡過黃河，登上太行山，前行到了上黨。王寅日，明帝回到宮中。

4 冬季十月壬辰日是這月的最後一天，發生了日蝕。三公不戴帽子、不穿鞋子以表示自我譴責。明帝頒布制書說：「戴上帽子、穿上鞋子，不要自我譴責。災異屢屢出現，過失在於朕本身，憂懼惶恐，不知道災異為何會發生。是不是有關部門彙報事情有許多的隱諱，使君主被蒙蔽，下情有所不暢達呢？從前衛國有忠臣，衛靈公得以保住王位。現在用什麼辦法來和諧陰陽，消除災異天譴呢？刺史、太守認真審理案情、清理冤案，撫恤鰥夫孤兒，努力盡職盡責。」

5 十一月，楚王劉英謀反，爵位被廢，撤銷了他的封國，遷往涇縣居住，受他的牽連而被處死、流放者有數千人。

6 這年，齊王劉石去世。

1 十四年春三月甲戌，司徒虞延免，自殺。夏四月丁巳，鉅鹿❶太守南陽邢穆為司徒。前楚王英自殺。

2 夏五月，封故廣陵王荊子元壽為廣陵侯。初作壽陵❷。

3 十五年春二月庚子，東巡狩。辛丑，幸偃師❸。詔亡命自殊死以下贖：死罪縑四十匹，右趾至髡鉗城旦舂十匹，完城旦至司寇五匹；犯罪未發覺，詔書到日自告者，半入贖。徵沛王輔會睢陽。進幸彭城。癸亥，帝耕于下邳❹。

4 三月，徵琅邪王京會良成❺，徵東平王蒼會陽都❻，又徵廣陵侯❼及其三弟會魯。祠東海恭王陵。還，幸孔子宅，祠仲尼及七十二弟子。親御講堂，命皇太子、諸王說經。又幸東平❽。辛卯，進幸大梁❾。至定陶❿，祠定陶恭王⓫陵。

5 夏四月庚子，車駕還宮。改信都⓬為樂成國，臨淮⓭為下邳國。封皇子恭⓮為鉅鹿王，黨⓯為樂成王，衍⓰為下邳王，暢⓱為汝南王，昞⓲為常山王，長⓳為濟陰王。賜天下男子爵，人三級；郎⓴、從官視事二十歲已上帛百匹，十歲已上二十匹，十歲已下十匹，官府吏五匹，書佐㉑、小史㉒三匹。令天下大酺㉓五日。乙巳，大赦天下，其謀反大逆及諸不應宥者，皆赦除之。

6 冬，車騎校獵㉔上林苑㉕。

7 十二月，遣奉車都尉㉖竇固、駙馬都尉㉗耿秉㉘屯涼州㉙。

【章旨】以上記述永平十四年、十五年間司徒虞延、楚王劉英自殺等事變，以及分封諸侯王和東巡、大赦天下等大事。

【注釋】❶鉅鹿　鉅鹿郡。西漢治鉅鹿（今河北雞澤東北），東漢移治所於廮陶（今河北柏鄉東），轄境約相當於今河北藁城、晉縣、束鹿、寧晉、柏鄉、隆堯、鉅鹿、任縣、平鄉、南和、雞澤、曲周、威縣等地。❷壽陵　生前為死後預建的陵墓。❸偃師　縣名。治今河南偃師東南。❹下邳　郡國名、侯國名。故治下邳縣（今江蘇睢寧西北）。轄地相當今安徽泗縣、明光市和江蘇東北部邳縣、睢寧、泗洪、宿遷、沭陽、淮安、清江市、盱眙等地。❺良成　縣名。東漢以良成侯國改縣，治今江蘇邳縣東南古邳鎮北沂水東。❻陽都　縣名。屬琅邪國。治今山東沂南南。❼廣陵侯　劉元壽。❽東平　郡國名。西漢甘露二年改大河郡為東平國，故治無鹽（今山東東平東）。轄境相當今山東東平湖以東汶上、東平、寧陽、濟寧等地。東漢時，東南部轄區有所縮小。❾大梁　城邑名。一名大梁城。故址在今河南開封西北郊。❿定陶　縣名。治今山東定陶西北。⓫定陶恭王　西漢元帝之子劉康（？—西元前二三年）。永光三年，立為濟陽王。建昭五年，徙為山陽王。河平三年，徙為定陶王。陽朔二年卒，諡為恭王。成帝無子，以劉康之子劉欣為皇太子。其後，劉欣即位，是為哀帝，遂尊劉康為恭皇。⓬信都　信都國。西漢高帝置信都國，故治信都（今河北冀州）。景帝二年改為廣川國，五年改為信都郡。中元二年改為廣川國。宣帝甘露四年復為信都國。故治信都（今河北冀州）。轄境相當今河北中部安平、饒陽、深縣、武強、武邑、衡水市、新河縣、冀縣、南宮、廣宗等地區。⓭臨淮　郡名。治所在徐縣（今江蘇泗洪南）。轄境相當今江蘇宿遷、睢寧、泗洪、盱眙、六合、泰州、如皋、海安、東臺、鹽城、建湖、阜寧、漣水縣、洪澤、淮安，安徽天長、明光市等地區。東漢移治下邳（今江蘇睢寧西北）。⓮恭　劉恭。東漢明帝之子。永平九年（西元六六年），賜號靈壽王。十五年，封鉅鹿王。建初三年，徙封江陵王。元和二年，徙為六安王。章帝卒，遺詔徙封為彭城王。卒諡靖王。見本書卷五十。⓯黨　劉黨（西元五六—九六年），東漢明帝之子。永平九年，賜號重熹王。十五年，封樂成王。善書法，不守法度。章帝卒，始就國。以生活荒淫，為國相所舉奏，坐削二縣。卒諡靖王。見本書卷五十。⑯衍　劉衍（？—西元一二五年），東漢明帝之子。永平十五年，立為下邳王。章帝末始就國，後因病而昏亂不明。卒諡惠王。見本書卷五十。⑰暢　劉暢（？—西元九八年），東漢明帝之子，母為陰貴人。永平十五年，封為汝南王，建初四年，徙為梁王。章帝末，始就國。自幼驕貴，頗不遵法度。受人誘惑，曾有稱帝之意。卒諡節王。見本書卷五十。⑱昞　劉昞（？—西元八七年），東漢明帝之子。永平十五年，封為常山王。建初四年，徙為淮陽王。卒諡頃王。見本書卷五十。⑲長　劉長（？—西元八四年），東漢明帝之子。永平十五年，封為濟陰王。建初四年，增益二縣。凡立十三年卒，諡為悼王。無子，國除。見本書卷五十。⑳郎　官名。帝王侍從官的通稱。春秋時始置，秦漢因之，隸屬於郎中令。㉑書佐　官名。主辦文書的佐吏。漢制，州郡屬官官曹中，皆設有書佐之官。㉒小史　官名。漢制，縣令長屬吏有小史，有直事小史、門下小史等，係縣令長侍從親近的吏員。㉓大酺　由君主頒賜的大宴。㉔校獵　設柵欄遮攔野獸，然後獵取。㉕上林苑　皇家園林。故址在東漢洛陽城西（今河南洛陽東白馬寺一帶）。㉖奉車都尉　官名。漢武帝時置奉車、駙馬、騎三都尉，隸光祿勳，秩比二千石。掌御乘輿馬。東漢因置。㉗駙馬都尉　官名。漢武帝時始置。東漢因之，秩比二千石，掌皇帝副車之馬，故名。為侍從新近之要職，多以宗室及外戚諸人充任。魏晉以後，帝婿例加駙馬都尉稱號，簡稱「駙馬」。㉘耿秉　（？—西元九一年），字伯初，扶風茂陵（今陝西興平）人。身體魁偉，尤好將帥之略。以父任為郎，歷任謁者僕射、駙馬都尉、征西將軍、度遼將軍等職。章帝章和二年，復拜征西將軍，與車騎將軍竇憲伐北匈奴，大破之，封美陽侯。卒諡桓侯。見本書卷十九。㉙涼州　為漢武帝所置「十三刺史部」之一。東漢時治所在隴縣（今甘肅張家川回族自治縣）。轄境約相當今甘肅、寧夏、青海湟水流域，陝西定邊、吳旗、鳳縣、略陽和內蒙古額濟納旗一帶。

【語　譯】永平十四年春季三月甲戌日，司徒虞延被免官，自殺。夏季四月丁巳日，鉅鹿太守南陽人邢穆出任司徒。前楚王劉英自殺。

2　夏季五月，封已故廣陵王劉荊之子劉元壽為廣陵侯。開始修築壽陵。

3　永平十五年春季二月庚子日，明帝去東方巡視。辛丑日，到達偃師。詔令逃亡者自斬首之罪以下可以用財物贖罪：死罪交納縑四十匹，犯右趾至髡鉗城旦舂罪者交納縑十匹，犯完城旦舂至司寇作等罪者交納縑五匹；犯罪尚未被發覺、在詔書到達之前而自首者，交納贖物的一半。徵召沛王劉輔到睢陽相會。前行到達彭城。癸亥日，明帝在下邳進行耕作。

4 三月，徵召琅邪王劉京在良成縣相會，徵召東平王劉蒼在陽都縣相會，又徵召廣陵侯及其三弟在魯國相會。祭祀東海恭王陵墓。返回京師途中，明帝去了孔子故居，祭祀孔子及其七十二弟子。明帝親臨講堂，命令皇太子、諸王解說經書。又到了東平。辛卯日，進幸大梁，至定陶，祭祀定陶恭王陵墓。

5 夏季四月庚子日，明帝回到宮中。改信都國為樂成國，改臨淮郡為下邳國。封皇子劉恭為鉅鹿王，劉黨為樂成王，劉衍為下邳王，劉暢為汝南王，劉昞為常山王，劉長為濟陰王。賜天下男子爵位，每人三級；賜郎、從官任職二十年以上者帛百匹，十年以上者二十匹，十年以下者十匹，官府中的吏員五匹，書佐、小史等人三匹。詔令天下聚會宴飲五日。乙巳日，大赦天下，犯有謀反大逆及其他各種不應饒恕之罪者，都予以赦免。

6 冬季，車騎校獵上林苑。

7 十二月，派遣奉車都尉竇固、駙馬都尉耿秉屯駐涼州。

1 十六年春二月，遣太僕祭肜出高闕❶，奉車都尉竇固出酒泉❷，駙馬都尉耿秉出居延❸，騎都尉❹來苗❺出平城❻，伐北匈奴。竇固破呼衍王❼於天山❽，留兵屯伊吾盧城❾。耿秉、來苗、祭肜並無功而還。

2 夏五月，淮陽王延謀反，發覺。癸丑，司徒邢穆、駙馬都尉韓光❿坐事下獄死，所連及誅死者甚眾。戊午晦，日有食之。

3 六月丙寅，大司農西河王敏⓫為司徒。

4 秋七月，淮陽王延徙封阜陵王。

5 九月丁卯，詔令郡國、中都官：死罪繫囚減死罪一等，勿笞，詣軍營屯朔方、敦煌⑫；妻子自隨，父母同產欲求從者，恣聽之；女子嫁為人妻，勿與俱。謀反大逆無道，不用此書。

6 是歲，北匈奴寇雲中，雲中太守廉范⑬擊破之。

【章旨】以上主要記述永平十六年東漢軍隊四路進攻北匈奴、淮陽王劉延謀反、司徒人選變動及發配罪犯戍邊、雲中太守廉范擊退北匈奴進攻等事。

【注釋】❶高闕　關塞名。故址在今內蒙古烏拉特中旗西南，烏拉河北岸。❷酒泉　郡名。治所在今甘肅酒泉市。轄境相當今甘肅疏勒河以東、高臺以西一段河西走廊地區。❸居延　縣名。屬張掖郡。治所在今內蒙古額濟納旗東南哈拉和圖。❹騎都尉　官名。光祿勳的屬官，秩二千石，無定員，掌監羽林騎。羽林騎為漢武帝時所置。宣帝時令中郎將、騎都尉監羽林。❺來苗　東漢官吏。明帝永平十六年（西元七三年），為騎都尉，出擊北匈奴，無功而還。旋行度遼將軍事，亦無所建樹。章帝建初元年（西元七六年），遷濟陰太守。❻平城　縣名。故址在今山西大同東北古城。❼呼衍王　東漢明帝時北匈奴首領。❽天山　今新疆天山。❾伊吾盧城　城邑名。簡稱伊吾。故址在今新疆密城（一說在今哈密西北）。❿韓光　東漢官員。娶光武帝之女館陶公主劉紅夫，任駙馬都尉。明帝永平十六年（西元七三年），因與淮陽王劉延同謀反叛，下獄而死。⓫王敏（？—西元七四年），字叔公，并州隰城（今山西汾陽）人。累官為大司農。明帝永平十六年，遷司徒。次年，病卒。⓬敦煌　郡名。治今甘肅敦煌西。轄境相當今甘肅疏勒河以西及以南地區。⓭廉范　字叔度，京兆杜陵（今陝西長安）人。明帝永平初，為隴西太守鄧融功曹。後舉茂才，遷雲中太守。歷任武威、武都太守。章帝建初中，遷蜀郡太守。在蜀數年，坐法免歸鄉里。見本書卷三十一。

【語譯】永平十六年春季二月，明帝派遣太僕祭肜出高闕，奉車都尉竇固出酒泉，駙馬都尉耿秉出居延，騎都尉來苗出平城，討伐北匈奴。竇固在天山擊敗呼衍王，留兵屯駐伊吾盧城。耿秉、來苗、祭肜等人都無功而還。

2 夏季五月，淮陽王劉延謀反，其事敗露。癸丑日，司徒邢穆、駙馬都尉韓光受其案牽連下獄死，受牽連及被誅死者甚眾。戊午日是這月的最後一天，發生了日蝕。

3 六月丙寅日，任命大司農西河人王敏為司徒。

4 秋季七月，淮陽王劉延改封為阜陵王。

5 九月丁卯日，詔令郡國、中都官：在押死刑犯減罪一等，不要鞭打，讓他們到軍營服役，駐屯朔方、敦煌；其妻子兒女自願跟隨、其父母及同母兄弟打算從行者，聽憑他們前往；女兒出嫁成為他人妻子的，不能與之同行。犯有謀反大逆無道罪者，不能照此詔書辦理。

6 這年，北匈奴進犯雲中，雲中太守廉范將他們擊敗。

1 十七年春正月，甘露❶降於甘陵❷。北海王睦❸薨。

2 二月乙巳，司徒王敏薨。

3 三月癸丑，汝南❹太守鮑昱❺為司徒。

4 是歲，甘露仍降，樹枝內附❻，芝草生殿前，神雀五色翔集京師。西南夷❼哀牢❽、儋耳❾、僬僥❿、槃木⓫、白狼⓬、動黏⓭諸種，前後慕義⓮貢獻；西域⓯諸國遣子入侍⓰。

5 夏五月戊子，公卿百官以帝威德懷遠、祥物顯應，乃並集朝堂⑰，奉觴上壽。制曰：「天生神物，以應王者；遠人慕化，實由有德。朕以虛薄，何以享斯？唯高祖⑱、光武⑲聖德所被⑳，不敢有辭。其敬舉觴，太常擇吉日，策告㉑宗廟。其賜天下男子爵，人二級；三老、孝悌、力田，人三級，流人無名數欲占者，人一級；鰥、寡、孤、獨、篤癃、貧不能自存者粟，人三斛；郎、從官視事十歲以上者，帛十匹。中二千石、二千石下至黃綬㉒，貶秩奉贖，在去年以來皆還贖。」

6 秋八月丙寅，令武威㉓、張掖㉔、酒泉、敦煌及張掖屬國㉕：繫囚右趾已下任兵者，皆一切勿治其罪，詣軍營。

7 冬十一月，遣奉車都尉竇固、駙馬都尉耿秉、騎都尉劉張㉖出敦煌昆侖塞㉗，擊破白山㉘虜於蒲類海㉙上，遂入車師㉚。初置西域都護㉛、戊己校尉㉜。

8 是歲，改天水為漢陽郡。

【章　旨】以上記述永平十七年司徒人選的變動、西南夷入貢、明帝頒布〈朝堂奉觴上壽制〉以及漢軍出塞擊敗北匈奴、設立西域都護和戊己校尉等事。

【注　釋】❶甘露　甘美的雨露。古人以降甘露為太平之瑞兆。❷甘陵　縣名。西漢置厝縣。東漢安帝以考德皇后葬於厝，為甘陵，故以此為縣名。治今山東臨清東北。東漢時並為清河國治所。❸北海王睦　劉睦（?—西元七四年），南陽蔡陽（今湖北棗陽）人。北海靖王劉興之子。少好學，博通書傳，尤善書法，為光武帝、明帝所喜愛。卒謚敬王。見本書卷十四。❹汝南　郡名。西漢高帝四年置，故治上蔡（今河南上蔡西南）。東漢移治平輿（今河南平輿北）。轄地約相當今淮河以北，河南項城、郾城、周口以南，漯河以下的南汝河流域和安徽渦陽、蒙城、潁上以西等地區。❺鮑昱　（？—西元八一年），字文泉，上黨屯留（今山西屯留）人。歷任高都長、沘陽長、司隸校尉、汝南太守等職。明帝永平十七年，任司徒。章帝建初四年，任太尉。卒，年七十有餘。見本書卷十九。❻內附　木連理。❼西南夷　古代對西南地區各少數民族的總稱。兩漢前後，多稱巴蜀西南地區，即今甘肅南部、四川大部、貴州西南部及雲南各少數民族為西南夷，有時也泛指其中一支或數支。漢武帝平西南夷後，始於此置郡、縣，設官治理。西漢後期至東漢初，一些夷族部落反覆反叛。原哀牢國地也漸縮小。東漢時承前制，於西南地區恢復郡、縣制，設官治理。❽哀牢　秦漢時我國西南部少數民族所建立的部落政權之一。因其部落首領名哀牢，故名。轄境相當於今瀾滄江流域及其以西包括今緬甸東北部，我國雲南西南部元江縣、景洪、盈江縣、保山市等地。東漢時，哀牢所轄地漸小。❾儋耳　部族名。屬西南夷。居今海南。漢武帝即其地置儋耳郡。據載，其族居民生則鏤其頰，皮連耳匡，分為數支，狀如雞腸，累累下垂至肩。❿僬僥　部族名。即僬僥種夷。東漢西南羌人中的一支。分布在永昌郡徼外（今雲南與緬甸交界一帶）。⓫槃木　部族名。東漢西南地區羌人的一支。分布在犛牛羌以西地區（大致相當今川、滇、藏交界的金沙江流域）。⓬白狼　部族名。秦、漢時我國西南少數民族中夷族的一支。因聚居古白狼國地一帶，故名。故址當在今雲南西北、四川西南地區。⓭動黏　部族名。東漢西南地區羌人的一支。分布在今四川西部一帶。⓮慕義　嚮慕正義、教化。⓯西域　漢以後對玉門關以西地區的總稱。有時也專指兩漢魏晉西域都護府所屬地區。西域地區始見於《漢書・西域傳》。有二義：狹義特指葱嶺以東而言，東漢時相當西域都護府（或西域長史府）所屬地區，四境以今西至帕米爾、東出玉門關、北到巴爾喀什湖與阿爾泰山、南至崑崙山為界。廣義則指凡通過狹義西域所能到達的地區，包括亞洲中、西部，印度半島、歐洲東部和非洲北部都在內。漢武帝派張騫初通西域，漢宣帝始置西域都護。西漢末廢，東漢前、中期和帝時有班超重通西域，復置西域都護。故治它乾城（今新疆拜城東南）。⓰入侍　入朝侍候皇帝。但這裡的「入侍」只是一種名義，實際上就是留為人質。⓱朝堂　朝廷舉行朝會的大殿。⓲高祖　即漢高祖劉邦。⓳光武　光武帝劉秀。⓴被　及；到達。㉑策告　宣讀祭文策書。漢代皇帝的命令有四種類型：策書、制書、詔書、戒書。策書多用於任命、祭祀的場合。㉒黃綬　繫印的黃色絲帶。漢制，隨官吏品秩的不同，所佩帶印綬的顏色亦異，而且有嚴格的規定。四百石至二百石官，為銅印黃綬。㉓武威　郡名。故治在今甘肅武威。轄境相當今甘肅蘭州以東黃河流域以西、永昌以東河西走廊地區，包括內蒙古賀蘭山脈以西騰格里沙漠一帶。㉔張掖　郡名。西漢元鼎六年分武威郡置，治所在觻得（今甘肅張掖西北）。轄境相當今甘肅高臺以東，永昌以西，以及今內蒙古西部部分地區。東漢在其北部設置張掖屬國和張掖居延屬國。㉕張掖屬國　國名。今甘肅高臺北、金塔東與內蒙古交界地區。㉖劉張　南陽蔡陽（今湖北棗陽）人，光武帝兄劉縯之孫。建武三十年（西元五四年），封下博侯。永平十七年（西元七四年），為騎都尉，與奉車都尉竇固等出擊車師。善論議，有才略，然數次遭人誣陷。章帝建初年間病卒。㉗昆侖塞　關塞名。一名昆侖障。西漢置。治今甘肅安西南。㉘白山　山名。在今新疆哈密西北。因山上冬夏有雪，故曰白山。匈奴謂之天山。㉙蒲類海　湖泊名。即今新疆巴里坤西北的巴里坤湖。㉚車師　城國名。漢西域三十六國之一。原名姑師。一說即車師前部。約在初元元年（西元前四八年）漢分其地為車師前、後兩部（或前、後兩國）及山北（因其地相鄰，皆聚居天山以北的地區）六國，後皆歸西域都護所轄。車師前部治交河城（今新疆吐魯番西北雅爾湖村附近交河古城遺址）。後部治務塗谷（今新疆吉木薩爾南山中）。西漢元帝時事設戊己校尉屯田車師前王庭。山北六國，即且彌東、西國；卑陸前、後國；蒲類前、後國。本書〈西域傳〉則以車師前、後部及東且彌、卑陸、蒲類、移支為車師六國。東漢班勇任西域長史，駐所即在車師前部柳中（今新疆鄯善西南魯克沁）。轄有西域數十餘國（因西漢哀、平帝時，西域自相分割為五十五國）。後時有分合附離。㉛西域都護　官名。西漢武帝遣張騫通西域。宣帝地節二年，始置西域都護，秩比二千石，持節領護西域諸國。東漢重新統一西域後，於明帝永平十七年，復置西域都護。然時置時廢，至安帝後不再派遣都護，延光二年改置西域長史。㉜戊己校尉　官名。漢代西域都護的屬官。西漢元帝初元元年初置，東漢因置。若為二人則分別為戊校尉和己校尉，若一人亦稱戊己校尉。其秩為比二千石。屯據車師前後王庭。然兩漢均置罷不一，時置時罷。

【語譯】永平十七年春季正月，在甘陵有甘露下降。北海王劉睦去世。

2 二月乙巳日，司徒王敏去世。

3 三月癸丑日，汝南太守鮑昱出任司徒。

4 這年，甘露頻頻下降，樹木長出連理枝，殿前長出了芝草，五色神雀在京師上空飛翔集結。西南夷哀牢、儋耳、僬僥、槃木、白狼、動黏各部族，先後仰慕教化而派遣使者進貢獻禮；西域諸國派遣王子入朝侍候皇帝。

5 夏季五月戊子日，公卿百官因皇帝威名道德能感化遠方之人、祥瑞之物顯現靈應，於是齊集於朝堂，舉杯獻酒，祝福明帝萬壽無疆。明帝頒布制書說：「上天降生神靈之物，是用來回應王者的；遠方之人仰慕教化，實際是由於道德所致。朕是道德淺薄之人，怎能享受這樣的榮譽？只因為這是高祖皇帝、光武皇帝聖德所帶來的，所以不敢辭讓。請恭敬舉杯，太常選擇吉日，策告宗廟。賜給天下男子爵位，每人二級；三老、孝悌、力田，每人三級；流民沒有戶籍而願意登入戶籍者，每人一級；賜給鰥夫、寡婦、孤兒、無子女的老人、患有重病、貧窮不能生存者粟米，每人三斛；賜給郎、從官任職十年以上者，每人帛十匹。中二千石、二千石以下到黃綬官員，凡自去年以來被貶官而用俸祿贖罪者，將贖金都歸還給他們。」

6 秋季八月丙寅日，命令武威、張掖、酒泉、敦煌及張掖屬國：凡在押犯右趾以下罪可以當兵的，一律不治罪，讓他們到軍營充當士兵。

7 冬季十一月，明帝派遣奉車都尉竇固、駙馬都尉耿秉、騎都尉劉張出敦煌昆侖塞，在蒲類海邊擊敗白山虜，於是進入車師國。開始設置西域都護、戊己校尉。

8 這年，改天水為漢陽郡。

1 十八年春三月丁亥，詔曰：「其令天下亡命，自殊死❶已下贖：死罪縑❷三十匹，右趾❸至髡鉗城旦舂❹十匹，完❺城旦至司寇❻五匹；吏人犯罪未發覺，詔書到自告者，半入贖。」

2 夏四月己未，詔曰：「自春已來，時雨❼不降，宿麥傷旱，秋種❽未下，政失厥中，憂懼而已。其賜天下男子爵，人二級；及流民無名數欲占者，人一級；鰥、寡、孤、獨、篤癃、貧不能自存者粟，人三斛。理冤獄，錄輕繫❾。二千石❿

分禱五岳⑪四瀆⑫，郡界有名山大川能興雲致雨者，長吏各絜齋禱請，冀蒙嘉澍。」

3 六月己未，有星孛於太微⑬。焉耆⑭、龜茲⑮攻西域都護陳睦，悉沒其眾。北匈奴及車師後王⑯圍戊己校尉耿恭⑰。

4 秋八月壬子，帝崩於東宮前殿⑱。年四十八。遺詔無起寢廟，藏主於光烈皇后更衣別室⑲。帝初作壽陵，制令流水而已，石槨廣一丈二尺，長二丈五尺，無得起墳。萬年⑳之後，埽地而祭，杅水㉑脯糒㉒而已。過百日，唯四時設奠，置吏卒數人供給灑埽。勿開修道。敢有所興作者，以擅議宗廟法㉓從事。

5 帝遵奉建武制度，無敢違者。後宮㉔之家，不得封侯與政。館陶公主㉕為子求郎，不許，而賜錢千萬。謂群臣曰：「郎官㉖上應列宿㉗，出宰百里㉘，有非其人，則民受其殃，是以難之。」故吏稱其官，民安其業，遠近肅服㉙，戶口滋殖焉。

【章　旨】以上主要記述永平十八年八月明帝去世前的大事。其中，明帝的赦免詔書和〈禱雨詔〉反映了當年的旱災情況。而北匈奴及車師後王、焉耆、龜茲合兵對西域的漢軍發動攻勢之事，說明漢軍已無力控制西域地區。在明帝去世後，作者又追記了明帝儉葬、奉公守法之事。

【注　釋】❶殊死　漢代稱斬首之罪。❷縑　微帶黃色的細絹。❸右趾　刑罰名。指因罪斷其右足者。❹髡鉗城旦舂　漢代刑罰名。謂受髡刑之後，再處以城旦舂之刑。髡刑是剃去頭髮而以鐵圈束頸。城旦舂，是四歲刑，白日伺察虜寇，夜暮築長城。舂，為婦人犯罪者令舂米以供罪徒食用。❺完　漢代刑罰名。指不加髡鉗而築城。❻司寇　司寇作。被判處服司寇刑的服刑罪犯。司寇刑即罰往邊地戍守防敵。司寇，漢代刑罰名。司，或作「伺」。❼時雨　及時雨。❽秋種　夏種秋收的農作物。❾輕繫　犯有輕罪而被逮捕的人。❿二千石　這裡借指郡守。⓫五岳　即中國五大名山的總稱。其為東嶽泰山、南嶽衡山、西嶽華山、北嶽恆山、中嶽嵩山。傳說五嶽為群神所居，從秦至清歷代帝王多往祭祀，遇登基等大典時也遙祭五嶽。五嶽之制始於漢武帝。漢宣帝確定以今河南的嵩山為中嶽，山東的泰山為東嶽，安徽的天柱山為南嶽，陝西的華山為西嶽，河北的恆山（位於曲陽西北）為北嶽。其後，又改以今湖南的衡山為南嶽。隋以後遂成定制。清代，又改以今山西渾源的恆山為北嶽。⓬四瀆　長江、黃河、淮河、濟水四大河流合稱。唐始以淮河稱東瀆，長江稱南瀆，黃河稱西瀆，濟水稱北瀆。其後，歷代沿襲其說。⓭太微　古星區名。又名太微垣。三垣之一。位於北斗之南，翼軫以北，在黃道北面，緊鄰黃道。以五帝座為中樞，由東、西、南藩組成屏藩狀的星空區域。共含二十星官，七十八星。在今後髮、獅子、室女等座。⓮焉耆　西域國名。又作烏耆、烏纏、阿耆尼。國都在員渠城（治今新疆焉耆）。居民務農、捕魚、畜牧。有文字。初屬匈奴，西漢神爵二年（西元前六〇年）後屬漢西域都護府。西漢末又屬匈奴。東漢永元六年（西元九四年）班超擊破匈奴後，內屬。⓯龜茲　國名。又作鳩茲、丘茲。在今新疆維吾爾自治區庫車一帶。南與精絕、東與焉耆、北與烏孫、西與姑墨相接。又通西域後屬西域都護府。東漢班超任西域都護時，漢立龜茲侍子白霸為王。⓰車師後王　車師後部國王。⓱耿恭　字伯宗，扶風茂陵（今陝西興平）人。永平十七年（西元七四年），為騎都尉劉張司馬，大破車師，拜戊己校尉，屯車師後王部金蒲城。章帝初，引兵撤回內地，沿途屢經惡戰。至洛陽，拜為騎都尉。旋遷長水校尉，隨車騎將軍馬防征討西羌。後遭誣陷下獄，免官歸鄉，卒於家中。見本書卷十九。⓲東宮前殿　宮殿名。東宮，按秦漢宮城制度，應為太子或太后所居之宮。西漢時，因太后居長樂宮，在帝所居之未央宮之東，故稱東宮。東漢東宮明帝時即永安宮（東漢東宮還有永樂宮等），此宮由一批宮、殿、樓閣等建築組成。前殿即為東宮正殿。東漢帝王也常於此處理朝政。故址在今河南洛陽東白馬寺一帶。⓳更衣別室　指帝王陵寢的便殿。⓴萬年　借指皇帝去世。㉑杅水　杅，飲器。一杅水，類似今天的一杯水。㉒脯糒　乾肉和乾糧。㉓擅議宗廟法　漢律規定：擅議宗廟者棄市。㉔後宮　指皇后嬪妃。㉕館陶公主　即劉紅夫。東漢光武帝之女。建武十五年，封館陶公主。嫁於駙馬都尉韓光。㉖郎官　泛指中郎、侍郎、郎中等官。㉗列宿　眾星宿。㉘出宰百里　外出管理百里之地。意為外出可以擔任縣令、縣長之職。㉙肅服　肅靜安服。

【語　譯】永平十八年春季三月丁亥日，明帝下詔說：「現令天下逃亡者自斬首之罪以下可以用財物贖罪：死罪交納縑三十匹，犯右趾至髡鉗城旦舂罪者交納縑十匹，犯完城旦舂至司寇罪者交納縑五匹；官吏犯罪尚未被發覺、在詔書到達之前而自首者，交納贖物的一半。」

2 夏季四月己未日，下詔說：「自春天以來，該降的雨水不降，冬麥受旱，夏種秋收的農作物未能播種，政治失衡，朕心中憂愁畏懼。現賜給天下男子爵位，每人二級；以及流民無戶籍而願意登入戶籍者，每人一級；賜給鰥夫、寡婦、孤兒、無子女的老人、患有重病、貧窮不能生存者粟米，每人三斛。清理冤獄，審查犯有輕罪的囚犯。二千石分頭祈禱五嶽四瀆。郡界內有名山大川能興雲致雨的，縣令、縣長各自獻上潔淨的齋食禱告，希望能求到好雨。」

3 六月己未日，有孛星掠過太微垣。焉耆、龜茲攻打西域都護陳睦，將陳睦全軍殲滅。北匈奴及車師後王圍攻戊己校尉耿恭。

4 秋季八月壬子日，明帝逝於東宮前殿。年四十八歲。遺詔命令不要修建寢廟，將神主牌位擺放在光烈皇后的更衣別室中。明帝當初修建壽陵時，命令只要能排水即可，石槨寬一丈二尺，長二丈五尺，不得壘築墳丘。去世以後，掃地而祭，祭祀時只用一杯水、肉脯、乾糧即可。百天之後，只在春、夏、秋、冬四時祭奠即可，安排幾個吏卒負責上供灑掃，不要修專用的道路。敢有興建者，以擅議宗廟之法處置。

5 明帝遵奉建武時期的制度，沒有敢違背的。後宮的家屬，不得封侯和參政。館陶公主為兒子請求郎官的職位，明帝不許，而賜給她錢千萬。明帝對群臣說：「郎官對應天上的眾星宿，出外治理百里之地，任非其人，那百姓就要遭受他的禍害，因而朕拒絕了館陶公主的請求。」所以，官吏稱職，百姓安生，遠近恭敬畏服，戶數和人口增加了許多。

論曰：明帝善刑理❶，法令分明。日晏❷坐朝，幽枉❸必達❹。內外無倖曲❺

之私，在上無矜大之色。斷獄❻得情❼，號居前代十二。故後之言事者，莫不先建武、永平之政。而鍾離意❽、宋均❾之徒，常以察慧❿為言，夫豈弘人之度⓫未優⓬乎？

贊曰：顯宗⓭丕承⓮，業業兢兢。危心恭德，政察姦勝。備章朝物，省薄墳陵。永懷廢典，下身遵道。登臺觀雲，臨雍拜老。懋惟帝績，增光文考。

【章　旨】作者以「論曰」和「贊曰」的形式對明帝進行了評論和讚揚。在評論中，作者一方面表揚了明帝的法令清明，但另一方面又委婉地批評了明帝氣度偏狹。在贊辭中，作者則主要讚美了明帝能遵從光武帝建立的制度，並在文化上有所貢獻。

【注　釋】❶刑理　法律。❷日晏　天晚。❸幽枉　複雜曲折的冤情。❹達　通曉；明白。❺倖曲　寵幸偏袒。❻斷獄　審理案件。❼得情　合情合理。❽鍾離意　字子阿，會稽山陰人。建武中，辟大司徒府，任瑕丘令，以寬政愛民著稱。明帝時，累官為尚書僕射，因直言敢諫而知名。數忤明帝，出為魯相。以病卒於官。見本書卷四十一。❾宋均　一說當為宗均。（？—西元七六年），字叔庠，南陽安眾（今河南鄧州）人。少以父任為郎，歷任辰陽縣長、謁者、上蔡令、九江太守等職。永平元年，遷東海相。在郡五年，坐法免官。永平七年，徵拜尚書令。每有駁議，多能據理力爭，不屈不撓。後遷司隸校尉。數月，出為河內太守，以疾上書乞免，病卒於家。見本書卷四十一。❿察慧　謂一事一物之聰明，即耍小聰明，以苛察為明。本書卷四十一〈鍾離意傳〉：「帝性褊察，好以耳目隱發為明，故公卿大臣數被詆毀，近臣尚書以下至見提拽。」⓫弘人之度　寬容人的度量。⓬優　優容；寬和。⓭顯宗　孝明帝的廟號。⓮丕承　繼承。

【語　譯】史家評論說：明帝精通法律，法令嚴明。在朝堂處理政事，每天很晚才離開；再複雜曲折的冤情，也沒有能瞞過他的。無論宮廷內外，都沒有寵幸誰偏袒誰的私心；盡管高高在上，卻沒有露出過驕傲自大的神色。審刑斷案符合情理，因此當時被判刑的人，號稱只有前代的十分之二。所以，後來上書談論政治的人，無不首先就提到建武、永平年間政治的。然而，鍾離意、宋均這一類人，常常批評明帝以苛察為明，這是不是說明了顯宗容人的氣度還不夠寬和呢？

史官評議說：顯宗繼承大業，兢兢業業。心懷危懼恭敬道德，政事明察黜遠奸佞。完備顯揚朝儀文物，儉省修建墳陵。永遠記懷明堂、辟雍等曾被廢棄的舊典；進爵受職遵守法制。登靈臺觀測雲氣，臨辟雍禮行養老。勉力發揚皇帝功業，為先帝增光。

【研　析】漢明帝在位時期是東漢政治的一段特殊時期。一方面，光武帝所建立的政治體制、所採取的政治舉措基本上趨於成熟，社會經濟日漸繁榮，但另一方面，光武帝優容大小功臣、迷信讖緯所留下的弊端也日漸顯現。

明帝即位後，勤政廉潔，奉公守法，本著重農、輕刑、務均平的政治原則，遵奉建武之制，推崇儒學，限制外戚，整飭吏治，輕徭薄賦，安定民生，使東漢的各項制度更趨縝密，國家安定，戶口繁衍。

由於國內政治安定、經濟繁榮，明帝開始了對北匈奴的軍事反擊，永平十六年和十七年，東漢軍隊兩次出塞，擊敗北匈奴，並在西域設立了西域都護和戊己校尉，又在伊吾盧設置了宜禾都尉以屯田。自西漢末年至此，西域在與中原斷絕聯繫六十五年後，又重新恢復了關係。但是，由於北匈奴並未被徹底擊敗，東漢政權北部邊境的威脅還沒有解除，在西域地區也並不具有完全的控制力。因此，在明帝去世前，西域都護陳睦便遭到了焉耆、龜茲的圍攻，全軍覆沒。戊己校尉耿恭也遭到了北匈奴及車師後王的圍攻。漢軍在西域地區陷入了危局。

另外，宗室諸王、外戚、豪強勢力在明帝時期也有了進一步增長的跡象。為懲治不法官吏、壓制諸王勢力、限制外戚不得封侯參政，明帝不得不採取較為苛刻的手段，以「察察」為政，痛治楚王劉英，株連不可勝數，製造了不少冤案。因此，盡管後世史家往往將光武、明帝兩朝並稱，用以讚譽東漢初期的清明政治，但也有不少政治家對漢明帝的苛察頗多微詞。（徐立群注譯）

卷三

肅宗孝章帝紀第三

【題解】劉炟（西元五六—八八年），明帝第五子，生母為賈貴人。永平三年，被立為皇太子，永平十八年即皇帝位。即位時，年僅十九歲。在位期間，厭明帝苛切，務從寬厚。平徭簡賦，刪簡慘酷刑律五十餘條。建初四年令諸儒會於白虎觀，討論《五經》異同。編成《白虎通義》。後又詔曹褒定《漢禮》，共一百五十篇。在位十三年，卒年三十二歲。葬於敬陵（今河南洛陽），廟號肅宗，諡孝章，史稱孝章帝或簡稱章帝。

肅宗孝章皇帝諱炟，顯宗❶第五子也。母賈貴人❷。永平❸三年，立為皇太子❹。少寬容，好儒術❺，顯宗器重之。十八年八月壬子，即皇帝位，年十九。尊皇后❻曰皇太后。壬戌，葬孝明皇帝于顯節陵❼。

【章旨】以上交代章帝出身、志趣及登基的情況。

【注釋】❶顯宗　東漢孝明帝的廟號。❷賈貴人　東漢孝明帝的妃子，南陽（今河南南陽）人，孝明帝明德馬皇后的姪女。光武帝建武末年被選入太子宮，中元二年（西元五七年）生劉炟，被明帝封為貴人。因馬皇后無子，故明帝強令其將劉炟交由馬皇后撫養。劉炟即位後，亦以馬皇后為嫡母，尊馬氏為皇太后。直到馬太后去世後，劉炟才下詔為賈貴人加授諸王赤綬，使其地位高於一般的貴人，並厚賜其錢物。因有此隱情，故賈貴人之事跡，史書缺載，不知所終。❸永平　東漢明帝劉莊年號，西元五八—七五年。❹皇太子　皇帝指定的繼承人。一般為皇帝的嫡長子，但也常有例外，由皇帝選定冊立。❺儒術　儒家學術。❻皇后　指東漢明帝馬皇后（？—西元七九年），扶風茂陵（今陝西興平）人，伏波將軍馬援之女。十三歲入掖庭。明帝即位，封為貴人，深得寵愛。因其無子，遂令其收養賈貴人所生之子劉炟。永平三年（西元六〇年），被冊立為皇后。在政事上對明帝多有輔佐，而未嘗以家私相干求。故寵敬日隆，始終無衰。章帝劉炟即位後，尊為皇太后。❼顯節陵　陵墓名。東漢明帝陵寢。在今河南洛陽東北。

【語譯】肅宗孝章皇帝名炟，是顯宗的第五個兒子。生母是賈貴人。永平三年，被立為皇太子。少年時便寬容大度，喜好儒學，顯宗很器重他。

永平十八年八月壬子日，即皇帝位，年十九歲，尊皇后為皇太后。壬戌日，安葬孝明帝於顯節陵。

冬十月丁未，大赦天下。賜民爵，人二級，為父後❶及孝悌、力田人三級，脫無名數❷及流人欲占者人一級，爵過公乘，得移與子若❸同產子❹。鰥、寡、孤、獨、篤癃、貧不能自存者粟，人三斛❺。詔曰：「朕以眇身❻，託于王侯之上，統理萬機，懼失厥中❼，兢兢業業，未知所濟。深惟守文❽之主，必建師傅之官。詩不云乎：『不愆不忘❾，率由舊章❿。』行太尉事⓫節鄉侯憙⓬三世在位，為國元老；司空⓭融⓮典職六年，勤勞不怠。其以憙為太傅⓯，融為太尉，並錄尚書事⓰。

『三事大夫⑰，莫肯夙夜⑱』，小雅⑲之所傷也。『予違汝弼，汝無面從⑳』，股肱㉑之正義也。群后㉒百僚㉓，勉思厥職㉔，各貢忠誠，以輔不逮㉕。申勅㉖四方，稱㉗朕意焉。」

【章旨】以上記述章帝登基伊始所發布的大赦令，並移錄其登基詔書，以見其政治方向。

【注釋】❶父後　繼承父親的長子。本書卷一上〈光武帝上〉：「賜天下長子當為父後者爵，人一級。」❷脫無名數　因脫漏而沒有在戶籍上登錄。❸若　或者。❹同產子　同母兄弟。❺斛　古代量器，也是容量單位。一斛等於十斗。❻眇身　自謙稱謂。眇，渺小。❼厥中　不偏不倚，中庸之道。❽守文　遵守成法。❾不愆不忘　無過失；不違背。❿率由舊章　遵循舊時的典章制度。⓫行太尉事　攝行太尉職事。太尉，官名。秦置，金印紫綬，掌軍事。漢因之，尊與丞相等，並御史大夫合稱三公。其職掌武事，但無發兵、領兵之權，僅作為武將的最高榮譽銜，為皇帝軍事顧問。武帝元狩四年（西元前一一九年）改名為大司馬。東漢建武二十七年（西元五一年）復稱太尉，綜理軍政，職權漸重，與司徒、司空合稱三公，地位最尊。⓬節鄉侯熹　趙熹（西元前四—西元八〇年），字伯陽，南陽宛（今河南南陽）人。更始時，為郎中，行偏將軍事，以功拜五威偏將軍。曾與劉秀共擊王尋、王邑於昆陽。更始敗，遂投劉秀，拜懷令，遷平原太守，歷任太僕、太尉，賜爵關內侯。明帝時更封節鄉侯，代行太尉事。明帝即位，進太傅，錄尚書事。卒諡正侯。見本書卷二十六。⓭司空　官名。西周有司空，為六卿之一，主造器械車服。春秋戰國沿襲。西漢成帝綏和元年（西元前八年），改御史大夫為大司空，後復舊稱，哀帝時又改為大司空，為三公之一。東漢去「大」，稱司空，位高祿重，但無實權，名義上管轄宗正、少府、大司農三卿，掌檢查四方水土功課、奏殿最行賞罰，實際沒有具體事務。⓮融　牟融（？—西元七九年），字子優，北海安丘（今山東安丘）人。少博學，精通《大夏侯尚書》。歷任豐令、司隸校尉、大鴻臚、大司農、司空等職。章帝即位，代趙熹為太尉，與趙熹參錄尚書事。見本書卷二十六。⓯太傅　官名。三公之一，與太師、太保並為上公，位三公上。東漢時，上公僅置太傅，其錄尚書事者，參與朝政，不加錄尚書事者則無常職。⓰錄尚書事　官名。秦時，尚書屬少府，主管文書。至西漢，隨尚書職權的擴大，掌樞要之大臣，加領尚書事，則職權更大。到東漢，改稱錄尚書事，則是掌權的宰相了。⓱三事大夫　古稱三公為三事大夫。

⑱莫肯夙夜　不肯不分晝夜地盡心於朝廷公務。⑲小雅　《詩》中詩歌類型之一，共七十四篇。大抵產生於西周春秋時期。作者多屬於統治階層。一部分是用於宴會的樂歌。較多的是反映當時統治危機，並對此表示憂慮的政治作品，有的則表現周王室與戎、狄部族及東方諸侯國之間的矛盾。另據一些研究者認為，其中還包括若干篇反映人民生活的民間詩歌。⑳予違汝弼二句　語出《尚書・皋陶謨》。這是舜對禹說的話。意為「我有過失，你當糾正，不要當面表示順從。」違，過失。弼，輔佐；糾正。㉑股肱　輔佐。㉒群后　本為諸侯之稱。《尚書・堯典》：「班瑞於群后。」此泛指王國諸侯和地方官員。㉓百僚　百官。㉔勉思厥職　盡心盡職。㉕不逮　不周全。㉖申敕　告誡、發布命令。㉗稱　傳揚；宣傳。

【語　譯】冬季十月丁未日，大赦天下。賜給百姓爵位，每人二級；作為父親繼承人的長子及孝悌、力田，每人三級；因脫漏而沒有在戶籍登錄者及流民欲登記入籍者，每人一級。爵位超過公乘的，可以將爵位傳給兒子或姪子。鰥夫、寡婦、孤兒、無子女的老人、患有重病的、貧窮不能生存的，每人賜給粟米三斛。章帝下詔說：「朕將渺小的身軀，寄託在王侯之上，統理萬機，害怕把握不住中庸之道。盡管兢兢業業，但還不知道應該怎麼辦才能成功。深加思索，知道守成的帝王，必定要設置師傅這種官職。《詩》不是有『不錯不違，遵循舊制』的說法嗎？行太尉事節鄉侯趙熹，三朝在位，是國家的元老；司空牟融在職六年，勤勞不怠。今任命趙熹為太傅，牟融為太尉，二人同為錄尚書事。『三公大夫，不肯不分晝夜地盡心於朝廷公務』，這正是〈小雅〉之所悲歎的。『我有過失，你應糾正，不要只是當面表示順從』，這才是股肱的正確含意。諸王群臣要盡心盡職，各自進獻忠誠，以輔正我不周到的地方。通告四方，傳達朕的心意。」

十一月戊戌，蜀郡❶太守❷第五倫❸為司空。詔征西將軍❹耿秉❺屯酒泉❻。遣酒泉太守段彭❼救戊己校尉❽耿恭❾。甲辰晦，日有食之。於是避正殿❿，寢兵⓫，不聽事五日。詔有司⓬各上封事⓭。

十二月癸巳，有司奏言：「孝明皇帝聖德淳茂⑭，劬勞⑮日昃⑯，身御⑰浣衣⑱，食無兼珍⑲。澤臻⑳四表，遠人慕化㉑，僬僥㉒、儋耳㉓，款塞㉔自至。克伐鬼方㉕，開道西域㉖，威靈廣被，無思不服。以烝庶㉗為憂，不以天下為樂。備三雍㉘之教，躬養老之禮㉙。作登歌㉚，正予樂㉛。博貫㉜六藝㉝，不舍晝夜。聰明淵塞，著在圖讖。至德所感，通於神明。功烈㉞光於四海，仁風行於千載。而深執謙謙，自稱不德，無起寢廟㉟，埽地而祭，除日祀㊱之法，省送終之禮，遂藏主㊲於光烈皇后㊳更衣別室㊴。天下聞之，莫不悽愴。陛下至孝烝烝㊵，奉順聖德㊶。臣愚以為更衣在中門之外，處所殊別，宜尊廟曰顯宗，其四時禘祫㊷，於光武㊸之堂，間祀㊹悉還更衣，共進武德㊺之舞，如孝文皇帝㊻祫祭高廟㊼故事。」制㊽曰：「可。」

【章旨】以上記述司空一職的任命、西部地區戰事、因日蝕出現而罷兵、確立明帝廟祭祀制度等事情。

【注釋】❶蜀郡　郡名。古蜀國地。戰國秦置郡，治所在今四川成都。東漢時轄境相當今四川松潘以南、邛崍以北、邛崍山以東的岷江上游兩岸地區。❷太守　一郡之最高行政長官，秩二千石，故亦別稱二千石。❸第五倫　字伯魚，京兆長陵（今陝西咸陽）人。王莽末，率宗族閭里依險築壘，抵禦亂兵。後徙家河東，變名姓為王伯齊。被京兆尹閻興召為主簿，領長安市，倫公平度量，市無阿枉，百姓悅服。光武建武二十七年（西元五一年）舉孝廉，補淮陽國醫工長，光武召見，詔為扶夷長，旋拜會稽太守。永平五年（西元六二年），坐法免歸田里。後起為宕渠令，遷蜀郡太守。章帝即位，擢為司空。元和三年（西元八六年），老病乞罷免，以二千石奉終其身。數年後卒，年八十餘。見本書卷四十一。❹征西將軍　官名。漢四征將軍之一，東漢初始置，主西部征伐。❺耿秉　（？—西元九一年），字伯初，扶風茂陵人。身體魁偉，尤好將帥之略。以父任為郎，歷任謁者僕射、駙馬都尉、征西將軍、度遼將軍等職。章帝章和二年（西元八八年），復拜征西將軍，與車騎將軍竇憲伐北匈奴，大破之，封美陽侯。卒諡桓侯。見本書卷十九。❻酒泉　漢代郡名。西漢元狩二年（西元前一二一年）以原匈奴昆邪王地置。故治祿福（晉改為福祿，隋改酒泉，即今甘肅酒泉市）。轄境相當今甘肅疏勒河以東、高臺縣以西一段河西走廊地區。❼段彭　東漢官吏。明帝末為酒泉太守，時匈奴、車師圍攻戊己校尉耿恭，彭受命前往救援。章帝建初元年（西元七六年），彭大破車師於交河城。❽戊己校尉　官名。漢代西域都護的屬官。若為二人則分別為戊校尉和己校尉，若一人亦稱戊己校尉。其秩為比二千石。❾耿恭　字伯宗，扶風茂陵人。永平十七年，為騎都尉劉張司馬，大破車師，拜戊己校尉，駐車師後王部金蒲城。章帝初，引兵撤回內地，沿途屢經惡戰。至洛陽，拜為騎都尉。旋遷長水校尉，隨車騎將軍馬防征討西羌。後遭誣陷下獄，免官歸鄉，卒於家中。見本書卷十九。❿避正殿　謂不居正殿以表示自責。正殿，皇宮之前殿。⓫寑兵　止兵；停止出兵。寑，通「寢」。止息。⓬有司　指政府機關。設官分職，事各有司，故稱有司。⓭封事　密封的奏章。亦稱封章。⓮淳茂　淳厚。⓯劬勞　辛勤操勞。⓰日昊　太陽開始偏西。昊，同「昃」。日過午，太陽偏西。⓱御　對帝王所作所為及所用物的敬稱。⓲浣衣　經多次浣洗的衣服。這裡借指舊衣裳。⓳兼珍　兩種以上的美味佳餚。⓴臻　達到。㉑慕化　嚮往歸化。㉒僬僥　部族名。即僬僥種夷。東漢西南羌人中的一支。分布在永昌郡徼外（今雲南與緬甸交界一帶）。㉓儋耳　部族名。屬西南夷。居今海南。漢武帝即其地置儋耳郡。㉔款塞　指叩擊邊塞之門要求和好。㉕鬼方　古族名；國名。一作魃方、媿方、鬼方氏、鬼方蠻。先秦時期，活動於今陝西西北、內蒙古所屬河套地區東部、山西西北部等地。東周以後不見記載。這裡泛指西北少數民族。㉖西域　地區名；政區名。漢以後對玉門關，即今甘肅敦煌西門以西地區的總稱。有時也專指兩漢魏晉西域都護府所屬地區。㉗烝庶　民眾。㉘三雍　辟雍、明堂、靈臺，合稱三雍。東漢的辟雍是帝王舉行祭祀的場所，明堂是帝王舉行典禮的場所，靈臺是觀測天象的高臺。㉙養老之禮　古禮，天子舉辦宴會，配以歌舞表演，以招待有資格的老年人。㉚登歌　天子入太廟、朝會舉行之初、天子升壇祭祀時，歌者站在堂上歌唱的歌詠形式。也叫升歌。㉛正予樂　永平三年，明帝依據《尚書璿璣鈐》：「有帝漢出德洽，作樂名予」的讖文，下詔將大樂官改名為大予樂。㉜博貫　博學而精通。㉝六蓺　古代貴族教育的六項科目。指禮、樂、射、御、書、數。蓺，同「藝」。㉞功烈　功勞；業績。㉟寑廟　古代宗廟中的寢與廟的合稱。在宗廟中，前殿曰廟，後殿曰寢。寑，通「寢」。㊱日祀　每日舉行祭祀。古代祭祀分為日祭、月祀、時享。祖禰則日祭，高曾則月祀，三祧則時享。㊲主　神主。供奉祖先或死者用的一種小木牌，俗稱祖宗牌位。㊳光烈皇后　即光武帝陰皇后（西元五—六四年），名麗華，南陽新野人。更始元年（西元二三年），劉秀納之為妻。劉秀稱帝後，封為貴人。建武十七年（西元四一年），郭皇后廢，立為皇后。明帝即位，尊為皇太后。卒年六十。見本書卷十上。㊴更衣別室　指帝王陵寢的便殿。㊵烝烝　孝德之厚美。㊶聖德　指明帝遺囑。㊷禘祫　祭名。是天子諸侯祭宗廟的大祭。㊸光武　光武帝劉秀。㊹間祀　古代祭祀，除四時正祭外，還有五月嘗麥，三伏、立秋嘗粢盛酎，十月嘗稻等，謂之間祀。間祀在各帝王陵寢的便殿舉行。㊺武德　樂舞名。漢高祖四年創制。意謂用武以除暴亂。參加舞蹈者均執干戚，故名。㊻孝文皇帝　西漢文帝（西元前二〇二—前一五七年）。名恆，高祖子，母為薄姬。西元前一八〇—前一五七年在位。卒葬霸陵。廟號太宗，諡曰孝文。㊼高廟　宗廟名。即兩漢帝王祭祀祖宗之廟堂。其故址有三：其一在西漢都城，即今陝西西安西北郊。按中國古代禮制，帝、王死後，其子孫都為其建有宗廟，以為祭祖之所。宗廟多建於都城之中，宮城之外。偶爾也有在帝王原籍建造者，但多不作為國家大典的祭祀之所。西漢末，高廟毀後，東漢即於高祖劉邦原籍沛縣（今江蘇沛縣）再建其廟。因謂已立廟而更立者為原，故名高原廟，此其二。其三在東漢都城洛陽，今河南洛陽東白馬寺一帶。建武二年，光武帝定都洛陽後，於洛陽建高廟，將高祖以下至平帝合建一廟祀之。㊽制　帝王的書面命令。

【語　譯】十一月戊戌日，蜀郡太守第五倫出任司空。詔令征西將軍耿秉屯駐酒泉。派遣酒泉太守段彭援救戊己校尉耿恭。這一月的最後一天是甲辰日，發生了日蝕。章帝於是不上正殿，停止軍事行動，不理政事五日。詔令有關機構各自呈上密封的奏章討論國家事務。

十二月癸巳日，有關機構上奏說：「孝明皇帝聖德淳厚，經常辛勤操勞到太陽偏西，身穿舊衣裳，吃飯時從沒有擺過兩種以上的美味佳餚。恩澤遍及四方，遠方之人嚮往教化，僬僥、儋耳，自動叩擊邊塞之門，要求依附。討平鬼方，開通西域，顯赫的聲威傳遍天下，沒有不想歸服的。他為百姓擔憂，而不因擁有天下感到快樂。建立辟雍、明堂、靈臺這三種文教設施，又親自舉行養老之禮。製作登歌，改定『予樂』之名。博覽貫通六藝，學習不分晝夜。聰明誠實，志向高遠。這在符命之書中都有記載。至高無上的品德感動了神明，天人相互溝通。顯赫之功光照四海，仁愛之風流行千載。然而，明帝卻始終保持謙虛，稱自己沒有德行，不讓人為自己建立寢廟，只是讓後人在清掃後地面上進行祭奠；廢除日祭的制度，簡化葬禮的規定；這樣一來，明帝的神主便被保存在光烈皇后的更衣別室之中。天下人聞知此事，無不感到悲傷寒心。陛下非常孝順，完全依照先帝的遺囑辦理。臣下愚昧，認為更衣別室在中門之外，所處位置的差別過於懸殊。因此，應當尊奉先帝的廟號為顯宗，其四時禘祫，在光武帝的廟堂中舉行，間祀都回到更衣別室舉行，表演《武德》之舞，如同孝文帝祭祀高帝廟的舊例。」制書批示：「可以。」

是歲，牛疫。京師❶及三州❷大旱，詔勿收兗❸、豫❹、徐州❺田租、芻稾❻，其以見穀❼賑給❽貧人。

建初❾元年春正月，詔三州郡國❿：「方春東作⓫，恐人稍受稟⓬，往來煩劇⓭，或妨耕農。其各實覈尤貧者，計所貸并與之。流人欲歸本者，郡縣其實稟⓮，令足還到⓯；聽過止官亭⓰，無雇舍宿。長吏⓱親躬，無使貧弱遺脫，小吏豪右⓲得容姦妄。詔書既下，勿得稽留，刺史⓳明加督察尤無狀⓴者。」丙寅，詔曰：「比年㉑牛多疾疫，墾田減少，穀價頗貴，人以流亡。方春東作，宜及時務㉒。二千石勉勸㉓農桑，弘致勞來㉔。群公庶尹㉕，各推精誠㉖，專急㉗人事。罪非殊死㉘，須立秋㉙案驗㉚。有司明慎㉛選舉，進柔良，退貪猾，順時令，理冤獄。『五教㉜在寬』，帝典㉝所美；『愷悌君子』，大雅㉞所歎。布告天下，使明知朕意。」

【章　旨】以上記述永平十八年和建初元年春災荒，牛疫的發生，及其賑濟措施、相關詔令。

【注　釋】❶京師　首都的舊稱。❷三州　指兗、豫、徐三州。❸兗　州名。為古九州之一，又為漢武帝所置「十三刺史部」

之一。東漢同。轄有濟陰、濟北等八郡國，昌邑、高平等八十縣、邑、公、侯國。東漢治所在昌邑縣（今山東金鄉西北）。轄境約大致相當今山東西南部、河南東部地區。❹豫　州名。漢武帝所置「十三刺史部」之一。東漢治所在譙縣（今安徽亳州）。轄境相當今淮河以北、伏牛山以東的豫東、皖北地區。❺徐州　州名。古九州之一，又為漢武帝所置「十三刺史部」之一。東漢同。故治郯縣（今山東郯城）。轄地約當今江蘇長江以北、山東南部沿海沂水流域地區以及安徽明光市、天長、泗縣、淮北等地區。❻芻稾　飼養牲畜之草料。❼見穀　現存糧穀。❽賑給　以財物救濟。❾建初　東漢章帝劉炟年號，西元七六—八四年。❿三州郡國　指兗、豫、徐三州所屬郡、國。⓫東作　春耕。⓬受稟　接受糧食。這裡指接受賑濟糧食。⓭煩劇　指事務叢雜。⓮實稟　核定糧食。這裡指核定發放給流民返鄉所需的糧食數量。⓯還到　返回。⓰官亭　官府驛亭。官府設在道旁供過往官吏食宿的旅店。⓱長吏　泛指郡縣長官。⓲豪右　地方上的豪族大姓。⓳刺史　官名。武帝元封五年（西元前一〇六年）設部（州）刺史，督察郡國，官階低於郡守。成帝綏和元年（西元前八年）改為州牧。東漢建武十八年（西元四二年）復為刺史。⓴無狀　無功狀；無成績。㉑比年　連年；近年。㉒時務　及時的農事。㉓勉勸　努力督導和勉勵。㉔勞來　慰勞鼓勵。㉕群公庶尹　古代大小官吏的統稱。㉖推精誠　以真誠相待。㉗急　先務；首先重視。㉘殊死　刑罰名。謂斷其頭而死。殊，斷絕。㉙立秋　節氣名。二十四節氣之一。為夏至和秋分的中點，秋季的開始。㉚案驗　審理。㉛明慎　明察審慎。㉜五教　五種封建倫理道德，即父義、母慈、兄友、弟恭、子孝。㉝帝典　指偽《古文尚書》中的〈舜典〉。㉞大雅　《詩》的組成部分之一，共三十一篇。大都是西周前期王室貴族的作品，主要頌揚自后稷至文王、武王、宣王的業績，但對厲王、幽王的弊政也有所反映。

【語　譯】這一年，發生了牛瘟。京師和三州發生大旱，詔令免收兗、豫、徐三州田租、草料，用現存糧穀賑濟貧窮百姓。

建初元年春季正月，詔令三州郡國：「目前正當春耕之時，朕擔心百姓為了領受一點點救濟糧食，來來回回地辦理領取十分麻煩，也許會妨礙農耕。現令各郡國各自核實百姓中尤為貧窮的人，總計其所借貸的糧食，一起發給他們。流民願意返回家鄉的，郡縣核定他們返鄉所需的糧食數量，按數給足；允許他們過往時住宿官亭，不要讓他們租借民房寄宿。郡縣長官要親自過問，不要使貧弱之人有所遺漏，更不可給小官吏及豪強大族趁機牟取奸利之機。詔書頒下之後，不准拖延不辦，刺史要嚴明地督察那些最沒有政績的人。」丙寅日，下詔說：「近年耕牛多患瘟疫，墾田減少，穀價非常昂貴，以致民眾流亡。目前正當春季耕作之時，應當及時播種。太守要努力督導農耕、栽桑養蠶，對民眾要大加慰勞和鼓勵。群公百官，各自都要以真誠相待，專心致力、重視百姓之事。除了犯下殊死罪的，必須要等到立秋以後進行審理。有關機構對選舉要明察審慎，選拔溫和良善之人，黜退貪殘狡猾之人，順應時令，清理冤獄。『五教在於寬和』，這是〈帝典〉所讚美的；『和樂簡易的君子』，是〈大雅〉所讚歎的。布告天下，使人們都明確地知道朕的意思。」

酒泉太守段彭討擊車師❶，大破之。罷戊己校尉官。二月，武陵❷澧中蠻❸叛。

【章　旨】以上記述建初元年春季的西域軍事行動和澧中蠻的反叛情況。

【注　釋】❶車師　城國名。漢西域三十六國之一。原名姑師。一說即車師前部。約在初元元年（西元前四八年）漢分其地為車師前、後兩部（或前、後兩國）及山北（因其地相鄰，皆聚居天山以北的地區）六國，後皆歸西域都護所轄。車師前部治交河城（今新疆吐魯番西北雅爾湖村附近交河古城遺址）。後部治務塗谷（今新疆吉木薩爾南山中）。西漢元帝時事設戊己校尉屯田車師前王庭。山北六國，即且彌東、西國；卑陸前、後國；蒲類前、後國。本書〈西域傳〉則以車師前、後部及東且彌、卑陸、蒲類、移支為車師六國。東漢班勇（班超子）任西域長史，駐所即在車師前部柳中（今新疆鄯善西南魯克沁）。轄有西域數十餘國（因西漢哀、平帝時，西域自相分割為五十五國）。後時有分合附離。❷武陵　郡名。東漢治臨沅縣（今湖南常德）。轄境相當今湖南沅江及其上游貴州清水江流域與其支流流域、廣西三江以北的廣大地區。❸澧中蠻　部族名。澧中，地名。指澧水流域。在今湖南西北部。東漢時泛稱其地居民為「澧中蠻」。

【語　譯】酒泉太守段彭討伐車師，將其打得大敗。廢除戊己校尉這一官職。二月，武陵郡的澧中蠻反叛了。

三月甲寅，山陽❶、東平❷地震。己巳，詔曰：「朕以無德，奉承大業，夙夜慄慄❸，不敢荒寧❹。而災異❺仍❻見，與政相應。朕既不明，涉道❼日寡，又選舉乖實❽，俗吏❾傷人，官職秏亂❿，刑罰不中，可不憂與！昔仲弓⓫季氏⓬之家臣；子游⓭武城⓮之小宰⓯；孔子猶誨以賢才，問以得人。明政⓰無大小，以得人為本。夫鄉舉里選⓱，必累功勞。今刺史、守相⓲不明真偽，茂才⓳、孝廉⓴歲以百數，既非能顯，而當授之政事，甚無謂也。每尋前世舉人㉑貢士㉒，或起畎畝㉓，不繫閥閱㉔。敷奏以言㉕，則文章可採；明試以功㉖，則政有異迹。文質彬彬㉗，朕甚嘉之。其今太傅、三公、中二千石、二千石、郡國守相舉賢良方正㉘、能直言極諫㉙之士各一人。」

【章旨】以上移錄章帝於建初元年春發布的〈地震舉賢良詔〉。

【注釋】❶山陽　郡名。治昌邑（今山東金鄉西北）。轄境有昌邑、東緡、鉅野、高平、湖陸、南平陽、方與、瑕丘、金鄉、防東共十侯國、縣地，相當今山東獨山湖以西，趙王河以南，成武、巨野以東，單縣以北，包括湖東的兗州、鄒縣的大部分地區。❷東平　郡國名。西漢甘露二年（西元前五二年）改大河郡為東平國。故治無鹽（今山東東平東）。轄境相當今山東東平湖以東汶上、東平、寧陽、濟寧等地。東漢時，東南部轄區有所縮小。❸慄慄　畏懼的樣子。❹荒寧　荒廢懈怠，貪圖安逸。❺災異　自然災害和反常的自然現象。❻仍　頻仍；接連不斷。❼涉道　登程。這裡借指章帝登基。❽乖實　與實際不符。❾俗吏　平庸而鄙劣的官吏。❿秏亂　昏亂。秏，通「眊」。昏亂不明。⓫仲弓　春秋時魯國人。名冉雍，孔子得意門人，以德行見稱。⓬季氏　即季孫氏，春秋後期掌握魯國政權的貴族。三桓之一。魯桓公少子季友的後裔。⓭子游　言偃，（西元前五〇六年—？），春秋末吳國人。孔子弟子。以文學見稱。曾為武城宰，提倡以禮樂教民，為孔子所讚許。⓮武

城　城邑名。春秋魯邑，故址在今山東費縣西南。後亦稱南武城。⑮小宰　小邑長官。⑯明政　清明的政治。⑰鄉舉里選　由鄉、里舉行的選舉。但先秦時期的鄉，其說不一。如《周禮・大司徒》：「五州為鄉。」其注：「萬二千五百家。」《廣雅》：「十邑為鄉，是三千六百家為一鄉。」先秦的里，其說亦不一。如《禮記注疏》卷四十三之「撰考」：「古者七十二家為里。」《管子・度地》：「百家為里。」《公羊傳・宣公十五年》：「一里八十戶。」⑱守相　官名。漢代郡置太守，諸侯國置相，為郡國行政長官。合稱守相。⑲茂才　漢代選舉科目之一。西漢名秀才，東漢避光武帝劉秀之諱，改為茂才。⑳孝廉　漢代選舉科目之一。孝廉指孝子廉吏，原為察舉二科，然常連稱，乃混為一科。武帝以後孝廉一科為入仕正途。東漢和帝時始以人口為標準，每二十萬人歲舉孝廉一人。㉑舉人　推舉人才。這裡所謂舉人，並非後來科舉制下的舉人。㉒貢士　古代向最高統治者薦舉人員的制度。《禮記・射義》：「諸侯歲獻，貢士于天子。」本書〈左雄傳〉：「郡國孝廉，古之貢士。」這裡所謂貢士，也並非清代科舉制中的貢士。㉓甽畝　田間。這裡借指民間。甽，同「畎」。田間小溝。㉔閥閱　有權勢的仕宦人家。㉕敷奏以言　用奏報的形式陳述自己的見解。語出《尚書・舜典》。㉖明試以功　公開考察政績。語出《尚書・舜典》。㉗彬彬　美好的樣子。常指表裡如一。㉘賢良方正　漢代選拔統治人才的科目之一。漢文帝為了詢訪政治得失，始詔「舉賢良方正、能直言極諫者」。中選者則授予官職。武帝時復詔舉賢良方正或賢良文學。名稱時有不同，性質仍無異。歷代往往視作非常設之制科。㉙能直言極諫　漢代察舉人才的科目之一，中選者則授予官職。常與賢良方正連言。或省稱直言極諫、直言。

【語譯】三月甲寅日，山陽、東平發生地震。己巳日，章帝下詔說：「朕無德行，但卻繼承了大業，因而日夜戰戰兢兢，不敢荒廢懈怠，貪圖安逸。然而，災異卻接連出現，與政治相應。朕既不明智，登基的日子不長，又加上選舉名不副實，俗吏傷人，設官分職昏亂，刑罰不能做到公平，這能不令朕擔憂嗎！從前仲弓是季氏的家臣；子游是武城的小宰；而孔子還教導他們要舉賢才，詢問他們是否得到了人才。清明的政治沒有大小的區別，以得人為根本。鄉舉里選，必定要累計功勞。可如今刺史、守相卻不明真偽，他們推舉的茂才、孝廉每年數以百計，既不是因為才能出眾，而卻對他們授以政事，非常沒有道理。朕經常考察前代舉人貢士的事情。有的人才起於田畝之間，而非出自權勢之家。用奏報的形式陳述見解，那他們的文章就會有可取之處；公開考察政績，那他們的政事就會有特別突出的表現。文質彬彬，朕極為讚許。現令太傅、三公、中二千石、二千石、郡國守相等薦舉賢良方正、能直言極諫者各一人。」

夏五月辛酉，初舉孝廉、郎中❶寬博❷有謀，任❸典城❹者，以補長❺、相❻。

秋七月辛亥，詔以上林❼池籞❽田賦與貧人。

【章　旨】以上記述章帝加強縣、郡國、侯國政權建設及接濟窮人的措施。

【注　釋】❶郎中　官名。春秋戰國時已設此官。秦及漢，郎中一官有三種情況：給事禁中者稱中郎；給事宮中者為郎中；給事宮外者為外郎。郎中令為其長官。其職務為皇帝的侍從，參與謀議，執行宿衛，奉命出使。郎中令所屬郎中，秩比三百石。❷寬博　心胸開闊、能夠容人。❸任　能夠勝任。❹典城　主管城邑。這裡引申為執掌縣一級政權的長官。❺長　一縣之長。漢因秦制，縣置令、長。掌治一縣。萬戶以上縣設令，秩千石至六百石；不足萬戶縣置長，秩五百石至三百石。西漢末王莽曾改縣令長為縣宰。東漢復舊稱。❻相　國相。兩漢時期，王國或侯國的行政長官稱相，職位和郡守縣令相當。❼上林　長安上林苑，帝王禁苑。故址在東漢洛陽城西，即今河南洛陽東十二公里之白馬寺一帶。❽池籞　本謂編竹籬圍池養魚之所，此指帝王園林。

【語　譯】夏季五月辛酉日，開始薦舉孝廉、郎中寬博有謀，能夠管理一個縣的人，將他們補任為縣長、國相。

秋季七月辛亥日，章帝詔令將上林苑池籞的田地給予窮人耕種。

八月庚寅，有星孛于天市❶。九月，永昌❷哀牢夷❸叛。冬十月，武陵郡兵討叛蠻❹，破降之。十一月，阜陵王延❺謀反，貶為阜陵侯。

【章　旨】以上由記述天象言及哀牢夷反叛、漢軍擊敗武陵蠻、阜陵王劉延謀反被貶等事件。

【注　釋】❶天市　星區名。又名天市垣。三垣之一。位於房、心東北，紫微垣下方東南角。共十九星官，八十七星。在今蛇夫、巨蛇、武仙、天鷹等座。❷永昌　郡名。東漢明帝永平十年置益州西部都尉。十二年改為永昌郡。故治不韋（今雲南保山市東北金雞村）。轄境相當今雲南瀾滄江流域，包括北至橫斷山脈以南，劍川縣、祥雲、元江縣以西和今緬甸北部大部分地區以及老撾孟烏怒地區。❸哀牢夷　部族名。漢時西南夷族的一支。哀牢，為夷族部落首領之一；一說為夷人所聚居之地的山名，故因以名國。因夷人聚居故哀牢國地，故名。東漢時，明帝以其地置哀牢、博南二縣，故地在今雲南盈江縣、保山市等地區。❹蠻　蠻夷。部族名。東漢時，散居在今湖北、湖南、四川、廣東境內的槃瓠諸部少數民族，被統治者稱為「南蠻」。一稱「蠻夷」。又以居住在不同的地區而有具體的名稱。如居住在武陵郡者稱為「武陵蠻」；居住在漊水流域者稱為「漊中蠻」等。❺阜陵王延　劉延（？—西元八九年），光武帝之子。建武十五年（西元三九年），封淮陽公。十七年，進爵為王，二十八年就國。生性驕奢，對下屬苛刻。永平中，人或告其招奸猾，作圖讖，祠祭祝詛，有司請誅之。明帝特為優饒，僅徙封為阜陵王。建初元年（西元七六年）冬，有人告其與兒子劉魴企圖謀反，章帝乃降封其為阜陵侯，派謁者一人監護其國，禁止其與吏人接觸。章和元年（西元八七年），復封為阜陵王。延凡立五十一年卒，諡為質王。見本書卷四十二。

【語　譯】八月庚寅日，有彗星掠過天市。九月，永昌哀牢夷人反叛。冬季十月，武陵郡兵討伐武陵反叛的蠻夷，將他們擊敗，迫使他們投降了。十一月，阜陵王劉延謀反，被貶為阜陵侯。

二年春三月辛丑，詔曰：「比年陰陽不調❶，飢饉❷屢臻❸。深惟先帝憂人之本❹，詔書曰『不傷財，不害人』，誠欲元元❺去末歸本。而今貴戚近親，奢縱無度，嫁娶送終，尤為僭侈❻。有司廢典❼，莫肯舉察❽。春秋❾之義，以貴理賤❿。今自三公，並宜明糾非法，宣振威風。朕在弱冠⓫，未知稼穡⓬之艱難，區區⓭管窺⑭，豈能照一隅⑮哉！其科條⑯制度所宜施行，在事者⑰備⑱為之禁，先京師而後諸夏⑲。」

【章　旨】以上移錄章帝於建初二年所頒布的〈糾嫁娶送終非法者詔〉。

【注　釋】❶陰陽不調　借指天氣反常。❷飢饉　荒年。穀不熟為飢，蔬不熟為饉。❸臻　至；到達。❹人之本　人的本性。本，事物的基礎或主體。與本相反則為末。古代「本」與「末」應用於各種場合。唐李賢原注：「本，謂稼穡。」此說實誤。此處之「本」，與下文「去末歸本」之「本」相同，指人節儉之性，而下文「去末歸本」之「末」乃指人奢侈之性。胡瑗《周易口義》：「以制度不傷財、不害人為節。」頗近此處原意。❺元元　庶民；民眾。❻僭侈　超越了身分規定範圍的奢侈。❼廢典　擱置法令而不用。❽舉察　檢舉糾察。❾春秋　書名。係孔子根據春秋年間魯國史《魯春秋》，參考周王室及各諸侯國史官記載編修而成。是現存最早的編年史。記事上起魯隱公元年（西元前七二二年），下迄魯哀公十四年（西元前四八一年），自西漢以來，被儒家奉為經典，列為六經之一。今文經學家更強調其文寓有褒貶之義，稱之為「《春秋》筆法」。❿以貴理賤　以高貴者治理低賤者。⓫弱冠　二十歲，指青年時。⓬稼穡　播種曰稼，收穫曰穡。泛指農業勞動。⓭區區　自稱的謙辭。⓮管窺　從管中看東西，比喻眼界不廣。⓯一隅　一個角落。⓰科條　法令條規。⓱在事者　指對此事負有責任的官員。⓲備　完全。⓳諸夏　原指周代分封的諸侯國，這裡借指各郡國。

【語　譯】建初二年春季三月辛丑日，章帝下詔說：「近年陰陽不調，多次遭遇荒年。朕深思先帝擔憂人之本性的問題，當時的詔書說『不傷財，不害人』，確實是想讓百姓棄末歸本。而現在貴戚近親，奢靡無度，嫁娶送終，尤為放縱奢侈。有關機構擱置法令而不用，沒人肯檢舉糾察。《春秋》的主旨，以貴治賤。現今從三公開始，都應該明確糾察非法行為，振起威風。朕還年輕，不知農事的艱難，所能看到的極其有限，就像通過一根管子看天一樣，連一個角落都難以照見！因此，應該施行相關的法規制度，主事的官員要完全依照其規定而採取禁止措施，先從京師開始，然後推行到各地。」

1 甲辰，罷伊吾盧❶屯兵。永昌、越巂❷、益州❸三郡民、夷❹討哀牢❺，破平之。

2 夏四月戊子，詔還坐❻楚、淮陽事❼徙❽者四百餘家，令歸本郡。癸巳，詔齊❾相省冰紈❿、方空縠⓫、吹綸絮⓬。

3 六月，燒當羌⓭叛，金城⓮太守郝崇討之，敗績，羌遂寇漢陽⓯。秋八月，遣行車騎將軍⓰馬防⓱討平之。十二月戊寅，有星孛于紫宮⓲。

【章　旨】以上記述了建初二年漢軍在西域、西北、西南的軍事行動，章帝解決楚王、淮陽王謀反案遺留問題，詔令停止冰紈、方空縠、吹綸絮生產等事情。

【注　釋】❶伊吾盧　城邑名。簡稱伊吾。故址即今新疆哈密城，一說在今哈密西北。本為匈奴呼衍王庭。東漢永平十六年（西元七三年）取之以通西域，置宜禾都尉，為屯田、兵鎮之所。其後東漢與匈奴常戰於此。❷越巂　郡名。治所在邛都（今四川西昌東南）。轄境相當今雲南麗江納西族自治縣以東、大姚以北，四川寧南、美姑以西，峨邊以南的包括金沙江、雅礱江流域部分地區在內的雲南北部、四川南部地區。❸益州　郡名。西漢元封二年（西元前一〇九年）置，故治滇池（今雲南晉寧東北晉城鎮）。東漢承其制，但明帝永平中期以後轄境縮小。其地約當今雲南哀牢山以東，大姚縣、東川市以南，元江縣、個舊市以北，蒙自、華寧、陸良、富源等縣以西的雲南東南部地區。❹夷　古代對中原以外四周各少數民族的泛稱。春秋以後，多用為對中原以外周邊各族的蔑稱，含有輕視之意。❺哀牢　部族名。秦、漢時我國西南部少數民族中夷族所建立的古族、國之一。因其部落首領名哀牢，故名。相當今瀾滄江流域及其以西包括今緬甸東北部、我國雲南西南部元江縣、景洪、盈江縣、保山市等地區。東漢時所轄哀牢地漸小。❻坐　因罪而被判處。❼楚淮陽事　指明帝時楚王劉英謀反以及淮陽王劉延在明帝、章帝時兩度謀反之事。見本書卷四十二。❽徙　流放。❾齊　王國名。治所在臨淄（今山東淄博東北）。轄境約相當於今山東淄博、益都、臨朐等區域。西漢在臨淄設有三服官，專供宮廷之用。首服（春服）貢「冠幘縰」，夏服貢「輕綃」，冬服貢「紈素」。⑩冰紈　顏色清白晶瑩的絹素。⑪方空縠　一種薄紗，或曰方目紗。⑫吹綸絮　極薄的絲織品。言其紗細如絮，噓氣可成。⑬燒當羌　部族名。羌人部落。居於今青海東部黃河兩岸海晏、貴德、同仁一帶。⑭金城　郡名。治允吾縣（今甘肅永靖西北湟水南岸）。轄境相當今青海黃河以北、祁連山脈以南，海晏、貴德以東，甘肅榆中以西的湟水流域地區。⑮漢陽　郡名。西漢元鼎三年（西元前一一四年）置天水郡。東漢永平十七年改漢陽郡。治所在冀縣（今甘肅天水市西北）。轄境相當今甘肅定西、武山縣、禮縣、天水市、張家川回族自治縣、莊浪、通渭、靜寧等地。⑯行車騎將軍　攝行車騎將軍職事。車騎將軍，官名。漢制，車騎將軍位資金大將軍、驃騎將軍之後，金印紫綬，地位相當於上卿或比三公，典京師兵衛，掌宮衛。東漢末分左右。⑰馬防　（？—西元一〇一年），字江平，扶風茂陵人。馬援之子，明帝馬皇后之兄。永平十二年，為黃門侍郎。章帝即位，尊馬皇后為皇太后，拜馬防為中郎將。其後，遷城門校尉，拜行車騎將軍事。因率兵鎮壓羌人反叛有功，封潁陽侯。馬太后去世後，馬氏逐漸失勢。和帝初，其弟馬光因受人誣陷而自殺，馬防坐徙丹陽，為翟鄉侯。後以江南潮溼，上書乞歸本郡，和帝從之。永元十三（西元一〇一年）年病卒。見本書卷二十四。⑱紫宮　星區名，古人參照五行學說將星空分為東南西北中五宮。紫宮即紫微中宮，又稱紫微垣。包括拱極區諸星。有星官三十七，一百六十三星。

【語譯】甲辰日，撤除伊吾盧屯兵。永昌、越巂、益州三郡的百姓及夷人討伐哀牢夷人，攻破並平定了哀牢。

2 夏季四月戊子日，章帝詔令放還因受楚王、淮陽王之事牽連而被流放的四百餘家，讓他們回到本郡。癸巳日，章帝詔令齊國國相，停止生產冰紈、方空縠、吹綸絮。

3 六月，燒當羌反叛，金城太守郝崇出師討伐，兵敗，羌人於是進犯漢陽。秋季八月，派遣行車騎將軍馬防討伐燒當羌，將其平定。十二月戊寅日，有彗星掠過紫宮。

1 三年春正月己酉，宗祀❶明堂。禮畢，登靈臺，望雲物。大赦天下。

2 三月癸巳，立貴人竇氏❷為皇后。賜爵，人二級，三老、孝悌、力田人三級，民無名數❸及流民欲占者人一級；鰥、寡、孤、獨、篤癃、貧不能自存者粟，人五斛。

3 夏四月己巳，罷常山❹呼沲❺、石臼❻河漕❼。

4 行車騎將軍馬防破燒當羌於臨洮❽。

5 閏月，西域假司馬❾班超❿擊姑墨⓫，大破之。

6 冬十二月丁酉，以馬防為車騎將軍。

7 武陵漊中蠻⓬叛。

8 是歲，零陵⓭獻芝草。

【章旨】以上記述了建初三年宗祀明堂、立竇氏為皇后、馬防擊破燒當羌、班超進攻姑墨、漊中蠻反叛等大事。

【注釋】❶宗祀　祭祀祖宗。❷竇氏　章德竇皇后（？—西元九七年），扶風平陵（今陝西咸陽）人，大司空竇融曾孫女。建初二年（西元七七年），與其妹俱入選宮中。章帝見而悅之，次年立為皇后。寵幸殊特，專固後宮。誣殺宋貴人，廢太子慶為清河王。又奪梁貴人子養為己子，是為和帝。和帝即位，尊為皇太后。臨朝執政，其兄竇憲、弟竇篤、竇景並顯貴，專權獨斷，權傾一時。永元四年（西元九二年），和帝與宦官鄭眾謀誅竇氏，竇憲自殺，竇氏被迫歸政。卒葬敬陵。見本書卷十上。❸無名數　在戶籍中沒有記錄。❹常山　王國名。治所在元氏（今河北元氏西北）。轄境相當今河北阜平以南，趙縣、正定以西，高邑、贊皇以北，山西昔陽、平定以東地區。❺呼沲　水名。一作呼沱，又名虖沱、虖池、滹沱河。即今山西、河北境內之滹沱河。源出今山西五臺山東北泰戲山，穿割太行山東流入河北平原，下游歷代屢有變遷。東漢時，河流經今天津靜海南，至天津市東南直接入海。今河道在河北獻縣與滏陽河匯合為子牙河。沲，同「沱」。❻石臼　河名。即石臼河。故道在東漢常山國，水道由北向南。❼漕　利用水道運輸物資。❽臨洮　縣名。秦置。以臨洮水得名。治所在今甘肅岷縣。❾假司馬　官名。即軍假司馬，為軍司馬之副職。漢制，領軍將軍所領各營部，設校尉一人，軍司馬一人。亦有不置校尉，但設軍司馬者。❿班超　（西元三二－一〇二年），字仲升，扶風安陵（今陝西咸陽）人。班彪之子。永平十六年，隨奉車都尉竇固出擊匈奴，多有功，遂留鎮西域。建初八年，拜將兵長史。永元三年，任西域都護。永元七年，封定遠侯。永元十四年，徵還京師，拜射聲校尉。不久，病卒。見本書卷四十七。⓫姑墨　城國名。一作亟墨，又稱跋祿迦。漢時為西域三十六國之一。國都南城，即今新疆阿克蘇。西漢神爵二年（西元前六〇年）以後，隸屬西域都護府。⓬漊中蠻　部族名。東漢泛指居於漊水流域的少數民族為「漊中蠻」。⓭零陵　郡名。西漢元鼎六年（西元前一一一年）分桂陽郡置。治所在零陵（今廣西興安東北）。東漢移治泉陵（今湖南零陵）。轄境相當今湖南邵陽、衡陽以南，祁陽、寧遠以西，道縣及廣西桂林以北，湖南武岡以東地區。

【語譯】建初三年春季正月己酉日，在明堂祭祀祖宗。典禮結束後，登上靈臺，觀望雲彩。大赦天下。

2 三月癸巳日，立貴人竇氏為皇后。賞賜爵位，每人二級；三老、孝悌、力田，每人三級；百姓沒有登錄戶籍及流民願意登錄戶籍者，每人一級；鰥夫、寡婦、孤兒、無子女的老人、患有重病的、貧窮不能生存的，每人賜給粟米五斛。

3 夏季四月己巳日，廢止常山呼沱河、石臼河漕運。

4 行車騎將軍馬防在臨洮擊敗燒當羌。

5 閏四月，西域假司馬班超進攻姑墨，大破姑墨軍隊。

6 冬季十二月丁酉日，以馬防為車騎將軍。

7 武陵漊中蠻族反叛。

8 這一年，零陵郡進獻靈芝草。

1 四年春二月庚寅，太尉牟融❶薨。

2 夏四月戊子，立皇子慶❷為皇太子。賜爵，人二級，三老、孝悌、力田人三級，民無名數及流人欲自占者人一級；鰥、寡、孤、獨、篤癃、貧不能自存者粟，人五斛。

3 己丑，徙鉅鹿王恭❸為江陵王，汝南王暢❹為梁王，常山王昞❺為淮陽王。辛卯，封皇子伉❻為千乘王，全❼為平春王。

4 五月丙辰，車騎將軍馬防罷。

5 甲戌，司徒❽鮑昱❾為太尉，南陽❿太守桓虞⓫為司徒。

6 六月癸丑，皇太后馬氏⓬崩。秋七月壬戌，葬明德皇后。

7 冬，牛大疫。

【章　旨】以上交代建初四年立皇太子、封諸王、皇太后馬氏去世等大事，以及太尉、司徒、車騎將軍等人選的變動情況。

【注　釋】❶牟融　（？—西元七九年），字子優，北海安丘（今山東安丘）人。少博學，以《大夏侯尚書》教授門徒數百人。以司徒茂才為豐令，視事三年，縣無獄訟，為州郡最。明帝永平五年，入為司隸校尉。歷任大鴻臚、大司農、司空。章帝即位，代趙憙為太尉，與憙參錄尚書事，建初四年卒。見本書卷二十六。❷慶　劉慶（西元七八—一〇六年）。東漢章帝之子。建初四年，立為皇太子。時竇皇后得章帝寵愛，日夜毀譖慶母宋貴人，慶母子遂漸被疏遠。七年，章帝廢慶為清河王。殤帝延平元年，慶卒。是年，慶子劉祜被立為帝，是為安帝，諡慶為孝王。建光元年，追尊慶為孝德皇。見本書卷五十五。

❸鉅鹿王恭　劉恭。東漢明帝之子。永平九年（西元六六年），賜號靈壽王。十五年，封鉅鹿王。建初三年，徙封江陵王。元和二年（西元八五年），徙為六安王。章帝卒，遺詔徙封為彭城王。恭遵守法度，吏民敬之。凡立四十六年卒，諡為靖王。見本書卷五十。❹汝南王暢　劉暢（？—西元九八年），東漢明帝之子。永平十五年，封為汝南王，以母陰貴人有寵，國土租入倍於諸國。建初四年，徙為梁王。章帝末年就國。歸國後，暢受人誘惑，有稱帝之意，為有司所奏，而和帝對之採取寬容態度。暢感悟，上疏自請裁除封土，和帝不許。凡立二十七年，永元十年卒，諡曰節王。見本書卷五十。❺常山王昞　劉昞，東漢明帝之子。永平十五年，封為常山王。建初四年，徙為淮陽王。章和元年卒，諡為頃王。見本書卷五十。❻伉　劉伉（？—西元九三年），東漢章帝之子。建初四年，封千乘王。和帝即位，以伉長兄，甚被尊重。伉凡立十五年卒，諡為貞王。見本書卷五十五。❼全　劉全。東漢章帝之子。建初四年，封平春王。其年卒，諡為悼王。以無子，國除。見本書卷五十五。❽司徒　官名。西周始置，春秋沿置。職掌治理民事、掌握戶口、官司籍田、徵發徒役及收納財賦。秦罷司徒而置丞相，漢因之。哀帝元壽二年（西元前四〇年）改丞相為大司徒，為三公之一。東漢去「大」，稱司徒。❾鮑昱　（？—西元八一年），字文泉，上黨屯留（今山西屯留）人。歷任高都長、沘陽長、司隸校尉、汝南太守等職。明帝永平十七年，任司徒。章帝建初四年，任太尉。卒，年七十有餘。見本書卷十九。❿南陽　郡名。戰國秦昭王三十五年置。故治宛縣（今河南南陽）。轄境相當今河南熊耳山以南葉縣、魯山縣、內鄉間，和湖北大洪山以北廣水市、隨州、襄樊直至鄖縣間地以及陝西山陽等地。⓫桓虞　字仲春，馮翊（今陝西高陵）人。章帝初為南陽太守，建初四年，拜司徒。章和元年（西元八七年）免。頃之，任光祿勳。⓬皇太后馬氏　明德馬皇后（？—西元七九年），扶風茂陵人，伏波將軍馬援之女。明帝即位，封為貴人，令撫養賈氏所生子劉炟。永平三年，立為皇后。每於侍執之際，言及政事，而未嘗以家私相干求，故寵敬日隆，始終無衰。章帝即位，尊為皇太后。見本書卷十上。

【語譯】建初四年春季二月庚寅日，太尉牟融去世。

2 夏季四月戊子日，立皇子劉慶為皇太子。賞賜爵位，每人二級；三老、孝悌、力田，每人三級；百姓沒有戶籍及流民想自己登記入籍者，每人一級；鰥夫、寡婦、孤兒、無子女的老人、患有重病的、貧窮不能生存的，每人賜給粟米五斛。

3 己丑日，改封鉅鹿王劉恭為江陵王，汝南王劉暢為梁王，常山王劉昞為淮陽王。辛卯日，封皇子劉伉為千乘王，劉全為平春王。
4 五月丙辰日，車騎將軍馬防免官。
5 甲戌日，司徒鮑昱出任太尉，南陽太守桓虞出任司徒。
6 六月癸丑日，皇太后馬氏去世。秋季七月壬戌日，安葬明德皇后。
7 這一年冬季，牛瘟大規模爆發。

十一月壬戌，詔曰：「蓋三代❶導人，教學為本。漢承暴秦，褒顯儒術，建立五經，為置博士❷。其後學者精進❸，雖曰承師，亦別名家。孝宣皇帝❹以為去聖久遠，學不厭博❺，故遂立大、小夏侯尚書❻，後又立京氏易❼。至建武❽中，復置顏氏、嚴氏春秋❾，大、小戴禮❿博士。此皆所以扶進微學⓫，尊廣道蓺⓬也。中元⓭元年詔書，五經章句⓮煩多，議欲減省。至永平元年，長水校尉⓯儵⓰奏言，先帝大業，當以時施行。欲使諸儒共正經義，頗⓱令學者得以自助⓲。孔子曰：『學之不講，是吾憂也。』又曰：『博學而篤志⓳，切問而近思⓴，仁在其中矣。』於戲，其勉之哉！」於是下太常㉑，將㉒大夫㉓、博士、議郎㉔、郎官㉕及諸生㉖、諸儒會白虎觀㉗，講議五經同異。使五官中郎將㉘魏應㉙承制問，侍中㉚淳于恭㉛奏，帝親稱制臨決，如孝宣甘露㉜石渠㉝故事，作白虎議奏㉞。

是歲，甘露㉟降泉陵㊱、洮陽㊲二縣。

【章旨】主要記載白虎觀會議的相關情況。

【注釋】❶三代　指夏、商、周三朝。❷博士　官名。春秋戰國前，已有博士之號，但非官名，泛指博學之士。六國已出現博士官。秦統一，置博士官，掌通古今，備顧問。漢承秦制，置博士官。漢武帝時，置「五經」博士，掌教授經學，國有疑事，掌承問對。東漢因置。❸精進　在某一方面研究精深。❹孝宣皇帝　西漢宣帝劉詢（西元前九一—前四九年）。漢武帝曾孫。西元前七四—前四九年在位，親政十八年。卒葬杜陵。廟號中宗，諡曰孝宣。❺學不厭博　學問不能嫌棄廣博。❻大小夏侯尚書　《大夏侯尚書》和《小夏侯尚書》。漢初，伏勝口誦《尚書》二十九篇，授濟南張生，張生傳夏侯都尉，都尉傳族子始昌，始昌傳勝，勝傳從兄子建。勝、建傳授《尚書》各有著述，且其為叔姪關係，故世稱夏侯勝之傳為《大夏侯尚書》，夏侯建所傳為《小夏侯尚書》。二者皆立於學官。二書在西晉末年的永嘉之亂中均告亡佚。❼京氏易　書名，西漢京房撰。亦稱《京房傳》、《京房易傳》。京房師從孟喜之門人焦延壽。其《易》學依據陰陽五行之說，以自然災變附會人事，推衍祝福災祥，宣揚「天人感應」論。漢元帝時，立於學官，為置博士，成為漢代《易》學一大流派。❽建武　東漢光武帝劉秀年號，西元二五—五六年。❾顏氏嚴氏春秋　即《顏氏春秋》和《嚴氏春秋》。《顏氏春秋》又稱《顏氏公羊春秋》或《顏氏》，即《公羊顏氏記》，西漢顏安樂撰。《嚴氏春秋》亦稱《嚴氏公羊春秋》、《公羊嚴氏春秋》、《嚴氏》，西漢嚴彭祖撰。二書均已散佚。❿大小戴禮　《大戴禮》和《小戴禮》。《大戴禮》亦稱《大戴禮記》、《大戴記》，相傳為西漢戴德所編。原本八十五篇，今本殘缺，只存三十幾篇。《小戴禮》即《禮記》，又稱《小戴禮記》、《小戴記》，相傳西漢戴聖（戴德之姪）編纂。現存東漢鄭玄注本，有〈曲禮〉、〈檀弓〉、〈王制〉、〈月令〉、〈禮運〉、〈學記〉、〈樂記〉、〈中庸〉、〈大學〉等四十九篇。⓫微學　衰微之學。⓬道埶　儒家經典之學。埶，今作「藝」。⓭中元　東漢光武帝劉秀年號，一作建武中元，西元五六—五七年。⓮章句　對字詞句的解釋。⓯長水校尉　官名。漢代京師屯兵八校尉之一，武帝始設有長水校尉，秩二千石，掌長水胡騎。東漢因置。⓰儵　樊儵，字長魚，南陽湖陽（今河南唐河縣）人，壽張侯樊宏之子。明帝永平元年（西元五八年），累官至長水校尉，與公卿雜定郊祠禮儀，正《五經》異說。二年，徙封燕侯。十年卒，諡曰哀侯。見本書卷三十二。⓱頗　略微；稍稍。⓲自助　說明。⓳篤志　專心致志。⓴近思　聯繫自己習知易見的問題進行思考。㉑太常　官名。秦置奉常。漢初因之。景帝中元六年（西元前一五一年）改名為太常。王莽時曾改名秩宗。東漢又復名太常，為諸卿之首。職掌宗廟祭祀禮儀，兼選試博士。秩中二千石。㉒將　率領。㉓大夫　官名。殷周有大夫、鄉大夫、遂大夫、朝大夫、冢大夫等。秦漢官以大夫名者頗多，有御史大夫、諫大夫、光祿大夫、大中大夫等，秩自六百石至比二千石不等。多係中央要職和顧問。㉔議郎　官名。郎中令的屬官，郎官中地位較高者。秦置，漢因之，秩六百石，掌顧問應對。㉕郎官　泛指中郎、侍郎、郎中等官。㉖諸生　太學生。漢代太學生在西漢時稱博士弟子，東漢稱諸生或太學生。㉗白虎觀　宮觀名。為東漢都邑洛陽宮殿建築群中著名宮觀之一。其地在今河南洛陽東白馬寺一帶。㉘五官中郎將　官名。西漢武帝設中郎三將，其首為五官中郎將，秩比二千石，職領所屬諸郎，為皇帝高級侍從官。東漢因置。㉙魏應　字君伯，任城（今山東微山縣）人。少好學。光武建武初，詣博士受業，習《魯詩》。舉明經，任濟陰王文學。以疾免官，教授山澤中，有徒數百人。明帝永平初，為博士，遷侍中。歷任大鴻臚、光祿大夫。章帝建初四年（西元七九年），又任五官中郎將。後出為上黨太守，徵拜騎都尉，卒於官。見本書卷七十九下。㉚侍中　官名。秦始置，為丞相屬官，往來殿中，入侍天子，故名侍中。漢因置，為天子近侍官，侍從皇帝、出入宮廷、顧問應對，但不是正式職官，也無定額，只作為官員本官外新加稱號，為加官。東漢地位日尊，由加官發展成秩比二千石的實職，為皇帝心腹，多以外戚，功臣子弟及師儒重臣擔任。㉛淳于恭　（？—西元八〇年），字孟孫，北海淳于（今山東安丘）人。善說《老子》，清靜不慕榮名。章帝建初元年，公車徵為議郎，遷侍中騎都尉。帝訪以政事，禮待甚優。所薦名賢，無不徵用。後卒於官。見本書卷三十九。㉜甘露　西漢宣帝劉詢年號，西元前五三—前五〇年。因當時甘露降下，故改元曰甘露。㉝石渠　館閣名。為西漢都邑長安藏典籍之府。是未央宮所屬殿閣之一。故址在未央宮北（今陝西西安的西北郊）。漢宣帝甘露中，太子太傅蕭望之等奉命與諸儒雜論《五經》同異於石渠閣，條奏其對。㉞白虎議奏　書名。東漢白虎觀會議材料彙編。大約在東漢末李傕、郭汜之亂中被毀。㉟甘露　甘美的雨露。古人以降甘露為太平之瑞兆。㊱泉陵　縣名。西漢置泉陵侯國，東漢改為縣。治所在今湖南零陵。㊲洮陽　縣名。西漢置。治今廣西全州西北。

【語譯】十一月壬戌日，章帝下詔說：「三代時期教育人，以教學為本。漢朝代替殘暴的秦朝，因此褒揚儒術，建立《五經》，為之設置了博士。此後學者專一進取，雖說是繼承師學，也別為一家。孝宣皇帝認為距離聖人已經久遠，學不厭博，因此設立了《大夏侯尚書》、《小夏侯尚書》，後來又設立了《京氏易》。到建武年間，又設置《顏氏》、《嚴氏春秋》和《大》、《小戴禮》博士。這都是用來扶植衰微之學，尊崇和推廣道藝的。

中元元年的詔書說：《五經》章句煩多，經大家討論，想進行減省。到了永平元年，長水校尉樊鯈上奏說：『先帝大業，應當及時施行。希望讓諸位儒生共同校正經義，以便能讓學者稍稍得到些幫助』。孔子說：『不講求學問，是我的憂慮。』又說：『廣泛學習而專心致志，及時請教而聯繫習知易見的實際問題進行思考，那這個過程中也就包含了仁。』啊，努力吧！」於是，交給太常主持，率領大夫、博士、議郎、郎官及諸生、諸儒會集於白虎觀，講論《五經》異同。命五官中郎將魏應傳達皇帝的提問，侍中淳于恭上奏，章帝親臨裁決，如同孝宣皇帝甘露年間石渠閣討論《五經》異同的舊例，撰成《白虎議奏》。

這一年，甘露降於泉陵、洮陽二縣。

1 五年春二月庚辰朔❶，日有食之。詔曰：「朕新離供養❷，愆咎❸眾著，上天降異，大變隨之。詩不云乎：『亦孔❹之醜。』又久旱傷麥，憂心慘切。公卿❺已下，其舉直言極諫、能指朕過失者各一人，遣詣公車❻，將親覽問❼焉。其以巖穴❽為先，勿取浮華。」

2 甲申，詔曰：「春秋書『無麥苗』，重之也。去秋雨澤不適，今時復旱，如炎如焚。兇年無時，而為備未至。朕之不德，上累三光❾，震慄❿忉忉⓫，痛心疾首。前代聖君，博思咨諏⓬，雖降災咎，輒有開匱反風⓭之應。今予小子⓮，徒慘慘而已。其令二千石理冤獄，錄輕繫⓯，禱五嶽四瀆及名山能興雲致雨者，冀⓰蒙⓱不崇朝偏雨天下⓲之報。務加肅敬焉。」

3 三月甲寅，詔曰：「孔子曰：『刑罰不中⑲，則人無所措手足。』今吏多不良，擅行喜怒⑳。或案不以罪，迫脅無辜。致令自殺者，一歲且多於斷獄㉑，甚非為人父母㉒之意也。有司其議糾舉㉓之。」

4 荊㉔、豫諸郡兵討破武陵漊中叛蠻。

5 夏五月辛亥，詔曰：「朕思遲㉕直士，側席㉖異聞㉗。其先至者，各以發憤吐懣，略聞子大夫㉘之志矣。皆欲置於左右，顧問㉙省納㉚。建武詔書又曰，堯㉛試臣以職，不直以言語筆札㉜。今外官㉝多曠㉞，並可以補任。」

6 戊辰，太傅趙憙㉟薨。

7 冬，始行月令㊱迎氣樂㊲。

8 是歲，零陵獻芝草。有八黃龍見於泉陵。西域假司馬班超擊疏勒㊳，破之。

【章旨】以上主要通過揭載章帝在建初五年連續頒布的〈日食舉直言詔〉、〈禱雨詔〉、〈詔糾獄吏迫脅無辜〉、〈求賢詔〉，以彰顯章帝的寬和政治。

【注釋】❶朔　每月的第一天。❷供養　指所奉養的人，即父母。這裡指明德皇太后馬氏。❸愆咎　罪過。❹孔　甚；大。❺公卿　對三公及諸卿等高級官員的統稱。❻公車　官署名，長官為公車令，負責派出公車接送受皇帝徵召赴京或赴京上書之人。《漢官儀》：「公車令一人，秩六百石，掌殿門。諸上書詣闕下者，皆集奏之；凡所徵召，亦總領之。」❼覽問　當面諮詢。❽巖穴　巖穴之士的簡稱。巖穴之士即指隱士。古代隱士多山居，故有此稱。❾三光　日、月、星。❿震慄　恐懼；

顫抖。⑪忉忉　憂愁。⑫博思咨諏　廣泛徵求意見；集思廣益。⑬開匱反風　周武王病重難癒，周公於是向祖宗禱告，請求讓自己去替死以換回周武王之生。並將禱告辭寫進簡冊，藏於金匱。周武王去世後，管叔和他的弟弟們便散布流言蜚語，說周公有野心，致使剛剛即位的周成王對周公起了疑心。後來，大風忽起，禾苗和樹木都被吹得倒伏於地。成王開啟金匱，看到了周公請求以身為質而代替周武王去死的簡冊，悔恨交加，乃到郊外祭天謝罪。於是，天上刮起了反風，倒地的禾苗又都被吹起。事見《尚書‧金縢》。⑭予小子　帝王自謙語。⑮錄輕繫　複查因犯輕罪而被囚禁犯人的案情。⑯冀　希望。⑰蒙　領受；得到。⑱不崇朝徧雨天下　《尚書大傳》：「五嶽皆觸石出雲，膚寸而合，不崇朝而雨天下。」⑲不中　不當；不公平。⑳擅行喜怒　任性胡為、喜怒無常。㉑斷獄　審理判決。㉒為人父母　指官吏。古代將官吏視為民眾的父母官，故有此喻。㉓糾舉　舉發；懲治。㉔荊　州名。漢武帝所置「十三刺史部」之一。故治漢壽（今湖南常德東北）。其轄地相當今湖北、湖南與河南南陽地區與信陽部分地區，貴州銅仁、廣西桂林、廣東韶關地區，以及陝西山陽與重慶市秀山縣等地區。㉕思遟　盼求。遟，「遲」的籀文。等待。㉖側席　側著身子不敢正坐，形容誠懇虛心地待人。㉗異聞　不同的意見。㉘子大夫　古代國君對大夫、士或臣下的美稱。㉙顧問　問訊；諮詢。㉚省納　接受意見。㉛堯　傳說中人物。陶唐氏部落長，炎黃聯盟首領。帝嚳之子，姓伊祁氏，一作伊耆氏，名放勳，史稱唐堯。黃帝後裔，初居冀方，後徙晉陽，任聯盟首領後再遷至平陽。曾設天文官，命羲、和專司其職；命鯀治理洪水。因丹朱不肖，選舜為繼承人。一說為舜所因，被迫讓位。其時當為父系氏族社會。㉜筆札　指文書。㉝外官　指地方官。㉞曠　空缺。㉟趙憙　（西元前四—西元八〇年），字伯陽，南陽宛人。更始時，為郎中，行偏將軍事，以功拜五威偏將軍。曾與劉秀共擊王尋、王邑於昆陽。更始敗，遂投劉秀，拜懷令，遷平原太守，歷任太僕、太尉，賜爵關內侯。明帝時更封節鄉侯，代行太尉事。章帝即位，進太傅，錄尚書事。卒諡正侯。見本書卷二十六。㊱月令　時令。㊲迎氣樂　在迎氣時所演奏的音樂。據《東觀漢記》：當時「馬防上言：『聖人作樂，所以宣氣致和順陰陽也。臣愚以為可因歲首發太蔟之律，奏《雅》《頌》之音，以迎和氣。』時以作樂器費多，遂獨行十月迎氣樂也。」所謂迎氣，即古代所為祭迎五方之帝、祈求豐年而舉行的民俗活動。㊳疏勒　古西域國名。治今新疆喀什。居民從事農業，精工藝，開礦冶鐵，有城郭、文字。漢宣帝神爵二年（西元前六〇年）起，屬西域都護府。

【語　譯】建初五年春季二月庚辰日是這一月的第一天，發生了日蝕。章帝下詔說：「朕剛剛失去母親，過錯不僅多而且明顯，因此上天降下災異，大變隨之而至。《詩》不是有『也是極大的惡事』這樣的說法嗎？另外，長久的乾旱又傷害了麥苗，朕也憂心忡忡，淒慘悲切。公卿以下百官，要舉薦直言強諫、能指摘朕過失的人各一名，將他們送到公車府，朕將要當面諮詢他們。舉薦要以隱士為先，不要取浮華之人。」

2 甲申日，章帝下詔說：「《春秋》記載有『無麥苗』三字，說明重視這件事情。去年秋天，雨水不調，現在又旱，有如火燎火烤。盡管荒年沒有確定的時間，但朕對荒年的防備卻沒有做好。朕沒有仁愛和善行，玷汙了天上的三光，恐懼憂愁，痛心疾首。前代聖明的君主，能廣泛聽取意見，因此，雖然天降災異，但卻常有開匱反風的應驗。這令我這微不足道之人，只能是淒淒慘慘而已。現令二千石清理冤獄，複查因犯輕罪而被囚禁犯人的案情；祈禱五嶽四瀆以及能興雲致雨的名山，希望得到在一個早晨不到大雨就遍及天下的應驗。對此，務必加以肅敬。」

3 三月甲寅日，章帝下詔說：「孔子說：『如果刑罰不公平，那人們就會手足無措。』現今官吏中有很多不良之徒，任性胡為，喜怒無常。有的判案不是依據是否有罪，而是強迫無罪者認罪。致使一年間自殺的人數快要多過被判決的人數了，這完全違背了為人父母的本意。有關機構要議定法規，懲治他們。」

4 荊、豫二州諸郡的士兵討伐並擊敗了武陵漊中反叛的蠻人。

5 夏季五月辛亥日，章帝下詔說：「朕渴望得到直言之士，並誠懇聽取不同的意見。那些先到來的人，各自都已傾吐了他們的憤懣。朕大致已經知道了子大夫們的意願了。朕準備都將他們安置在身邊，隨時向他們諮詢並接受他們的意見。建武年間詔書又說：堯考察臣下，是看他們是否稱職，不只是看他們的言語和筆札。現在外官多有空缺，這些人都可以補任。」

6 戊辰日，太傅趙憙去世。

7 冬季，開始實行根據月令迎接氣樂的制度。

8 這一年，零陵郡進獻芝草。有八條黃龍出現於泉陵縣。西域假司馬班超進攻疏勒，將其擊敗。

1 六年春二月辛卯，琅邪王京❶薨。

2 夏五月辛酉，趙王盱❷薨。

3 六月丙辰，太尉鮑昱薨。

4 辛未晦，日有食之。

5 秋七月癸巳，以大司農❸鄧彪❹為太尉。

【章　旨】以上記述琅邪王劉京、趙王劉盱之死及太尉人選的變更。

【注　釋】❶琅邪王京　劉京（?—西元八一年），光武帝之子，陰皇后所生。建武十五年，封琅邪公。建武十七年，進爵為王。卒謚孝王。見本書卷四十二。❷趙王盱　劉盱（?—西元八一年），一作劉栩，南陽蔡陽（今湖北棗陽）人。趙孝王劉良之子。建武十七年，嗣爵為王。凡立四十年卒，謚為節王。見本書卷十四。❸大司農　官名。秦名治粟內史，漢初因之。景帝後元元年（西元前一四三年）更名為大農令。武帝太初元年（西元前一〇四年）更名為大司農，秩中二千石，掌管國家財政。東漢亦置。❹鄧彪　（?—西元九三年），字智伯，南陽新野人。累官至桂陽太守。永平十七年，徵人為太僕。章帝初，拜奉車都尉，遷大司農。建初六年，拜太尉。在職四年，清廉自守，為百官楷模。和帝即位，以為太傅，錄尚書事，賜爵關內侯。時竇憲專權，而鄧彪在位僅為潔身自好而已，不能有所匡正。見本書卷四十四。

【語　譯】建初六年春季二月辛卯日，琅邪王劉京去世。

2 夏季五月辛酉日，趙王劉盱去世。

3 六月丙辰日，太尉鮑昱去世。

4 辛未日是六月的最後一天，發生了日蝕。

5 秋季七月癸巳日，任命大司農鄧彪為太尉。

七年春正月，沛王輔❶、濟南王康❷、東平王蒼❸、中山王焉❹、東海王政❺、琅邪王宇❻來朝。

夏六月甲寅，廢皇太子慶為清河王，立皇子肇❼為皇太子。己未，徙廣平王羨❽為西平王。

【章旨】以上記述諸王的動向及皇太子的廢立。

【注釋】❶沛王輔　劉輔（?—西元八四年），光武帝之子，郭皇后所生。建武十五年（西元三九年），封右翊公。建武十七年，以母郭皇后廢為中山太后，故徙輔為中山王。建武二十年，復徙封沛王。著有《五經論》，時人號之為《沛王通論》。卒諡獻王。見本書卷四十二。❷濟南王康　劉康（?—西元九七年），光武帝之子。建武十五年，封濟南公。建武十七年，進爵為王。卒諡安王。見本書卷四十二。❸東平王蒼　劉蒼（?—西元八三年），光武帝之子。建武十五年，封東平公。建武十七年，進爵為王。明帝即位，拜為驃騎將軍。卒諡憲王。見本書卷四十二。❹中山王焉　劉焉（?—西元九〇年），光武帝之子，郭皇后所生。建武十五年，封左翊公。建武十七年，進爵為王。建武三十年，徙封中山王。卒諡簡王。見本書卷四十二。❺東海王政　劉政（?—西元一〇二年），東海恭王劉彊之子。明帝初，嗣爵為王。因縱欲薄行，私取簡王姬徐妃，又盜迎掖庭出女，詔削封邑一縣。凡立四十四年，卒諡靖王。見本書卷四十二。❻琅邪王宇　劉宇（?—西元一〇三年），琅邪孝王劉京之子。嗣爵為王二十年而卒，諡為夷王。見本書卷四十二。❼肇　漢和帝劉肇（西元七九—一〇五年），章帝第四子，生母為梁貴人。建初七年，立為皇太子。章和二年，即皇帝位，年僅十歲。竇太后臨朝，外戚竇氏專權。永元四年與宦官鄭眾定計，誅滅竇氏。以鄭眾為大長秋，封鄛鄉侯。宦官封侯由此開始。從此宦官跋扈，皇室內亂加劇。元興元年卒，葬慎陵。廟號穆宗，諡孝和。❽廣平王羨　劉羨（?—西元九六年），明帝之子。永平三年，封為廣平王。博涉經書，有威嚴，章帝初與諸儒進論於白虎觀。建初七年，徙為西平王。章帝卒，遺詔徙為陳王，食淮陽郡租賦。其年始就國。凡立三十七年，永元八年卒，諡曰敬王。見本書卷五十。

【語　譯】建初七年春季正月，沛王劉輔、濟南王劉康、東平王劉蒼、中山王劉焉、東海王劉政、琅邪王劉宇來京師朝見。

夏季六月甲寅日，廢皇太子劉慶為清河王，立皇子劉肇為皇太子。己未日，改封廣平王劉羨為西平王。

秋八月，飲酎❶高廟，禘祭光武皇帝、孝明皇帝。甲辰，詔曰：「書云『祖考來假，明哲之祀。』❷予末小子❸，質又菲薄，仰惟先帝，烝烝之情❹。前修禘祭，以盡孝敬。朕得識昭穆❺之序，寄遠祖之思。今年大禮復舉，加以先帝之坐❻，悲傷感懷！樂以迎來，哀以送往，雖祭亡如在，而空虛不知所裁❼，庶或❽饗❾之。豈亡❿克慎⓫肅雍⓬之臣？辟公⓭之相⓮，皆助朕之依依⓯。今賜公⓰錢四十萬，卿⓱半之，及百官執事⓲各有差。」

【章　旨】以上移錄章帝〈賜公卿助祭錢詔〉，記述章帝禘祭光武帝、孝明帝之事。

【注　釋】❶飲酎　喝重釀的醇酒。酎，經過兩次以至多次複釀的醇酒。❷詔曰三句　詔曰：「《書》云『祖考來假』，明哲之祀。……」實誤。從文意看，「祖考來假」和「明哲之祀」上下連貫，應均為《尚書》之原文。但《今文尚書》並無「祖考來假」之句，〈皋陶謨〉中僅有「祖考來至」之語。儘管「假」通「至」，但也不能據此而認為「祖考來假」就是出自《今文尚書．皋陶謨》的「祖考來至」，而應該認為「祖考來假，明哲之祀」是一整句，出自已經佚失的《古文尚書》。今據理改正之。《後漢書》李賢注：「假音格。格，至也。《尚書》夔曰：『於！予擊石拊石，搏拊琴瑟以詠，祖考來格。』言明哲祭祀，則能致祖考之神來至。」因其也未能得見《古文尚書》，故其解釋亦頗牽強。書，《尚書》的簡稱。係夏、商、周時期部分歷史檔案與歷史記述的彙編。舊傳由孔子編定。據研究，其中不少篇實為孔子之後的作品。是書在秦以前多達百篇。秦火之後，漢初由伏勝傳出二十九篇，用當時通行的文字隸書寫成，故稱《今文尚書》。相傳漢武帝末年，魯恭王劉餘壞孔子宅以廣其宮，從孔壁中發現《尚書》簡冊，因其全用古蝌蚪文寫成，故稱《古文尚書》。《古文尚書》比《今文尚書》多出十六篇，共四十五篇，加〈書序〉，為四十六篇，但《古文尚書》在漢末、魏、晉之間，已陸續亡佚。❸予末小子　古代帝王對先王或長輩的自稱。❹烝烝之情　烝烝，形容孝德之厚美。❺昭穆　古代宗法制度，宗廟或墓地的輩次排列，以始祖居中。二世、四世、六世，位於始祖的左方，稱昭；三世、五世、七世位於右方，稱穆；用來分別宗族內部的長幼、親疏和遠近。❻先帝之坐　指明帝的神坐。神坐，放置於廟堂的祖宗牌位。❼裁　通「在」。❽庶或　或許。❾饗　享用；接受酒食。❿亡　通「無」。⓫克慎　謹慎。⓬肅雍　整齊和諧。⓭辟公　諸侯。這裡泛指公卿百官。⓮相　相助。⓯依依　思慕之情。⓰公　泛指王公。⓱卿　泛指高級官員。⓲百官執事　指各級具體辦事的低級官吏。

【語　譯】秋季八月，飲酎於高帝廟，祭祀光武皇帝、孝明皇帝。甲辰日，章帝下詔說：「《尚書》說：『祖先的靈魂來了，我們祭祀聰明睿智的先人。』我是個微不足道的小子，素質又差，仰慕先帝，心中充滿至孝之情。前些時候，確立了禘祭之禮，以盡孝敬之心。朕由此得以標識昭穆的排列順序，以寄託對遠祖的思念。今年大禮又再次舉行，添加了先帝神座，朕對此有所感觸而悲傷。喜悅迎來，哀傷送往，雖祭祀亡靈如亡靈同在，但空虛渺渺，不知祖先的靈魂到底何在，或許能夠享用我們的祭品。哪能沒有謹慎恭敬的臣子呢？四方諸侯、公卿百官都來相助，更增添了朕的思慕之情！現在賞賜王公，每人錢四十萬；眾卿，每人按王公的一半賞賜；具體辦事的百官，按不同等級賞賜。」

1 九月甲戌，幸偃師❶，東涉卷津❷，至河內❸。下詔曰：「車駕行秋稼，觀收穫，因涉郡界。皆精騎輕行，無它輜重❹。不得輒修道橋，遠離城郭，遣吏逢迎，刺探起居，出入前後，以為煩擾。動務省約❺，但患不能脫粟❻瓢飲❼耳。所過欲令貧弱有利。無違詔書。」遂覽淇園⑧。己酉，進幸鄴⑨，勞饗⑩魏郡⑪守令已下，至于三老、門闌走卒⑫，賜錢各有差。勞賜⑬常山、趙國⑭吏人，復元氏⑮租賦三歲。

2 辛卯，車駕還宮。詔天下繫囚⑯減死一等，勿笞⑰，詣邊戍⑱；妻子自隨，占著⑲所在；父母同產欲相從者，恣聽之；有不到者，皆以乏軍興⑳論。及犯殊死，一切募下蠶室㉑；其女子宮㉒。繫囚鬼薪㉓、白粲㉔已上，皆減本罪各一等，輸司寇作㉕。亡命㉖贖：死罪入縑㉗二十匹，右趾㉘至髡鉗城旦舂㉙十匹，完城旦㉚至司寇三匹，吏人有罪未發覺，詔書到自告㉛者，半入贖。

3 冬十月癸丑，西巡狩㉜，幸長安㉝。丙辰，祠高廟，遂有事㉞十一陵㉟。遣使者祠太上皇㊱於萬年㊲，以中牢㊳祠蕭何、霍光。進幸槐里㊴。岐山㊵得銅器，形似酒罇，獻之。又獲白鹿。帝曰：「上無明天子，下無賢方伯㊶。『人之無良，相怨一方㊷。』斯器亦曷為來哉㊸？」又幸長平㊹，御池陽宮㊺，東至高陵㊻，造舟於涇㊼而還。每所到幸，輒會郡縣吏人，勞賜作樂。十一月，詔勞賜河東㊽守、令、掾㊾以下。十二月丁亥，車駕還宮。

4 是歲，京師及郡國螟。

【章　旨】以上記述章帝在建初七年秋冬北巡和西巡的情況。

【注　釋】❶偃師　縣名。治今河南偃師東南。❷卷津　津渡名。因地處故卷縣，故名。故址在今河南原陽原武故城西北的黃河邊。卷縣地屬河南尹，渡過黃河即為河內郡地。❸河內　郡名。故治懷縣（今河南武陟西南）。轄境相當今河南所屬黃河以北、京廣鐵路以西地區。❹輜重　外出時攜載的物資。❺省約　節省。❻脫粟　粗米、糙米。指飲食簡樸。《晏子春秋》：「(晏) 嬰相齊景公時，食脫粟之飯。」❼瓢飲　用瓢飲水。形容生活儉樸清貧。語出《論語・雍也》：「一簞食、一瓢飲，在陋巷，人不堪憂，回也不改其樂。」❽淇園　苑名。《詩》稱「淇澳」。在今河南淇縣西北。❾鄴　魏郡治所鄴縣（今河北磁縣東南）。❿勞饗　慰勞、宴請。⓫魏郡　郡名。治所在鄴縣（今河北磁縣東南）。東漢轄境相當今河北大名、館陶、丘縣、肥鄉、成安、涉縣、磁縣、臨漳、魏縣、廣平，河南滑縣、浚縣、內黃及山東冠縣等地。⓬門闌走卒　郡縣守門之吏役。⓭勞賜　慰勞、賞賜。⓮趙國　郡、國名。治所在邯鄲（今河北邯鄲西南）。東漢轄境相當今河北臨城、內丘、邢臺、沙河市、永年、邯鄲以西，太行山以東地區。⓯元氏　縣名。治今河北元氏西北。⓰繫囚　在押的囚犯。⓱笞　古代刑法之一。用鞭或竹木板抽打背部、臀部。⓲邊戍　守邊。⓳占著　古指落戶定居。⓴乏軍興　耽誤軍用物資徵集調撥。㉑蠶室　獄名。受宮刑者所居之室。男性犯人被閹割生殖器之後畏風懼冷，須居於密封之暖室，如養蠶之室，故名。㉒宮　宮刑。古代割去男子生殖器、毀壞女子生殖器的酷刑。對男子的宮刑又稱腐刑，對女子的宮刑又稱幽閉。㉓鬼薪　秦漢時徒刑名。刑期為三年，替宗廟採取木柴。㉔白粲　秦漢時專用於婦人之徒刑。罰其擇米。㉕司寇作　即被判處服司寇刑做苦役的罪犯。司寇，漢代刑罰名。司，或作「伺」。㉖亡命　負罪逃亡。㉗縑　微帶黃色的細絹。㉘右趾　刑罰名。指因罪斷其右足者。㉙髡鉗城旦春　漢代刑罰名。謂受髡刑之後，再處以城旦春之刑。髡刑，剃去頭髮而以鐵圈束頸。城旦春是四歲刑，白日伺察虜寇，夜幕築長城。春為婦人犯罪者令春米以供罪徒食用。㉚完城旦　指受完刑罪犯，罰其夜晚築城，晝日守衛。㉛自告　自首。㉜巡狩　指皇帝外出巡視。㉝長安　西漢京都。治今陝西西安西北郊。㉞有事　祭祀。㉟十一陵　即高祖長陵、惠帝安陵、文帝霸陵、景帝陽陵、武帝茂陵、昭帝平陵、宣帝杜陵、元帝渭陵、成帝延陵、哀帝義陵、平帝康陵。㊱太上皇　秦漢稱皇帝父親為太上皇，或簡稱上皇。此處太上皇指漢高祖劉邦之父。㊲萬年　縣名。漢高祖葬太上皇於櫟陽（今陝西富平）北原，陵號「萬年」，因分櫟陽縣境置萬年縣，以後奉陵邑，與櫟陽同城而治，屬左馮翊。㊳中牢　即少牢。古代祭祀用羊、豕二牲曰少牢。㊴槐里　縣名。右扶風治所（今陝西興平東南）。㊵岐山　山名。一名天柱山、鳳凰山，又名箭筈嶺。在今陝西岐山縣東北。㊶方伯　諸侯。㊷人之無良二句　人無善良之心，相互攀比埋怨對方。形容當時社會風氣不淳。語出《詩・角弓》，但今本「人」作「民」。㊸斯器亦曷為來哉　地方官員向章帝獻岐山所得之酒樽形銅器，以為瑞兆，但章帝不以為然，認為當時朝野風氣不淳，不當有瑞物出現，故有此語。㊹長平　原名。一名長平阪。故址在今陝西涇陽西南。西漢甘露三年（西元前五一年）宣帝曾遊幸至此。㊺池陽宮　宮殿名。為西漢都邑長安宮城外苑囿中所建宮殿之一。故址在漢長安城北池陽縣境南（在今陝西涇陽南）。㊻高陵　縣名。治今陝西高陵西南。㊼涇　水名。即今陝西中部涇河。為渭河第二長之支流，全長四五一公里。源出今寧夏南部六盤山東麓，東南流經甘肅，到陝西高陵人渭河。㊽河東　郡名。黃河在今山西、陝西間作北南流向，故戰國、秦、漢時稱今山西西南部為河東。河東郡治安邑（今山西夏縣西北禹王城）。轄境相當今山西沁水縣、霍縣、陽城以西，永和、汾西以南地區。㊾掾　古代官吏屬員的通稱。如掾屬、掾佐、掾吏、掾史等，簡稱掾。

【語譯】九月甲戌日，章帝臨幸偃師，向東渡過卷津，到達河內。下詔說：「車駕出行，巡視秋季的莊稼，觀看收穫，因而進入郡內。朕一行都是精騎輕裝，沒有其他輜重。不許動不動便修整道路橋梁，派官吏遠離城郭來迎候，刺探朕的動向，前呼後擁，給朕增添煩擾。朕出行，務求節省，怕的只是不能食脫粟之飯、飲一瓢水而已；朕所過之處，希望有利於貧弱百姓。不得違反詔書。」於是，觀覽了淇園。己酉日，向前行進，到達鄴縣，慰勞並宴請了魏郡太守、縣令及以下官吏，至於三老、門闌走卒，也賜給了數量不等的賞錢。章帝也慰勞賞賜了常山、趙國的官吏，並免除了元氏縣三年的租賦。

2 辛卯日，車駕還宮。詔令天下在押囚犯減死罪一等，免除笞刑，發往邊境守邊，妻子兒女跟隨同去，在所在之地登記入籍；父母及同母兄弟想要跟隨同去的，予以准許；有不去的，以乏軍興論罪。至於犯斬首死罪的，一律送下蠶室受腐刑以抵死；女犯人則受禁閉之刑。在押囚犯中被處以鬼薪、白粲以上的，都減免本罪一等，罰往司寇做苦役。負罪逃亡者交納財物贖罪：死罪交納縑二十匹，右趾至髡鉗城旦舂等罪交納十匹，完城旦至司寇交納三匹，官吏有罪未被發現，詔書到後自首者，按規定的一半交納贖罪。

3 冬季十月癸丑日，章帝向西巡視，到達長安。丙辰日，祭祀高帝廟，同時祭祀了十一陵。又派遣使者在萬年縣祭祀太上皇陵，用中牢祭祀蕭何、霍光。向前行進，到達槐里。岐山發現了銅器，形狀類似酒樽，地方官員將銅器獻上。又捕獲了白鹿。章帝說：「上沒有明德的天子，下沒有賢良的諸侯。『人無善良之心，相互攀比埋怨對方。』這個銅器又憑什麼會出現呢？」又前往長平，進了池陽宮，向東到達高陵，在涇水連船為橋而渡，返回。每到一處，章帝都要接見郡縣官吏，慰勞和賞賜他們並飲酒作樂。十一月，下詔慰勞和賞賜河東的郡守、縣令、掾屬以下官吏。十二月丁亥日，車駕返回宮中。

4 這一年，京師和郡國螟蟲成災。

1 八年春正月壬辰，東平王蒼薨。三月辛卯，葬東平憲王❶，賜鑾輅❷、龍旂❸。

2 夏六月，北匈奴大人❹率眾款塞降。

3 冬十二月甲午，東巡狩，幸陳留❺、梁國❻、淮陽、潁陽❼。戊申，車駕還宮。

4 詔曰：「五經剖判❽，去聖彌遠，章句遺辭，乖疑難正，恐先師微言❾將遂廢絕，非所以重稽古❿、求道真也。其令群儒選高才生，受學左氏⓫、穀梁春秋⓬、古文尚書、毛詩⓭，以扶微學，廣異義焉。」

5 是歲，京師及郡國螟。

【章　旨】以上記述建初八年北匈奴乞降、章帝東巡，設立《左氏》、《穀梁春秋》、《古文尚書》、《毛詩》之學等大事。

【注　釋】❶東平憲王　東平王劉蒼卒諡憲王，故曰東平憲王。❷鑾輅　帶有鑾鈴的大車。鑾輅為天子專用之車。❸龍旂　繡有兩龍相交的大旗，為天子專用之旗。❹大人　部落首領。❺陳留　郡名。治今河南開封東南。東漢轄境相當今河南東至民權，南至睢縣、扶溝，西至開封、尉氏，北至延津、長垣等地區。❻梁國　國名。漢高祖五年（西元前二〇二年）改碭郡為梁國。治所在睢陽（今河南商丘東南）。東漢轄境相當今河南商丘、虞城，以及寧陵、夏邑，山東曹縣，安徽碭山縣、亳州部分地區。❼潁陽　縣名。治今河南襄城東北。❽剖判　剖析、分解，引申為注釋解析。❾微言　精深之言。❿稽古　考證古代事物。⓫左氏　書名。即《左傳》。因春秋末年魯國史官左丘明為其最初撰著人或傳述者，故有是名。亦稱《左氏傳》、《左氏春秋》、《春秋左傳》、《春秋左氏傳》、《春秋傳》。常與《春秋》合編，作為儒家經典和《春秋》三傳之一。⓬穀梁春秋　書名。即《春秋穀梁傳》。亦稱《穀梁》、《穀梁氏》、《穀梁傳》。儒家經典，《春秋》三傳之一。專門闡釋《春秋》。以問答形式解經，略於史實，重在探究義理。全書十一卷，舊題穀梁赤撰。「赤」，或作喜、嘉、俶、寘、淑，相傳為子夏弟子。⓭毛詩　書名。亦稱《毛詩古文經》。儒家經典之一。為西漢毛亨、毛萇所傳，由「風」、「雅」、「頌」三部分組成。自鄭玄《毛詩傳箋》問世後，原有的齊人轅固、魯人申培、燕人韓嬰三家所傳今文《詩經》逐漸散佚，《毛詩》獨盛。

【語譯】 建初八年春季正月壬辰日，東平王劉蒼去世。三月辛卯日，安葬東平憲王，賜給鑾輅、龍旂。

2 夏季六月，北匈奴大人率領部眾至邊塞請降。

3 冬季十二月甲午日，章帝向東巡視。到達陳留、梁國、淮陽、潁陽等地。戊申日，車駕回到宮中。

4 章帝下詔說：「《五經》的注釋和解說，離聖人的原意相差很遠，章句漏掉字詞，錯誤和疑問難以改正，恐怕先師的精微之言將從此而廢絕。這樣，就不是重視對古代事物的探究、追求真理的途徑。現今命令諸位儒士選拔高材生，讓他們學習《左氏春秋》、《穀梁春秋》、《古文尚書》、《毛詩》，以振興衰微之學，廣收各種不同學說。」

5 這一年，京師及郡國螟蟲成災。

1 元和❶元年春正月，中山王焉來朝。日南❷徼外❸蠻夷獻生犀、白雉。

2 閏月辛丑，濟陰王長❹薨。

3 二月甲戌，詔曰：「王者八政❺，以食為本，故古者急耕稼之業，致耒耜❻之勤，節用儲蓄，以備凶災，是以歲雖不登，而人無飢色。自牛疫已來，穀食連少，良❼由吏教未至，刺史、二千石不以為負❽。其令郡國募人無田欲徙它界就肥饒者，恣聽之。到在所，賜給公田，為雇耕傭，賃種餉❾，貰❿與田器，勿收租五歲，除筭⓫三年。其後欲還本鄉者，勿禁。」

4 夏四月己卯，分東平國⓬，封憲王蒼子尚⓭為任城王。

5 六月辛酉，沛王輔薨。

6 秋七月丁未，詔曰：「律⓮云『掠⓯者唯得榜⓰、笞、立⓱』。又令丙⓲：箠長短有數。自往者大獄⓳已來，掠考多酷，鉆鑽⓴之屬，慘苦無極。念其痛毒，怵然㉑動心！書曰『鞭㉒作官刑』，豈云若此？宜及秋冬理獄㉓，明為其禁。」

7 八月甲子，太尉鄧彪罷，大司農鄭弘㉔為太尉。

8 癸酉，詔曰：「朕道化不德，吏政㉕失和，元元未諭㉖，抵罪於下。寇賊爭心不息，邊野㉗邑屋㉘不修㉙。永惟㉚庶事㉛，思稽㉜厥衷㉝，與凡百㉞君子，共弘斯道㉟。中心㊱悠悠㊲，將何以寄？其㊳改建初九年為元和元年。郡國中都官㊴繫囚減死一等，勿笞，詣邊縣㊵；妻子自隨，占著在所。其犯殊死，一切募下蠶室；

其女子宮。繫囚鬼薪、白粲以上，皆減本罪一等，輸司寇作。亡命者贖，各有差。」

【章　旨】以上移錄章帝〈募人就田詔〉、〈禁酷刑詔〉、〈改元元和詔〉，以彰顯章帝「寬和」的政治思想。同時，也簡要記述了在改元「元和」之前建初九年八個月中諸王的活動及太尉人選的變動。

【注　釋】❶元和　章帝劉炟的年號，西元八四—八七年。❷日南　郡名。故治西卷（今越南廣治省廣治河與甘露河合流處）。❸徼外　境外；塞外。❹濟陰王長　劉長（？—西元八四年），東漢明帝之子。永平十五年，封為濟陰王。建初四年，增益二縣。凡立十三年卒，謚為悼王。無子，國除。見本書卷五十。❺八政　古代國家施政的八個方面。《尚書・洪範》以食、貨、祀、司空、司徒、司寇、賓、師為八政。❻耒耜　古代耕翻土的工具。耜是耒耜的鏟，耒是耒耜的柄。後亦以「耒耜」為農具的總稱。這裡借指耕作。❼良　確實。❽負　憂。❾種餉　種糧。餉，同「餉」。糧也。❿貰　借。⓫筭　算賦，漢代的人丁稅。筭，同「算」。⓬東平國　郡國名。西漢甘露二年（西元前五二年）改大河郡為東平國。故治無鹽（今山東東平東）。轄境相當今山東東平湖以東汶上、東平、寧陽、濟寧等地。東漢時，東南部轄區有所縮小。⓭尚　劉尚（？—西元一〇一年），東平憲王劉蒼之子。元和元年，章帝分東平國封尚為任城王，食任城、亢父、樊三縣。尚凡立十八年卒，謚為孝王。見本書卷四十二。⓮律　這裡指《漢律》。⓯掠　審問。⓰榜　通「搒」。笞擊；捶打。⓱立　讓受訊問者站立接受拷打。⓲令丙　指漢代前朝皇帝的丙篇即第三篇詔令。古代常以天干甲、乙、丙等為次第，故皇帝詔令依其先後，亦有〈令甲〉、〈令乙〉、〈令丙〉之稱。此處實指漢景帝關於笞刑與箠的詔令。《漢書・景帝紀》：景帝中元六年（西元前一四四年），曾「詔有司減笞刑，定箠令。」《漢書・刑法志》：當時規定行笞刑的箠「長五尺，其本大一寸，其竹也，末薄半寸，皆平其節」。⓳大獄　指楚王劉英等謀反大案。⓴鉆鑽　用鑽穿鑿。《國語》：「中刑用鑽鑿。」鑽，臏刑，用鑽毀人髕骨。㉑怵然　淒涼惶懼的樣子。㉒鞭　古代一種竹製刑具。㉓理獄　審結案件。㉔鄭弘　字巨君，會稽山陰（今浙江紹興）人。明帝時，仕郡督郵，舉孝廉。歷任騶令、淮陽太守。章帝初，為尚書令。後出為平原相，徵拜侍中。建初八年（西元八三年），為大司農。元和元年（西元八四年），拜太尉。在職四年，因得罪大將軍竇憲，被免職。見本書卷三十三。㉕吏政　政事；政治。㉖未諭　未能明白事理。㉗邊野　邊境地區。㉘邑屋　村舍。㉙不修　廢棄。㉚永惟　深思；常念。㉛庶事　眾事；諸事。㉜思稽　通過思考而認定。㉝衷　通「中」。即適中之道。㉞凡百　泛指一切，概括之詞。㉟道　這裡指政治主張和思想體系。㊱中心　心中。㊲悠悠憂思。㊳其　當；可。㊴中都官　漢代對京師諸官府及官員之稱。㊵邊縣　邊境之縣。

【語　譯】元和元年春季正月，中山王劉焉來京師朝見。日南境外蠻夷進獻生犀、白雉。

2 閏正月辛丑日，濟陰王劉長去世。

3 二月甲戌日，章帝下詔說：「君王的八政，把食物作為根本。因此，古代重視農業生產，致力於勤勞耕作，節省開支，做好儲蓄，以防備災荒。由於這樣，雖然年景不好，但人們臉上卻並沒有飢色。自從發生牛瘟以來，糧食連連減少。這確實是由於政治措施不落實，刺史、太守不負責任所造成的。現今命令郡國召募無田而又打算遷徙到其他土地肥沃地方的人，聽憑他們自由遷徙。等他們到了遷徙之處後，賜給他們公田，為他們雇工耕種，貸給他們種糧，借給他們農具，免收田租五年，免除算賦三年。此後願意返還本鄉的人，不要禁止。」

4 夏季四月己卯日，分割東平國，封憲王劉蒼之子劉尚為任城王。

5 六月辛酉日，沛王劉輔去世。

6 秋季七月丁未日，章帝下詔說：「《漢律》規定『問案時只許榜、笞、立。』又〈令丙〉規定：竹板的長短有定數。自從過去審理大獄來看，拷問多很殘酷，用鑽穿鑿之類，無比慘酷痛苦。想到這些慘痛之狀，不由心驚膽顫。《尚書》說『用鞭打作為對官員的刑罰』，這是不是說就像這樣到此為止呢？應當趁秋冬審結案子時，明令禁止。」

7 八月甲子日，太尉鄧彪免官、大司農鄭弘出任太尉。

8 癸酉日，下詔說：「朕道德教化不彰，政治不寬和，百姓未能明白事理，因而被判罪。寇賊爭鬥之心不息，邊地村舍成為廢墟。朕常想著眾多的事情，經過思考而認定了適中之道，希望與眾多君子，共同弘揚這個政治思想。內心的憂思，將怎樣寄託呢？當改建初九年為元和元年。郡國、中都官在押囚犯減死一等，免除笞刑，發往邊縣，妻子兒女跟隨同去的，在當地登入戶籍。那些犯有斬首罪的，一律送下蠶室受腐刑；其中的女犯接受宮刑。被處以鬼薪、白粲以上徒刑的在押犯，都減本罪一等，發往司寇服苦役。負罪逃亡的可以交納錢物贖罪，數量各不等。」

1 丁酉，南巡狩。詔：「所經道上，郡縣無得設儲跱❶。命司空自將徒❷支柱❸橋梁。有遣使奉迎，探知起居，二千石當坐❹。其賜鰥、寡、孤、獨、不能自存者粟，人五斛。」

2 九月乙未，東平王忠❺薨。

3 辛丑，幸章陵❻，祠舊宅園廟，見宗室故人，賞賜各有差。冬十月己未，進幸江陵❼，詔廬江❽太守祠南嶽❾；又詔長沙❿、零陵太守祠長沙定王⓫、舂陵節侯⓬、鬱林府君⓭。還，幸宛⓮。十一月己丑，車駕還宮，賜從者各有差。

4 十二月壬子，詔曰：「書云⓯：『父不慈，子不祗⓰，兄不友，弟不恭，不相及也。』往者妖言大獄⓱，所及廣遠，一人犯罪，禁至三屬⓲，莫得垂纓⓳仕宦王朝。如有賢才而沒齒⓴無用，朕甚憐之，非所謂『與之更始㉑』也。諸以前妖惡㉒禁錮㉓者，一皆蠲除㉔之，以明棄咎之路，但不得在宿衛㉕而已。」

【章　旨】以上記述章帝南巡之事及〈除禁錮詔〉的內容。

【注釋】❶儲跱　同「儲峙」。預先蓄積。❷徒　服徭役之人、犯有輕罪而罰服勞役的罪犯。❸支柱　架設。❹坐　坐罪。❺東平王忠　劉忠（?—西元八四年），東平憲王劉蒼之子。蒼卒，忠嗣爵為王。忠立一年卒，諡為懷王。❻章陵　縣名。治今湖北棗陽南。光武帝改西漢春陵縣為章陵縣。以其父陵墓曰章陵而得名。❼江陵　縣名。治所在今湖北江陵。❽廬江　郡名。治所在舒縣（今安徽廬江縣西南）。轄境相當今安徽巢縣、舒城、霍山縣以南和長江以北，湖北黃梅、羅田，河南商城、固始等地區。❾南嶽　五嶽之一，即衡山，又名岣嶁山。在今湖南衡山縣西北部。❿長沙　郡名。故治臨湘（今湖南長沙）。轄境相當今湖北南部、湖南東北部、江西西部一隅，包括今湖北蒲圻、崇陽、通城，湖南岳陽、臨湘、汨羅、湘陰、平江縣、長沙、瀏陽、株洲、醴陵，江西蓮花等地。⓫長沙定王　長沙定王劉發。劉發為漢景帝之子，封長沙王。生卒年不詳，諡曰定。⓬春陵節侯　劉買。劉發次子，封於零道之春陵鄉（今湖南寧遠東北），為春陵侯。生卒年不詳，諡曰節。⓭鬱林府君　劉外。劉買之子，光武帝之曾祖父。南郡春陵人，官至鬱林太守。⓮宛　縣名。屬南陽郡。治所在今河南南陽。⓯書云　《左傳》引《尚書・康誥》：「父不慈，子不祇，兄不友，弟不恭，不相及也。」今本《尚書・康誥》之言，事同而文異。⓰祇　敬；恭敬。⓱妖言大獄　指楚王劉英與顏忠等以圖讖妖言謀反大案。⓲三屬　即三族：父族、母族、妻族。⓳垂纓　垂下冠帶。古代臣下朝見君王時的裝束。後常借指出任官職。⓴沒齒　猶言終身。㉑與之更始　與其一起，重新開始。語出《漢書・武帝紀》：「日者淮南、衡山修文學，流貨賂，兩國接壤，怵於邪說，而造篡弒，此朕之不德。《詩》：『憂心慘慘，念國之為虐。』已赦天下，滌除，與之更始。」㉒妖惡　以妖言妖術為惡。㉓禁錮　勒令不准做官。㉔蠲除　免除。㉕宿衛　宮廷警衛。

【語譯】丁酉日，章帝到南方巡視。詔令：「所經過的道路上，郡縣不得預作儲蓄。命令司空親自率領服役之人架設橋梁。有派使者迎接的，刺探起居動向的，太守要承擔罪責。賞賜給鰥夫、寡婦、孤兒、無子女的老人、不能生存者粟米，每人五斛。」

2 九月乙未日，東平王劉忠去世。

3 辛丑日，到達章陵縣，祭祀舊宅園廟，會見宗室故人，按不同等級進行了賞賜。冬季十月己未日，向前行進到了江陵，詔令廬江太守祭祀南嶽，又詔令長沙太守、零陵太守，祭祀長沙定王、春陵節侯、鬱林府君。返回，到達宛縣。十一月己丑日，車駕回到宮中，按不同等級賞賜了隨從人員。

4 十二月壬子日，章帝下詔說：「《尚書》說：『父不慈，子不敬，兄不友，弟不恭，不相牽連。』過去妖言大獄，牽連太廣，一人犯罪，禁錮三族，不能出仕為官。如有賢才而終身未得任用，朕非常憐惜，這不是所謂『與之更新』。各種因為以前妖惡而被禁錮的，一律免除，以向他們指明改過之路，只是不能擔任宿衛而已。」

1 二年春正月乙酉，詔曰：「令❶云『人有產子者復，勿筭三歲』。今諸懷妊❷者，賜胎養穀❸人三斛，復其夫，勿筭一歲。著以為令。」又詔三公曰：「方春生養，萬物莩甲❹，宜助萌陽❺，以育時物❻。其令有司，罪非殊死，且勿案驗；及吏人條書❼相告，不得聽受。冀以息事寧人，敬奉天氣❽。立秋如故。夫俗吏矯飾外貌❾，似是而非；揆之人事❿則悅耳，論之陰陽⓫則傷化⓬。朕甚饜之，甚苦之。安靜之吏⓭，悃愊無華⓮，日計不足，月計有餘。如襄城⓯令劉方⓰，吏人同聲謂之不煩⓱，雖未有它異，斯亦殆近之矣。間⓲勑二千石各尚寬明，而今富姦行賂於下，貪吏枉法於上，使有罪不論，而無過被刑，甚大逆⓳也。夫以苛為察⓴，以刻為明㉑，以輕為德㉒，以重為威㉓。四者或興，則下有怨心。吾詔書數下，冠蓋接道㉔，而吏不加理，人或失職。其咎安在？勉思㉕舊令，稱朕意焉。」

2 二月甲寅，始用四分歷㉖。

3 詔曰：「今山川鬼神應典禮㉗者，尚未咸秩㉘。其議增修群祀㉙，以祈豐年。」

【章　旨】以上記載章帝所頒布的〈胎養令〉、〈戒俗吏矯飾詔〉、〈議增修群祀詔〉的內容及開始行用《四分曆》的情形。

【注　釋】❶令　指漢高祖七年（西元前二〇〇年）發布的一道詔令。❷姙　同「妊」。懷孕。❸胎養穀　漢代為獎勵生育而發給孕婦的穀物。❹莩甲　草木的種子破裂發芽，引申指開始生。❺萌陽　萌生的陽氣。❻時物　在不同的季節生長活動興盛的動植物。❼條書　一條條列舉他人罪過的檢舉書，不是正式的訴訟狀。❽天氣　時令。❾矯飾外貌　在外表上作假。❿揆之人事　以人事來衡量。人事，交際應酬；說情請託。⓫論之陰陽　以陰陽而論。陰陽，這裡特指政治。⓬傷化　損害教化。⓭安靜之吏　安分守己、遵紀守法的官吏。⓮悃愊無華　至誠而不浮華。⓯襄城　縣名。治所在今河南襄城。⓰劉方（?－西元九七年），字伯況，平原（今山東平原縣）人。章帝末為襄城令，以為人至誠遷宗正。和帝永元四年，拜司空。六年，遷司徒。九年，坐事策免，自殺。⓱不煩　不急躁。⓲間　近來。⓳大逆　舊時多指犯上謀反。此指嚴重的是非顛倒、極大地違反天理。⓴以苛為察　將苛切當作明察。㉑以刻為明　將刻薄當作賢明。㉒以輕為德　將放任不管當作仁慈。㉓以重為威　將濫施暴虐當作威嚴。㉔冠蓋接道　形容使者絡繹不絕。㉕勉思　認真思考。㉖四分歷　古曆名稱。簡稱《四分》，又作《四分法》。李梵等撰。該曆年長三百六十五又四分之一天，月長二十九又九百四十分之四百九十九日，定冬至在二十一又四分之一度。十九個太陽年中插入七個閏月。因歲餘四分之一日，故名。該曆一直行用到漢亡。三國時，魏、蜀漢仍沿用。歷，通「曆」。㉗典禮　依禮祭祀。㉘咸秩　都按次序排列。㉙群祀　對群神的祭祀。

【語　譯】元和二年春季正月乙酉日，章帝下詔說：「〈令〉規定『人有生下孩子的，免交算錢三年』。現今各懷有身孕的人，賜給胎養穀，每人三斛；優待其丈夫，免交算錢一年。現令以此作為法令。」又詔令三公說：「正當春天生養之時，萬物開始生長，應當添助萌生的陽氣，以養育時物。現命令有關機構，除了斬首之罪以外，暫且不要審理；以及官吏用條書形式舉報的，不得受理。希望以此息事寧人，敬奉上天之氣。立秋以後，依舊而行。俗吏在表面上作假，似是而非；以交際應酬來衡量，那他們說話是讓人聽了很高興；但要就政治而論，那他們就有傷教化。朕對此非常厭惡，十分苦惱。安分守己的官吏，誠實無華，如果按日計算，那他們的政績是不足，但要是按月計算，那他們的政績便會有餘。比如襄城縣令劉方，官吏都異口同聲地說他為政不急躁，雖然他沒有什麼突出的事跡，但這也差不多接近安分守己了。近來，朕敕告太守，各自要崇尚寬厚賢明，但現在下面有富豪奸人行賄，上面有貪官汙吏枉法，使有罪者不被懲治而無過者被判罪，這簡直是極大地違背天理。以苛切為明察，以刻薄為賢明，以放任不管為仁慈，以濫施暴虐為威嚴。四者或有出現，那下面就會有怨恨之心。我的詔書屢次下發，派出的使者在道路上絡繹不絕，而官吏卻得不到整治，或有失職之人。這個過失在什麼地方？要認真想想舊的法令，做到讓朕滿意。」

2 二月甲寅日，開始使用《四分曆》。

3 章帝下詔說：「現今山川鬼神應依禮祭祀的，還沒能全都排列好次序。可議定增修群神祭祀，以祈求豐年。」

1 丙辰，東巡狩。己未，鳳皇❶集肥城❷。乙丑，帝耕於定陶❸。詔曰：「三老，尊年也；孝悌，淑行❹也；力田，勤勞也。國家甚休❺之。其賜帛人一匹，勉率農功❻。」使使者祠唐堯❼於成陽❽靈臺。辛未，幸太山❾，柴告岱宗❿。有黃鵠三十從西南來，經祠壇上，東北過于宮屋，翱翔升降。進幸奉高⓫。壬申，宗祀五帝⓬于汶上⓭明堂⓮。癸酉，告祠二祖⓯、四宗⓰，大會外內群臣。丙子，詔曰：「朕巡狩岱宗，柴望⓱山川，告祀明堂，以章先勳。其二王之後⓲，先聖⓳之胤⓴，東后蕃衛㉑，伯父伯兄，仲叔季弟，幼子童孫，百僚從臣，宗室眾子，要荒㉒四裔㉓，沙漠之北，葱領㉔之西，冒耏之類㉕，跋涉懸度㉖，陵踐㉗阻絕㉘，駿奔㉙郊畤㉚，咸來助祭㉛。祖宗功德，延及朕躬。予一人空虛㉜多疚，纂承㉝尊明㉞，盥洗享薦㉟，慚愧祗慄㊱。詩不云乎：『君子如祉，亂庶遄已㊲。』歷數既從㊳，靈燿著明㊴，亦欲與士大夫同心自新。其大赦天下。諸犯罪不當得赦者，皆除之。復博㊵、奉高、嬴㊶，無出今年田租、芻稾。」戊寅，進幸濟南㊷。

2 三月己丑，進幸魯㊸，祠東海恭王㊹陵。庚寅，祠孔子於闕里㊺，及七十二弟子，賜褒成侯㊻及諸孔男女帛。壬辰，進幸東平，祠憲王㊼陵。甲午，遣使者祠定陶太后㊽、恭王㊾陵。乙未，幸東阿㊿，北登太行山(51)，至天井關(52)。

3 夏四月乙巳，客星(53)入紫宮。乙卯，車駕還宮。庚申，假于祖禰(54)，告祠高廟。

【章旨】以上主要記述章帝東巡的情況。

【注釋】❶鳳皇　即鳳凰。❷肥城　縣名。治所在今山東肥城。❸定陶　縣名。治今山東定陶西北。❹淑行　善良的行為。❺休　褒獎；讚美。❻農功　農作；農事。❼唐堯　即堯。傳說中的五帝之一。陶唐氏。黃帝後裔，帝嚳之子，姓伊祁氏，一作伊耆氏，名放勳，史稱唐堯。初居冀方，後徙晉陽，再遷平陽。傳說他曾設天文官，命羲、和專司其職；又命鯀治理洪水。因兒子丹朱不肖，遂選舜為繼承人。一說為舜所因，被迫讓位。❽成陽　縣名。治今山東菏澤東北。❾太山　郡名。又作泰山郡。東漢故治奉高（今山東泰安東）。轄境約相當今山東泰安、萊蕪、新汶、平邑、費縣等地。❿岱宗　即泰山。一名岱山、岱嶽，又名東嶽、東岱，又作太山。為五嶽之一，即我國五大名山之一。主峰玉皇頂在今山東中部泰安城北。古稱泰山，多指此。海拔一五二四公尺。⓫奉高　縣名。治今山東泰安東。⓬五帝　指五方之帝，即東方蒼帝靈威仰，南方赤帝赤熛怒，中央黃帝含樞紐，西方白帝白招矩，北方黑帝汁光紀。⓭汶上　地區名。即汶水流域，古齊地。汶水，即今山東西部大汶河。大汶河發源於今山東萊蕪東北的原山，西南流經今山東泰安東。⓮明堂　原指天子舉行典禮的禮堂。即在京師舉行朝會、祭祀、慶賞、選士、養老、教學等大典的場所。此處之明堂，指西漢模仿所謂《黃帝明堂圖》建於汶上的明堂。據《漢書・郊祀志下》記載，汶上明堂：「中有一殿，四面無壁，以茅蓋，通水，水圜宮垣為複道；上有樓，從西南入，名曰昆侖，以拜祀上帝。」⓯二祖　指漢高祖劉邦、世祖光武帝劉秀。⓰四宗　即漢朝太宗文帝，世宗武帝，中宗宣帝，顯宗明帝。⓱柴望　燒柴遙祭山川。⓲二王之後　漢朝的二王之後，指殷、周之後也。⓳先聖　即孔子。⓴胤　後裔。㉑東后蕃衛　指東方諸國的諸侯。㉒要荒　要服、荒服。古稱離王城極遠的地方。㉓四裔　四方極遠的地方。㉔葱領　山名。葱為「蔥」的俗字。領，又作「嶺」。舊對帕米爾高原和崑崙山、喀喇崑崙山脈西部諸山的總稱。古代為中國與中亞、西亞各國交往常經之地。漢代屬西域都護統轄。㉕冒耏之類　指西域諸國之人。冒耏，連鬢鬍子。西域之人多鬚，故言「冒耏之類」。㉖懸度　一作縣度。山名。在朅槃陀（今新疆塔什庫爾干）西南二百公里。山有棧道，有的地方要懸繩而度，故名懸度。自漢以來，為通西域的重要山道之一。㉗陵踐　翻越。㉘阻絕　艱難險阻。㉙駿奔　像駿馬一樣飛奔。㉚郊畤　祭天的地方。㉛助祭　佐助祭祀。㉜空虛　什麼都沒有。這裡借指無才無德。㉝纂承　繼承。纂，通「纘」。㉞尊明　聖明的君王。㉟盥洗享薦　指主持祭祀。盥洗，洗淨手。享薦，獻上供品。㊱祗慄　敬畏。㊲君子如祉二句　此二句歷來有多種解說。一曰：君子在位之人，見有德賢者，如爵之祿之，則此亂亦庶幾可疾止。二曰：人君一日覺悟，大有所誅賞，如楚莊齊威之事，則亂猶庶幾可止。三曰：君子見賢者之言，若喜而納之，則此亂亦庶幾可疾止。此用第一種解說。㊳歷數既從　指行用《四分曆》。㊴靈燿著明　日月貞明。這裡借指曆法符合日月的運行規律。靈燿，亦作「靈曜」。日月。㊵博　縣名。治今山東泰安東南。㊶嬴　一作「贏」。縣名。治今山東萊蕪西北。㊷濟南　國名。治所在平陵（今山東章丘西北）。轄境相當今山東濟南、章丘、鄒平、濟陽等地。㊸魯　國名。治今山東曲阜。東漢轄境約相當於今山東滕縣、曲阜、泗水縣等地。㊹東海恭王　劉彊（？—西元五八年），郭皇后之子。建武二年，立為皇太子。建武十七年，郭皇后被廢，日夕不自安，多次請人上告光武帝，願降為藩王。建武十九年，降封東海王。卒諡恭王。見本書卷四十二。㊺闕里　地名。春秋時孔子住地。在今山東曲阜城內闕里街。孔子曾在此講學授徒。因有兩石闕，故名。㊻褒成侯　孔子的後代孔志。東漢初人。光武建武十四年（西元三八年），封褒成侯。㊼憲王劉蒼（?—西元八三年），光武帝之子。建武十五年，封東平公。建武十七年，進爵為王。明帝即位，拜為驃騎將軍。卒諡憲王。見本書卷四十二。㊽定陶太后　西漢元帝劉奭的昭儀。姓傅，河內溫（今河南溫縣）人。少為上官太后（昭帝皇后）才人。元帝為太子時，得幸。元帝即位，立為婕妤，生子劉康，封定陶恭王，更號曰昭儀。劉康死，其子劉欣襲封。成帝無子，故劉欣被立為太子，傅昭儀遂被尊為太后，稱定陶太后。劉欣即位，是為哀帝。定陶太后又被尊為太皇太后。元壽元年（西元前一年），去世。合葬於元帝陵（渭陵）。王莽專權，於元始五年（西元五年）發掘傅太后塚，遷葬定陶。定陶太后陵故址在今山東定陶西北。㊾恭王　西漢元帝之子劉康（?—西元前二三年）。永光三年，立為濟陽王。建昭五年，徙為山陽王。河平三年，徙為定陶王。陽朔二年卒，諡為恭王。成帝無子，以劉康之子劉欣為皇太子。其後，劉欣即位，是為哀帝，遂尊劉康為恭皇。㊿東阿　縣名。治今山東陽穀東北阿城鎮。51太行山　山名。東漢時指今丹河中游以西、古沁水中游以東，今河南濟源、沁陽以北與山西晉城以南之間的山脈，即今太行山南端餘脈。52天井關　一名太行關。關隘名。故址在今山西晉城南太行山頂。因關南有天井泉三所，故名。其關地勢險峻，史稱「天設之險」，當太行南北要衝，歷代為兵家必爭之地。53客星　天空中新出現、不知名的星。54祖禰　祖廟和父廟。亦泛指祖先。

【語　譯】丙辰日，章帝去東方巡視。鳳凰集聚在肥城。乙丑日，章帝在定陶耕田。下詔說：「三老，是受尊敬的年齡；孝悌，是良善的行為；力田，是辛勤的勞動。國家隆重地褒獎他們。可賜給他們每人帛一匹，以鼓勵農業生產。」章帝派遣使者在成陽的靈臺祭祀唐堯。辛未日，到達太山，燒柴祭告岱宗。有三十隻黃鵠從西南飛來，經過祠壇之上，向東北飛過宮殿屋頂，上下翱翔。章帝向前行進，到達奉高。壬申日，在汶上的明堂祭祀五方之帝。癸酉日，祭祀二祖、四宗，召開大會，會見內、外群臣。丙子日，章帝下詔說：「朕巡視岱宗，燒柴遙祭山川，在明堂舉行祭告，以表彰先世功勳。商周二王的後代，先聖的後裔，東方藩王諸侯國的伯父和堂兄、叔父和小弟、年幼的子姪和孫輩的兒童，百官臣子，宗室諸子，以及四方邊遠之地、沙漠之北、蔥嶺之西長著大鬍子的人，長途跋涉，穿越懸度山，翻越艱難險阻，像駿馬一樣飛奔到朕祭天的地方，參加祭祀。祖宗的功德，延及朕的身上。我這一個人，無才無德而且多病，繼承了聖明先帝傳下的帝位，盥洗乾淨，獻上祭品，心中慚愧敬畏。《詩》不是說嗎：『君子如果能任用有德有才之人，那禍亂也許就會立刻停止。』曆法已經施行，日月運行正常，朕也想與士大夫同心自新。現大赦天下。諸罪犯不應當赦免者，也一律免除其罪。免除博、奉高、嬴等地今年的田租，芻稾。」戊寅日，章帝向前行進，到達濟南。

2 三月己丑日，章帝向前行進，到達魯縣，祭祀東海恭王陵墓。庚寅日，在闕里祭祀孔子及其七十二弟子，賜給褒成侯以及諸孔氏男女絲帛。壬辰日，向前行進，到達東平，祭祀憲王陵墓。甲午日，派遣使者祭祀定陶太后陵墓、恭王陵墓。乙未日，到達東阿。向北登上太行山，到達天井關。

3 夏季四月乙巳日，客星進入紫宮。乙卯日，車駕回到宮中。庚申日，到祖廟和父廟祭祀，祭告高帝廟。

1 五月戊申，詔曰：「乃者❶鳳皇、黃龍、鸞鳥❷比❸集七郡，或一郡再見，及白烏❹、神雀❺、甘露屢臻。祖宗舊事，或班恩施。其賜天下吏爵，人三級；高年、鰥、寡、孤、獨帛，人一匹。經❻曰：『無侮鰥寡，惠此煢獨❼。』加賜河南❽女子百戶牛酒❾，令天下大酺❿五日。賜公卿已下錢帛各有差；及洛陽人當酺者布，戶一匹，城外三戶共一匹。賜博士員弟子⓫見在太學⓬者布，人三匹。令郡國上明經⓭者，口十萬以上五人，不滿十萬三人。」

2 改盧江為六安國，江陵⓮復為南郡。徙江陵王恭⓯為六安王。

3 秋七月庚子，詔曰：「春秋於春每月書『王』者，重三正⓰，慎⓱三微⓲也。律：十二月立春，不以報囚⓳。月令⓴冬至之後，有順陽助生之文，而無鞫獄斷刑㉑之政㉒。朕咨訪儒雅㉓，稽之典籍㉔，以為王者生殺㉕，宜順時氣。其定律，無以十一月、十二月報囚。」

4 九月壬辰，詔：「鳳皇、黃龍所見亭部㉖，無出二年租賦。加賜男子爵，人二級；先見者帛二十匹，近者三匹，太守三十匹，令、長㉗十五匹，丞㉘、尉㉙半之。詩云：『雖無德與汝，式歌且舞㉚。』它如賜爵故事。」

5 丙申，徵濟南王康、中山王焉會烝祭㉛。

6 冬十一月壬辰，日南至㉜，初閉關梁㉝。

【章旨】以上記述章帝頒布的〈嘉瑞班恩詔〉、〈禁十一月以後報囚詔〉、〈嘉瑞再班恩詔〉的內容，王國改名、諸王動向以及初閉關梁之事。

【注釋】❶乃者　前不久。❷鸞鳥　傳說中神鳥、瑞鳥。《山海經・西山經》：「(女牀之山) 有鳥焉，其狀如翟而五采文，名曰鸞鳥。見則天下安寧。」❸比　接連。❹白烏　白色羽毛的鳥。古人以為瑞物。❺神雀　古代傳說中的神鳥。一說神雀即鳳。❻經　儒家經典的統稱。東漢以《易》、《詩》、《書》、《儀禮》、《春秋》、《公羊傳》、《論語》等為經。但此處經文「無侮鰥寡，惠此煢獨」不明出處，不知出於何經。今本《十三經》均無此語，也許是古經之文，今已佚失。❼煢獨　孤獨。❽河南　即河南尹。政區名。東漢建武十五年 (西元三九年)，改西漢河南郡為河南尹。故治洛陽 (今河南洛陽東北)。轄境相當今河南黃河以南洛水、伊水下游，北汝河、賈魯河上游，東至開封、延津，南到新鄭、汝陽、北臨新安、宜陽以及黃河以北原陽等地。❾牛酒　牛和酒。古時饋問、宴犒、祭祀多用牛酒。❿大酺　由君主頒賜的大宴。⓫博士員弟子　兩漢時對太學生的特稱。⓬太學　古代國家的最高學府，夏朝稱序，商朝稱瞽宗，周朝稱辟雍。西漢武帝元朔五年 (西元前一二四年)，始置太學，立「五經」博士。東漢因之。⓭明經　漢代選舉科目之一。明經也就是通曉經學。東漢章帝始以郡國人口為標準，十萬人以上地方可舉明經五人，不滿則三人。後又規定明經年齡限在五十歲以上、七十歲以下。⓮江陵　郡國名。東漢建初四年（西元七九年）改南郡為江陵國。元和二年（西元八五年）江陵復為南郡。治今湖北江陵。⓯江陵王恭　劉恭，東漢明帝之子。永平九年（西元六六年），賜號靈壽王。十五年，封鉅鹿王。建初三年，徙封江陵王。元和二年，徙為六安王。章帝卒，遺詔徙封為彭城王。恭遵守法度，吏民敬之。凡立四十六年卒，謚為靖王。見本書卷五十。⓰三正　天、地、人的正道。⓱慎　通「順」。⓲三微　古代曆法，周以十二月、殷以十一月、夏以正月為一年的開始，稱三正。古人認為三正之始，萬物皆微，故三正又稱三微。⓳報囚　判決囚犯。⓴月令　《禮記》篇名。相傳為周公所撰，一說為秦漢間人彙抄《呂氏春秋》十二紀首章，收入《禮記》而題名〈月令〉。記述夏曆全年各月之時令及其相關事物與活動，並將其納入五行相生相剋體系。㉑鞠獄斷刑　審訊定罪。㉒政　政令。㉓儒雅　指博學的文人雅士。㉔典籍　記載古代法制的圖書。也泛指古代所有的圖書。㉕生殺　決定生與死。㉖亭部　一亭的轄區。秦漢時期，城市中十里設一亭，鄉村則設鄉亭。亭有亭長，掌管治安、訴訟等事。㉗令長　官名。秦漢時期，凡縣皆置令或長。萬戶以上大縣置縣令，萬戶以下小縣則置縣長。西漢因之。縣令秩千石至六百石，縣長秩五百石至三百石。東漢縣、邑、道，大者置令，小者置長。㉘丞　縣丞。縣令縣長的佐官，兼主刑獄囚徒、錢糧倉儲並署文書。秩四百石至二百石。㉙尉　縣尉。秦漢時期，郡縣均設尉。大縣設尉二人，小縣設尉一人，掌管捕治盜賊。㉚雖無德與汝二句　見《詩‧車舝》。雖對你無大德，但你也要有喜悅之心，高興得想要唱歌跳舞。㉛烝祭　祭祀名。《爾雅‧釋天》：「冬祭曰烝。」《周禮‧春官‧大宗伯》：「以烝，冬享先王。」㉜日南至　太陽行進到最南端。亦即夏曆的冬至。㉝關梁　設於水陸交通要道的關卡。

【語譯】五月戊申日，章帝下詔說：「最近鳳凰、黃龍、鸞鳥接連在七個郡聚集，或有在一郡出現兩次的，以及白烏、神雀、甘露屢次出現。祖宗的舊例，遇到這種情況，有時要頒賜恩惠。賞賜天下官吏爵位，每人三級；賜帛給高齡老人、鰥夫、寡婦、孤兒、無子女的老人，每人一匹。經書上說：『不要欺侮鰥夫寡婦，施惠於這些孤獨之人。』加賜河南寡婦人家的牛酒，以百戶為單位。令天下大宴五日。賜給公卿以下錢帛，按等級不同，數量各不相等；再賜布給參加大宴的洛陽人，每戶一匹，城外住戶每三戶一匹。賜布給現在太學的博士員弟子，每人三匹。令郡國推舉通曉經書的人，人口十萬以上的推舉五人，不滿十萬的推舉三人。」

2 改廬江郡為六安國，江陵國恢復為南郡。將江陵王劉恭改封為六安王。

3 秋季七月庚子日，章帝下詔說：「《春秋》在春季每月書寫『王』字，是重視三正，是順從三微。法律規定：十二月立春，不能判決罪犯。〈月令〉在冬至之後，有順應陽氣輔助生長的一段文字，而沒有審案斷刑的政事。朕諮詢儒雅人士，查考典籍，認為君王決定生與死，應當順應時令節氣。可制定法律條文，不要在十一月、十二月判決罪犯。」

4 九月壬辰日，章帝下詔說：「出現鳳凰、黃龍的亭部，免交二年租賦。加賜男子爵位，每人二級；第一個發現瑞兆的，賜帛二十匹；其次發現的，賜帛三匹；太守賜帛三十匹，縣令和縣長十五匹，縣丞和縣尉賜給一半。《詩》說：『雖然對你沒有什麼大德，還是要因此而歌舞歡樂。』其他完全依照賜爵的舊例辦理。」

5 丙申日，徵召濟南王劉康、中山王劉焉入朝參加冬祭。

6 冬季十一月壬辰日，這一天是冬至，首次關閉設在水陸交通要道上的關卡。

1 三年春正月乙酉，詔曰：「蓋君人者，視民如父母，有憯怛❶之憂，有忠和❷之教，匍匐❸之救。其嬰兒無父母親屬，及有子不能養食者，稟給❹如律。」

2 丙申，北巡狩，濟南王康、中山王焉、西平王羨、六安王恭、樂成王黨❺、淮陽王昞、任城王尚、沛王定❻皆從。辛丑，帝耕于懷❼。

3 二月壬寅，告常山、魏郡、清河❽、鉅鹿❾、平原❿、東平郡太守、相曰：「朕惟巡狩之制，以宣聲教⓫，考同⓬遐邇⓭，解釋怨結也。今『四國⓮無政，不用其良』，駕言⓯出游，欲親知其劇易⓰。前祠園陵，遂望祀華⓱、霍⓲，東柴岱宗，為人祈福。今將禮常山，遂徂⑲北土，歷魏郡，經平原，升踐⑳隄防，詢訪耆老㉑，咸曰：『往者汴門㉒未作，深者成淵，淺則泥塗。』追惟先帝勤人㉓之德，厎績㉔遠圖，復禹㉕弘業，聖跡滂流㉖，至于海表。不克堂構㉗，朕甚慙焉。月令，孟春善相丘陵土地所宜。今肥田尚多，未有墾闢。其悉以賦貧民，給與糧種，務盡地力，勿令游手㉘。所過縣邑，聽半入今年田租，以勸農夫之勞。」

4 乙丑，勑侍御史㉙、司空曰：「方春，所過無得有所伐殺。車可以引避㉚，引避之；騑馬㉛可輟解㉜，輟解之。詩云：『敦㉝彼行葦，牛羊勿踐履。』禮㉞：人君伐一草木不時，謂之不孝。俗知順人，莫知順天。其明稱朕意。」

5 戊辰，進幸中山㉟，遣使者祠北嶽㊱。出長城㊲。癸酉，還幸元氏，祠光武、顯宗於縣舍正堂；明日又祠顯宗于始生堂㊳，皆奏樂。三月丙子，詔高邑㊴令祠光武於即位壇。復元氏七年傜役。己卯，進幸趙㊵。庚辰，祠房山㊶於靈壽㊷。辛卯，車駕還宮。賜從行者各有差。

【章旨】以上記述元和三年春章帝北巡之事。

【注釋】❶憯怛　憂傷；痛悼。憯，同「慘」。❷忠和　忠誠謙和。❸僶俛　盡力；竭力。❹稟給　官府的供給。❺樂成王黨　劉黨（西元五六—九六年），東漢明帝之子。永平九年，賜號重熹王。十七年，封樂成王。善書法，不守法度。章帝卒，始就國。以生活荒淫，為國相所舉奏，坐削二縣。卒諡靖王。見本書卷五十。❻沛王定　劉定（？—西元九五年），沛獻王劉輔之子。輔卒，定嗣爵為王。凡立十一年，和帝永元七年卒，諡為釐王。見本書卷三十二。❼懷　縣名。治今河南武陟西南。秦漢為河內郡治所。❽清河　郡、國名。西漢高祖置郡。後屢改為國。元帝永光後改為郡。治所在清陽（今河北清河縣東南）。轄境相當今河北清河縣及棗強、南宮、威縣、故城各一部分，山東臨清、夏津、武城及高唐、平原縣各一部分。新莽時改曰平河。東漢改為國，治所甘陵（今山東臨清東北）。❾鉅鹿　郡名。東漢治廮陶（今河北柏鄉東），轄境約相當於今河北藁城、晉縣、束鹿、寧晉、柏鄉、隆堯、鉅鹿、任縣、平鄉、南和、雞澤、曲周、威縣等地區。❿平原　郡名。故治今山東平原縣。東漢永寧元年（西元一二〇年），改郡為國。其後，時改郡時改國。轄境相當今山東齊河縣、禹城、平原縣、陵縣、德州、臨邑、商河縣、惠民、陽信等地區。⓫聲教　聲威和教化。⓬考同　考合異同。即綜合考慮、全面研究之意。⓭遐邇　遠近。遐，遠。邇，近。⓮四國　四方之國。⓯駕言　駕，君王出巡的車馬，指皇帝出巡。言，在此處為虛詞，無義。⓰劇易　指政事的難易。⓱華　華山。古稱「西嶽」，又名「華嶽」，為五嶽之一。在今陝西華陰南，海拔一九九七公尺。有壁立千仞之勢。⓲霍　霍山。今霍山主峰為白馬尖，在今安徽霍山縣南，海拔一七七四公尺。但漢宣帝曾規定，以天柱山為南嶽。天柱山今安徽潛山縣西北。⓳徂　往。⓴升踐　登上。㉑耆老　老年人。㉒汴門　即汴渠。一作汳水。故道自今河南滎陽東北接黃河，東南經今開封南、民權與商丘北，再由東南經今安徽碭山縣、蕭縣北，至江蘇徐州北入泗水。上游又稱鴻溝或狼湯（或浪湯）渠，中下游又稱汳水、獲水。明帝永平十二年（西元六九年），曾整修汴渠。㉓勤人　勤勞為民。㉔底績　致功；取得功績。底，致。㉕禹　夏朝創立者。姒姓，夏后氏部落領袖。父鯀治水無功被殺，被舜舉以為司空，繼承父業治水。經歷十年之久，終於戰勝洪水。繼舜為部落聯盟首領後，加強國家機構建設，廢除禪讓制度，成為中國歷史上階級社會的第一位統治者。㉖聖跡滂流　比喻德澤廣布。滂流，大水湧流。㉗堂桓　指寢廟。㉘游手　遊手好閒之人。㉙侍御史　官名。周有柱下史，秦改稱侍御史。漢因之，為御史大夫屬官，秩六百石，其中十五人由御史中丞領錄，給事殿中，職掌監察、檢舉非法或奉使出外執行指定任務。㉚引避　避開；讓路。㉛騑馬　四馬駕車時，中間兩馬夾轅者名服馬，兩旁名騑馬，亦稱驂馬。㉜輟解　廢止不用而解開。㉝敦　草木茂盛的樣子。㉞禮　《禮記》。儒家經典之一。成書於戰國至漢初，彙集了學者各種記述禮儀之文，相傳由西漢戴聖編定。因其叔父戴德另編有《大戴禮記》，故是書亦稱《小戴禮》、《小戴記》、《小戴禮記》。書中記述有喪葬、祭祀、婚嫁、宴飲等各種禮制和禮器，包含了豐富的儒家倫理思想。㉟中山　國名。治所在今河北定州。轄境相當今山西、河北交界的恆山以南，河北無極、深澤以北，唐縣以東，清苑以西地區。㊱北嶽　恆山的別稱，五嶽之一。

漢宣帝確定以今河北的恆山（今河北曲陽西北的大茂山）為北嶽。至明代，始議以今山西渾源的恆山為北嶽。到清代，正式定制，將今山西渾源的恆山定為北嶽。㊲長城　指在今河北西北部與今山西交界地區的古長城。㊳始生堂　堂名。明帝誕生之地的紀念堂。明帝生於元氏縣的傳舍中。㊴高邑　縣名。治今河北高邑東南。㊵趙　國名。舊治邯鄲（今河北邯鄲）。東漢轄邯鄲、易陽、襄國、柏人、中丘五縣，約相當於今河北邯鄲、邢臺兩市的部分地區。㊶房山　山名。俗名王母山，在今河北平山西北，位處太行山脈東南麓，在磁河與滹沱河之間。㊷靈壽　縣名。治今河北靈壽西北。建武初年邳肜封靈壽侯。

【語　譯】元和三年春季正月乙酉日，章帝下詔說：「做君主的，要將百姓看作父母一樣，要有為他們的憂傷而感到痛苦的憂心，要對他們進行忠誠謙和的教導，要對他們盡力救助。現令：嬰兒沒有父母親屬，以及有子不能撫養的，按《漢律》規定由官府提供供給。」

2　丙申日，章帝去北方巡視，濟南王劉康、中山王劉焉、西平王劉羨、六安王劉恭、樂成王劉黨、淮陽王劉昞、任城王劉尚、沛王劉定都隨從章帝同行。辛丑日，章帝在懷縣耕田。

3　二月壬寅日，章帝告知常山、魏郡、清河、鉅鹿、平原、東平郡太守和國相說：「朕認為出巡的制度，是用來宣示聲威教化，對遠方和近處進行全面考察，化解矛盾的。如今『四方之國政治之所以糟糕，那是因為沒有任用賢良的人』。這次朕車駕出遊，就是想親自了解各地政事的難易。前一次朕祭祀園陵，又遙祭華山、霍山，在東方舉行柴燎儀式而祭祀泰山，為人們祈禱幸福。如今朕將要祭祀常山，所以前往北方。經魏郡，過平原郡，登上河堤，諮詢當地老人，都說：『從前汴門沒有得到整修時，深的地方變成了深淵，淺的地方則是泥濘一片。』緬懷先帝勤勞為民的功德，他所建立的功業，績效長遠，復興了夏禹治水的大業，神聖的蹤跡隨大水湧流，一直到達海邊。朕卻沒有為他興建寢廟，感到非常慚愧。〈月令〉上記載，正月要仔細觀察丘陵土地到底適宜種什麼農作物。現今肥沃的田地還有很多，還沒有得到開墾。可將其全部交給貧苦百姓耕種，並送給他們種糧，務必將土地的潛力用盡，不要使他們成為遊手好閒之人。朕所經過的縣邑，可以只交納今年田租的一半，以激勵農民勤勞耕作。」

4　乙丑日，章帝敕告侍御史、司空說：「正當春季，車駕經過之處不許造成什麼傷害。車輛可以避開的，就要避開；驂馬可以解開不用的，就解開不用。《詩》說：『茂盛的道旁之葦，不要讓牛羊去踐踏。』《禮記》說，君主不按時節砍伐一草一木，便叫作不孝。世俗皆知順人行事，不知順從上天。可明確宣布朕的意思。」戊辰日，章帝向前行進到達中山國，派遣使者祭祀北嶽。又到長城之外。癸酉日，回到元氏縣，在縣衙正堂祭祀光武帝、顯宗；次日，又在始生堂祭祀顯宗，兩次祭祀都演奏了音樂。三月丙子日，詔令高邑縣，在即位壇祭祀光武帝。免除元氏縣七年徭役。己卯日，向前行進到達趙國。庚辰日，在靈壽縣祭祀房山。辛卯日，車駕回到宮中，按不同等級賞賜了從行者。

夏四月丙寅，太尉鄭弘免，大司農宋由❶為太尉。

五月丙子，司空第五倫罷，太僕❷袁安❸為司空。

秋八月乙丑，幸安邑❹，觀鹽池❺。九月，至自安邑。

冬十月，北海王基❻薨。燒當羌叛，寇隴西❼。

是歲，西域長史❽班超擊斬疏勒王。

【章旨】以上記載太尉、司空、大司農、太僕等人選的變化，以及章帝巡視安邑鹽池、燒當羌反叛、班超擊斬疏勒王等大事。

【注釋】❶宋由 字叔路，京兆長安（今陝西西安）人。章帝建初中為大司農。元和三年（西元八六年），拜太尉，為政謹慎，不敢得罪權貴。和帝永元四年（西元九二年），坐阿附竇憲，策免歸本郡，自殺。❷太僕 官名。兩漢太僕為九卿之一，秩中二千石，掌車馬之政。❸袁安 （?—西元九二年），字邵公，汝南汝陽（今河南商水縣）人。早年習《孟氏易》，見敬於州里。初為縣功曹，後舉孝廉，歷任陰平長、任城令、楚郡太守、河南尹，政號嚴明。建初八年，遷太僕，敢於言事。元和三年，拜司空。章和元年（西元八七年），改任司徒。見本書卷四十五。❹安邑　縣名。治今山西夏縣西北禹王城。❺鹽池　地名。在今山西夏縣西南，以產鹽著名。東漢時，其長五十一里，寬七里。❻北海王基　劉基（？—西元八六年），北海敬王劉睦之子。凡立十四年卒，謚為哀王。無子，章帝憐之，不除其國。見本書卷十四。❼隴西　郡名。治所在狄道（今甘肅臨洮南）。東漢時轄境相當今甘肅蘭州以南、岷縣以北的洮河中游，武山以西的渭河上游及青海東端同仁、尖紮等地區。❽西域長史　官名。原為西域都護的屬官，但章帝不設西域都護，故此時的西域長史實際上是東漢政權派駐西域的最高長官。

【語譯】夏季四月丙寅日，太尉鄭弘被免職，大司農宋由接任太尉。

2 五月丙子日，司空第五倫被罷官，太僕袁安接任司空。

3 秋季八月乙丑日，章帝到達安邑，觀看鹽池。九月，自安邑返回宮中。

4 冬季十月，北海王劉基去世。燒當羌反叛，進攻隴西。

5 這一年，西域長史班超擊敗並斬殺了疏勒王。

1 章和❶元年春三月，護羌校尉❷傅育❸追擊叛羌，戰歿。

2 夏四月丙子，令郡國、中都官：繫囚減死一等，詣金城戍。

3 六月戊辰，司徒桓虞免。癸卯，司空袁安為司徒，光祿勳❹任隗❺為司空。

4 秋七月癸卯，齊王晃❻有罪，貶為蕪湖侯。壬子，淮陽王昞薨。

5 鮮卑擊破北單于❼，斬之。

6 燒當羌寇金城，護羌校尉劉盱❽討之，斬其渠帥❾。

【章　旨】以上記載章帝章和元年未改元之前（實為元和四年）所發生的大事。

【注　釋】❶章和　東漢章帝劉炟年號，西元八七—八八年。❷護羌校尉　官名。漢武帝時置，秩比二千石，持節，以護西羌。王莽時亂，遂罷。光武建武九年（西元三三年），由於班彪的建議，復置此官。其屬有長吏、司馬、主簿、從事等官。❸傅育（?—西元八七年），北地（今寧夏吳忠）人。東漢將領。明帝初為臨羌長，與捕虜將軍馬武擊西羌滇吾部，以功升武威太守。章帝建初二年，為護羌校尉，討破迷吾羌及封養羌五萬餘人，迷吾等悉降。章和元年，率軍擊羌，單軍獨進，遭到羌兵夜襲，傅育下馬手戰，殺十餘人而死。見本書卷八十七。❹光祿勳　官名。秩中二千石，為宮內總管，統領皇帝的顧問參議、宿衛侍從等官。❺任隗　（?—西元九二年），字仲和，南陽宛人。任光之子。少好黃老，襲父爵為阿陵侯。明帝時歷任羽林左監、虎賁中郎將、長水校尉等職。章帝即位，為將作大匠。其後，遷太僕，任光祿勳。章和元年，拜司空。和帝即位，大將軍竇憲秉權，專作威福，內外朝臣莫不震慴，獨隗與司徒袁安同心畢力，鯁言直議，為世人所稱。見本書卷二十一。❻齊王晃　劉晃。齊武王劉縯曾孫，齊煬王劉石之子。石卒，嗣爵為王。在位十七年，因與弟劉剛同母太姬宗更相誣告，章和元年，為有司所奏，貶為蕪湖侯。旋病卒。見本書卷十四。❼北單于　漢時匈奴君長稱單于。時匈奴分南北兩部，北匈奴君長為北單于。❽劉盱　東漢官吏。光武帝末，為隴西太守。建武中元元年（西元五六年），武都郡參狼羌反，劉盱率兵擊破之。次年，燒當羌進犯隴西，劉盱引軍擊之，兵敗，郡兵死傷數百。其後，擢護羌校尉。❾渠帥　首領。舊稱反抗朝廷的首領或部落酋長。

【語　譯】章和元年春季三月，護羌校尉傅育追擊反叛的羌人，戰死。

2 夏季四月丙子日，命令郡國、中都官：在押囚犯減死罪一等，發往金城去戍守。

3 六月戊辰日，司徒桓虞免官。癸卯日，司空袁安出任司徒，光祿勳任隗出任司空。

4 秋季七月癸卯日，齊王劉晃有罪，貶封為蕪湖侯。壬子日，淮陽王劉昞去世。

5 鮮卑打敗並斬殺了北單于。

6 燒當羌進犯金城，護羌校尉劉盱率兵討伐，斬殺了其首領。

壬戌，詔曰：「朕聞明君之德，啟迪鴻化❶，緝熙❷康乂❸，光照六幽❹，訖❺惟人面❻，靡不率俾❼，仁風翔于海表❽，威霆❾行乎鬼區❿。然後敬恭明祀⓫，膺五福⓬之慶⓭，獲來儀⓮之貺⓯。朕以不德，受祖宗弘烈。乃者鳳皇仍集，麒麟⓰並臻，甘露宵降，嘉穀⓱滋生，芝草之類，歲月不絕。朕夙夜祗畏⓲上天，無以彰⓳于先功。今改元和四年為章和元年。」

秋，令：「是月養衰老⓴，授几杖㉑，行㉒糜粥㉓飲食㉔。其賜高年二人共布帛各一匹，以為醴酪㉕。死罪囚犯法在丙子赦㉖前而後捕繫者，皆減死，勿笞，詣金城戍。」

【章旨】以上移錄章帝改元詔書及有關養老、赦免死罪的命令。

【注釋】❶鴻化　偉大的教化。❷緝熙　和諧。❸康乂　安定；治理。❹六幽　天地四方幽遠之處。❺訖　窮盡。❻人面　指人。❼俾　從。❽海表　海外。中國古代泛指四海之外的僻遠之地。❾威霆　顯赫的聲威。❿鬼區　鬼方所居地區。鬼方，古族名；國名。中國古代泛指四夷居住的邊遠之地。⓫明祀　祭祀神明。⓬五福　舊時所說的五種福祉。《尚書・洪範》：「五福：一曰壽，二曰富，三曰康寧，四曰攸好德，五曰考終命。」⓭慶　福。⓮來儀　鳳凰來儀之略語。《尚書・益稷》：「鳳凰來儀」。古代傳說逢到太平盛世，就有鳳凰飛來。後以「來儀」作為鳳凰的代稱。⓯貺　賜予。⓰麒麟　傳說中的瑞獸。麋身、牛尾、狼蹄、一角。⓱嘉穀　一莖多穗的穀物。古代以為祥瑞之物。⓲祗畏　敬畏。⓳彰　盛。這裡引申為超越。⓴衰老　高齡老人。㉑几杖　坐几和拐杖。几，古人坐時憑靠的小桌。㉒行　賞賜。㉓糜粥　粥。㉔飲食　吃喝。㉕醴酪　甜酒與醋漿。㉖丙子赦　指這年四月丙子日所頒布的赦免令。

【語　譯】壬戌日，章帝下詔說：「朕聽說聖明君主的德政，啟迪偉大的教化，使天下和諧安寧，光輝照亮天地四方的盡頭，所有人類，沒有不遵從的。仁愛之風飛蕩於海外，顯赫的聲威流行於邊遠地區。然後恭敬祭祀神明，得到五福的幸福，獲得來儀的賞賜。朕沒有道德，卻繼承了祖宗的大業。近來，鳳凰接連聚集，麒麟同時來到。甘露夜降，嘉穀滋生，芝草之類的東西，連年連月地不斷出現。朕日夜敬畏上天，卻不能超越祖先的功績。現在，將元和四年改為章和元年。」

秋季，章帝命令：「這一月奉養衰老，授予老人几杖，賞賜糜粥給他們喝。高齡老人每兩人可共賜給布、帛各一匹，以代替醴酪。死罪囚犯在丙子日赦令以前犯罪而在赦令之後逮捕的，都免其死罪，不用笞刑，發往金城去戍守。」

八月癸酉，南巡狩。壬午，遣使者祠昭靈后❶於小黃園❷。甲申，徵任城王尚會睢陽❸。戊子，幸梁❹。己丑，遣使祠沛❺高原廟❻，豐❼枌榆社❽。乙未，幸沛，祠獻王陵❾，徵會東海王政。乙未晦，日有食之。

九月庚子，幸彭城❿，東海王政、沛王定、任城王尚皆從。辛亥，幸壽春⓫。壬子，詔郡國、中都官：繫囚減死罪一等，詣金城戍；犯殊死者，一切募下蠶室；其女子宮；繫囚鬼薪、白粲已上，減罪一等，輸司寇作。亡命者贖：死罪縑二十匹，右趾至髡鉗城旦舂七匹，完城旦至司寇三匹；吏民犯罪未發覺，詔書到自告者，半入贖。復封阜陵侯延為阜陵王。己未，幸汝陰⓬。冬十月丙子，車駕還宮。

【章　旨】以上記述章帝最後一次南巡的情況。

【注　釋】❶昭靈后　漢高祖劉邦之母。劉邦起兵時，其母死於陳留郡小黃縣。劉邦即位，追尊母曰昭靈夫人。呂后時，又尊為昭靈后。❷小黃園　陵園名。因地處小黃縣境，故名。故址在今河南開封東北。❸睢陽　即梁國睢陽縣（治今河南商丘南）。因位於睢水之陽而得名。❹梁　國名。治所在睢陽。東漢轄境相當今河南商丘、虞城等地以及寧陵、夏邑，山東曹縣，安徽碭山縣、亳州等部分地區。❺沛　縣名。治所在今江蘇沛縣。❻高原廟　宗廟名。西漢末，長安高廟被毀。東漢於高祖劉邦原籍沛縣再建其廟。因謂已立廟而更立者為原，故名高原廟。❼豐　縣名。治所在今江蘇豐縣。西漢置屬沛郡，東漢改郡為國。❽枌榆社　鄉亭名。一作枌榆亭。故址在今江蘇豐縣東北。據說漢高祖劉邦起兵時，曾在枌榆社舉行過祈禱。❾獻王陵　沛獻王劉輔之陵。輔曾封沛王，死葬沛。沛國在今河南、安徽、江蘇交界一帶，治所在相縣（今安徽淮北西北）。❿彭城　國名。治今江蘇徐州。⓫壽春　縣名。治今安徽壽縣。⓬汝陰　縣名。治今安徽阜陽。

【語　譯】八月癸酉日，章帝去南方巡視。壬午日，派遣使者在小黃園祭祀昭靈后。甲申日，徵召任城王劉尚到睢陽相會。戊子日，到達梁國。己丑日，派遣使者祭祀沛縣的高原廟和豐縣的枌榆社。乙未日，到達沛國，祭祀獻王陵墓，徵召東海王劉政前來相會。乙未日是八月的最後一天，發生了日蝕。

　　九月庚子日，章帝到達彭城，東海王劉政、沛王劉定、任城王劉尚都跟隨同行。辛亥日，到達壽春。壬子日，詔令郡國、中都官：在押囚犯減死罪一等，到金城去戍守；判處斬首死罪的，一律送下蠶室受腐刑；其中的女犯接受宮刑；被處以鬼薪、白粲以上徒刑的在押犯，都減罪一等，發往司寇服苦役。負罪逃亡者交納財物贖罪：死罪交納縑二十匹，右趾至髡鉗城旦舂等罪交納七匹，完城旦至司寇交納三匹；官吏和百姓有犯罪而未被發現，詔書到後自首者，按規定的一半交納贖罪。重新封阜陵侯劉延為阜陵王。己未日，章帝到達汝陰。冬季十月丙子日，車駕回到宮中。

北匈奴❶屋蘭儲❷等率眾降。

是歲，西域長史班超擊莎車❸，大破之。月氏國❹遣使獻扶拔❺、師子。

【章　旨】以上交代東漢與北匈奴、莎車、月氏的戰和及交往情況。

【注　釋】❶北匈奴　東漢建武二十四年（西元四八年），匈奴分裂為南北兩大部，南下附漢的稱為南匈奴，留居漠北的稱為北匈奴。南匈奴屯居朔方、五原、雲中（在今內蒙古境）等郡，東漢末分為左、右、南、北、中五部。西晉時，曾先後建立趙、夏、北涼等國。北匈奴於和帝時為東漢與南匈奴所擊敗，大部內遷附漢，部分西遷中亞等地。❷屋蘭儲　東漢章帝時北匈奴首領。❸莎車　西域城國名。一作渠沙國。治今新疆莎車。為漢武帝時西域三十六國之一。西漢神爵二年（西元前六〇年）後，屬西域都護府。東漢同。❹月氏國　國名；族名。月氏，一作月支、月氏胡。秦漢之際，游牧於敦煌、祁連間。西漢文帝前元三至四年間，遭受匈奴攻擊，大部西遷至今新疆西部伊犂河流域及其西部一帶，史書上稱之為大月氏；少數沒有西遷的移入南山（今祁連山），與西羌各部雜居，稱為「小月氏」。在月氏人未西遷之前，史書上統稱月氏人居地為月氏國。當時也有人輕蔑地稱為「月支胡」。月氏人大部分西遷以後，分別稱為「大月氏胡」與「小月氏胡」。這裡的月氏，當指大月氏。❺扶拔　一作「符拔」。獸名。似麒麟而無角。

【語　譯】北匈奴屋蘭儲等率領部眾投降。

這一年，西域長史班超攻打莎車，大破莎車軍隊。月氏國派遣使者進獻扶拔、獅子。

二年春正月，濟南王康、阜陵王延、中山王焉來朝。

二月壬辰，帝崩於章德前殿❶，年三十三。遺詔無起寢廟❷，一如先帝法制❸。

【章　旨】記述章帝去世之事。

【注　釋】❶章德前殿　宮殿名。在今河南洛陽東郊漢洛陽故城內。❷寢廟　宗廟。寑，通「寢」。❸法制　規定的制度。

【語譯】章和二年春季正月，濟南王劉康、阜陵王劉延、中山王劉焉來京師朝見。二月壬辰日，章帝在章德前殿去世，年齡三十三歲。遺詔命令不要修建宗廟，完全依照先帝規定的制度。

論曰：魏文帝❶稱「明帝察察❷，章帝長者❸」。章帝素❹知人厭明帝苛切❺，事從寬厚。感陳寵❻之義❼，除慘獄❽之科❾。深元元之愛，著胎養之令。奉承明德太后，盡心孝道。割裂名都❿，以崇建周親⓫。平傜簡賦⓬，而人賴其慶⓭。又體⓮之以忠恕⓯，文⓰之以禮樂，故乃蕃輔⓱克諧，群后⓲德讓。謂之長者，不亦宜乎！在位十三年，郡國所上符瑞，合於圖書者數百千所。烏呼懋⓳哉！

贊曰：肅宗濟濟⓴，天性愷悌㉑。於穆㉒后㉓德，諒㉔惟㉕淵體㉖。左右藝文㉗，斟酌㉘律禮。思服㉙帝道㉚，弘此長懋㉛。儒館獻歌㉜，戎亭虛候㉝。氣調㉞時豫㉟，憲平人富。

【章旨】作者以「論」、「贊」的形式對漢章帝的政治作為予以高度評價，以及熱情的頌揚。

【注釋】❶魏文帝　曹丕（西元一八七—二二六年），字子桓，譙（今安徽亳州）人。曹操次子，生母為卞氏。三國時魏國建立者。西元二二〇—二二六年在位。卒諡文帝，廟號世祖。❷察察　苛察。過於注重細枝末節。❸長者　德高望重的人。❹素　向來；舊時。❺苛切　苛刻；繁細急躁。❻陳寵　（？—西元一〇六年），字昭公，沛國洨縣（今安徽固鎮）人。少為州郡吏，司徒鮑昱辟為辭曹，掌天下獄訟，決案甚平。撰《辭訟比》七卷，公府奉以為法。章帝初，擢為尚書。上疏請改前世為政苛刻之風，被章帝所採納。後因與外戚竇憲不和，出為太山太守。後轉廣漢太守，黜貪用賢，郡中清肅。和帝時擢為大司農，轉廷尉。理案務從寬恕，又省減苛刑條文。後為大鴻臚。永元十六年（西元一〇四年），拜司空。在位兩年，卒於官。見本書卷四十六。❼義　通「議」。議論。❽慘獄　獄中的酷刑。❾科　指判決、判處，亦指法令、律條。這裡引申為實施、動刑。❿割裂名都　指元和元年（西元八四年）四月分割東平國，分封東平憲王蒼之子劉尚為任城王之事。都，這裡指邦國。⓫崇建周親　優厚地分封親戚。崇，優厚。周親，至親；親戚。這裡指親戚。⓬簡賦　減少賦稅。⓭慶　善。《尚書‧呂刑》：「一人有慶，兆民賴之。」⓮體　體貼。《中庸》：「敬大臣也，體群臣也。」⓯忠恕　儒家的一種道德規範。忠，指盡心為人。恕，指推己及人。⓰文　美；善。《禮記‧樂記》：「禮滅而進，以進為文；樂盈而反，以反為文。」這裡引申為陶冶情操、美化心靈。⓱蕃輔　藩國。⓲群后　各方諸侯。這裡指各地方長官。⓳懋　盛大；美好。⓴濟濟　盛儀貌；美好貌。㉑愷悌　樂觀寬和、平易近人。㉒於穆　讚美的歎詞。㉓后　上古天子和諸侯皆稱后。㉔諒　確實。㉕惟　是。㉖淵體　淵博包容。形容學識淵博。㉗左右埶文　這裡指諸儒講《五經》同異，章帝親自裁定。左右，支配；影響。這裡引申為裁定之義。埶文，經籍。這裡特指儒家經典。㉘斟酌　安排；擺布。這裡引申為修訂之義。㉙思服　思念。㉚帝道　這裡指章帝的政治思想。㉛長懋　長久的勉勵。㉜儒館獻歌　形容文化昌盛。儒館，這裡泛指學術機構。㉝戎亭虛候　形容沒有戰爭。戎亭，軍事哨所。虛候，無意義、無結果的瞭望和偵查。㉞氣調　氣候和順。形容風調雨順。㉟時豫　按時令對政事預先就做了安排。豫，預先。

【語　譯】史家評論說：魏文帝稱「明帝為政過於苛察，章帝是德高望重的人」。章帝早就知道人們厭惡明帝為政苛刻，因此辦事遵從寬厚的原則。被陳寵的議論所感動，廢除了對罪犯的酷刑。深深地愛護百姓，頒行了〈胎養令〉。侍奉明德太后，盡心孝道。分割著名的王國，優厚地分封親戚。均平傜役，減少賦稅，因而人們受益於他的善政。又能用忠恕之道體貼臣下，用禮樂來陶冶他們的心靈，所以諸國王侯能夠和諧相處，地方官員能夠謙虛遜讓。稱他為德高望重的人，不是也很恰當嗎！他在位十三年，郡國獻上的祥瑞，與《河圖》、《洛書》相合的有數百上千處。啊，真偉大呀！

史官評議說：肅宗儀表堂堂，天性樂觀寬和、平易近人。啊，帝王之德多麼美好！確實是學識淵博。裁定經書異同，修訂法律和禮儀。思念帝王，弘揚他的政治思想，讓它長久地勉勵我們。儒館獻上頌歌，邊境設施虛設。風調雨順，又按時令預先對政事做了安排，因此，法令公平，人們富裕。

【研　析】章帝時期，東漢的社會經濟，特別是思想文化，都在光武帝和明帝盛世的基礎上有更大的發展，東漢王朝的發展至此達到頂峰階段。南宋學者胡寅在其〈跋唐十八學士畫像〉一文中曾認為唐太宗盡管是「不世出之君」，「貞觀之功極矣」，但「其禮樂道化無傳焉」。而自夏商周三代以後，「獨漢光武、明、章之治，庶幾於教者，可一變而王也。」（《斐然集》卷二十八）

章帝在位期間，重視農業生產，輕傜薄賦，鼓勵墾荒，促進了社會經濟的發展。在政治上，他一改光武帝、明帝的「嚴切」政治，實行「仁政」，優待外戚和宦官，寬待地方官吏，以調整統治集團的內部矛盾。為了配合「仁政」，他在思想文化上特別注重禮制建設。白虎觀會議的召開和《白虎通義》一書的編成，將儒學推向系統化、神學化，對此後中國歷代王朝的政治法律制度、思想意識、倫理道德，都產生了很大的影響。在法制建設上，他下令刪減了殘酷刑律五十餘條，廢除了對罪犯的酷刑，又頒布〈養胎令〉，優遇老人，加強社會救助，因而被人稱為「寬厚長者」。

章帝勤於政事，勵精圖治，曾多次東巡、南巡、西巡、北巡，以視察地方政治、了解民情。在對周邊少數民族問題的處理上，他在以政治解決問題的前提下，也不忘加強軍備，以期最終用軍事手段來徹底解決匈奴和西域問題。他重用竇后之兄竇憲，固然有寵愛皇后竇氏的因素，但最根本的原因還是他想利用竇憲的軍事才能以對付匈奴的威脅。在這一點上，章帝重用竇憲、竇固，與漢武帝重用衛青、霍去病如出一轍。到和帝時期，竇憲率大軍出塞，給北匈奴以致命打擊。而這個重大的軍事勝利，與章帝時期的軍事準備有著必然的因果聯繫。

然而，章帝的「仁政」也破壞了光武帝和明帝嚴格禁止外戚和宦官參與朝政的政策，造成了外戚和宦官這兩股勢力的惡性膨脹，開始登上了東漢王朝的政治舞臺，引發了和帝時期宮廷內部的激烈鬥爭。（徐立群注譯）

卷四

孝和孝殤帝紀第四

【題解】本卷為孝和帝劉肇和孝殤帝劉隆合紀。因殤帝在位僅一年，其本紀難以單獨成卷，故附於和帝之後以紀之。正因為如此，本卷的「論」、「贊」也與一帝一紀的正規體例不同，即和帝僅有「論」而無「贊」，殤帝無「論」，卷末之「贊」乃合贊和帝、殤帝。

劉肇（西元七九—一〇五年），章帝第四子，生母為梁貴人。建初七年，立為皇太子。章和二年，即皇帝位。即位時，年僅十歲，由竇太后臨朝聽政。永元四年與宦官鄭眾定計，誅滅專制朝政的竇氏家族，由此開始親政。元興元年卒，葬慎陵。廟號穆宗，諡孝和。

劉隆（西元一〇五—一〇六年），據稱是和帝幼子，出生僅百餘日便被鄧皇后從民間迎入宮中，繼承了皇位。殤帝即位後，鄧皇后被尊為皇太后，臨朝聽政。殤帝在位僅一年，便染病而死，葬於康陵，諡曰孝殤。以其年紀尚幼，不列於廟，就陵寢祭之而已。

孝和皇帝諱肇，肅宗❶第四子也。母梁貴人❷，為竇皇后❸所譖❹，憂卒，竇后養帝以為己子。建初❺七年，立為皇太子❻。

【章　旨】以上交代和帝的出身及被立為皇太子的經過。

【注　釋】❶肅宗　漢章帝劉炟。❷梁貴人　恭懷梁皇后（西元六四—八三年）。東漢章帝妃、和帝母。安定烏氏（今寧夏固原）人，褒親愍侯梁竦之女。幼年喪母，由伯母舞陽長公主（光武帝女）撫養。章帝建初二年，與其姐同時被選入掖庭，為貴人。建初四年，生和帝。章帝竇皇后恐梁氏得勢，建初八年，遂譖殺梁貴人之父梁竦。梁貴人姐妹遂以憂死。見本書卷十上。❸竇皇后　章帝章德竇皇后（？—西元九七年），扶風平陵（今陝西咸陽）人，大司空竇融曾孫女。建初二年，與其妹俱入選宮中。章帝見而悅之，次年立為皇后。寵幸殊特，專固後宮。誣殺宋貴人，廢太子慶為清河王。又奪梁貴人子養為己子，是為和帝。和帝即位，尊為皇太后。臨朝執政，其兄竇憲、弟竇篤、竇景並顯貴，專權獨斷，權傾一時。永元四年，和帝與宦官鄭眾謀誅竇氏，竇憲自殺，竇氏被迫歸政。卒葬敬陵。見本書卷十上。❹譖　誣陷。❺建初　東漢章帝劉炟年號，西元七六—八四年。❻皇太子　皇帝的繼承人。一般為皇帝的嫡長子，但也常有例外，由皇帝選定冊立。

【語　譯】孝和皇帝名叫劉肇，是肅宗的第四個兒子。母親梁貴人，被竇皇后誣陷，憂鬱而死。竇皇后撫養和帝，將他作為自己的兒子。建初七年，立為皇太子。

1 章和❶二年二月壬辰，即皇帝位，年十歲。尊皇后❷曰皇太后，太后臨朝。

2 三月丁酉，改淮陽❸為陳國，楚郡❹為彭城國，西平❺并汝南郡❻，六安❼復為廬江郡❽。遺詔徙西平王羨❾為陳王，六安王恭❿為彭城王。

3 癸卯，葬孝章皇帝于敬陵⓫。

4 庚戌，皇太后詔曰：「先帝以明聖⓬，奉承祖宗至德要道⓭，天下清靜，庶事⓮咸寧。今皇帝以幼年，煢煢⓯在疚⓰，朕且佐助聽政。外有大國賢王並為蕃屏，內有公卿⑰大夫⑱統理本朝，恭己⑲受成，夫何憂哉！然守文⑳之際，必有內輔㉑以參聽斷㉒。侍中㉓憲㉔，朕之元兄㉕，行能兼備，忠孝尤篤，先帝所器，親受遺詔，當以舊典㉖輔斯職焉。憲固執謙讓，節不可奪。今供養兩宮㉗，宿衛㉘左右，厥事已重，亦不可復勞以政事。故太尉㉙鄧彪㉚，元功㉛之族，三讓㉜彌高，海內歸仁，為群賢首，先帝褒表，欲以崇化。今彪聰明康彊，可謂老成黃耇㉝矣。其以彪為太傅㉞，賜爵關內侯，錄尚書事㉟，百官總己以聽㊱，朕庶幾得專心內位㊲。於戲！群公其勉率百僚㊳，各修厥職，愛養元元㊴，綏以中和㊵，稱朕意焉。」

5 辛酉，有司上奏：「孝章皇帝崇弘㊶鴻業㊷，德化㊸普洽㊹，垂意㊺黎民㊻，留念稼穡㊼。文加殊俗㊽，武暢㊾方表㊿，界(51)惟人面(52)，無思不服。巍巍蕩蕩(53)，莫與比隆。周頌(54)曰：『於穆(55)清廟(56)，肅雝(57)顯相(58)。』請上尊廟(59)曰肅宗，共進武德(60)之舞。」制(61)曰：「可。」

6 癸亥，陳王羨、彭城王恭、樂成王黨(62)、下邳王衍(63)、梁王暢(64)始就國。

7 夏四月丙子，謁高廟(65)。丁丑，謁世祖廟(66)。

8 戊寅，詔曰：「昔孝武皇帝(67)致(68)誅胡(69)、越(70)，故權收鹽鐵之利，以奉師旅之費。自中興(71)以來，匈奴(72)未賓，永平(73)末年，復修征伐。先帝即位，務休力役(74)，然猶深思遠慮，安不忘危，探觀舊典，復收鹽鐵，欲以防備不虞，寧安邊境。而吏多不良，動失其便，以違上意。先帝恨之，故遺戒郡國罷鹽鐵之禁，縱民煮鑄，入稅縣官如故事75。其申勑76刺史77、二千石，奉順聖旨，勉弘德化，布告天下，使明知朕意。」

9 五月，京師78旱。詔長樂少府79桓郁80侍講81禁中82。

10 冬十月乙亥，以侍中竇憲為車騎將軍83，伐北匈奴。

11 安息國84遣使獻師子、扶拔85。

【章　旨】以上記述從和帝即位到章和二年年末這一段時間中東漢政權的政治舉措和動向。

【注　釋】❶章和　東漢章帝劉炟年號，西元八七—八八年。❷皇后　章德竇皇后。❸淮陽　郡名。治所在陳（今河南淮陽），轄境約相當於今河南淮陽、鹿邑、太康、柘城、扶溝等地區。❹楚郡　郡、國名。治所在彭城（治今江蘇徐州）。轄境相當今山東微山縣，江蘇徐州、銅山縣、沛縣東南部，邳縣西北部及安徽濉溪縣東部。❺西平　縣、侯國名。西漢置。治今河南西平西。東漢建初七年（西元八二年），改置為西平侯國；章和二年（西元八八年），復改為縣。❻汝南郡　郡名。西漢故治上蔡（今河南上蔡西南），東漢移治平輿（今河南平輿北）。轄地約相當今淮河以北，河南項城、鄲城、周口以南，漯河以下的南汝河流域和安徽渦陽、蒙城、潁上以西等地區。❼六安　王、侯國名；縣名。秦置六縣，屬衡山郡，西漢改屬六安國轄地，東漢改名六安，屬廬江郡。治今安徽六安北。❽廬江郡　郡名。治所在舒縣（今安徽廬江縣西南）。轄境相當今安徽巢縣、舒城、霍山縣以南，長江以北，湖北黃梅、羅田，河南商城、固始等地。❾西平王羨　劉羨（？—西元九六年），明帝之子。永平三年，封為廣平王。博涉經書，有威嚴，章帝初與諸儒進論於白虎觀。建初七年，徙為西平王。章帝卒，遺詔徙為陳王，食淮陽郡租賦。其年始就國。凡立三十七年，永元八年卒，諡曰敬王。見本書卷五十。❿六安王恭　劉恭，東漢明帝之子。

永平九年，賜號靈壽王。十五年，封鉅鹿王。建初三年，徙封江陵王。元和二年，徙為六安王。章帝卒，遺詔徙封為彭城王。恭遵守法度，吏民敬之。凡立四十六年卒，謚為靖王。見本書卷五十。⑪敬陵　章帝陵墓（今河南洛陽東舊洛陽城東南約二十公里）。梁貴人於永元九年也葬於此。⑫明聖　明達聖哲。⑬至德要道　最高尚的道德和最精要的理念。⑭庶事　眾事；諸事。⑮煢煢　孤零貌。⑯在疚　意謂居喪。典出《詩・閔予小子》：「遭家不造，煢煢在疚。」疚，因喪事而悲痛。⑰公卿　對三公及諸卿等高級官員的統稱。⑱大夫　官名。秦漢官以大夫名者頗多，有御史大夫、諫大夫、光祿大夫、大中大夫等，秩自六百石至比二千石不等。多係中央政府的要職和顧問。⑲恭己　指帝王不必親問政事。⑳守文　遵守先王法度。㉑內輔　朝廷內的輔政大臣。㉒聽斷　處理政事。㉓侍中　官名。秦始置，為丞相屬官，往來殿中，入侍天子，故名侍中。漢因置，為天子近侍官，侍從皇帝、出入宮廷、顧問應對，但不是正式職官，也無定額，只作為官員本官外新加稱號，為加官。東漢地位日尊，由加官發展成秩比二千石的實職，為皇帝心腹，多以外戚，功臣子弟及師儒重臣擔任。㉔憲　竇憲（？—西元九二年），字伯度，扶風平陵（今陝西咸陽）人。竇勳子。章帝建初二年，其妹被立為皇后，竇憲因此而被任命為郎，遷侍中、虎賁中郎將。和帝即位，竇太后臨朝，以侍中操縱朝政。永元元年，以車騎將軍率軍出塞，擊破北匈奴於稽落山。因功拜為匽侯、汝陽侯、夏陽侯。竇氏父子兄弟並居列位，權傾朝廷。永元四年，和帝與宦官鄭眾定議誅滅竇氏，遣謁者僕射收其大將軍印綬，更封為冠軍侯，並遣就國。憲與弟篤、景等至國，皆被迫自殺。見本書卷二十三。㉕元兄　長兄。㉖舊典　舊時的典章制度。㉗兩宮　即帝宮、太后宮。㉘宿衛　在宮中守夜警衛。㉙太尉　官名。秦置，金印紫綬，掌軍事。漢因之，尊與丞相等，並御史大夫合稱三公。其職掌武事，但無發兵、領兵之權，僅作為武將的最高榮譽銜，為皇帝軍事顧問。武帝元狩四年（西元前一一九年）改名為大司馬。東漢建武二十七年（西元五一年）復稱太尉，綜理軍政，職權漸重，與司徒、司空合稱三公，地位最尊。㉚鄧彪　（？—西元九三年），字智伯，南陽新野人。累官至桂陽太守。永平十七年，徵入為太僕。章帝初，拜奉車都尉，遷大司農。建初六年，拜太尉。在其位四年，清廉自守，為百官楷模。和帝即位，以為太傅，錄尚書事，賜爵關內侯。時竇憲專權，而鄧彪在位僅能潔身自好而已，不能有所匡正。見本書卷四十四。㉛元功　指佐興帝業者。這裡指高密侯鄧禹。鄧彪是鄧禹後代。㉜三讓　鄧彪之父鄧邯，東漢初以功封鄳侯。鄧邯卒，鄧彪將封國讓給異母弟鄧鳳繼承。《論語》：「太伯三以天下讓，民無得而稱焉。」鄭玄注云：「太伯，周大王之長子，欲讓其弟季歷。大王有疾，太伯因適吳、越采藥，大王薨而不返，季歷為喪主，一讓也；季歷赴之，不來奔喪，二讓也；終喪之後，遂斷髮文身，三讓也。」鄧彪將封國讓給弟弟，故以比之。㉝老成黃耇　指德高望重的老臣。老成，指老而有成德。黃耇，老人。㉞太傅　官名。三公之一，與太師、太保並為上公，位三公上。東漢時，上公僅置太傅，其錄尚書事者，參預朝政，不加錄尚書事者則無常職。㉟錄尚書事　官名。秦時，尚書屬少府，主管文書。至西漢，隨尚書職權的擴大，掌樞要之大臣，加領尚書事，則職權更大。到東漢，改稱錄尚書事，則是掌權的宰相了。㊱百官總己以聽　語見《尚書・伊訓》、《尚書・無逸》，及《論語・憲問》。原以殷高宗武丁為例，謂國君死後，繼位君王居喪三年不問政治，各部官員皆聽命於冢宰。㊲內位　皇后之位。㊳百僚　百官。㊴元元　庶民；民眾。㊵中和　中正平和。㊶崇弘　弘揚；推崇光大。㊷鴻業　大業，多指帝王事業。㊸德化　道德教化。㊹普洽　遍及；普施。㊺垂意　關懷；關心。㊻黎民　百姓。㊼稼穡　播種曰稼，收穫曰穡。泛指農業生產。㊽殊俗　風俗不同的地方，借指異族。㊾暢　暢達；通達。㊿方表　四方之外，指極遠之地。(51)界　在……範圍內。(52)人面　指人。(53)巍巍蕩蕩　原為孔子讚美帝堯之詞。《論語》：「巍巍乎其有成功，蕩蕩乎人無能名焉。」(54)周頌　《詩》中「頌」的一部分。三十一篇。大多為西周初年的作品。是當時統治者用以祭祀的詩歌。(55)於穆　歎美之詞，形容助祭者肅敬雍和。(56)清廟　指周文王之廟。(57)肅雝　莊嚴雍容，整齊和諧。形容祭祀時的氣氛和音樂聲。(58)顯相　指有名望的公卿諸侯參加的助祭。(59)尊廟　尊貴的廟號。(60)武德　樂舞名。漢高祖四年創制。意謂行武以除暴亂。參加舞蹈者均執干戚，故名。(61)制　帝王的書面命令。(62)樂成王黨　劉黨（西元五六—九六年），東漢明帝之子。永平九年，賜號重熹王。十七年，封樂成王。善書法，不守法度。章帝卒，始就國。以生活荒淫，為國相所舉奏，坐削二縣。卒諡靖王。見本書卷五十。(63)下邳王衍　劉衍（?—西元一二五年），東漢明帝之子。永平十五年，立為下邳王。章帝末始就國，後因病而昏亂不明。卒諡惠王。見本書卷五十。(64)梁王暢　劉暢（?—西元九八年），東漢明帝之子。永平十五年，封為汝南王，以母陰貴人有寵，國土租入倍於諸國。建初四年，徙為梁王。章帝末就國。歸國後，暢受人誘惑，有稱帝之意，為有司所奏，而和帝對之採取寬容態度。暢感悟，上疏自請裁除封土，和帝不許。凡立二十七年，永元十年卒，諡曰節王。見本書卷五十。(65)高廟　宗廟名。即兩漢帝王祭祀祖宗之廟堂。其故址有三：其一是西漢在長安所建的高廟（今陝西西安西北郊）。其二是東漢在沛縣（今江蘇沛縣）所建的高原廟。其三是東漢在都城洛陽所建的高廟（今河南洛陽東白馬寺一帶）。此指洛陽的高廟。(66)世祖廟　宗廟名。即東漢光武帝劉秀之廟。東漢劉秀帝廟號世祖，故名。故址在今河南洛陽東白馬寺一帶。(67)孝武皇帝　漢武帝劉徹（西元前一五六—前八七年）。西元前一四一—前八七年在位。在政治上，削弱王國的割據勢力。在思想上，採納董仲舒「罷黜百家，獨尊儒術」的建議，以鞏固中央集權。在經濟上，將冶鐵、煮鹽收歸官營，以充實國家經濟實力。在外交上，派張騫等出使西域。在軍事上，派遣衛青、霍去病率大軍擊敗匈奴。其統治期間，漢朝臻於極盛。卒葬茂陵，廟號世宗，諡孝武。(68)致　致力於。(69)胡　中國古代對北方和西域各族的泛稱；也泛指一切外國為「胡」。多含輕視之意。(70)越　指南越。古代南方越人的一支。一作南粵。秦於其地置桂林、南海和象郡。秦末，龍川令趙佗兼併三郡，建立南越國。漢武帝元鼎六年（西元前一一一年）滅南越，設置九郡。(71)中興　由衰落重新興盛。這裡指東漢建立。(72)匈奴　先秦至漢代時北方強大的游牧民族。戰國中後期，分布在陰山南北。秦漢之際，匈奴東擊東胡，滅東胡王；西擊走月氏；南並樓煩、白羊河南王，繼侵燕代。其控制地區東從遼東乃至朝鮮半島北部，西抵祁連山北至天山一帶，領有大漠南北（今內蒙古、蒙古）廣大地區。在漢武帝大規模反擊匈奴以後，其勢力漸衰。此後，匈奴呼韓邪單于一部附漢。東漢建武二十四年（西元四八年）匈奴分裂為南北二大部，南下附漢的稱為南匈奴，留居漠北的稱為北匈奴。南匈奴屯居朔方、五原、雲中（在今內蒙古境）等郡，東漢末分為左、右、南、北、中五部。北匈奴在漢和帝時被東漢與南匈奴所擊敗，大部匈奴內遷附漢，部分西遷到中亞等地。(73)永平　東漢明帝劉莊年號，西元五八—七五年。(74)力役　徵用民力。(75)故事　舊例；昔日的典章制度和慣例。(76)申敕　告誡、發布命令。(77)刺史　官名。漢武帝元封五年（西元前一〇六年）設「十三部刺史」，督察郡國，官階低於郡守。成帝綏和元年（西元前八年）改為州牧。東漢建武十八年復為刺史。(78)京師　首都的舊稱。(79)長樂少府　官名。漢制，太后宮官皆冠以宮名。景帝置長信詹事掌太后宮事務，後更名為長信少府。平帝元始四年（西元四年），因皇太后居宮復長樂舊稱，故更名長樂少府。其少府與太僕、衛尉並為太后三卿，其位居中宮少府、少府正卿之上。無太后則缺，太后崩則省。(80)桓郁　（？—西元九三年），字仲恩，沛郡龍亢（今安徽懷遠）人。關內侯桓榮之子。少以父任為郎。敦厚篤學，傳父業，以《歐陽尚書》教授門徒。父卒，襲爵。明帝常問以政事，命為侍中，以監虎賁中郎將。永平十五年，入授皇太子經。遷越騎校尉，再遷屯騎校尉。和帝即位，遷長樂少府，講經於宮中。歷遷侍中奉車都尉、太常而卒。見本書卷三十七。(81)侍講　給皇帝講學。(82)禁中　宮中。秦漢制，皇帝宮中稱禁中，謂門戶有禁，非侍衛及通籍之臣，不得入內。(83)車騎將軍　官名。漢制，車騎將軍位大將軍、驃騎將軍之後，金印紫綬，地位相當於上卿或比三公，典京師兵衛，掌宮衛。東漢末分左右。(84)安息國　國名。西亞古國之一。音譯帕提亞。本波斯帝國一行省，位於今伊朗高原東北部一帶。後隸屬亞歷山大帝國及塞琉西王國。阿薩息斯一世稱王，建阿薩息斯王朝。中國史書多稱其為安息。西元前二世紀後半葉，即西漢張騫赴西域時，安息國領有全部伊朗高原及兩河流域地區，為西亞大國。初建都尼薩，後西遷至埃克巴坦那和忒息豐。漢武帝時至東漢末年，安息是羅馬帝國與漢進行貿易、交通的必經之地。安息國勢強盛時，東與貴霜、西與羅馬帝國抗衡。西元二世紀末轉衰。西元二二六年安息被滅，為薩珊波斯所取代。(85)扶拔　一作「符拔」。獸名。似麒麟而無角。

【語　譯】章和二年二月壬辰日，即皇帝位，年齡十歲。尊崇皇后為皇太后，太后臨朝聽政。

2 三月丁酉日，改淮陽郡為陳國，楚郡為彭城國，西平縣併入汝南郡，六安恢復為廬江郡。章帝在遺詔中命令將西平王劉羨改封為陳王，六安王劉恭改封為彭城王。

3 癸卯日，安葬孝章皇帝於敬陵。

4 庚戌日，皇太后詔令說：「先帝憑藉超凡的聰明和睿智，繼承祖宗最高尚的道德和最精要的理念，做到了天下清靜，萬事安寧。現今因皇帝年幼，孤苦伶仃，為父守喪而感到悲傷，朕只好暫且幫助他處理政事。在外有大國的賢明諸侯王共同成為我們的藩籬屏障，在內有公卿大夫統轄和管理朝廷的政務，朕不用做什麼便能獲得政治成就，有什麼可擔憂的呢！然而，在遵循先王法度的時候，朝廷內必定要有輔政大臣參與處理政事。侍中竇憲，是我的長兄，德才兼備，忠心和孝心尤其真切深厚，被先帝所器重，親身接受遺詔，應當依照舊例輔佐朝廷大政。但是，竇憲執意謙讓，不能強行改變他的節操。他現今侍候兩宮，宿衛在兩宮左右，這些事務已經很繁重了，也不能再用政事來勞累他了。前太尉鄧彪，是開國元勳的後裔，有『三讓』之風，品德更加高尚，海內稱許他的仁德，認為他在眾多的賢人中當居於首位，先帝對他加以表揚，想用他的事跡來進一步推動教化。現今鄧彪耳不聾眼不花、健康強壯，可稱得上是年老而有道德的人。現任命鄧彪為太傅，賜予關內侯爵位，錄尚書事，百官統管好自己的職事，都要聽從鄧彪的命令。這樣，朕也就可以安心做皇太后了。啊！諸公要努力率領百官，各自做好自己職務內的事情，愛惜和撫育百姓，用中正平和的政治來治理，以滿足朕的意願。」

5 辛酉日，有關機構上奏說：「孝章皇帝弘揚帝王大業，道德教化遍及天下，關懷黎民百姓，關注農業生產。文治施加於不同風俗的地域，武功通達到極其遙遠的地方，只要是有人的地方，沒有人不服從的。巍巍功業皇恩浩蕩，其興盛無與倫比。〈周頌〉說：『清廟啊，莊嚴肅穆；參加祭祀的公卿諸侯啊，雍容整齊。』現請求為先帝加上尊貴的廟號，定為肅宗，共進《武德》之舞。」制書說：「可以。」

6 癸亥日，陳王劉羨、彭城王劉恭、樂成王劉黨、下邳王劉衍、梁王劉暢開始離開京師，去了他們各自的封國。

7 夏季四月丙子日，拜謁高帝廟。丁丑日，拜謁世祖廟。

8 戊寅日，下詔說：「過去孝武皇帝致力於討平胡、越，所以暫且收回鹽鐵之利，以供軍隊開支。自從中興以來，匈奴未曾歸服，永平末年，又興起征伐。先帝即位，致力於休養民力，但仍能深謀遠慮，安不忘危，探求舊時的制度，重新收回鹽鐵之利，想藉此防備意外事變，保衛邊境安寧。然而，官吏中卻多有不良之徒，使此事推行起來往往失去了它的便利，因而違背了皇上的心意。先帝對此感到憤恨，所以派遣使者告誡郡國解除對鹽鐵的禁權，聽任民眾煮鹽鑄鐵，依照舊例向朝廷交納稅錢。可告誡刺史、太守，要遵照聖旨辦事，努力弘揚道德教化，向天下發布公告，使人們明確知道朕的心意。」

9 五月，京師出現乾旱。詔令長樂少府桓郁入宮，為皇帝講學。

10 冬季十月乙亥日，任命侍中竇憲為車騎將軍，討伐北匈奴。

11 安息國派遣使者進獻獅子、扶拔。

1 永元❶元年春三月甲辰，初令郎官❷詔除者得占❸丞❹、尉❺，以比秩為真❻。

2 夏六月，車騎將軍竇憲出雞鹿塞❼，度遼將軍❽鄧鴻❾出稒陽塞❿，南單于⓫出滿夷谷⓬，與北匈奴戰於稽落山⓭，大破之，追至私渠比鞮海⓮。竇憲遂登燕然山⓯，刻石勒功而還。北單于⓰遣弟右溫禺鞮王⓱奉奏貢獻。

3 秋七月乙未，會稽山⓲崩。

4 閏月丙子，詔曰：「匈奴背叛，為害久遠。賴祖宗之靈，師克⓳有捷，醜虜⓴

破碎，遂掃厥庭㉑，役不再籍㉒，萬里清蕩㉓，非朕小子㉔眇身㉕所能克堪㉖。有司其案舊典，告類㉗薦功㉘，以章㉙休烈㉚。」

5 九月庚申，以車騎將軍竇憲為大將軍㉛，以中郎將㉜劉尚㉝為車騎將軍。

6 冬十月，令郡國弛刑㉞輸作㉟軍營。其徙㊱出塞者，刑雖未竟，皆免歸田里。

7 庚子，阜陵王延㊲薨㊳。

8 是歲，郡國九大水。

【章　旨】以上記述東漢出兵進攻北匈奴的事情。

【注　釋】❶永元　東漢和帝劉肇年號，西元八九—一〇五年。❷郎官　泛指中郎、侍郎、郎中等官。❸占　自報；自選。❹丞　官名。秦郡守佐官有丞，漢因之，並於縣令長下置丞。縣丞除佐縣令長之外，還兼主刑獄囚徒、錢糧倉儲並署文書，秩四百石至二百石。❺尉　官名。秦漢時，郡縣均設尉。縣尉，大縣二人，小縣一人，主盜賊。❻以比秩為真　漢代的秩俸有二十等，其中又有「真」、「比」的區別。如二千石下有比二千石，千石下有比千石，百石下有比百石等等。在其秩俸等級中，不帶「比」的即為「真」。同一類中的「真」秩高於「比」秩。《漢官儀》：「羽林郎出補三百石丞、尉，自占丞、尉。小縣丞、尉三百石，其次四百石，比秩為真，皆所以優之。」❼雞鹿塞　軍事要塞名，古代貫通陰山南北交通要塞。舊址在今內蒙古磴口縣（巴彥高勒）西北哈隆格乃峽谷南口。❽度遼將軍　雜號將軍之一，兩漢時均設此名號。❾鄧鴻　南陽新野人，鄧禹少子。明帝時，以為小侯，與議邊境之事，帝以為能，拜將兵長史，率五營兵屯駐鴈門。章帝時，為度遼將軍。和帝初，與竇憲率兵出擊北匈奴，有功，徵入為光祿勳，行車騎將軍事。永元七年（西元九五年），南匈奴單于安國從弟子逢侯率叛胡亡出塞，鴻率兵追擊，坐逗留，下獄死。見本書卷十六。❿稒陽塞　軍事要塞名。舊址在今內蒙古自治區固陽境內。⓫南單于　南匈奴君主。東漢初年，匈奴內部因爭奪權位，發生分裂。建武二十四年，匈奴薁鞬日逐王比，遣使求內附，光武帝許之。比遂自立為南單于，匈奴自此分為南北二部。單于，匈奴君主。⑫滿夷谷　山谷名。在今內蒙古自治區固陽南。⑬稽落山　山名。在今蒙古國烏蘭巴托西南部。東漢永元元年竇憲等於此大破北匈奴。⑭私渠比鞮海　湖泊名。一作私渠北鞮海，又作私渠海。在今蒙古國巴彥洪戈爾境內。漢時，匈奴河源出杭愛山脈西南，南流至今巴彥察幹匯入私渠海。⑮燕然山　即今蒙古國的杭愛山。⑯北單于　北匈奴君主。⑰右溫禺鞮王　匈奴官名。漢代匈奴單于子弟為大臣者以王稱。有左、右溫禺鞮王，位次左、右日逐王，合左、右漸將王，共稱為「六角」。⑱會稽山　山名。在今浙江中部紹興、嵊縣、諸暨、東陽間。相傳夏禹至苗山（或作茅山、防山）大會諸侯，計功封爵，始名會稽（即會計之意）。又傳秦始皇曾登此以望南海，故又名秦望山。⑲克　能夠。⑳醜虜　猶言群虜，眾虜。虜，對敵人的蔑稱。㉑厥庭　指單于庭，即匈奴王庭。㉒役不再籍　意為不再徵集士兵。役，士卒；服兵役的人。籍，徵集。㉓清蕩　清掃而空、掃蕩而平。㉔朕小子　意為「我這個小孩子」。帝王的自謙辭。㉕眇身　微末之身。帝王帝后的自謙辭。㉖克堪　勝任。㉗告類　祭告上天之禮。特指皇帝即位或立皇太子等特殊重大事件而舉行的非常之祭。㉘薦功　獻功。㉙章　顯著；表彰。㉚休烈　盛美的事業。休，善美。烈，功烈；事業。㉛大將軍　官名。戰國時設，兩漢因之。金印紫綬，地位因人而異，與三公相上下，與丞相相當。自西漢武帝時起領錄尚書事，外主征戰，內秉國政，權勢超過丞相。東漢多以貴戚擔任，位在三公之上。㉜中郎將　官名。為中郎的長官。武帝設中郎三將，分五官、左、右三署，隸光祿勳，秩皆比二千石。職掌護衛侍從天子。至東漢，三署中郎將主要協助光祿勳考課察舉三署諸郎。東漢還遣中郎將領兵，遂增設東、西、南、北四中郎將，以征討四方，類似將軍。另有虎賁中郎將、使匈奴中郎將等。㉝劉尚　南陽蔡陽（今湖北棗陽）人，宜春侯劉匡之子。章帝末，為中郎將。和帝永元元年（西元八九年），為車騎將軍。旋為執金吾。九年，燒當羌寇隴西，劉尚被任命為行征西將軍，率軍討破之。㉞弛刑　不加枷鎖的服刑罪犯。弛，同「弛」。㉟輸作　因犯罪而罰作勞役。㊱徙　流放。㊲阜陵王延　劉延（？—西元八九年），光武帝之子。建武十五年，封淮陽公。十七年，進爵為王，二十八年就國。生性驕奢，對下屬苛刻。永平中，人或告其招奸猾，作圖讖，祠祭祝詛，有司請誅之。明帝特為優饒，僅徙封為阜陵王。建初元年冬，有人告其與兒子劉魴企圖謀反，章帝乃降封其為阜陵侯，派謁者一人監護其國，禁止其與吏人接觸。章和元年，復封為阜陵王。延凡立五十一年卒，諡為質王。見本書卷四十二。㊳薨　周代稱諸侯之死為薨。《禮記・曲禮下》：「天子死曰崩，諸侯曰薨。」唐以後稱二品以上官員之死為薨。

【語　譯】永元元年春季三月甲辰日，初次下令規定：由詔書任命的郎官，可以自己選擇出任縣丞或是縣尉，品秩由比秩升為真秩。

2 夏季六月，車騎將軍竇憲從雞鹿塞出兵，度遼將軍鄧鴻從稒陽塞出兵，南單于從滿夷谷出兵，與北匈奴戰於稽落山，大破北匈奴軍隊，追擊至私渠比鞮海。竇憲於是登上燕然山，刻石記功而回。北單于派其弟右溫禺鞮王至京師奉上貢獻物品。

3 秋季七月乙未日，會稽山發生崩塌。

4 閏月丙子日，下詔說：「匈奴背叛，為害久遠。憑籍祖宗神靈，軍隊獲得勝利，醜虜潰不成軍，最終掃平了匈奴王庭，不用再度徵調士兵，萬里清平空蕩，這不是朕這個小孩子小小的身軀所能勝任的。有關機構查考舊時的制度，祭天獻功，以彰顯盛大的功績。」

5 九月庚申日，以車騎將軍竇憲為大將軍，以中郎將劉尚為車騎將軍。

6 冬季十月，命令將郡國弛刑徒罰往軍營服勞役。弛刑徒流放出邊塞的，刑期雖沒服完，一律免罪放回故鄉。

7 庚子日，阜陵王劉延去世。

8 這一年，有九個郡國發大水。

1 二年春正月丁丑，大赦天下。

2 二月壬午，日有食之。

3 己亥，復置西河❶、上郡❷屬國都尉❸官。

4 夏五月庚戌，分太山❹為濟北國，分樂成❺、涿郡❻、勃海❼為河閒國❽。丙辰，封皇弟壽⑨為濟北王，開⑩為河間王，淑⑪為城陽王，紹⑫封故淮陽王昞⑬子側⑭為常山王。賜公卿以下至佐史⑮錢布各有差。

5 己未，遣副校尉⑯閻磐討北匈奴，取伊吾盧⑰地。

6 丁卯，紹封故齊王晃⑱子無忌⑲為齊王，北海王睦⑳子威㉑為北海王。

7 車師前、後王㉒並遣子入侍㉓。

8 月氏國㉔遣兵攻西域長史㉕班超㉖，超擊降之。

9 六月辛卯，中山王焉㉗薨。

10 秋七月乙卯，大將軍竇憲出屯涼州㉘。九月，北匈奴遣使稱臣㉙。

11 冬十月，遣行中郎將㉚班固㉛報命㉜。南單于遣左谷蠡王㉝師子㉞出雞鹿塞，擊北匈奴於河雲㉟北，大破之。

【章　旨】以上記述和帝永元二年所發生的大事。其中，有關西域和北匈奴的事情是記述的重點。

【注　釋】❶西河　郡名。西漢故治平定（今內蒙古東勝境內），東漢永和五年移治離石（今山西離石）。轄境約相當於今山西隰縣以北，偏關以南與陝西延安以北的兩省交界的黃河流域地區，兼有內蒙古河套地區的黃河以南的東勝、伊金霍洛和準噶爾等地區。❷上郡　郡名。治所在膚施（今陝西榆林東南）。兩漢轄境約相當於今陝西北部和內蒙古烏審旗等地。❸屬國都尉　官名。掌邊郡安置歸屬的少數民族。秩比二千石，分治所屬縣，職掌與郡守同。❹太山　郡名。又作泰山郡。東漢故治奉高（今山東泰安東）。轄境約相當今山東泰安、萊蕪、新汶、平邑、費縣等地。❺樂成　縣名。東漢初，屬信都國（今河北冀州）。和帝永元二年（西元九〇年）五月，分樂成、涿郡、勃海復為河閒國。樂成故城在今河北獻縣東南。❻涿郡　郡名。治今河北涿州。東漢轄境約相當於今河北保定以北，霸縣、固安以西，北京房山區以南，太行山以東地區。❼勃海　郡名。勃，一作「渤」。西漢故治浮陽（今河北滄州東南）。東漢移治南皮（今河北南皮東北）。轄境約相當於今天津以南、河北南運河以東，山東馬頰河以北，包括靜海、滄州、寧津、樂陵、無棣等地區。❽河閒國　故治樂成（今河北獻縣東南）。轄境約相當於今河北獻縣、交河、阜城、河間、肅寧、高陽、任丘、安新、雄縣、文安、青縣、大城等地。❾壽　劉壽。東漢章帝之子，母為申貴人。永元二年，封濟北王，分太山郡為國。但和帝遵循肅宗故事，兄弟皆留京師不遣。和帝卒，乃就國。凡立三十一年卒，諡為惠王。見本書卷五十五。❿開　劉開（？—西元一三一年），東漢章帝之子。永元二年，封為河閒王。延平元年始就國，在國奉遵法規，吏民敬之。凡立四十二年卒，諡為孝王。見本書卷五十五。⓫淑　劉淑（？—西元九四年），東漢章帝之子。永元二年，封城陽王，分濟陰為國。凡立五年卒，葬於京師，諡為懷王。以無子，國除。見本書卷五十五。⓬紹　繼承。⓭淮陽王昞　劉昞，東漢明帝之子。永平十五年，封為常山王。建初四年，徙為淮陽王。章和元年卒，諡為頃王。見本書卷五十。⓮側　劉側（？—西元一〇二年），淮陽頃王劉昞之子。昞卒，未及立嗣。永元二年，和帝以側為常山王，奉昞後。凡立十三年卒，葬於京師，諡為殤王。見本書卷五十。⓯佐史　泛指郡縣所屬小吏。⓰副校尉　東漢時，在邊境地區或少數民族地區，設副校尉一職，為領兵者的副手。在西域都護、使匈奴中郎將之下，均設有副校尉一職。⓱伊吾盧　城邑名。簡稱伊吾。故址即今新疆哈密城。本為匈奴呼衍王庭。東漢永平十六年（西元七三年）取之以通西域，置宜禾都尉，為屯田、兵鎮之所。其後東漢與匈奴常戰於此。⓲齊王晃　劉晃，齊武王劉縯曾孫，齊煬王劉石之子。石卒，嗣爵為王。在位十七年，因與弟劉剛同母太姬宗更相誣告，章和元年（西元八七年），為有司所奏，貶為蕪湖侯。旋病卒。見本書卷十四。⓳無忌　劉無忌（？—西元一四一年），蕪湖侯劉晃之子。晃卒，無忌嗣爵。章帝以其為劉縯玄孫，父因罪而貶爵為侯，遂遺令復封為王。和帝永元二年，封為齊王。凡立五十二年卒，諡為惠王。見本書卷十四。⓴北海王睦　劉睦（？—西元七四年），南陽蔡陽（今湖北棗陽）人，北海靖王劉興之子。少好學，博通書傳，尤善書法，為光武帝、明帝所喜愛。卒諡敬王。見本書卷十四。㉑威　劉威（？—西元九六年），北海敬王劉睦庶子。初封斟鄉侯，永元二年，立為北海王，以奉睦後。立七年，以有罪檻車徵詣廷尉，途中自殺。見本書卷十四。㉒車師前後王　指西域屬國之一車師前部國王和車師後部國王。車師前部國王時為尉卑大。車師後部國王時為涿鞮。㉓入侍　入朝侍候皇帝。但這裡的「入侍」只是一種名義，實際上就是留為人質。㉔月氏國　國名；族名。月氏，一作月支、月氏胡。秦漢之際，游牧於敦煌、祁連間。西漢文帝前元三至四年（西元前一七七—前一七六年）

間，遭受匈奴攻擊，大部西遷至今新疆西部伊犁河流域及其西部一帶，史書上稱之為大月氏；少數沒有西遷的移入南山（今祁連山），與西羌各部雜居，稱為「小月氏」。在月氏人未西遷之前，史書上統稱月氏人居地為月氏國。當時也有人輕蔑地稱為「月支胡」。月氏人大部分西遷以後，故也分別稱為「大月氏胡」與「小月氏胡」。㉕西域長史　官名。原為西域都護的屬官，但章帝不設西域都護，故此時的西域長史實際上是東漢政權派駐西域的最高長官。㉖班超　（西元三二—一〇二年），字仲升，扶風安陵（今陝西咸陽）人，班彪之子。永平十六年，隨奉車都尉竇固出擊匈奴，多有功，遂留鎮西域。建初八年，拜將兵長史。永元三年，任西域都護。永元七年，封定遠侯。永元十四年，徵還京師，拜射聲校尉。不久，病卒。見本書卷四十七。㉗中山王焉　劉焉（？—西元九〇年），光武帝之子，郭皇后所生。建武十五年，封左翊公。建武十七年，進爵為王。建武三十年，徙封中山王。卒諡簡王。見本書卷四十二。㉘涼州　西漢武帝置「十三刺史部」之一。東漢時治所在隴縣（今甘肅張家川回族自治縣）。轄境約相當今甘肅、寧夏、青海湟水流域，陝西定邊、吳旗、鳳縣、略陽和內蒙古額濟納旗一帶。㉙稱臣　向對方表示臣服，願為其臣子。㉚行中郎將　攝行中郎將職事。行，漢代以低級職務行使高級職務的權力稱「行」。㉛班固　（約西元三二—九二年），字孟堅，扶風安陵人，班彪之子，班超之兄。歷任蘭臺令史、校書郎等職。潛精積思二十餘年，修成《漢書》。章帝時，遷玄武司馬，撰《白虎通義》。和帝永元元年，大將軍竇憲出征匈奴，以其為中護軍，後又行中郎將事。及竇憲失勢，坐免官。不久為人所陷，下獄死。見本書卷四十上。㉜報命　報聘；報答來訪者。㉝左谷蠡王　漢代南匈奴官名。漢代南匈奴單于子弟為大臣者以王稱，有左右賢王和左右谷蠡王，合稱「四角」。其中以左賢王為最尊，左谷蠡王次之，右賢王又次之，右谷蠡王居最末。「四角」高於「六角」。「六角」即左右日逐王、左右溫禺鞮王、左右漸將王。㉞師子　東漢時南匈奴醢僮屍逐侯鞮單于之子。明帝永平中，封薁鞮日逐王。章帝元和二年（西元八五年），率輕騎數千出塞掩襲北匈奴，斬獲千人。和帝初，為左谷蠡王。永元五年（西元九三年），以次轉為左賢王。因與單于安國不睦，別居五原界。次年，安國死，師子得立為單于，號亭獨屍逐侯鞮單于。永元十年，病卒。㉟河雲　地區名。故地即今蒙古國吉爾吉斯湖以西至科布多河之間一帶地區。

【語　譯】永元二年春季正月丁丑日，大赦天下。

2 二月壬午日，發生了日蝕。

3 己亥日，重新設置了西河、上郡二郡屬國的都尉官職。

4 夏季五月庚戌日，分太山郡之地為濟北國，分樂成、涿郡、勃海三郡之地為河間國。丙辰日，封皇弟劉壽為濟北王，劉開為河間王，劉淑為城陽王，續封前淮陽王劉昞之子劉側為常山王。賞賜錢幣給百官，上自公卿，下至佐史，數量各不等。

5 己未日，派遣副校尉閻磐率兵討伐北匈奴，奪取了伊吾盧之地。

6 丁卯日，續封前齊王劉晃之子劉無忌為齊王，北海王劉睦之子劉威為北海王。

7 車師前王和後王都派遣其子到洛陽入侍。

8 月氏國派兵攻打西域長史班超，班超攻擊他們並迫使其投降。

9 六月辛卯日，中山王劉焉去世。

10 秋季七月乙卯日，大將軍竇憲出屯涼州。九月，北匈奴派遣使者向漢朝稱臣。

11 冬季十月，派遣行中郎將班固回訪匈奴南單于。南單于派遣左谷蠡王師子從雞鹿塞出兵，在河雲以北進攻北匈奴，將他們打得大敗。

1 三年春正月甲子，皇帝加元服[1]，賜諸侯王、公[2]、將軍、特進[3]、中二千石、列侯[4]、宗室子孫在京師奉朝請[5]者黃金，將[6]、大夫、郎吏[7]、從官[8]帛。賜民爵及粟帛各有差，大酺[9]五日。郡國、中都官[10]繫囚[11]死罪贖縑[12]，至司寇[13]及亡命[14]，各有差。庚辰，賜京師民酺[15]，布兩戶共一匹。

2 二月，大將軍竇憲遣左校尉[16]耿夔[17]出居延塞[18]，圍北單于於金微山[19]，大破之，獲其母閼氏[20]。

3 夏六月辛卯，尊㉑皇太后母比陽公主㉒為長公主。

4 辛丑，阜陵王种㉓薨。

【章旨】以上記述和帝永元三年上半年所發生的大事。其中，和帝加冠禮、耿夔擊北匈奴是其記述的重點。

【注釋】❶加元服　即加冠冕之禮。元，指頭。❷公　三公的簡稱。東漢以太尉、司徒、司空為三公。三公爵皆列侯，位高祿厚，名義還分轄九卿，但軍國要務，多由皇帝近臣尚書辦理，實權削弱。❸特進　漢制，凡大臣中功高望重為朝廷所敬異者，賜位特進，以示恩寵。其地位在三公之下，二千石之上。❹列侯　秦制爵分二十級，徹侯位最高。漢承秦制，後避漢武帝劉徹名諱，改徹侯為通侯，或稱列侯。❺奉朝請　定期參加朝會。朝請，春秋朝見天子。春天朝見皇帝稱「朝」，秋天朝見皇帝稱「請」。漢代制度，退休大臣、將軍和皇室、外戚多以奉朝請的名義參加朝會。❻將　低於將軍的武官。❼郎吏　即郎官。❽從官　指君主的隨從、近臣。❾大酺　由君主頒賜的大宴飲。❿中都官　漢代對京師諸官府及官員之稱。⓫繫囚　在押的囚犯。⓬縑　微帶黃色的細絹。⓭司寇　刑罰名。即罰往邊地戍守防敵。司，或作「伺」。⓮亡命　負罪逃亡。⓯酺　由君主頒賜的宴席。相對上文的「大酺」而言，這裡的「酺」當為小宴。⓰左校尉　官名。秦時軍隊編制，一部為一校，有左右校之稱。兩漢校置左、右校尉領之。⓱耿夔　字定公，扶風茂陵人。耿弇之姪。和帝永元初，為車騎將軍竇憲假司馬，北擊匈奴，轉騎都尉。永元三年（西元九一年），為大將軍左校尉。擊匈奴有功，封夔粟邑侯。竇憲失勢自殺，耿夔亦免官。後復為長水校尉，歷任五左太守、遼東太守、雲中太守。後數次出任度遼將軍，但均坐事免官，病卒於家。見本書卷十九。⓲居延塞　關塞名。漢武帝太初三年（西元前一〇二年），令伏波將軍路博多築於居延縣（今內蒙古自治區額濟納旗東南）城外，以遮斷匈奴由此侵入河西之路，故一名遮虜障。東漢初，於此置居延屬國，以轄居延澤、居延縣等地。獻帝建安末，改置為西海郡。⓳金微山　山名。又名金山。即阿爾泰山脈。在蒙古國西北與我國新疆阿勒泰、青河等地以及俄羅斯三國交界地一帶。⓴閼氏　漢代匈奴君主妻妾的稱號。㉑尊　尊封。㉒比陽公主　東漢光武帝子東海恭王彊女。比陽，一作「沘陽」。嫁竇融之孫竇勳為妻，其長女為章帝竇皇后，她與竇皇后共謀陷太子清河孝王慶母宋貴人，致使貴人母子逐漸見疏。和帝即位，尊竇皇后為太后。竇太后臨朝聽制，遂尊其為長公主，益湯沐邑三千戶。㉓皐陵王种　劉种，皐陵王劉延之子，一作劉沖。和帝初，沖嗣爵為王。沖凡立二年卒，諡為殤王。見本書卷四十二。

【語譯】永元三年春季正月甲子日，皇帝舉行加冠冕之禮，賞賜黃金給諸侯王、公、將軍、特進、中二千石、列侯、宗室子孫在京師奉朝請者，賜帛給將、大夫、郎官、從官。賞賜百姓爵位及粟帛，數量各不等，並賞賜他們大宴五日。在郡國和中都官的在押囚犯中，犯死罪者可交納縑贖罪，至於司寇以及負罪在逃者，納縑贖罪的數量各不等。庚辰日，賞賜京師百姓小宴，每兩戶共賞給布一匹。

2　二月，大將軍竇憲派遣左校尉耿夔從居延塞出兵，在金微山將匈奴北單于包圍，將其打得大敗，俘獲其母閼氏。

3　夏季六月辛卯日，尊封皇太后的母親比陽公主為長公主。

4　辛丑日，皐陵王劉种去世。

1　冬十月癸未，行幸長安❶。詔曰：「北狄❷破滅，名王❸仍降；西域諸國，納質❹內附，豈非祖宗迪哲❺重光❻之鴻烈❼歟？寤寐❽歎息，想望舊京❾。其賜行所過二千石長吏❿已下及三老、官屬錢帛，各有差；鰥、寡、孤、獨、篤癃、貧不能自存者粟，人三斛。」

2　十一月癸卯，祠高廟，遂有事⓫十一陵⓬。詔曰：「高祖功臣，蕭⓭、曹⓮為首，有傳世不絕之義⓯。曹相國後容城侯⓰無嗣。朕望長陵⓱東門，見二臣之壠⓲，循⓳其遠節⓴，每有感焉。忠義獲寵，古今所同。可遣使者以中牢㉑祠，大鴻臚㉒

求近親宜為嗣者，須㉓景風㉔紹封，以章厥功。」

3 十二月，復置西域都護㉕、騎都尉㉖、戊己校尉㉗官。

4 庚辰，至自長安，減弛刑徒從駕者刑五月。

【章　旨】以上記述和帝巡視長安、復置西域都護及屬官等大事。

【注　釋】❶長安　西漢都城（今陝西西安西北郊）。❷北狄　古代漢族對北方少數民族的總稱。泛指北方少數民族，有時也特指北方少數民族中的某一支。此處北狄即指北方的匈奴族。❸名王　指古代少數民族聲名顯赫的大王。❹納質　送納質子。質子，古代派往別處或別國去作抵押的人質。多為王子或世子。❺迪哲　啟迪睿智。❻重光　本指日和月。引申指帝王功德前後相繼。❼鴻烈　大功業。❽寤寐　日夜。寤，醒時。寐，睡時。❾舊京　舊日的京城。這裡指長安。❿長吏　泛指郡縣長官。這裡特指縣令、縣長。⓫有事　這裡指祭祀。⓬十一陵　即高祖長陵、惠帝安陵、文帝霸陵、景帝陽陵、武帝茂陵、昭帝平陵、宣帝杜陵、元帝渭陵、成帝延陵、哀帝義陵、平帝康陵。⓭蕭　蕭何（？—西元前一九三年），沛（今江蘇沛縣）人。秦末，任沛主吏掾，隨劉邦起兵。後任丞相，封酇侯。卒於官，諡文終侯。⓮曹　曹參（？—西元前一九〇年），沛人。秦末，為沛縣獄吏，從劉邦起兵，屢有大功。西漢建立，封平陽侯，為齊相。惠帝即位後，繼蕭何為丞相。任相國三年，卒於任上，諡曰懿侯。⓯義　意義；情義。⓰容城侯　曹湛。曹參後代。章帝建初二年（西元七七年），封為平陽侯。後改封容城侯。死後無嗣。⓱長陵　漢高祖陵墓名。⓲壠　墳壟。⓳循　追述；追尋。⓴遠節　高遠的氣節。㉑中牢　即少牢。古代祭祀用羊、豕二牲曰少牢。㉒大鴻臚　官名。掌諸侯王和邊疆民族首領使臣入京朝見禮儀，秩中二千石。㉓須　等待。㉔景風　八風之一，夏至之後的暖熱之風。古人以景風至時封賞有功者。㉕西域都護　官名。西漢武帝遣張騫通西域。宣帝地節二年（西元前六八年），始置西域都護，秩比二千石，持節領護西域諸國。東漢重新統一西域後，於明帝永平十七年，復置西域都護。然時置時廢，至安帝後不再派遣都護，延光二年（西元一二三年）改置西域長史。㉖騎都尉　官名。光祿勳的屬官，秩二千石，無定員，掌監羽林騎。羽林騎為漢武帝時所置。宣帝時令中郎將、騎都尉監羽林。㉗戊己校尉　官名。漢代西域都護的屬官。若為二人則分別為戊校尉和己校尉，若一人亦稱戊己校尉。其秩為比二千石。

【語譯】冬季十月癸未日，和帝動身去長安巡視。下詔說：「北狄破滅，名王接連投降；西域諸國，送納質子而向內歸附朝廷。這難道不是由祖宗啟迪睿智、日月相繼而建立起的宏偉功績嗎？朕日夜歎息，想要瞻仰舊日京城。可賞賜錢帛給此行經過之地的太守、縣令、縣長及以下的三老、屬官，數量各不等；賜粟給鰥夫、寡婦、孤兒、無子女的老人、患有重病的、貧窮不能生存者，每人三斛。」

2 十一月癸卯日，祭祀高廟，於是祭祀了十一陵。和帝下詔說：「高祖的功臣，以蕭何、曹參為首，有傳世不絕的情義。曹相國後裔容城侯沒有子嗣。朕遙望長陵東門，看見二位大臣的墳堆，追尋他們高遠的氣節，常受感動。忠義之人獲得恩寵，古今相同。可派遣使者用中牢的規格祭祀他們，讓大鴻臚尋找曹參近親中適合為曹參後嗣的，等待景風到了，便進行繼封，以表彰他的功勞。」

3 十二月，重置西域都護、騎都尉、戊己校尉官職。

4 庚辰日，自長安返回宮中，減弛刑徒隨車駕從行者刑期五個月。

1 四年春正月，北匈奴右谷蠡王於除鞬❶自立為單于，款塞乞降。遣大將軍左校尉耿夔授璽綬❷。

2 三月癸丑，司徒❸袁安❹薨。閏月丁丑，太常❺丁鴻❻為司徒。

3 夏四月丙辰，大將軍竇憲還至京師。

4 六月戊戌朔，日有食之。丙辰，郡國十三地震。

5 竇憲潛圖弒逆。庚申，幸北宮❼。詔收捕憲黨射聲校尉❽郭璜❾，璜子侍中舉，衛尉❿鄧疊⓫，疊弟步兵校尉⓬磊，皆下獄死。使謁者僕射⓭收憲大將軍印綬⓮，遣憲及弟篤⑮、景⑯就國，到皆自殺。

6 是夏，旱，蝗。

7 秋七月己丑，太尉宋由⑰坐黨憲自殺。

8 八月辛亥，司空⑱任隗⑲薨。

9 癸丑，大司農⑳尹睦㉑為太尉，錄尚書事。

10 丁巳，賜公卿以下至佐史錢穀各有差。

11 冬十月己亥，宗正㉒劉方㉓為司空。

12 十二月壬辰，詔：「今年郡國秋稼為旱蝗所傷，其什四以上勿收田租、芻稾㉔；有不滿者，以實除之。」

13 武陵㉕、零陵㉖澧中蠻㉗叛。燒當羌㉘寇金城㉙。

【章旨】以上記載了和帝永元四年北匈奴求和、誅滅竇氏集團、三公人選的調整等大事以及自然災害發生的情況。

【注釋】❶於除鞬　北匈奴單于之弟，時為右谷蠡王。一作左鹿蠡王。和帝永元三年（西元九一年），竇憲等率軍進攻北匈奴，單于逃亡，不知所在，於除鞬遂自立為單于，率八部餘眾二萬餘人，還居蒲類海（今新疆巴里坤西北巴里坤湖）邊，遣使款塞。五年九月，復叛，東漢派遣中郎將任尚率兵將其討滅。❷璽綬　古代印璽及其上所繫的彩色絲帶。借指印璽。❸司徒　官名。西周始置，春秋沿置。職掌治理民事、掌握戶口、官司籍田、徵發徒役及收納財賦。秦罷司徒而置丞相，漢因之。

哀帝元壽二年（西元前一年）改丞相為大司徒，為三公之一。東漢去「大」，稱司徒。❹袁安（？—西元九二年），字邵公，汝南汝陽（今河南商水縣）人。早年習《孟氏易》，見敬於州里。初為縣功曹，後舉孝廉，歷任陰平長、任城令、楚郡太守、河南尹，政號嚴明。建初八年，遷太僕，敢於言事。元和三年，拜司空。章和元年，改任司徒。和帝即位，大將軍竇憲專權，袁安曾多次與之論爭。卒於司徒任上。見本書卷四十五。❺太常　官名。秦置奉常。漢初因之。景帝中元六年（西元前一五一年）改名為太常。王莽時曾改名秩宗。東漢又復名太常，為諸卿之首。職掌宗廟祭祀禮儀，兼選試博士。秩中二千石。❻丁鴻（？—西元九四年），字孝公，潁川定陵（今河南郾城）人。年十三，從桓榮受《歐陽尚書》。明帝永平十年，徵拜侍中。十三年兼射聲校尉。章帝建初四年，徙封魯陽鄉侯。受詔與廣平王劉羨及諸儒於白虎觀論定《五經》同異。元和三年，徙封馬亭鄉侯。和帝即位，遷太常。永元四年任司徒，又行太尉兼衛尉。永元六年卒於官。見本書卷三十七。❼北宮　宮殿名。東漢都城洛陽的兩大宮殿建築群之一。位處宮城北面，故名北宮。與南部宮殿群南宮相對稱。故址在今河南洛陽東白馬寺一帶。❽射聲校尉　官名。漢武帝時所置八校尉之一。掌待詔射聲士，秩二千石，以宿衛京師。所謂射聲士，指聞聲即能射中的善射者。東漢沿置。❾郭璜　真定槀（今河北藁城）人，郭況子。尚光武帝之女淯陽公主。歷任郎、大鴻臚等職，後封陽安侯，為長樂少府。子郭舉為大將軍竇憲女婿，和帝時任侍中兼射聲校尉。和帝永元四年（西元九二年），竇憲事敗，郭璜與其子皆受牽連而下獄死。此處稱郭璜為射聲校尉，實誤。❿衛尉　官名。為九卿之一，秩中二千石。掌宮門衛士，負責宮中安全。⓫鄧疊　南陽新野人。和帝初，累官為侍中、行征西將軍、衛尉。因與大將軍竇憲等圖謀不軌，事覺被殺。⓬步兵校尉　官名。西漢武帝時始置，掌上林苑門屯兵。東漢沿置，秩比二千石，掌宿衛兵。有司馬一人，員吏七十三人，領士七百人。⓭謁者僕射　官名。秦置，漢因之，為光祿勳的屬官。僕射為謁者之長，又稱大謁者，秩比千石，掌賓贊受事。⓮印綬　印和繫印的絲帶。借指官吏的印章。⓯篤　竇篤（？—西元九二年），扶風平陵（今陝西咸陽）人。竇憲之弟。初為黃門侍郎，遷衛尉，封郾侯。又進位特進，見禮依三公。竇氏父子兄弟並居列位，權傾朝廷。永元四年，和帝與宦官鄭眾定議誅滅竇氏，憲、篤等皆被迫自殺。⓰景　竇景（？—西元九二年），扶風平陵人。竇憲之弟。初為中常侍，遷侍中、奉車，為駙馬都尉，封汝陽侯。又任執金吾。景奢侈放縱，欺虐百姓。太后聞之，策免其官，以特進就朝位。永元四年，竇憲事敗，竇景亦被迫自殺。⓱宋由　字叔路，京兆長安（今陝西西安）人。章帝建初中為大司農。元和三年，拜太尉，為政謹慎，不敢得罪權貴。和帝永元四年，坐阿黨竇憲，策免歸本郡，自殺。⓲司空　官名。三公之一。東漢位高祿重，但無實權。⓳任隗（？—西元九二年），字仲和，南陽宛（今河南南陽）人。任光之子。少好黃老，襲父爵為阿陵侯。明帝時歷任羽林左監、虎賁中郎將、長水校尉等職。章帝即位，為將作大匠。其後，遷太僕，任光祿勳。章和元年，拜司空。和帝即位，大將軍竇憲秉權，專作威福，內外朝臣莫不震慴，獨隗與司徒袁安同心畢力，鯁言直議，為世人所稱。見本書卷二十一。⑳大司農　官名。秦名治粟內史，漢初因之。景帝後元元年（西元前一四三年）更名為大農令。武帝太初元年（西元前一〇四年）更名為大司農，秩中二千石，掌管國家財政。東漢亦置。㉑尹睦　（？—西元九三年），字伯師，河南鞏縣（今河南鞏義）人。累官至大司農，永元四年擢為太尉，錄尚書事。次年，卒於官。㉒宗正　官名。管理皇族和外戚事務。秩中二千石。㉓劉方　（？—西元九七年），字伯況，平原（今山東平原縣）人。章帝末，為襄城令。累遷至宗正。和帝永元四年，拜司空。六年，遷司徒。九年，坐事策免，自殺。㉔芻稾　飼養牲畜的草料。芻，飼牲畜之乾草。稾，亦作「槁」。麥、稻之稈。㉕武陵　郡名。西漢故治義陵縣（今湖南漵浦南）。東漢移治臨沅縣（今湖南常德）。轄境相當今湖南沅江及其上游貴州清水江流域與其支流流域地區，約當今湖南安鄉、漢壽、雪峰山以西，澧縣與湖北鶴峰、咸豐以南，貴州芙蓉江、施秉、凱里以東，廣西三江以北的廣大地區。㉖零陵　郡名。西漢故治在零陵（今廣西興安東北）。東漢移治泉陵（今湖南零陵）。轄境相當今湖南邵陽、衡陽以南，祁陽、寧遠以西，道縣及廣西桂林以北，湖南武岡、城步以東地區。㉗澧中蠻　部族名。澧中，地名。指澧水流域。在今湖南西北部。東漢時泛稱其地居民為「澧中蠻」。㉘燒當羌　羌人部落。居於今青海東部黃河兩岸海晏、貴德、同仁一帶。其居住地較為富庶，經濟實力較強。漢和帝時，其勢衰落。㉙金城　郡名。治允吾縣（今甘肅永靖西北湟水南岸）。轄境相當今青海黃河以北，祁連山脈以南，海晏、貴德以東，甘肅榆中以西的湟水流域地區。

【語譯】永元四年春季正月，北匈奴右谷蠡王於除鞬自立為單于，至邊塞叩關請求投降。和帝派遣大將軍左校尉耿夔授予他璽綬。

2 三月癸丑日，司徒袁安去世。閏三月丁丑日，太常丁鴻出任司徒。

3 夏季四月丙辰日，大將軍竇憲回至京師。

4 六月戊戌日是這月的第一天，發生了日蝕。丙辰日，十三個郡國發生地震。

5 竇憲暗中計劃謀殺和帝。庚申日，和帝到了北宮。下詔逮捕竇憲的同黨射聲校尉郭璜、郭璜之子侍中郭舉、衛尉鄧疊、鄧疊之弟步兵校尉鄧磊。他們被捕後都死於獄中。命令謁者僕射收竇憲大將軍印綬，遣送竇憲及其弟竇篤、竇景去各自的封國。三人到了封國後，都自殺身死。

6 這年夏天，大旱，發生蝗災。

7 秋季七月己丑日，太尉宋由因黨附竇憲罪而自殺。

8 八月辛亥日，司空任隗去世。

9 癸丑日，大司農尹睦出任太尉，錄尚書事。

10 丁巳日，賞賜公卿以下百官至於佐史錢、穀，按等級不同而數量各不等。

11 冬季十月己亥日，宗正劉方擔任司空。

12 十二月壬辰日，詔令：「今年郡國秋季莊稼遭到旱災和蝗災，損失在十分之四以上的免收田租、芻稾；損失不到十分之四的，按實際數目扣除。」

13 武陵、零陵的澧中蠻反叛。燒當羌進犯金城。

1 五年春正月乙亥，宗祀五帝❶於明堂，遂登靈臺，望雲物。大赦天下。

2 戊子，千乘王伉❷薨。

3 辛卯，封皇弟萬歲❸為廣宗王。

4 二月戊戌，詔有司省減內外廐及涼州諸苑馬。自京師離宮❹果園上林❺、廣成囿❻，悉以假❼貧民，恣得采捕，不收其稅。

5 丁未，詔曰：「去年秋麥入少，恐民食不足。其上尤貧不能自給者戶口人數。往者郡國上貧民，以衣履釜鬵❽為貲❾，而豪右❿得其饒利⓫。詔書實覈，欲有以益之，而長吏不能躬親⑫，反更徵召會聚⑬，令失農作⑭，愁擾百姓。若復有犯者，二千石先坐。」

6 甲寅，太傅鄧彪薨。

7 戊午，隴西⑮地震。

8 三月戊子，詔曰：「選舉良才，為政之本。科別⑯行能，必由鄉曲⑰。而郡國舉吏，不加簡擇，故先帝明勑在所⑱，令試之以職⑲，乃得充選。又，德行尤異，不須經職者，別署狀⑳上。而宣布以來，出入九年，二千石曾㉑不承奉㉒，恣心㉓從好㉔，司隸㉕、刺史訖㉖無糾察。今新蒙㉗赦令，且復申勑，後有犯者，顯明其罰㉘。在位不以選舉為憂，督察不以發覺為負㉙，非獨州郡也。是以庶官㉚多非其人。下民被姦邪㉛之傷，由法不行故也。」

9 庚寅，遣使者分行㉜貧民，舉實流冗㉝，開倉賑稟㉞三十餘郡。

10 夏四月壬子，封阜陵王种兄魴㉟為阜陵王。

11 六月丁酉，郡國三雨雹。

12 秋九月辛酉，廣宗王萬歲薨，無子，國除。

13 匈奴單于於除鞬叛，遣中郎將任尚㊱討滅之。

14 壬午，令郡縣勸民蓄蔬食以助五穀。其官有陂池㊲，令得采取，勿收假稅㊳二歲。

15 冬十月辛未，太尉尹睦薨。

16 十一月乙丑，太僕㊴張酺㊵為太尉。

17 是歲，武陵郡兵破叛蠻，降之。護羌校尉㊶貫友㊷討燒當羌，羌乃遁去。南單于安國㊸叛，骨都侯㊹喜㊺斬之。

【章　旨】以上記述漢和帝永元五年發生的自然災害以及所採取的各種救災措施，舉薦人才的相關敕令，與南匈奴、燒當羌、武陵蠻的戰事等大事。

【注　釋】❶五帝　指五方之帝，即東方蒼帝靈威仰，南方赤帝赤熛怒，中央黃帝含樞紐，西方白帝白招矩，北方黑帝汁光紀。❷千乘王伉　劉伉（？—西元九三年），東漢章帝之子。建初四年，封千乘王。和帝即位，以伉長兄，甚被尊重。伉凡立十五年卒，諡為貞王。見本書卷五十五。❸萬歲　劉萬歲（？—西元九三年），東漢章帝之子。永元五年，封為廣宗王，分鉅鹿為國。其年卒，葬於京師，諡為殤王。以無子，國除。見本書卷五十五。❹離宮　即皇帝正宮以外的臨時居住的宮室。❺上林　長安上林苑。故址在東漢洛陽城西，即今河南洛陽東十二公里之白馬寺一帶。❻廣成囿　苑囿名。也稱廣成苑，位都城洛陽西郊。在今河南洛陽東郊。❼假　租借。❽釜鬵　炊器名。釜，圓底，或有兩耳，置於竈口，鬵置其中蒸煮。鬵，即甑。鬵，為「鬵」的異體字。❾貲　資財。❿豪右　地方上的豪族大姓。⓫饒利　豐厚的利益。⓬躬親　親自執行。⓭徵召會聚　意即徵召民眾會聚在一起核定有關數目。⓮農作　農事耕作。⓯隴西　郡名。因在隴山之西而得名。治所在狄道（今甘肅臨洮南）。東漢時轄境約相當於今甘肅蘭州以南、岷縣以北的洮河中游，武山以西的渭河上游及青海東端同仁、尖紮等地區。⓰科別　區分；甄別。⓱鄉曲　古代居民組織的基層單位。《周禮》：「鄉大夫掌其鄉之政教，考其德行，察其道藝，三年而舉賢能者於王。」⑱在所　所在處所，指郡國官府。⑲職　政務；事務。⑳署狀　簽署舉薦狀。狀，向上級陳述意見或事實的文書。㉑曾　竟。㉒承奉　承命奉行。㉓恣心　隨心；任情。㉔從好　聽憑自己的喜好。㉕司隸　司隸校尉。秩比二千石，糾察百官，上至諸侯、外戚、三公，下至地方郡守，並領一州，職權顯赫，與御史中丞、尚書令並稱「三獨坐」。㉖訖　始終；一直。㉗蒙　承蒙。㉘顯明其罰　加重懲罰。顯明，表明；清楚地顯示出來。這裡引申為突出、加重之意。㉙負　責任。㉚庶官　百官。多指一般官員。㉛姦邪　指奸詐邪惡的事或人。㉜行　巡視。㉝流冗　流散；流離失所。這裡指流離失所的人。㉞賑稟　救濟。㉟魴　劉魴（？—西元一二二年），阜陵質王劉延之子。章帝時，有人告他與其父有謀逆之心，有司奏請徵詢廷尉詔獄，章帝赦之。永元五年，以弟殤王劉沖卒而無子，和帝復封魴為阜陵王。凡立三十年卒，謚為頃王。見本書卷四十二。㊱任尚　東漢將領。章帝章和二年為護羌校尉長史。和帝永元元年，遷大將軍司馬，深為竇憲所信任。五年，任中郎將，討滅北匈奴單于於除鞬。次年，遷護烏桓校尉，率烏桓、鮮卑之兵，鎮壓南匈奴逢侯的反叛。安帝永初元年先零種羌叛，遷征西校尉，與副車騎將軍鄧騭討之，為羌所敗。詔騭還師，尚屯漢陽，為諸軍節度，封尚樂亭侯。五年，坐無功征免。時羌人轉盛，復以為侍御史，擊眾羌於上黨，破之。六年，復坐征免。旋起為西域戊己校尉。十四年，接替班超為西域都護。數年，西域反亂，坐罪被征。元初二年，因羌人逼近三輔，又起為中郎將，屯駐三輔。四年，募人刺殺先零羌首領。五年，與度遼將軍鄧遵爭功，又詐增殺敵首級、斷盜軍糧等罪，棄市。㊲陂池　蓄水的池塘。㊳假稅　租借稅。㊴太僕　官名。為九卿之一，秩中二千石。掌車馬。天子每出行，奏駕上鹵簿；大駕則執駕車。㊵張酺　（？—西元一〇四年），字孟侯，汝南細陽（今安徽太和）人。初從祖父張充受《尚書》，又師事桓榮治《尚書》。永平九年，明帝為四姓小侯開學於南宮，置《五經》師，張酺以《尚書》教授之。其後，教授皇太子。章帝即位，擢為侍中、虎賁中郎將，又出為東郡太守。治郡以威猛著稱。和帝初，遷魏郡太守，擢河南尹，遷太僕，旋為太尉，累官至司徒，卒於任上。見本書卷四十五。㊶護羌校尉　官名。漢武帝始置，秩比二千石，持節，以護西羌。王莽時，罷廢。光武建武九年（西元三三年），由於班彪的建議，復置此官。其屬有長史、司馬、主簿、從事等官。㊷貫友　東漢將領。和帝時為居延都尉。永元五年（西元九三年），接替任尚為護羌校尉，大敗燒當羌迷唐部。㊸安國　（？—西元九四年），東漢時南匈奴單于。安國初為左賢王，和帝永元五年立為單于。因與中郎將杜崇不和，杜崇遂扣壓安國所上漢廷文書，又告安國有謀反之狀。和帝命令杜崇等發兵征討。安國之舅骨都侯喜懼怕與安國一起被漢軍誅殺，乃斬殺安國。㊹骨都侯　匈奴官名。匈奴國君稱單于。其下置左右賢王，左右谷蠡，左右大將，左右大都尉，左右大當戶，左右骨都侯。從賢王至當戶，均有其部眾，而骨都侯則為輔政之臣。㊺喜　東漢南匈奴貴族。一作「喜為」。

南匈奴單于安國之舅。

【語譯】永元五年春季正月乙亥日，在明堂祭祀五帝，於是登上靈臺，觀望雲氣。大赦天下。

2 戊子日，千乘王劉伉去世。

3 辛卯日，封皇弟劉萬歲為廣宗王。

4 二月戊戌日，詔令有關機構減省內外馬廄以及涼州諸苑飼養的馬匹。自京師離宮果園、上林、廣成囿開始，全部租借給貧窮百姓，聽任他們在裡面採摘捕獵，不收他們的租借稅。

5 丁未日，詔令說：「去年秋麥收成減少，恐怕民眾糧食不足。現令各地報上尤其貧困不能自給者的戶口人數。前些時候，郡國上報貧民財產，把衣服、鞋子、釜甑都計算為家產，而豪族大姓從中得到了豐厚的利益。詔書要求核實，想對貧民有所幫助，但縣令縣長卻不能親自去逐戶核實，反而徵召民眾會聚，以致耽誤了農耕，煩擾百姓。如果再有違犯的，二千石首先要承擔罪責。」

6 甲寅日，太傅鄧彪去世。

7 戊午日，隴西發生地震。

8 三月戊子日，詔令說：「選舉優秀人才，是政治的根本。判別品行才能，必定要通過鄉曲。然而，郡國舉薦官吏，卻不加選擇，所以先帝明令告誡各地，規定被舉薦人要通過政務考試後，才可以成為被舉薦人選。此外，品行尤其突出、不須通過政務考試的，另外簽署舉薦狀上報。然而，此令自宣布以來，已經歷時九年，太守竟然不遵守，隨心所好，肆意行事，司隸校尉、刺史始終也沒有糾察。現今承蒙新頒布了赦令，姑且再申誡此令，今後有違犯者，要對其加重懲罰。在位者不把選舉人才放在心上，督察者不把糾察違法當作責任，這種情況不只局限於州郡。因此，在眾多的官員中有許多人都不稱職。百姓受到奸詐邪惡之人的傷害，就是因為法令不能推行。」

9 庚寅日，派遣使者分頭巡視貧窮百姓，核實流離失所的人數，在三十多個郡開倉放糧，進行救濟。

10 夏季四月壬子日，封阜陵王劉种之兄劉魴為阜陵王。

11 六月丁酉日，有三個郡國下了冰雹。

12 秋季九月辛酉日，廣宗王劉萬歲去世，因沒有子嗣，封國被撤銷。

13 匈奴單于於除鞬反叛，派遣中郎將任尚進討，將其消滅。

14 壬午日，命令郡縣勸導民眾種植蔬菜，以補五穀之不足。官府的池塘，可以讓百姓採蓮捕魚，免收租借稅二年。

15 冬季十月辛未日，太尉尹睦去世。

16 十一月乙丑日，太僕張酺擔任太尉。

17 這一年，武陵郡兵擊敗反叛蠻人，迫使蠻人投降了。護羌校尉貫友討伐燒當羌，羌人於是逃走了。南匈奴單于安國反叛，骨都侯喜將他斬殺。

1 六年春正月，永昌❶徼外❷夷❸遣使譯獻犀牛、大象。

2 己卯，司徒丁鴻薨。

3 二月乙未，遣謁者❹分行稟貸❺三河❻、兗❼、冀❽、青州❾貧民。

4 許陽侯馬光❿自殺。

5 丁未，司空劉方為司徒，太常張奮⓫為司空。

6 三月庚寅，詔：「流民所過郡國皆實稟之，其有販賣者勿出租稅，又欲就賤⓬還歸者，復一歲田租、更賦⓭。」

7 丙寅，詔曰：「朕以眇末⑭，承奉鴻烈。陰陽⑮不和，水旱違度，濟河⑯之域，凶饉⑰流亡，而未獲忠言至謀、所以匡救之策。寤寐永歎，用思孔疚⑱。惟官人不得於上，黎民不安于下；有司不念寬和，而競為苛刻；覆案不急⑲，以妨民事。甚非所以上當天心，下濟元元也。思得忠良之士，以輔朕之不逮⑳。其令三公、中二千石、二千石、內郡守相㉑舉賢良方正、能直言極諫之士各一人。昭巖穴㉒，披幽隱㉓，遣詣公車㉔，朕將悉聽焉。」帝乃親臨策問㉕，選補㉖郎吏。

8 夏四月，蜀郡㉗徼外羌㉘率種人遣使內附。

9 五月，城陽王淑㉙薨，無子，國除。

10 六月己酉，初令伏閉㉚盡日。

【章旨】以上記述永元六年上半年西南地區少數民族與中原交往情況、東漢朝廷救災措施、三公人選的變動，以及和帝發布〈舉賢良詔〉並親臨策問的事情。

【注釋】❶永昌　郡名。東漢明帝永平十年（西元六七年）置益州西部都尉。十二年改為永昌郡。故治不韋（今雲南保山市東北金雞村）。轄境約相當於今雲南瀾滄江流域，包括北至橫斷山脈以南，劍川縣、祥雲、元江縣以西和今緬甸北部大部分地區以及老撾孟烏怒地區。❷徼外　境外；塞外。❸夷　古代對中原以外四周各少數民族的泛稱。夷，雖多特指東方少數民族，但漢代也多稱西南少數民族為「西南夷」。❹謁者　官名。為光祿勳的屬官。掌賓贊受事，秩比六百石。東漢又有常侍謁者、給事謁者、灌謁者之分。謁者僕射為其主管官，秩比千石。❺稟貸　賜給；借貸穀物。❻三河　地區名。兩漢時稱河東、河南、河內三郡為三河。相當今河南北部、中部及山西南部地區。有時也代指洛陽。❼兗　州名。「十三刺史部」之一。東漢治所在昌邑縣（今山東金鄉西北）。轄有濟陰、濟北等八郡，國，昌邑、高平等八十縣、邑、公、侯國。轄地大致相當今山東西南部；北至長清、濟南、臨朐，東至沂河流域，東南以棗莊、微山湖、泗水東岸為界，包括河南東部開封、濮陽、滑縣以東，扶溝、柘城以北地區。❽冀　州名。「十三刺史部」之一。東漢治所在高邑（今河北柏鄉北），末期移治鄴縣（今河北臨漳西南）。轄境相當今河北中南部、山東西部及河南北部地區。❾青州　「十三刺史部」之一。東漢治臨淄（今山東淄博臨淄北）。轄境相當今山東半島全部，包括濟南以東、黃河以南，沂水、莒縣以北的廣大地區。❿許陽侯馬光　扶風茂陵人。明德馬皇后之兄，永平十二年，為黃門侍郎，稍遷越騎校尉。章帝初，遷執金吾。建初四年（西元七九年），封許陽侯。五年，遷衛尉。八年，以家族貴盛，奢侈踰僭，免官就國。永元二年（西元九〇年），為太僕。及竇憲誅，馬光因與竇憲關係密切而受到牽連，復免官就國。永元六年，因竇憲奴客誣陷其曾與竇憲合謀為逆，被迫自殺。⓫張奮　字稚通，京兆杜陵（今陝西長安）人。武始侯張純次子。純卒，光武強令嗣爵。章帝建初元年，拜左中郎將，轉五官中郎將，遷長水校尉。和帝永元元年，拜城門校尉，遷長樂衛尉、太常。六年升任司空，在位清廉，然無他異績。後為太常，以病免官，卒於家。見本書卷三十五。⓬就賤　到穀價便宜的地方就食。⓭更賦　漢代所徵的一種代役稅。漢代凡二十三至五十六歲的男子必須輪流為郡縣服兵役一月，為中央服兵役一年、戍邊三日。如自己不服役，可出錢由政府代為雇役。其所出錢即為更賦。⓮眇末　封建帝王自謙語。眇，細末。⓯陰陽　古代指宇宙間貫通物質和人事的兩大對立面，或指天地間化生萬物的二氣。⓰濟河　地區名。指兗州刺史部所轄地區，相當今山東西北、河南東北部。這一帶東南據濟（水），西北距（黃）河，故有「濟河之域」之稱。⓱凶饉　饑荒。⓲孔疚　謂憂愁深重。《詩・采薇》：「憂心孔疚。」孔，很；甚。疚，病痛。⓳覆案不急　審核拖拉而不得要領。⓴不逮　不足之處；過錯。㉑守相　官名。漢代郡置太守，諸侯國置相，為郡國行政長官。合稱守相。㉒昭巖穴　顯揚巖穴之士。巖穴，巖穴之士的省稱。巖穴之士即指隱士。古代隱士多山居，故有此稱。㉓披幽隱　廣為搜集幽隱之人。披，打開；分開；翻開。這裡引申為簡選。幽隱，隱士。㉔公車　官署名。長官為公車令，負責派出公車接送受皇帝徵召赴京或赴京上書之人。《漢官儀》：「公車令一人，秩六百石，掌殿門。諸上書詣闕下者，皆集奏之；凡所徵召，亦總領之。」㉕策問　考試科目之一。即以經文或政事等設問而要求應試者解答。㉖選補　選拔遞補。㉗蜀郡　郡名。治今四川成都。東漢時轄境相當今四川松潘以南、邛崍以北、邛崍山以東的岷江上游兩岸地區。㉘羌　古族名。主要分布在今甘、青、川一帶。秦漢時，部落眾多，有先零、燒當、婼、廣漢、武都、越巂等部。㉙城陽王淑　劉淑（？—西元九四年），東漢章帝之子。永元二年，封城陽王，分濟陰為國。凡立五年卒，諡為懷王。以無子，國除。見本書卷五十五。㉚伏閉　漢代習俗，伏日不做任何事情，以躲避酷暑，故稱伏閉。《漢官舊儀》：「伏日，萬鬼行，故盡日閉，不幹它事。」伏日，六月的庚日。

【語譯】永元六年春季正月，永昌境外的夷人派遣使者翻譯進獻犀牛、大象。

2 己卯日，司徒丁鴻去世。

3 二月乙未日，派遣謁者分赴各地，借貸糧食給三河、兗州、冀州、青州的貧民。

4 許陽侯馬光自殺。

5 丁未日，司空劉方擔任司徒，太常張奮擔任司空。

6 三月庚寅日，詔令：「流民所經過的郡國，都要據實發放穀物給他們；流民有從事販賣者，免收租稅；又有到穀物便宜的地方就食而想返還故鄉者，免收一年田租、更賦。」

7 丙寅日，下詔說：「朕是一個微不足道的人，卻繼承了宏大的基業。陰陽不和，水旱失調，濟、河流域，百姓因災荒而流浪，而朕卻沒有得到忠言良謀、可以救助的辦法。日夜長歎，憂心如焚。上面的官員失職，下面的百姓不安；有關機構為政不考慮寬和，反而在比誰為政更苛刻；審查拖拉而不得要領，因此妨礙了民眾的生產和生活。這些遠不能上應天心、下救百姓。朕想得到忠良人士，以輔助朕顧及不到的地方。現令三公、中二千石、二千石、內郡守相薦舉賢良方正，能直言極諫之士各一人。顯揚巖穴之士，徵召幽隱之人，遣送他們到公車府，朕將聽取他們所有的言論。」和帝於是親臨考場進行策問，選拔他們遞補郎官。

8 夏季四月，蜀郡境外羌人首領率部族，派遣使者請求內附。

9 五月，城陽王劉淑去世，沒有子嗣，封國取消。

10 六月己酉日，初次下令在伏日這一天閉門不出。

1 秋七月，京師旱。詔中都官徒❶各除半刑，謫❷其未竟，五月已下皆免遣。

丁巳，幸洛陽寺❸，錄囚徒❹，舉冤獄。收洛陽令❺下獄抵罪❻，司隸校尉、河南尹❼皆左降❽。未及還宮而澍雨❾。

2 西域都護班超大破焉耆❿、尉犁⓫，斬其王。自是西域降服，納質者五十餘國。

3 南單于安國從弟子逢侯⓬率叛胡亡出塞。九月癸丑，以光祿勳⓭鄧鴻行車騎將軍事，與越騎校尉⓮馮柱、行度遼將軍⓯朱徽、使匈奴中郎將⓰杜崇討之。冬十一月，護烏桓校尉⓱任尚率烏桓⓲、鮮卑⓳，大破逢侯，馮柱遣兵追擊，復破之。

4 詔以勃海郡⓴屬冀州㉑。

5 武陵漊中蠻㉒叛，郡兵討平之。

【章旨】以上記述永元六年下半年和帝赦免徒刑犯、審理洛陽冤獄，以及東漢軍隊在西域、遼東、武陵地區的戰事。

【注釋】❶徒　犯有輕罪而罰服勞役的罪犯。❷讁　懲罰。同「謫」。❸寺　官衙。《風俗通》：「寺，司也。諸官府所止皆曰寺。」❹錄囚徒　同「慮囚」。提審囚犯。❺令　縣令。秦制，凡縣皆置令或長，其萬戶以上大縣置縣令，以下小縣則置長。漢因之，縣令秩千石至六百石，縣長秩五百石至三百石。東漢縣、邑、道，大者置令，小者置長。❻抵罪　因犯罪而受到相應的處罰。❼河南尹　政區名；官名。東漢建武十五年（西元三九年），改河南郡名為河南尹，同時亦以為官名。故治洛陽（今河南洛陽東北）。轄境相當今河南黃河以南洛水、伊水下游，北汝河、賈魯河上游，東至開封、延津，南到新鄭、汝陽，北臨新安、宜陽以及黃河以北原陽等地。❽左降　降職。❾澍雨　及時的雨水。❿焉耆　西域國名。又作烏耆、烏纏、阿耆尼。國都在員渠城（今新疆焉耆）。居民務農、捕魚、畜牧。有文字。初屬匈奴，西漢神爵二年（西元前六〇年）後屬漢西域都護府。西漢末又屬匈奴。東漢永元六年（西元九四年）班超擊破匈奴，內屬。⓫尉犁　西域國名。又作尉黎。位今新疆庫爾勒附近。⓬逢侯　東漢和帝時南匈奴首領。為南單于屯屠何之子，封薁鞬日逐王。和帝永元六年，原投降南匈奴的北匈奴將士反叛，攻南單于師子，脅立逢侯為單于。逢侯被東漢軍隊和南單于師子攻敗，率眾亡入塞外。安帝元初四年（西元一一七年），逢侯為鮮卑所破，部眾分散，皆歸北匈奴。五年，逢侯乃將百餘騎亡還，詣朔方降，被安置於潁川郡。⓭光祿勳　官名。秩中二千石。為宮內總管，統領皇帝的顧問參議、宿衛侍從，傳達接待等官。⓮越騎校尉　官名。漢武帝時所置的八校尉之一，掌越騎。東漢沿置。秩比二千石，掌宿衛兵，為北軍五校之一，屬北軍中侯所監督。⓯度遼將軍　官名。雜號將軍之一，對遼東用兵時設置。⓰使匈奴中郎將　官名。西漢武帝始以中郎將出使匈奴，後沿為定制。東漢正式設置使匈奴中郎將，或稱為護匈奴中郎將、領中郎將、匈奴中郎將等，秩比二千石，主監護南匈奴。⓱護烏桓校尉　官名。西漢時，東胡別支烏桓內附，遷於上谷、漁陽、右北平、遼西等郡塞外居住，遂設護烏桓校尉管轄。後併於護匈奴中郎將。東漢初，由班彪建議，復置其官。校尉一人，秩比二千石，擁節，並領鮮卑。⓲烏桓　國名；族名。一作烏丸，又名赤山、赤沙，或為烏桓支族，是東胡族的一支，居烏桓山（故地在今大興安嶺山脈南端）。漢初，部分烏桓附匈奴，武帝以後附漢，遷至上谷、漁陽、右北平、遼東、遼西等五郡塞外。漢、魏以後，漸與各地漢族及其他民族融合。⓳鮮卑　部族名。東胡族的一支。相傳依居鮮卑山得名。秦漢時期，游牧於今內蒙古東部沙拉木倫河與洮兒河之間及其以西地區。初附於匈奴，常隨其騷掠中原。北匈奴西遷後，鮮卑據其故地，勢力漸趨強盛。⓴勃海郡　郡名。一作「渤海郡」。西漢高祖五年（西元前二〇二年）分鉅鹿、濟北地置郡。因地臨古勃海（今渤海灣），故名。一說文帝置。故治浮陽（今河北滄州東南）。東漢移治南皮（今河北南皮東北）。轄境相當今天津以南、河北南運河以東、山東馬頰河以北，包括靜海、滄州、寧津、樂陵、無棣等地區。㉑冀州　州名。漢武帝所置「十三刺史部」之一。東漢治所在高邑（今河北柏鄉北），末期移治鄴縣（今河北臨漳西南）。轄境相當今河北中南部、山東西端及河南北端。㉒漊中蠻　部族名。東漢泛指居於漊水流域的少數民族為「漊中蠻」。

【語　譯】秋季七月，京師乾旱。詔令中都官關押的犯有輕罪而罰服勞役的罪犯各自減免一半刑期，服完剩下的刑期，而刑期在五個月之下的都免罪釋放。丁巳日，和帝親自到洛陽縣官府衙門，提審囚犯，申雪冤案。

將洛陽縣令逮捕下獄，根據其罪行予以懲治，司隸校尉、河南尹都被降職。和帝還沒回到宮中，天上就降下了及時雨。

2 西域都護班超大破焉耆、尉犁二國，斬殺其王。從此，西域降服，送納質子的有五十餘國。

3 匈奴南單于安國族弟的兒子逢侯率領反叛的胡人逃出邊塞。九月癸丑日，以光祿勳鄧鴻行車騎將軍事，與越騎校尉馮柱、行度遼將軍朱徽、使匈奴中郎將杜崇率兵討伐他們。冬季十一月，護烏桓校尉任尚率領烏桓、鮮卑大破逢侯，馮柱派兵追擊，再次擊敗逢侯。

4 詔令將勃海郡隸屬於冀州。

5 武陵漊中蠻反叛，武陵郡兵進討，將其平定。

1 七年春正月，行車騎將軍鄧鴻、度遼將軍朱徽、中郎將杜崇皆下獄死。

2 夏四月辛亥朔，日有食之。帝引見公卿問得失，令將、大夫、御史❶、謁者、博士❷、議郎❸、郎官會廷中，各言封事❹。詔曰：「元首不明，化流❺無良，政失於民，謫見于天。深惟庶事，五教❻在寬❼，是以舊典因孝廉❽之舉，以求其人。有司詳選郎官寬博有謀才任典城❾者三十人。」既而悉以所選郎❿出補長⓫、相⓬。

3 五月辛卯，改千乘國⓭為樂安國。

4 六月丙寅，沛王定⓮薨。

5 秋七月乙巳，易陽⓯地裂。

6 九月癸卯，京師地震。

【章　旨】以上記述永元七年鄧鴻、朱徽、杜崇被捕入獄，日蝕和地裂、地震等發生，以及挑選優秀郎官出補地方縣長、侯國國相之事。

【注　釋】❶御史　官名。秦以前已有御史，但非司監察之官。秦有御史大夫，職副丞相，地位很高，並以御史監郡。西漢因之。東漢御史大夫轉為司空，御史中丞乃為御史臺之長。下設治書御史和侍御史，掌監察非法。❷博士　官名。秦博士官，掌通古今，備顧問。漢承秦制，置博士官。漢武帝時，設五經博士，掌教授經學，國有疑事，掌承問對。東漢因置。❸議郎　官名。郎中令的屬官，郎官中地位較高者。秩六百石，掌顧問應對。❹封事　密封的奏章。亦稱封章。❺化流　德化傳布。❻五教　五種封建倫理道德，即父義、母慈、兄友、弟恭、子孝。❼在寬　主旨為寬和。❽孝廉　漢代選舉科目之一。孝廉指孝子廉吏，原為察舉二科，然常連稱，乃混為一科。武帝以後孝廉一科為入仕正途。東漢和帝時始以人口為標準，每二十萬人歲舉孝廉一人。❾典城　主管城邑。這裡引申為執掌縣一級政權的長官。❿郎　官名。帝王侍從官的通稱。春秋時始置，秦漢因之，隸屬於郎中令。⓫長　官名。漢因秦制，縣置令、長。掌治一縣。萬戶以上縣設令，秩千石至六百石；不足萬戶縣置長，秩五百石至三百石。西漢末王莽曾改縣令長為縣宰。東漢改復舊稱。⓬相　兩漢時期，王國或侯國的行政長官稱相，職位和郡守縣令相當。這裡指侯國國相。⓭千乘國　郡、侯國名。西漢置郡，故治千乘（今山東高青東北高苑鎮北）。東漢和帝永元七年（西元九五年），改為樂安國，轄有蓼城、千乘、臨濟、樂安、利縣、博昌、益國、壽光等，相當今山東利津、高青、博興、桓臺、廣饒、壽光、淄博等地區。⓮沛王定　劉定（？—西元九五年），沛獻王劉輔之子。輔卒，定嗣爵為王。凡立十一年，卒諡為釐王。見本書卷三十二。⓯易陽　縣名。治今河北永年東南。

【語　譯】永元七年春季正月，行車騎將軍鄧鴻、度遼將軍朱徽、中郎將杜崇都被逮捕入獄而死。

2 夏季四月辛亥日是這一月的第一天，發生了日蝕。和帝接見公卿，詢問朝政得失，命令將軍、大夫、御史、謁者、博士、議郎、郎官在朝廷舉行會議，各自就官員上奏的密封奏章所涉及的問題發表意見。詔令說：「君主不明，教化不良，政治有誤而傷害了民眾，因而上天降下了譴責。朕認真思考治理庶民之事，五教的主旨為寬和，所以舊時制度利用舉薦孝廉來求得這樣的人才。有關機構從郎官中審慎選舉出三十個寬博有謀、才能能夠勝任治理一個縣的人。」不久，和帝讓所選出的郎官全部到地方補任縣長、國相。

3 五月辛卯日，改千乘國為樂安國。

4 六月丙寅日，沛王劉定去世。

5 秋季七月乙巳日，易陽縣大地開裂。

6 九月癸卯日，京師發生地震。

1 八年春二月己丑，立貴人陰氏❶為皇后。賜天下男子爵，人二級；三老、孝悌❷、力田❸，三級；民無名數及流民欲占者，一級；鰥、寡、孤、獨、篤癃、貧不能自存者粟，人五斛。

2 夏四月癸亥，樂成王黨薨。

3 甲子，詔賑貸并州❹四郡貧民。

4 五月，河內❺、陳留❻蝗。

5 南匈奴右溫禺犢王❼叛，為寇。秋七月，行度遼將軍龐奮❽、越騎校尉馮柱追討之，斬右溫禺犢王。

6 車師後王叛，擊其前王。

7 八月辛酉，飲酎❾。詔：「郡國、中都官繫囚減死一等，詣敦煌❿戍。其犯大逆⓫，募下蠶室；其女子宮。自死罪已下，至司寇及亡命者入贖，各有差。」

8 九月，京師蝗。吏民言事者，多歸責有司。詔曰：「蝗蟲之異，殆⓬不虛生，萬方⓭有罪，在予一人，而言事者專咎⓮自下⓯，非助我者也。朕寤寐恫矜⓰，思弭憂釁⓱。昔楚嚴⓲無災而懼⓳，成王⓴出郊而反風㉑。將何以匡朕不逮，以塞災變？百僚師尹㉒勉修厥職，刺史、二千石詳刑辟㉓，理冤虐㉔，恤鰥寡，矜孤弱㉕，思惟致災興蝗之咎。」

9 庚子，復置廣陽郡㉖。

10 冬十月乙丑，北海王威㉗有罪自殺。

11 十二月辛亥，陳王羨薨。

12 丁巳，南宮㉘宣室殿㉙火。

【章旨】以上記述永元八年冊立陰皇后、為天下男子賜爵、賑濟貧民、賑災措施、消滅南匈奴右溫禺犢王、寬減刑罰、因蝗災而頒布罪己詔、車師後王反叛，以及諸侯王的情況。

【注釋】❶貴人陰氏　東漢和帝皇后。南陽新野人。光烈帝陰皇后之兄陰識的曾孫女。少聰慧，善書藝。永元四年（西元九二年），入選掖庭，立為貴人，有殊寵。永元八年，立為皇后。其後，以鄧貴人得恩寵，數有恚恨，與外祖母鄧朱等共挾巫蠱詛咒，以固其位。十四年，事洩，遷於桐宮，憂憤而死。見本書卷十上。❷孝悌　鄉官名。西漢初，令民舉孝悌力田，免除徭役，多有賞賚，以為民眾之表率。高后時以孝悌為鄉官，勸導鄉里、助成風化。文帝時以民戶口多少置孝悌、力田、三老等鄉官員數。❸力田　漢代與三老、孝悌相配合設置的勸督當地農事的鄉官。❹并州　漢武帝所置「十三刺史部」之一。屬地相當今山西大部和內蒙古、河北的一部分。東漢治晉陽（今山西太原西南）。轄境擴大，除原有屬土外，還包括今陝西北部一部分與河套地區。❺河內　郡名。故治懷縣（今河南武陟西南）。轄境相當今河南黃河以北、京漢鐵路以西等地區。❻陳留　郡名。西漢元狩元年置。治今河南開封東南。東漢轄境相當今河南東至民權，南至睢縣、扶溝，西至開封、尉氏，北至延津、長垣等地區。❼右溫禺犢王　右溫禺鞮王。另，溫禺鞮王，又略稱「溫禺」。匈奴「六角」之一。此處之右溫禺鞮王，名烏居戰。❽龐奮　東漢將領。和帝時為行度遼將軍。永元八年，南匈奴右溫禺犢王叛，奮與馮柱追討殺之。十二年，遷河南尹。安帝建光元年（西元一二一年），任遼東屬國都尉，承偽璽書殺玄菟太守姚光。事發，征奮抵罪。❾酎　重釀酒。經過兩次以至多次覆釀的醇酒。《禮記・月令》：「天子飲酎，用禮樂。」鄭玄注：「酎之言醇也，謂重釀之酒也。」❿敦煌　郡名。治今甘肅敦煌西。轄境相當今甘肅疏勒河以西及以南地區。地處河西走廊西端，西界置有玉門關和陽關。⓫大逆　指犯上謀反之罪。⓬殆　必定；應當。⓭萬方　萬邦，即各方諸侯。這裡借指地方官員。⓮專咎　一味地怪罪。咎，過錯；過失；罪過。⓯自下　其下。⓰恫矝　痛苦；疾苦。矝，同「矝」。此處通「瘝」。病痛。⓱憂釁　憂患之端。⓲楚嚴　楚莊王。因避東漢明帝劉莊之諱而作「楚嚴」。楚莊王（？—西元前五九一年），春秋五霸之一。羋姓，名旅。旅亦作呂、侶。楚穆王之子。西元前六一三年即位後，平定若敖氏叛亂，重用孫叔敖。滅庸，伐宋、陳，圍鄭。西元前六〇六年，北伐陸渾之戎，陳兵周郊，周定王遣使勞軍。西元前五九七年，在邲大敗晉軍，迫使鄭、宋等國歸附，成為代晉而起的霸主。⓳無灾而懼　因無災異發生而感到恐懼。《春秋繁露・必仁且知第三十》：「莊王曰：『天不見災，地不見孽，則禱之於山川』。曰：『天其將亡予耶？不說吾過，極吾罪也。』」⓴成王　周成王。西周國王。周武王之子，姬姓，名誦。年幼繼位，由叔父周公旦攝理政事。親政後，繼續大封諸侯，加強宗法統治權力；又委任周公制禮作樂，規劃各項典章制度，從而奠定西周統治秩序之根基。㉑出郊而反風　即「開匱反風」。周武王病重難癒，周公於是向祖宗禱告，請求讓自己去替死以換回周武王之生。並將禱告辭寫進簡冊，藏於金匱。周武王去世後，管叔和他的弟弟們便散布流言蜚語，說周公有野心，致使剛剛即位的周成王對周公起了疑心。後來，大風忽起，禾苗和樹木都被吹得倒伏於地。成王開啟金匱，看到了周公請求以身為質而代替周武王去死的簡冊，悔恨交加，乃到郊外祭天謝罪。於是，天上刮起了反風，倒地的禾苗又都被吹起。事見《尚書・金縢》。㉒百僚師

尹　指朝廷大臣。師尹，百官之長。語出《尚書・洪範》：「卿士惟月，師尹惟日」。㉓刑辟　指刑法，也指處罰罪犯。㉔冤虐　冤案和受虐害。㉕孤弱　年幼而喪失父母。㉖廣陽郡　郡名。治所在薊縣（今北京市區西南）。轄境相當今北京大興及河北固安等地。東漢初廢入上谷郡，永元中復置郡。㉗北海王威　劉威（？—西元九六年），北海敬王劉睦庶子。初封斟鄉侯，永元二年，立為北海王，以奉睦後。立七年，以有罪檻車徵詣廷尉，途中自殺。見本書卷十四。㉘南宮　東漢都城洛陽宮殿名。南宮位處宮城南部。㉙宣室殿　宮殿名。為東漢都城洛陽宮殿建築群中南宮所屬宮殿之一。故址在今河南洛陽東白馬寺一帶。

【語　譯】永元八年春季二月己丑日，立貴人陰氏為皇后。賜給天下男子爵位，每人二級；三老、孝悌、力田，每人三級；百姓沒有戶籍及流民想要登記入籍者，每人一級；賜粟給鰥夫、寡婦、孤兒、無子女的老人、患有重病、貧窮不能自存者，每人五斛。

2 夏季四月癸亥日，樂成王劉黨去世。

3 甲子日，詔令賑濟并州四郡的貧民。

4 五月，河內、陳留發生蝗災。

5 南匈奴右溫禺犢王反叛，侵擾漢境。秋季七月，行度遼將軍龐奮、越騎校尉馮柱追擊，斬殺了右溫禺犢王。

6 車師後王反叛，進攻車師前王。

7 八月辛酉日，飲酎於宗廟。詔令：「郡國、中都官在押囚犯減死罪一等，發往敦煌戍邊。犯有大逆罪的，送下蠶室受腐刑；其中的女犯接受宮刑。自死罪以下，至於司寇以及負罪在逃者，交納財物贖罪，數量各不等。」

8 九月，京師發生蝗災。官民上疏言事的，多將其災歸罪於有關機構。和帝下詔說：「蝗蟲的災異，肯定不會無緣無故地發生，各地官員有罪，責任在我一人，而議論政事的人卻將過錯一味地歸咎於下面的官員，這不是在幫助我。朕日夜憂痛，思考消除憂患的根源。從前楚莊王因沒有災異發生而感到害怕，周成王到郊外祭天而有反向之風刮來。將用什麼來匡正朕的過失，以阻止災異之變呢？朝廷大臣要恪盡其職，刺史、二千石要謹慎地辦案，清理冤案，撫恤鰥夫寡婦，憐憫父母雙亡的孤兒。思考招致蝗蟲災異的過錯。」

9 庚子日，重新設置廣陽郡。

10 冬季十月乙丑日，北海王劉威有罪自殺。

11 十二月辛亥日，陳王劉羨去世。

12 丁巳日，南宮宣室殿發生火災。

1 九年春正月，永昌徼外蠻夷及撣國❶重譯❷奉貢。

2 三月庚辰，隴西地震。

3 癸巳，濟南王康❸薨。

4 西域長史王林擊車師後王，斬之。

5 夏四月丁卯，封樂成王黨子巡為樂成王。

6 六月，蝗、旱。戊辰，詔：「今年秋稼為蝗蟲所傷，皆勿收租、更、芻稾；若有所損失，以實除之，餘當收租者亦半入。其山林饒利❹，陂池漁採❺，以贍❻元元，勿收假稅。」

7 秋七月，蝗蟲飛過京師。

8 八月，鮮卑寇肥如[7]，遼東[8]太守[9]祭參[10]下獄死。

9 閏月辛巳，皇太后竇氏[11]崩。丙申，葬章德皇后。

10 燒當羌寇隴西，殺長吏，遣行征西將軍[12]劉尚、越騎校尉趙世[13]等討破之。

11 九月庚申，司徒劉方策免[14]，自殺。

12 甲子，追尊皇妣[15]梁貴人為皇太后。

13 冬十月乙酉，改葬恭懷梁皇后于西陵[16]。

14 十一月癸卯，光祿勳河南[17]呂蓋[18]為司徒。

15 十二月丙寅，司空張奮罷。壬申，太僕韓稜[19]為司空。

16 己丑，復置若盧獄[20]官。

17 十年春三月壬戌，詔曰：「隄防溝渠，所以順助[21]地理[22]，通利壅塞[23]。今廢慢[24]懈弛[25]，不以為負[26]。刺史、二千石其隨宜[27]疏導。勿因緣妄發[28]，以為煩擾，將顯行其罰[29]。」

18 夏五月，京師大水。

19 秋七月己巳，司空韓稜薨。

20 八月丙子，太常太山巢堪[30]為司空。

21 九月庚戌，復置廩犧官㉛。

22 冬十月，五州雨水。

23 十二月，燒當羌豪迷唐㉜等率種人詣闕貢獻。

24 戊寅，梁王暢薨。

【章旨】以上記述永元九年和十年兩年間自然災害和朝廷減災措施、竇太后去世和追尊梁貴人為皇太后、三公任免、恢復設置若盧獄官和廩犧官、東漢軍隊與燒當羌的戰事等重大事件。

【注釋】❶撣國　國名。其中心在今緬甸曼德勒臘戍附近一帶。❷重譯　多重不同語言的轉換翻譯。❸濟南王康　劉康（?—西元九七年），光武帝之子。建武十五年，封濟南公。建武十七年，進爵為王。卒諡安王。見本書卷四十二。❹饒利　豐富的物產。❺漁採　捕撈採集。❻贍　救濟；周濟。❼肥如　縣名。治今河北盧龍北。❽遼東　郡名。戰國燕置。治所在襄平（今遼寧朝陽）。轄境相當今遼寧醫巫閭山以東和丹東、撫順、本溪以西地區。東漢玄菟郡、遼東屬國占去一部分，轄境縮小。❾太守　一郡之最高行政長官。秩二千石，故亦別稱二千石。❿祭參　潁川潁陽（今河南許昌）人。祭遵從弟祭彤之子。永平十六年（西元七三年），隨奉車都尉竇固擊車師，以功累遷為遼東太守。和帝永元九年（西元九七年），鮮卑侵入郡界，因戰敗而下獄死。見本書卷二十。⓫皇太后竇氏　章德皇后。⓬征西將軍　東漢四征將軍之一，主對西征伐。⓭趙世　一作趙代（唐人避李世民諱改），南陽宛人。節鄉侯趙憙子。章帝建初五年（西元八〇年），憙卒，嗣爵。累官為越騎校尉、廷尉。⓮策免　被策書免官。策，君主對臣下封土、授爵、免官或發布其他教令的文書。⓯皇妣　對亡母的敬稱。⓰西陵　東漢和帝恭懷梁皇后之陵墓。永元九年冬十月乙酉，恭懷梁皇后改葬於此。故址在今河南洛陽以東。⓱河南　河南尹。政區名。東漢建武十五年（西元三九年），改西漢河南郡為河南尹。故治洛陽（今河南洛陽東北）。轄境相當今河南黃河以南洛水、伊水下游，北汝河、賈魯河上游，東至開封、延津，南到新鄭、汝陽，北臨新安、宜陽以及黃河以北原陽等地。⓲呂蓋　字君上，宛陵（今安徽宣城）人。⓳韓稜　字伯師，潁川舞陽（今河南舞陽）人。弓高侯韓頹當後裔。歷任郡功曹、尚書令、南陽太守、太僕、司空，歷事明、章、和帝三朝。永元十年，卒於官。見本書卷四十五。⑳若盧獄　漢代監獄名。其獄由少府管轄，用於關押審理有罪的將相大臣。㉑順助　順應並助長。㉒地理　大地山川原隰分布的條理。㉓通利壅塞　指或使水流通暢，或堵塞水流使其不恣意漫流。通利，通暢。壅塞，阻礙；堵塞。㉔廢慢　廢弛輕忽。㉕懈弛　懈怠；鬆弛。㉖不以為負　不把事情放在心上；不負責任。㉗隨宜　便宜行事。指根據具體情況辦好事情。㉘因緣妄發　以此為由隨意開工。㉙顯行其罰　加重懲罰。顯行，清楚地顯示出來。這裡引申為突出、加重之意。㉚巢堪　字次朗，太山南城（今山東平邑）人。章帝時，為太常。和帝永元十年，升為司空，十四年罷。㉛廩犧官　即廩犧令。秩為六百石，掌祭祀犧牲雁鶩之屬。西漢為大司農屬官，東漢屬河南尹。㉜迷唐　東漢時燒當羌首領。章帝末，其父迷吾為漢護羌校尉張紆誘殺，迷唐志欲復仇，屢寇隴西、金城等地。和帝永元十年，在漢軍攻圍之下請降，率種人詣闕貢獻。十二年，復叛，率兵抄掠而去。在漢軍不斷進攻下，漸失其眾。安帝永初中，病卒。

【語　譯】永元九年春季正月，永昌境外蠻夷及撣國通過多重翻譯進獻貢品。

2 三月庚辰日，隴西發生地震。

3 癸巳日，濟南王劉康去世。

4 西域長史王林進攻車師後王，將他斬殺。

5 夏季四月丁卯日，冊封樂成王劉黨之子劉巡為樂成王。

6 六月，發生蝗災、旱災。戊辰日，和帝下詔說：「今年秋季莊稼被蝗蟲傷害，一律免收田租、更賦、芻稾；如果部分受災的，按實數減除，其餘應該交租的也減半交納。山林豐富的物產，池塘的捕撈採集，都用來救濟百姓，不要收取租借稅。」

7 秋季七月，蝗蟲飛過京師。

8 八月，鮮卑侵犯肥如，遼東太守祭參被捕下獄而死。

9 閏八月辛巳日，皇太后竇氏去世。丙申日，安葬章德皇后。

10 燒當羌侵犯隴西，殺害地方長官。和帝派遣行征西將軍劉尚、越騎校尉趙世等進攻擊敗他們。

11 九月庚申日，司徒劉方被策免，自殺而死。

12 甲子日，追尊皇妣梁貴人為皇太后。

13 冬季十月乙酉日，改葬恭懷梁皇后於西陵。

14 十一月癸卯日，光祿勳河南人呂蓋擔任司徒。

15 十二月丙寅日，司空張奮被罷官。壬申日，太僕韓稜擔任司空。

16 己丑日，恢復設置若盧獄官。

17 永元十年春季三月壬戌日，和帝下詔說：「堤防溝渠，是用來順應和增強大地山川原隰分布的條理性的，或使水流通暢，或堵塞水流使其不漫流。現今地方官員懈怠鬆弛，不把此事放在心上。刺史、二千石要根據具體情況疏導水利，但不要以此為由隨意開工。造成煩擾民眾的，將對其加重懲罰。」

18 夏季五月，京師發大水。

19 秋季七月己巳日，司空韓稜去世。

20 八月丙子日，太常太山人巢堪擔任司空。

21 九月庚戌日，恢復設置廩犧官。

22 冬季十月，有五個州下了大雨。

23 十二月，燒當羌首領迷唐等率領其部族到朝廷進獻貢品。

24 戊寅日，梁王劉暢去世。

1 十一年春二月，遣使循行❶郡國，稟貸被災害不能自存者，令得漁采山林池澤，不收假稅。

2 丙午，詔郡國中都官徒及篤癃老小女徒各除半刑，其未竟三月者，皆免歸田里。

3 夏四月丙寅，大赦天下。

4 己巳，復置右校尉❷官。

5 秋七月辛卯，詔曰：「吏民踰僭❸，厚死傷生，是以舊令節之制度。頃者，貴戚近親，百僚師尹，莫肯率從，有司不舉，怠放❹日甚❺。又商賈❻小民❼，或忘法禁，奇巧靡貨❽，流積❾公行。其在位犯者，當先舉正❿。市道⓫小民，但且申明憲綱，勿因科令，加虐羸弱⓬。」

【章　旨】以上記載永元十一年救災減刑、恢復設置右校尉官職以及禁止奢侈的詔令。

【注　釋】❶循行　巡視。❷右校尉　官名。秦漢軍隊皆以一部為一校，有左、右校之稱。漢校置校尉領之。東漢初有右校尉，後罷。和帝永元十一年（西元九九年）復置。❸踰僭　超越本分。❹怠放　懈怠和放縱。❺日甚　一天比一天嚴重。❻商賈　這裡泛指商人。❼小民　指一般百姓或社會最下層的民眾。❽靡貨　奢侈品。亦指非分享用的器物。❾流積　流通與儲存。這裡借指買賣。❿舉正　檢舉其罪而正之以法。⓫市道　市場買賣。⓬羸弱　指無權無勢的民眾。

【語　譯】永元十一年春季二月，和帝派遣使者巡視郡國，用救濟的形式賜給因遭受災害而不能生存者的糧食，准許他們到山林池澤中漁獵採集，不收租借稅。

2 丙午日，詔令郡國中都官的徒刑犯以及被判徒刑而患有重病的老年、幼小、女子，各自都減免一半的刑期，所剩刑期不足三月的，都免罪放回鄉里。

3 夏季四月丙寅日，大赦天下。

4 己巳日，恢復設置右校尉官。

5 秋季七月辛卯日，和帝下詔說：「官吏和民眾超越等級，厚葬死者而損害生者，因此舊時的法令用制度對這種情況予以節制。近來，貴戚近親、百官公卿，沒有人肯遵循制度，有關機構不予糾察檢舉，懈怠和放縱日益嚴重。另外，商人和小民百姓，有的忘記法律禁令，奇巧的奢侈品，公然進行買賣。在位官員有違犯者，應當首先檢舉其罪而依照法令進行懲處。對於在市場進行買賣的小民百姓，暫且申明禁令，不要因為此道條令，而對無權無勢的百姓痛加傷害。」

1 十二年春二月，旄牛❶徼外白狼、貗薄❷夷率種人內屬。

2 詔貸被災諸郡民種糧。賜下貧、鰥、寡、孤、獨、不能自存者，及郡國流民，聽入陂池漁采，以助蔬食❸。

3 三月丙申，詔曰：「比年❹不登❺，百姓虛匱。京師去冬無宿雪❻，今春無澍雨，黎民流離，困❼於道路。朕痛心疾首，靡知所濟。『瞻仰昊天，何辜今人❽？』三公朕之腹心，而未獲承天安民之策。數詔有司，務擇良吏❾。今猶不改，競為苛暴。侵愁小民，以求虛名❿；委任下吏，假埶行邪。是以令下而姦生，禁至而詐起。巧法析律，飾文增辭；貨行於言⓫，罪成乎手⓬。朕甚病⓭焉。公卿不思助明⓮好惡，將何以救其咎罰⓯？咎罰既至，復令災及小民。若上下同心，庶或有瘳⑯。其賜天下男子爵，人二級；三老、孝悌、力田三級；民無名數及流民欲占者，人一級；鰥、寡、孤、獨、篤癃、貧不能自存者粟，人三斛。」

4 壬子，賜博士員弟子⑰在太學⑱者布⑲，人三匹。

5 夏四月，日南⑳象林㉑蠻夷反，郡兵討破之。

6 閏月，賑貸敦煌、張掖㉒、五原㉓民下貧者穀。

7 戊辰，秭歸㉔山崩。

8 六月，舞陽㉕大水，賜被水災尤貧者穀，人三斛。

9 秋七月辛亥朔，日有食之。

10 九月戊午，太尉張酺免。丙寅，大司農張禹㉖為太尉。

11 冬十一月，西域蒙奇㉗、兜勒㉘二國遣使內附，賜其王金印紫綬。

12 是歲，燒當羌復叛。

【章　旨】以上記述永元十二年東漢朝廷的賑災措施以及和帝所頒布的〈因賑災而戒官吏詔〉、東漢與周邊國家和少數民族的關係等大事。

【注　釋】❶旄牛　縣名。治今四川漢源南大渡河南岸。❷白狼僂薄　部族名。先秦、兩漢時我國西南少數民族中夷族的一支。因聚居古白狼國地一帶，故名。故址當在今雲南西北、四川西南地區。僂薄，又作「樓薄」。本書志第十一〈天文中〉：

「明年二月，蜀郡旄牛徼外夷，白狼、樓薄種，王唐繒等，率種人口十七萬，歸義內屬。賜金印紫綬錢帛。」❸蔬食　粗食；以草菜為食。❹比年　連年。❺不登　糧食無收成。❻宿雪　積雪。❼困　處於艱難窘迫的境地。❽瞻仰昊天二句　仰望蒼天，今人有什麼罪過。語出《詩．雲漢》。辜，罪。❾良吏　清廉賢能的官吏。❿侵愁小民二句　指官吏侵擾百姓，強出政績，以求得虛名。⓫貨行於言　通過賄賂而增飾言詞。貨，賄賂。⓬罪成乎手　指按自己的意志隨意定罪。本書卷六十四：「祐在膠東九年，遷齊相。大將軍梁冀表為長史。及冀誣奏太尉李固，祐聞而請見，與冀爭之，不聽。時扶風馬融在坐，為冀章草，祐因謂融曰：『李公之罪成於卿手，李公即誅，卿何面目見天下之人乎？』冀怒而起，入室，祐亦徑去。冀遂出祐為河閒相。因自免歸家，不復仕。」⓭病　恨。⓮助明　昭明。引申為明辨之意。⓯咎罰　罪罰。⓰瘳　救治。⓱博士員弟子　兩漢時對太學生的特稱。⓲太學　古代國家的最高學府，夏朝稱序，商朝稱瞽宗，周朝稱辟雍。西漢武帝元朔五年（西元前一二四年），始置太學，立《五經》博士。東漢因之。⓳布　在宋代以前，為麻、苧、葛織物的通稱。⓴日南　郡名。故治西卷（今越南廣治省廣治河與甘露河合流處）。㉑象林　縣名。漢日南郡屬縣中最南一縣。一說秦置，為象郡治所。故治在今越南廣南濰川南茶蕎地方。㉒張掖　郡名。西漢元鼎六年分武威郡置。治所在觻得（今甘肅張掖西北）。轄境相當今甘肅高臺以東，永昌以西，以及今內蒙古西部部分地區。東漢在其北部設置張掖屬國和張掖居延屬國。㉓五原　郡名。故治九原（今內蒙古包頭西）。轄境相當今內蒙古河套地區東半部，包括包頭、達拉特、山西偏關以西等地區。㉔秭歸　縣名。治所在今湖北秭歸。㉕舞陽　縣名。治今河南舞陽西北。㉖張禹　（？—西元一一三年），字伯達，趙國襄國（今河北邢臺）人。少習《歐陽尚書》，後舉孝廉。章帝建初中，累官至揚州刺史。轉兗州刺史，遷下邳相，多有政聲。和帝永元六年，入為大司農，後拜太尉。殤帝延平元年，遷為太傅，錄尚書事。安帝永初元年，以定策立帝功，封安鄉侯，旋拜太尉。永初五年，以陰陽不和被罷免。見本書卷四十四。㉗蒙奇　西域國名。東漢永元三年（西元九一年）班超任西域都護後，和東漢建立交通關係。或以為即當時安息國東部 Margiana 地區之音譯。㉘兜勒　西域國名。東漢永元三年班超任西域都護後，和東漢建立交通關係，並遣使貢獻。或以為吐火羅的異譯。

【語　譯】永元十二年春季二月，旄牛縣境外白狼鏤薄夷人首領率領其部族歸屬了朝廷。

2 和帝詔令借貸種糧給受災諸郡的民眾。賞賜最貧困人家、鰥夫、寡婦、孤兒、無子女的老人、不能生存者以及各郡國的流民，准許他們進入池塘捕撈採集，用草菜等來彌補糧食的不足。

3 三月丙申日，和帝下詔說：「莊稼連年無收成，百姓窮困貧乏。京師去年冬天沒有積雪，今年春天該下雨時又沒有下雨，百姓流離失所，在道路上遭受折磨。朕痛心疾首，不知道如何來救助。『瞻仰上天，今人有什麼罪過？』三公是朕的心腹大臣，但朕卻沒有從他們那裡得到承奉天命安撫百姓的良策。朕數次命令有關機構，讓他們務必要選用良吏。然而，直到現在，官吏仍然舊習不改，競相苛刻殘暴。侵擾百姓，以求得虛名；他們把事情都交給下級官吏辦理，而下級官吏則仗勢胡作非為。因此，法令一頒下邪惡也就隨之而出，禁令一下達欺詐也就隨之而起。他們玩弄機巧曲解法律，修飾和增加相關文字；他們收受賄賂增飾言詞，一手就能定罪。朕對此感到非常痛恨。公卿不想明辨是非善惡，那將用什麼來拯救這上天降下的罪罰呢？罪罰既然到了，又使災害禍及百姓。如若上下同心，也許還可以救治。為此，特賜給天下男子爵位，每人二級；三老、孝悌、力田每人三級；百姓沒有戶籍以及流民想要登記入籍者，每人一級；賜粟給鰥夫、寡婦、孤兒、無子女的老人、患有重病、貧窮不能生存者，每人三斛。」

4 壬子日，賞賜布匹給在太學的博士員弟子，每人三匹。

5 夏季四月，日南郡象林蠻夷反叛，郡兵出動討伐，將他們擊敗。

6 閏四月，發放穀物，賑濟敦煌、張掖、五原最貧困的百姓。

7 戊辰日，秭歸發生山崩。

8 六月，舞陽發大水，賞賜穀物給遭受水災百姓中最貧困者，每人三斛。

秋季七月辛亥日是這一月的第一天，發生了日蝕。

10 九月戊午日，太尉張酺被免官。丙寅日，大司農張禹擔任太尉。

冬季十一月，西域蒙奇、兜勒二國派遣使者向朝廷請求歸附，和帝將金印紫綬賜給他們的國王。

12 這一年，燒當羌又反叛了。

1 十三年春正月丁丑，帝幸東觀❶，覽書林❷，閱篇籍❸，博選術藝之士❹以充其官。

2 二月，任城王尚❺薨。

3 丙午，賑貸張掖、居延❻、朔方❼、日南貧民及孤、寡、羸弱不能自存者。

4 秋八月，詔象林民失農桑業者，賑貸種糧，稟賜下貧穀食。

5 己亥，北宮盛饌門閤❽火。

6 護羌校尉周鮪擊燒當羌，破之。

7 荊州❾雨水。九月壬子，詔曰：「荊州比歲不節❿，今茲淫水⓫為害。餘雖頗登，而多不均浹⓬，深惟四民⓭，農食之本，慘然懷矜。其令天下半入今年田租、芻稾；有宜以實除者，如故事。貧民假種食，皆勿收責⓮。」

8 冬十一月，安息國遣使獻師子及條枝⓯大爵⓰。

9 丙辰，詔曰：「幽⓱、并、涼州戶口率⓲少，邊役⓳眾劇⓴，束脩良吏㉑，進仕路狹。撫接㉒夷狄㉓，以人為本。其令緣邊郡口十萬以上歲舉孝廉一人，不滿十萬二歲舉一人，五萬以下三歲舉一人。」

10 鮮卑寇右北平㉔，遂入漁陽㉕，漁陽太守擊破之。

11 戊辰，司徒呂蓋罷。

12 十二月丁丑，光祿勳魯恭㉖為司徒。

13 辛卯，巫蠻㉗叛，寇南郡㉘。

【章　旨】以上記述永元十三年和帝參觀東觀，東漢朝廷的各種賑災措施，對幽、并、涼三州士人的優待政策，東漢與周邊國家的交往和與少數民族的戰爭等大事。

【注　釋】❶東觀　漢代宮中著述及藏書之所。位於南宮。❷書林　形容眾多的書籍。❸篇籍　書籍。❹術蓺之士　精通經學、有才藝的人士。術蓺，經術；經藝。❺任城王尚　劉尚（？—西元一〇一年），東平憲王劉蒼之子。元和元年，章帝分東平國封尚為任城王，食任城、亢父、樊三縣。尚凡立十八年卒，諡為孝王。見本書卷四十二。❻居延　縣名。屬張掖郡。治今內蒙古額濟納旗東南哈拉和圖。❼朔方　郡名。西漢元朔二年（西元前一二七年）置。故治朔方縣（今內蒙古杭錦旗西北黃河南岸）。東漢移治臨戎縣（今內蒙古磴口北）。轄地約當今內蒙古烏加河流域以南、杭錦旗至烏蘭布和沙漠中部以北、伊金霍洛旗以西、杭錦後旗以東的廣大地區。❽盛饌門閤　宮門閤名。在今河南洛陽東郊漢洛陽故城北宮門。❾荊州　漢武帝所置「十三刺史部」之一。東漢承其制，故治漢壽（今湖南常德東北）。其轄地相當今湖北、湖南與河南南陽地區與信陽部分地區，貴州銅仁、廣西桂林、廣東韶關地區以及陝西山陽與重慶市秀山縣等地。❿不節　氣候反常。⓫淫水　過多的雨水。⓬均浹　均勻；平衡。⓭四民　指士、農、工、商。⓮收責　責令償還。⓯條枝　西亞古國名。一作條支。中國史書中所述西域大國之一。故地在今西亞伊拉克境內，並包括今伊朗一部分。⓰大爵　大雀。即駝鳥。⓱幽　幽州。漢武帝所置「十三刺史部」之一。東漢幽州治所在薊縣（今北京市區西南）。轄境相當今北京、河北北部，山西恆山陽高、靈丘以東，遼寧大部、天津海河以北以及朝鮮半島北部地區。⓲率　大概；一般。⓳邊役　邊境事務。⓴眾劇　繁重。㉑束脩良吏　「束脩」通「束修」。約束整飭，修養身心。㉒撫接　安撫。㉓夷狄　古代對中原以外四周各少數民族的泛稱。㉔右北平　右北平郡。秦治無終（今天津市薊縣），西漢移治平剛（今遼寧凌源西南），東漢移治上垠（今河北豐潤東南），轄境較之前代已大為縮小，僅轄有上垠、徐無、俊靡、無終四縣，相當於今天津市薊縣，河北興隆、遵化、豐潤、唐山市等地區。㉕漁陽　漁陽郡（今北京密雲西南）。轄境相當今河北灤河上游以南，薊運河以西，天津市海河以北，北京懷柔區、通州區以東地區。㉖魯恭（西元三二－一一二年），字仲康，扶風平陵（今陝西咸陽）人。精於《魯詩》，諸儒稱之。章帝初，被召，與諸儒於白虎觀論經傳異同。其後，郡舉直言，待詔公車，拜中牟令。歷任侍御史、《魯詩》博士、樂安相、議郎、侍中、光祿勳等職。永元十三年拜司徒。在任三年，坐事免官。殤帝即位，起為長樂衛尉。安帝永初元年，復為司徒。永初三年，以老病策罷。見本書卷二十五。㉗巫蠻　部族名。秦漢時南方少數民族中蠻族的一支。為廩君蠻的分支。因聚居巫山、巫江一帶，故名。㉘南郡　郡名。治江陵（今湖北江陵）。東漢建初四年（西元七九年）改置為江陵國，不久復為郡。轄境相當今湖北粉青河及襄樊以南，荊門、潛江市、洪湖市以西，洞庭湖區至來鳳、鶴峰一線以北，包括湖北西部、江漢平原大部地區。

【語　譯】永元十三年春季正月丁丑日，和帝到了東觀，流覽典藏，閱讀書籍，廣選精通經學、有才藝的人士擔任東觀的官職。

2　二月，任城王劉尚去世。

3　丙午日，賑濟張掖、居延、朔方、日南貧民以及孤兒、寡婦、羸弱不能生存者。

4　秋季八月，和帝詔令賑濟象林失去農桑基業的百姓，借給他們種糧，對最貧困者賜給糧食。

5　己亥日，北宮盛饌門閣發生火災。

6　護羌校尉周鮪進攻燒當羌，將他們擊敗。

7　荊州雨水成災。九月壬子日，和帝下詔說：「荊州連年氣候反常，現今過多的雨水又造成災害。其餘有些地方收成雖然很不錯，但很不均衡。認真一想，在四民之中，農民是為人們提供食物的根本，朕心中不禁慘然憐憫。現令天下今年的田租、芻稾，只按常年的半數交納；有應當按實際情況扣減的，依照舊例辦理。貧民所借貸的種糧，都不要責令償還。」

8　冬季十一月，安息國派遣使者進獻獅子及條枝駝鳥。

9　丙辰日，和帝下詔說：「幽、并、涼三州戶數和人口一般都較少，邊境事務繁重，因此，有教養的清廉小吏，進升的路子太窄。安撫夷狄，以人為本。現令緣邊各郡人口在十萬以上的每年薦舉孝廉一人，不滿十萬的兩年薦舉一人，五萬以下的三年薦舉一人。」

10 鮮卑進犯右北平，後又進入漁陽，漁陽太守將他們擊敗。

11 戊辰日，司徒呂蓋免官。

12 十二月丁丑日，光祿勳魯恭出任司徒。

13 辛卯日，巫蠻反叛，進犯南郡。

1 十四年春二月乙卯，東海王政❶薨。

2 繕修故西海郡❷，徙金城西部都尉❸以戍之。

3 三月戊辰，臨辟雍❹，饗射❺，大赦天下。

4 夏四月，遣使者督荊州兵討巫蠻，破降之。

5 庚辰，賑貸張掖、居延、敦煌、五原、漢陽❻、會稽❼流民下貧穀，各有差。

6 五月丁未，初置象林將兵長史❽官。

7 六月辛卯，廢皇后陰氏，后父特進綱❾自殺。

8 秋七月甲寅，詔復象林縣更賦、田租、芻藳二歲。

9 壬子，常山王側❿薨。

10 是秋，三州雨水。冬十月甲申，詔：「兗、豫⓫、荊州今年水雨淫過，多傷農功⑫。其令被害什四以上皆半入田租、芻稾；其不滿者，以實除之。」

11 辛卯，立貴人鄧氏⑬為皇后。

12 丁酉，司空巢堪罷。十一月癸卯，大司農徐防⑭為司空。

13 是歲，初復郡國上計⑮補郎官。

【章旨】以上記述永元十四年皇后廢立、三公人選變更、減免賦稅以賑災、加強邊境防務等大事。

【注釋】❶東海王政　劉政（?—西元一〇二年），東海恭王劉彊之子。明帝初，嗣爵為王。因縱欲薄行，私取簡王姬徐妃，又盜迎掖庭出女，詔削封邑一縣。凡立四十四年，卒謚靖王。見本書卷四十二。❷西海郡　西漢平帝始設，治龍耆城（今青海海晏）。轄境相當今青海東境，即今青海湖以東，甘肅蘭州以西、天祝以南地區。新莽末廢。東漢後期，以原郡境內大通河為界，分為東西兩郡：東為西平郡，西為金城郡。並在居延澤周圍復置西海郡。故治居延（今內蒙古額濟納旗東南）。轄境約當今居延海附近一帶。❸西部都尉　官名。漢武帝時始於邊郡分部設都尉，如南部都尉、西部都尉等。秦漢時期，以都尉為官稱者很多，大都為主兵官，也有部分任其他專職的。邊郡各部都尉為領兵之都尉，位在將軍、校尉下。❹辟雍　本為西周天子所置大學。以其形圓如璧，四周環雍以水得名。漢都城長安、洛陽皆有辟雍。東漢辟雍位於今河南洛陽東郊故洛陽城東南。東漢以後，歷代皆有辟雍，除宋代外，均僅為祭祀之所，為都城禮制建築之一。❺饗射　古禮儀名。宴請賓客並舉行射箭表演。❻漢陽　郡名。西漢元鼎三年（西元前一一四年）置天水郡。東漢永平十七年（西元七四年）改漢陽郡。治所在冀縣（今甘肅天水市西北）。轄境相當今甘肅定西、武山縣、禮縣、天水市、張家川回族自治縣、莊浪、通渭、靜寧等地。❼會稽　郡名。秦始皇二十五年（西元前二二二年）於原吳、越地置。秦、西漢治所在吳縣（今江蘇蘇州）。東漢順帝永建四年（西元一二九年）北部另置吳郡，治所移到山陰（今浙江紹興）。轄境縮小，大致相當今浙江蕭山區、鎮海區以南，江山市、衢州以東廣大地區及福建全省。❽將兵長史　官名。漢制，將軍幕府設長史和司馬，為高級屬員，有時也可獨當一面，領兵作戰。將兵長史即為獨當一面之長史。❾綱　陰綱。南陽新野人。陰識之孫，陰躬姪子。其女為和帝皇后，因封吳房侯，位特進。

⑩常山王側　劉側（？—西元一〇二年），淮陽頃王劉昞幼子。昞卒，未及立嗣，不得封。永元二年，和帝以側為常山王，奉昞後。凡立十三年卒。因未就國，遂葬京師，謚為殤王。⑪豫　豫州。漢武帝所置「十三刺史部」之一。東漢治所在譙縣（今安徽亳州）。轄境相當今淮河以北，伏牛山以東的豫東、皖北地區。⑫農功　農作；農事。⑬貴人鄧氏　鄧綏（西元八一—一二一年），南陽新野人，太傅鄧禹之孫女。和帝永元七年，以選入宮，次年，入掖庭為貴人。因貌美、謙讓，頗為和帝所寵愛。陰皇后甚為忌妒，欲加害之。貴人數遭窘困，曾有自盡之念，而為人勸止。永元十四年，陰皇后坐巫蠱事被廢，和帝遂立貴人為皇后。和帝病卒，殤帝即位，被尊為皇太后。殤帝在位僅一年而卒，太后又定策迎立安帝，親主朝政。前後在位二十年。永寧二年卒，年四十一，合葬於和帝順陵（慎陵）。見本書卷十上。⑭徐防　字謁卿，沛國銍（今安徽宿縣）人。少習《周易》，永平中舉孝廉，特補尚書郎。和帝時，歷任司隸校尉、魏郡太守、少府、大司農、司空、司徒。殤帝延平元年，遷太尉，與太傅張禹參錄尚書事。安帝即位，以定策之功封龍鄉侯。旋以災異策免，就國，不久病卒。⑮上計　漢代制度，郡丞每年赴京師送交年度統計報表，名曰上計，又稱「奉歲計」。漢武帝元朔中，令郡國舉孝廉各一人，與上計吏一同進京，特拜為郎中。其後，廢除。永元十四年恢復武帝舊制。

【語　譯】永元十四年春季二月乙卯日，東海王劉政去世。

2 修繕舊西海郡，將金城西部都尉調往那裡戍守。

3 三月戊辰日，和帝到了辟雍，舉行饗射禮，大赦天下。

4 夏季四月，和帝派遣使者監督荊州兵討伐巫蠻，將他們擊敗，迫使他們投降了。

5 庚辰日，賑濟張掖、居延、敦煌、五原、漢陽、會稽流民中最貧困者，賜給他們穀物，數量各不等。

6 五月丁未日，首次設置象林將兵長史這個官職。

7 六月辛卯日，廢掉皇后陰氏，皇后的父親特進陰綱自殺。

8 秋季七月甲寅日，詔令免除象林縣更賦、田租、芻稾二年。

9 壬子日，常山王劉側去世。

10 這年秋天，三州大雨成災。冬季十月甲申日，和帝詔令：「兗、豫、荊三州今年雨水過多，對農業生產傷害太大。現令遭受災害損失在十分之四以上的一律按半數交納田租、芻稾，損失不足十分之四的，按實際數量扣除。」

11 辛卯日，立貴人鄧氏為皇后。

12 丁酉日，司空巢堪被罷免。十一月癸卯日，大司農徐防擔任司空。

13 這一年，首次恢復郡國上計補任郎官的制度。

1 十五年春閏月乙未，詔：「流民欲還歸本❶而無糧食者，過所❷實稟之，疾病加致醫藥；其不欲還歸者，勿強。」

2 二月，詔稟貸潁川❸、汝南❹、陳留、江夏❺、梁國❻、敦煌貧民。

3 夏四月甲子晦，日有食之。

4 五月戊寅，南陽❼大風。

5 六月，詔令百姓鰥寡漁采陂池，勿收假稅二歲。

6 秋七月丙寅，濟南王錯❽薨。

7 復置涿郡故安❾鐵官❿。

8 九月壬午，南巡狩⓫，清河王慶⓬、濟北王壽⓭、河間王開⓮並從。賜所過二千石長吏以下、三老、官屬及民百年者錢布，各有差。

是秋，四州雨水。

冬十月戊申，幸章陵⑮，祠舊宅。癸丑，祠園廟，會宗室於舊廬，勞賜⑯作樂。戊午，進幸雲夢⑰，臨漢水⑱而還。

十一月甲申，車駕還宮。賜從臣及留者公卿以下錢布，各有差。

十二月庚子，琅邪王宇⑲薨。

有司奏，以為夏至⑳則微陰㉑起，靡草㉒死，可以決小事㉓。

是歲，初令郡國以日北至㉔案薄刑。

【章　旨】以上記述永元十五年和帝頒布的〈稟給流民詔〉和各種救災措施、和帝南巡等大事。

【注　釋】❶歸本　歸回故鄉務農。❷過所　途經之處。❸潁川　郡名。治所在今河南禹州。東漢轄境相當今河南登封、寶豐以東，鄢陵、郾城以西，長葛以南，葉縣、舞陽以北地區。❹汝南　郡名。西漢高帝四年置，故治上蔡（今河南上蔡西南）。東漢移治平輿（今河南平輿北）。轄地約相當今淮河以北，河南項城、郾城、周口以南，漯河以下的南汝河流域，和安徽渦陽、蒙城、潁上以西等地區。❺江夏　郡名。治西陵（今湖北新洲西）。轄境相當今以湖北武漢為中心的鄂東南、鄂東北、鍾祥以下漢水流域，包括京山縣、安陸和河南信陽、羅山縣、光山縣等地區。❻梁國　王國名。治所在睢陽（今河南商丘東南）。東漢轄境相當今河南商丘、虞城，以及寧陵、夏邑，山東曹縣，安徽碭山縣、亳州部分地區。❼南陽　郡名。治宛縣（今河南南陽）。轄境相當今河南熊耳山以南葉縣、魯山縣、內鄉間，和湖北大洪山以北廣水市、隨州、襄樊直至鄖縣間地以及陝西山陽等地區。❽濟南王錯　劉錯（？—西元一〇三年），濟南安王劉康之子。康卒，嗣爵為王。為太子時，曾迷戀於康鼓吹妓女宋閏，劉康派醫生張尊招之，劉錯不從，一怒之下，以劍刺殺張尊。國相舉劾，有詔勿案。凡立六年卒，諡為簡王。見本書卷四十二。❾故安　縣名。治今河北固安。❿鐵官　主管鐵的冶煉及買賣稅收等事。《續漢書》：「其郡縣有鹽官、鐵官者，隨事廣狹，置令、長及丞，秩次皆如縣也。」⓫巡狩　指皇帝外出巡視。⓬清河王慶　劉慶（西元七八—一〇六年），東漢章帝之子。建初四年，立為皇太子。時竇皇后得章帝寵愛，日夜毀譖其母宋貴人，其母子遂漸遭疏遠。建初七年，章帝將其廢為清河王。殤帝延平元年，病卒。是年，其子劉祜被立為皇帝，是為安帝。劉慶遂得謚曰孝王。建光元年，又被追尊為孝德皇。見本書卷五十五。⓭濟北王壽　劉壽。東漢章帝之子。永元二年（西元九〇年），封濟北王，分泰山郡為國。和帝卒，乃就國。凡立三十一年卒，謚為惠王。見本書卷五十五。⓮河間王開　劉開（？—西元一三一年），東漢章帝之子。永元二年，封為河間王。延平元年始就國，在國奉遵法規，吏民敬之。凡立四十二年卒，謚為孝王。見本書卷五十五。⓯章陵　縣名。治今湖北棗陽南。光武帝改西漢舂陵縣為章陵縣。以其父陵墓曰章陵而改之。⓰勞賜　慰勞；賞賜。⓱雲夢　澤藪名。漢代雲夢澤在南郡華容縣（今湖北潛江市西南）南，範圍不大。另據今人考證，古籍中的「雲夢」並不專指以「雲夢」為名的澤藪，一般都泛指春秋戰國時楚王的遊獵區。此區大致包括整個江漢平原及東、西、北三面一部分丘陵山巒，南面春秋時兼有郢都以南的江南地，戰國時則僅限於江北。在這個區域內，也不全屬於「雲夢」，錯雜著許多已經開墾了的邑居聚落。⓲漢水　又稱沔水。源出今陝西西南寧強，東南流經陝西南部、湖北西北及中部，在武漢入長江。⓳琅邪王宇　劉宇（？—西元一〇三年），琅邪孝王劉京之子，嗣爵為王二十二年卒，謚為夷王。見本書卷四十二。⓴夏至　節氣名。二十四節氣之一。每年西曆六月二十二日前後視太陽運行到黃經九十度，黃道最北點時，稱交夏至。該日稱夏至日，白晝最長，太陽去極最近。㉑微陰　微弱的陰氣。按古代《周易》五行之說，五月之卦為〈姤卦〉。〈姤卦〉之六爻，五陽一陰，故曰微陰。古人認為五月天氣盡管炎熱，但已經不是純陽之氣，而有微陰之氣了。自此以後，天氣逐漸轉涼。㉒靡草　葶藶之類的小草。也泛指枝葉細小的草。㉓決小事　判決小罪犯。《禮記・月令》：「孟夏之月，靡草死，麥秋至，斷薄刑，決小罪。」㉔日北至　指夏至。這一天，太陽視運動在黃道最北點。

【語　譯】永元十五年春季閏月乙未日，和帝詔令：「流民想要回歸鄉里務農而沒有糧食的，由所過之地據實發給食物，對有疾病者要給藥醫治；不願回歸鄉里的，不要強迫。」

2　二月，和帝詔令借貸糧食給潁川、汝南、陳留、江夏、梁國、敦煌的貧民。

3　夏季四月甲子日是這一月的最後一天，發生了日蝕。

4　五月戊寅日，南陽刮起了大風。

5 六月，和帝下詔准許百姓中的鰥夫寡婦進入池塘捕撈採摘，免收租借稅二年。

6 秋季七月丙寅日，濟南王劉錯去世。

7 恢復設置涿郡故安鐵官。

8 九月壬午日，和帝去南方巡視，清河王劉慶、濟北王劉壽、河間王劉開一道隨行。和帝賜給所過之地的太守和縣令縣長以下、三老、官佐僚屬以及百歲老人錢布，數量各不等。

9 這年秋天，有四個州大雨成災。

10 冬季十月戊申日，和帝到達章陵，祭祀舊宅。癸丑日，祭祀園廟，在舊居會見宗室，賞賜作樂以慰勞他們。戊午日，向前行進，到達雲夢，至漢水邊而返回。

11 十一月甲申日，車駕回到宮中。和帝用錢和布賞賜從行的臣子以及留守京師的公卿以下官員，數量各不等。

12 十二月庚子日，琅邪王劉宇去世。

13 有關機構上奏，認為一到夏至日，就有微陰之氣產生，靡草死掉，可以判決輕罪犯人。

14 這一年，首次命令郡國在夏至日審理輕罪案件。

1 十六年春正月己卯，詔：「貧民有田業而以匱乏不能自農者，貸種糧。」

2 二月己未，詔：「兗、豫、徐❶、冀四州比年雨多傷稼，禁沽酒。」

3 夏四月，遣三府掾❷分行四州❸，貧民無以耕者，為雇犂牛直。

4 五月壬午，趙王商❹薨。

5 秋七月，旱。戊午，詔曰：「今秋稼方穗而旱，雲雨❺不霑，疑吏行慘刻，不宣恩澤，妄拘無罪，幽閉❻良善所致。其一切囚徒於法疑者勿決❼，以奉❽秋令❾。方❿察煩苛之吏，顯明其罰。」

6 辛酉，司徒魯恭免。庚午，光祿勳張酺為司徒。

7 辛巳，詔令天下皆半入今年田租、芻稾；其被災害者，以實除之。貧民受貸種糧及田租、芻稾，皆勿收責。

8 八月己酉，司徒張酺薨。

9 冬十月辛卯，司空徐防為司徒，大鴻臚陳寵⓫為司空。

10 十一月己丑，行幸緱氏⓬，登百岯山⓭，賜百官從臣布，各有差。

11 北匈奴遣使稱臣貢獻。

12 十二月，復置遼東西部都尉官。

13 元興⓮元年春正月戊午，引⓯三署郎⓰召見禁中，選除七十五人，補謁者、長、相。

14 高句驪⓱寇郡界⓲。

15 夏四月庚午，大赦天下，改元元興。宗室以罪絕者，悉復屬籍。

16 五月癸酉，雍⑲地裂。

17 秋九月，遼東太守耿夔擊貊人⑳，破之。

18 冬十二月辛未，帝崩于章德前殿㉑，年二十七。立皇子隆為皇太子。賜天下男子爵，人二級；三老、孝悌、力田，人三級；民無名數及流民欲占者，人一級；鰥、寡、孤、獨、篤癃、貧不能自存者粟，人三斛。

19 自竇憲誅後，帝躬親萬機。每有災異㉒，輒延問㉓公卿，極言得失。前後符瑞八十一所，自稱德薄，皆抑而不宣。舊南海㉔獻龍眼、荔支，十里一置㉕，五里一候㉖，奔騰阻險，死者繼路。時臨武㉗長汝南唐羌㉘，縣接南海，乃上書陳狀。帝下詔曰：「遠國珍羞，本以薦奉宗廟。苟有傷害，豈愛民之本！其勑太官㉙勿復受獻。」由是遂省焉。

【章旨】以上記述了永元十六年至元興元年兩年間和帝去世與立皇子劉隆為皇太子的權力移交情況，並追記了和帝謙遜節儉的事跡。

【注釋】❶徐　徐州。故治郯縣（今山東郯城）。漢武帝所置「十三刺史部」之一。東漢同。轄地約當今江蘇長江以北、山東南部沿海沂水流域地區以及安徽明光市、天長、泗縣、淮北等地區。❷三府掾　三公府各曹正職官通稱為三府掾。❸四州　指兗、豫、徐、冀四州。❹趙王商　劉商。趙王劉良之孫，趙節王劉栩之子。栩卒，嗣爵。立二十三年而卒，諡頃王。見本書卷十四。❺雲雨　指雨水。❻幽閉　囚禁。❼決　判決。❽奉　遵從。❾秋令　秋季時令。《禮記・月令》：「孟秋之月，命有司修法制，繕囹圄，具桎梏，斷薄刑，決小罪。」❿方　周遍。⓫陳寵　（？—西元一〇六年），字昭公，沛國洨縣（今安徽固鎮）人。少為州郡吏，司徒鮑昱辟為辭曹，掌天下獄訟，決案甚平。撰《辭訟比》七卷，公府奉以為法。章帝初，擢為尚書。上疏請改前世為政苛刻之風，被章帝所採納。後因與外戚竇憲不和，出為太山太守。後轉廣漢太守，黜貪用賢，郡中清肅。和帝時擢為大司農，轉廷尉。理案務從寬恕，又省減苛刑條文。後為大鴻臚。永元十六年，拜司空。在位兩年，卒於官。見本書卷四十六。⓬緱氏　縣名。治今河南偃師東南。⓭百岯山　山名。一作柏岯山。在今河南偃師東南。⓮元興　和帝最後一個年號。西元一〇五年四月起，行用至十二月。⓯引　引領。⓰三署郎　官名。秦漢郎中令（武帝太初元年改名為光祿勳）屬官有議郎、郎中、中郎、侍郎，除議郎外，諸郎皆掌宮廷戶、出充車騎，分隸五官、左、右中郎將，稱為三署郎。中郎秩比六百石、侍郎比四百石、郎中比三百石。諸郎以郡國所舉孝廉選任，年五十以上者屬五官署，其餘分在左、右署。⓱高句驪　國名。一名句麗，一作下句驪，又作貊。史書上還寫作「高夷」、「高離」、「高麗」。高句驪原為部族，起源於扶餘。其後勢力擴展，占有今中國東北部分地區與朝鮮部分地區。古代高句驪主要分為五部：消奴部、絕奴部、順奴部、灌奴部、桂婁部。在西漢時屬玄菟郡，為其所轄三縣之一，後因以名國。東漢時不屬中原直轄。國都內城（今吉林集安城東）。轄境相當今鴨綠江及其支流渾江流域一帶。包括遼東一小部、吉林東南部，朝鮮咸興、清川江以北廣大地區。東漢末年遷都丸都城（今吉林集安境南），西元四世紀初向南擴展占據漢魏樂浪郡地。西元四二七年，遷都今朝鮮平壤。⓲郡界　指玄菟郡境。⓳雍　縣名。治今陝西鳳翔南。⓴貊人　濊貊人。濊貊，亦作穢貊。濊貊為古部族名。西周以前，濊、貊單稱，後常復稱為濊貊。秦漢以後，主要活動於今松嫩平原、鴨綠江流域及朝鮮半島。㉑章德前殿　宮殿名。在今河南洛陽東郊漢洛陽故城內。㉒災異　自然災害和反常的自然現象。㉓延問　引見詢問。㉔南海　郡名。治番禺（今廣東廣州）。轄境相當今福建廈門、廣東連江、九連山以南、珠江三角洲及綏江流域以東至海的廣大地區。㉕置　驛站。㉖候　土堡。通「堠」。原指邊境伺望偵察的設置。這裡指驛站與驛站之間的歇息點。㉗臨武　縣名。屬桂陽郡。治今湖南臨武東。㉘唐羌　字伯遊，汝南（今河南平輿）人。和帝末辟公府，補臨武長。縣接南海，以前南海獻龍眼、荔枝等特產於皇室。羌以路途遙遠，勞民傷財，上疏請罷之，為和帝所採納。後棄官還家，不應徵召，著有《唐子》三十餘篇。㉙太官　即太官令。掌皇帝飲食宴會。秩六百石，隸少府。

【語　譯】永元十六年春季正月己卯日，詔令：「貧民有田產但因貧乏而不能自己耕種的，貸給種糧。」

2 二月己未日，詔令：「兗、豫、徐、冀四州，連年雨多傷害莊稼，禁止賣酒。」

3 夏季四月，和帝派遣三府掾分頭巡行四州，貧民無法耕種的，為他們支付雇犁、雇牛的費用。

4 五月壬午日，趙王劉商去世。

5 秋季七月，發生旱災。戊午日，和帝下詔說：「現今秋糧剛剛出穗但卻遭遇了旱災，沒有雨水滋潤。朕懷疑是官吏為政殘暴苛刻，不宣揚朝廷恩澤，無端拘禁無罪之人、關押善良之人所造成的。現令一切囚犯在法律依據上還存有疑點的，先不要判決，以待秋審。普遍糾察煩擾苛刻的官吏，加重對其懲罰。」

6 辛酉日，司徒魯恭被罷免。庚午日，光祿勳張酺擔任司徒。

7 辛巳日，詔令天下都按半數交納今年田租、芻藁；那些遭受災害的，按實際數量扣除。貧民借貸的種糧以及田租、芻藁，都不要責令繳還。

8 八月己酉日，司徒張酺去世。

9 冬季十月辛卯日，司空徐防擔任司徒，大鴻臚陳寵擔任司空。

10 十一月己丑日，和帝到達緱氏，登上百岯山，賜布給百官和隨行的臣下，數量各不等。

11 北匈奴派遣使者稱臣，進獻貢品。

12 十二月，恢復設置遼東西部都尉一職。

13 元興元年春季正月戊午日，和帝在宮中召見三署郎官，選出七十五人，補任謁者、縣令縣長、王侯相等職。

14 高句驪侵入玄菟郡境內。

15 夏季四月庚午日，大赦天下，改年號為元興。宗室因罪被除去宗籍的，一律恢復其宗籍。

16 五月癸酉日，雍縣大地開裂。

17 秋季九月，遼東太守耿夔進攻貊人，將他們擊敗。

18 冬季十二月辛未日，和帝在章德前殿去世，年紀二十七歲。立皇子劉隆為皇太子。賜給天下男子爵位，每人二級；三老、孝悌、力田，每人三級；百姓沒有戶籍以及流民願登入戶籍者，每人一級；賜粟給鰥夫、寡婦、孤兒、無子女的老人、患有重病、貧窮不能生存者，每人三斛。

19 自從竇憲被殺之後，和帝便親自主持朝政。每當有災異出現，總是要召見公卿詢問，讓他們盡情講出朝政的得失。先後有符瑞出現的地方有八十一處，但和帝卻自稱德行淺薄，都將這些事情壓下去而不宣揚。過去，南海郡進獻龍眼、荔枝，十里一站，五里一候，進獻人奔馳於險阻之間，死者相繼於道路。當時臨武縣長汝南人唐羌，其縣境與南海相接，便上疏反映情況。和帝下詔說：「遠方的珍味，本來是用來進獻給宗廟的。如果對人們有所傷害，那就違背愛民的本意了！現令太官不要再接受貢獻。」從此，南海進獻龍眼、荔枝一事便被廢除。

論曰：自中興以後，逮于永元，雖頗有弛張❶，而俱存不擾❷，是以齊民❸歲增，闢土世廣。偏師❹出塞，則漠北地空❺；都護西指❻，則通譯四萬❼。豈其道遠三代❽，術長前世？將服叛去來，自有數也？

【章旨】以上對光武帝至和帝的政治、經濟情況以及和帝平滅北匈奴、經營西域的武功作了簡要概括，以說明和帝的功績是建立在光武帝、明帝、章帝所奠定的基礎之上的。在此前提下，作者也進一步對和帝的不世之功與他自身能力的不相符提出了委婉的疑問。

【注釋】❶弛張　喻興廢、寬嚴、勞逸等。弛，放鬆弓弦。張，拉緊弓弦。❷不擾　不煩擾。這裡指不煩擾民眾，即愛惜民力、與民休息之意。❸齊民　編戶齊民，即登載於戶籍的民眾。❹偏師　非主力的部隊。❺漠北地空　指掃滅北匈奴。漠北，沙漠之北地區。❻都護西指　指經營西域。都護，這裡指西域都護。❼通譯四萬　形容東漢政權與不同語言地區的交往之廣。通譯，翻譯。❽三代　朝代的合稱。史書中多簡稱夏、商、周三朝為三代。

【語譯】史家評論說：自從光武中興之後，直至永元年間，雖各代執政或寬或急，頗有不同，但都存有不煩擾民眾之意，因此登載於戶籍的民眾人數年年增加，土地的開墾世世增長。用偏師出境作戰，便能使漠北成為不見匈奴人的空地；西域都護舉手指向西方，就能使遠在四萬里之外的國家通過譯使來朝見。這些功績的建立，是和帝的道德比三代更高，謀術比前世更妙？還是夷狄反叛而去、歸服而來，天地間原本就有定數呢？

1 孝殤皇帝諱隆，和帝少子也。元興元年十二月辛未夜，即皇帝位，時誕育百餘日。尊皇后❶曰皇太后，太后臨朝。

2 北匈奴遣使稱臣，詣敦煌奉獻。

3 延平❷元年春正月辛卯，太尉張禹為太傅，司徒徐防為太尉，參錄尚書事❸，百官總己以聽。封皇兄勝❹為平原王。癸卯，光祿勳梁鮪❺為司徒。

4 三月甲申，葬孝和皇帝于慎陵❻，尊廟曰穆宗。

5 丙戌，清河王慶、濟北王壽、河閒王開、常山王章❼始就國。

6 夏四月庚申，詔罷祀官❽不在祀典❾者。

7 鮮卑寇漁陽，漁陽太守張顯追擊，戰沒。

8 丙寅，以虎賁中郎將❿鄧騭⓫為車騎將軍。

9 司空陳寵薨。

10 五月辛卯，皇太后⓬詔曰：「皇帝幼沖，承統⓭鴻業，朕且權佐助聽政，兢兢寅畏⓮，不知所濟⓯。深惟至治⓰之本，道化⓱在前，刑罰在後。將稽⓲中和，廣施慶惠，與吏民更始⓳。其大赦天下。自建武⓴以來諸犯禁錮㉑，詔書雖解，有司持重㉒，多不奉行，其皆復為平民。」

11 壬辰，河東㉓垣㉔山崩。

12 六月丁未，太常尹勤㉕為司空。

【章　旨】以上記載殤帝即位情況，皇太后代殤帝發布的〈登基大赦詔〉內容以及部分重要官職的變動、北匈奴和鮮卑的動向。

【注　釋】❶皇后　鄧皇后（西元八一—一二一年），東漢和帝皇后。見本書卷十上。❷延平　東漢殤帝劉隆的年號，西元一〇六年。❸參錄尚書事　官名。由他官而兼領錄尚書事。❹勝　劉勝（？—西元一一三年），和帝長子。少有難治之病，以是未能立為皇太子。延平元年，被封為平原王。凡立八年，卒諡懷王，葬於京師。見本書卷五十六。❺梁鮪　字伯元，河東平陽（今山西臨汾）人。殤帝延平元年，自光祿勳升為司徒。安帝永初元年（西元一〇七年）卒於官。❻慎陵　陵墓名。一作順陵。東漢和帝之陵。在東漢都城洛陽（今洛陽東）東南約十五公里處。❼常山王章　劉章（？—西元一二七年），東漢宗室。南陽蔡陽（今湖北棗陽）人，常山王劉側之兄。早年封為防子侯。側卒，無子，因立章為常山王。凡立二十五年，永建二年卒，諡曰靖王。見本書卷五十。❽祀官　被祭祀的官員。❾祀典　由國家制定被祭祀對象名冊。❿虎賁中郎將　官名。西漢武帝建元三年初置期門郎，掌出入儀衛。平帝元始元年更名為虎賁郎，置中郎將統領虎賁中郎、侍郎、郎中，掌宿衛侍從，秩比二千石，職屬光祿勳。⓫鄧騭（？—西元一二一年），字昭伯，南陽新野人。鄧禹之孫，鄧太后之兄。少入大將軍竇憲幕府。永元八年，因其妹被和帝立為貴人，拜為郎中。鄧太后臨朝，三遷為虎賁中郎將，拜車騎將軍，儀同三司。安帝即位，因策立有功，拜大將軍。建光元年，鄧太后去世，封上蔡侯，位特進。其後，安帝削奪鄧氏勢力，鄧氏宗族皆免官歸故郡，沒入貲財田宅。鄧騭大怒，與其子鄧鳳絕食而死。見本書卷十六。⑫皇太后　鄧太后。⑬承統　繼承大統。⑭寅畏　敬畏。⑮濟　成功；將事情做好。⑯至治　最完美的政治。⑰道化　道德教化。⑱稽　相合；一致。⑲與吏民更始　與官吏和民眾一起，不管過去怎樣，一切重新開始。《漢書・武帝紀》：「日者淮南、衡山修文學，流貨賂，兩國接壤，怵於邪說，而造篡弒，此朕之不德。《詩》：『憂心慘慘，念國之為虐。』已赦天下，滌除，與之更始。」⑳建武　東漢光武帝劉秀年號，西元二五—五六年。㉑禁錮　監禁；關押。㉒持重　穩重；謹慎。㉓河東　郡名。黃河在今山西、陝西間作北南流向，故戰國、秦、漢時稱今山西西南部為河東。秦時並於此置河東郡。故治安邑（今山西夏縣西北禹王城）。東漢同。轄境相當今山西沁水縣、霍縣、陽城以西，永和、汾西以南地區。㉔垣　縣名。治今山西垣曲東南。㉕尹勤　字叔梁，南陽人。和帝時，累官為司空。後以定策立安帝，封福亭侯，五百戶。安帝永初元年，以雨水傷稼策免，就國，病卒。見本書卷四十六。

【語譯】孝殤皇帝叫劉隆，是和帝的幼子。元興元年十二月辛未日晚上，即皇帝位，當時僅誕生百餘天。尊皇后為皇太后，太后臨朝聽政。

2 北匈奴派遣使者向朝廷稱臣，到敦煌進獻貢品。

3 延平元年春季正月辛卯日，太尉張禹擔任太傅。司徒徐防擔任太尉，參錄尚書事，百官各自管理好自己的事務，都聽從於徐防的命令。封皇兄劉勝為平原王。癸卯日，光祿勳梁鮪擔任司徒。

4 三月甲申日，安葬孝和皇帝於慎陵，為他加上尊貴的廟號，稱為穆宗。

5 丙戌日，清河王劉慶、濟北王劉壽、河閒王劉開、常山王劉章開始去自己的封國。

6 夏季四月庚申日，詔令取消不在祀典中的被祭祀官員的被祭祀資格。

7 鮮卑進犯漁陽，漁陽太守張顯追擊，戰死。

8 丙寅日，以虎賁中郎將鄧騭為車騎將軍。

9 司空陳寵去世。

10 五月辛卯日，皇太后下詔說：「皇帝年紀幼小，繼承帝王大業，朕暫且幫助他處理朝政，小心謹慎，恭敬戒懼，不知如何才能將事情做好。朕深深地知道：要使政治最完美，其基本原則就是要將道德教化放在首位，而把刑罰放在其次。以期符合中正平和的準則，廣泛施與福澤恩惠，與官吏民眾拋棄舊惡，重新開始。可大赦天下。自建武年間以來各種因犯罪而被關押的，雖有詔書解除其懲罰，但有關機構出於謹慎，大多不執行，現令一律免罪，成為平民。」

11 壬辰日，河東垣縣發生山崩。

12 六月丁未日，太常尹勤擔任司空。

1 郡國三十七雨水。己未，詔曰：「自夏以來，陰雨過節，煖氣不效❶，將有厥咎。寤寐憂惶，未知所由。昔夏后❷惡衣服，菲飲食，孔子曰：『吾無閒然。』今新遭大憂❸，且歲節未和，徹膳損服，庶有補焉。其減太官、導官❹、尚方❺、內署❻諸服御❼珍膳靡麗難成❽之物。」

2 丁卯，詔司徒、大司農、長樂少府曰：「朕以無德，佐助統政，夙夜經營，懼失厥衷❾。思惟治道，由近及遠，先內後外。自建武之初以至于今，八十餘年，宮人歲增，房御❿彌廣。又宗室坐事沒入者，猶託名公族⓫，甚可愍焉。今悉免遣，及掖庭宮人皆為庶民，以抒幽隔鬱滯⓬之情。諸官府、郡國、王侯家奴婢姓劉及疲癃羸老，皆上其名，務令實悉。」

3 秋七月庚寅，勑司隸校尉、部刺史⑬曰：「夫天降災戾，應政而至。間者郡國或有水災，妨害秋稼。朝廷惟咎，憂惶悼懼⑭。而郡國欲獲豐穰虛飾之譽，遂覆蔽災害，多張墾田，不揣⑮流亡，競增戶口，掩匿盜賊，令姦惡無懲，署用非次⑯，選舉乖宜⑰，貪苛慘毒，延及平民⑱。刺史垂頭塞耳⑲，阿私⑳下比㉑，『不畏于天，不愧于人』。假貸㉒之恩，不可數恃㉓。自今以後，將糾其罰。二千石長吏其各實覈所傷害，為除田租、芻稾。」

4 八月辛亥，帝崩。癸丑，殯于崇德前殿。年二歲。

【章旨】以上主要揭載皇太后以殤帝名義發布的〈減服御詔〉、〈出掖庭宮人詔〉、〈司隸校尉部刺史勑〉的內容，交代殤帝的去世情況。

【注釋】❶不效 不顯現；沒有功效。❷夏后 即禹。夏朝創立者。姒姓。父鯀因治水無功被殺，禹繼續父業，歷經十年，終於戰勝洪水。以其功繼舜為部落聯盟首領，遂廢除禪讓制度，稱帝而王天下。❸大憂 大喪。指和帝去世。❹導官 官名。即導官令。兩漢均置此官。西漢屬少府，東漢改屬大司農。令一人，秩六百石，主舂御米，及作乾糒。❺尚方 官署名。掌帝王所用刀劍等器物的製造供應。隸少府。秩六百石。❻內署 官署名。東漢少府有內署，掌內府衣物。秩六百石。❼服御 服用。指衣服、鞋帽等穿著類用品。❽靡麗難成 因太奢侈而不容易製成。❾衷 恰當、公平。❿房御 宮中的女官。⓫公族 君王和諸侯的同族。⓬幽隔鬱滯 因遠隔家人而痛苦鬱悶。⓭部刺史 官名。即州刺史。秦置監御史，掌監郡。漢武帝元封五年（西元前一〇六年），初置部刺史。掌奉詔條察州，秩六百石，定員為十三人。東漢沿置。十二人各主一州，另一州屬司隸校尉。諸州常以八月巡行所部郡國，錄囚徒，考殿最。⓮悼懼 傷心恐懼。⓯揣 估量；估算。⓰非次 超遷官職。⓱乖宜 不合宜；不合事理。⓲平民 善良之人。⓳垂頭塞耳 裝作看不見、聽不到。⓴阿私 偏私；不公道。㉑下比 庇護壞人。㉒假貸　寬宥。㉓恃　憑恃；依賴。

【語　譯】有三十七個郡國雨水成災。己未日，下詔說：「自從夏天以來，陰雨過多，暖氣不足，這或許是因為有引發災害的過錯。朕日夜憂愁惶恐，不知其原由是什麼。從前，夏禹穿粗劣的衣服，吃簡單的飲食，孔子說：『我找不出他的缺點可以批評的了。』現在新遭大喪，而且節氣不和順，撤減膳食、不穿太好的衣服，或許有所補救。現令削減太官、導官、尚方、內署各種華麗服飾、美味佳餚等因過於奢侈而難以製成的東西。」

2 丁卯日，詔令司徒、大司農、長樂少府說：「朕是一個沒有德行的人，卻得到大家輔佐，執掌朝政，日夜操持，害怕失掉了中正平和之道。朕知道政治的原則，是由近到遠、先內後外。自建武初年到今天，已經八十餘年了，宮女年年增加，宮中女官越來越多。另外，宗室因犯罪而被收押者，卻仍掛著公族的名號，很讓人可憐，現今全部將他們免罪釋放。還有後宮中的宮女，也都讓她們出宮成為平民，以舒緩她們因遠隔家人而鬱悶的痛苦情緒。各官府、郡國、王侯家奴婢有姓劉的及有病體弱年老的，將他們的名字全都報上來，務必如實全數上報。」

3 秋季七月庚寅日，告誡司隸校尉、部刺史說：「天降災禍，是針對政事而來的。最近，郡國有發生水災的，傷害秋糧。這是朝廷的過錯，因而憂愁驚惶、傷心恐懼。然而，郡國卻想要獲得豐收的虛假名譽，於是掩蓋災害，多報墾田數目；不估算流亡人口，競相增報戶口；隱瞞盜賊，使得奸惡得不到懲罰；任用官職不按次序超遷，選舉官員不合事理；貪婪苛刻、殘忍歹毒，遂使善良之人遭殃。刺史低頭塞耳裝不知道，昧著良心包庇壞人，『對天不感到畏懼，對人不感到慚愧』。寬大過失的恩遇，是不可數數指望的。從今以後，必將糾舉處罰。太守縣令縣長要各自據實核查受災情況，為受災者免除田租、芻稾。」

4 八月辛亥日，殤帝去世。癸丑日，停放靈柩在崇德前殿，年僅二歲。

贊曰：孝和沈烈❶，率由❷前則。王赫自中❸，賜命❹彊慝❺。抑沒❻祥符❼，登顯❽時德❾。殤世❿何早？平原⓫弗克。

【章　旨】作者歌頌和帝的政治功績，並抒發了自己對殤帝以嬰孩即位為帝一事的感慨。

【注　釋】❶沈烈　沉毅剛烈。❷率由　完全依照。❸王赫自中　帝王之怒從心中爆發。❹賜命　敬稱帝王或尊長者下達命令。這裡指下達誅滅竇氏家族的命令。❺彊慝　勢力強大的惡人。慝，惡也。這裡特指竇憲等人。❻抑沒　隱沒。❼祥符　瑞兆之物。❽登顯　舉用而顯揚。❾時德　當時有德望的人。這裡指鄧彪等人。❿殤世　指殤帝登基。世，繼承。⓫平原　即平原王劉勝。劉勝是和帝長子，但因身體有積久難治之病，所以沒能被立為太子。

【語　譯】史官評議說：孝和皇帝沉毅剛烈，完全遵從前代的範則。帝王之怒從心中爆發，下令誅滅強暴的惡人。隱匿祥瑞之物，不對外聲張；任用當時有德望的人，讓他們名聲顯揚。為什麼殤帝那麼小就登基？是因為平原王無法繼承帝位。

【研　析】和帝即位之初，因年齡幼小，由竇太后臨朝聽政，外戚竇氏把持了朝廷大權。以竇太后、竇憲為首的外戚集團早在章帝時期就已經具有了強大的勢力。竇憲本人也具有突出的軍事才能。在光武帝、明帝、章帝三代積累的軍事基礎上，竇憲利用北匈奴力量衰落的時機，率軍出塞，大敗北匈奴，解決了長期困擾東漢政權的邊患問題，並趁勢開拓西域，建立了赫赫軍功。

永元四年，年僅十四歲的和帝因不滿竇氏家族專權，受宦官集團的挑唆，與宦官鄭眾定計，一舉誅滅竇氏。和帝得以親政，宦官也攫取了較大的權力。鄭眾被任命為大長秋，封鄛鄉侯。宦官封侯由此開始。宦官封侯，則標誌著宦官勢力的惡性膨脹；宦官專權，又給東漢後期的政治造成了極大的影響。

和帝在位時期，國內自然災害不斷，再加上大規模的戰爭，社會經濟大受影響，東漢歷史開始由盛轉衰。

和帝前後生有十幾位兒子，但除了身患積久難治之病的長子劉勝外，其餘均早夭折。元興元年十二月，二十七歲的和帝突然病逝，鄧太后以劉勝身患痼疾，不能立為皇帝為由，從民間抱養一出生僅百餘日的孩子，稱其為祕養於民間的和帝之子，取名劉隆，立為皇帝，鄧太后得以臨朝聽政。

殤帝在位不足一年。在這一年中，實際主政的是鄧太后。鄧太后汲取竇氏家族的教訓，在其主政期間，抑制自己親屬，以防止外戚專權，並大力提倡節儉，反對奢侈，重視農業，以發展生產，保證了政局的穩定。

（徐立群注譯）

卷五

孝安帝紀第五

【題解】本卷實為漢安帝劉祜和漢少帝劉懿合紀。因少帝在位不到一年，又因其為閻太后迎立，順帝即位後，僅將其按諸王禮節安葬，雖稱「少帝」，但並未將其視為真正的皇帝，故僅將其在位之事附於〈安帝紀〉中作一交代而已。

劉祜（西元九四—一二五年），漢章帝之孫，和帝之姪。其父為清河孝王劉慶，生母為左姬。延平元年，漢殤帝夭死，無嗣，劉祜遂被鄧太后選立為皇帝。即位時，年僅十三歲。建光元年，鄧太后病死，始得親政。延光四年三月三日，南巡至宛縣（今河南南陽），忽染急病。三月八日，在回返途中病死於葉縣（今河南葉縣），年僅三十二歲。葬於恭陵，廟號恭宗，諡孝安，史稱孝安帝或簡稱安帝。安帝在位十九年，親政僅四年。因此，該本紀大部分主要記述的是鄧太后的政治活動。

劉懿（？—西元一二五年），名懿，章帝之孫。封北鄉侯。延光四年，安帝卒，即皇帝位。在位僅七個月而病卒。按諸王禮節安葬，稱少帝。

恭宗孝安皇帝諱祜，肅宗❶孫也。父清河孝王慶❷，母左姬❸。

帝自在邸第❹，數有神光照室，又有赤蛇盤於牀第❺之間。年十歲，好學史書❻，和帝❼稱之，數見禁中❽。

【章旨】以上交代安帝身世、志趣及靈應之事，尤其點明了他與和帝的關係。

【注釋】❶肅宗　漢章帝劉炟。❷清河孝王慶　劉慶（西元七八－一〇六年），東漢章帝之子。建初四年，立為皇太子。時竇皇后得章帝寵愛，日夜毀譖其母宋貴人，其子遂漸遭疏遠。建初七年，章帝將其廢為清河王。殤帝延平元年，病卒。是年，其子劉祜被立為皇帝，是為安帝。劉慶遂得謚曰孝王。建光元年，又被追尊為孝德皇。見本書卷五十五。❸左姬　東漢犍為武陽（今四川彭山縣）人，名小娥。幼時，因其伯父左聖散布妖言之罪被殺，全家被沒入官府，故被收入宮廷為宮女。長大後，有才色，善史書，喜辭賦。清河王劉慶聞知其美，數求之，和帝遂將其賜給劉慶。入王府後，生劉祜，幸愛極盛，姬妾莫比。卒葬京師。劉祜即位後，尊其為孝德皇后。❹邸第　王府官邸。❺牀第　床墊。第，竹編床墊。❻史書　古代幼童字書。相傳為周宣王時太史籀所撰。凡五十五篇。早佚。❼和帝　劉肇（西元七九－一〇五年），章帝第四子，生母為梁貴人。建初七年，立為皇太子。章和二年，即皇帝位，年僅十歲。竇太后臨朝，外戚竇氏專權。永元四年與宦官鄭眾定計，誅滅竇氏，遂得以親政。元興元年卒，葬慎陵。廟號穆宗，謚孝和。❽禁中　宮中。秦漢制，皇帝宮中稱禁中，謂門戶有禁，非侍衛及通籍之臣，不得入內。

【語譯】恭宗孝安皇帝名叫劉祜，是肅宗的孫子。父親是清河孝王劉慶，母親是左姬。

安帝獨自在王府官邸中時，數次有神光映照寢室，又有紅蛇盤繞在床墊之間。他十歲時，喜歡學《史書》，和帝對他很讚賞，數次在禁中召見他。

1

延平❶元年，慶❷始就國，鄧太后❸特詔留帝清河邸❹。八月，殤帝❺崩，太后與兄車騎將軍❻鄧騭❼定策禁中。其夜，使騭持節❽，以王青蓋車❾迎帝，齋❿

于殿中。皇太后⑪御⑫崇德殿⑬，百官皆吉服⑭，群臣陪位⑮，引拜帝為長安侯⑯。

2 皇太后詔曰：「先帝聖德⑰淑茂⑱，早棄天下。朕奉皇帝，夙夜瞻仰日月，冀望成就。豈意卒然顛沛⑲，天年不遂⑳，悲痛斷心。朕惟平原王㉑素被痼疾㉒，念宗廟㉓之重，思繼嗣之統㉔，唯長安侯祜。質性㉕忠孝，小心翼翼，能通詩、論，篤學㉖樂古㉗，仁惠㉘愛下㉙。年已十三，有成人之志㉚。親德㉛係後，莫宜於祜。禮㉜：『昆弟之子猶己子。』春秋之義：『為人後者為之子㉝』，『不以父命辭王父命㉞』。其以祜為孝和皇帝㉟嗣，奉承祖宗。案㊱禮儀奏。」

3 又作策㊲命曰：「惟㊳延平元年秋八月癸丑，皇太后曰：咨㊴！長安侯祜：孝和皇帝懿德㊵巍巍㊶，光于四海㊷；大行皇帝㊸不永㊹天年。朕惟侯孝章帝㊺世嫡㊻皇孫，謙恭慈順，在孺㊼而勤，宜奉郊廟㊽，承統大業。今以侯嗣孝和皇帝後。其㊾審㊿君(51)漢國，允執其中(52)。『一人有慶，萬民賴之。』皇帝其(53)勉之哉！」讀策畢，太尉奉上璽綬，即皇帝位，年十三。太后猶臨朝(54)。

【章旨】以上交代安帝被鄧太后策立的詳細經過。

【注釋】❶延平　東漢殤帝劉隆年號，西元一〇六年。❷慶　清河孝王劉慶。❸鄧太后　東漢和帝皇后鄧綏（西元八一—一二一年），南陽新野人，太傅鄧禹之孫女。和帝永元七年，以選入宮，次年，入掖庭為貴人。因貌美、謙讓，頗為和帝所寵愛。陰皇后甚為忌妒，欲加害之。貴人數遭窘困，曾有自盡之念，而為人勸止。永元十四年，陰皇后坐巫蠱事被廢，和帝遂立貴人為皇后。和帝病卒，殤帝即位，被尊為皇太后。殤帝在位僅一年而卒，太后又定策迎立安帝，親主朝政。前後在位二十年。永寧二年卒，年四十一，合葬於和帝順陵（慎陵）。見本書卷十上。❹清河邸　清河王在京師的官邸。東漢清河國治所在甘陵（今山東臨清東北）。❺殤帝　劉隆（西元一〇五—一〇六年）。據稱為和帝少子，出生百餘日由鄧太后迎入宮中，即皇帝位。鄧太后臨朝執政。次年病卒，葬康陵。諡孝殤皇帝。❻車騎將軍　官名。漢制，車騎將軍位於大將軍、驃騎將軍之後，金印紫綬，地位相當於上卿或比三公，典京師兵衛，掌宮衛。東漢末年，分左右。❼鄧騭　（？—西元一二一年），字昭伯，南陽新野人。鄧禹之孫，鄧太后之兄。少入大將軍竇憲幕府。永元八年，因其妹被和帝立為貴人，拜為郎中。鄧太后臨朝，三遷為虎賁中郎將，拜車騎將軍，儀同三司。安帝即位，因策立有功，拜大將軍。建光元年，鄧太后去世，封上蔡侯，位特進。其後，安帝削奪鄧氏勢力，鄧氏宗族皆免官歸故郡，沒收貲財田宅。鄧騭大怒，與其子鄧鳳絕食而死。見本書卷十六。❽節　符節。表示特殊身分的儀仗。竹柄，長八尺，纏吊有三層旄牛尾。❾王青蓋車　漢代皇太子、皇子所乘之車。其為安車，朱班輪、青蓋金華蚤。安車，可以躺臥之車。蚤，車輻切入輪子外周的爪狀榫頭。❿齋　古人在舉行祭祀或其他典禮前清心寡欲、淨身潔食以示虔敬的禮儀。⓫皇太后　鄧太后。⓬御　封建社會指皇帝、太后的各種行為動作及與皇帝有關的種種事物。⓭崇德殿　宮殿名。在今河南洛陽東郊漢洛陽故城南宮內。⓮吉服　吉慶典禮所穿的禮服。⓯陪位　陪伴。⓰引拜帝為長安侯　因當時劉祜尚無王侯之位，故在即位之前先封侯，以避免直接即位而不合禮法。⓱聖德　特指皇帝的品行。⓲淑茂　善美；高尚。⓳顛沛　倒仆；死亡。⓴天年不遂　沒有達到自然的壽命。這裡是對早夭的委婉說法。天年，自然的壽數。㉑平原王　劉勝（？—西元一一三年），和帝長子。少有難治之病，以是未能立為皇太子。延平元年，被封為平原王。凡立八年，卒諡懷王，葬於京師。見本書卷五十六。㉒痼疾　積久難治的病。㉓宗廟　古代帝王、諸侯或大夫、士祭祀祖宗的廟堂。這裡借指確保皇位的傳承。㉔統　一脈相承的系統。㉕質性　天性。㉖篤學　專心好學。㉗樂古　喜歡古代事物。古人認為遠古民風淳樸，是理想社會，因而厭惡時俗而將理想寄託於古代。㉘仁惠　仁慈而有愛心。㉙愛下　愛護地位低的人。㉚志　智力。㉛親德　血親和道德。㉜禮　《禮記》，成書於戰國至漢初，彙集了學者各種記述禮儀之文，相傳由西漢戴聖編定。因其叔父戴德另編有《大戴禮記》，故是書亦稱《小戴禮》、《小戴記》、《小戴禮記》。書中記述有喪葬、祭祀、婚嫁、宴飲等各種禮制和禮器，包含了豐富的儒家倫理思想。㉝為人後者為之子　做別人的後代就是當這人的兒子。語出《春秋公羊傳·成公十五年》。㉞不以父命辭王父命　不能用父王的命令辭絕祖父的命令。語出《春秋公羊傳·哀公三年》。㉟孝

和皇帝　東漢和帝劉肇。㊱案　通「按」。按照；依據。㊲策　古代君主對臣下所用的一種文書。㊳惟　是。㊴咨　歎辭。表讚賞。《尚書・堯典》：「咨！汝羲暨和。」㊵懿德　美好的品德。㊶巍巍　形容高尚、偉大的樣子。㊷四海　這裡泛指天下。㊸大行皇帝　指死去後還沒有謚號的皇帝。㊹不永　壽命不長的委婉說法。㊺孝章帝　劉炟（西元五六－八八年），明帝第五子，生母為賈貴人。永平三年，被立為皇太子，十八年即皇帝位。在位期間，一反明帝的苛切之政，事從寬厚。平傜簡賦，刪簡酷刑五十餘條。尤其注重禮制建設。建初四年令諸儒會於白虎觀，討論《五經》異同。編成《白虎通義》。後又詔曹褒定《漢禮》，共一百五十篇。章和二年卒，葬敬陵。廟號肅宗，謚孝章。㊻嫡　血統關係上親近的。㊼孺　幼小；小孩。㊽奉郊廟　主持郊天祭廟。古代主持郊天祭廟是天子的特權。㊾其　通「期」。希望。㊿審　謹慎。(51)君　作為國君而統治……。(52)允執其中　不偏不倚、恰當地把握好萬事萬物合適的度。語出《尚書・太甲中》。(53)其　表祈使。要；一定。(54)臨朝　到朝堂聽政。

【語　譯】延平元年，劉慶首次去自己的封國，但鄧太后特意詔令將安帝留在清河王在京的官邸。八月，殤帝去世，太后與她的兄長車騎將軍鄧騭在禁中制定好計策。當天夜裡，派鄧騭手持符節，用王青蓋車迎接安帝，讓安帝在宮殿中舉行齋戒。皇太后在崇德殿就座，百官都穿著吉服，由群臣陪伴，將安帝引導到崇德殿，拜為長安侯。

2　皇太后詔令說：「先帝聖德高尚，但卻早早地拋棄了天下。朕奉養皇帝，早晚如瞻仰日月，希望他能長大成器。哪曾想到他卻突然死去，沒能活到該活的年歲，讓朕十分悲傷痛心。朕考慮到平原王早年就已患下難治之病，掛念宗廟的重要，思量繼嗣的統系，那就只有長安侯劉祜了。他天性忠孝，小心翼翼，能通曉《詩》、《論語》，專心好學，喜愛古代事物，仁慈而有愛心，同情弱小。年齡已滿十三歲，有成人的智力了。從血親、品德來挑選繼承人，沒有比劉祜更合適的了。《禮記》說：『兄弟的兒子也就相當於自己的兒子。』按照《春秋》的說法：『做了別人的後代的，那就是別人的兒子了』，『不能用父親的命令來拒絕祖父的命令』。可讓劉祜作為孝和皇帝的後代，繼承祖宗。有關機構按照禮儀規定奏報上來。」

3　太后又製作策書命令說：「現在是延平元年秋季八月癸丑日，皇太后說：呵！長安侯劉祜：孝和皇帝美好的品德高尚而偉大，光照四海；但大行皇帝卻壽命不長。朕認為長安侯您是孝章帝世系中的嫡皇孫，謙虛恭敬，仁慈和順，在幼小的時候就很勤奮，所以應當主持郊天祭廟，繼承大業。現在讓長安侯做孝和皇帝的後代繼承人。希望您小心謹慎地治理漢國，恰當地把握好萬事萬物合適的原則。『一人有善行，萬民都受益。』皇帝您一定要努力呀！」宣讀策書完畢，太尉獻上璽綬，長安侯即皇帝位，年紀十三歲。太后仍然到朝堂聽政。

1 九月庚子，謁高廟。辛丑，謁光武廟。六州大水。己未，遣謁者分行虛實❶，舉❷災害，賑乏絕❸。丙寅，葬孝殤皇帝于康陵❹。乙亥，隕石于陳留❺。西域諸國叛，攻都護❻任尚❼，遣副校尉❽梁慬❾救尚，擊破之。

2 冬十月，四州大水，雨雹。詔以宿麥❿不下，賑賜貧人。

3 十二月甲子，清河王⓫薨，使司空⓬持節弔祭，車騎將軍鄧騭護喪事⓭。乙酉，罷魚龍曼延⓮百戲⓯。

【章　旨】以上記述延平元年安帝即位後西域諸國反叛、安帝之父清河孝王劉慶去世、自然災害及救災措施等事情。

【注　釋】❶虛實　真偽；實際情況。❷舉　登記；記錄。❸乏絕　食用缺乏；生計斷絕。❹康陵　漢殤帝劉隆陵墓名。《帝王世紀》：康陵「去洛陽四十八里。」❺陳留　郡名。治今河南開封東南。轄境相當今河南東至民權，南至睢縣、扶溝，西至開封、尉氏，北至延津、長垣等地區。❻都護　官名。西域都護的簡稱。漢宣帝時初置，秩比二千石，使護西域三十六國。

東漢沿置。❼任尚　(?—西元一一八年)，東漢將領。章帝章和二年，累官為護羌校尉長史。和帝時，深為竇憲所信任，歷任大將軍司馬、中郎將、護烏桓校尉等職，屢破北匈奴、南匈奴。安帝時，依附車騎將軍鄧騭，歷任征西校尉、西域戊己校尉、西域都護、中郎將等職，封樂亭侯。數與先零羌戰，交戰累年，元初三年，募人刺殺先零羌首領。次年，遂與騎都尉馬賢率兵大破先零羌。元初五年，因與度遼將軍鄧遵爭功，又犯詐增殺敵首級、斷盜軍糧等罪，坐贓千萬，棄市。❽校尉　官名。秦置，漢沿襲之。漢武帝時置八校尉，以統領宿衛兵。漢制，一般軍隊中，將軍以下有校尉。又有城門、司隸等校尉，以守衛城門和監察百官及京師近郡等事。❾梁慬　(?—西元一一二年)，字伯威，北地弋居(今甘肅寧縣)人。初為車騎將軍鄧鴻司馬，殤帝延平元年拜西域副校尉，平定龜茲反叛。安帝永初元年罷西域都護，撤還敦煌。率軍鎮壓諸羌反叛，屢獲勝利。永初三年，隨大司農何熙、中郎將龐雄率兵鎮壓南單于與烏桓大人反叛，大破之。以功拜度遼將軍。後坐擅授羌侯官印下獄。獲釋後，拜謁者，率軍出討叛羌，病死於途中。見本書卷四十七。❿宿麥　隔年成熟的麥子。即冬麥。⓫清河王　清河孝王劉慶。⓬司空　官名。西周有司空，為六卿之一，主造器械車服。春秋戰國沿襲。西漢成帝綏和元年(西元前八年)，改御史大夫為大司空，後復舊稱，哀帝時又改為大司空，為三公之一。東漢司空，雖位高祿重，但無實權，只是名義上統領宗正、少府、大司農三卿，掌檢查四方水土功課，奏殿最行賞罰而已。⓭護喪事　主持喪事。護，總領；統率。⓮魚龍曼延　古代百戲雜耍名。由藝人自執珍異動物模型表演，有幻化的情節。魚龍，即所謂猞猁之獸。曼延，獸名。⓯百戲　古代樂舞雜技的總稱。

【語　譯】九月庚子日，拜謁高廟。辛丑日，拜謁光武廟。有六個州發大水。己未日，派遣謁者分頭巡行以了解地方實情，記錄災害情況，賑濟食用缺乏、生計斷絕的民眾。丙寅日，將孝殤皇帝安葬在康陵。乙亥日，陳留郡降下了隕石。西域諸國反叛，攻擊都護任尚。派遣副校尉梁慬援救任尚，擊破諸國叛軍。

2 冬季十月，有四個州發大水，下了冰雹。詔令因宿麥不能下種，對窮人進行賑濟和賞賜。

3 十二月甲子日，清河王去世，派司空手持符節弔唁祭悼，車騎將軍鄧騭主持喪事。乙酉日，停止表演魚龍曼延百戲。

1 永初❶元年春正月癸酉朔，大赦天下。蜀郡❷徼外❸羌❹內屬。戊寅，分犍為❺南部為屬國都尉❻。稟❼司隸❽、兗❾、豫❿、徐⓫、冀⓬、并州⓭貧民。

2 二月丙午，以廣成⓮游獵地，及被災郡國公田假與貧民。丁卯，分清河國封帝弟常保⓯為廣川王。庚午，司徒⓰梁鮪⓱薨。

3 三月癸酉，日有食之。詔公卿⓲內外眾官、郡國守相⓳舉賢良方正、有道術⓴之士，明政術㉑、達㉒古今、能直言極諫者，各一人。己卯，永昌㉓徼外僬僥種夷㉔貢獻內屬。甲申，葬清河孝王，贈龍旗㉕、虎賁㉖。

4 夏五月甲戌，長樂衛尉㉗魯恭㉘為司徒。丁丑，詔封北海王睦㉙孫壽光侯普㉚為北海王。九真㉛徼外夜郎蠻夷㉜舉土內屬。

5 六月戊申，爵皇太后母陰氏㉝為新野君。丁巳，河東㉞地陷。壬戌，罷西域都護㉟。先零種羌㊱叛，斷隴道㊲，大為寇掠，遣車騎將軍鄧騭、征西校尉㊳任尚討之。丁卯，赦除諸羌相連結謀叛逆者罪。

【章　旨】以蜀郡、永昌郡、九真郡境外各少數民族內屬，詔令舉賢良方正、能直言極諫，罷西域都護、先零種羌反叛等事件為重點，記述了安帝永初元年上半年所發生的大事。

【注　釋】❶永初　東漢安帝劉祜的年號，西元一〇七—一一三年。❷蜀郡　郡名。治所在今四川成都。東漢時轄境相當今四川松潘以南、邛崍以北、邛崍山以東的岷江上游兩岸地區。❸徼外　境外；塞外。❹羌　少數民族之一。主要分布在今甘、青、川一帶。秦漢時，部落眾多，有先零、燒當、婼、廣漢、武都、越巂等部。《東觀漢記》：「徼外羌龍橋等六種慕義降附。」❺犍為　郡名。西漢建元六年置。治所在鱉縣（今貴州遵義西），旋移治廣南（今四川筠連境），又移治僰道（今四川宜賓西南），再移治武陽（今四川彭山縣東）。東漢分南境置犍為屬國。轄境縮小，大致相當今四川新津、簡陽以南，樂山市以東，榮昌及貴州大婁山以西，雲南鎮雄以北地區。❻屬國都尉　官名。掌邊郡安置歸屬的少數民族。秦置典屬國，管理歸義蠻夷。漢因之，仍置典屬國。漢武帝時，置屬國都尉，東漢沿置。都尉一人，秩比二千石，丞一人。分治所屬縣，職掌與郡守同。❼稟　放糧賑濟。❽司隸　政區名。司隸校尉部的略稱。為東漢「十三刺史部」之一。治洛陽（今河南洛陽東），轄有河南尹、河內郡、河東郡、弘農郡、京兆尹、左馮翊、右扶風等七個郡級政區。❾兗　州名。漢武帝所置「十三刺史部」之一。東漢治所在昌邑（今山東金鄉西北）。轄境約相當於今山東西南部；北至長清、濟南、臨朐，東至沂河流域，東南以棗莊、微山湖、泗水縣東岸為界，包括河南東部開封、濮陽、滑縣以東，扶溝、柘城以北地區。❿豫　州名。東漢「十三刺史部」之一。東漢治所在譙縣（今安徽亳州）。轄境相當今淮河以北、伏牛山以東的豫東、皖北地區。⓫徐　州名。故治郯縣（今山東郯城）。東漢「十三刺史部」之一。其轄地約當今江蘇長江以北、山東南部沿海沂水流域地區，以及安徽明光市、天長、泗縣、淮北等地區。⓬冀　州名。東漢「十三刺史部」之一。東漢治所在高邑（今河北柏鄉北），後移治鄴縣（今河北臨漳西南）。轄境相當今河北中南部、山東西部及河南北部地區。⓭并州　東漢「十三刺史部」之一。治晉陽（今山西太原西南）。轄境屬地相當今山西大部和內蒙古、河北、陝西北部一部分地區。⓮廣成　苑名。在今河南臨汝西。⓯常保　東漢安帝之弟（？—西元一〇八年）。永初元年鄧太后分清河國封常保為廣川王。二年卒，因無子嗣，國除。⓰司徒　官名。西周始置，春秋沿置。職掌治理民事，掌握戶口、官司籍田，徵發徒役及收納財賦。秦罷司徒而置丞相，漢因之。哀帝元壽二年（西元前一年）改丞相為大司徒，為三公之一。東漢去「大」，稱司徒，主教化。⓱梁鮪　字伯元，河東平陽（今山西臨汾）人。殤帝延平元年，自光祿勳升為司徒。安帝永初元年卒於官。⓲公卿　指三公九卿。⓳守相　官名。漢代郡置太守，諸王侯國置相，為郡國行政長官。合稱守相。⓴道術　學術。㉑政術　政治。㉒達　通達。㉓永昌　郡名。東漢明帝永平十年置益州西部都尉。十二年改為永昌郡。故治不韋（今雲南保山市東北金雞村）。轄境相當今雲南瀾滄江流域，包括北至橫斷山脈以南，劍川縣、祥雲、元江縣以西和今緬甸北部大部分地區，以及老撾孟烏怒地區。㉔僬僥種夷　部族名。東漢西南羌人中的一支。分布在永昌郡徼外（今雲南與緬甸交界一帶）。㉕龍旗　繡有兩龍相交的大旗。為天子專用之旗。㉖虎賁　皇帝禁衛軍之一。《漢官儀》：

「虎賁千五百人，戴鶡尾，屬虎賁中郎將。」㉗長樂衛尉　漢制，皇太后屬官有衛尉，與少府、太僕並為太后三卿，掌宿衛。太后宮官，皆冠以太后所居官名，無太后則缺，太后崩則省，不常置。長樂、建章、甘泉宮，皆隨所掌以為官名。㉘魯恭（西元三二—一一二年），字仲康，扶風平陵（今陝西咸陽）人。精於《魯詩》，諸儒稱之。章帝初，被召，與諸儒於白虎觀論經傳異同。其後，郡舉直言，待詔公車，拜中牟令。歷任侍御史、《魯詩》博士、樂安相、議郎、侍中、光祿勳等職。永元十三年，拜司徒。在任三年，坐事免官。殤帝即位，起為長樂衛尉。安帝永初元年，復為司徒。永初三年，以老病策罷。見本書卷二十五。㉙北海王睦　劉睦（？—西元七四年），南陽蔡陽（今湖北棗陽）人，北海靖王劉興之子。少好學，博通書傳，尤善書法，為光武帝、明帝所喜愛。卒諡敬王。見本書卷十四。㉚壽光侯普　劉普（？—西元一二三年），北海敬王劉睦之孫。初封壽光侯。永初元年，鄧太后以普為北海王，以繼承睦之封國。凡立七年卒，諡為頃王。見本書卷十四。㉛九真　郡名。兩漢時治胥浦（今越南清化西北東山縣陽舍村）。轄境相當今越南清化、河靜兩省及義東省東部地區。㉜夜郎蠻夷　先秦、漢時生活在今越南中部地區的一支古代部族名。與先秦、漢時在今貴州西部、北部與雲南東北部、四川南部一帶建立夜郎國的夜郎人並不同族屬。㉝陰氏　鄧太后之母。光武帝皇后陰麗華堂妹。㉞河東　郡名。黃河在今山西、陝西間作北南流向，故戰國、秦、漢時稱今山西西南部為河東。秦時並於此置河東郡。故治安邑（今山西夏縣西北禹王城）。東漢轄境相當今山西沁水縣、霍縣、陽城以西，永和、汾西以南地區。㉟西域都護　官名。西漢武帝遣張騫通西域。宣帝地節二年，始置西域都護，秩比二千石，持節領護西域諸國。東漢重新統一西域後，於明帝永平十七年，復置西域都護。然時置時廢，至安帝後不再派遣都護，延光二年改置西域長史。㊱先零種羌　部族名。一作先零羌。或為羌族先零種的主要分支。先零羌為漢時西羌中的一大支。包括滇零、鍾羌等部族或小支。主要分布在今甘肅臨夏以西和青海東北等地。漢武帝時移居西海（今青海湖）鹽池地區。以游牧為生，常出入黃河、湟水一帶，屢進擾金城、隴西等郡。東漢初，被隴西太守馬援征服，遷徙天水、隴西、扶風一帶。後漸與漢族及西北其他民族融合。㊲隴道　即隴山（今六盤山）連接關中與隴西地區的通道。㊳征西校尉　官名。秦漢校尉統兵一校，東漢有征西校尉。因事所設，非常置。

【語　譯】永初元年春季正月癸酉日是這月的第一天，大赦天下。蜀郡邊境外的羌人歸屬了漢朝。戊寅日，分犍為郡南部為屬國都尉。用糧食賑濟司隸部、兗州、豫州、徐州、冀州、并州的貧民。

2　二月丙午日，將廣成苑的遊獵地以及受災郡國的公家田地借給貧民耕種。丁卯日，從清河國分割出土地，將安帝的弟弟劉常保封為廣川王。庚午日，司徒梁鮪去世。

3 三月癸酉日，發生了日蝕。詔令公卿、中央和地方所有官員以及郡國守相舉薦賢良方正、有學術的人士，精通政治、通曉古今、能夠直言極諫者各一人。己卯日，永昌境外僬僥夷人向朝廷進貢並歸屬了漢朝。甲申日，安葬清河孝王，贈給他龍旗、虎賁。

4 夏季五月甲戌日，長樂衛尉魯恭擔任司徒。丁丑日，詔令封北海王劉睦的孫子壽光侯劉普為北海王。九真境外的夜郎蠻夷獻上全部土地歸屬了漢朝。

5 六月戊申日，為皇太后母陰氏晉爵為新野君。丁巳日，河東發生地陷。壬戌日，撤銷了西域都護。先零種羌反叛，截斷了隴道，大肆殺戮搶掠。派遣車騎將軍鄧騭、征西校尉任尚討伐。丁卯日，赦免所有羌族部落相互勾結圖謀叛逆者的罪過。

1 秋九月庚午，詔三公明申舊令，禁奢侈，無作浮巧❶之物，殫❷財厚葬。是日，太尉徐防❸免。辛未，司空尹勤❹免。癸酉，調揚州❺五郡租米，贍❻給東郡❼、濟陰❽、陳留、梁國❾、下邳❿、山陽⓫。丁丑，詔曰：「自今長吏⓬被考竟未報，自非父母喪無故輒去職者，劇縣⓭十歲、平縣⓮五歲以上，乃得次用⓯。」壬午，詔太僕⓰、少府⓱減黃門鼓吹⓲，以補羽林士⓳；廄馬非乘輿⓴常所御者，皆減半食；諸所㉑造作，非供宗廟園陵之用，皆且止。丙戌，詔死罪以下及亡命㉒贖，各有差。庚寅，太傅㉓張禹㉔為太尉，太常㉕周章㉖為司空。

2 冬十月，倭國㉗遣使奉獻。辛酉，新城㉘山泉水大出。

3 十一月丁亥，司空周章密謀廢立，策免，自殺。戊子，敕㉙司隸校尉㉚、冀并二州刺史㉛：「民訛言相驚，棄捐舊居，老弱相攜，窮困道路。其各敕所部長吏，躬親㉜曉喻。若欲歸本郡，在所為封長檄㉝；不欲，勿強。」

4 十二月乙卯，潁川㉞太守㉟張敏㊱為司空。

5 是歲，郡國十八地震；四十一雨水，或山水暴至；二十八大風，雨雹㊲。

【章旨】以上記述安帝永初元年下半年朝廷嚴禁奢侈、節省宮廷開支、救災措施、調整三公人選、周章密謀廢立、自然災害發生等情況。

【注釋】❶浮巧　虛浮奇巧。❷殫　盡。❸徐防　字謁卿，沛國銍（今安徽宿縣）人。少習《周易》，永平中舉孝廉，特補尚書郎。和帝時，歷任司隸校尉、魏郡太守、少府、大司農、司空、司徒。殤帝延平元年（西元一〇六年），遷太尉，與太傅張禹參錄尚書事。安帝即位，以定策之功封龍鄉侯。旋以災異策免，就國，不久病卒。❹尹勤　字叔梁，南陽（今河南南陽）人。和帝時，累官為司空。後以定策立安帝，封福亭侯，五百戶。安帝元初元年（西元一一四年），以雨水傷稼被免官，不久病卒。見本書卷四十六。❺揚州　州名。漢武帝所置「十三刺史部」之一。轄有會稽、九江、丹陽、廬江、吳郡、豫章等郡。東漢治所在歷陽（今安徽和縣），東漢末年先後移治壽春（今安徽壽縣）、合肥（今安徽合肥西北）。轄境相當今安徽淮水和江蘇長江以南及江西、浙江、福建三地，湖北英山縣、黃梅、廣濟、羅田，河南固始、商城等地。❻贍　救濟；周濟。❼東郡　郡名。戰國秦王政五年置。故治濮陽（今河南濮陽西南）。轄境相當今山東聊城、莘縣、東阿、陽穀和河南范縣、臺前、南樂、清豐、濮陽等地。❽濟陰　郡名。治所在定陶（今山東定陶西北）。轄境大致相當於今山東菏澤、鄆城、鄄城、東明、定陶、單縣、成武等地區。❾梁國　國名。治所在睢陽。東漢轄境相當今河南商丘、虞城，以及寧陵、夏邑，山東曹縣，安徽碭山縣、亳州部分地區。⑩下邳　郡名。故治下邳縣（今江蘇睢寧西北古邳鎮東）。轄地相當今安徽泗縣、明光市和江蘇東北部邳縣、睢寧、泗洪、宿遷、沭陽、淮安等地。⑪山陽　郡名。治昌邑（今山東金鄉西北）。轄境有昌邑、東緡、鉅野、高平、湖陸、南平陽、方輿、瑕丘、金鄉、防東共十侯國、縣地，相當今山東獨山湖以西，趙王河以南，成武、鉅野以東，單縣以北，包括湖東的兗州、鄒縣的大部分地區。⑫長吏　泛指郡縣長官。⑬劇縣　政務繁難的縣。⑭平縣　政務簡易的縣。⑮次用　依次提拔任用。⑯太僕　官名。兩漢太僕為九卿之一，秩中二千石，掌車馬之政。⑰少府　官名。秦官，兩漢沿置，為九卿之一。西漢主管皇室財政。東漢掌管宮中服御諸物、衣服、寶貨、珍膳等。卿一人，秩中二千石；丞一人，比二千石，員吏三十四人。⑱黃門鼓吹　宮廷儀仗隊。《漢官儀》：「黃門鼓吹百四十五人。」⑲羽林士　皇帝衛軍名，即羽林騎士之省稱。西漢武帝太初元年（西元前一〇四年），初置建章營騎，後更名為羽林騎，取意象天有羽林星，為國羽翼。東漢因之，分左、右騎，分由羽林左監、右監主之。《漢官儀》：「羽林左監主羽林八百人，右監主九百人。」⑳乘輿　古代帝王所乘之車輿。多借指皇帝。㉑諸所　所有。㉒亡命　負罪逃亡。㉓太傅　官名。三公之一，與太師、太保並為上公，位三公上。東漢時，上公僅置太傅，其錄尚書事者，參與朝政，不加錄尚書事者則無常職。㉔張禹　（？—西元一一三年），字伯達，趙國襄國（今河北邢臺）人。少習《歐陽尚書》，後舉孝廉。章帝建初中，累官至揚州刺史。轉兗州刺史，遷下邳相，多有政聲。和帝永元六年，入為大司農，後拜太尉。殤帝延平元年，遷為太傅，錄尚書事。安帝永初元年，以定策立帝功，封安鄉侯，旋拜太尉。永初五年，以陰陽不和被罷免。見本書卷四十四。㉕太常　官名。九卿之一，為諸卿之首。掌宗廟祭祀禮儀，兼選試博士。秩中二千石。㉖周章　（？—西元一〇七年），字次叔，南陽隨（今湖北隨州）人。初仕為郡功曹，後舉孝廉，六遷為五官中郎將，延平元年，為光祿勳。永初元年，為太常，其冬為司空。密謀誅車騎將軍鄧騭兄弟及宦官鄭眾、蔡倫等人，廢太后於南宮，封安帝於遙遠之國，而立平原王劉勝。事洩，自殺。見本卷三十三。㉗倭國　國名。中國古代對今日本的稱謂。㉘新城　縣名。東漢屬河南尹。治今河南伊川縣西南。㉙勑　告誡；責備。另，指古時上對下的命令，亦特指皇帝的詔書。㉚司隸校尉　官名。秩比二千石，負責糾察百官並管理司隸部（畿輔地區），職權顯赫，與御史中丞、尚書令並稱「三獨坐」。㉛刺史　官名。武帝元封五年（西元前一〇六年）設部（州）刺史，督察郡國，官階低於郡守。成帝綏和元年改為州牧。東漢建武十八年復為刺史。靈帝時，罷刺史，置州牧，居郡守之上，由原單純的監察官發展為總攬地方軍政大權的軍政長官。㉜躬親　親自執行。㉝為封長檄　在長檄上加封印章。長檄，官府文書，以證明其將歸鄉。㉞潁川　郡名。治所在今河南禹州。東漢轄境相當今河南登封、寶豐以東，郾城以西，長葛以南，葉縣、舞陽以北地區。㉟太守　一郡之最高行政長官，秩二千石，故亦別稱二千石。36張敏　字伯達，河閒鄚（今河北任丘）人。章帝建初二年（西元七七年）舉孝廉，五年，四遷為尚書。和帝永元九年，拜司隸校尉，遷汝南太守，清約不煩，用刑平正，有能治名聲。其後，坐事免官。延平元年，拜議郎，遷潁川太守。安帝永初元年徵拜司空。永初六年，因體弱多病免官。見本書卷四十四。37雨雹　下冰雹。

【語譯】秋季九月庚午日，詔令三公明確申明舊時的法令，禁止奢侈，不要製作華美奇巧的物件、費盡財產舉行厚葬。這一天，太尉徐防被罷免。辛未日，司空尹勤被罷免。癸酉日，調揚州五個郡的租稅大米，救濟東郡、濟陰郡、陳留郡、梁國、下邳郡、山陽郡。丁丑日，詔令：「自今各縣長官在接受政績考核而尚未作結論、除因父母喪事而無故脫離職守者，政務繁難縣分的長官要等到十年、政務簡易縣分的長官要等到五年以上，才能依次得到提拔任用。」壬午日，詔令太僕、少府裁減黃門鼓吹的人數，將他們補編為羽林衛士；宮廷馬廄中的馬，除皇帝乘輿經常使用的之外，都削減一半的馬料；所有器物的製造，除供給宗廟和園陵使用的，都暫時停止製造。丙戌日，詔令死罪以下及犯罪逃亡者可以用錢財贖罪，贖罪錢財各有等級差別。庚寅日，太傅張禹擔任太尉，太常周章擔任司空。

2 冬季十月，倭國派遣使者進獻禮物。辛酉日，新城縣的山泉水大股湧出。

3 十一月丁亥日，司空周章祕密謀劃廢立皇帝，被罷免，自殺而死。戊子日，敕令司隸校尉和冀、并二州刺史：「民眾傳播謠言相互驚嚇，拋棄舊居，老弱相互攙扶，在道路上挨餓受凍、倍受折磨。可各自告誡自己屬下的郡縣長官，讓他們親自勸導民眾。民眾如果願意返回本郡，所在官府要為他們出具文書，加蓋印章；如果不願意，就不要勉強他們。」

4 十二月乙卯日，潁川太守張敏擔任司空。

5 這一年，有十八個郡國發生地震；有四十一個郡國遭遇大雨，或遭遇山洪暴發；有二十八個郡國遭遇大風和冰雹。

1 二年春正月，稟河南[1]、下邳、東萊[2]、河內[3]貧民。車騎將軍鄧騭為種羌所敗於冀[4]西。

2 二月乙丑，遣光祿大夫[5]樊準[6]、呂倉分行冀兗二州，稟貸[7]流民。

3 夏四月甲寅，漢陽[8]城中火，燒殺三千五百七十人。

4 五月，旱。丙寅，皇太后幸洛陽寺[9]及若盧獄[10]，錄囚徒[11]，賜河南尹[12]、廷尉[13]、卿[14]及官屬以下各有差，即日降雨。

5 六月，京師及郡國四十大水，大風，雨雹。

6 秋七月戊辰，詔曰：「昔在帝王，承天理民，莫不據琁機玉衡[15]，以齊七政[16]。朕以不德，遵奉大業，而陰陽差越，變異[17]並見，萬民飢流，羌、貊[18]叛戾。夙夜克己[19]，憂心京京[20]。間令公卿郡國舉賢良方正，遠求博選，開不諱之路[21]，冀[22]得至謀[23]，以鑒[24]不逮[25]。而所對皆循尚[26]浮言，無卓爾[27]異聞[28]。其百僚[29]及郡國吏人，有道術明習災異、陰陽之度、琁機之數[30]者，各使指變以聞。二千石長吏明以詔書，博衍[31]幽隱[32]。朕將親覽，待以不次[33]，冀獲嘉謀，以承天誡[34]。」

7 閏月辛丑，廣川王常保薨，無子，國除。癸未，蜀郡徼外羌舉土內屬。

8 九月庚子，詔：「王國官屬墨綬[35]下至郎[36]、謁者，其經明[37]任博士[38]、居鄉里有廉清孝順之稱、才任理人者，國相㊴歲移名㊵，與計㊶偕上尚書㊷，公府㊸通調㊹，今得外補㊺。」

【章　旨】以上記述了漢軍與羌人在冀西交戰失利、鄧太后以安帝名義發布的〈變異求言詔〉和〈外補吏詔〉、鄧太后親自清理刑獄以及自然災害頻頻發生等大事。

【注　釋】❶河南　政區名。東漢建武十五年，改西漢河南郡為河南尹。故治洛陽（今河南洛陽東北）。轄境相當今河南黃河以南洛水、伊水下游，北汝河、賈魯河上游，東至開封、延津，南到新鄭、汝陽，北臨新安、宜陽以及黃河以北原陽等地。❷東萊　郡名。西漢高帝置。故治掖縣（今山東萊州）。東漢徙治黃縣（今山東龍口市東）。轄境相當今山東半島東部沿海大部分地區，大致包括今萊州、棲霞、萊陽、即墨、膠州及其以東至海等十六個地區。❸河內　郡名。故治懷縣（今河南武陟西南）。轄境相當今河南所屬黃河以北、京廣鐵路以西等地區。❹冀　縣名。今甘肅甘谷東南。東漢為漢陽郡治所。❺光祿大夫　官名。秩比二千石。掌顧問應對，無常職，隨時聽詔令所使。❻樊準　一作樊淮。（？—西元一一八年），字幼陵，南陽湖陽（今河南唐河縣）人，光武帝劉秀舅舅樊宏的遠房曾孫。初為郡功曹。永元十五年，和帝幸南陽，拜為郎中，從車駕還宮，特補尚書郎。再遷御史中丞。安帝永初元年，拜鉅鹿太守。五年，轉河內太守。歷任尚書令、光祿勳。卒於任上。見本書卷三十二。❼稟貸　賞賜或借貸穀物。❽漢陽　郡名。治所在冀縣（今甘肅天水市西北）。轄境相當今甘肅定西、武山縣、禮縣、天水市、張家川回族自治縣、莊浪、通渭、靜寧等地。❾寺　官衙。❿若盧獄　漢代監獄名。其獄由少府管轄，用於關押審理有罪的將相大臣。⓫錄囚徒　提審囚犯。⓬河南尹　官名。河南尹（政區）的長官。東漢河南尹本為政區，但同時亦以為官名。⓭廷尉　官名。九卿之一，掌刑獄。秩中二千石。⓮卿　指九卿，也泛指高級官員。⓯琁機玉衡　一種觀測天體的儀器，琁、玉都是美玉，作為裝飾。機為圓環，衡為橫標，配合以觀測天體運行速度、路線和位置。⓰七政　春、夏、秋、冬、天文、地理、人道。⓱變異　指人世災難、自然災害和各種異常的自然現象。⓲貊　濊貊，亦作穢貊。濊貊為古部族名。西周以前，濊、貊單稱，後常復稱為濊貊。秦漢以後，主要活動於今松嫩平原、鴨綠江流域及朝鮮半島。⓳克己　嚴於律己。⓴京京　憂慮貌。《詩・正月》：「念我獨兮，憂心京京。」㉑開不諱之路　開放暢所欲言的言路。意即給予人們暢所欲言的機會。㉒冀　希望。㉓至謀　最好的計謀。㉔鑒　對照；審視。㉕不逮　不足之處；過錯。㉖循尚　因襲崇尚；嗜好。㉗卓爾　形容超群出眾。㉘異聞　獨特的見解。㉙百僚　百官。㉚琁機之數　指天文曆數。㉛博衍　廣泛引薦。㉜幽隱　隱居之士，也泛指在民間尚未入仕、有才能的人。㉝待以不次　不按常規次序而予以任用。㉞天誡　上天的懲罰性的警告。古人相信天人感應之說，認為如果政治不良，那上天就會降下各種災異，以警告統治者。㉟墨綬　指黑色的繫印絲帶。漢代規定，官品不同，綬帶的顏色亦異。黑色綬帶為四百石以上至千石的諸官員所用。㊱郎　這裡指王國屬官中的「郎中」。《續漢書》：「王國有中大夫，秩比六百石。謁者，比四百石。郎中，二百石。」㊲經明　通曉儒家經典。㊳博士　秦置博士官，掌通古今，備顧問。漢武帝時，設《五經》博士，掌教授經學，國有疑事，顧問諮詢。㊴國相　兩漢時期，王國或侯國的行政長官稱國相，職位分別與郡守、縣令相當。㊵移名　書寫名字。㊶計　上計。漢代制度，郡丞每年赴京師送交年度統計報表，名曰上計，又稱「奉歲計」。漢武帝元朔中，令郡國舉孝廉各一人，與上計吏一同進京，特拜為郎中。其後廢除。永元十四年（西元一〇二年）恢復武帝舊制。㊷尚書　官名。秦少府屬官，掌殿內文書，地位很低。西漢中期以後尚書職權漸重。成帝建始四年（西元前二九年）置尚書五人，一人為僕射，四人分曹治事，組成宮廷內政治機構，地位不高但已有相當權力。東漢的尚書臺正式成為總理國家政務的中樞。有令一、僕射一、尚書六、丞二、郎三十四及令史等官。㊸公府　政府。㊹通調　統一選任。㊺外補　補為地方官員。

【語　譯】二年春季正月，用糧食賑濟河南尹、下邳郡、東萊郡、河內郡的貧民。車騎將軍鄧騭在冀縣以西被種羌擊敗。

2 二月乙丑日，派遣光祿大夫樊準、呂倉分別巡行冀、兗二州，發放糧食給流民。

3 夏季四月甲寅日，漢陽郡城中發生大火，燒死三千五百七十人。

4 五月，發生旱災。丙寅日，皇太后到洛陽官衙和若盧獄，審訊甄別囚犯，賞賜河南尹、廷尉、九卿及其所屬官吏，各有等級差別。當天，就降下了雨水。

5 六月，京師和四十個郡國發生大水、大風、冰雹等災害。

6 秋季七月戊辰日，詔令說：「從前的帝王，應承天命治理民眾，沒有不根據琁機玉衡來統一七政的。朕是無德之人，而繼承了大業，但陰陽變異錯亂，天災人禍同時出現，萬民飢餓流浪，羌人、貊人反叛。朕從早到晚嚴於律己，憂心忡忡。近來，命令公卿和郡國舉薦賢良方正，遠近尋求、廣泛挑選，開放暢所欲言的言路，期望得到最好的計謀，以審視自己的不足和過錯。然而，他們的回答都喜歡使用虛浮的話語，沒有超凡不俗、獨特的見解。希望朝廷百官和郡國的官吏，各自讓有學問的通曉災害變異、陰陽度數、琁機數理的人，指出變異的原因，以告訴朕。二千石長官要公開宣示朕的詔書，廣泛引薦隱藏在民間、有才學的人士。朕將要親自閱覽他們的對策，對他們不按常規次序而予以任用，希望獲得最佳的建議，以回應上天的警告。」

7 閏七月辛丑日，廣川王劉常保去世，因他沒有兒子，其王國被撤銷。癸未日，蜀郡境外的羌人獻出全部土地歸屬了漢朝。

8 九月庚子日，詔令說：「諸侯王國屬官從墨綬等級到郎中、謁者，其中有通曉儒家經典而能擔任博士、居住鄉里有清廉孝順的名聲、才能勝任治理民眾的，國相每年報上他們的姓名，讓他們與上計官吏一道赴尚書，由政府統一選任，讓他們得以補充到地方做官。」

1 冬十月庚寅，稟濟陰、山陽、玄菟❶貧民。征西校尉任尚與先零羌戰于平襄❷，尚軍敗績。

2 十一月辛酉，拜鄧騭為大將軍❸，徵還京師，留任尚屯隴右❹。先零羌滇零❺稱天子於北地❻，遂寇三輔❼，東犯趙❽、魏❾，南入益州❿，殺漢中⓫太守董炳。

3 十二月辛卯，稟東郡、鉅鹿⓬、廣陽⓭、安定⓮、定襄⓯、沛國⓰貧民。廣漢⓱塞外⓲參狼羌⓳降，分廣漢北部為屬國都尉。

4 是歲，郡國十二地震。

【章　旨】以上記述安帝永初二年冬季漢軍與先零羌的戰事、東漢對貧民的賑濟情況。

【注　釋】❶玄菟　郡名。西漢元封三年置。故治沃沮縣（今朝鮮咸鏡南道咸興）。始元五年徙治高句驪縣（今遼寧新賓西南京興老城附近）。東漢安帝時，與高句驪縣同移治今遼寧瀋陽東。東漢轄境相當今遼寧瀋陽、撫順、鐵嶺等地區。比西漢初置時轄地大為縮小。❷平襄　縣名。治今甘肅通渭西。❸大將軍　官名。戰國時設，兩漢因之。金印紫綬，地位因人而異，與三公相上下，與丞相相當。自西漢武帝時起領錄尚書事，外主征戰，內秉國政，權勢超過丞相。到東漢多以貴戚擔任，位在三公之上。❹隴右　地區名。指隴山（六盤山）以西地區，古代以西為右，故名。約相當今甘肅六盤山以西、黃河以東地區。❺滇零　（？—西元一一二年），東漢先零羌別種首領。安帝時，多次擊敗漢軍，於永初二年稱天子於北地。東漢朝廷不能制，被迫將隴西、安定、北地、上郡之民撤離，安置在三輔地區。永初六年，病卒，其子零昌嗣位。❻北地　郡名。西漢治馬嶺（今甘肅慶陽西北馬嶺鎮）。東漢移治富平（今寧夏吳忠西南黃河東岸）。轄境相當今甘肅寧縣、慶陽、環縣、正寧、合水縣、華池縣，寧夏石嘴山市、銀川市、靈武、青銅峽市、永寧，與陝西銅川市西北、內蒙古烏蘭布和沙漠東南一部分地區。❼三輔　地區名。京畿地區的合稱。漢景帝二年（西元前一五五年）分內史為左、右內史，與主爵中尉（尋改主爵都尉）同治京城長安城中，所轄皆為京畿之地，故合稱「三輔」。武帝時，左、右內史、主爵都尉分別改名為京兆尹、左馮翊、右扶風。轄境相當今陝西關中地區。❽趙　國名。舊治邯鄲（今河北邯鄲）。東漢轄邯鄲、易陽、襄國、柏人、中丘五縣，約相當於今河北邯鄲、邢臺的部分地區。❾魏　郡名。漢高帝十二年置。治所在鄴縣（今河北臨漳西南）。東漢末曾為冀州刺史治所。東漢轄境相當今河北大名、館陶、丘縣、肥鄉、成安、武安、涉縣、磁縣、臨漳、魏縣、廣平，河南滑縣、浚縣、內黃及山東冠縣等地。❿益州　東漢「十三刺史部」之一。東漢初年治所在雒縣（今四川廣漢北）。漢靈帝中平年間移治綿竹（今四川德陽東北），漢獻帝興平年間又移成都（今四川成都）。轄境約當今四川邛崍山、雲南怒山、緬甸那拉山、薩爾溫江以東，甘肅疊部、岷縣、西和與陝西秦嶺以南，東面與湖北、湖南交界，除貴州東部外，包括今雲南全部，四川、貴州大部，陝西、甘肅、廣西、越南、緬甸等各一部分地區。⓫漢中　郡名。東漢治所在西城（今陝西安康西北）。其轄境相當今陝西秦嶺以南，勉縣以東，乾祐河流域以西和湖北保康、房縣、竹山縣、竹溪縣、十堰等地。⓬鉅鹿　郡名。治所在廮陶（今河北柏鄉東），轄境約相當於今河北冀城、晉縣、束鹿、寧晉、柏鄉、隆堯、鉅鹿、任縣、平鄉、南和、雞澤、曲周、威縣等地。⓭廣陽　國名。治所在薊縣（今北京市區西南），轄境相當今北京大興及河北固安等地。⓮安定　郡名。治臨涇縣（今甘肅鎮原東南）。轄境約相當今寧夏中衛以南清水河流域與甘肅鎮原、平涼、涇水上游流域等地區。⓯定襄　郡名。西漢分雲中郡置。治成樂（今內蒙古和林格爾西北土城子），轄境相當今內蒙古長城以北的卓資、和林格爾及清水河一帶。東漢移治善無縣（今山西右玉南），轄境較西漢大為縮小，僅有今渾河流域清水河一帶地區。⓰沛國　治相縣（今安徽濉溪縣西北），轄境約相當於今安徽淮水流域以北、宿州、固鎮、五河縣、泗縣、蕭縣、碭山縣、鳳臺、利辛、懷遠、渦陽、亳州，河南永城、夏邑，江蘇豐縣、沛縣，山東微山縣等地區。⓱廣漢　郡名。治所在雒縣（今四川廣漢北），轄境相當今陝西寧強，四川青州、廣元、劍閣、江油、梓潼、綿竹、綿陽、德陽、什邡、廣漢、金堂、新都、中江縣、三臺、射洪、遂寧等地。⓲塞外　境外。⓳參狼羌　部族名。羌人的一支。分布在今甘肅南部武都附近一帶，尤其是白龍江沿岸地區。白龍江古稱羌水，其上源有參狼谷，因稱居此的羌人曰參狼羌。

【語　譯】冬季十月庚寅日，放糧賑濟濟陰郡、山陽郡、玄菟郡的貧民。征西校尉任尚與先零羌在平襄交戰，任尚的軍隊戰敗。

2　十一月辛酉日，拜鄧騭為大將軍，將他召回京師，留下任尚屯守隴右。先零羌滇零在北地稱天子，又進犯三輔，向東進犯趙國、魏郡，向南進入益州，殺死漢中太守董炳。

3　十二月辛卯日，放糧賑濟東郡、鉅鹿郡、廣陽國、安定郡、定襄郡、沛國的貧民。廣漢郡境外的參狼羌投降，分出廣漢郡北部設置了屬國都尉。

4　這一年，有十二個郡國發生地震。

1　三年春正月庚子，皇帝加元服❶。大赦天下。賜王、主、貴人❷、公、卿以下金帛各有差；男子為父後，及三老、孝悌、力田爵，人二級；流民欲占者，人一級。遣騎都尉❸任仁❹討先零羌，不利，羌遂破沒臨洮❺。高句驪❻遣使貢獻。

2 三月，京師大飢，民相食。壬辰，公卿詣闕❼謝。詔曰：「朕以幼沖❽，奉承鴻業❾，不能宣流❿風化⓫，而感逆⓬陰陽，至令百姓飢荒，更相噉食。永懷悼歎⓭，若墜淵水。咎在朕躬，非群司之責，而過自貶引⓮，重朝廷之不德。其務思變復⓯，以助不逮。」癸巳，詔以鴻池⓰假⓱與貧民。王寅，司徒魯恭免。

3 夏四月丙寅，大鴻臚⓲九江⓳夏勤⓴為司徒。三公以國用不足，奏令吏人入錢穀，得為關內侯㉑、虎賁羽林郎㉒、五大夫㉓、官府吏㉔、緹騎㉕、營士㉖各有差。己巳，詔上林㉗、廣成苑可墾闢者，賦與貧民。甲申，清河王虎威㉘薨。

4 五月丙申，封樂安王寵㉙子延平㉚為清河王。丁酉，沛王正㉛薨。癸丑，京師大風。

【章　旨】以上記述永初三年一至五月安帝加冠禮、京師大饑荒、鄧太后以安帝名義發布的〈京師大饑詔〉，以及東漢政府的賑災措施、賣官鬻爵以彌補財政虧空等事情。

【注　釋】❶加元服　加冠之禮。元，指頭。❷貴人　女官名。東漢光武時置，位次皇后，金印紫綬。❸騎都尉　官名。光祿勳的屬官，秩二千石，無定員，掌監羽林騎。羽林騎為漢武帝時所置。宣帝時令中郎將、騎都尉監羽林。東漢同。❹任仁　東漢將領。安帝永初三年，為騎都尉，先零羌逼近三輔，前往討之，屢戰屢敗，而兵士放縱。次年，檻車徵詣廷尉詔獄，死於獄中。❺臨洮　隴西郡臨洮縣（今甘肅岷縣）。❻高句驪　國名。一名句麗，一作下句驪，又作貊。史書上還寫作「高夷」、

「高離」、「高麗」。高句驪原為部族，起源於扶餘。其後勢力擴展，占有今中國東北部分地區與朝鮮部分地區。古代高句驪主要分為五部：消奴部、絕奴部、順奴部、灌奴部、桂婁部。在西漢時屬玄菟郡，為其所轄三縣之一，後因以名國。東漢時不屬中原直轄。國都內城（今吉林集安城東）。轄境相當今鴨綠江及其支流渾江流域一帶。包括遼東一小部，吉林東南部，朝鮮咸興、清川江以北廣大地區。東漢末年遷都丸都城（今吉林集安境南）。❼闕　闕門。宮門外兩邊的樓臺，中間有道路。多以此借指朝廷，或作帝王居所的統稱。❽幼沖　年齡幼小。❾鴻業　大業，多指帝王事業。❿宣流　宣揚、流布。⓫風化　教育感化。⓬感逆　觸犯；冒犯。⓭悼歎　哀傷歎息。⓮貶引　引咎自責。⓯變復　古代主張「天人感應」的儒生提倡以祭祀祈禱來消除災禍，恢復正常，謂之「變復」。⓰鴻池　池名。在東漢都城洛陽東十公里，今河南偃師西南。⓱假　租借。⓲大鴻臚　官名。掌諸侯王和邊疆民族首領使臣入京朝見事務，秩中二千石。⓳九江　郡名。治所在陰陵（今安徽定遠西北），轄境相當今安徽巢湖以北、瓦埠湖流域以東、淮河以南、長江以西地區，包括今安徽合肥、和縣、滁州、蚌埠、鳳臺、巢湖等地區。⓴夏勤　字伯宗，九江壽春（今安徽壽縣）人。少從樊儵研習經學。入仕後，歷任京縣和宛縣縣令、零陵太守，以富於政治才能著稱。安帝初，累官為大鴻臚。永初三年，拜司徒。元初二年（西元一一五年），免官。㉑關內侯　封爵名。秦始置，漢因之。為封爵的第十九級，次於列侯。有其爵位者，無國邑，寄食所在縣，民租多少，各有戶數為限。㉒虎賁羽林郎　官名。即虎賁郎和羽林郎的合稱。㉓五大夫　封爵名。春秋戰國時，秦、楚、魏諸國爵制有五大夫。秦自商鞅變法，定二十等爵以賞軍功，五大夫為第九爵。兩漢爵制因之。㉔官府吏　泛指郡縣官府屬吏。㉕緹騎　穿著赤黃色服裝的騎士。漢制，執金吾屬下有緹騎二百人，持戟五百二十人。㉖營士　謂東漢北軍五校所領之營兵。東漢時，屯騎、越騎、步兵、長水、射聲五校尉各領有營兵，由北軍中候監領，稱北軍五營，掌京師宿衛。㉗上林　長安上林苑，帝王禁苑。故址在東漢洛陽城西，即今河南洛陽東十二公里之白馬寺一帶。㉘清河王虎威　清河孝王劉慶之子，漢安帝之弟。劉慶卒，嗣爵為王。凡立三年卒，無子，諡為湣王。見本書卷五十五。㉙樂安王寵　劉寵（？—西元一二一年），一名伏胡。千乘貞王劉伉之子。伉卒，寵嗣爵為王。永元七年改國名樂安。寵凡立二十八年，卒於京師，葬於洛陽，諡為夷王。見本書卷五十五。㉚延平　劉延平（？—西元一二一年），樂安夷王劉寵之子。永初三年，清河湣王劉虎威卒，無子，鄧太后遂立其為清河王，以奉其祀。凡立三十五年卒，諡為恭王。見本書卷五十五。㉛沛王正　劉正（？—西元一〇九年），沛釐王劉定之子。定卒，正嗣爵為王。正凡立十四年卒，諡為節王。見本書卷四十二。

【語譯】三年春季正月庚子日，為皇帝舉行加冠禮。大赦天下。賞賜金帛給諸侯王、公主、貴人、三公、九卿及其以下官員，各有等級差異；賞賜爵位給作為父親繼承人的男子，以及三老、孝悌、力田，每人二級；流民願意登錄戶籍定居的，每人一級。派遣騎都尉任仁討伐先零羌，交戰失利，羌人於是攻陷了臨洮縣。高句驪派遣使者進獻禮物。

2 三月，京師發生大饑荒，民眾相互人吃人。壬辰日，公卿到闕門向皇帝謝罪。詔令說：「朕年齡幼小，繼承大業，不能宣揚和流布教化，反而觸犯了陰陽，以致讓百姓遭遇了饑荒，相互人吃人。朕長久哀傷歎息，如同墜入深淵的水中。罪過在朕自己，不是各級官員的責任，而你們引咎自責，突出表明了朝廷的無德。希望你們務必考慮補救措施，以輔助朕的不足。」癸巳日，詔令將鴻池借給貧民。壬寅日，司徒魯恭被罷免。

3 夏季四月丙寅日，大鴻臚九江人夏勤擔任司徒。三公因國家用度不足，上奏請求讓官吏和民眾交納錢穀，就能夠成為關內侯、虎賁羽林郎、五大夫、官府吏、緹騎、營士，其各因等級不同而有差別。己巳日，詔令將上林苑、廣成苑可以開墾為田地的地方，租給貧民耕種。甲申日，清河王劉虎威去世。

4 五月丙申日，封樂安王劉寵之子劉延平為清河王。丁酉日，沛王劉正去世。癸丑日，京師刮起大風。

1 六月，烏桓❶寇代郡❷、上谷❸、涿郡❹。

2 秋七月，海賊張伯路❺等寇略緣海九郡，遣侍御史❻龐雄督州郡兵討破之。

庚子，詔長吏案行在所，皆令種宿麥蔬食，務盡地力，其貧者給種餉。

3 九月，鴈門❼烏桓及鮮卑❽叛，敗五原郡❾兵於高渠谷❿。

4 冬十月，南單于⓫叛，圍中郎將耿种⓬於美稷⓭。十一月，遣行車騎將軍⓮何熙⑮討之。

5 十二月辛酉，郡國九地震。乙亥，有星孛于天苑⑯。

6 是歲，京師及郡國四十一雨水雹。并、涼⑰二州大飢，人相食。

【章旨】以上記述永初三年下半年烏桓、鮮卑、南匈奴的反叛和海盜張伯路的暴亂，以及國內自然災害頻發的情況。

【注釋】❶烏桓　國名；族名。一作烏丸，又名赤山、赤沙，或為烏桓支族，是東胡族的一支，居烏桓山（今大興安嶺山脈南端）。漢初，部分烏桓附匈奴，武帝以後附漢，遷至上谷、漁陽、右北平、遼東、遼西等五郡塞外。漢、魏以後，漸與各地漢族及其他民族融合。❷代郡　郡名。秦、西漢治所在代縣（今河北蔚縣），東漢移治高柳（今山西陽高西北），後復還故治。轄境相當今山西陽高、廣靈、靈丘，河北蔚縣、陽原、懷安等地區，即今桑乾河流域一帶。❸上谷　郡名。戰國燕置。秦代故治沮陽（今河北懷來東南三十公里）。東漢同。轄境相當今河北張家口、小五臺山以東，北京延慶、昌平區居庸關以西、房山區以北至長城以內。❹涿郡　郡名。治今河北涿州。東漢轄境約相當於今河北保定以北，霸縣、固安以西，北京房山區以南，太行山以東地區。❺張伯路　（？—西元一一一年），東漢農民暴動領袖。原為勃海海盜。安帝永初三年，頭戴赤幘，身穿絳衣，自稱將軍，率三千人攻擾濱海九郡，殺郡守令長。被侍御史龐雄擊敗，乃降。明年，與平原郡（今山東平原縣南）劉文河等三百餘人攻厭次城、高唐，燒官府，釋囚徒。各路首領皆稱將軍，共朝伯路，伯路冠五梁冠，佩印綬，軍勢大振。永初四年，被御史中丞王宗、青州刺史法雄擊敗，退入遼東海島上。永初五年，因乏食，復攻擾東萊間，被法雄擊破，逃還遼東，被遼東人李久等斬殺。見本書卷三十八。❻侍御史　官名。為御史大夫屬官，秩六百石，其中十五人由御史中丞領錄，給事殿中，職掌監察，檢舉非法。❼鴈門　郡名。秦、西漢治所在善無（今山西左雲西南），東漢移治陰館（今山西代縣西北）。轄境相當今山西原平、寧武以北，左雲、偏關以東，內蒙古涼城、岱海以南，山西渾源、大同以西地區。❽鮮卑　部族名。東胡族的一支。相傳依居鮮卑山得名。秦漢時期，游牧於今內蒙古東部沙拉木倫河與洮兒河之間及其以西地區。初附於匈奴，常隨其騷掠中原。北匈奴西遷後，鮮卑據其故地，勢力漸趨強盛。魏晉南北朝以後，漸與各地漢族及其他民族融合。❾五原

郡　治所在九原（今內蒙古包頭西二十公里），轄境相當今內蒙古河套地區東半部，包括包頭、達拉特、山西偏關以西等地區。⑩高渠谷　峽谷名。故址在今內蒙古包頭西、黃河道北。⑪南單于　南匈奴君主。東漢初年，匈奴內部因爭奪權位，發生分裂。建武二十四年，匈奴薁鞬日逐王比，遣使求內附，光武帝許之。比遂自立為南單于，匈奴自此分為南北二部。單于，匈奴君主。⑫耿种　東漢官員。安帝初，累官為中郎將，駐守美稷。永初三年（西元一〇九年），南匈奴單于反叛，遂遭圍攻，連戰數月後，在漢將梁慬的支援下，圍解。延光元年（西元一二二年），為漢陽太守，招降西羌麻奴部。⑬美稷　縣名。西漢置。治今內蒙古準噶爾旗西北。東漢末廢。⑭行車騎將軍　攝行車騎將軍職事。車騎將軍，官名。漢制，車騎將軍位在大將軍、驃騎將軍之後，金印紫綬，地位相當於上卿或比三公，典京師兵衛，掌宮衛。東漢末分左右。⑮何熙　（？—西元一一〇年），字孟孫，陳國（今河南淮陽）人。和帝時，歷任謁者、御史中丞、司隸校尉等職。安帝即位，官至大司農。永初三年，行車騎將軍事，率軍討伐南匈奴。次年，以病卒於軍中。見本書卷四十七。⑯天苑　星官名。屬昴宿。其天苑一即波江座ε星。⑰涼　涼州。東漢「十三刺史部」之一。東漢時治所在隴縣（今甘肅張家川回族自治縣）。轄境約相當今甘肅、寧夏、青海湟水流域，陝西定邊、吳旗、鳳縣、略陽和內蒙古額濟納旗一帶。

【語譯】六月，烏桓進犯代郡、上谷郡、涿郡。

2 秋季七月，海盜張伯路等進犯沿海的九個郡，派遣侍御史龐雄督率州郡軍隊將他擊敗。庚子日，詔令郡縣長官巡視自己所管轄地域，命令百姓都種上冬麥和蔬菜，務必最大限度地發揮土地效力，對那些貧困者給予種子和糧食。

3 九月，鴈門郡的烏桓及鮮卑反叛，在高渠谷擊敗五原郡的軍隊。

4 冬季十月，南單于反叛，在美稷圍攻中郎將耿种。十一月，派遣行車騎將軍何熙討伐南單于。

5 十二月辛酉日，有九個郡國發生地震。乙亥日，有彗星從天苑掠過。

6 這一年，京師和四十一個郡國雨水成災，並發生雹災。并、涼二州發生大饑荒，民眾相互人吃人。

1 四年春正月元日，會❶，徹樂，不陳充庭車❷。辛卯，詔以三輔比遭寇亂，人庶流亢❸，除三年逋租❹、過更❺、口筭❻、芻稾❼。稟上郡❽貧民各有差。海賊張伯路復與勃海❾、平原❿劇賊劉文河、周文光等攻厭次⓫，殺縣令。遣御史中丞⓬王宗督青州⓭刺史法雄⓮討破之。度遼將軍⓯梁慬、遼東⓰太守耿夔⓱討破南單于於屬國⓲故城⓳。丙午，詔減百官及州郡縣奉各有差。

2 二月丁巳，稟九江貧民。南匈奴⓴寇常山㉑。乙丑，初置長安㉒、雍㉓二營都尉官㉔。乙亥，詔自建初㉕以來，諸祅言㉖它過坐徙邊者，各歸本郡；其沒入官為奴婢者，免為庶人。詔謁者劉珍㉗及五經㉘博士校定東觀㉙五經、諸子㉚、傳記、百家藝術㉛，整齊㉜脫誤，是正文字。

3 三月，南單于降。先零羌寇褒中㉝，漢中太守鄭勤戰歿。徙金城郡㉞都襄武㉟。戊子，杜陵園㊱火。癸巳，郡國九地震。

4 夏四月，六州蝗。丁丑，大赦天下。

5 秋七月乙酉，三郡大水。己卯，騎都尉任仁下獄死。

6 九月甲申，益州郡地震。

7 冬十月甲戌，新野君陰氏㊲薨，使司空持節護喪事。大將軍鄧騭罷。

【章　旨】以上記載了安帝永初四年漢軍擊敗張伯路和南單于、赦免罪犯、自然災害發生情況，以及東漢政府賑災的各種措施等大事。

【注　釋】❶會　朝廷聚會。❷充庭車　東漢制度：每當朝會，必陳乘輿法物車輦於庭中，故稱充庭車。❸流宂　流散；流離失所。❹逋租　拖欠的田租。❺過更　出錢代替戍邊的制度，引申指所出的錢。❻口筭　按人口交納的賦錢。漢代對三至十四歲未成年人所徵收的人頭稅稱「口錢」，對十五至五十六歲成年人所徵收的人頭稅稱「算賦」。❼芻稾　飼養牲畜的草料。❽上郡　郡名。治所在膚施（今陝西榆林東南）。兩漢轄境相當今陝西北部和內蒙古烏審旗等地。❾勃海　郡名。勃，一作「渤」。西漢故治浮陽（今河北滄州東南）。東漢移治南皮（今河北南皮東北）。轄境約相當於今天津以南、河北南運河以東、山東馬頰河以北，包括靜海、滄州、寧津、樂陵、無棣等地區。❿平原　郡名。治今山東平原縣南。轄境相當今山東齊河縣、禹城、平原縣、陵縣、德州、臨邑、商河縣、惠民、陽信等地區。⓫厭次　縣名。今山東陽信東南。⓬御史中丞　官名。秦始置，漢因之，為御史大夫之屬官，秩千石。在殿中蘭臺掌圖籍祕書，外督部刺史，內領侍御史，受公卿奏事，舉劾按章。東漢時，由於御史大夫已為大司空，御史中丞乃或為御史臺長官。⓭青州　郡名。治今山東淄博臨淄北。這裡指「十三刺史部」之一的青州，其轄境相當今山東半島全部，包括濟南以東，黃河以南，沂水縣、莒縣以北的廣大地區。⓮法雄　字文強，扶風郿（今陝西眉縣）人。歷仕郡功曹、平氏長、宛陵令。安帝永初四年（西元一一〇年），徵為青州刺史，與御史中丞王宗率軍鎮壓張伯路暴動。四年後，遷南郡太守。元初中卒於官。見本書卷三十八。⓯度遼將軍　雜號將軍之一。⓰遼東　郡名。戰國燕置。治所在今遼寧朝陽。轄境相當今遼寧醫巫閭山以東和丹東、撫順、本溪市以西地區。東漢因玄菟郡、遼東屬國占去一部分，轄境縮小。⓱耿夔　字定公，扶風茂陵（今陝西興平）人，耿弇之姪。和帝永元初，為車騎將軍竇憲假司馬，北擊匈奴，轉騎都尉。永元三年（西元九一年），為大將軍左校尉。擊匈奴有功，封夔粟邑侯。竇憲失勢自殺，耿夔亦免官。後復為長水校尉，歷任五左太守、遼東太守、雲中太守。後數次出任度遼將軍，但均坐事免官，病卒於家。見本書卷十九。⓲屬國　指西河屬國。西漢宣帝五鳳三年，在西河郡境內設置西河屬國，以處匈奴降者。治所在美稷縣（今內蒙古準噶爾旗西北）。⓳故城　指西河郡屬國治所美稷縣。⓴南匈奴　東漢建武二十四年，匈奴分裂為南北兩大部，南下附漢的稱為南匈奴，留居漠北的稱為北匈奴。南匈奴屯居朔方、五原、雲中（今內蒙古境）等郡，東漢末分為左、右、南、北、中五部。西晉時，曾先後建立趙、夏、北涼等國。北匈奴於和帝時為東漢與南匈奴所擊敗，大部內遷附漢，部分西遷中亞等地。㉑常山　國名。治今河北元氏西北，轄境相當今河北阜平以南，趙縣、正定以西，高邑、贊皇以北，山西昔陽、平定以東地區。㉒長安　西漢京都（今陝西西安西北）。㉓雍　縣名。治今陝西鳳翔南。㉔都尉官　都尉。秦漢時期，以都尉官稱呼者很多，大都為主兵官，也有部分任其他專職，也稱都尉，如水衡都尉、奉事都尉等。領兵之都尉，位在將軍、校尉下。地方郡國都尉，亦主軍事。東漢初，省諸郡都尉，併其職於太守。㉕建初　東漢章帝劉炟年號，西元七六—八四年。㉖祅言　妖言。祅，同「妖」。㉗劉珍　（？—西元一二六年），一名劉寶，字秋孫，南陽蔡陽（今湖北棗陽）人。少好學，博通經傳。安帝初年，累官為謁者僕射。永初四年，奉鄧太后詔令，與劉騊駼、馬融等人校定東觀《五經》、諸子傳記、百家藝術。永寧元年，又奉詔與劉騊駼撰寫建武以來名臣傳。遷侍中、越騎校尉。延光四年，拜宗正。順帝初，轉衛尉，卒於官。著述頗豐，其《釋名》三十篇，為文字學重要著作之一。見本書卷八十上。㉘五經　《周易》、《尚書》、《詩經》、《禮記》、《春秋》的總稱。漢文帝時，以《詩經》列於學官，置《詩經》博士。景帝時增設《春秋》博士。武帝建元五年置《五經》博士，於是始有《五經》之稱。㉙東觀　漢代宮中著述及藏書之所。位於南宮。㉚諸子　除儒家之外的先秦至漢初各種學派及其著述的總稱。㉛百家藝術　各種藝術門類的總稱。㉜整齊　整理補齊。㉝褒中　縣名。今陝西漢中西北。㉞金城郡　舊治允吾縣（今甘肅永靖西北湟水南岸），轄境相當今青海黃河以北、祁連山脈以南、海晏、貴德以東，甘肅榆中以西的湟水流域地區。㉟襄武　縣名。今甘肅隴西東南。㊱杜陵園　西漢宣帝陵園，在杜陵縣（今陝西長安東南）。㊲新野君陰氏　鄧太后之母。永初元年（西元一〇七年）封新野君。

【語譯】四年春季正月元旦，舉行朝會，撤去音樂，不陳列充庭車。辛卯日，詔令因三輔近期遭到羌寇擾亂，民眾流離失所，免除其三年拖欠的田租、過更、口算、芻稾。放糧賑濟上郡的貧民，根據其情況不同各有數量差異。海盜張伯路又與勃海、平原劇賊劉文河、周文光等進攻厭次，殺死縣令。朝廷派遣御史中丞王宗督率青州刺史法雄討伐並擊破了他們。度遼將軍梁慬、遼東太守耿夔討伐並在西河屬國故城擊破了南單于。丙午日，詔令削減朝廷百官及州郡縣官員的俸祿，依據不同等級各有數量差異。

2 二月丁巳日，放糧賑濟九江郡的貧民。南匈奴進犯常山國。乙丑日，首次設置長安、雍縣二營都尉官。乙亥日，詔令自建初以來，因犯各種妖言及其他罪過而被流放邊地的人，釋放回各自的本郡；那批被沒入官府成為奴婢的，免罪成為平民。詔令謁者劉珍和《五經》博士校定東觀的《五經》、諸子、傳記、百家藝術，整理補齊脫誤的內容，校正文字。

3 三月，南單于投降。先零羌進犯褒中縣，漢中太守鄭勤戰死。將金城郡的郡治遷到襄武。戊子日，杜陵園發生火災。癸巳日，有九個郡國發生地震。

4 夏季四月，有六個州發生蝗災。丁丑日，大赦天下。

5 秋季七月乙酉日，有三個郡大水成災。己卯日，騎都尉任仁被捕入獄而死。

6 九月甲申日，益州郡發生地震。

7 冬季十月甲戌日，新野君陰氏去世，派司空手持符節主持喪事。大將軍鄧騭被罷免。

1 五年春正月庚辰朔，日有食之。丙戌，郡國十地震。己丑，太尉張禹免。甲申，光祿勳❶李脩❷為太尉。

2 二月丁卯，詔省減郡國貢獻太官❸口食❹。先零羌寇河東，遂至河內。

3 三月，詔隴西❺徙襄武，安定徙美陽❻，北地徙池陽❼，上郡徙衙❽。夫餘❾夷犯塞，殺傷吏人。

4 閏月丁酉，赦涼州河西❿四郡。戊戌，詔曰：「朕以不德，奉郊廟，承大業。不能興和降善⓫，為人祈福，災異蜂起⓬，寇賊縱橫，夷狄⓭猾⓮夏⓯，戎事不息，百姓匱乏⓰，疲於徵發⓱。重以蝗蟲滋生，害及成麥，秋稼方收，甚可悼也。朕以不明，統理失中，亦未獲忠良，以毗⓲闕政。傳曰：『顛而不扶，危而不持，則將焉用彼相矣？』⑲公、卿、大夫⑳將何以匡救㉑，濟斯艱戹，承天誡哉？蓋為政之本，莫若得人；褒賢顯善㉒，聖制㉓所先。『濟濟㉔多士，文王以寧。』思得忠良正直之臣，以輔不逮。其令三公、特進㉕、侯㉖、中二千石、二千石、郡守、諸侯相，舉賢良方正、有道術、達於政化㉗、能直言極諫之士各一人，及至孝㉘與眾卓異者，并遣詣公車㉙，朕將親覽焉。」

5 六月甲辰，樂成王巡㉚薨。

6 秋七月己巳，詔三公、特進、九卿㉛、校尉，舉列將子孫明曉戰陳任將帥者。

7 九月，漢陽人杜琦、王信叛，與先零諸種羌攻陷上邽㉜城。十二月，漢陽太守趙博遣客刺殺杜琦。

8 是歲，九州蝗，郡國八雨水。

【章　旨】以上記載安帝永初五年的大事。其中，〈舉賢良方正詔〉是其記述的重點。

【注　釋】❶光祿勳　官名。秩中二千石，為宮內總管，統領皇帝的顧問參議、宿衛侍從、傳達接待等官。❷李脩　字伯游，潁川襄城（今河南襄城）人。早年從樊儵研習經學。安帝初，為光祿勳，永初五年（西元一一一年），任太尉。元初元年（西元一一四年），被罷免。❸太官　即太官令之簡稱。掌皇帝飲食宴會。東漢時，秩六百石，隸少府。❹口食　即口實，口中的食物。這裡指鮮美的食物。❺隴西　郡名。秦置。因在隴山之西而得名。治所在狄道（今甘肅臨洮南）。東漢時轄境相當今甘肅蘭州以南、岷縣以北的洮河中游，武山以西的渭河上游，及青海東端同仁、尖紮以東地區。❻美陽　縣名。今陝西武功西北。❼池陽　縣名。今陝西涇陽西北。❽衙　縣名。今陝西黃龍西南。❾夫餘　族名。又作扶餘、鳧臾。故地在今松花江中游平原上，以今吉林農安為中心，南至今遼寧北境，與高句驪、沃沮接界，東臨挹婁，西與鮮卑相連，北抵弱水（今黑龍江）。居民從事農牧業。夫餘在西漢一度臣屬漢設置於東北地區的玄菟郡，東漢末年一度改屬遼東郡。其南部沃沮有時也臣屬於夫餘。夫餘為漢時東北強大的少數民族政權，後漸衰。❿河西　地區名。春秋、戰國時指今山西、陝西間黃河南段以西地區。漢、魏以後指今甘肅、青海間黃河以西，即河西走廊與湟水流域一帶。後又泛指今山西呂梁山以西的黃河東西兩岸地區。⓫興和降善　振興和諧社會，為百姓帶來福澤。⓬蜂起　像群蜂飛舞，紛然並起。⓭夷狄　古代對中原以外四周各少數民族的泛稱。⓮猾　擾亂。⓯夏　一作「有夏」、「華夏」，又作「諸夏」。古代漢族的自稱，古人常以「夏」和「蠻夷」或「裔」對舉。⓰匱乏　窮困。⓱徵發　指徵發徭役。⓲毗　輔佐。⓳傳曰四句　傳，流傳下來的著作。下引之句或出自《論語・季氏》：「危而不持，顛而不扶，則將焉用彼相矣？」但語序有所不同。⓴大夫　官名。殷周有大夫、鄉大夫、遂大夫、朝大夫、冢大夫等。秦漢官以大夫名者頗多，有御史大夫、諫大夫、光祿大夫、大中大夫等，秩自六百石至比二千石不等。多係中央要職和顧問。㉑匡救　匡正補救。㉒褎賢顯善　嘉獎賢人，宣揚善行。㉓聖制　古代聖人的制度。㉔濟濟　形容眾多的樣子。此句出自《詩・文王》。㉕特進　漢制，凡大臣中功德高重為朝廷所敬異者，賜位特進，以示恩寵。其地位在三公之下，二千石之上。㉖侯　漢制，功臣和諸王子多封侯，其封地稱侯國。諸侯雖有高爵顯祿，一般均無實權，食租稅而已。㉗政化　政事與教化。㉘至孝　最孝順。至孝，也是東漢選舉科目之一。㉙公車　官署名。長官為公車令，負責派出公車接送受皇帝徵召赴京或赴京上書之人。《漢官儀》：「公車令一人，秩六百石，掌殿門。諸上書詣闕下者，皆集奏之；凡所徵召，亦總領之。」㉚樂成王巡　劉巡（？—西元一一一年），樂成靖王劉黨之子。初封脩侯。和帝永元九年封樂成王。凡立十五年卒，諡曰釐王。見本書卷五十。㉛九卿　古代對地位次於「公」的高級官員的習慣性統稱。西周官制有三公、九卿之說，但在多數場合，三、九或為虛數，泛指諸高級官員。㉜上邽　縣名。治今甘肅天水市。

【語　譯】五年春季正月庚辰日是這一月的第一天，發生了日蝕。丙戌日，有十個郡國發生地震。己丑日，太尉張禹被罷免。甲申日，光祿勳李脩擔任太尉。

2　二月丁卯日，詔令削減郡國上貢給太官令的鮮美食品。先零羌進犯河東郡，並乘勢到達河內郡。

3　三月，詔令隴西郡的治所遷移到襄武縣，安定郡的治所遷移到美陽縣，北地郡的治所遷移到池陽縣，上郡的治所遷移到衙縣。夫餘夷進犯邊境，殺傷官吏和民眾。

4 閏三月丁酉日，減免涼州黃河以西四個郡的租賦。戊戌日，詔令說：「朕是無德之人，卻秉持郊天祭廟的權力，繼承了大業。因為不能振興和諧社會，為百姓帶來福澤，以致災害和異變紛然並起，盜寇賊人縱橫，夷狄擾亂華夏，戰事不斷，百姓窮困，被徭役徵發弄得疲憊不堪。再加上蝗蟲滋生，危害了成熟的麥子，以致秋季的莊稼到現在才得以收割，太令人哀傷了。朕不賢明，治理天下失衡，也沒有獲得忠良的人來輔佐有缺失的政治。古書上說：『顛覆而不能扶正，傾危而不能扶持，那還用得著你們輔佐嗎？』公、卿、大夫將用什麼來匡正補救，以度過這艱難困厄的時刻，回應上天的警告呢？政治的根本，沒有比得到人才更為重要的了；嘉獎賢人和宣揚善行，是古代聖人治理天下最先要實施的制度。『由於有了眾多的賢士，文王才得以安寧。』朕想得到忠良正直的臣子，以輔佐朕的不足。現令三公、特進、侯、中二千石、二千石、郡守、諸侯國相，舉薦賢良方正、有學術、通曉政事和教化、能夠直言極諫的人士各一人，以及至孝與眾人卓然不同者，一道發遣送往公車署，朕將要親自考察他們。」

5 六月甲辰日，樂成王劉巡去世。

6 秋季七月己巳日，詔令三公、特進、九卿、校尉，舉薦諸將領子孫中通曉戰陣、能夠勝任將帥者。

7 九月，漢陽人杜琦、王信反叛，與先零諸種羌攻陷上邽城。十二月，漢陽太守趙博派遣刺客刺殺了杜琦。

8 這一年，有九個州發生蝗災，有八個郡國雨水成災。

1 六年春正月庚申，詔越巂❶置長利❷、高望❸、始昌❹三苑，又令益州郡❺置萬歲苑❻，犍為置漢平苑❼。

2 三月，十州蝗。

3 夏四月乙丑，司空張敏罷。己卯，太常劉愷❽為司空。

4 五月，旱。丙寅，詔令中二千石下至黃綬❾。一切復秩還贖❿，賜爵各有差。戊辰，皇太后幸⓫雒陽寺⓬，錄囚徒，理冤獄。

5 六月壬辰，豫章⓭員谿⓮原山⓯崩。辛巳，大赦天下。

6 遣侍御史唐喜討漢陽賊王信，破斬之。

7 冬十一月辛丑，護烏桓校尉⓰吳祉下獄死。

8 是歲，先零羌滇零死，子零昌⓱復襲偽號⓲。

【章旨】以上記述安帝永初六年發生的事件。

【注釋】❶越巂　郡名。治所在邛都（今四川西昌東南）。轄境相當今雲南麗江納西族自治縣以東、大姚以北，四川寧南、美姑以西、峨邊以南的包括金沙江、雅礱江流域部分地區在內的雲南北部、四川南部地區。❷長利　苑囿名。即長利苑。東漢永初六年安帝詔令越巂郡置。為牧馬之地。故址在今四川會理一帶。❸高望　苑囿名。即高望苑。東漢永初六年安帝詔令越巂郡置。故址在今四川會理一帶。為東漢牧馬之地。❹始昌　苑囿名。即始昌苑。安帝永初六年安帝詔令越巂郡置。為牧馬之地。故址在今四川會理一帶。❺益州郡　西漢元封二年置，故治滇池（今雲南晉寧東北晉城鎮）。東漢承其制，但明帝永平中期以後轄境縮小。其地約當今雲南哀牢山以東，大姚、東川區以南，元江縣、個舊市以北，蒙自、華寧、陸良、富源等縣以西的雲南東南部地區。❻萬歲苑　苑名。為牧馬之地。安帝永初六年令益州郡置。在今雲南東北部。❼漢平苑　苑名。為牧馬之地。❽劉愷　字伯豫，彭城（今江蘇徐州）人，居巢侯劉般長子。劉般卒，劉愷將爵位讓與其弟劉憲，逃遁避封，深得章帝嘉許。和帝時，徵拜為郎，稍遷侍中。歷任步兵校尉、宗正、長水校尉、太常。永初六年，擢司空。元初二年（西元一一五年），為司徒。永寧元年（西元一二〇年），稱病辭歸鄉里。次年，上書致仕。經歲餘，卒於家。見本書卷三十九。

❾黃綬　黃色繫印的絲帶。漢制，隨官吏品秩的不同，所佩帶印綬的顏色亦異，而且有嚴格的規定。四百石至二百石官，為銅印黃綬。❿復秩還贖　恢復俸祿，歸還扣減的俸祿。永初四年春，曾詔令減百官及州郡縣奉各有差。⓫幸　指帝王或太后駕臨。⓬雒陽寺　雒陽，即洛陽。東漢都城。寺，寺署；官衙。⓭豫章　郡名。治所在南昌（今江西南昌），轄境相當今江西地域。⓮員谿　水名。故道在東漢豫章郡境，即今江西贛水或其支流一帶。⓯原山　山名。故址當在豫章郡境員谿流域。⓰護烏桓校尉　官名。西漢時，東胡別支烏桓內附，遷於上谷、漁陽、右北平、遼西等郡塞外居住，遂設護烏桓校尉管轄。後其併於護匈奴中郎將。東漢初，由班彪建議，復置其官。校尉一人，秩比二千石，擁節，並領鮮卑。⓱零昌　東漢先零羌首領，滇零之子。安帝永初六年，承襲父位，仍稱天子，居丁奚城。元初元年，遣兵進犯雍城，後又進犯益州。漢左馮翊行征西將軍司馬鈞率兵八千餘人與龐參率胡兵七千餘人，分道北擊零昌，參為杜季貢所敗，而鈞等獨進，拔丁奚城，大捷。零昌走靈州，為漢度遼將軍任尚及南匈奴兵擊破，被斬八百餘人。元初四年，為尚所募刺客號封殺死。⓲偽號　僭偽稱號。

【語譯】六年春季正月庚申日，詔令越巂設置長利、高望、始昌三苑，又命令益州郡設置萬歲苑，犍為郡設置漢平苑。

2 三月，有十個州發生蝗災。

3 夏季四月乙丑日，司空張敏被罷免。己卯日，太常劉愷擔任司空。

4 五月，發生旱災。丙寅日，詔令中二千石以下至黃綬的官員全都恢復從前的俸祿，並歸還他們過去被扣減的俸祿，賞賜爵位，各有等級差別。戊辰日，皇太后到洛陽官衙，審問甄別囚犯，清理冤案。

5 六月壬辰日，豫章郡員谿的原山發生崩塌。辛巳日，大赦天下。

6 派遣侍御史唐喜討伐漢陽郡賊人王信，將他擊破並斬殺了他。

7 冬季十一月辛丑日，護烏桓校尉吳祉被逮捕入獄而死。

8 這一年，先零羌的滇零死去，他的兒子零昌又承襲了偽政權稱號。

1 七年春正月庚戌，皇太后率大臣命婦❶謁宗廟。

2 二月丙午，郡國十八地震。

3 夏四月乙未，平原王勝薨。丙申晦，日有食之。

4 五月庚子，京師大雩❷。

5 秋，護羌校尉❸侯霸❹、騎都尉馬賢❺破先零羌。

6 八月丙寅，京師大風，蝗蟲飛過洛陽。詔賜民爵；郡國被蝗傷稼十五以上，勿收今年田租；不滿者，以實除之。

7 九月，調零陵❻、桂陽❼、丹陽❽、豫章、會稽❾租米，賑給南陽❿、廣陵⓫、下邳、彭城⓬、山陽、廬江⓭、九江飢民；又調濱水縣穀輸敖倉⓮。

【章旨】以上記述安帝永初七年平原王劉勝之死、東漢軍隊與先零羌的戰事、自然災害的發生、東漢政府調運糧食賑災等大事。

【注釋】❶命婦　有朝廷封號的婦女。❷大雩　古代求雨的大祭。❸護羌校尉　官名。秩比二千石，持節，以護西羌。其屬有長吏、司馬、主簿、從事等官。❹侯霸　東漢官吏。和帝永元十三年（西元一〇一年）為金城太守，攻伐入境西羌，大破之。十四年，任護羌校尉。安帝永初二年（西元一〇八年），坐眾羌反叛免官。四年，復為護羌校尉。七年，與騎都尉馬賢率兵大破先零羌。元初元年（西元一一四年），病卒。❺馬賢　東漢將領。安帝永初七年，累官為騎都尉。元初二年，代領護羌校尉事。與羌人戰，多有功。順帝永建元年（西元一二六年），因戰功封為都鄉侯。四年，坐事徵免。陽嘉三年（西元一三四年），起拜謁者。其後，歷任護羌都尉、弘農太守、征西將軍。永和六年（西元一四一年），與且凍羌戰於射姑山，兵敗而死。❻零陵　郡名。西漢元鼎六年分桂陽郡置。治所在零陵（今廣西興安東北）。東漢移治泉陵（今湖南零陵）。轄境相當今湖南邵陽、衡陽以南，祁陽、寧遠以西，道縣及廣西桂林以北，湖南武岡以東地區。❼桂陽　郡名。治所在郴縣（今湖南郴州）。東漢轄境相當今湖南耒陽、永興、桂東、資興、汝城、郴州、桂陽、嘉禾、藍山縣、臨武，廣東樂昌、韶關、曲江區、翁源、英德、陽山縣、連縣等地區。❽丹陽　郡名。一作丹楊。治所在宛陵（今安徽宣城）。東漢建安二十五年，孫權移郡治建業（今江蘇南京）。其轄境相當今安徽長江以南、江蘇大茅山及浙江天目山脈以西、安徽黃山一線以北地區。❾會稽　郡名。秦、西漢治所在吳縣（今江蘇蘇州）。東漢順帝永建四年北部另置吳郡，治所移到山陰（今浙江紹興）。轄境縮小，大致相當今浙江蕭山區、鎮海區以南，江山市、衢州以東廣大地區及福建全省。❿南陽　郡名。治所在宛縣（今河南南陽）。轄境相當今河南熊耳山以南葉縣、魯山縣、內鄉間，和湖北大洪山以北廣水市、隨州、襄樊直至鄖縣間地以及陝西山陽等地。⓫廣陵　廣陵國。治今江蘇揚州西北。轄境相當今江蘇、安徽交界的洪澤湖和六合以東，泗陽、寶應、灌南以南，串塲河以西，長江以北地區。⓬彭城　國名。治今江蘇徐州。⓭廬江　郡名。治所在舒縣（今安徽廬江縣西南），轄境相當今安徽巢縣、舒城、霍山縣以南，長江以北，湖北黃梅、羅田，河南商城、固始等地區。⓮敖倉　倉庫名。秦代在敖山上所置穀倉。為秦太倉。一名敖庾。故址在今河南滎陽東北敖山。地當黃河與古濟水分流處。秦中原漕糧多集中於此，再西運關中，北輸邊塞，是當時最重要的糧倉。楚、漢相爭時為劉邦所奪取，以供軍需。東漢時仍在此設倉儲糧。

【語　譯】七年春季正月庚戌日，皇太后率領大臣的命婦拜謁宗廟。

2 二月丙午日，有十八個郡國發生地震。

3 夏季四月乙未日，平原王劉勝去世。丙申日是四月的最後一天，發生了日蝕。

4 五月庚子日，京師舉行求雨大祭。

5 秋季，護羌校尉侯霸、騎都尉馬賢擊破先零羌。

6 八月丙寅日，京師刮起大風，蝗蟲飛過洛陽。詔令賜給民眾爵位；郡國遭受蝗災莊稼損失在十分之五以上的，不收今年的田租；不到這個標準的，按實際損失扣除田租。

7 九月，調運零陵郡、桂陽郡、丹陽郡、豫章郡、會稽郡的田租米，賑濟南陽郡、廣陵國、下邳郡、彭城國、山陽郡、廬江郡、九江郡的飢民；又調運靠近水邊縣分的穀物輸往敖倉。

1 元初❶元年春正月甲子，改元元初。賜民爵，人二級；孝悌、力田，人三級；爵過公乘❷，得移與子若❸同產❹、同產子，民脫無名數❺及流民欲占者，人一級；鰥、寡、孤、獨、篤癃、貧不能自存者穀，人三斛❻；貞婦❼帛，人一匹。

2 二月己卯，日南❽地坼❾。

3 三月癸酉，日有食之。

4 夏四月丁酉，大赦天下。京師及郡國五旱、蝗。詔三公、特進、列侯❿、中二千石、二千石、郡守舉敦厚質直者，各一人。

5 五月，先零羌寇雍城⓫。

6 六月丁巳，河東地陷。

7 秋七月，蜀郡夷⓬寇蠶陵⓭，殺縣令。

8 九月乙丑，太尉李脩罷。先零羌寇武都⓮、漢中，絕隴道⓯。辛未，大司農⓰山陽司馬苞⓱為太尉。

9 冬十月戊子朔，日有食之。

10 先零羌敗涼州刺史皮陽於狄道⓲。

11 乙卯，詔除三輔三歲田租、更賦⓳、口筭。

12 十一月⑳。是歲，郡國十五地震。

【章　旨】以上記載安帝元初元年改元及其賞賜民眾的情況、先零羌與東漢軍隊的戰事、自然災害發生的情況以及其他一些事件。

【注　釋】❶元初　東漢安帝劉祜年號，西元一一四—一二〇年。❷公乘　第八級爵。秦漢制爵二十級：一，公士；二，上造；三，簪嫋；四，不更；五，大夫；六，官大夫；七，公大夫；八，公乘；九，五大夫；十，左庶長；十一，右庶長；十二，左更；十三，中更；十四，右更；十五，少上造；十六，大上造；十七，駟車庶長；十八，大庶長；十九，關內侯；二十，徹侯。❸若　或者。❹同產　同母兄弟。❺脫無名數　因脫漏而沒有在戶籍上登錄。❻斛　古代量器，也是容量單位。一斛等於十斗。❼貞婦　守寡而保持貞節的婦女。❽日南　郡名。秦置象郡，漢武帝更名為日南郡，治所在西卷（今越南廣治省廣治河與甘露河合流處）。❾地坼　地震；土地開裂。❿列侯　秦制爵分二十級，徹侯位最高。漢承秦制，後避漢武帝劉徹名諱，改徹侯為通侯，或稱列侯。⓫雍城　西周封國。故址在今河南焦作西南。⓬蜀郡夷　部族名。東漢西南少數民族部落之一。以分布在蜀郡得名。在今四川成都附近及其以西地區。⓭蠶陵　縣名。因在蠶陵山下得名。今四川茂汶西北。⓮武都　郡名。治所在下辨縣（今甘肅成縣西），轄境相當今甘肅西漢水流域、甘肅與陝西交界處的嘉陵江上游地區。⓯隴道　這裡指蜀隴之間的通道。⓰大司農　官名。秦名治粟內史，漢初因之。景帝後元元年更名為大農令。武帝太初元年更名為大司農，秩中二千石，掌管國家財政。⓱司馬苞　（？—西元一一五年），字仲成，山陽東緡（今山東金鄉）人。安帝永初年間，累官為大司農。元初元年，擢太尉。常食粗飯，著布衣，妻子不到官舍，為人稱道。元初二年，病卒。⓲狄道　縣名。治今甘肅臨洮的治城。⓳更賦　漢代所徵收的一種代役稅。漢代凡二十三至五十六歲的男子必須輪流為郡縣服兵役一月、為中央服兵役一年、戍邊三日。如自己不服役，可出錢由政府代為雇役。⓴十一月　此處當有缺文。

【語　譯】元初元年春季正月甲子日，改元為元初。賜給民眾爵位，每人二級；孝悌、力田，每人三級；爵位超過公乘的，可以將爵位讓給兒子或同母兄弟、同母兄弟的兒子，民眾因脫漏而沒有在戶籍登錄的以及流民願意登記入籍者，每人一級；賜穀給鰥夫、寡婦、孤兒、無子女的老人、患有重病不能生存者，每人三斛；

賜帛給貞婦，每人一匹。

2 二月己卯日，日南郡發生地裂。

3 三月癸酉日，發生日蝕。

4 夏季四月丁酉日，大赦天下。京師和五個郡國發生旱災、蝗災。詔令三公、特進、列侯、中二千石、二千石、郡守各自舉薦一名敦厚樸實的人。

5 五月，先零羌進犯雍城。

6 六月丁巳日，河東發生地陷。

7 秋季七月，蜀郡夷人進犯蠶陵縣，殺死了縣令。

8 九月乙丑日，太尉李脩被罷免。先零羌進犯武都郡、漢中郡，斷絕了隴道。辛未日，大司農山陽人司馬苞擔任了太尉。

9 冬季十月戊子日是這一月的第一天，發生了日蝕。

10 先零羌在狄道擊敗涼州刺史皮陽。

11 乙卯日，詔令免除三輔地區三年的田租、更賦、口算。

12 十一月。這一年，有十五個郡國發生了地震。

1 二年春正月，詔稟三輔及并、涼六郡流冗貧人。蜀郡青衣道夷❶奉獻內屬。

2 修理西門豹❷所分漳水❸為支渠，以溉民田。

3 二月戊戌，遣中謁者❹收葬京師客死無家屬及棺椁朽敗者，皆為設祭；其有家屬，尤貧無以葬者，賜錢人五千。辛酉，詔三輔、河內、河東、上黨❺、趙國、太原❻各修理舊渠，通利水道，以溉公私田疇❼。

4 三月癸亥，京師大風。先零羌寇益州，遣中郎將尹就討之。

5 夏四月丙午，立貴人閻氏❽為皇后。

6 五月，京師旱；河南及郡國十九蝗。甲戌，詔曰：「朝廷不明，庶事❾失中，灾異不息，憂心悼懼❿。被蝗以來，七年于茲，而州郡隱匿，裁言頃畝。今群飛蔽天，為害廣遠，所言所見，寧相副邪？三司⓫之職，內外是監，既不奏聞，又無舉正⓬。天灾至重，欺罔辠大。今方盛夏，且復假貸⓭，以觀厥後。其務消救灾眚，安輯⓮黎元⓯。」

7 六月丙戌，太尉司馬苞薨。洛陽新城⓰地裂。

【章　旨】以上以〈旱蝗安輯黎元詔〉為重點，記載了安帝元初二年上半年東漢政府救災措施、立貴人閻氏為皇后、太尉司馬苞去世、先零羌進犯益州等事件。

【注　釋】❶青衣道夷　部族名。漢時西南夷族的一支。因聚居青衣道縣（今四川名山縣西北三十公里），故名。❷西門豹　戰國初魏國官吏。魏文侯時任鄴（今河北臨漳西南鄴鎮）令。廢除當地為河伯娶婦惡俗，又調集民力開鑿水渠十二條，引漳河水灌田，發展了當地的農業生產。❸漳水　水名。源出今山西東南部。東北流經河北南部、中部，在河北東南部黃驊東入海。❹中謁者　官名。秦置謁者。漢因之，有中謁者、中謁者令。武帝始以宦者典事尚書，改中謁者為中書謁者，置令、僕射。成帝時復舊稱，以士人為之，屬少府。東漢因置。中謁者或為中謁者令省稱。❺上黨　郡名。東漢前期治長子（今山西長子西南)。東漢後期移治壺關,即今山西長治北古驛。東漢和帝時,轄有沾縣、涅縣、谷遠、陭氏、陽阿、高都、泫氏、長子、屯留、壺關、潞縣、襄垣、銅鞮共十三縣,相當今山西和順、榆社以南,沁水流域以東地區。❻太原　郡名。治所在晉陽(今山西太原西南三十公里),其轄境相當今山西五臺山和管涔山以南,霍山以北,呂梁山以東,包括太原、介休、汾陽、靜樂、定襄、五臺、盂縣等地區。❼田疇　耕熟的田地。穀地為田,麻地為疇。這裡泛指耕地。❽貴人閻氏　東漢安帝皇后(?—西元一二七年),字姬,河南滎陽人。元初元年,以才色獲安帝寵愛,立為貴人。次年,立為皇后。建光元年,鄧太后死,安帝親政。閻氏之閻顯、閻景、閻耀、閻晏並為卿校,典掌禁兵。閻氏專房妒忌,鴆殺宮人李氏,又譖李氏所生皇太子劉保,慫恿安帝將劉保廢為濟陰王。安帝病卒,定策迎濟北惠王子北鄉侯劉懿,將其立為皇帝,自己遂被尊為皇太后。少帝僅立二百餘日便病卒,閻氏又欲立一少帝。不久,中黃門孫程等合謀,誅殺閻氏黨羽,擁立濟陰王,是為順帝。順帝將閻氏遷到離宮居住。次年,閻氏病卒。見本書卷十下。❾庶事　眾事;諸事。❿悼懼　恐懼。⓫三司　三公別稱。⓬舉正　檢舉其罪而正之以法。⓭假貸　寬宥。⓮安輯　安撫。⓯黎元　老百姓。⓰新城　縣名。治今河南伊川縣西南。

【語譯】二年春季正月,詔令放糧賑濟三輔地區和并州、涼州等六郡流離失所的貧民。蜀郡青衣道夷人奉獻土地歸屬了漢朝。

2 治理西門豹所分出的漳水,建為支渠,以灌溉民田。

3 二月戊戌日,派遣中謁者收拾埋葬死在京師而沒有家屬的外鄉人,以及內棺外棺都已經腐朽、暴露在外的屍骨,都為他們舉行祭奠儀式;對那些有家屬而因特別貧窮、無力埋葬者,每人賜給五千錢。辛酉日,詔令三輔、河內、河東、上黨、趙國、太原各自治理舊的水渠,疏通水道,以灌溉公家和私人的耕地。

4 三月癸亥日,京師刮起大風。先零羌進犯益州,派遣中郎將尹就討伐他們。

5 夏季四月丙午日,冊立貴人閻氏為皇后。

6 五月,京師發生旱災;河南尹和十九個郡國發生蝗災。甲戌日,詔令說:「朝廷政治不清明,眾多的政務都沒有處理好,災害異變沒有停止,朕憂心忡忡、無比驚懼。遭遇蝗災以來,已經過了七年,然而州郡隱瞞不報,只說遭受蝗災的面積不過數頃數畝而已。如今蝗蟲成群飛舞,遮天蔽日,為害面積特別廣闊,這與州郡所說的和所見的，難道相符嗎？三司的職責，是監察朝內朝外，但他們既不奏報，又不檢舉糾正。天災極其嚴重，欺騙蒙蔽的罪過極大。但如今正當盛夏，暫且再寬大原諒他們一回，以觀察他們今後的表現。務必以賑災救災為重，安撫好黎民百姓。」

7 六月丙戌日，太尉司馬苞去世。洛陽的新城縣發生地裂。

1 秋七月辛巳，太僕太山❶馬英❷為太尉。

2 八月，遼東鮮卑圍無慮縣❸。九月，又攻夫犂營❹，殺縣令。壬午晦，日有食之。

3 冬十月，遣中郎將任尚屯三輔。詔：「郡國中都官❺繫囚❻減死一等，勿笞❼，詣馮翊❽、扶風❾屯，妻子自隨，占著❿所在；女子勿輸⓫。亡命死辠以下贖，各有差。其吏人聚為盜賊，有悔過者，除其罪。」

4 乙未，右扶風⓬仲光、安定太守杜恢、京兆虎牙都尉⓭耿溥⓮，與先零羌戰於丁奚城⓯，光等大敗，並沒。左馮翊⓰司馬鈞⓱下獄，自殺。

5 十一月庚申，郡國十地震。

6 十二月，武陵⓲澧中蠻⓳叛，州郡擊破之。

7 己酉，司徒夏勤罷。庚戌，司空劉愷為司徒，光祿勳袁敞⓴為司空。

【章　旨】以上記述安帝元初二年下半年三公人選變更，東漢軍隊與鮮卑、先零羌、澧中蠻的戰事，以及赦免罪犯等大事。

【注　釋】❶太山　郡名。又作泰山郡。治所在奉高（今山東泰安東）。轄境相當今山東泰安地區、萊蕪、新汶、平邑、費縣等地區。❷馬英　字文思，兗州蓋縣（今山東沂源）人。安帝元初二年（西元一一五年），由太僕升任太尉。為政唯大將軍鄧騭馬首是瞻。建光元年（西元一二一年），卒於任上。❸無慮縣　縣名。屬遼東郡。治今遼寧北鎮東南。❹夫犂營　縣名。一名扶犂。為遼東屬國轄縣。治今遼寧義縣東南。❺中都官　漢代對京師諸官府及官員之稱。❻繫囚　在押的囚犯。❼笞　古代刑法之一。用鞭或竹木板抽打背部、臀部。❽馮翊　政區名，即左馮翊。因地屬畿輔，故不稱郡。為三輔之一。轄境約相當今陝西西部地區。東漢治所在高陵（今陝西高陵西南）。❾扶風　政區名，即右扶風。因地屬西漢長安京畿地區，故不稱郡。為三輔之一。轄境約相當今陝西北部地區。東漢治所在槐里（今陝西興平東南）。❿占著　古指落戶定居。⓫輸　輸作；苦役。⓬右扶風　官名。即右扶風的長官。⓭京兆虎牙都尉　官名。西漢京師三輔各有都尉，掌兵事。東漢罷三輔都尉。安帝時因羌人進擾，復置右扶風都尉、京兆虎牙都尉。⓮耿溥　（？—西元一一五年），東漢將領，扶風茂陵（今陝西興平）人。耿弇姪孫。永初三年，為車騎將軍何熙的司馬，擔任先鋒，征討南單于檀。元初二年，為京兆虎牙都尉，與先零羌戰於丁奚城，死於陣中。見本書卷十九。⓯丁奚城　城邑名。奚，一作溪。故址在今寧夏靈武境內。⓰左馮翊　官名。即左馮翊長官。⓱司馬鈞　東漢將領。安帝初，累官從事中郎。永初中，受車騎將軍鄧騭指揮，與征西校尉任尚率軍與羌人作戰。後遷左馮翊，行征西將軍。元初二年，督右扶風仲光、安定太守杜恢、京兆虎牙都尉耿溥與先零羌戰於丁奚城，兵敗。坐擁兵不救之罪下獄自殺。⓲武陵　郡名。東漢治臨沅縣（今湖南常德）。轄境相當今湖南沅江及其上游貴州清水江流域與其支流流域、廣西三江以北的廣大地區。⓳澧中蠻　部族名。澧中，地名。指澧水流域。在今湖南西北部。東漢時泛稱其地居民為「澧中蠻」。⓴袁敞　（？—西元一一七年），字叔平，汝南汝陽（今河南商水縣）人。少以《易傳》教授，以父任為太子舍人。和帝時，歷將軍、大夫、侍中，出為東郡太守，徵拜太僕、光祿勳。元初三年，代劉愷為司空。四年，坐其子與尚書郎張俊交往，漏洩朝廷機密，被罷免。因其廉直剛勁，不阿附權貴，遭鄧氏家族忌恨，遂自殺。見本書卷四十五。

【語　譯】秋季七月辛巳日，太僕太山人馬英擔任太尉。

2 八月，遼東鮮卑圍攻無慮縣。九月，又進攻夫犂營，殺死縣令。壬午日是這一月的最後一天，發生了日蝕。

3 冬季十月，派遣中郎將任尚屯駐三輔。詔令：「郡國和中都官的在押囚犯減死罪一等，不要動用笞刑，發往馮翊、扶風屯守，妻子兒女隨同前往，編入當地戶籍；女子不用發往那裡服苦役。逃亡罪犯有死罪以下的可以用錢物贖罪，按其不同情況，各有等級差異。對那些官吏民眾相聚在一起做了盜賊，但有悔過的，免除其罪罰。」

4 乙未日，右扶風長官仲光、安定太守杜恢、京兆虎牙都尉耿溥，率兵在丁奚城與先零羌交戰，仲光等人大敗，全都戰死。左馮翊長官司馬鈞被捕入獄，自殺。

5 十一月庚申日，有十個郡國發生地震。

6 十二月，武陵郡的澧中蠻反叛，州郡軍隊將他們擊破。

7 己酉日，司徒夏勤被罷免。庚戌日，司空劉愷擔任司徒，光祿勳袁敞擔任司空。

1 三年春正月甲戌，修理太原舊溝渠，溉灌官私田。東平陸❶上言木連理❷。

2 蒼梧❸、鬱林❹、合浦❺蠻夷❻反叛，二月，遣侍御史任逴督州郡兵討之。

3 郡國十地震。

4 三月辛亥，日有食之。

5 丙辰，赦蒼梧、鬱林、合浦、南海❼吏人為賊所迫者。

6 夏四月，京師旱。

7 五月，武陵蠻❽復叛，州郡討破之。

8 癸酉，度遼將軍鄧遵❾率南匈奴擊先零羌於靈州❿，破之。

9 越巂徼外夷舉種內屬。

10 六月，中郎將任尚遣兵擊破先零羌於丁奚城。

11 秋七月，武陵蠻復叛，州郡討平之。緱氏⓫地坼。

12 九月辛巳，趙王宏⓬薨。

13 冬十一月，蒼梧、鬱林、合浦蠻夷降。丙戌，初聽大臣、二千石、刺史行三年喪。癸卯，郡國九地震。

14 十二月丁巳，任尚遣兵擊破先零羌於北地。

【章旨】以上記述漢安帝元初三年東漢軍隊與蒼梧、鬱林、合浦蠻夷以及武陵蠻、先零羌的戰事。

【注釋】❶東平陸　縣名。治今山東汶上西北。❷木連理　不同根之樹，其枝幹連生。古代以為這是祥瑞的徵兆。❸蒼梧　郡名。治所在信陽（今廣西梧州），轄境相當今廣西荔浦、金秀、平南以東，湖南江永、江華以南，廣東信宜、廣西岑溪市以北，廣東肇慶以西地區。❹鬱林　郡名。治今廣西桂平西南，轄境約相當於今廣西西部。❺合浦　郡名。東漢治今廣西合浦東北，轄境相當今開平、陽江以西，親興、信宜與廣西容縣、玉林、橫縣、十萬大山以南至海，包括雷州半島在內的廣大地區。❻蠻夷　封建社會對周邊少數民族的蔑稱。❼南海　郡名。治番禺（今廣東廣州）。轄境相當今福建廈門，廣東連江、九連山以南，珠江三角洲及綏江流域以東至海的廣大地區。❽武陵蠻　部族名。秦、漢時南方少數民族蠻族的一支。為盤瓠蠻的分支。因聚居武陵郡地，故名。❾鄧遵　南陽新野人，鄧太后從弟。安帝初，累官為烏桓校尉。元初元年（西元一一四年），拜度遼將軍。三年，率南單于及左谷蠡王須沈擊先零羌於靈州，破之。六年，鮮卑寇馬城，遵又率南匈奴擊破之，封舞陽侯

（一作武陽侯）。建光元年（西元一二一年），鄧太后死，遭安帝乳母王聖與中黃門李閏等誣告，稱鄧氏曾圖謀廢除安帝，遂與鄧騭一道被迫自殺。⑩靈州　縣名。今寧夏靈武北黃河沙洲上。⑪緱氏　縣名。治今河南偃師東南。⑫趙王宏　劉宏。東漢宗室。趙頃王劉商之子。商卒，宏嗣爵為王。宏凡立十二年，元初三年卒，謚為靖王。見本書卷十四。

【語譯】三年春季正月甲戌日，治理太原舊時的溝渠，灌溉官府和私人的田地。東平陸縣奏報朝廷說其境內有樹木枝幹連生。

2 蒼梧郡、鬱林郡、合浦郡的蠻夷反叛，二月，派遣侍御史任逴督率州郡軍隊討伐他們。

3 有十個郡國發生地震。

4 三月辛亥日，發生了日蝕。

5 丙辰日，赦免蒼梧郡、鬱林郡、合浦郡、南海郡被賊人脅迫參加反叛的官吏和民眾。

6 夏季四月，京師發生旱災。

7 五月，武陵蠻再度反叛，州郡軍隊討伐並擊敗了他們。

8 癸酉日，度遼將軍鄧遵率領南匈奴在靈州攻擊先零羌，將他們擊敗。

9 越巂郡境外的夷人率全族歸屬了漢朝。

10 六月，中郎將任尚派遣軍隊在丁奚城擊敗了先零羌。

11 秋季七月，武陵蠻又一次反叛，州郡軍隊討伐他們，平定了所叛。緱氏縣發生地裂。

12 九月辛巳日，趙王劉宏去世。

13 冬季十一月，蒼梧郡、鬱林郡、合浦郡的蠻夷投降了。丙戌日，首次允許大臣、二千石、刺史實行三年守喪的制度。癸卯日，有九個郡國發生地震。

14 十二月丁巳日，任尚派遣軍隊在北地擊敗了先零羌。

1 四年春二月乙巳朔，日有食之。乙卯，大赦天下。壬戌，武庫❶災。

2 夏四月戊申，司空袁敞薨。己巳，鮮卑寇遼西❷，遼西郡兵與烏桓擊破之。

3 五月丁丑，太常李郃❸為司空。

4 六月戊辰，三郡雨雹。

5 秋七月辛丑，陳王鈞❹薨。

6 京師及郡國十雨水。詔曰：「今年秋稼茂好，垂❺可收穫，而連雨未霽❻，懼必淹傷。夕惕❼惟憂，思念厥咎。夫霖雨❽者，人怨之所致。其武吏以威❾暴❿下，文吏妄行苛刻，鄉吏因公生姦，為百姓所患苦者，有司⓫顯明其罰。又月令⓬：『仲秋養衰老⓭，授几杖⓮，行⓯糜粥⓰。』方今案比⓱之時，郡縣多不奉行，雖有糜粥，糠秕⓲相半。長吏怠事，莫有躬親，甚違詔書養老之意。其務崇仁恕，賑護寡獨，稱⓳朕意焉。」

7 九月，護羌校尉任尚使客刺殺叛羌零昌。

8 冬十一月己卯，彭城王恭⓴薨。

9 十二月，越巂夷㉑寇遂久㉒，殺縣令。甲子，任尚及騎都尉馬賢與先零羌戰于富平㉓上河㉔，大破之。虔人羌㉕率眾降，隴右平。

10　是歲，郡國十三地震。

【章旨】以上記述安帝元初四年鄧太后以安帝名義發布的〈雨水賑卹詔〉內容、東漢軍隊平定隴右地區，以及司空人選變更等大事。

【注釋】❶武庫　東漢朝廷儲藏武器的倉庫。故址在今河南洛陽東白馬寺一帶。❷遼西　郡名。治所在陽樂（今遼寧朝陽東南）。轄境相當今河北遷西、灤南以東，長城以南，遼寧松嶺山以東，大淩河下游以西地。❸李郃　字孟節，漢中南鄭（今陝西漢中）人。少遊太學，通《五經》，善《河圖》、《洛書》、風角星占。初為南鄭縣幕門候史。和帝初，被太守召署為戶曹史。舉孝廉，五遷為尚書令，又拜太常。安帝元初四年（西元一一七年），任司空，數陳得失。在任四年，坐請託事免官。安帝死，北鄉侯立，復為司徒。及北鄉侯病，又參與謀立順帝。永建元年（西元一二六年），免官。年八十餘，病卒於家。見本書卷八十二上。❹陳王鈞　劉鈞（？—西元一一七年），東漢宗室，陳敬王劉羨之子，嗣爵為王。生性狠毒，為王而不守法，私行天子大射禮。又因憎怨其父王姬李儀，遂遣刺客殺死李儀親屬。事發，坐削封邑三縣。其後，又因私取掖庭放出宮女李嬈為小妻，復坐削三縣。凡立二十一年而卒，諡為思王。見本書卷五十。❺垂　即將。❻霽　雨止。❼夕惕　形容戒慎恐懼，不敢怠慢。❽霖雨　連日不斷的大雨。《左傳》：「凡雨三日以上為霖。」❾威　威猛。❿暴　欺淩。⓫有司　指官吏。設官分職，事各有司，故稱有司。⓬月令　《禮記》篇名。相傳為周公所撰，一說為秦漢間人彙抄《呂氏春秋》十二紀首章，收入《禮記》而題名〈月令〉。記述夏曆全年各月之時令及其相關事物與活動，並將其納入五行相生相剋體系。⓭衰老　高齡老人。⓮几杖　坐几和拐杖。几，古人坐時憑靠的小桌。⓯行　賞賜。⓰糜粥　粥。⓱案比　考核。即案驗戶口數，核定官員政績。⓲秕　中空或不飽滿的穀粒。同「粃」。⓳稱　符合。⓴彭城王恭　劉恭。東漢明帝之子。永平九年（西元六六年），賜號靈壽王。十五年，封鉅鹿王。建初三年，徙封江陵王。元和二年，徙為六安王。章帝卒，遺詔徙封為彭城王。恭遵守法度，吏民敬之。凡立四十六年卒，諡為靖王。見本書卷五十。㉑越巂夷　部族名。又稱犛牛夷，包含的羌人支系甚多，泛指居於越巂郡及其徼外的羌人部落。㉒遂久　縣名。治今雲南麗江市。㉓富平　縣名。今寧夏吳忠西南。東漢為北地郡治所。㉔上河　地區名。指今寧夏富平一段黃河河邊。㉕虔人羌　虔人種羌。部族名。為秦、漢時西北地方少數民族中羌族的一支。主要活動地區在西河、上郡、北地、安定等郡地，即今甘肅、寧夏、陝西三區交界地與山西黃河流域一帶。

【語譯】四年春季二月乙巳日是這一月的第一天，發生了日蝕。乙卯日，大赦天下。壬戌日，武庫發生火災。

2 夏季四月戊申日，司空袁敞去世。己巳日，鮮卑進犯遼西，遼西郡的軍隊與烏桓一道擊敗了他們。

3 五月丁丑日，太常李郃擔任司空。

4 六月戊辰日，有三個郡發生冰雹災害。

5 秋季七月辛丑日，陳王劉鈞去世。

6 京師及十個郡國大雨成災。詔令說：「今年秋天莊稼長勢很好，近期就可收穫了，然而連天大雨不停，必定會淹沒損害莊稼。朕擔憂害怕、憂心忡忡，反省自己的過錯。霖雨這種現象，是人們怨恨所造成的。對那些武官用威猛欺凌下民，文官不遵守法令而行政苛刻殘酷，鄉村官吏假借公家的名義而為非作歹，給百姓造成傷害、帶來痛苦的事情，有關部門要公開明確地對其進行處罰。另外，〈月令〉上說：『秋季的第二個月是奉養高齡老人的月分，要授予他們几杖，賞賜他們糜粥。』如今正是考核的時候，但郡縣仍多數不遵行這一規定，即使有糜粥，也是穀糠粃穀攙半。長官怠忽職守，沒有親自督辦的，太違背詔書養老的意思了。希望郡縣官員務必要崇尚仁恕，賑濟和愛護孤寡老人，以滿足朕的意願。」

7 九月，護羌校尉任尚派刺客刺殺了叛羌首領零昌。

8 冬季十一月己卯日，彭城王劉恭去世。

9 十二月，越巂夷進犯遂久縣，殺死縣令。甲子日，任尚和騎都尉馬賢在富平上河與先零羌交戰，大破先零羌。虔人羌首領率領部眾投降，隴右地區被平定。

10 這一年，有十三個郡國發生了地震。

1 五年春正月，越巂夷叛。

2 二月壬戌，中山王憲❶薨。

3 三月，京師及郡國五旱，詔稟遭旱貧人。

4 夏六月，高句驪與穢貊❷寇玄菟。

5 秋七月，越巂蠻夷及旄牛❸豪叛，殺長吏。

6 丙子，詔曰：「舊令❹制度，各有科品❺，欲令百姓務崇節約。遭永初之際，人離荒戹，朝廷躬自菲薄，去絕奢飾，食不兼味，衣無二綵。比年雖獲豐穰，尚乏儲積，而小人無慮，不圖久長，嫁娶送終，紛華靡麗，至有走卒奴婢被綺縠❻、著珠璣❼。京師尚若斯，何以示四遠？設張❽法禁，懇惻❾分明，而有司惰任❿，訖⓫不奉行。秋節⓬既立，鷙鳥⓭將用，且復重申，以觀後效。」

7 八月丙申朔，日有食之。鮮卑寇代郡，殺長吏。冬十月，鮮卑寇上谷。

8 十二月丁巳，中郎將任尚有辠，棄市⓮。

9 是歲，郡國十四地震。

【章旨】以上以〈申制度科品禁奢侈詔〉為重點，記述安帝元初五年所發生的大事。

【注釋】❶中山王憲　劉憲（?—西元一一八年），東漢宗室，中山簡王劉焉之子。焉卒，憲嗣爵為王。凡立二十二年，卒諡夷王。見本書卷四十二。❷穢貊　亦作濊貊。即貊人。濊貊為古部族名。西周以前，濊、貊單稱，後常復稱為濊貊。秦漢以後，主要活動於今松嫩平原、鴨綠江流域及朝鮮半島。❸旄牛　縣名。治今四川漢源南大渡河南岸。❹舊令　舊時的法令。這裡指過去的《漢令》。❺科品　律條類例。❻綺縠　絲織品。綺，織素為文絲織物。縠，縐紗一類絲織物。❼珠璣珍珠。璣，珠不圓者。❽設張　設置。❾懇惻　誠懇痛切。❿惰任　不勤於任內政事。⓫訖　始終；一直。⓬秋節　指立秋。
⓭鷙鳥　鳥類之猛者。如鷹、鸇之類。這裡用猛禽以喻嚴刑峻法。⓮棄市　在鬧市執行死刑並陳屍街頭示眾。

【語譯】五年春季正月，越嶲夷反叛。

2 二月壬戌日，中山王劉憲去世。

3 三月，京師和五個郡國發生旱災，詔令放糧賑濟遭受旱災的貧民。

4 夏季六月，高句驪與穢貊進犯玄菟郡。

5 秋季七月，越嶲蠻夷和旄牛縣的豪強反叛，殺死長官。

6 丙子日，詔令說：「舊時的法令和制度，各自都有相關的律條類例規定，目的就是想讓百姓務必崇尚節約。遭遇永初年間的災害，人民流離、土地荒蕪，朝廷帶頭節儉，摒棄奢華的飾物，飯菜只有一種，衣服沒有兩種色彩。近年雖然獲得豐收，但還缺乏儲蓄，然而小人辦事不考慮，想不到長久的事情，嫁娶送終，富麗堂皇、奢侈排場，甚至走卒和奴婢也身穿綺縠、披掛珠璣。京師尚且如此，又怎能為四方樹立榜樣呢？設立法律禁令，誠懇痛切，目的分明，但有關部門卻懶於負責，至今仍不遵守施行。立秋行刑的節氣已經過了，將要執行猛烈的刑罰，這裡再次重申法令，以觀看以後的表現。」

7 八月丙申日是這一月的第一天，發生了日蝕。鮮卑進犯代郡，殺死長官。冬季十月，鮮卑進犯上谷。

8 十二月丁巳日，中郎將任尚犯了死罪，被處以棄市的死刑。

9 這一年，有十四個郡國發生地震。

1 六年春二月乙巳，京師及郡國四十二地震，或坼裂，水泉涌出。

2 壬子，詔三府❶選掾屬高第❷，能惠利牧養❸者，各五人；光祿勳與中郎將選孝廉郎④寬博有謀、清白行高者，五十人，出補令⑤、長⑥、丞⑦、尉⑧。

3 乙卯，詔曰：「夫政，先京師，後諸夏⑨。月令：仲春⑩『養幼小，存諸孤』，季春⑪『賜貧窮，賑乏絕，省婦使⑫，表貞女⑬』，所以順陽氣⑭、崇生長⑮也。其賜人尤貧困、孤弱、單獨穀，人三斛；貞婦有節義⑯十斛，甄表⑰門閭⑱，旌顯⑲厥行。」

4 三月庚辰，始立六宗⑳，祀於洛城㉑西北。

5 夏四月，會稽大疫，遣光祿大夫將㉒太醫㉓循行㉔疾病，賜棺木，除田租、口賦。沛國、勃海大風，雨雹。

6 五月，京師旱。

7 六月丁丑，樂成王賓㉕薨。丙戌，平原王得㉖薨。

8 秋七月，鮮卑寇馬城㉗，度遼將軍鄧遵率南單于擊破之。

9 九月癸巳，陳王竦㉘薨。

10 十二月戊午朔，日有食之，既。郡國八地震。

11 是歲，永昌、益州、蜀郡夷叛，與越嶲夷殺長吏，燔城邑，益州刺史張喬㉙討破降之。

【章　旨】以上記述安帝元初六年發布〈恤貧弱詔〉、加強地方政權建設、在洛陽祭祀六宗、東漢軍隊與鮮卑和西南夷的戰事、各種自然災害的發生，及其政府的救災措施等事情。

【注　釋】❶三府　三公府署的合稱。❷掾屬高第　掾屬佐貳官中政績優異者。❸惠利牧養　恩惠及人使人得利，並能安撫民眾。這裡指官吏既能生財又能撫民。❹孝廉郎　舉孝廉而為郎者。孝廉，漢代選舉科目之一。孝廉指孝子廉吏，原為察舉二科，然常連稱，乃混為一科。武帝以後孝廉一科為入仕正途。東漢和帝時始以人口為標準，每二十萬人歲舉孝廉一人。❺令　縣令。❻長　縣長。漢因秦制，縣置令、長。萬戶以上縣設令，秩千石至六百石；不足萬戶之縣置長，秩五百石至三百石。❼丞　縣丞。縣令縣長的佐官，兼主刑獄囚徒、錢糧倉儲並署文書。秩四百石至二百石。❽尉　縣尉。秦漢時期，郡縣均設尉。大縣設尉二人，小縣設尉一人，掌管捕治盜賊。❾諸夏　原指周代分封的諸侯國，這裡借指各郡國。❿仲春　春季的第二個月。⓫季春　春季的第三個月。⓬婦使　婦女從事的各種勞作。⓭貞女　貞節女子。⓮陽氣　春天的和暖之氣。漢代人講究天人合一，認為順應陽氣，人類社會才能生出和氣。⓯崇生長　敬重萬物生長。這裡指敬重生命之意。⓰節義　氣節和義行。⓱甄表　用懸掛牌匾或建立牌樓等形式進行表彰。⓲門閭　家門和里門。⓳旌顯　表彰顯揚。⓴六宗　古代尊祀的六神。漢平帝元始中，將六宗定為《易》卦中的六子之氣，即水、火、雷、風、山、澤。光武帝時，遵循不改。至漢安帝即位，改六宗為天、地、東、南、西、北。㉑洛城　東漢都城洛陽城（今河南洛陽）。㉒將　率領。㉓太醫　官名。秦漢有太醫令、丞，轄員醫，主醫藥。其分隸太常、少府，前者主治百官之病；後者主治宮廷皇室成員之病。㉔循行　巡視。㉕樂成王賓　劉賓（？—西元一一九年），東漢宗室，樂成釐王劉巡之子。巡卒，嗣爵為王。凡立八年，卒諡隱王。因無子，國遂絕。見本書卷五十。㉖平原王得　劉得（？—西元一一九年），東漢宗室，樂安夷王劉寵之子。平原懷王劉勝卒，無子，永初七年，鄧太后以劉得為平原王，繼承劉勝。凡立六年，卒諡為哀王。見本書卷五十。㉗馬城　城邑名。一名馬邑。故治在今山西朔州。㉘陳王竦　劉竦（？—西元一一九年），東漢宗室，陳思王劉鈞之子。鈞卒，嗣爵為王。凡立二年卒，諡為懷王。因無子，國遂絕。見本書卷五十。㉙張喬　南陽郡（今河南南陽）人。累官至益州刺史。安帝元初四年（西元一一七年），率軍擊退進犯益州的羌人。六年，平定永昌、益州、蜀郡夷人反叛。延光二年（西元一二三年），又與西部都尉擊破叛羌旄牛夷種。順帝永和二年（西元一三七年），改交阯刺史，以鎮壓反叛的交阯蠻夷。六年以執金吾行車騎將軍事，率兵五萬屯三輔，禦眾羌。漢安元年，被罷免。

【語譯】六年春季二月乙巳日，京師和四十二個郡國發生地震或地裂，泉水湧出。

2 壬子日，詔令三府挑選屬佐貳官中政績優異、能生財養民的官吏，各五人；光祿勳與中郎將從孝廉郎中挑選五十名知識廣博且有謀略、為人清白且品行高尚的人，補任地方縣令、縣長、縣丞、縣尉。

3 乙卯日，詔令說：「政治措施，應先在京師推行，然後再在地方推廣。〈月令〉說：仲春『撫養幼小，養活孤獨的老人』，季春『賞賜貧窮的人，救濟困難的人，減少婦女勞作，表揚貞節女子』，這是為了順應陽氣、崇尚生命。可賜穀給特別貧困、孤寡老弱、無親屬的人，每人三斛；貞節婦女有氣節和義行的賜穀十斛，在家門和里門懸掛標誌予以表彰，以宣揚她們的品行。」

4 三月庚辰日，首次設立六宗之神，祭祀於洛城西北。

5 夏季四月，會稽郡發生大瘟疫。派遣光祿大夫率領太醫巡迴治療疾病，賜給棺木，免除田租、口賦。沛國、勃海郡出現大風、冰雹。

6 五月，京師發生旱災。

7 六月丁丑日，樂成王劉賓去世。丙戌日，平原王劉得去世。

8 秋季七月，鮮卑進犯馬城，度遼將軍鄧遵率領南單于將他們擊敗。

9 九月癸巳日，陳王劉竦去世。

10 十二月戊午日是這一月的第一天，發生了日全蝕。有八個郡國發生地震。

11 這一年，永昌、益州、蜀郡的夷人反叛，與越巂郡的夷人殺死長官，焚燒城邑，益州刺史張喬率軍討伐，將他們擊敗，迫使他們投降了。

1 永寧❶元年春正月甲辰，任城王安❷薨。

2 三月丁酉，濟北王壽❸薨。

3 車師後王❹叛，殺部司馬❺。沈氏羌❻寇張掖❼。

4 夏四月丙寅，立皇子保❽為皇太子，改元永寧，大赦天下。賜王、主、三公、列侯下至郎吏❾、從官❿金帛；又賜民爵及布粟各有差。己巳，紹封⓫陳王羨⓬子崇⓭為陳王，濟北王⓮子萇⓯為樂成王，河間王⓰子翼⓱為平原王。壬午，琅邪王壽⓲薨。

5 六月，沈氏種羌叛，寇張掖，護羌校尉馬賢討沈氏羌，破之。

6 秋七月乙酉朔，日有食之。

7 冬十月己巳，司空李郃免。癸酉，衛尉⓳廬江陳褒⓴為司空。

8 自三月至是月，京師及郡國三十三大風，雨水。

9 十二月，永昌徼外撣國㉑遣使貢獻。戊辰，司徒劉愷罷。癸酉，太常楊震㉒為司徒。

10 是歲，郡國二十三地震。夫餘王㉓遣子詣闕貢獻。燒當羌㉔叛。

【章旨】以上記載安帝永寧元年所發生的大事。其中，立皇太子、紹封諸侯、車師後王反叛、與羌人的戰事、自然災害的發生是記述的重點。

【注釋】❶永寧　東漢安帝劉祜年號，西元一二〇—一二一年。❷任城王安　劉安（？—西元一二〇年），東漢宗室。任城孝王劉尚之子。永元十三年，嗣爵為王。其後，因行為不檢，被減租入以贖罪。凡立十九年，卒諡貞王。見本書卷四十二。❸濟北王壽　劉壽（?—西元一二〇年），東漢章帝之子，母為申貴人。永元二年，封濟北王，分太山郡為國。但和帝遵循肅宗故事，兄弟皆留京師不遣。和帝卒，乃就國。凡立三十一年卒，諡為惠王。見本書卷五十五。❹車師後王　西域車師後部國王。車師為漢代西域三十六國之一。原名姑師。一說即車師前部。約在初元元年（西元前四八年）漢分其地為車師前、後兩部（或前、後兩國）及山北（因其地相鄰，皆聚居天山以北的地區）六國，後皆歸西域都護所轄。車師前部治交河城（今新疆吐魯番西北雅爾湖村附近交河古城遺址）。後部治務塗谷（今新疆吉木薩爾南山中）。西漢元帝時設戊己校尉屯田車師前王庭。山北六國，即且彌東、西國；卑陸前、後國；蒲類前、後國。本書〈西域傳〉則以車師前、後部及東且彌、卑陸、蒲類、移支為車師六國。東漢班勇（班超子）任西域長史，駐所即在車師前部柳中（今新疆鄯善西南魯克沁）。轄有西域數十餘國（因西漢哀、平帝時，西域自相分割為五十五國）。後時有分合附離。❺部司馬　漢軍駐車師後部的司馬。和帝時，置戊己校尉，鎮車師後部。戊己校尉屬官有司馬。❻沈氐羌　部族名。秦、漢時我國西北地方少數民族羌族的一支。主要聚居於今甘肅隴西一帶。❼張掖　郡名。治所在觻得（今甘肅張掖西北）。轄境相當今甘肅高臺以東，永昌以西，以及今內蒙古西部部分地區。東漢在其北部設置有張掖屬國和張掖居延屬國。❽保　東漢順帝劉保（西元一一五—一四四年），安帝子，生母為李氏。永寧元年，立為皇太子，延光三年，被閻皇后廢為濟陰王。四年，為宦官孫程等迎立。卒葬憲陵，廟號敬宗，諡孝順。❾郎吏　即郎官。❿從官　指君主的隨從、近臣。⓫紹封　為無子絕國續封繼承人。⓬陳王羨　劉羨（?—西元九六年），明帝之子。永平三年，封為廣平王。博涉經書，有威嚴，章帝初與諸儒進論於白虎觀。建初七年，徙為西平王。章帝卒，遺詔徙為陳王，食淮陽郡租賦。其年始就國。凡立三十七年，永元八年卒，諡曰敬王。見本書卷五十。⓭崇　劉崇（?—西元一二四年），東漢宗室。陳敬王劉羨之子。初封安壽亭侯。永寧元年，安帝以陳國嫡系絕後，紹封劉崇為陳王。凡立五年，卒諡頃王。見本書卷五十。⓮濟北王　劉壽。⓯萇　劉萇。東漢宗室。濟北惠王劉壽之子。樂城隱王劉賓死，無後。永寧元年，安帝封劉萇為樂城王，以繼其後。到國數月，驕淫不法，為冀州刺史與國相所舉奏，被貶為臨湖侯。見本書卷五十五。⓰河閒王　劉開（?—西元一三一年），東漢章帝之子。永元二年，封為河閒王。延平元年始就國，在國奉遵法規，吏民敬之。凡立四十二年卒，諡為孝王。見本書卷五十五。⓱翼　劉翼，東漢宗室，河閒孝王劉開之子。元初六年（西元一一九年），召詣京師，鄧太后以其儀容美觀，遂於永寧元年，以翼為平原王，繼平原懷王劉得之後。建光元年（西元一二一年），鄧太后死，安帝親政，貶其為都鄉侯，遣歸河閒。永建五年（西元一三〇年），其父劉開上書，願分蠡吾縣以封劉翼，順帝從之。其子劉志後被梁冀立為皇帝，即桓帝。以此，劉翼被尊為孝崇皇。見本書卷五十五。⑱琅邪王壽　劉壽（？—西元一二〇年），東漢宗室，琅邪夷王劉宇之子。宇卒，嗣爵為王。凡立十七年，卒謚恭王。見本書卷四十二。⑲衛尉　官名。為九卿之一，秩中二千石。掌宮門衛士，負責宮中安全。⑳陳褒　字伯仁，廬江舒縣（今安徽廬江縣）人。和帝時，累官至尚書。永元十四年（西元一〇二年），奉詔鞫陰皇后巫蠱案。安帝即位，累擢為衛尉，永寧元年（西元一二〇年）任司空，延光元年（西元一二二年），以地震災異策免。㉑撣國　國名。其中心在今緬甸曼德勒臘戍附近一帶。㉒楊震　（？—西元一二四年），字伯起，弘農華陰（今陝西華陰）人。少好學，從太常桓郁學《歐陽尚書》。明經博覽，無不窮究。被諸儒譽為「關西孔子楊伯起」。初不就徵辟，五十歲乃始仕州郡。大將軍鄧騭聞其賢而辟之，舉茂才，歷任荊州刺史、東萊太守、涿郡太守。公正廉潔，不受私謁，子孫常蔬食步行。安帝元初四年，擢為太僕，遷太常。永寧元年，升司徒，延光二年，為太尉。不畏強暴，上疏彈劾宦官，又忤逆外戚，為其所疾，遭其誣陷，免官遣歸本郡。飲酖而死，年七十餘。見本書卷五十四。㉓夫餘王　東漢時夫餘國國君。安帝時在位。永寧元年，遣嗣子尉仇台詣闕貢獻。㉔燒當羌　部族名。羌人部落。居於今青海東部黃河兩岸海晏、貴德、同仁一帶。其居住地較為富庶，經濟實力較強，漢和帝時其勢衰落。

【語譯】永寧元年春季正月甲辰日，任城王劉安去世。

2 三月丁酉日，濟北王劉壽去世。

3 車師後王反叛，殺死部司馬。沈氏羌進犯張掖郡。

4 夏季四月丙寅日，立皇子劉保為皇太子，改元永寧，大赦天下。賜金帛給諸侯王、公主、三公、列侯以下至郎官、從官；又賜給民眾爵位和布、粟，各有等級差異。己巳日，為無子絕國續封繼承人，封陳王劉羨之子劉崇為陳王，濟北王之子劉萇為樂成王，河間王之子劉翼為平原王。壬午日，琅邪王劉壽去世。

5 六月，沈氏種羌反叛，進犯張掖郡，護羌校尉馬賢討伐沈氏羌，將他們擊破。

6 秋季七月乙酉日是這一月的第一天，發生了日蝕。

7 冬季十月己巳日，司空李郃被罷免。癸酉日，衛尉廬江人陳褒擔任司空。

8 自三月至是月，京師和三十三個郡國出現大風、大雨。

9 十二月，永昌郡境外的撣國派遣使者進獻禮物。戊辰日，司徒劉愷被罷免。遼西鮮卑投降。癸酉日，太常楊震擔任司徒。

10 這一年，有二十三個郡國發生地震。夫餘王派遣兒子到朝廷進獻禮物。燒當羌反叛。

1 建光❶元年春正月，幽州❷刺史馮煥❸率二郡太守討高句驪、穢貊，不克。

2 二月癸亥，大赦天下。賜諸園貴人❹、王、主、公、卿以下錢布各有差。以公、卿、校尉、尚書子弟一人為郎、舍人❺。

3 三月癸巳，皇太后鄧氏❻崩。丙午，葬和熹皇后❼。丁未，樂安王寵薨。戊申，追尊皇考❽清河孝王曰孝德皇，皇妣❾左氏曰孝德皇后，祖妣❿宋貴人⓫曰敬隱皇后。

4 夏四月，穢貊復與鮮卑寇遼東，遼東太守蔡諷追擊，戰歿。丙辰，以廣川⓬并清河國。丁巳，尊孝德皇元妃耿氏⓭為甘陵大貴人。甲子，樂成王萇有罪，廢為臨湖侯。己巳，令公、卿、特進、侯、中二千石、二千石、郡國守相，舉有道之士，各一人。賜鰥、寡、孤、獨、貧不能自存者穀，人三斛。甲戌，遼東屬國都尉龐奮⓮，承偽璽書殺玄菟太守姚光⓯。

5 五月庚辰，特進鄧騭及度遼將軍鄧遵，並以譖自殺。丙申，貶平原王翼為都鄉侯。

【章　旨】以上記載安帝建光元年上半年發生的大事。其中，鄧太后之死、安帝對鄧氏家族的清算、安帝追尊自己的家人，是其記述的重點。

【注　釋】❶建光　東漢安帝劉祜年號，西元一二一—一二二年。❷幽州　州名。漢武帝所置「十三刺史部」之一。東漢幽州治所在薊縣（今北京市區西南）。轄境相當今北京、河北北部，山西陽高、靈丘以東，遼寧大部，天津海河以北以及朝鮮半島北部地區。❸馮煥　東漢官吏。巴郡宕渠（今四川渠縣）人。安帝時，累官為幽州刺史。建光元年，率玄菟太守姚光、遼東太守蔡諷擊高句驪，捕斬穢貊渠帥，獲兵馬財物。其後，為高句驪王子遂成所敗。為人剛直，志欲去惡。奸惡之人詐作詔書，令遼東都尉龐奮將其逮捕，病死獄中。❹諸園貴人　看護諸位皇帝園陵的貴人。漢制：皇帝死後，其無子的宮人須出宮住進該皇帝的園陵。❺舍人　官名。戰國至漢初王公貴官的侍從賓客、親信左右，都泛稱舍人。秦漢置太子舍人，略稱舍人。❻皇太后鄧氏　鄧太后。❼和熹皇后　鄧太后。「和熹」為其謚號。❽皇考　古人對死去父親的尊稱。❾皇妣　對亡母的敬稱。❿祖妣　古人對死去祖母的尊稱。⓫宋貴人　東漢章帝嬪妃、安帝祖母。扶風平陵（今陝西咸陽）人，有才色，明帝永平末選入太子宮，甚有寵。章帝即位，立為貴人。生子劉慶，立為皇太子。竇皇后寵盛而無子，對之極為妒忌，因誣貴人挾邪媚道，迫使貴人自殺，和帝卒，以慶長子祜為嗣，是為安帝。建光元年，安帝追尊祖母宋貴人為敬隱皇后。獻帝初平元年（西元一九〇年），以非正嫡，不合稱后，遂除去其尊號。見本書卷五十五。⓬廣川　縣名。西漢置。以城中有長河得名。今河北景縣西南。⓭孝德皇元妃耿氏　耿姬。牟平侯耿舒孫女，東漢章帝子清河孝王劉慶妃子。扶風茂陵（今陝西興平）人。後劉慶之子劉祜被鄧太后扶立為皇帝，是為安帝。建光元年，因尊耿姬為甘陵大貴人，一作甘園大貴人。⓮龐奮　東漢將領。章帝時，累官為度遼及領中郎將。和帝初，為鴈門太守，行度遼將軍。永元八年（西元九六年），南匈奴右溫禺犢王叛，奮與馮柱追討殺之。十二年，遷河南尹。安帝建光元年，任遼東屬國都尉，承偽璽書殺玄菟太守姚光。事發，征奮抵罪。⓯姚光　東漢官吏。和帝時，為西域都護班超屬下司馬，助班超廢龜茲王尤利多而改立白霸，又受班超之命，將尤利多解至京師。安帝建光元年，為玄菟太守，與人有怨。其人乃詐作璽書下遼東都尉龐奮，令龐奮捕殺姚光。龐奮即斬姚光。冤案得以昭雪後，安帝特賜其家十萬錢，並任命其子為郎中。

【語譯】 建光元年春季正月，幽州刺史馮煥率領二郡太守討伐高句驪、穢貊，但未能獲勝。

2 二月癸亥日，大赦天下。賞賜諸園貴人、諸侯王、公主、三公、九卿以下官員錢和布，按等級不同，各有差異；任用三公、九卿、校尉、尚書的一名子弟為郎、舍人。

3 三月癸巳日，皇太后鄧氏去世。丙午日，安葬和熹皇后。丁未日，樂安王劉寵去世。戊申日，追尊皇考清河孝王稱孝德皇，皇妣左氏稱孝德皇后，祖妣宋貴人稱敬隱皇后。

4 夏季四月，穢貊又與鮮卑進犯遼東，遼東太守蔡諷率兵追擊，戰死。丙辰日，將廣川縣併入清河國。丁巳日，尊稱孝德皇元妃耿氏為甘陵大貴人。甲子日，樂成王劉萇有罪，被廢黜為臨湖侯。己巳日，命令三公、九卿、特進、諸侯、中二千石、二千石、郡國守相各自舉薦有道德的人士一名。賜穀給鰥夫、寡婦、孤兒、無子女的老人、貧困不能生存者，每人三斛。甲戌日，遼東屬國都尉龐奮，接受偽璽書的命令而殺死了玄菟太守姚光。

5 五月庚辰日，特進鄧騭和度遼將軍鄧遵雙雙遭誣陷而被迫自殺。丙申日，貶平原王劉翼為都鄉侯。

1 秋七月己卯，改元建光，大赦天下。壬寅，太尉馬英薨。

2 八月，護羌校尉馬賢討燒當羌於金城，不利。甲子，前司徒劉愷為太尉。

3 鮮卑寇居庸關❶，九月，雲中❷太守成嚴擊之，戰歿。鮮卑圍烏桓校尉❸於馬城，度遼將軍耿夔救之。

4 戊子，幸衛尉馮石❹府。

5 是秋，京師及郡國二十九雨水。

6 冬十一月己丑，郡國三十五地震，或坼裂。詔三公以下，各上封事❺陳得失；遣光祿大夫案行，賜死者錢，人二千；除今年田租，其被災甚者，勿收口賦。鮮卑寇玄菟。庚子，復斷大臣二千石以上服三年喪。癸卯，詔三公、特進、侯、卿、校尉，舉武猛堪將帥者各五人。丙午，詔京師及郡國被水雨傷稼者，隨頃畝減田租。甲子，初置漁陽營❻兵。

7 冬十二月，高句驪、馬韓❼、穢貊圍玄菟城，夫餘王遣子與州郡并力討破之。

【章旨】以上記載安帝建光元年下半年改年號以及燒當羌、鮮卑、高句驪、馬韓、穢貊與東漢軍隊的戰事，嚴重的自然災害以及政府救災的措施。

【注釋】❶居庸關　關隘名。一作軍都關、又名納款關、薊門關。故址即今北京昌平西北居庸關。關門南北相距二十公里。兩山夾峙，巨澗中流，懸崖峭壁，稱為絕險。❷雲中　郡名。秦漢治所在雲中（今內蒙古托克托東北）。秦轄境相當今內蒙古土默特右旗以東，大青山以南，卓資以西，黃河南岸及長城以北。漢轄境縮小。東漢末郡廢。❸烏桓校尉　漢武帝時，始置護烏桓校尉，秩比二千石，持節監領烏桓諸部，簡稱烏桓校尉。東漢沿置。❹馮石　字次初，南陽湖陽（今河南唐河縣）人。馮魴之孫，馮柱之子。其母為明帝之女獲嘉長公主。馮石襲母封，為獲嘉侯。為侍中，遷衛尉。能取悅當世，為安帝所寵。遷光祿勳，升太尉。及北鄉侯立，遷太傅，錄尚書事。順帝立，以阿附權臣閻顯而被罷免。不久，復為衛尉。卒於任上。見本書卷三十三。❺封事　密封的奏章。亦稱封章。❻漁陽營　設置於漁陽郡（治今北京密雲西南）的兵營。❼馬韓　古國名。韓國三部之一。漢、魏時，今朝鮮半島南分為馬韓、弁韓（一作弁辰）、辰韓三部。其中馬韓最大，地處今漢城以南，小白山脈以西，轄地相當今南朝鮮忠清南道、忠清北道、全羅南道、全羅北道和京畿道南部地區。

【語譯】秋季七月己卯日，改元建光，大赦天下。壬寅日，太尉馬英去世。

2 八月，護羌校尉馬賢在金城討伐燒當羌，不利。甲子日，前司徒劉愷擔任太尉。

3 鮮卑進犯居庸關。九月，雲中太守成嚴率軍攻擊他們，戰死。鮮卑將烏桓校尉圍困在馬城，度遼將軍耿夔解救了烏桓校尉。

4 戊子日，安帝光臨衛尉馮石的府邸。

5 這一年秋季，京師和二十九個郡國遭遇雨水災害。

6 冬季十一月己丑日，有三十五個郡國發生地震或地裂。詔令三公以下官員各自上奏封章陳述朝政得失；派遣光祿大夫巡行檢查，賜錢給死者，每人二千；免除今年田租，對那些受災嚴重的停收口賦。鮮卑進犯玄菟郡。庚子日，又中止二千石以上大臣服喪三年的制度。癸卯日，詔令三公、特進、諸侯、九卿、校尉各自舉薦五名勇猛的、能夠擔任將帥的人。丙午日，詔令京師和郡國莊稼遭到雨水傷害的，依據其受災田畝面積減收田租。甲子日，首次設置漁陽營兵。

7 冬季十二月，高句驪、馬韓、穢貊圍攻玄菟城，夫餘王派遣兒子與州郡合力擊敗他們。

1 延光[1]元年春二月，夫餘王遣子將兵救玄菟，擊高句驪、馬韓、穢貊，破之，遂遣使貢獻。

2 三月丙午，改元延光。大赦天下。還徙者，復戶邑屬籍。賜民爵及三老、孝悌、力田，人二級；加賜鰥、寡、孤、獨、篤癃、貧不能自存者粟，人三斛；貞婦帛，人二匹。

3 夏四月癸未，京師郡國二十一雨雹。癸巳，司空陳褒免。

4 五月庚戌，宗正❷彭城劉授❸為司空。己巳，改樂成國為安平，封河間王開子得❹為安平王。

5 六月，郡國蝗。

6 秋七月癸卯，京師及郡國十三地震。高句驪降。虔人羌叛，攻穀羅城❺，度遼將軍耿夔討破之。

7 八月戊子，陽陵❻園寢火。辛卯，九真言黃龍見無功❼。己亥，詔三公、中二千石，舉刺史、二千石、令、長、相，視事一歲以上至十歲，清白愛利❽，能敕身❾率下❿，防姦理煩⓫，有益於人者，無拘官簿⓬。刺史舉所部，郡國太守相舉墨綬，隱親⓭悉心，勿取浮華⓮。

8 九月甲戌，郡國二十七地震。

9 冬十月，鮮卑寇鴈門、定襄。十一月，鮮卑寇太原。燒當羌豪降。

10 十二月，九真徼外蠻夷貢獻內屬。

11 是歲，京師及郡國二十七雨水，大風，殺人。詔賜壓溺死者，年七歲以上錢，人二千；其壞敗廬舍、失亡穀食粟，人三斛；又田被淹傷者，一切勿收田租；若一家皆被災害而弱小存者，郡縣為收斂之。

12 虔人羌攻穀羅城，度遼將軍耿夔討破之。

【章　旨】以上記載了安帝延光元年改元和大赦的情況、舉薦優秀官員的詔令、重大自然災害的發生，以及東漢軍隊與高句驪、馬韓、穢貊、虔人羌、鮮卑的戰事。

【注　釋】❶延光　東漢安帝劉祜年號，西元一二二—一二五年。❷宗正　宗正卿。官名。管理皇族和外戚事務。秩中二千石。❸劉授　字孟春，彭城武原（今江蘇邳縣）人。延光元年（西元一二二年），由宗正升任司空。阿附帝舅大鴻臚耿寶、皇后兄執金吾閻顯。順帝即位後，坐「阿附惡逆，辟召非其人」之罪而被罷免。❹得　劉得（？—西元一五一年），一作劉德，南陽蔡陽（今湖北棗陽）人，河間孝王劉開之子。延光元年，改樂成國為安平，封為安平王，以嗣樂成靖王劉黨之後。凡立三十年，卒諡孝王。見本書卷五十。❺穀羅城　地名。屬西河郡。舊址在今內蒙古準噶爾旗西南。❻陽陵　陵墓名。西漢景帝之陵。在今陝西咸陽東北，近渭水和涇水匯合處。❼無功　縣名。屬九真郡。治今越南南定西南。❽清白愛利　清廉正直、喜歡幫助他人。清白，貞潔正派。愛利，愛人而利之。❾勑身　以道德規範約束自己的行為。勑，同「敕」。整飭。❿率下　為下屬作出榜樣。⓫理煩　處理煩難事務。⓬無拘官簿　不拘常格而予以舉薦。⓭隱親　親自審查。⓮浮華　華而不實者。

【語　譯】延光元年春季二月，夫餘王派遣兒子率領軍隊援救玄菟郡，進攻高句驪、馬韓、穢貊，將他們擊敗，於是派遣使者向朝廷進貢。

2 三月丙午日，改年號為延光。大赦天下。讓被流放者回到家鄉，恢復他們在原籍的戶籍。賜爵位給民眾以及三老、孝悌、力田，每人二級；加賜粟米給鰥夫、寡婦、孤兒、無子女的老人、患有重病的人、貧困不能生存者，每人三斛；加賜帛給貞婦，每人二匹。

3 夏季四月癸未日，京師和二十一個郡國下了冰雹。癸巳日，司空陳褒被罷免。

4 五月庚戌日，宗正彭城人劉授擔任司空。己巳日，改樂成國為安平國，封河間王劉開之子劉得為安平王。

5 六月，各郡國發生蝗災。

6 秋季七月癸卯日，京師和十三個郡國發生地震。高句驪投降。虔人羌反叛，進攻穀羅城，度遼將軍耿夔率軍將他們擊敗。

7 八月戊子日，陽陵園寢發生火災。辛卯日，九真郡上奏說在無功縣有黃龍出現。己亥日，詔令三公、中二千石舉薦刺史、二千石、縣令、縣長、國相中那些到任一年以上至十年、清廉正直和喜歡幫助他人、能以道德規範約束自己的行為而為下屬作出榜樣、能防範犯罪和處理煩難事務、對人有益者，不拘常格而予以舉薦。刺史舉薦所轄地區的官員，郡國的太守和國相舉薦墨綬等級的官員，要盡心盡力地親自審查，不要選用華而不實的人。

8 九月甲戌日，有二十七個郡國發生地震。

9 冬季十月，鮮卑進犯鴈門郡、定襄郡。十一月，鮮卑進犯太原郡。燒當羌首領投降。

10 十二月，九真郡境外的蠻夷進貢，歸屬了漢朝。

11 這一年，京師和二十七個郡國出現大水、大風，災害中有人死亡。詔令賜錢給被房屋倒塌壓死和被水溺死者，年齡在七歲以上的，每人二千；對那些房屋遭破壞、損失了糧食的人賞給粟米，每人三斛；另外，農田被淹受損的，全部免收田租；如果一家都遭到災害、只留下了體弱多病者或小孩的，郡縣要為他們葬埋屍體。

12 虔人羌反叛，進攻穀羅城，度遼將軍耿夔將他們擊敗。

1 二年春正月，旄牛夷❶叛，寇靈關❷，殺縣令。益州刺史、蜀郡西部都尉❸討之。

2 詔選三署郎❹及吏人能通古文尚書、毛詩、穀梁春秋❺各一人。丙辰，河東、潁川大風。

3 夏六月壬午，郡國十一大風。九真言嘉禾❻生。丙申，北海王普薨。

4 秋七月，丹陽山崩。

5 八月庚午，初令三署郎通達經術、任牧民者，視事三歲以上，皆得察舉。

6 九月，郡國五雨水。

7 冬十月辛未，太尉劉愷罷。甲戌，司徒楊震為太尉，光祿勳東萊劉熹❼為司徒。

8 十一月甲辰，校獵❽上林苑❾。鮮卑敗南匈奴於曼柏❿。

9 是歲，分蜀郡西部為屬國都尉。京師及郡國三地震。

【章旨】以上主要記載了安帝延光二年選拔官員、三公人選變更、旄牛夷反叛等大事。

【注釋】❶旄牛夷　部族名。先秦、漢時西南夷族的一支。因聚居漢旄牛縣地一帶，故名。故址在今四川漢源南大渡河岸一帶地區。❷靈關　縣名。即靈關道。一作靈道。西漢置。兩漢屬越巂郡。治今四川峨邊南境。❸西部都尉　官名。漢武帝時始於邊郡分部設都尉，如南部都尉、西部都尉等。秦漢時期，以都尉為官稱者很多，大都為主兵官，也有部分任其他專職的。邊郡各部都尉為領兵之都尉，位在將軍、校尉下。❹三署郎　官名。秦漢郎中令（武帝太初元年改名為光祿勳）屬官有議郎、郎中、中郎、侍郎，除議郎外，諸郎皆掌宮廷門衛、出充車騎，分隸五官、左、右中郎將，稱為三署郎。中郎秩比六百石、侍郎比四百石、郎中比三百石。諸郎以郡國所舉孝廉選任，年五十以上者屬五官署，其餘分在左、右署。❺穀梁春秋　《春秋穀梁傳》。亦稱《穀梁》、《穀梁氏》、《穀梁傳》。《春秋》「三傳」之一。專門闡釋《春秋》。以問答形式解經，略於史實，重在探究義理。全書十一卷，舊題穀梁赤撰。「赤」，或作喜、嘉、俶、寘、淑，相傳為子夏弟子。❻嘉禾　稻穀變異的植株。

古人認為其有嘉瑞之應，故稱之。❼劉熹　一作劉喜。字季明，東萊長廣（今山東萊陽）人。延光二年（西元一二三年），由光祿勳升任司徒。四年，拜為太尉，與太傅馮石參錄尚書事。與馮石、中常侍程璜、陳秉、孟生、李閏等人以苛刻著稱，百官為之側目。永康元年（西元一二六年），坐阿附衛尉閻顯、中常侍江京之罪，被免官。❽校獵　設柵欄遮攔野獸，然後獵取。❾上林苑　皇家園林。故址在東漢洛陽城西（今河南洛陽東十二公里之白馬寺一帶）。❿曼柏　縣名。西漢置，屬五原郡。治今內蒙古準噶爾旗西北。

【語譯】二年春季正月，旄牛夷反叛，進犯靈關，殺死縣令。益州刺史、蜀郡西部都尉率軍討伐他們。

2 詔令選拔三署郎以及官吏能精通《古文尚書》、《毛詩》、《穀梁春秋》者，各選一人。丙辰日，河東郡、潁川郡刮起了大風。

3 夏季六月壬午日，有十一個郡國刮起大風。九真郡上奏境內嘉禾生長。丙申日，北海王劉普去世。

4 秋季七月，丹陽郡發生山崩。

5 八月庚午日，首次發布命令，規定三署郎中精通經學、勝任管理民眾者，在任三年以上的都可以通過察舉制得到選拔任用。

6 九月，有五個郡國雨水成災。

7 冬季十月辛未日，太尉劉愷被罷免。甲戌日，司徒楊震擔任太尉，光祿勳東萊人劉熹擔任司徒。

8 十一月甲辰日，在上林苑舉行圍獵。鮮卑在曼柏擊敗南匈奴。

9 這一年，分蜀郡西部為屬國都尉。京師和三個郡國發生地震。

三年春二月丙子，東巡狩❶。丁丑，告陳留太守，祠南頓君❷、光武皇帝于濟陽❸，復濟陽今年田租、芻稾。庚寅，遣使者祠唐堯於成陽❹。戊子，濟南❺上言，鳳皇集臺縣❻承霍收舍樹上。賜臺長帛五十匹，丞二十匹，尉半之，吏卒人三匹。鳳皇所過亭部❼，無出今年田租，賜男子爵，人二級。辛卯，幸太山，柴❽告岱宗❾。齊王無忌❿、北海王翼、樂安王延⓫來朝。壬辰，宗祀⓬五帝于汶上⓭明堂。癸巳，告祀二祖⓮、六宗⓯，勞賜郡縣，作樂。

三月甲午，陳王崇薨。戊戌，祀孔子及七十二弟子於闕里⓰，自魯⓱相、令、丞、尉及孔氏親屬、婦女、諸生悉會，賜褒成侯⓲以下帛各有差。還，幸東平⓳，至東郡，歷魏郡、河內。壬戌，車駕還京師，幸太學⓴。是日，太尉楊震免。

【章旨】以上記載延光三年春季安帝東巡之事。

【注釋】❶巡狩　指皇帝外出巡視。❷南頓君　光武帝之父南頓令劉欽。❸濟陽　縣名。治今河南蘭考東北。光武帝出生於此，曾數免該縣徭役。❹成陽　縣名。今山東菏澤東北。❺濟南　郡國名。西漢初分齊郡置郡。文帝時改為國。景帝時參加七國叛亂後改為郡，東漢復改為國。治所在平陵（今山東章丘西北）。轄境相當今山東濟南、章丘、鄒平、濟陽等地。❻臺縣　縣名。西漢置。今山東濟陽東南。❼亭部　一亭的轄區。秦漢時期，城市中十里設一亭，鄉村則設鄉亭。亭有亭長，掌管治安、訴訟等事。❽柴　燒柴祭天及群神。❾岱宗　泰山。❿齊王無忌　劉無忌（?—西元一四一年），蕪湖侯劉晃之子。晃卒，無忌嗣爵。章帝以其為劉縯玄孫，父因罪而貶爵為侯，遂遺令復封為王。和帝永元二年，封為齊王。凡立五十二年卒，諡為惠王。見本書卷十四。⓫樂安王延　此處疑有錯誤。此時樂安王應為劉鴻。⓬宗祀　祭祀祖宗。⓭汶上　泛指汶水流域。此指今山東大汶河河畔。大汶河發源於今山東萊蕪東北的原山，西南流經今山東泰安東。⓮二祖　指漢高祖劉邦、世祖光武帝劉秀。⓯六宗　漢代孝文帝曰太宗，孝武帝曰代宗，孝宣帝曰中宗，孝元帝曰高宗，孝明帝曰顯宗，孝章帝曰肅宗。⓰闕里　地名。春秋時孔子住地。在今山東曲阜城內闕里街。孔子曾在此講學授徒。因有兩石闕，故名。⓱魯　國名。治今山東曲阜。東漢轄境約相當於今山東滕縣、曲阜、泗水縣等地。⑱褒成侯　孔子的後代孔志。東漢初人。光武建武十四年（西元三八年），封褒成侯。⑲東平　郡國名。西漢甘露二年（西元前五二年）改大河郡為東平國，故治無鹽（今山東東平東）。轄境相當今山東東平湖以東汶上、東平、寧陽、濟寧等地。東漢時，東南部轄區有所縮小。⑳太學　古代國家的最高學府。夏朝稱序，商朝稱瞽宗，周朝稱辟雍。西漢武帝元朔五年（西元前一二四年），始置太學，立《五經》博士。東漢因之。

【語　譯】三年春季二月丙子日，安帝去東方巡視。丁丑日，告訴陳留郡太守，在濟陽縣祭祀南頓君、光武皇帝，免除濟陽縣今年的田租、芻稾。庚寅日，派遣使者在成陽縣祭祀唐堯。戊子日，濟南國上奏說有鳳凰聚集在臺縣縣丞霍收家的樹上。賜帛給臺縣縣長五十匹，臺縣縣丞二十匹，臺縣縣尉賜給縣丞的一半，臺縣吏卒每人三匹。鳳凰所經過的亭部，不用交納今年的田租，賜給男子爵位，每人二級。辛卯日，安帝到達太山，燒柴告祭岱宗。齊王劉無忌、北海王劉翼、樂安王劉延前來朝見。壬辰日，在汶上的明堂祭祀五帝。癸巳日，告祭二祖、六宗，慰勞賞賜郡縣，演奏音樂。

三月甲午日，陳王劉崇去世。戊戌日，在闕里祭祀孔子及其七十二弟子，從魯國相國、縣令、縣丞、縣尉至孔氏親屬、婦女、各位儒生全部參加了大會。賜帛給褒成侯以下的孔氏親屬，各有等級差異。安帝開始返回，到達東平國，又到了東郡，經過魏郡、河內郡。壬戌日，安帝返回京師，到太學視察。這一天，太尉楊震被罷免。

1 夏四月乙丑，車駕入宮，假❶于祖禰❷。壬戌，沛國言甘露❸降豐縣❹。戊辰，光祿勳馮石為太尉。

2 五月，南匈奴左日逐王❺叛，使匈奴中郎將馬翼❻討破之。日南徼外蠻夷內屬。

3 六月，鮮卑寇玄菟。庚午，閬中❼山崩。辛未，扶風言白鹿見雍❽。辛巳，遣侍御史分行青冀二州災害，督錄盜賊。

4 秋七月丁酉，初復右校❾、左校令丞❿官。日南徼外蠻豪帥詣闕貢獻。馮翊言甘露降頻陽⓫、衙。潁川上言木連理。白鹿、麒麟見陽翟⓬。鮮卑寇高柳⓭。梁王堅⓮薨。

5 八月辛巳，大鴻臚耿寶⓯為大將軍。戊子，潁川上言麒麟一、白虎二見陽翟。

6 九月丁酉，廢皇太子保為濟陰王。乙巳，詔郡國中都官死辠繫囚減罪一等，詣敦煌⓰、隴西及度遼營⓱；其右趾⓲以下及亡命者贖，各有差。辛亥，濟南上言黃龍見歷城⓳。庚申晦，日有食之。

【章　旨】以上記載安帝延光三年四至九月馮石擔任太尉、耿寶擔任大將軍、廢皇太子，以及東漢軍隊與南匈奴、鮮卑的戰事等情況。

【注　釋】❶假　至；到。通「格」。❷祖禰　祖廟和父廟。亦泛指祖先。❸甘露　甘美的雨露。古人以降甘露為太平之瑞兆。❹豐縣　縣名。治今江蘇豐縣。漢高祖故鄉。漢高祖乃沛縣豐邑中陽里人。豐，原為鄉，後升為縣，置沛郡。❺左日逐王　漢代南匈奴官名。漢代南匈奴單于子弟為大臣者以王稱，有左右賢王和左右谷蠡王，合稱「四角」。其中以左賢王為最尊，左谷蠡王次之，右賢王又次之，右谷蠡王居最末。「四角」高於「六角」。「六角」即左右日逐王、左右溫禺鞮王、左右漸將王。此時南匈奴的左日逐王名叫阿族。❻馬翼　東漢將領。安帝時為使匈奴中郎將。延光三年（西元一二四年），南匈奴左日逐王叛，翼率軍討破之。新降一部大人阿族等反叛，翼遣兵與胡騎追擊，大破之。❼閬中　縣名。秦置。治今四川閬中，嘉陵江北岸。❽雍　縣名。治今陝西鳳翔西南，屬右扶風。❾右校　右校令，官名。西漢將作大匠屬官有右校令。東漢初不置，至安帝延光三年始復置。秩六百石，掌右工徒。臣工犯法，或送左、右校服工役。❿左校令丞　左校丞，官名。西漢將作大匠屬官左校令下所置丞。東漢初不置，至安帝延光三年始復置，為右校令佐官。⓫頻陽　縣名。治今陝西富平東北。⓬陽翟　縣名。為潁川郡治所，故治在今河南禹州。⓭高柳　縣名。治今山西陽高西北。⓮梁王堅　劉堅（？—西元一二四年），東漢宗室，漢明帝之孫，梁節王劉暢之子。劉暢卒，嗣爵為王。凡立二十六年，卒謚恭王。見本書卷五十。⓯耿寶　（？—西元一二五年），字君達，扶風茂陵人，牟平侯耿襲之子。其妹為清河孝王慶姬，為安帝嫡母。安帝親政後，擢其監羽林左騎，拜大鴻臚。延光三年，位至大將軍，為安帝所親信，位尊權重，與中常侍樊豐等譖陷太尉楊震，又譖廢皇太子劉保為濟陰王。安帝卒，閻太后迎立北鄉侯為天子，閻氏專權，遂以阿附宦官之罪，將耿寶罷免，貶爵為則亭侯，遣就國，迫其於道中自殺。見本書卷十九。⓰敦煌　郡名。治今甘肅敦煌西。轄境相當今甘肅疏勒河以西及以南地區。⓱度遼營　度遼將軍屯駐地區。《漢官儀》：「度遼將軍屯五原曼柏縣。」⓲右趾　刑罰名。指因罪斷其右足者。⓳歷城　縣名。西漢置。治今山東濟南西。又稱歷下，因南對歷山，城在山下得名。

【語譯】夏季四月乙丑日，安帝進入皇宮，到祖廟和父廟祭祀。壬戌日，沛國上奏說豐縣降下甘露。戊辰日，光祿勳馮石擔任太尉。

2　五月，南匈奴左日逐王反叛，派遣使匈奴中郎將馬翼討伐並擊敗了他們。日南郡境外的蠻夷歸屬了漢朝。

3　六月，鮮卑進犯玄菟郡。庚午日，閬中發生山崩。辛未日，右扶風上奏說在雍縣有白鹿出現。辛巳日，派遣侍御史分別巡視青、冀二州的災害情況，監督審訊盜賊。

4　秋季七月丁酉日，首次恢復設置了右校令、左校丞官職。日南郡境外的蠻夷首領到京師進貢。左馮翊上奏說在頻陽縣、衙縣降下了甘露。潁川郡上奏說其境內有樹木枝幹連生。白鹿、麒麟在陽翟縣出現。鮮卑進犯高柳縣。梁王劉堅去世。

5　八月辛巳日，大鴻臚耿寶擔任大將軍。戊子日，潁川郡上奏說在陽翟縣出現了一頭麒麟、兩隻白虎。

6 九月丁酉日，廢黜皇太子劉保為濟陰王。乙巳日，詔令將郡國和中都官所關押的死罪囚犯減罪一等，送往敦煌、隴西以及度遼營；其中，被判處右趾刑以下的罪犯和逃亡罪犯可以用錢財贖罪，根據不同情況，各有數量差別。辛亥日，濟南國上奏說在歷城縣出現了黃龍。庚申日是這一月的最後一天，發生了日蝕。

1 冬十月，行幸長安。壬午，新豐❶上言鳳皇集西界亭❷。丁亥，會三輔守、令、掾史❸於長安，作樂。閏月乙未，祠高廟，遂有事❹十一陵❺，歷觀上林、昆明池❻。遣使者祠太上皇❼于萬年❽，以中牢❾祠蕭何❿、曹參⓫、霍光⓬。

2 十一月乙丑，至自長安。

3 十二月乙未，琅邪⓭言黃龍見諸縣⓮。

4 是歲，京師及郡國二十三地震；三十六雨水，疾風，雨雹。

【章旨】以上記載安帝在延光三年冬巡視長安之事，以及全年自然災害發生的情況。

【注釋】❶新豐　縣名。西漢置。今陝西臨潼東北。漢高帝劉邦定都關中，因其父思歸故里，乃於故秦驪邑仿豐地街巷築城，並遷故舊居此，以娛其父。高帝十年改名新豐。東漢靈帝末，陰槃縣寄治於此，縣治遷城東零水畔。❷西界亭　鄉亭名。故址在今陝西臨潼東北。東漢新豐縣西南。❸掾史　佐吏屬官的通稱。秦漢時期，中央及地方各級官府中，均置有掾史之吏。概而言之，掾史不分；具體而言，掾史有別，掾高於史。❹有事　祭祀。❺十一陵　即高祖長陵、惠帝安陵、文帝霸陵、景帝陽陵、武帝茂陵、昭帝平陵、宣帝杜陵、元帝渭陵、成帝延陵、哀帝義陵、平帝康陵。❻昆明池　苑池名。漢武帝元狩三年（西元前一二〇年）鑿，故址在西漢都邑長安城外西南上林苑中，一說在上林苑外。即今陝西西安西南灃水和潏水之間，周圍四十里。宋後涸竭湮廢。❼太上皇　秦漢稱皇帝父親為太上皇，或簡稱上皇。此處太上皇指漢高祖劉邦之父。❽萬年縣名。漢高帝葬太上皇於櫟陽（今陝西富平東南）北原，陵號「萬年」，因分櫟陽縣境置萬年縣，以後奉陵邑，與櫟陽同城而治，屬左馮翊。❾中牢　即少牢。古代祭祀用羊、豕二牲曰少牢。❿蕭何　（?—西元前一九三年），沛（今江蘇沛縣）人。秦末，隨劉邦起兵。入咸陽後，注意收集律令圖書。劉邦封漢王，任丞相。楚漢戰爭中，薦韓信為大將，自己鎮守關中，整頓後方，輸送士卒、糧餉。漢朝建立，劉邦以其功最大，封為酇侯。後定律令制度，協助劉邦、呂后計誅韓王信等異姓諸侯王，拜為相國。惠帝二年（西元前一九三年），卒於官，諡文終侯。⓫曹參　（?—西元前一九〇年），沛人。秦末，為沛縣獄吏，從劉邦起兵，屢有大功。西漢建立，封平陽侯，為齊相。惠帝即位後，繼蕭何為丞相。任相國三年，卒於任上，諡曰懿侯。⓬霍光　（?—西元前六八年），字子孟，河東平陽（今山西臨汾）人。驃騎將軍霍去病異母弟。武帝時，任奉車都尉、光祿大夫，封博陸侯。後元二年，任大司馬大將軍，受遺詔輔佐少主昭帝。繼昭帝位的昌邑王劉賀淫亂，廢而立宣帝。地節二年，卒於官，諡宣成侯。⓭琅邪　郡名。治今山東膠南琅邪臺西北。⓮諸縣　縣名。治今山東諸城西南。

【語譯】冬季十月，安帝巡視到達長安。壬午日，新豐縣上奏說有鳳凰聚集在西界亭。丁亥日，在長安會集三輔太守、縣令、掾史，演奏音樂。閏十月乙未日，祭祀高廟，又祭祀了十一陵，依次遊觀了上林苑、昆明池。派遣使者在萬年縣祭祀太上皇，用中牢祭祀蕭何、曹參、霍光。

2 十一月乙丑日，安帝從長安回到了京師。

3 十二月乙未日，琅邪郡上奏說在諸縣有黃龍出現。

4 這一年，京師和二十三個郡國發生了地震，有三十六個郡國發生了大水、疾風、冰雹等災害。

1 四年春正月壬午，東郡言黃龍二、麒麟一見濮陽❶。

2 二月乙亥，下邳王衍❷薨。甲辰，南巡狩。

3 三月戊午朔，日有食之。庚申，幸宛❸，帝不豫。辛酉，令大將軍耿寶行太尉事。祠章陵園廟❹，告長沙❺、零陵太守，祠定王❻、節侯❼、鬱林府君❽。乙丑，自宛還。丁卯，幸葉❾，帝崩于乘輿，年三十二。祕不敢宣，所在上食、問起居如故。庚午，還宮。辛未夕，乃發喪。尊皇后❿為皇太后。太后臨朝，以后兄大鴻臚閻顯⓫為車騎將軍，定策禁中，立章帝孫濟北惠王壽子北鄉侯懿⓬。甲戌，濟南王香⓭薨。乙酉，北鄉侯即皇帝位。

【章旨】以上記述安帝南巡以及安帝之死、北鄉侯即位之事。

【注釋】❶濮陽　縣名。治今河南濮陽西南。秦漢為東郡治所。❷下邳王衍　劉衍（?—西元一二五年），東漢明帝之子。永平十五年，立為下邳王。章帝末始就國。後因病而昏亂不明，而太子卬有罪廢，諸姬爭欲立子為嗣，連上書相告言。和帝憐之，使彭城王劉恭至下邳正其嫡庶。衍凡立五十四年，卒，諡惠王。見本書卷五十。❸宛　即宛縣，今河南南陽。❹章陵園廟　建在南陽章陵縣的光武帝父親劉欽以上五世祖宗的陵墓和宗廟。❺長沙　郡名。故治臨湘（今湖南長沙）。轄境相當今湖北南部、湖南東北部、江西西部一隅，包括今湖北蒲圻、崇陽、通城，湖南岳陽、臨湘、汨羅、湘陰、平江縣、長沙、瀏陽、株州、醴陵，江西蓮花等地。❻定王　長沙定王劉發。劉發為漢景帝之子，封長沙（今屬湖南）王。生卒年不詳，諡曰定。❼節侯　春陵節侯劉買。劉買為劉發次子，封於零道之春陵鄉（今湖南寧遠東北），為春陵侯。生卒年不詳，諡曰節。❽鬱林府君　劉外。劉買之子，光武帝之曾祖父。南郡春陵（今湖南寧遠）人，官至鬱林太守。❾葉　南陽郡葉縣。治今河南葉縣西南。❿皇后　安帝皇后閻氏。⓫閻顯　河南滎陽人，安思閻皇后之兄。元初四年（西元一一七年），以親貴嗣封北宜春侯。延光元年，任大鴻臚，更封長社侯。三年謀廢太子為濟陰王。四年，擢車騎將軍。安帝卒，與閻太后定謀，迎立章帝之孫北鄉侯劉懿為帝。是為少帝。延光四年十月，少帝卒，中黃門孫程等十九人發動宮廷政變，擁立濟陰王即位，遷太后於離宮，閻顯及其弟閻均被捕下獄而死。⓬北鄉侯懿　少帝劉懿（?—西元一二五年），章帝之孫。嗣爵封北鄉侯。延光四年，安帝卒，即皇帝位。在位僅七個月而病卒。按諸王禮節安葬，稱少帝。「懿」，《東觀漢記》及《續漢書》作「犢」。⓭濟南王香　劉香

（？—西元一二五年），東漢宗室，光武帝後裔。濟南簡王劉錯之子。嗣爵為王。有德行，好經書。叔父二人或有罪不得封，或坐法失侯，香乃上書分爵土封其子二人，使皆為列侯。凡立二十年，卒謚孝王。因無子，國遂絕。見本書卷四十二。

【語譯】四年春季正月壬午日，東郡上奏說在濮陽縣出現兩條黃龍、一頭麒麟。

2 二月乙亥日，下邳王劉衍去世。甲辰日，安帝去南方巡視。

3 三月戊午日是這一月的第一天，發生了日蝕。庚申日，到達宛縣，安帝生了病。辛酉日，命令大將軍耿寶行太尉事。祭祀章陵園廟。告訴長沙郡、零陵郡太守，祭祀定王、節侯、鬱林府君。乙丑日，安帝從宛城回返。丁卯日，到達葉縣，安帝在車中病死，年齡三十二歲。隨行人員隱瞞安帝之死，不敢宣布，所經過的地方仍然送上食物、問安。庚午日，回到宮中。辛未日傍晚，才舉行喪事。將皇后尊稱為皇太后。太后臨朝聽政，任命太后之兄大鴻臚閻顯為車騎將軍，在宮中定計，決定迎立章帝之孫濟北惠王劉壽之子北鄉侯劉懿。甲戌日，濟南王劉香去世。乙酉日，北鄉侯即皇帝位。

1 夏四月丁酉，太尉馮石為太傅，司徒劉熹為太尉，參錄尚書事❶；前司空李郃為司徒。辛卯，大將軍耿寶、中常侍❷樊豐❸、侍中❹謝惲❺、周廣❻、乳母野王君王聖❼，坐相阿黨，豐、惲、廣下獄死，寶自殺，聖徙鴈門。己酉，葬孝安皇帝于恭陵❽。廟曰恭宗。

2 六月乙巳，大赦天下。詔先帝❾巡狩所幸，皆半入今年田租。

3 秋七月，西域長史❿班勇⓫擊車師後王，斬之。

4 丙午，東海王肅⓬薨。

冬十月丙午，越巂山崩。
辛亥，少帝薨。
是冬，京師大疫。

【章旨】以上記述延光四年四月閻太后迎立少帝即位、臨朝聽政後至十月少帝病死這七個月之間所發生的大事。

【注釋】❶參錄尚書事　官名。由他官而兼領錄尚書事。❷中常侍　官名。秦置。西漢中常侍為加官，加此官者得入禁中。東漢以宦官者為之，隸少府，掌侍天子左右，從入內宮，顧問應對。原秩千石，後增秩比二千石。❸樊豐　（？—西元一二五年），東漢宦官。安帝延光三年，為中常侍。與安帝乳母王聖等人共謀，廢掉皇太子劉保。安帝卒，閻太后秉政，削奪大將軍耿寶職權，樊豐坐阿附耿寶，逮捕下獄而死。❹侍中　官名。秦始置，為丞相屬官，往來殿中，入侍天子，故名侍中。漢因置，為天子近侍官，侍從皇帝、出入宮廷、顧問應對，但不是正式職官，也無定額，只作為官員本官外新加稱號，為加官。東漢地位日尊，由加官發展成秩比二千石的實職，為皇帝心腹，多以外戚、功臣子弟及師儒重臣擔任。❺謝惲　字伯周。安帝時，任侍中，權傾內外。延光四年，坐黨附大將軍耿寶之罪，逮捕下獄而死，家屬流放日南郡。❻周廣　東漢大臣。安帝末，累官至侍中。與安帝乳母王聖等相交結，廢皇太子劉保為濟陰王。安帝卒，坐罪下獄而死。❼野王君王聖　安帝乳母，封野王君。延光三年與大長秋江京等譖太子乳母王男、廚監邴吉，殺之。其後，又為主謀，構陷太子劉保，唆使安帝將其廢為濟陰王。安帝卒，北鄉侯即位，坐阿附大將軍耿寶、中常侍樊豐之罪，被流放鴈門。❽恭陵　陵墓名。為東漢孝安皇帝劉祜之墓。延光四年三月葬，此陵依山傍勢，《伏侯古今注》：「陵山周二百六十丈，高十五丈。」故址在「洛陽東北二十七里」，即今河南洛陽東北北芒山附近。❾先帝　這裡指安帝。❿西域長史　官名。原為西域都護的屬官，但章帝不設西域都護，故此時的西域長史實際上是東漢政權派駐西域的最高長官。⓫班勇　字宜僚，扶風安陵人，班超少子。永初元年（西元一〇七年），西域反叛，為軍司馬，與其兄班雄俱出敦煌，迎都護及西域甲卒還。其後，又上書反對棄西域。安帝從其議，置西域副校尉居敦煌，羈縻西域。延光二年，為西域長史，將兵出屯柳中。出兵征討車師後部，發兵擊匈奴呼衍王，皆建有大功。永建二年，以征討焉耆誤期，下獄免官。後卒於家中。見本書卷四十七。⓬東海王肅　劉肅（？—西元一二五年），東漢宗室，東海靖王劉政之子。政卒，肅嗣爵為王。生性謙儉，謹守法度。安帝初，以西羌未平，上錢二千萬，後又復上縑萬匹，以助國家邊防費用。受到鄧太后褒獎。凡立二十三年，卒諡頃王。見本書卷四十二。

【語譯】夏季四月丁酉日，太尉馮石擔任太傅，司徒劉熹擔任太尉，參錄尚書事；前司空李郃擔任司徒。辛卯日，大將軍耿寶、中常侍樊豐、侍中謝惲、周廣、乳母野王君王聖，犯相互結黨之罪，樊豐、謝惲、周廣被捕下獄而死，耿寶自殺，王聖被流放鴈門郡。己酉日，安葬孝安皇帝於恭陵，廟號為恭宗。

2 六月乙巳日，大赦天下。詔令先帝巡視所到達的地方，都減半交納今年的田租。

3 秋季七月，西域長史班勇進攻車師後王，將他斬殺。

4 丙午日，東海王劉肅去世。

5 冬季十月丙午日，越嶲郡發生山崩。

6 辛亥日，少帝去世。

7 這一年冬季，京師發生了大瘟疫。

論曰：孝安❶雖稱尊享御，而權歸鄧氏❷，至乃損徹膳服，克念❸政道。然令自房帷❹，威不逮遠。始失根統❺，歸❻成陵敝❼。遂復計金授官❽，移民逃寇❾，推咎台衡❿，以答天眚⓫。既云哲婦⓬，亦「惟家之索⓭」矣！

贊曰：安德不升，秕⓮我王度⓯。降奪儲嫡⓰，開萌邪蠹⓱。馮石承歡⓲，楊公逢怒⓳。彼日⓴而微，遂祲㉑天路㉒。

【章　旨】在「論」中，作者對鄧太后予以抨擊；在「贊」中，作者則對安帝提出了批評。

【注　釋】❶孝安　漢安帝諡號。❷鄧氏　指鄧太后及其鄧氏外戚集團。❸克念　處心積慮地思考。❹房帷　指宮闈、宮中。這裡借指鄧太后。❺根統　指一脈相承的皇權。❻歸　終歸。❼陵敝　衰敗凋弊。❽計金授官　指納錢財買官。❾移民逃寇　指無法抵禦外寇，只有將民眾遷移，以躲避外寇。寇，這裡主要是指羌人。❿台衡　台，三台星。衡，玉衡，北斗的三星。皆為位於紫宮帝座前之星名，用以喻宰輔大臣。⓫天眚　天災。⓬哲婦　睿智的婦女。古人認為婦女的睿智大多敗事。如《詩・瞻印》：「哲夫成城，哲婦傾城。」⓭惟家之索　這裡指鄧太后專制朝政，導致國家衰敗。索，盡。《尚書・牧誓》：「牝雞之晨，惟家之索。」比喻婦女代替男子主事。雌代雄鳴則家盡，婦奪夫政則國亡。⓮秕　敗壞。⓯王度　先王的法度；王法。⓰儲嫡　太子。⓱邪蠹　蠹蟲。比喻禍害國家的奸佞。⓲承歡　迎合人意，求取歡心。⓳楊公逢怒　楊公，楊震。逢怒，指樊豐等誣陷楊震有恚恨之心，激起安帝之怒，故將楊震罷免。⓴彼日　《詩・十月之交》：「彼月而微，此日而微。」比喻為君之道。㉑祲　指陰陽之氣相侵而形成的妖氣。㉒天路　天上之路。喻指朝綱。

【語　譯】史家評論說：孝安皇帝雖然享有皇帝尊貴的名義，但權力卻掌握在鄧氏手中。鄧太后甚至於節衣縮食，處心積慮地思考治國的辦法。然而，命令從宮闈中發出，因此權威不夠。一開始就喪失了正統地位，最終導致了國家的衰敗。於是又只好用納錢財買官，將民眾遷移以躲避外寇，並將過錯推到宰輔大臣身上，以應答天降災禍的譴責。她既然被稱為睿智的婦女，也就必然會導致「家業蕩盡」了！

史官評議說：安帝品德不高，敗壞了我們的王法。剝奪貶黜太子，讓奸佞從此抬頭。馮石求得了他的歡心，楊公卻遭遇了他的憤怒。那個太陽呵，光芒微弱，於是妖氣侵犯了天道。

【研　析】本卷名曰〈孝安帝紀〉，但安帝在位十九年，親政僅四年。因此，本卷其實是以安帝的名義而主要記述鄧太后的政治活動及其臨朝聽政時期的大事。

鄧太后自幼喜好讀書，史稱其「志在典籍，不問居家之事。晝修婦業，暮誦經典，家人號曰『諸生』」。其父鄧訓，遇事無論大小，都要與她詳細商議。入宮後，又跟從曹大家學習經書，兼通天文算術。是中國古代難得的女才人。

鄧太后主政後，正值東漢歷史開始由盛轉衰。面對頻發的自然災害和國內尖銳的社會矛盾，她厲行節儉，嚴格約束鄧氏家族，對親屬犯罪無所寬容，並能積極採取一系列較為有效的措施，竭力緩和統治集團內部矛盾，因此還能基本穩定東漢政治經濟下滑的局面。

但由於中國古代歧視婦女，反對婦女過問政治，因此，凡是女主聽政，大多都會遭到猛烈的抨擊，如果是睿智的女主，那就更不能為人所接受了。本書作者范曄在本卷「論」中所謂「既云哲婦，亦『惟家之索』矣」，即在背後連帶出「哲婦傾城」、「牝雞之晨」之類的惡毒言語，具有強烈的偏見，抹殺了鄧太后的政治功績。

漢安帝是一個最無能的皇帝。他在親政後，因遭到長期壓抑後而導致他做出了倚靠乳母和宦官、誅滅鄧氏、重用耿氏和閻氏，為提高自己威信而四處巡視、鼓勵地方官員獻祥瑞嘉兆、廢除太子等一系列極不明智的舉動。使統治集團內部矛盾更加尖銳，社會危機日益嚴重。薛瑩《後漢記‧安帝紀》「贊」對安帝的批評要比范曄強烈得多：「安帝之初，委政太后，十有餘年。及親萬機，佞邪始進，閹宦用事，寵加私愛，阿母王聖，勢傾朝廷，遂樹姦黨，搖動儲副。山陵未乾，蕭牆作難，兵交禁省，社稷殆危。」這是符合當時實際的。

漢安帝去世後，以閻太后為首的閻氏外戚勢力又迎立少帝，一度把持了朝政。但經歷火併後勢力已大為衰減的外戚集團，很快就被勢力急劇膨脹的宦官集團所擊敗。順帝的即位，標誌著東漢歷史上最黑暗的宦官政治由此正式開始。（徐立群注譯）

卷六

孝順孝沖孝質帝紀第六

【題解】本卷是漢順帝劉保、漢沖帝劉炳、漢質帝劉纘三人的合傳。而主要記錄的是順帝在位十九年的情況。首先記他登皇帝位的波折，他受到外戚閻家的迫害，靠宦官之力才登上皇位。在位期間，內憂外患不斷。由於社會階級矛盾尖銳突出，所以造反的人此起彼伏，連年不斷，朝廷雖派兵鎮壓，有時又招降利誘，但難以平息幾乎是全國範圍內的動亂。外部羌人、鮮卑人、匈奴人的劫掠騷擾也始終不止，順帝朝既無力征伐，又懷柔不成，始終處於被動防守地位。本傳儘管突出了順帝寬厚仁慈的一面，一有天災，就大赦天下，救濟貧民。但從社會諸多矛盾及官吏的頻繁更換看王朝正江河日下，走向衰亡。沖帝二歲即死，質帝九歲被鴆殺，突出反映了封建專制制度的黑暗與腐敗。

1 孝順皇帝諱保❶，安帝之子也。母李氏，為閻皇后❷所害。永寧元年❸，立為皇太子。延光三年❹，安帝乳母王聖、大長秋❺江京、中常侍❻樊豐譖❼太子乳母王男、廚監邴吉，殺之，太子數為歎息。王聖等懼有後禍，遂與豐、京共構陷❽

太子，太子坐廢為濟陰王。明年三月，安帝崩，北鄉侯[9]立，濟陰王以廢黜，不得上殿親臨梓宮[10]，悲號不食，內外群僚莫不哀之。及北鄉侯薨，車騎將軍閻顯[11]及江京，與中常侍劉安、陳達等白太后[12]，祕不發喪，而更徵立諸國王子，乃閉宮門，屯兵自守。

2 十一月丁巳，京師及郡國十六地震。是夜，中黃門[13]孫程等十九人[14]共斬江京、劉安、陳達等，迎濟陰王於德陽殿西鍾[15]下，即皇帝位，年十一。近臣尚書[16]以下，從輦到南宮[17]，登雲臺[18]，召百官。尚書令[19]劉光等奏言：「孝安皇帝聖德明茂，早棄天下。陛下正統，當奉宗廟，而姦臣交搆，遂令陛下龍潛蕃國[20]，群僚遠近莫不失望。天命有常，北鄉不永，漢德盛明，福祚孔章[21]。近臣建策，左右扶翼，內外同心，稽合神明。陛下踐祚[22]，奉遵鴻緒，為郊廟主，承續祖宗無窮之烈，上當天心，下猒民望。而即位倉卒[23]，典章多缺，請條案禮儀，分別具奏。」制曰：「可。」乃召公卿百僚，使虎賁、羽林士屯南、北宮諸門[24]。閻顯兄弟聞帝立，率兵入北宮，尚書郭鎮與交鋒刃，遂斬顯弟衛尉[25]景。戊午，遣使者入省，奪得璽綬，乃幸嘉德殿[26]，遣侍御史[27]持節收閻顯及其弟城門校尉[28]耀、執金吾[29]晏，並下獄誅。己未，開門，罷屯兵。壬戌，詔司隸校尉[30]：「惟閻顯、江京近親當伏辜誅，其餘務崇寬貸。」壬申，謁高廟。癸酉，謁光武廟。

3 乙亥，詔益州刺史㉛罷子午道㉜，通褒斜路㉝。

4 己卯，葬少帝㉞以諸王禮。司空㉟劉授免㊱。賜公卿以下錢穀各有差。十二月甲申，以少府㊲河南陶敦為司空。

5 令郡國守相視事未滿歲者，一切得舉孝廉吏。

6 癸卯，尚書奏請下有司，收還延光三年九月丁酉以皇太子為濟陰王詔書。奏可。

7 京師大疫。

8 辛亥，詔公卿、郡守、國相，舉賢良方正、能直言極諫之士各一人。尚書令以下從輦幸南宮者，皆增秩賜布各有差。

【章　旨】順帝劉保被安帝皇后閻氏廢黜太子，在宦官孫程等人的扶持下登上帝位，為後來宦官把持朝政埋下隱患。

【注　釋】❶孝順皇帝諱保　〈謚法〉：「慈和徧服曰順。」據《伏侯古今注》：「保之字曰守。」❷閻皇后　安思閻皇后諱姬，河南滎陽人。祖父閻章，明帝永平年間為尚書。父閻暢。后有才色，安帝元初二年（西元一一五年）立為皇后。后專房妒忌。帝幸宮人李氏，生皇子保，遂鴆殺李氏。參見本書卷十下。❸永寧元年　西元一二〇年。永寧，漢安帝第三個年號。❹延光三年　西元一二四年。延光，漢安帝第五個年號。❺大長秋　《漢書・百官公卿表》：「詹事，秦官，掌皇后、太子家，有丞。屬官有太子率更……又中長秋……諸宦官皆屬焉。成帝鴻嘉三年省詹事官，並屬大長秋。將行，秦官，景帝中六年更名大長秋，或用中人，或用士人。」光武中興以後常用宦者充任這種皇后宮中近侍的官職。❻中常侍　秦始置官名，西漢沿置，出入宮廷，侍從皇帝，常為列侯至郎中的加官。東漢時則專用宦官充任此職，權力極大。❼譖　進讒言；說人的壞話。❽搆陷　設計陷人於罪。搆，同「構」。圖謀；造成；連綴。❾北鄉侯　漢章帝之孫濟北惠王劉壽之子劉懿。❿梓宮　專指皇帝的棺木。因以梓木為棺，「宮者，存時所居，緣生事死，因以為名。」（《風俗通》）⓫車騎將軍閻顯　閻顯，安帝皇后閻姬之兄。安帝死，尊皇后為皇太后，臨朝，以其兄閻顯為車騎將軍，掌管軍隊，定策禁中。⓬太后　此處指安帝皇后閻姬。⓭中黃門　指宦官。漢代給事內廷的官員，皆以宦官充任，與黃門令一起，皆可稱作黃門。⓮孫程等十九人　其具體名字及擁立順帝過程詳見本書卷七十八。孫程因擁立有功，封浮陽侯。其餘十八人，如中黃門王康等，也同時封侯，各有上千戶到上萬戶的食邑，這是轟動當時流傳歷史的「十九侯」。⓯德陽殿西鍾　東漢的德陽殿在洛陽崇賢門內。西鍾，西邊懸鐘的閣樓。⓰尚書　尚為執掌之意，故又稱掌書。戰國時所置官名，秦、漢因之，在皇帝左右辦事，掌管文書章奏。東漢時正式成為協助皇帝處理政務的官員。⓱南宮　南宮本為南方的列宿，東漢時又以此比擬尚書省官署，此處指秦時在洛陽所建的宮殿，「其址在洛陽東北二十六里洛陽故城中」。（見《史記正義》引《括地志》）⓲雲臺　在洛陽南宮，為宮中之高臺。有雲臺廣德殿。⓳尚書令　本秦代所置官名，為少府的屬官，西漢因之。東漢時因三公權力削弱，政務皆歸尚書，尚書令成為直接對君主負責、總攬一切政令的首腦。相當魏晉以後的丞相或宰相之職。⓴龍潛蕃國　真龍天子潛隱在諸侯國裡。指劉保本是太子，是未來的皇帝，卻被廢為濟陰王。蕃，通「藩」。籬笆，作屏障解。蕃國，藩屏王室的諸侯國或所屬國。《周禮・秋官・大行人》：「九州之外謂之蕃國。」㉑福祚孔章　皇帝的福分十分彰明。祚，福。孔，甚；很。章，同「彰」。鮮明。㉒踐祚　登基；登上皇位。祚，皇位。㉓倉卒　今多作倉猝，匆忙急促之意。㉔虎賁羽林士句　虎賁，本義為如猛虎之奔走，喻其勇猛。後作官名。《周禮・夏官》有虎賁氏，掌君王出入儀仗護衛之事。漢武帝建元三年初置期門郎，至平帝元始元年更名虎賁郎，置中郎將主宿衛，無常員，多至千人。後作為勇士的通稱。羽林，本義為天上的星座名，《史記・天官書》：「北宮玄武，……其南有眾星，曰羽林天軍。」後以此作皇帝衛軍的名稱。漢武帝太初元年置建章營騎，掌宿衛侍從。後改名羽林騎。宣帝命中郎將騎都尉監羽林，率郎百人，稱作羽林郎。光武中興後，以征伐之士勞苦者充任宮廷衛隊，故曰羽林士。㉕衛尉　漢時九卿之一，掌管宮門警衛，景帝時曾改稱中大夫令，不久又恢復原名。㉖嘉德殿　漢時宮殿名，在洛陽南宮。㉗侍御史　秦置官名，漢代因之，在御史大夫下，或給事殿中，或舉劾非法，或督察郡縣，或奉使出外執行指定任務。東漢別置治書侍御史，晉以後又有殿中侍御史、御史中丞、監察御史等名稱，職權範圍大略相當或專職性更強。㉘城門校尉　西漢時置，職掌京師城門的屯兵，隸南軍。東漢沿置不改。校尉，武官名稱，略次於將軍，常隨其職務冠以名號。如城門校尉。㉙執金吾　官名。掌管京師治安的長官。金吾，兩端塗金的銅棒，此官手持此棒以示權威。一說，「吾」讀「御」，掌執金革以禦非常。另一說，金吾，鳥名，主辟不祥。天子出行，職主先導，以禦非常，故執此鳥之象，因以名官。㉚司隸校尉　司隸本為《周禮・秋官》稱司寇之官，負責管理奴隸、俘虜以給勞役，捕盜賊。漢武帝征和四年，初置司隸校尉，領兵千餘人，捕巫蠱，督察大奸猾。後罷所領兵，使察三輔（京兆尹、左馮翊、右扶風）、三河（河內、河南、河東）、弘農七郡。東漢時仍領七郡，相當於州刺史。治所在洛陽。㉛益州刺史　漢代的益州所轄範圍大體上為今陝西南部、湖北西部、四川、重慶、雲、貴等省所屬地面。下轄十三個郡國，即：漢中郡、巴郡、廣漢郡、蜀郡、犍為郡、牂牁郡、越巂郡、益州郡、永昌郡、廣漢屬國、蜀郡屬國、犍為屬國、右益州。詳見本書〈郡國五〉。刺史，州郡軍政長官。西漢時為監察官，官階低於郡守。東漢時掌握一州的軍政大權，居郡守之上。有時改稱州牧。㉜子午道　古隘道名。漢平帝元始五年（西元五年）開闢的從關中至漢中的通道。自陝西長安杜陵穿過南山（秦嶺）逕至漢中。古代以北方為子，南方為午，因道通南北，故稱子午道。㉝褒斜路　位於陝西西南部的一條古代通道。是沿著褒水（南流入沔）、斜水（北流入渭）所形成的褒斜谷修成的通道。全長四百七十里。通道山勢險峻，歷代鑿山架木，於中絕壁上修成棧道。為古代川陝間之交通要道。㉞少帝　指北鄉侯劉懿。延光四年三月被閻顯等扶上帝位，到十一月即病死。㉟司空　漢代的司空掌水土事。凡營城起邑、浚溝洫、修墳防之事，則議其利，建其功。凡四方水土功課，歲盡則奏其殿最而行賞罰。凡郊祭之事，掌掃除樂器，大喪則掌將校覆土。凡國有大造大疑，諫爭，與太尉同。東漢時又稱大司空。㊱免　免職。㊲少府　戰國時所置官名。秦漢相沿，為九卿之一。掌山海池澤收入和皇室手工業製造，為皇帝的私府。東漢時掌宮中御衣、寶貨、珍膳等。

【語　譯】孝順皇帝的名字叫劉保，是安帝劉祜的兒子。他的母親是宮女李氏，是被閻皇后鴆殺而死的。永寧元年，劉保被立為皇太子。延光三年，安帝的乳母王聖、大長秋江京、中常侍樊豐向皇帝進讒言，說太子乳母王男、廚監邴吉的壞話，導致王男、邴吉被殺。太子對此二人被冤死，屢屢為之歎息。王聖等害怕將來太子報復，自己以後有災禍，於是就夥同樊豐、江京一起，設計謀陷害太子，因此劉保獲罪被廢除太子名號，降為濟陰王。第二年，延光四年三月，安帝劉祜病逝，北鄉侯劉懿被立為嗣皇帝。濟陰王劉保因已被廢黜，不能上殿親自到停放其父靈柩的棺材前跪拜祭悼，內心悲痛憤恨，大聲號哭，不進飲食。朝廷內外的眾多官員，沒有人不對他表示同情的。等到八個月後，北鄉侯劉懿死去，閻皇后的哥哥車騎將軍閻顯，夥同江京，與中常侍劉安、陳達等，一起向已是皇太后的閻姬稟報請示，隱瞞新嗣君的死訊，祕不發喪，同時向各諸侯王國暗中徵求合適人選，想重新再立他們能控制的新皇帝。怕發生變亂，就緊閉宮門，派兵駐紮在皇宮附近進行防守。

2 東漢安帝延光四年，十一月丁巳日，首都洛陽及十六個郡和封國發生地震。當天夜裡，中黃門孫程等共十九人，一起斬殺了參與迫害劉保的江京、劉安、陳達等。他們共同去德陽殿之西鍾樓下迎接時為濟陰王的劉保，擁立他登上皇帝的寶座，當年他十一歲。孫程等又召集尚書令以下的官員，跟著劉保乘坐的御輦，進入南宮，登上雲臺，召集百官來拜見新皇帝。尚書令劉光等奏報皇帝說：「孝安皇帝劉祜聖明的德操光明偉大，可惜過早去世，拋棄了天下。陛下您是他的親兒子，純正血統，理所當然地應繼承皇位，奉祭祖宗的太廟，但是由於奸猾之賊臣，互相勾結對您進行誣告陷害，遂使您這位真龍天子屈尊隱身於藩國，使我們這些下臣百官，不管是遠臣近臣，沒有人不痛感失望的。但是，天命是有常規非人力所能改變的，北鄉侯短命，大漢的王德隆盛昌明，福祚最為彰明深厚。遂使近侍之臣積極出謀劃策，左右正直人士大力幫扶助力，朝廷內外同心，與神明的意願一致。陛下您登上皇位，遵奉漢家偉大的統緒，成為祭祀祖宗的主祭者，繼承列祖列宗所創立的無窮的功業，對上順應天帝的心願，對下滿足臣民的期望。但是因即位倉猝匆忙，許多典章制度禮法儀式尚不完備，請准許我們分別類型考察禮儀制度，並分別呈報具奏。」順帝下制誥批准說：「可以。」於是召集三公九卿朝廷諸多官員，拜見皇帝，各司其事。派遣宮廷衛隊及首都警衛部隊分別把守南宮、北宮各處門戶。閻顯兄弟聽說劉保被擁立為皇帝，率領部隊進入北宮，值班的尚書郭鎮率衛士與之交戰，鋒刃到處，把閻顯的弟弟、當時任皇宮警衛官的閻景斬殺。十一月戊午日，順帝劉保派人突入北宮，奪得皇帝的玉璽和印綬，就率眾駕臨嘉德殿，派遣侍御史手持符節逮捕閻顯以及他的弟弟城門校尉閻耀、執金吾閻晏，將他們一起下獄，論罪處斬。己未日，洛陽城門重新開啟，守門的戒嚴部隊撤離並各回原位。十一月壬戌日，順帝下詔令給司隸校尉：「只有閻顯和江京等首惡分子的近親，應當按罪誅殺外，其餘脅從人員一定要寬恕，免予追究。」十一月壬申日，順帝到西漢開國皇帝劉邦的高廟中拜謁叩祭。癸酉日，又到中興之祖光武廟中叩謁祭拜。把他登皇帝位的大事報告給祖宗的神靈。

3 十一月乙亥日，皇帝下詔令給益州刺史，停止由漢中通長安的東路子午道的通行，開通西線褒斜道的交通。

4 十一月己卯日，用諸侯國親王死後葬禮的規格和儀式，安葬前一任的皇帝劉懿。司空劉授被免職。皇帝賞賜給公卿以下銀錢及糧食米穀等依品階高低而有級差。十二月甲申日，任命宮廷供應部長河南人陶敦為司空。

5 皇帝下詔，令各郡的郡守、各封國的國相，蒞任未滿一年的，可以突破原先的規定，即使未滿一年，也要向上舉薦孝順父母、廉潔自律的人，提拔為官為吏，以體現今帝新即位，對下廣施恩惠。

6 十二月癸卯日，尚書奏報皇帝，請准許主管部門收回延光三年九月丁酉日把太子劉保降級為濟陰王的詔書。皇帝准奏。

7 京師洛陽發生大規模傳染性疾病，如瘟疫之類。

8 十二月辛亥日，皇帝下詔書，令中央的公卿大臣，各州郡的太守，各封國的國相，向朝廷推薦品德賢良、高尚正直，能夠直率地提出意見和建議，敢於糾正君主錯誤的優秀人士各一人。下詔，尚書令以下，凡是跟隨皇帝車駕到南宮參與擁立的官員，每人都提升品級，賞賜布疋，按官階高低貢獻大小，各有不同等級差別。

1 永建元年❶春正月甲寅，詔曰：「先帝聖德，享祚未永，早棄鴻烈。姦慝緣間，人庶怨讟，上干和氣，疫癘為災。朕奉承大業，未能寧濟。蓋至理之本，稽弘德惠，蕩滌宿惡，與人更始。其大赦天下。賜男子爵，人二級，為父後、三老、孝悌、力田人三級，流民欲自占者一級；鰥、寡、孤、獨、篤癃❷、貧不能自存者粟，人五斛；貞婦帛，人三匹。坐法當徙，勿徙；亡徒當傳❸，勿傳。宗室以罪絕，皆復屬籍。其與閻顯、江京等交通者，悉勿考❹。勉修厥職，以康我民。」

2 辛未，皇太后閻氏崩。

3 辛巳，太傅馮石、太尉劉熹、司徒李郃免❺。

4 二月甲申，葬安思皇后。

5 丙戌，太常❻桓焉為太傅；大鴻臚❼朱寵為太尉，參錄尚書事；長樂少府九江朱倀為司徒。賜百官隨輦宿衛及拜除者布各有差。

6 隴西鍾羌❽叛，護羌校尉馬賢討破之。

7 夏五月丁丑，詔幽、并、涼州刺史❾，使各實二千石以下至黃綬❿，年老劣弱不任軍事者，上名。嚴敕障塞⓫，繕設屯備，立秋之後，簡習戎馬。

8 六月己亥，封濟南王錯⓬子顯為濟南王。

9 秋七月庚午，衛尉來歷為車騎將軍⓭。

10 八月，鮮卑寇代郡⓮，代郡太守李超戰歿。

11 九月辛亥，初令三公、尚書入奏事。

12 冬十月辛巳，詔減死罪以下徙邊；其亡命贖，各有差。

13 丁亥，司空陶敦免。

14 鮮卑犯邊。庚寅，遣黎陽⑮營兵出屯中山⑯北界。告幽州刺史，其令緣邊郡增置步兵，列屯塞下。調五營弩師⑰，郡舉五人，令教習戰射。

15 壬寅，廷尉張皓為司空。

16 甲辰，詔以疫癘水潦，令人半輸今年田租；傷害什四以上，勿收責；不滿者，以實除之。

17 十二月辛巳，賜王、主、貴人、公卿以下布各有差。

18 二年春正月戊申，樂安王鴻來朝。

19 丁卯，常山王章薨。

20 二月，鮮卑寇遼東、玄菟⑱。

21 甲辰，詔稟貸荊、豫、兗、冀四州⑲流冗⑳貧人，所在安業之；疾病致醫藥。

22 護烏桓㉑校尉耿曄率南單于擊鮮卑，破之。

23 三月，旱，遣使者錄囚徒。

24 疏勒國[22]遣使奉獻。

25 夏六月乙酉，追尊謚皇妣李氏為恭愍皇后，葬于恭北陵。

26 西域長史班勇、敦煌太守張朗討焉耆、尉犂、危須三國[23]，破之；並遣子貢獻。

27 秋七月甲戌朔，日有食之。

28 壬午，太尉朱寵、司徒朱倀罷。庚子，太常劉光為太尉，錄尚書事[24]；光祿勳[25]許敬為司徒。

29 辛丑，下邳王成薨。

30 三年春正月丙子，京師地震，漢陽地陷裂。甲午，詔實覈傷害者，賜年七歲以上錢，人二千；一家被害，郡縣為收斂。乙未，詔勿收漢陽今年田租、口賦。

31 夏四月癸卯，遣光祿大夫案行漢陽及河內、魏郡、陳留、東郡[26]，稟貸[27]貧人。

32 六月，旱。遣使者錄囚徒，理輕繫。

33 甲寅，濟南王顯薨。

34 秋七月丁酉，茂陵園寢災[28]，帝縞素[29]避正殿。辛亥，使太常王龔持節告祠茂陵。

35 九月，鮮卑寇漁陽㉚。

36 冬十二月己亥，太傅桓焉免。

37 是歲，車騎將軍來歷罷。

【章旨】順帝即位之後，確實想有所作為。永建元年詔書反映出「廣施恩惠」的寬仁之政。但內憂外患不斷，很難有什麼大的作為。

【注釋】❶永建元年　西元一二六年。永建，東漢順帝劉保在位第一個年號，西元一二六—一三二年。❷篤癃　指病重或殘疾之人。篤，指病勢沉重。癃，同「癃」。衰弱多病。❸傳　逮捕；傳訊。❹考　通「拷」。考究；追究。❺太傅句　太傅，漢代為輔導太子的官。太尉，為全國軍政首腦。西漢時與丞相、御史大夫並稱三公。漢武帝時改稱大司馬。東漢時，太尉、司徒、司空，並稱三公。司徒，西周時始置官。掌管國家的土地和人民，官司籍田，負責徵發徒役。有時又稱大司徒，有時又改稱丞相。據《東觀漢記》：「馮、劉以阿黨權貴，李郃以人多疾疫免。」馮石，字次初，馮魴之孫。詳見本書卷三十三。❻太常　為九卿之一，掌宗廟禮儀，兼掌選試博士。❼大鴻臚　漢武帝前曾稱「典客」，原為掌管接待少數民族等事的官職，後逐漸變為贊襄禮儀之官。❽隴西鍾羌　隴西，郡名。地當今甘肅東南部一帶。羌是我國古代西南部少數民族之一種，鍾羌為羌人的一個分支。❾幽并涼州刺史　幽州，在今河北北部、北京、遼寧一帶。并州，範圍約為今山西太原以北及內蒙古河套一帶地區。涼州，今甘肅蘭州以西大部地區。刺史，地方長官。郡曰太守，州曰刺史。❿使各實二千石句　實，驗實；查實。二千石，指太守。黃綬，黃色印綬。指丞、尉等佐貳之官。《漢書・百官公卿表》：「凡吏秩……比二百石以上，皆銅印黃綬。」⓫嚴勑障塞　嚴格地命令各防守邊疆屏障關塞的守軍將令。勑，同「敕」、「勅」。皇帝的命令。⓬濟南王錯　濟南國為漢代郡、國名，故地當今山東章丘一帶。劉錯，東漢宗室，南陽蔡陽（今湖北棗陽）人，濟南安王劉康之子。⓭車騎將軍　領名指揮官，是次於全國武裝總司令大將軍的第三等將軍（第二等為「驃騎將軍」）。⓮代郡　戰國趙武靈王置。因位處古代國地，故名。秦、西漢治所在代縣（今河北蔚縣東北）。東漢移治高柳縣（今山西陽高西北）。⑮黎陽　縣名。屬魏郡。黎山在其南，河水經其東，縣取山之名，取水之陽以為名。故城在今河南浚縣東北。⑯中山　郡國名。治所在今河北定州。地當今河北中部唐縣、定州一帶。⑰五營弩師　五營，即五校。校亦為營壘，或指軍隊之一部。此處五營指長水、步兵、射聲、屯騎、越騎五校尉。弩師，以弩機發射矢箭的軍隊或射手。⑱遼東玄菟　東漢時的遼東郡，位於洛陽東北三千六百里，轄十一城；玄菟郡距洛陽四千里，更往東北。故地為今之遼寧東南部一帶地區。都屬於幽州。⑲荊豫兗冀四州　荊州，相當今之河南西南部、湖北中部、湖南、廣西東北一帶，轄南陽、南郡、江夏、零陵、桂陽、武陵、長沙諸郡。豫州，為今河南中東部、山東西南、江蘇西部一帶，轄潁川、汝南、梁國、沛國、陳國、魯國等六郡國。兗州，相當今山東中西部、河南東北部一帶，轄陳留、東郡、東平、任城、泰山、濟北、山陽、濟陰等八郡國。冀州，今河北中南部一帶，轄魏郡、鉅鹿、常山、中山、安平、河間、清河、趙國、渤海等九郡國。詳見本書〈郡國志〉二、三。⑳流宂　流浪逃散的人。宂，同「冗」。逃散。㉑烏桓　我國古代民族之一，生活在今內蒙古科爾沁烏聯山一帶，與匈奴、鮮卑等族時戰時和，對漢亦時降時叛。詳見本書卷九十。㉒疏勒國　漢時西域城國之一，西當大月氏、大宛、康居孔道。故地在今新疆喀什噶爾一帶。㉓西域長史句　西域，漢代所始稱的我國西北部及以外的一大片地區，指玉門關以西、巴爾喀什湖以東及以南的廣大地區。漢武帝時曾派張騫出使西域，歷盡艱辛，建立與那裡一些城國的聯繫。宣帝時，置都護府，治烏壘城。東漢時的情況，詳見本書卷八十八。長史，漢時三公府均設長史，是頗有實權的屬官。兩漢時與少數民族鄰接各郡太守的屬官亦有長史，輔佐太守，掌一郡兵馬。兩漢將軍之屬官亦有長史，以總理幕府。班勇，字宜僚。為班超少子。本書卷四十七有傳。敦煌，郡名。在洛陽西五千里，屬涼州刺史部，轄六城。故地為今甘肅西部。焉耆、尉犂、危須，均西域城國名，故地在今新疆境內。㉔錄尚書事　漢代官名。知樞要者，並錄尚書事，位在三公之上，猶古之冢宰總己之意。㉕光祿勳　即秦時之郎中令，掌領宿衛侍從之官。㉖遣光祿大夫句　光祿大夫，戰國時始置官名，掌顧問應對，始稱中大夫，漢武帝時改稱光祿大夫，屬光祿勳。案行，按部巡察，依次巡行。漢陽，郡名。屬涼州，轄十三城，為今甘肅東部一帶。河內，郡名。轄十八城，相當今洛陽以北、黃河兩岸地區及豫北、晉南小片地域。魏郡，郡名。屬冀州，轄十七城，相當今河北南端及河南北部地區。陳留，郡名。屬兗州，轄十七城，相當今河南東部地區。東郡，屬兗州，轄十五城，相當今河南東北部地區。㉗稟貸　以糧食貸給或發給貧民。稟，通「廩」。糧倉；發給糧粟。㉘茂陵園寢灾　茂陵，西漢武帝劉徹的陵墓，在今陝西興平東北。寑，同「寢」。古帝王陵墓上的正殿，是祭祀的處所。灾，同「災」。㉙縞素　白色的絲織品，此處指白色的喪服。㉚漁陽　郡名。屬幽州，轄九城，故地相當今北京及以東附近地區。

【語　譯】孝順帝永建元年春正月甲寅日，皇帝下詔書說：「先帝有聖明的道德，可惜享受洪福未能長久，過早地拋棄了宏大的事業。奸邪之徒乘機作亂，惹得百姓怨聲載道，怨言衝天，干犯了上天的仁和之氣，以致天下疾疫流行，瘟癘猖獗成災。我奉天命承繼大業，還沒能夠安定天下，惠濟庶民。國家大治的根本，在於弘揚恩德，推行仁惠政策，蕩滌沖刷舊有的惡行宿怨，與眾人一起從頭開始新的一頁。現在要大赦天下。賜給男子爵位，每人二級；作為繼承父親的長子、三老、孝悌、力田等，每人三級；流亡百姓想要歸入戶籍的，每人一級。那些老而無妻的鰥夫、老而無夫的寡婦、幼而失去父母的孤兒、無子女的孤獨老人、重病殘疾之人、貧窮不能自養的人，都要賞給粟米，每人五斛。堅守貞節的婦女，每人賞布三匹。犯了法應判處遷徙到荒涼之地的，不要遷徙了；逃亡的囚徒罪犯受通緝應該傳捕的，不再傳捕。劉姓宗室，因為犯罪被除去宗籍絕了統緒的，全部恢復原來的屬籍。那些與閻顯、江京等一班奸臣有來往相勾結的人，全部不再追究、拷訊。各行各業及各種官位的臣僚，都要勤勉地盡心盡力於自己的本職，以使我大漢百姓能夠康復元氣，得到實際好處。」

2　正月辛未日，皇太后閻姬逝世。

3　正月辛巳日，太傅馮石、太尉劉熹、司徒李郃被免去職務。

4　二月甲申日，安葬安思皇后閻姬。

5　二月丙戌日，太常桓焉升為太傅；大鴻臚朱寵升為太尉，主管宮廷機要；長樂宮少府九江人朱倀升任為司徒。賞賜百官中跟隨皇帝車輦和住宿警衛以及新任命拜除的官員布匹，數量有級差，各不相同。

6　隴西鍾羌反叛，護羌校尉馬賢率軍征討，大破叛軍而平定之。

7　夏五月丁丑日，皇帝下詔令，讓幽州、并州、涼州等州刺史，查實太守及以下至比二百石以上的副職佐貳等官，凡年老劣弱不能勝任軍事訓練喪失戰鬥能力的，都登記姓名上報。嚴厲命令邊界各障塞，修繕增設屯守的設備，增強防守力量。待立秋之後，對守軍兵馬進行軍事訓練和軍事演習，檢閱操練，增強實戰能力。

8 六月己亥日，封濟南王劉錯的兒子劉顯為濟南王。

9 秋七月庚午日，任命皇城的警衛官來歷為車騎將軍。

10 八月，鮮卑部族侵犯劫掠代郡，代郡太守李超在戰鬥中犧牲。

11 九月辛亥日，開始准許太尉、司徒、司空及尚書，進入皇宮內奏事。

12 冬季，十月辛巳日，皇帝下詔，死罪以下的犯人可減罪徙往邊地戍守。那些逃亡的犯人若繳納一定量的財物准許贖罪，數量各自不等。

13 十月丁亥日，司空陶敦被免官。

14 鮮卑侵犯邊地。十月庚寅日，調遣內地黎陽大營的駐軍到北部中山藩國的北界集結駐紮。詔告幽州刺史，令緣邊郡增派部署步兵，分列屯駐於塞下。同時，選拔調撥長水等五校尉營的弩師，每郡推舉五人，進行射箭訓練，讓弩師教習實戰發射。

15 十月壬寅日，掌刑獄的廷尉張皓，升任為掌全國工程的司空。

16 十月甲辰日，皇帝下詔，由於有些地方發生傳染病及水澇等災害，令災區百姓當年只繳納一半田租；受害程度達十分之四以上的，免收當年田租；不足十分之四的，以實際災情減免蠲除。

17 十二月辛巳日，賞賜給親王、公主、貴人、公卿以下諸人布匹，數目各不等。

18 永建二年春正月戊申日，樂安王劉鴻進京朝見皇帝。

19 正月丁卯日，常山王劉章逝世。

20 二月，鮮卑軍隊入侵劫掠遼東郡和玄菟郡。

21 二月甲辰日，皇帝下詔令，貸給荊州、豫州、兗州、冀州四地的流浪逃離家鄉的窮人糧穀，他們所在的當地官府給予安置就業；有疾病的要給與醫藥治療。

22 護烏桓的校尉官耿曄率領已附漢的南匈奴部單于，攻擊鮮卑，打敗了他們。

23 三月，天旱不雨，派遣使者審理甄別在押囚犯。

24 疏勒國派遣使臣向大漢朝廷奉禮進獻貢品。

25 夏六月乙酉日，追尊劉保的生母李氏諡號為恭愍皇后，移葬於順帝之父安帝劉祜的恭北陵。

26 西域長史班勇和敦煌郡太守張朗率軍征討焉耆、尉犁、危須三個城國，打敗了他們。三國都派國君的兒子入侍並貢獻物品。

27 秋七月甲戌日為本月初一，發生日蝕。

28 七月壬午日，太尉朱寵、司徒朱倀被罷官。七月庚子日，提升太常劉光為太尉，主管宮廷機要，位在三公之上。任命光祿勳許敬為司徒。

29 辛丑日，下邳王劉成去世。

30 順帝永建三年，春正月丙子日，京師洛陽發生地震。京西漢陽郡有地方出現地面塌陷及裂成溝壕現象。正月甲午日，下詔查實受地震災害損傷百姓的情況。賜給災民銅錢，凡七歲以上的，每人二千。全家遇害的，郡縣官府負責為他們收斂遺體埋葬。乙未日，朝廷下令，當年不再向漢陽郡收取田租和按人口收的賦稅。

31 夏季的四月癸卯日，派遣光祿大夫巡行查實地震災區漢陽郡以及河內、魏郡、陳留、東郡等地區受災情況，發給或借給貧苦人們糧食。

32 六月，大旱。朝廷派使臣甄別在押犯人，清理犯輕罪而被囚繫的人。

33 六月甲寅日，濟南王劉顯逝世。

34 秋七月丁酉日，西漢武帝的陵園正殿發生火災。順帝身穿白色喪服避離正殿，以示孝思哀戚。八月辛亥日，派遣太常王龔持符節代表皇帝到茂陵禱告祭祀武帝英靈。

35 九月，鮮卑族入侵漁陽郡。

36 冬十二月己亥日，太傅桓焉免職。

37 本年，車騎將軍來歷被罷免官職。

1 四年春正月丙寅，詔曰：「朕託王公之上，涉道日寡，政失厥中❶，陰陽氣隔❷，寇盜肆暴，庶獄彌繁，憂悴❸永歎，疢如疾首❹。詩云：『君子如祉，亂庶遄已。』三朝❺之會，朔旦立春，嘉與海內洗心自新。其赦天下。從甲寅赦令已來復秩屬籍，三年正月已來還贖。其閻顯、江京等知識婚姻❻禁錮，一原除之。務崇寬和，敬順時令，遵典去苛，以稱朕意。」

2 丙子，帝加元服。賜王、主、貴人、公卿以下金帛各有差。賜男子爵及流民欲占者人一級，為父後、三老、孝悌、力田人二級；鰥、寡、孤、獨、篤癃、貧不能自存帛，人一匹。

3 二月戊戌，詔以民入山鑿石，發洩藏氣，勑有司檢察所當禁絕，如建武、永平故事。

4 夏五月壬辰，詔曰：「海內頗有災異，朝廷修政，太官減膳，珍玩不御。而桂陽太守文礱，不惟竭忠，宣暢本朝，而遠獻大珠，以求幸媚，今封以還之。」

5 五州雨水。秋八月庚子，遣使實覈死亡，收斂稟賜。

6 丁巳，太尉劉光、司空張皓免。

7 九月，復安定、北地、上郡歸舊土❼。

8 癸酉，大鴻臚龐參為太尉[8]，錄尚書事。太常王龔為司空。

9 冬十一月庚辰，司徒許敬免。

10 鮮卑寇朔方[9]。

11 十二月乙卯，宗正[10]劉崎為司徒。

12 是歲，分會稽為吳郡[11]。拘彌國[12]遣使貢獻。

13 五年春正月，疏勒[13]王遣侍子，及大宛[14]、莎車[15]王皆奉使貢獻。

14 夏四月，京師旱。辛巳，詔郡國貧人被災者，勿收責今年過更[16]。京師及郡國十二蝗。

15 冬十月丙辰，詔郡國中都官[17]死罪繫囚皆減罪一等，詣北地、上郡、安定戍。

16 乙亥，定遠侯班始坐殺其妻陰城公主，腰斬，同產皆棄市[18]。

17 六年春二月庚午，河間[19]王開薨。

18 三月辛亥，復伊吾[20]屯田，復置伊吾司馬一人。

19 秋九月辛巳，繕起太學。

20 護烏桓校尉耿曄遣兵擊鮮卑，破之。

21 丁酉，于闐王[21]遣侍子貢獻。

22 冬十一月辛亥㉒，詔曰：「連年災潦，冀部尤甚。比蠲除實傷，贍恤窮匱，而百姓猶有棄業，流亡不絕。疑郡縣用心怠惰，恩澤不宣。易美『損上益下』㉓，書稱『安民則惠』㉔。其令冀部勿收今年田租、芻稾㉕。」

23 十二月，日南徼外葉調國、撣國遣使貢獻㉖。

24 壬申，客星出牽牛㉗。

25 于闐王遣侍子詣闕貢獻。

【章旨】社會動盪不安，「寇盜肆暴，庶獄彌繁」，各種矛盾尖銳突出。定遠侯班始殺妻子陰城公主，「同產皆棄市」是本部分的突出事件。同時「連年災潦」、「百姓流亡不絕」，反映社會矛盾進一步激化。

【注釋】❶厥中　其中，正中之道，亦即儒家倡導的中庸之道，即不偏不易，無事不達於和諧的境界，是儒家提倡的最高道德標準。❷陰陽氣隔　陰陽兩氣被阻隔，不能達到互相轉化互相交流的和諧順暢的程度。陰陽是中國古代哲學家解釋宇宙、世界和人類社會各種現象萬事萬物的最基本的概念，凡相對的事物，均賦以陰陽的概念，如天和地、日和月、男和女、正和反等等，陰陽平衡則吉，反之則凶。❸憂悴　憂愁；憔悴。❹疢如疾首　就像得了熱病頭痛不止的難受。疢，熱病；發燒寒戰。疾首，頭痛如裂；亦表示怨恨之深。❺三朝　指正月初一早晨，是歲之朝，月之朝，日之朝。❻知識婚姻　指人與人相知互識及結為兒女親家等較密切的關係。知識，此處作相識見知之人解。不作通常用的「人對事物的認識」解。婚姻，指男女娶嫁之事，也指親家。《爾雅・釋親》：「壻之父為姻，婦之父為婚。……壻之父母，婦之父母，相謂為婚姻。」❼復安定北地上郡歸舊土　恢復安定郡、北地郡、上郡等三郡郡守治所，遷回原地。安帝永初五年（西元一一一年），由於羌軍入侵，東漢政府下令將安定郡政府由高平（今甘肅固原）遷美陽（今陝西武功），北地郡政府由富平（今寧夏靈武）遷池陽（今陝西涇陽），上郡政府由膚施（今陝西綏德）遷衙縣（今陝西白水縣）。郡政府內遷以避羌人鋒芒。今回遷原地，表明西部邊境地區相對平定。❽太尉　漢時三公之一，為全國軍政首腦，約相當近代的武裝力量總司令。❾朔方　郡名。屬并州，轄六城，故地為今山西北部及內蒙古與之相鄰地區。❿宗正　九卿之一，為管理皇族事務機關的官員，多由皇族中人充任。⓫分會稽為吳郡　將會稽郡中的一部分劃出來設置吳郡。地當今之浙北、杭州、蘇州、上海一帶。⓬拘彌國　漢時西域城國之一，本作扜彌，治寧彌城。故地在今新疆和闐東。詳見本書卷八十八。⓭疏勒　古代西域城國名稱。西當大月氏、大宛、康居孔道，故地在今新疆喀什噶爾一帶。⓮大宛　古代西域城國名稱。北通康居，西南鄰大月氏，盛產名馬。⓯莎車　古代西域城國名稱。在今新疆塔里木盆地西部，三國時併入疏勒。詳見本書卷八十八及《漢書・西域傳》。⓰過更　秦漢時所徵收的一種以錢代更役的賦稅。男子年二十三至五十六，須輪番戍邊服兵役，稱為「更」即輪番更替之意，不能前去的得出錢入官，政府雇人代替，此錢稱「更賦」，官府把錢給戍者，叫過更。⓱中都官　漢代稱京師諸官府。⓲定遠侯班始三句　班始是班超長孫班雄之子，娶清河孝王劉慶的女兒陰城公主為妻。此公主乃順帝劉保之姑，名賢得。「貴驕淫亂，與嬖人居帷中，而召始入，使伏床下。」凡血性男兒誰能受此羞辱，始積怒，憤而殺公主。順帝大怒，腰斬班始。棄市，古代死刑之一種，在鬧市處決犯人，執行死刑，陳屍街頭示眾。⓳河閒　漢代封國名。屬冀州刺史部，轄十一城，故地為今河北中部地區。⓴伊吾　漢代郡名。東漢置伊禾都尉管理。治今新疆哈密。㉑于闐王　于闐國國王。于闐為西域城國名，又作于窴，為今新疆和田一帶。㉒十一月辛亥　十一月無辛亥日，應為十二月初三日。㉓易美損上益下　《易經》讚揚減損位高居上多餘的來增加補充處於下位弱勢的。即《老子》所說，天之道，損有餘以補不足之意。見《易經・益卦》：「損上益下，人悅無疆。」㉔書稱安民則惠　《書》裡稱說「安定百姓則上下和睦友愛。」見《尚書》：「安人則惠，黎人懷之。」惠，愛也。㉕田租芻稾　田租，在古代指官府按田畝向人民徵收的賦稅，後來則指佃農向地主交納的糧食或錢物稱田租。芻稾，常作芻藁，餵牲口的乾草。㉖日南徼外句　日南郡的境外葉調國、撣國派遣使臣來朝廷進奉貢品。日南，在今越南境內。秦時為象郡，漢武帝元鼎六年（西元前一一一年）更名日南郡（因其地在日之南）。徼外，境外；塞外。葉調國、撣國，均為日南更往南的小國名稱，均位於今中南半島之越南中南部。㉗客星出牽牛　客星，指平常情況下沒有，卻突然發現的新星，很可能是彗星運行到了牽牛星旁。古人認為這是一種異常天象，且往往與人世社會吉凶禍福相比附，故多記錄在案。牽牛星，即河鼓二，隔銀河與織女星相對。

【語　譯】順帝永建四年，春季正月丙寅日，皇帝下詔令說：「我被王公大臣輔託於上位，親政時日尚少，執政偏離了中正之道，以致陰陽二氣被阻隔不協調。形成社會上強寇盜賊肆虐橫暴胡作非為的局面，各種刑獄更加紛繁雜亂。這使我內心憂煩不已，終日長吁短歎。心煩身熱，頭痛欲裂。《詩》中說：『君子人如能得到福祉，災難禍亂差不多可以很快停止。』今日是元旦三朝聚會之時，正逢正月初一立春之日，我真誠地讚賞四海之內的臣民都洗心革面，自覺一切重新開始。要大赦天下。從正月甲寅日赦令以來，恢復官品俸祿，歸屬以前的宗籍。從永建三年正月以來，退還用於贖罪的糧粟財物。那些與閻顯、江京等有牽連的知交和婚姻親戚受到限制禁錮的，一律全部解除禁錮。執政務必崇尚寬鬆和緩，謹慎地與天時節令順應一致，遵奉法典，除去苛刻的刑罰，以符合我的意願。」

2 正月丙子日，皇帝劉保行加冠冕之禮。賞賜給親王、公主、貴人、公卿以下金銀布帛，各有不同量差。賜給男性成年人及流亡人口中想登記入戶籍的每人爵位一級，繼承父親的長子、三老、孝悌、力田，每人二級。鰥、寡、孤、獨、病重疲弱的，貧窮不能養活自己的，每人賞賜一匹布帛。

3 二月戊戌日，下詔：因為有的百姓隨意入山鑿石，破壞了地脈元氣，下令主管官員檢察。應該禁絕，像建武和永平年間那種先例。

4 夏季五月壬辰日，皇帝下詔書說：「全國很多地方，都發生了自然災害及反常現象，朝廷上下正勵精圖治，御廚房減少或降低皇家膳食數額標準，各種珍奇賞玩之物，不再進御。但是桂陽太守文礱，不思竭盡忠悃宣暢本朝遇災修省之意，反而從遠地來進獻大顆珍珠，以求討好朝廷，諂媚邀寵。現在把大珠封好，原物退還他。」

5 五個州下大雨，鬧水災。秋八月庚子日，派使臣去災區視察核實死亡人數，官府收斂遺骸埋葬，向災民發放救濟糧食。

6 八月丁巳日，太尉劉光、司空張皓被免職。

7 九月，將原來因避羌人騷擾而內遷的安定、北地、上郡三郡郡政府，回遷至原來的治所。

8 九月癸酉日，任命大鴻臚龐參為太尉，主管宮廷機要事務。提升太常王龔為司空。

9 冬季，十一月庚辰日，司徒許敬被免職。

10 鮮卑部族侵犯朔方郡。

11 十二月乙卯日，擢升宗正劉崎為司徒。

12 本年，分出會稽郡的一部分設置吳郡。拘彌國派遣使臣來貢獻物品。

13 永建五年春季正月，疏勒國國王派遣自己的兒子入侍皇帝，及大宛國王、莎車國王都派遣使者到朝廷敬獻物品。

14 夏四月，京師洛陽大旱。四月辛巳日，下詔令各郡各封國中貧窮人口受自然災害的，不要再向他們收取替代服兵役的更賦。京師洛陽及十二個郡國境內發生蝗蟲災害。

15 冬十月丙辰日，下詔令，各郡國及京師諸官府犯死罪的正在拘押的罪人，全部減罪一等，把死刑改為流放，都到北地、上郡、安定等邊遠地區戍守邊疆。

16 十月乙亥日，定遠侯班始因犯了殺死他妻子陰城公主劉賢得的罪，被腰斬。凡是與他同母出生的兄弟姐妹，全部受牽連在鬧市中被砍頭示眾。

17 永建六年，春季二月庚午日，河間王劉開去世。

18 三月辛亥日，恢復伊吾地區的駐兵屯墾制度，恢復設置伊吾司馬一人。

19 秋九月辛巳日，重新修繕辦起皇家大學。

20 護烏桓校尉耿曄，派軍隊襲擊鮮卑，擊敗了對方。

21 九月丁酉日，于闐國國王派他的兒子到朝廷侍奉皇帝，奉獻貢品。

22 冬季，十二月辛亥日下詔書說：「國內連年發生水澇災害，冀州地面尤其嚴重。朝廷連年多次地免除實際受災人的負擔，贍養撫恤貧窮匱乏之人，但是百姓仍然有拋家捨業的，到外地流浪逃荒的不斷。朕懷疑是郡縣的地方官心存怠慢，行動懶惰，致使皇帝對臣民的恩德惠澤，沒有順暢地貫徹下去的緣故。《易》中頌揚『減損有餘，增益不足』作法，《尚書》說『百姓安定了，則知道互相愛護』，上下就會和諧。現今命令：冀州一帶不要再收繳今年的田租和餵軍馬的乾草。」

23 十二月，日南郡境外的葉調國、撣國派遣使臣到朝廷奉獻貢品。

24 十二月壬申日，有顆新的星體出現在牽牛星旁邊。

25 于闐國國王派他的兒子到朝廷侍候皇帝並奉獻貢品。

1 陽嘉元年❶春正月乙巳，立皇后梁氏❷。賜爵，人二級，三老、孝悌、力田三級，爵過公乘，得移與子若同產、同產子，民無名數及流民欲占著者人一級；鰥、寡、孤、獨、篤癃、貧不能自存者粟，人五斛。

2 二月，海賊曾旌等寇會稽，殺句章、鄞、鄮三縣長❸，攻會稽東部都尉。詔緣海縣各屯兵戍。

3 丁巳，皇后謁高廟、光武廟，詔稟甘陵❹貧人，大小口各有差。

4 京師旱。庚申，敕郡國二千石各禱名山岳瀆，遣大夫、謁者詣嵩高、首陽山❺，并祠河、洛❻，請雨。戊辰，雩。

5 以冀部比年水潦，民食不贍，詔案行稟貸，勸農功，賑乏絕。

6 甲戌，詔曰：「政失厥和，陰陽隔并，冬鮮宿雪，春無澍雨❼。分禱祈請，靡神不禜❽。深恐在所慢違『如在』之義❾，今遣侍中王輔等，持節分詣岱山❿、東海⓫、滎陽⓬、河、洛，盡心祈焉。」

7 三月，揚州六郡[13]妖賊章河等寇四十九縣，殺傷長吏。

8 庚寅，帝臨辟雍饗射[14]，大赦天下，改元陽嘉。詔宗室絕屬籍者，一切復籍；稟冀州尤貧民，勿收今年更、租、口賦。

9 夏五月戊寅，阜陵王恢薨。

10 秋七月，史官始作候風地動銅儀[15]。

11 丙辰，以太學新成，試明經[16]下第者補弟子，增甲、乙科員各十人。除郡國耆儒九十人補郎、舍人。

12 九月，詔郡國中都官繫囚皆減死一等，亡命者贖，各有差。

13 鮮卑寇遼東。

14 冬十一月甲申，望都[17]、蒲陰[18]狼殺女子九十七人，詔賜狼所殺者錢，人三千。

15 辛卯，初令郡國舉孝廉，限年四十以上，諸生通章句，文吏能牋奏，乃得應選；其有茂才異行，若顏淵、子奇[19]，不拘年齒。

16 十二月丁未，東平王敞薨。

17 庚戌，復置玄菟郡屯田六部。

18 閏月丁亥，令諸以詔除為郎，年四十以上課試如孝廉科[20]者，得參廉選，歲舉一人。

19 戊子，客星出天苑[21]。

20 辛卯，詔曰：「間者以來，吏政不勤，故灾咎屢臻，盜賊多有。退省所由，皆以選舉不實，官非其人，是以天心未得，人情多怨。書歌股肱，詩刺三事[22]。今刺史、二千石之選，歸任三司。其簡序先後，精覈高下，歲月之次，文武之宜，務存厥衷。」

21 庚子，恭陵百丈廡灾[23]。

22 是歲，起西苑[24]，修飾宮殿。

23 二年春二月甲申，詔以吳郡、會稽飢荒，貸人種糧。

24 三月，使匈奴中郎將王稠率左骨都侯[25]等擊鮮卑，破之。

25 辛酉，除京師耆儒年六十以上四十八人補郎、舍人及諸王國郎。

26 夏四月，復置隴西南部都尉官[26]。

27 己亥，京師地震。五月庚子，詔曰：「朕以不德，統奉鴻業，無以奉順乾坤，協序陰陽，灾眚屢見，咎徵仍臻。地動之異，發自京師，矜矜祇畏[27]，不知所裁。

群公卿士將何以匡輔不逮，奉荅戒異？異不空設，必有所應，其各悉心直言厥咎，靡有所諱。」

28 戊午，司空王龔免。六月辛未，太常魯國孔扶為司空。

29 疏勒國㉘獻師子、封牛㉙。

30 丁丑，洛陽地陷。是月，旱。

31 秋七月己未，太尉龐參免。八月己巳，大鴻臚沛國施延為太尉。

32 鮮卑寇代郡。

33 冬十月庚午，行禮辟雍，奏應鍾，始復黃鍾，作樂器隨月律㉚。

【章旨】各地「海賊」、「妖賊」作亂不止，朝廷也採取了一些補救措施。值得重視的是，記載了張衡「始作候風地動銅儀」，這是科技史上一件大事，值得中華兒女自豪。

【注釋】❶陽嘉元年　西元一三二年。本年又是永建七年。陽嘉，東漢順帝劉保的年號，西元一三二—一三五年。❷梁氏名妠，時二十六歲。當年劉保十八歲。❸句章鄞鄮三縣長　三縣故地為今浙江寧波一帶之慈谿、定海、奉化、象山縣、鄞縣、鎮海等地，均臨近東海，距舟山群島不遠。縣長，縣政府的主管官員，縣大的叫「令」，縣小的叫「長」。❹甘陵　西漢置厝縣。東漢安帝把孝德皇后葬於厝縣，陵名甘陵，故以此為縣名。故治在今山東臨清東北。東漢時並為清河國治所。❺嵩高首陽山　嵩高，即中嶽嵩山，在河南登封北，古稱外方，因處四方之中，山形高大，故稱嵩高。東曰太室，西曰少室，統稱嵩高。首陽山，也稱首山，又名雷首山，在今山西永濟南，傳為伯夷、叔齊餓死處。❻河洛　黃河和洛水。黃河源於青海，曲折東北流，又折向南，流經晉、陝邊界，在今三門峽又改向東，流經洛陽北面後，過河南，自山東入海。洛水，古作雒水，今名洛河，源自陝西洛南縣西北部，東入河南，經盧氏、洛寧、宜陽、洛陽，至偃師納伊河後稱伊洛河，到今鞏義之洛口流入黃河。❼澍雨　時雨；及時雨。❽禜　古代禳除災害的一種祭祀方式，臨時圈地，以芳草捆紮，圍成祭祀場所的祭祀。《左傳・昭公元年》：「山川之神，則水旱癘疫之災，於是乎禜之；日月星辰之神，則雪霜風雨之不時，於是乎禜之。」❾深恐在所慢句　擔心怠慢了神靈、祭祀時不夠莊重嚴肅，不夠虔誠恭敬。如在，《論語・八佾》：「祭如在，祭神如神在。」意思是：祭祀祖先或神靈時，內心一定要誠，態度一定要恭敬，就如同祖先或神靈在自己面前一樣。❿岱山　即泰山，五嶽之首，在今山東泰安境內。⓫東海　漢之東海郡屬徐州，轄十三城，郡治在郯城，故地相當今之山東與江蘇北部相鄰接地區。東海亦可泛指東邊的大海，不必拘泥於今日起自長江口北岸南到臺灣南端與廣東南澳島連線的那一大片海域。⓬滎陽　在今河南鄭州與洛陽之間，古濟水為四瀆之一，在此地溢為滎澤，故在此祭水神。東漢平帝後，漸漸淤為平地。⓭揚州六郡　指九江、丹陽、廬江、會稽、吳郡、豫章等六郡，故地相當今之蘇南、浙北及贛北一帶。⓮帝臨辟雍饗射　皇帝到辟雍舉行饗射之禮。辟雍，古代貴族子弟學校，或曰皇家大學，取四周有水，形如璧環而為名。又作辟廱、辟雝、璧廱。饗射，是一種古代禮儀，饗食賓客，與諸侯進行賓射之禮。古之射禮有四：將祭擇士為大射，在郊野舉行；諸侯來朝或諸侯相朝而射，為賓射，在朝廷舉行；宴飲之射為燕射，燕射在寢；卿大夫舉士後所行之射為鄉射，鄉射在州序（地方學校）。⓯候風地動銅儀　太史令張衡發明的世界上最早的測驗地震的儀器。近人以為這實際上是兩種儀器：候風儀用來測風向，地動儀用來測地震。詳見本書卷五十九。⓰明經　漢代以明經射策取士，明經指通曉經術的人。⓱望都　縣名。屬中山國，故治在今河北唐縣東北。⓲蒲陰　縣名。亦屬中山國，故城在今河北定州北邊。⓳顏淵子奇　兩位古代傑出人物。《史記・仲尼弟子列傳》：「顏回者，魯人也，字子淵。少孔子三十歲。……回年二十九，髮盡白，蚤死。孔子哭之慟。」並讚揚「賢哉回也！」子奇，《新序》曰：「子奇年十八，齊君使之化阿。至阿，鑄其庫兵為耕器，出倉廩以賑貧窮，阿縣大化。」⓴孝廉科　漢代選舉官吏的兩種科目名。孝，指孝敬父母的人。廉，指廉潔之士。㉑天苑　星官名。屬昴宿，共十六星。古人認為此是天子之苑囿，養獸之所也。㉒書歌股肱二句　《尚書》歌頌如大腿與胳膊和身體關係如此重要那樣輔佐君主的大臣。《尚書・益稷》：「帝作歌曰：『元首明哉！股肱良哉！』」《詩・雨無正》：「三事大夫，莫肯夙夜。邦君諸侯，莫肯朝夕。」意謂：三公大夫們，不肯早起晚睡盡心王事。邦國的國君諸侯們，也不肯早晚為國事操勞。三事，即三司：司徒（丞相）、司馬（大將軍或太尉）、司空。㉓恭陵百丈廡災　恭陵為漢安帝劉祜的陵園。廡，廊屋。㉔西苑　東漢時的皇家宮苑，故址在今洛陽西。而金代和元代的西苑指今之北京的三海：北海、中海、南海，勿與上混同。㉕左骨都侯　骨都侯，匈奴對異姓將領或大臣所封的較高級的稱號，視其帶兵多少則決定其權力的大小。匈奴除單于外，其臣下皆分左右，凡加「左」的都比「右」高級。㉖復置隴西南部都尉官　漢武帝元朔四年（西元前一二五年），初置南部都尉於隴西郡臨洮縣，中興以來撤銷。至本年又恢復設置。㉗矜矜祇畏　提心吊膽地又敬又怕。矜矜，戒慎莊重；小心謹慎。祇，恭敬。畏，害怕。㉘疏勒國　漢代西域城國名。故地在今新疆喀什一帶。㉙師子封牛　獅子和峰牛。師子，今作獅子。封牛，也作「峰牛」、「犎牛」，是一種脖子上隆起肉塊的牛。封，隆起；高出。㉚作樂器隨月律　中國古代樂器的樂調分十二律。用竹管或金屬管作成的定音或候氣的儀器叫「律」，又叫「律呂」。其中陽六曰律，陰六曰呂。律為黃鍾、太蔟、姑洗、蕤賓、夷則、無射；呂為大呂、夾鍾、仲呂、林鍾、南呂、應鍾。把樂律與時令相合稱月律。《禮記・月令》：「正月律中太蔟，二月律中夾鍾，三月律中姑洗，四月律中仲呂，五月律中蕤賓，六月律中林鍾，七月律中林則，八月律中南呂，九月律中無射，十月律中應鍾，十一月律中黃鍾，十二月律中大呂。」

【語　譯】陽嘉元年，春季正月乙巳日，貴人梁氏立為皇后。賜爵，每人二級。三老、孝悌、力田，每人三級，爵位超過公乘這種爵位的，可以將爵位移讓給兒子或同母兄弟、同母兄弟之子。百姓沒有戶籍以及流亡的百姓想要登記戶口入籍的，每人一級。鰥夫、寡婦、孤兒、孤老、重病疲弱的、貧窮人不能養活自己的，要賜給糧食，每人五斛粟。

2　二月，海上的盜賊曾旌等人騷擾侵犯會稽郡，殺死句章、鄞縣、鄮縣三縣縣長，攻擊會稽東部的帶兵長官及部隊。皇帝下詔令，臨近東海各縣分，都要各自集結兵力戍守海疆。

3　二月丁巳日，皇后分別拜謁叩祭高祖劉邦及世祖光武帝的神廟。下詔賑濟甘陵窮人糧食，按大人小孩人口不同則救濟糧多少有差別。

4　京師地區大旱。二月庚申日，敕令各郡國俸祿為兩千石的太守及相應官員，各自到名山大川祭拜祈禱。派遣大夫和謁者到嵩山、首陽山祭拜山神，同時要祭祀黃河、洛河的水神，祈求降雨。戊辰日，舉行祈雨的祭祀活動。

5　因為冀州一帶連年水澇成災，百姓食物不足，皇帝下詔令有關官吏巡察賑濟，借公倉糧給百姓度荒，鼓勵百姓積極從事農業生產，賑濟那些貧窮無依走投無路的人。

6 二月甲戌日，皇帝下詔書說：「近來朝政失掉中和正則，陰陽二氣阻隔不通，冬天少有積雪，春天沒有時雨。分別祈禱請求上蒼，沒有神靈不祭祀的。祭時恭敬虔誠，深怕違背了聖人教導的『如在』之義。現在派遣侍中王輔等，持符節分別到泰山、東海、滎陽、黃河、洛水等處神廟所在地，全心全意、誠心誠意地祈求禱祭。」

7 三月，揚州所屬六郡，利用妖術作亂的賊人章河等，侵擾掠犯四十九個縣，殺傷政府官員。

8 三月庚寅日，順帝劉保親臨皇家大學宴請諸侯及大臣，舉行饗射之禮儀，宣布大赦天下，改元陽嘉。詔令劉姓宗室因各種原因失去宗籍的，都可以恢復宗籍；貸糧食給冀州災區特別貧困的災民，而且不收那裡當年的更賦、田租、人頭稅。

9 夏季，五月戊寅日，阜陵王劉恢去世。

10 秋季七月，太史令張衡最早製作出候風地動銅儀。

11 八月丙辰日，因為皇家大學新近落成，考試明經科落第的人可以補為弟子，增加甲科、乙科每科各十名。任命郡國中年老博學的儒者九十人補為郎官和舍人。

12 九月，詔令郡國和中都官犯法被繫押的死囚犯罪減一等，逃亡在外的可以交粟或錢贖罪，視情節輕重所交錢穀各不相同。

13 鮮卑族侵犯遼東郡。

14 冬季，十一月甲申日，望都、蒲陰二縣發生狼咬死女子九十七人的慘劇，朝廷下詔賜給被害人家每死一人三千錢。

15 十一月辛卯日，開始讓各郡及封國薦舉孝順父母和廉潔自律的人，限定被推舉者年齡在四十歲以上，為儒生的須通曉經書章句；為文吏的要能作表章奏疏，才能夠應選。如果有特別突出的才華和卓越優秀的品行，像古代年輕有為的賢人顏回、子奇那類人一樣的，可以不受年齡限制。

16 十二月丁未日，東平王劉敞去世。

17 十二月庚戌日，恢復設置玄菟郡屯田兵士六部。

18 閏十二月丁亥日，令各地因詔被任命為郎官，年齡在四十歲以上，參加考試像孝廉科的人，可以參加廉選，每年推舉一人。

19 戊子日，有外來星體在天苑星間出現。

20 閏十二月辛卯日，下詔書說：「最近以來，官員在職位上不勤政，所以災禍接連不斷地多次發生，盜賊也多處出現。朝廷退而自省，檢討原因，都是由於選拔官吏及郡國推舉人才弄虛作假，任命官員不是合適人選，因此未能上合天意，人心也多怨恚。《尚書》中歌頌那為國出力的股肱之臣，《詩》裡譏刺那些不勤王事不肯操勞的三公大臣。現在州刺史和郡太守的選拔舉任，歸司徒、太尉（司馬）、司空這三司的三公負責，選拔要排出先後次序，精細認真地審核其才幹的高低，原任職長短年月的次序，適合於文事或適合武事的特長，務須處心公平。」

21 閏十二月庚子日，安帝劉祜陵墓寢殿百丈廊廡發生火災。

22 本年，修建西苑，修飾宮殿。

23 陽嘉二年，春季二月甲申日，下詔因為吳郡、會稽郡發生饑荒，令當地政府貸給種田人種子糧食。

24 三月，使匈奴中郎將王稠率領南匈奴的左骨都侯等部出擊鮮卑，打敗了他們。

25 三月辛酉日，任命京師中年老博學的儒生六十歲以上的四十八人，補為郎、舍人及諸王國的郎。

26 夏季四月，恢復設置隴西郡南部都尉官署及都尉官。

27 四月己亥日，京師洛陽地震。五月庚子日，順帝頒布詔書說：「我以不德之人，繼承了皇帝大業，沒有能夠敬順天地，協調陰陽，因而各類災患屢屢出現，各種過失犯罪的徵兆接連不斷地到來。地動這種災異，竟然在京師發生，使我戒慎小心，敬畏恐懼，不知如何裁斷決策才好。你們大家，群公卿士將用什麼辦法措施，來匡正輔佐我顧及不到的地方，來應對上天警戒的災異？災異不會憑空而降，一定在人事上有所對應，大家各自要盡心地直言朝廷的過失，不要有什麼忌諱顧慮。」

28 五月戊午日，司空王龔被免職。六月辛未日，太常魯國孔扶被任命為司空。

29 疏勒國獻給朝廷獅子和峰牛。

30 六月丁丑日，洛陽發生地面塌陷。當月，大旱。

31 秋季，七月己未日，太尉龐參被免職。八月己巳日，大鴻臚沛國人施延被任命為太尉。

32 鮮卑族入侵劫掠代郡。

33 冬十月庚午日，到辟雍舉行典禮，奏與十月對應的應鍾，開始恢復十一月律中黃鍾。以後作樂器都要符合月律，與時令和諧一致。

1 三年春二月己丑，詔以久旱，京師諸獄無輕重皆且勿考竟，須得澍雨。

2 三月庚戌，益州盜賊劫質令長，殺列侯。

3 夏四月丙寅，車師❶後部司馬率後部王加特奴等掩擊匈奴，大破之，獲其季母。

4 五月戊戌，制詔曰：「昔我太宗，丕顯之德，假于上下，儉以恤民，政致康乂❷。朕秉事不明，政失厥道，天地譴怒，大變仍見。春夏連旱，寇賊彌繁，元元被害，朕甚愍之。嘉與海內洗心更始。其大赦天下，自殊死以下謀反大逆諸犯不當得赦者，皆赦除之。賜民年八十以上米，人一斛，肉二十斤，酒五斗；九十以上加賜帛，人二匹，絮三斤。」

5 秋七月庚戌，鍾羌寇隴西、漢陽。冬十月，護羌校尉馬續擊破之。

6 十一月壬寅，司徒劉崎、司空孔扶免。乙巳，大司農南郡黃尚為司徒，光祿勳河東王卓為司空。

7 丙午，武都塞上屯羌及外羌攻破屯官❸，驅略人畜。

8 四年春二月丙子，初聽中官❹得以養子為後，世襲封爵。

9 自去冬旱，至于是月。

10 謁者❺馬賢擊鍾羌，大破之。

11 夏四月甲子，太尉施延免。戊寅，執金吾❻梁商為大將軍，前太尉龐參為太尉。

12 六月己未，梁王匡薨。秋七月己亥，濟北王登薨。

13 閏月丁亥朔，日有食之。

14 冬十月，烏桓寇雲中。十一月，圍度遼將軍耿曄於蘭池❼，發諸郡兵救之，烏桓退走。

15 十二月甲寅，京師地震。

【章旨】各種自然災害不絕，北方西方有烏桓、鍾羌作亂，邊境不得安寧。

【注釋】❶車師　漢時西域城國名，分車師前國和車師後國。前國又名前部，治交河城；後國又名後部，治務塗谷。分別為今新疆的吐魯番及吉木薩爾一帶。漢武帝時曾遣諸國兵共破車師，其王內屬。後叛屬匈奴。東漢和帝時竇憲破北匈奴，車師震慴，前後王曾各遣子入侍。❷康乂　安治。《尚書・康誥》：「若保赤子，惟民其康乂。」乂，「刈」的本字。治理；太平。❸武都句　武都，郡名。屬涼州，轄七城，今甘肅東部一帶。羌族，漢代境外一個相當大的民族，居無定所，游牧於西部車師等國之東，蜀之北，大約相當今青海一帶地域，分成許多部落，有時內屬，不時侵擾。鍾羌、屯羌、外羌，為不同部落或群體。❹中官　即宦官，太監，閹臣，也叫內官，因為是在宮中宮內服務，故名。❺謁者　為國君掌傳達的官。東漢時稱宦官充任此職的為中宮謁者，屬大長秋，約相當於近代的禮賓官、贊禮官。❻執金吾　警衛官員。金吾，兩端塗金的銅棒，手執金吾的官員以此顯示權威，西漢武帝時改中尉為執金吾，東漢沿置，大略相當今之首都警備區司令。❼蘭池　城邑名。雲中郡沙南縣有蘭池城。故地在今內蒙古托克托東南。

【語譯】順帝陽嘉三年，春季二月己丑日，下詔：因為久旱不雨，京師各監獄中的犯人，無論罪行輕重，都暫且不要拷打追問使其死於獄中，等待得到時雨。

2 三月庚戌日，益州盜賊劫持令長作人質，殺死列侯。

3 夏季四月丙寅日，車師後部司馬率後部國王加特奴等襲擊匈奴，大敗其軍，俘獲了北單于的叔母。

4 五月戊戌日，皇帝發表詔書說：「從前我太宗文皇帝，有著偉大光明的節操，憑藉上下之力，生活節儉體恤百姓，政治得到安定治理。我行事不明，執政失去正道，天地神靈譴責憤怒，大的災變屢次出現。春夏兩季持續乾旱，強寇盜賊頻頻發生，黎民百姓受到戕害，我十分憐憫他們。我真誠地與全國人民一起洗心革面，重新開始。要大赦天下，自斬首以下除謀反大逆諸犯不應被赦免以外，其餘全部赦免他們。賜給年齡在八十歲以上的黎民每人一斛米，二十斤肉，五斗酒；九十歲以上的，增加賜品，每人帛二匹，絮三斤。」

5 秋季，七月庚戌日，鍾羌入侵寇略隴西郡和漢陽郡。冬季十月，護羌校尉馬續出擊打敗了他們。

6 十一月壬寅日，司徒劉崎、司空孔扶被免職。十一月乙巳日，大司農南郡人黃尚提升為司徒，光祿勳河東人王卓提升為司空。

7 丙午，武都郡塞上屯羌及外羌攻破屯官，驅迫擄掠人口和牲畜。

8 順帝陽嘉四年，春季二月丙子日，開始准許宦官可以養子為後人，允許養子一代代承襲宦官得到的爵位。

9 自西元一三四年冬季起大旱，一直延續到這個月。

10 謁者馬賢攻擊鍾羌部，大敗其軍。

11 夏季，四月甲子日，太尉施延免官。四月戊寅日，任命執金吾梁商為大將軍，任命前太尉龐參再當太尉。

12 六月己未日，梁王劉匡去世。秋季七月己亥日，濟北王劉登去世。

13 閏八月丁亥日是本月初一，發生日蝕。

14 冬季十月，烏桓部進犯雲中郡。十一月，把度遼將軍耿曄圍困在蘭池城。朝廷趕忙派兵去援救他，烏桓部才撤走。

15 十二月甲寅日，京師洛陽一帶地震。

1 永和元年❶春正月，夫餘❷王來朝。

2 乙卯，詔曰：「朕秉政不明，灾眚屢臻。典籍所忌，震食為重。今日變方遠❸，地搖京師，咎徵不虛，必有所應。群公百僚其各上封事，指陳得失，靡有所諱。」

3 己巳，宗祀明堂，登靈臺，改元永和，大赦天下。

4 秋七月，偃師❹蝗。

5 冬十月丁亥，承福殿火，帝避御雲臺❺。

十一月丙子，太尉龐參罷。

十二月，象林❻蠻夷叛。

乙巳，以前司空王龔為太尉。

二年春正月，武陵蠻叛，圍充縣，又寇夷道❼。

二月，廣漢屬國❽都尉擊破白馬羌。

武陵太守李進擊叛蠻，破之。

三月辛亥，北海王翼薨。

乙卯，司空王卓薨。丁丑，光祿勳馮詡郭虔為司空。

夏四月丙申，京師地震。

五月，日南叛蠻攻郡府。

秋七月，九真、交阯❾二郡兵反。

八月庚子，熒惑犯南斗❿。

江夏盜賊殺邾長⓫。

冬十月甲申，行幸長安，所過鰥、寡、孤、獨、貧不能自存者賜粟，人五斛。

庚子，幸未央宮⓬，會三輔郡守、都尉及官屬，勞賜作樂。十一月丙午，祠高廟。

丁未，遂有事十一陵。丁卯，京師地震。十二月乙亥，至自長安。

20 三年春二月乙亥，京師及金城[13]、隴西地震，二郡山岸崩，地陷。戊子，太白犯熒惑。

21 夏四月，九江[14]賊蔡伯流寇郡界，及廣陵[15]，殺江都[16]長。

22 戊戌，遣光祿大夫案行金城、隴西，賜壓死者年七歲以上錢，人二千；一家皆被害，為收斂之。除今年田租，尤甚者勿收口賦。

23 閏月，蔡伯流等率眾詣徐州刺史應志降。

24 己酉，京師地震。

25 五月，吳郡丞羊珍反，攻郡府，太守王衡破斬之。

26 六月辛丑，琅邪王遵薨。

27 九真太守祝良、交阯刺史張喬慰誘日南叛蠻，降之，嶺外平。

28 秋七月丙戌，濟北王多薨。

29 八月己未，司徒黃尚免。九月己酉[17]，光祿勳長沙劉壽為司徒。

30 丙戌，令大將軍、三公各舉故刺史、二千石及見令、長、郎、謁者、四府掾屬[18]剛毅武猛有謀謨任將帥者各二人，特進[19]、卿、校尉各一人。

31 冬十月，燒當羌寇金城，護羌校尉馬賢擊破之，羌遂相招而叛。

32 十二月戊戌朔，日有食之。

【章旨】各地蠻夷叛亂不斷，朝廷雖然鎮壓撫慰並用，但未能最終平定叛亂，社會進入混亂階段。

【注釋】❶永和元年　西元一三六年。永和，東漢順帝劉保的年號，西元一三六－一四一年。❷夫餘　也作「扶餘」。古國名。位於今東北松花江流域，地宜五穀，居民務農；東漢時，與中原交往頗密。詳見本書卷八十五。❸日變方遠　指在零陵才能看到的日蝕，洛陽看不到，故曰「方遠」。❹偃師　縣名。屬河南郡。商代時，盤庚自河北遷都於此，為新都，南亳地。相傳周武王伐紂時，曾在此築城休整，故名。今日之河南偃師為其故地。❺雲臺　本泛指高聳入雲的臺閣。此處專指洛陽南宮中之雲臺，上建有廣德殿，明帝時曾繪製中興功臣三十二人的圖像於雲臺，即在此處。❻象林　縣名。屬交州所轄的日南郡，故地在今越南南部。❼武陵蠻叛三句　武陵蠻，疑即今日湘西之土家族的祖先，叛亂地區即今日著名風景區張家界一帶。充縣，屬武陵郡，故城在澧州崇義東北，即今湖南大庸一帶。夷道，屬南郡，今湖北宜都及宜昌附近。❽廣漢屬國　故北部都尉，屬廣漢郡，安帝時以為屬國都尉，別領三城，故地為今甘肅文縣一帶。❾九真交阯　九真郡故地在今越南北部，交阯郡故地為今廣東廣州一帶，二郡俱屬交州。❿熒惑犯南斗　熒惑星的光芒沖犯了南斗星區，從地面用肉眼看，七寸內光芒相及叫「犯」。熒惑，即火星。由於火星呈紅色，熒熒像火，亮度常有變化，而且在天空中運行時，由於與地球公轉速度不同，從地面望去，有時從西向東，有時又從東向西，情況複雜，令人迷惑，故古人稱之為「熒惑」。南斗，即斗宿。為二十八宿之一，因位於北斗之南，故稱南斗。⓫江夏盜賊殺邾長　江夏郡的叛亂民眾殺死了邾縣縣長。江夏郡屬荊州，為今湖北中部一帶。轄十四城。邾縣屬江夏郡，故地在今湖北黃岡境內。⓬未央宮　西漢時最有名的宮殿之一，高祖七年（西元前二〇〇年），蕭何主持營造，倚龍首山建前殿，立東闕、北闕、武庫、太倉等，周圍二十八里。豪極一時，西漢初期許多大事在這裡發生。故址在今陝西西安西北長安故城內西南角。⓭金城　郡名。屬涼州，轄十城，郡治在允吾。故城在今甘肅皋蘭西北黃河北岸。今日蘭州稱金城。⓮九江　郡名。屬揚州，轄十四城。故地為今安徽合肥及以南地區。⓯廣陵　郡名。屬徐州刺史部，轄十一城。故地為今江蘇揚州一帶。⓰江都　廣陵郡所屬縣名。故址在今江蘇揚州東南。⓱九月己酉　應指九月庚午朔。己酉日則為十月十一日。⑱掾屬　漢代權力較重的官員自行辟舉的屬員，分曹治事，通稱掾史。⑲特進　西漢末期始置的官位名，以授列侯中之有特殊地位者，可以自己徵辟僚屬。

【語譯】永和元年，春季正月，夫餘國國王來京師朝拜皇帝。

2 正月乙卯日，皇帝發布詔書說：「我執掌國政不夠清明，因而災患屢屢發生。典籍中所大為忌諱的，以地震和日蝕最為嚴重。現今日蝕的變異發生在遠方，我們沒看到，而地震搖動了京師，人所共察。過失的徵兆不會平空出現，一定和朝政有所對應。諸位大臣及各位臣下要各上奏章言事，指摘陳述朝政的得失，不要有什麼忌諱。」

3 正月己巳日，天子在明堂祭祀祖宗。登上靈臺，希望與上天進行心靈溝通。改年號為永和，大赦天下。

4 秋季七月，位於洛陽東邊的偃師縣蝗蟲成災。

5 冬季十月丁亥日，承福殿火災，順帝御駕避居於雲臺。

6 十一月丙子日，太尉龐參被罷官。

7 十二月，大漢國土最南部的象林地方的蠻族叛漢。

8 十二月乙巳日，任命前司空王龔為太尉。

9 順帝永和二年春季正月，武陵郡的蠻人反叛，圍攻充縣城，又攻擊夷道。

10 二月，廣漢屬國都尉攻擊羌人白馬部並打敗他們。

11 武陵郡太守李進攻擊叛變的蠻人，打敗了他們。

12 三月辛亥日，北海王劉翼去世。

13 三月乙卯日，司空王卓逝世。三月丁丑日，任命光祿勳左馮翊人郭虔為司空。

14 夏季，四月丙申日，京師洛陽地震。

15 五月，日南郡叛亂的蠻人圍攻郡政府。

16 秋季七月，九真和交阯兩郡的士兵造反。

17 八月庚子日，熒惑星沖犯南斗星宿。

18 江夏郡的盜賊殺死鄳縣縣長。

19 冬季，十月甲申日，順帝劉保巡視西都長安，一路所經過的地方，賜給鰥夫、寡婦、孤兒、孤老、貧窮人不能養活自己的，每人五斛粟。十月庚子日，皇帝駕幸未央宮，在這裡會見三輔的郡守、都尉及其所屬官員，慰勞他們，賞賜物品，進行演奏作樂等活動。十一月丙午日，順帝到高帝神廟祭祀。丁未日，祭祀西漢十一位皇帝的陵寢。十一月丁卯日，首都洛陽地震。十二月乙亥日，順帝自長安返回洛陽。

20 順帝永和三年，春季二月乙亥日，京師洛陽及金城郡、隴西郡一帶發生地震，此二郡內有的山崖崩塌，有的地方地面下陷。二月戊子日，金星運行侵犯了火星的位置。

21 夏季四月，九江郡盜賊蔡伯流侵擾郡界，危害波及到廣陵郡，殺死了江都縣縣長。

22 四月戊戌日，朝廷派遣光祿大夫巡察金城、隴西地震災區，賜錢給被壓死的人家，七歲以上的每人二千；全家遇難的，官家負責收斂埋葬。免收當年的田賦，受災尤為嚴重的地區，不要再徵收人口稅。

23 閏四月，九江叛亂者蔡伯流等率領部眾到徐州刺史應志處投降。

24 閏四月己酉日，京師洛陽又地震。

25 五月，吳郡丞羊珍反叛，攻擊郡政府，太守王衡擊敗並斬殺了他。

26 六月辛丑日，琅邪王劉遵去世。

27 九真郡太守祝良、交阯刺史張喬撫慰勸誘日南郡的反叛蠻族，招降了他們。嶺南地區動亂平息。

28 秋季，七月丙戌日，濟北王劉多去世。

29 八月己未日，司徒黃尚被免職。九月初一庚午日，任命光祿勳長沙人劉壽為司徒。

30 九月丙戌日，命令大將軍、三公各自舉薦過去任過刺史和太守的以及現在正任縣令、縣長、郎、謁者、四府的掾屬中剛強、堅毅、勇武、迅猛並且富有謀略可勝任將帥的人才，各薦舉二人，特進、卿、校尉，各推薦一人。

31 冬季十月，羌人的燒當部落侵擾金城，護羌校尉馬賢反擊並打敗了他們。羌人於是互相招引叛亂擾邊。

32 十二月初一戊戌日，有日蝕發生。

1 四年春正月庚辰，中常侍張逵、蘧政、楊定等有罪誅❶，連及弘農太守張鳳、安平相楊晧，下獄死。

2 三月乙亥，京師地震。

3 夏四月癸卯，護羌校尉馬賢討燒當羌，大破之。

4 戊午，大赦天下。賜民爵及粟帛各有差。

5 五月戊辰，封故濟北惠王壽子安為濟北王。

6 秋八月，太原郡旱，民庶流冗。癸丑，遣光祿大夫案行稟貸，除更賦。

7 冬十月戊午，校獵上林苑❷，歷函谷關而還。十一月丙寅，幸廣成苑❸。

8 五年春二月戊申，京師地震。

9 夏四月庚子，中山王弘薨。

10 南匈奴左部句龍大人吾斯、車紐等叛，圍美稷❹。

11 五月，度遼將軍馬續討吾斯、車紐，破之，使匈奴中郎將陳龜迫殺南單于❺。

12 己丑晦，日有食之。

13 且凍羌寇三輔，殺令長。

14 丁丑，令死罪以下及亡命贖，各有差。

15 九月，令扶風、漢陽築隴道塢❻三百所，置屯兵。

16 辛未，太尉王龔罷。

17 且凍羌寇武都，燒隴關❼。

18 壬午，太常桓焉為太尉。

19 丁亥，徙西河郡居離石，上郡居夏陽，朔方居五原❽。

20 句龍吾斯等東引烏桓，西收羌胡，寇上郡，立車紐為單于。冬十一月辛巳，遣使匈奴中郎將張耽擊破之，車紐降。

21 六年春正月丙子，征西將軍馬賢與且凍羌戰于射姑山❾，賢軍敗沒，安定太守郭璜下獄死。

22 詔貸王、侯國租一歲。

23 閏月，鞏唐羌寇隴西，遂及三輔。

24 二月丁巳，有星孛于營室❿。

三月，武威太守趙沖討鞏唐羌，破之。

庚子，司空郭虔免。

乙巳，河間王政薨。

丙午，太僕趙戒為司空。

夏五月庚子，齊王無忌薨。

使匈奴中郎將張耽大破烏桓、羌胡於天山[11]。

鞏唐羌寇北地。

秋七月甲午，詔假民有貲者戶錢一千。

八月丙辰，大將軍梁商薨；壬戌，河南尹梁冀為大將軍。

九月，諸種羌寇武威[12]。

辛亥晦，日有食之。

冬十月癸丑，徙安定居扶風，北地居馮翊。

十一月庚子，以執金吾張喬行車騎將軍事，將兵屯三輔。

【章旨】中常侍張逵等被誅殺，反映朝廷內部鬥爭之激烈。安定、北地等郡治之內遷，說明漢廷對邊患的無能為力。朝廷向「有貲者」借錢，反映國家財政已捉襟見肘。

【注釋】❶中常侍張逵句　中常侍為皇帝寢殿侍奉宦官。張逵、蘧政、楊定等，因欲陷害大將軍梁商，順帝未聽。他們勾結大臣，欲罷黜劉保，另立新君。陰謀未遂，倉皇出逃。後被捕入獄，定罪伏誅。詳見本書卷三十四。❷校獵上林苑　到上林苑中圍獵。打獵時，先設下柵欄以便圈圍野獸，然後獵取，謂之校獵。校的本義是木柵欄。上林苑，西漢之上林苑在長安西，規模宏大，司馬相如有〈上林賦〉歌頌此苑。此處指東漢的上林苑，在洛陽城西。❸廣成苑　也稱廣成澤，為皇帝狩獵之所。故址在今河南臨汝西。東漢馬融作〈廣成頌〉，描寫狩獵之事並進行諷諫，即指此苑。詳見本書卷六十上。❹美稷　縣名。屬西河郡，故城在今內蒙古自治區準噶爾旗西北。❺使匈奴中郎將句　南匈奴左部叛亂，南匈奴單于樂提休利並未參加吾斯等人的陰謀，為解除漢廷懷疑，主動向護匈奴中郎將梁并道歉表白。時梁并臥病，太原郡守陳龜時被任命為使匈奴中郎將，認為樂提休利不能控制部下，便逼迫他及左賢王自殺。此舉引起南匈奴未叛部落的疑慮不安，東漢政府將陳龜逮捕下獄，免去官職。❻隴道塢　沿隴道構築的屯兵的土堡或小城。隴，為甘肅東部六盤山南端的別稱，其地為今陝西隴縣至甘肅平涼一帶。漢在甘肅東南一帶設隴西郡，其溝通右扶風至漢陽郡之間的通道稱隴道。❼隴關　隴山之關隘，故城在今陝西寶雞西北部。❽丁亥四句　西河、上郡、朔方三郡都屬并州。離石，在今山西離石境。夏陽，在今陝西韓城境內。五原，在今內蒙古包頭西北。❾射姑山　在今甘肅慶陽北。❿營室　即室宿，為玄武七宿之一，有二星與東壁二星相連成口字形。⓫天山　即祁連山，匈奴語稱「天」為「祁連」，在今甘肅境內。此處不是指位於今新疆境內的天山。⓬武威　郡名。屬涼州，轄十四城，為今甘肅中部一帶。

【語譯】順帝永和四年，春季正月庚辰日，中常侍張逵、蘧政、楊定等因罪而被誅殺。弘農太守張鳳、安平國相楊皓因受牽連被逮捕下獄而死。

2 三月乙亥日，京師洛陽地震。

3 夏季，四月癸卯日，護羌校尉馬賢，率兵征討羌人燒當部落，大舉攻破他們。

4 四月二十三戊午日，大赦天下。賜給百姓爵位及糧食布匹，各有不同等差。

5 五月戊辰日，封已故濟北惠王劉壽的兒子劉安為濟北王。

6 秋八月，太原郡大旱。百姓逃荒流亡。八月癸丑日，派遣光祿大夫去災區巡察，把公倉中的糧食貸給災民，免除當地的更賦。

7 冬季十月戊午日，皇帝到上林苑中進行校獵活動，然後路經函谷關回到洛陽。十一月丙寅日，皇帝臨幸廣成苑。

8 順帝永和五年，春季二月戊申日，京師洛陽地震。

9 夏季四月庚子日，中山王劉弘去世。

10 已經歸服漢朝的南匈奴左部句龍王吾斯、車紐等人，率領部眾叛漢，圍攻南匈奴王庭所在地美稷城。

11 五月，度遼將軍馬續征討吾斯、車紐叛軍，擊敗了他們。使匈奴中郎將陳龜逼迫南匈奴單于自殺。

12 五月己丑日是本月最後一天，有日蝕發生。

13 羌族的且凍部落進犯長安周圍的三輔地區，有的縣令縣長被殺害。

14 八月丁丑日，下令，讓死罪以下的罪犯及逃亡的犯人，交納財物贖罪，視罪情輕重數量各不等。

15 九月，令扶風、漢陽間修築三百所隴道上的小城堡，安置屯兵，防止羌人入犯。

16 九月辛未日，太尉王龔被罷官。

17 羌人且凍部落攻擾武都郡，火燒隴關。

18 九月壬午日，太常桓焉升任太尉。

19 九月丁亥日，把西河郡政府遷於離石，上郡政府遷於夏陽，朔方郡政府遷於五原。

20 南匈奴的叛軍句龍部的吾斯等勾引烏桓，向西收併羌人，組成聯合軍隊進犯上郡，擁立車紐為匈奴單于。冬季十一月辛巳日，朝廷派使匈奴中郎將張耽率軍攻打叛兵，打敗了他們，車紐投降。

21 順帝永和六年，春季正月丙子日，征西將軍馬賢與羌人且凍部落會戰於射姑山，馬賢大敗，全軍覆沒，馬賢戰死。所在的安定郡，太守郭璜下獄死。

22 下詔令向諸王、諸侯貸借國租一年。

23 閏正月，羌人鞏唐部侵擾隴西郡，遂即深入到長安一帶的三輔地區。

24 二月丁巳日，有星出現在營室星宿旁。

25 三月，武威太守趙沖征討羌人鞏唐部，打敗了他們。
26 三月庚子日，司空郭虔免官。
27 三月乙巳日，河間王劉政去世。
28 丙午日，太僕趙戒被任為司空。
29 夏季，五月庚子日，齊王劉無忌去世。
30 使匈奴中郎將張耽在祁連山大敗烏桓和羌胡。
31 羌人鞏唐部入侵北地郡。
32 秋七月甲午日，下詔，向百姓中有資產的人家借錢，每戶一千。
33 八月丙辰日，大將軍梁商病逝。八月壬戌日，任命河南尹梁冀繼其父梁商之職為大將軍。
34 九月，羌族的多個部落寇略武威郡。
35 九月辛亥日是本月最後一天，有日蝕發生。
36 冬季十月癸丑日，把安定郡政府遷至長安附近的右扶風，把北地郡政府內遷至長安東之左馮翊。
37 十一月庚子日，用執金吾張喬代行車騎將軍職權，率軍駐防長安及周圍的三輔地區。

1 漢安元年❶春正月癸巳，宗祀明堂，大赦天下，改元漢安。
2 二月丙辰，詔大將軍、公、卿舉賢良方正、能探賾索隱❷者各一人。
3 秋七月，始置承華廄❸。
4 八月，南匈奴左部大人句龍吾斯與薁鞬臺耆等反叛。

5 丁卯，遣侍中杜喬、光祿大夫周舉、守光祿大夫郭遵、馮羨、欒巴、張綱、周栩、劉班等八人分行州郡，班宣風化，舉實臧否❹。

6 九月庚寅，廣陵盜賊張嬰等寇郡縣。

7 冬十月辛未，太尉桓焉、司徒劉壽免。甲戌，行車騎將軍張喬罷。十一月壬午，司隸校尉趙峻為太尉，大司農胡廣為司徒。

8 癸卯，詔大將軍、三公選武猛試用有效驗任為將校者各一人。

9 是歲，廣陵賊張嬰等詣太守張綱降。

10 二年春二月丙辰，鄯善國❺遣使貢獻。

11 夏四月庚戌，護羌校尉趙沖與漢陽太守張貢擊燒何羌於參䜌❻，破之。

12 六月乙丑，熒惑犯鎮星❼。

13 丙寅，立南匈奴守義王兜樓儲為南單于。

14 冬十月辛丑，令郡國中都官繫囚殊死以下出縑❽贖，各有差；其不能入贖者，遣詣臨羌縣❾居作二歲。

15 甲辰，減百官奉。丙午，禁沽酒，又貸王、侯國租一歲。

16 閏月，趙沖擊燒當羌於阿陽，破之。

17 十一月，使匈奴中郎將馬寔遣人刺殺句龍吾斯。

18 十二月，楊、徐盜賊攻燒城寺，殺略吏民。

19 是歲，涼州地百八十震。

20 建康元年春正月辛丑，詔曰：「隴西、漢陽、張掖、北地、武威、武都[10]，自去年九月已來，地百八十震，山谷坼裂，壞敗城寺，殺害民庶。夷狄叛逆，賦役重數，內外怨曠，惟咎歎息。其遣光祿大夫案行，宣暢恩澤，惠此下民，勿為煩擾。」

21 三月庚子，沛王廣薨。

22 領護羌校尉衛琚追討叛羌，破之。

23 南郡、江夏盜賊寇掠城邑，州郡討平之。

24 夏四月，使匈奴中郎將馬寔擊南匈奴左部[11]，破之，於是胡羌、烏桓悉詣寔降。

25 辛巳，立皇子炳為皇太子，改年建康[12]，大赦天下。賜人爵各有差。

26 秋七月丙午，清河王延平薨。

27 八月，楊、徐盜賊范容、周生等寇掠城邑，遣御史中丞馮赦督州郡兵討之。

28 庚午，帝崩于玉堂前殿，時年三十。遺詔無起寢廟，斂以故服，珠玉玩好皆不得下。

【章　旨】令罪犯出縑贖罪，向侯王國借貸租稅，說明國家財政已難以為繼。順帝在內憂外患中鬱鬱而死，遺囑「無起寢廟，斂以故服，珠玉玩好皆不得下」，是難能可貴的。

【注　釋】❶漢安元年　西元一四二年。漢安，東漢順帝劉保的年號，西元一四二－一四四年。❷探賾索隱　探求追索深奧幽隱的學問和知識。❸承華廄　東漢大型馴養馬匹的場所之一，管理官員（廄令）年俸六百石。❹臧否　善惡；褒貶。❺鄯善國　古西域城國，原名樓蘭，漢昭帝時改稱鄯善。後沒入沙漠。故地在今新疆羅布泊附近。今日新疆之鄯善，是漢代的車師前廷故地。❻參䜌　縣名。原屬涼州安定郡，後改屬北地郡，故地在今甘肅東部慶陽西北。❼鎮星　土星的別名，也作「填星」。❽縑　雙絲織成的微帶黃色的細絹。❾臨羌縣　屬涼州之金城郡，故城在青海湟源東南。❿隴西句　以上六郡，均屬涼州，為今日之甘肅河西走廊一帶地區。⓫南匈奴左部　見前永和五年，南匈奴左部，句龍吾斯叛漢，圍美稷事，故刺殺吾斯後復平定其殘部。⓬建康　順帝在位時第五次改元，為西元一四四年四月，八月他即病逝。

【語　譯】順帝漢安元年春季正月癸巳日，在明堂祭祀祖宗，大赦天下，改年號為「漢安」。

2 二月丙辰日，皇帝下詔，令大將軍、公、卿等高級官員，舉薦賢良方正能探求深奧隱微道理的人，每位各一人。

3 秋季七月，開始設置承華廄養馬官員。

4 八月，南匈奴左部首領句龍部吾斯與薁鞬部臺耆等反叛漢廷。

5 八月丁卯日，朝廷派遣侍中杜喬、光祿大夫周舉、署理光祿大夫郭遵、馮羨、欒巴、張綱、周栩、劉班等八人分別巡行視察各州郡，宣揚政風教化，褒揚賢能，依實績薦舉忠良。

6 九月庚寅日，廣陵郡的盜賊張嬰等攻擾郡縣。

7 冬季，十月辛未日，太尉桓焉、司徒劉壽被免官。十月甲戌日，代行車騎將軍張喬被罷官。十一月壬午日，任命司隸校尉趙峻為太尉，大司農胡廣為司徒。

8 十一月癸卯日，下詔令大將軍、三公，選用勇武剛猛在試用中很有成效的人任為將校的，各舉一人。

9 這一年，廣陵郡反叛者張嬰等到太守張綱處投降。

10 順帝漢安二年，春季二月丙辰日，鄯善國國王派遣使臣來奉獻貢品。

11 夏季，四月庚戌日，護羌校尉趙沖與漢陽郡太守張貢在參䜌縣一帶攻擊羌人燒當部落，打敗了他們。

12 六月乙丑日，火星運行到土星所在的位置，光芒干擾土星。

13 丙寅日，封南匈奴守義王兜樓儲為南單于。

14 冬季，十月辛丑日，下令郡國中都官拘押的囚犯死罪以下的可以交納縑帛贖罪，罪不同數量各不等，那些不能出縑贖罪的，派遣到臨羌縣勞作二年。

15 十月甲辰日，削減所有官員的俸祿。十月丙午日，禁止人們買酒賣酒。又向王、侯借國租一年。

16 閏十月，趙沖進擊羌人燒當部落於阿陽縣，打敗他們。

17 十一月，使匈奴中郎將馬寔派人刺殺句龍吾斯。

18 十二月，揚州、徐州一帶的盜賊攻城燒寺，殺官吏搶百姓財物。

19 本年，涼州一帶共發生一百八十次地震。

20 建康元年，春季正月辛丑日，皇帝下詔說：「隴西、漢陽、張掖、北地、武威、武都，從去年九月以來，發生一百八十次地震，山崩谷裂，城牆倒塌，寺廟毀壞，百姓死亡很多。中國周圍的夷狄不遵教化，叛逆朝廷，官府加給黎民的賦稅傜役，又多又重。上下內外，怨聲載道，想到我們施政的過失，令人歎息不止。現派遣光祿大夫按部巡行各地，宣揚朝廷的恩澤，給這些下民帶去恩惠福祉，不要做煩擾百姓之事。」

21 三月庚子日，沛王劉廣去世。

22 領護羌校尉衛琚追擊討伐羌人的叛變部落，打敗他們。

23 南郡、江夏郡的盜賊侵犯掠劫當地的城池，州郡發兵征討平定了暴亂。

24 夏四月，使匈奴中郎將馬寔攻擊南匈奴左部，打敗他們。在此情況下，叛漢的羌人及烏桓部落全都到馬寔處投降。

25 四月辛巳日，立皇子劉炳為皇太子，改年號為建康，大赦天下，賜給人們各級不同的爵位。

26 秋季，七月丙午日，清河王劉延平去世。

27 八月，揚州、徐州的盜賊范容、周生等反抗官府，侵犯掠劫城邑，朝廷派御史中丞馮赦督帥州郡的軍隊去征討他們。

28 八月庚午日，順帝劉保在玉堂前殿去世，時年三十歲。遺詔囑咐：不要修建寢殿宗廟，用舊衣服裝斂遺體，生前用過的珠玉珍玩愛好之物都不要下墓殉葬。

論曰：古之人君，離幽放而反國者有矣，莫不矯鑒前違，審識情偽，無忘在外之憂❶，故能中興其業。觀夫順朝之政，殆不然乎？何其傚僻之多❷與？

【章旨】在正文中，作者突出了劉保寬厚仁慈的一面，只是通過外部夷狄入侵內部叛亂不斷，反映出他執政的不成功。在此「論」中，正面指責他「傚僻之多」作為批評，可惜讀者難以了解所指的具體內容。

【注釋】❶古之人君五句　如西元前七世紀之晉公子重耳，因內亂在外流亡十九年，返國後為晉文公，曾為春秋五霸之一。《左傳》：「晉侯在外十九年矣，險阻艱難備嘗之矣，人之情偽盡知之矣。」見《左傳》僖公二十三年、二十四年。離，同「罹」。遭受；遭遇。多指遭不幸的事。矯，矯正；改正。❷傚僻之多　指仿效前朝的邪僻謬誤竟那麼多。指順帝寵信扶持他上臺的宦官和他的乳母宋娥，都給予許多特權。由於皇后梁妠的關係，順帝大力提拔皇后的家族成員，使他們擔任最重要的職務，為以後把持朝政埋下隱患。

【語　譯】史家評論說：古代的人君，遭遇流亡、放逐爾後又得到皇位享有國祚的也有過先例啦，這些人沒有不接受以前的教訓而努力改正的，他們能審慎仔細地洞察人情世態的真偽，永不忘記在外流亡時所受的憂患，所以他們能重新在中途振興他們的帝王大業。觀察順帝一朝的政治情況，好像不是上述的情況吧？怎麼他不吸取教訓，勵精圖治，卻效法前代一些邪僻的作法，用人不當，失誤竟如此之多呢？

1 孝沖皇帝諱炳❶，順帝之子也。母曰虞貴人。

2 建康元年❷立為皇太子，其年八月庚午，即皇帝位，年二歲。尊皇后曰皇太后。太后臨朝。

3 丁丑，以太尉趙峻為太傅；大司農李固為太尉，參錄尚書事。

4 九月丙午，葬孝順皇帝于憲陵，廟曰敬宗。

5 是日，京師及太原、鴈門❸地震，三郡水涌土裂。

6 庚戌，詔三公、特進、侯、卿、校尉，舉賢良方正、幽逸修道之士各一人，百僚皆上封事。

7 己未，九江太守丘騰有罪，下獄死。

8 揚州刺史尹耀、九江太守鄧顯討賊范容等於歷陽❹，軍敗，耀、顯為賊所殁。

9 冬十月，日南蠻夷攻燒城邑，交阯刺史夏方招誘降之。

10 壬申，常山王儀薨。

11 己卯，零陵太守劉康坐殺無辜，下獄死。

12 十一月，九江盜賊徐鳳、馬勉等稱「無上將軍」，攻燒城邑。

13 己酉，令郡國中都官繫囚減死一等，徙邊；謀反大逆，不用此令。

14 十二月，九江賊黃虎等攻合肥。

15 是歲，群盜發憲陵。護羌校尉趙沖追擊叛羌於鸇陰河❺，戰歿。

16 永憙元年❻春正月戊戌，帝崩于玉堂前殿，年三歲❼。清河王蒜徵至京師。

【章旨】以上記沖帝在位期間的軍國大事。一個襁褓中的嬰兒，被扶上皇帝寶座，這在中國歷史上並非個別現象，我們的老祖宗就會對國家命運、民族歷史開這樣的玩笑。

【注釋】❶孝沖皇帝諱炳　劉炳，字明。〈謚法〉曰：「幼少在位曰沖。」劉炳在位四個月夭折，故謚號曰「沖」。❷建康元年　西元一四四年。本年四月改元，改元前稱漢安三年。❸太原鴈門　太原、鴈門，二郡都屬并州。太原郡，轄十六城，故地為今山西太原周圍一帶區域。鴈門郡，轄十四城，故地為今山西北部代縣一帶。❹歷陽　縣名。屬九江郡，也曾為侯國，故地在今安徽和縣境內。❺鸇陰河　在今甘肅靖遠一帶，東漢時曾置顫陰縣。西漢揚州刺史部治所。因縣南有歷水而得名。故地在今安徽和縣境內。❺鸇陰河　在今甘肅靖遠一帶，東漢時曾置顫陰縣。西漢時叫鶉陰縣，屬涼州安定郡。❻永憙元年　西元一四五年。永憙，沖帝劉炳即位後所用紀年名。❼年三歲　指虛歲。實際劉炳尚不足兩周歲。

【語譯】孝沖皇帝的名字叫炳，是漢順帝劉保的兒子。他的生母是虞貴人。

2 建康元年被立為皇太子，那一年的八月庚午日，登基做繼位皇帝，年齡才二歲。尊順帝的皇后梁妠為皇太后。皇太后臨朝主持政務。

3 八月丁丑日，讓太尉趙峻當皇家師傅，提升大司農李固為太尉，參錄尚書事，主管宮廷機要。

4 九月丙午日，把孝順皇帝劉保安葬在憲陵，廟號為「敬宗」。

5 當天，京師洛陽以及太原郡、鴈門郡三地發生地震，三郡有地下水上湧及地塊裂縫現象。

6 庚戌日，下詔讓三公、特進、侯、卿、校尉等官員，舉薦賢良方正、沉潛安逸修治聖道人士，每位各舉一人。各官都要上奏章言事，為朝廷出謀劃策。

7 九月己未日，九江郡太守丘騰有罪，下獄而死。

8 揚州刺史尹耀、九江郡太守鄧顯，到歷陽征討反賊范容等人，戰事失利，尹耀和鄧顯都被叛賊殺害。

9 冬季十月，日南郡的蠻夷攻打並燒毀當地的城鎮村莊，交阯刺史夏方用利誘方法招降他們。

10 十月壬申日，常山國國王劉儀去世。

11 十月己卯日，零陵郡太守劉康因殺害無罪之人，下獄處死。

12 十一月，九江的盜賊徐鳳、馬勉等自稱是「無上將軍」反抗朝廷，攻城池燒村邑。

13 十一月己酉日，命令各郡國以及中都官拘押的囚犯判死罪的減一等，遷往邊疆地區效力。但謀反及大逆而被判死刑的，不適用於此令。

14 十二月，九江郡反賊黃虎等攻打合肥城。

15 本年，一群強盜挖掘順帝的憲陵。護羌校尉趙沖追擊反叛的羌人到鸇陰河，陣亡於此。

16 永憙元年，春季正月戊戌日，沖帝劉炳病死於玉堂前殿，年僅三歲。清河國國王劉蒜被徵召至京師洛陽。

1 孝質皇帝諱纘❶，肅宗玄孫。曾祖父千乘貞王伉，祖父樂安夷王寵，父勃海孝王鴻，母陳夫人。沖帝不豫，大將軍梁冀[2]徵帝到洛陽都亭。及沖帝崩，皇太后與冀定策禁中，丙辰，使冀持節，以王青蓋車迎帝入南宮。丁巳，封為建平侯，其日即皇帝位，年八歲。

2 己未，葬孝沖皇帝于懷陵。

3 廣陵賊張嬰等復反，攻殺堂邑、江都[3]長。九江賊徐鳳等攻殺曲陽、東城[4]長。

4 甲申，謁高廟。乙酉，謁光武廟。

5 二月，豫章太守虞續坐贓，下獄死。

6 乙酉，大赦天下。賜人爵及粟帛各有差。還王侯所削戶邑。

7 彭城王道薨。

8 叛羌詣左馮翊梁並降。

9 三月，九江賊馬勉稱「黃帝」。九江都尉滕撫討馬勉、范容、周生，大破斬之。

10 夏四月壬申，雩。

11 庚辰，濟北王安薨。

12 丹陽❺賊陸宮等圍城，燒亭寺，丹陽太守江漢擊破之。

13 五月甲午，詔曰：「朕以不德，託母天下，布政不明，每失厥中。自春涉夏，大旱炎赫，憂心京京❻，故得禱祈明祀，冀蒙潤澤。前雖得雨，而宿麥頗傷；比日陰雲，還復開霽。寤寐永歎，重懷慘結。將二千石、令長不崇寬和，暴刻之為乎？其今中都官繫囚罪非殊死考未竟者，一切任❼出，以須❽立秋。郡國有名山大澤能興雲雨者，二千石長吏各絜齊❾請禱，謁誠盡禮。又兵役連年，死亡流離，或支骸不斂，或停棺莫收，朕甚愍焉。昔文王葬枯骨，人賴其德❿。今遣使者案行，若無家屬及貧無資者，隨宜賜卹，以慰孤魂。」

14 是月，下邳人謝安應募擊徐鳳等，斬之。

15 丙辰，詔曰：「孝殤皇帝雖不永休祚，而即位踰年，君臣禮成。孝安皇帝承襲統業，而前世遂令恭陵在康陵之上，先後相踰，失其次序，非所以奉宗廟之重，垂無窮之制。昔定公追正順祀，春秋善之⓫。其令恭陵次康陵，憲陵次恭陵，以序親秩，為萬世法。」

16 六月，鮮卑寇代郡。

17 秋七月庚寅，阜陵王代薨。

18 廬江[12]盜賊攻尋陽[13]，又攻盱台[14]，滕撫遣司馬王章擊破之。

19 九月庚戌，太傅趙峻薨。

20 冬十一月己丑，南陽太守韓昭坐贓下獄死。

21 丙午，中郎將滕撫擊廣陵賊張嬰，破之。

22 丁未，中郎將趙序坐事棄市。

23 歷陽賊華孟自稱「黑帝」，攻殺九江太守楊岑，滕撫率諸將擊孟等，大破斬之。

24 本初元年春正月丙申，詔曰：「昔堯命四子，以欽天道[15]，鴻範九疇，休咎有象[16]。夫瑞以和降，異因逆感，禁微應大，前聖所重[17]。頃者，州郡輕慢憲防，競逞殘暴，造設科條，陷入無罪。或以喜怒驅逐長吏，恩阿所私，罰枉仇隙，至令守闕訴訟，前後不絕。送故迎新，人離其害，怨氣傷和，以致灾眚。書云：『明德慎罰。』[18]方春東作，育微敬始[19]。其勑有司，罪非殊死，且勿案驗，以崇在寬。」

25 壬子，廣陵太守王喜坐討賊逗留，下獄死。

26 二月庚辰，詔曰：「九江、廣陵二郡數離寇害，殘夷[20]最甚。生者失其資業，死者委尸原野。昔之為政，一物不得其所，若己為之[21]，況我元元，嬰此困毒。方春戒節，賑濟乏戹，掩骼埋胔[22]之時，其調比郡見穀，出稟窮弱，收葬枯骸，務加埋卹，以稱朕意。」

27 夏四月庚辰，令郡國舉明經[23]，年五十以上、七十以下詣太學。自大將軍至六百石，皆遣子受業，歲滿課試，以高第五人補郎中，次五人太子舍人。又千石、六百石、四府掾屬、三署郎、四姓小侯先能通經者，各令隨家法[24]，其高第者上名牒，當以次賞進。

28 五月庚寅，徙樂安王為勃海王。

29 海水溢。戊申，使謁者案行，收葬樂安、北海[25]人為水所漂沒死者，又稟給貧羸。

30 庚戌，太白犯熒惑。

31 六月丁巳，大赦天下，賜民爵及粟帛各有差。

32 閏月甲申，大將軍梁冀潛行鴆弒，帝崩于玉堂前殿，年九歲。

33 丁亥，太尉李固免[26]。戊子，司徒胡廣為太尉，司空趙戒為司徒，與梁冀參錄尚書事。太僕袁湯為司空。

【章　旨】以上記述質帝劉纘一朝之事。這時國內外、朝廷上下、宮內宮外，各種矛盾空前激烈，就連這個兒童皇帝也被外戚梁冀毒死。外戚把持朝政，忠正官員遭到排斥迫害。

【注　釋】❶孝質皇帝諱纘　劉纘，字繼。〈謚法〉：「忠正無邪曰質。」❷梁冀　已故大將軍梁商之子，皇太后梁妠之兄，是把持東漢朝政十幾年炫赫一時的權臣。詳見本書卷三十四。❸堂邑江都　都是徐州廣陵郡所屬縣名。堂邑，春秋時楚地，本名棠。漢初為侯國，故地在今江蘇六合北。江都，縣名。故治在今江蘇揚州西南。❹曲陽東城　曲陽，漢代侯國。屬揚州九江郡，因在淮曲之陽而得名，故地在今安徽定遠西北。東城，縣名。故城在今安徽定遠東南。❺丹陽　郡名。屬揚州，轄十六城，故地在今安徽南部。❻京京　憂慮不止。《詩・正月》：「念我獨兮，憂心京京。」想我如此孤獨無人理解，憂心難以解除。❼任　擔保；保舉。《周禮・秋官・大司寇》：「使州里任之，則宥而赦之。」❽須　通「頿」。等待。❾絜齊　常作潔齋，即沐浴齋戒。古人凡舉行重大的祭祀時，事前主事人要獨宿，戒葷，洗浴更衣，以示誠心和恭敬。❿昔文王葬枯骨二句　《呂氏春秋》：「周文王使人掘地，得死人骸。文王曰：『更葬之。』吏曰：『此無主。』文王曰：『有天下者，天下之主，今我非其主也？』遂令吏以衣冠葬之。天下聞之，曰：『文王賢矣。澤及枯骨，又況人乎！』」⓫昔定公追正順祀二句　春秋時，魯閔公立二年即為慶父所弒，其繼位者為閔公之庶兄僖公（名申，莊公同之子）。在位三十三年。後文公（名興，僖公之子）即位，乃進僖公神位居閔公之上。後人認為不合君臣之義，是「逆祀」。定公八年《春秋》載「從祀先公」，即退僖公神位於閔公之下。《穀梁傳》：「從祀先公，貴正也。」成了「順祀」，得到讚揚。⓬廬江　郡名。文帝時分淮南郡置，轄十四城，屬揚州刺史部。治今安徽合肥。⓭尋陽　廬江郡下屬縣名，南有九江，故地為今湖北黃梅。⓮盱台　縣名。屬臨淮郡，今作盱眙，在江蘇西部，北邊鄰洪澤湖。⓯昔堯命四子二句　四子謂羲仲、羲叔、和仲、和叔。羲氏、和氏，是唐堯、虞舜時代管天地四時的官。《尚書・堯典》：「乃命羲、和，欽若昊天，曆象日月星辰，敬授人時。」此二句言：堯時設專職官員，來敬重天神，諧和自然與人世。⓰鴻範九疇二句　鴻範，又作洪範，《尚書》中的篇名。相傳為商末箕子所作，以此向周武王陳述天地之大法。漢儒盛行的天人感應說，常以此為立論根據。九疇，九種品類，傳說是大禹治理天下的九類大法。《尚書・洪範》：「天乃錫禹洪範九疇，彝倫攸敘。初一曰五行，次二曰敬用五事，次三曰農用八政，次四曰協用五紀，次五曰建用皇極，次六曰乂用三德，次七曰民用稽疑，次八曰念用庶徵，次九曰嚮用五福，威用六極。」休咎，即美惡、吉凶。古人認為：人君行善政，則百穀用成，家用平康，是休徵；政有乖失，則百穀用不成，家用不寧，是咎徵。休與咎，皆象徵人君之政，故曰「休咎有象」。⑰夫瑞以和降四句　意思是君政純和則瑞氣降。若逆時令則災異生，所禁雖微，其應乃大。前聖所重，指唐堯欽敬上天，箕子休咎之應之類。⑱書云二句　《尚書・康誥》：「明德慎罰。」意謂：鼓勵人們樹立高尚完美的道德，對處罰犯有過失的要小心謹慎，不要過當。⑲方春東作二句　現正是春季農田勞作開始的時期，各種動植物都開始育養微小的新生命。《禮記・月令》：「孟春之月，無殺孩蟲胎夭飛鳥，無麛無卵。慶賜遂行，無有不當。」麛卵，泛指鳥獸未長成者。麛，幼鹿。卵，鳥卵。⑳夷　通「痍」。瘡痍；創傷。㉑昔之為政三句　過去執掌政事的君主，只要有一物一事沒能處理得恰到好處，就像自己犯了錯誤一樣。《尚書》：「一夫弗獲，則曰時予之辜。」㉒掩骼埋胔　掩埋枯骨及腐敗的屍體。骨枯曰骼，肉腐曰胔。㉓明經　漢代選舉科目之一。明經，通曉經學之意。㉔又千石二句　漢代的高級官員年俸多為二千石，千石的為中級官員，六百石的多為初級官員。四府，指大將軍府和三公府，其掾屬即分曹辦事的官員，按規定分別為：大將軍府二十九人，太尉府二十四人，司徒府三十一人，司空府二十九人。三署，指五官署和左、右署，即宮廷禁衛官司令（光祿勳）所指揮的高級禁衛官指揮署（五官中郎將、五官中郎、五官侍郎、五官郎中，均為皇帝的警衛侍從人員）、左禁衛官指揮署、右禁衛官指揮署。四姓小侯，指樊、郭、陰、馬四姓。均為外戚。因其子弟自幼封侯，故曰小侯。儒學重師承，習《詩》者謂之「詩家」，習《禮》者謂之「禮家」，即專治一經的專門家，故曰「隨家法。」㉕樂安北海　樂安國，轄九城；北海國，轄十八城，都屬青州，為今山東膠東半島一帶。㉖太尉李固免　因李固不阿附梁冀，想保全劉纘小皇帝的合法地位和生命，遭梁冀忌恨，故被免官。李固事詳見本書卷六十三。

【語譯】孝質皇帝名字叫纘，是肅宗漢章帝劉炟的玄孫。他的曾祖父是千乘貞王劉伉，祖父是樂安夷王劉寵，父親是渤海孝王劉鴻，他的母親是陳夫人。沖帝劉炳生病，大將軍梁冀把劉纘由封國內調至洛陽都亭。等到劉炳病逝，皇太后梁妠與其兄梁冀，在禁宮中商量好大計，正月丙辰日，讓梁冀拿著皇室的信物，用親王專用的青蓋車把劉纘迎接到洛陽南宮。丁巳日，封劉纘為建平侯，當天就登上皇帝寶座，年僅八歲。

2 正月己未日，把孝沖皇帝安葬在他父親劉保的憲陵旁邊，稱作懷陵。

3 廣陵郡之賊張嬰等又起兵反叛，攻擊並殺害了堂邑、江都兩縣縣長。九江郡的反賊徐鳳等攻擊殺害了曲陽和東城兩縣的縣長。

4 二月甲申日，皇帝去拜祭高祖劉邦的神廟。乙酉日，拜祭光武廟。

5 二月，豫章郡太守虞續因為貪贓，下獄死。

6 乙酉日，大赦天下。賜給人爵位及糧粟布帛各不等。賞還王國及侯國因事被削減的民戶、封邑。

7 彭城王劉道去世。

8 羌人的反叛部落到左馮翊梁並官署投降。

9 三月，九江反賊馬勉自稱「黃帝」。九江都尉滕撫討伐馬勉、范容、周生，大敗他們，將其斬首。

10 夏季四月壬申日，舉行祈雨的祭祀儀式。

11 四月庚辰日，濟北王劉安去世。

12 丹陽郡的反賊陸宮等人圍攻縣城，燒毀亭寺，丹陽太守江漢率兵打敗了他們。

13 永憙元年五月甲午日，皇帝下詔書說：「我以寡德之人，託付母后君臨天下，施政不清明，常常失去中和之道。今年自春季至炎夏，大地乾旱得如火焰烘烤一般，我憂慮社稷之心難以放下，因此禱告祈求神明，希望得到甘霖的潤澤。前不久雖然得到些雨水，但冬麥已乾旱得受到頗重的傷害；近日天空曾有陰雲，卻又雲開天晴。我日夜長歎，胸中慘痛鬱結，愁慮難釋。是不是郡太守、各縣令長為政不崇尚寬大和緩、殘暴苛刻所造成的呢？現命令中都官在押囚犯不是斬首之罪拷審尚未判決的，一律取保釋放，以等立秋後再說。各郡國中有名山大澤有能興雲布雨神靈的，當地郡守長吏各自要齋戒祈禱，誠心誠意地盡到敬神的禮數。又因連年戰爭，兵民死亡流離失所，有的死人肢體遺骨無人收斂，或者停放棺中沒有安葬，我對此非常憐憫。過去周文王主動埋葬無主的枯骨，天下人都稱頌他崇高的道德。現在派使臣巡行案察各地，如果死者沒有親屬以及貧窮之家無錢安葬的，隨時就該給予賞錢撫恤，以告慰死者孤獨的靈魂。」

14 這個月，下邳人謝安應官府招募攻擊反賊徐鳳等人，斬殺了他們。

15 五月丙辰日，朝廷下詔書說：「孝殤皇帝劉隆雖然沒能長期居於帝位，但即位也已經超過一年，君臣之間的名分禮數已定。孝安皇帝劉祜繼承皇統帝業，因而前代把安葬劉祜的恭陵排在安葬殤帝的康陵之上，先後次序差越，失掉應有的順序，這不是用來奉敬宗廟的應有的尊重、以垂永久的制度。過去春秋定公時追正魯閔公、魯僖公順祀的作法，得到《春秋》的讚美。現令恭陵次於康陵之後，憲陵次於恭陵之後，來排列好祭祀宗親的秩序，以作為千秋萬代遵奉的法則。」

16 永憙元年六月，鮮卑族侵犯代郡。

17 秋季，七月庚寅日，阜陵王劉代去世。

18 廬江郡盜賊攻打尋陽，又攻打盱台縣，滕撫派司馬王章率軍攻打這些變民，擊敗了他們。

19 九月庚戌日，皇家老師趙峻去世。

20 冬季，十一月己丑日，南陽郡太守韓昭犯貪贓罪，下獄死。

21 十一月丙午日，中郎將滕撫攻擊廣陵郡的叛民張嬰等，打敗了他們。

22 丁未，中郎將趙序，因犯罪被押至鬧市斬首示眾。

23 歷陽縣的叛民華孟自稱「黑帝」，攻擊並殺害九江郡太守楊岑，滕撫率領諸位將領進擊華孟等，打敗叛賊，將其斬首。

24 漢質帝本初元年，春季正月丙申日，朝廷發布詔令說：「往昔唐堯曾令羲氏、和氏四子，來敬重天道，調協天人關係；大禹時代，上天傳給禹治國大法九種，其第八庶徵，表示人君施政的正誤，天便有吉凶的徵象呈現。所有祥瑞的徵兆是君政純和的結果，出現各種災異則是逆時而動的感應。禁止的事雖小，但感應的徵象卻表現很大，故而前代的聖賢都很看重這事。近來，各州郡的官員看輕國家法令政紀，競相逞用權力，濫施殘暴，擅自設立科令條規，構陷拘押無罪之人。有的只憑個人的喜怒好惡，驅逐縣長府吏等辦事人員，把恩德好處妄加於自己私幸之人，懲罰冤枉與自己有仇恨有隔閡的人。致使到京城告狀上訴的人，絡繹不絕。在這辭舊迎新之際，人們卻遭受這些昏官的迫害，怨氣損傷天和，以致招來災患。《尚書》上說：『培養人們高尚完美的道德，慎重處罰那些犯有過失的人。』現在正是春天耕作起始時，萬物都在孕育新的小生命，都很重視新開頭。現令有關主管官員，只要不是死刑犯，暫且不要拷問驗證其罪，以此崇揚寬仁之心。」

25 正月壬子日，廣陵郡太守王喜因討賊時逗留不前被判罪，下獄死。

26 本初元年二月庚辰日，朝廷下詔書說：「九江、廣陵二郡，屢次遭受盜寇的侵害，被摧殘受創傷最為嚴重。活著的人失去賴以維生的產業，死去的人拋棄屍體於原野。過去的施政賢君，任何一物沒有得到妥善的安置，明君就認為像是自己造成的一樣。何況我們的百姓，遭受如此的困苦和荼毒。現在正是春季敬慎之時，是賑濟貧乏窮困之人及掩埋死者枯骨腐肉的時令。調撥相鄰郡縣現存糧食，取官倉糧給窮弱之人，收斂枯骨遺骸，務必及時掩埋，以合我的心願。」

27 夏季，四月庚辰日，朝廷下令，各郡、各封國推舉明經，年齡在五十歲以上、七十歲以下的到京城的太學進修。自大將軍至六百石的官員，都要派自家的子弟接受專業培訓，滿一年後經過考試，成績好的前五名補任郎中，次五名補任太子舍人。又千石的、六百石的中、初級官員，四府中的掾屬官，三署中的郎官，四姓小侯，以上各種人中先能通曉經書的人，讓他們各自師承家法。那些在考試中列為高等的，登記上名冊，當按名次賞賜、提拔進職。

28 五月庚寅日，把樂安王劉鴻改封為渤海王。

29 海水漲溢。五月戊申日，派謁者巡行案察，收葬樂安國、北海國被海嘯漂入海中淹死的人，又發給貧苦病弱的百姓糧食。

30 五月庚戌日，太白金星運行占犯了火星的位置。

31 六月丁巳日，大赦天下，賞賜給黎民不同等級的爵位及不同數量的糧食、布帛。

32 閏六月甲申日，大將軍梁冀暗下毒藥把皇帝劉纘鴆弒，漢質帝死在玉堂前殿，年僅九歲。

33 閏六月丁亥日，太尉李固被免官。戊子日，司徒胡廣被任為太尉，司空趙戒被任為司徒，與梁冀一起參錄尚書事。太僕袁湯被任為司空。

贊曰：孝順初立，時髦允集❶。匪砥匪革，終淪嬖習❷。保阿傳土，后家世及❸。沖夭未識，質弒以聰❹。陵折在運，天緒三終❺。

【章　旨】史家在贊詞中表達了對順帝未能抓住機遇振興皇業的惋惜之情。

【注　釋】❶時髦允集　當時的傑出人物都集中到朝廷。時髦，猶時彥，一時的賢俊、名流。髦，本指毛中的長毫，可比喻傑出的人物，士中之俊彥。此處指順帝初年擔任過重要職務的張皓、王龔、龐參、張衡、李郃、李固、黃瓊這些人物。❷匪砥匪革二句　皇帝沒砥礪自己，沒革除弊政，卻終於沉淪到私嬖舊習中去了。指順帝未能充分發揮時髦俊彥的才能，勵精圖治、發憤圖強，卻依舊習依重宦官，一時封十九侯，又允許太監養子，承襲封爵等不當措施。❸保阿傳土二句　指苟且偷安，依靠他的太傅、媬姆，寵信他（她）們。還封媬姆宋娥為山陽君，聽任她與宦官勾結，收受賄賂，並要求增加封邑土地。後又倚重皇后梁妠外家，拜其父梁商為大將軍，梁商死後，讓其子梁冀為大將軍，梁不疑為河南尹。❹沖夭未識二句　沖帝劉炳死時尚未滿兩周歲，還不懂事。質帝劉纘雖然才九歲，然而太聰明了，他看出了梁冀的野心並且表示了不滿，故而遭忌恨被毒殺。❺陵折在運二句　皇權遭遇摧折，全在於時運，所以上天傳承的皇家緒統，竟然在不到三年時間裡，三次遭遇斷絕終止（指順帝、沖帝、質帝，相繼而死）。

【語　譯】史官評議說：孝順帝劉保初登皇位的時期，一時的俊傑英才都集中在朝廷為他效力。但他既不砥礪自己，又不進行革新圖強，結果又沉淪在寵幸私嬖舊習的泥潭裡。他依賴宦官和乳母宋氏，給他們許多特權，如封爵繼承擴大食邑之類，緊接著皇后梁家的勢力滲入朝廷，把持了朝政，胡作非為。沖帝劉炳在位僅僅四個月，年齡又小，不諳世事。質帝劉纘由於聰穎過人，遭權臣忌恨而被鴆殺。此一時期漢廷衰落，幼主夭折，時運不暢，上天賦予的皇家統脈，在短期內竟三次斷絕。

【研　析】本卷有以下幾點比較突出，值得注意：

第一，本時期官吏的升降任免相當頻繁，特別是政府高官，很少有擔任幾年的，這表明了統治集團內部權力鬥爭的劇烈，也說明皇帝本人未必有主見或決斷能力。

第二，外戚和宦官的互相勾結、相互鬥爭，他們在政壇上的作用在此時已相當突出：順帝登基前被廢太子，是宦官勾結閻氏家族弄權的結果；質帝的被立又被鴆殺，完全是梁冀一手操持的。宦官孫程等擁立順帝登基，獲得了一次封「十九侯」的殊榮及可以養子傳襲爵位的特權，這在歷史上既是破天荒的，也為後世造成無窮的隱患：幾十年後，挾天子以令諸侯的曹操，就是宦官養子之後，終於由他的後人取代了東漢劉姓政權。

第三，東漢中期的外患已相當嚴重，西有羌人，東北有鮮卑，北有匈奴，南有日南境外的蠻夷，他們對邊郡的侵擾、寇掠，弄得漢王朝終日應接不暇，被折騰得焦頭爛額。此時，既沒有武帝時的衛青、霍去病那班名將，也沒有下嫁公主的和親政策，武力征伐和懷柔綏靖均無力實施，只好將邊郡治所往內地遷居，漢廷的對外政策顯得十分無奈，也反映出國勢的衰微。

第四，順帝朝始終內亂不止，水災，旱災，地震，海嘯，固然是自然原因，然而官吏受賄貪墨，陷害無辜恐怕是更主要的原因。在全國範圍內，幾乎是遍地「賊寇」，正反映出百姓已忍無可忍，只能鋌而走險，反抗官府。盡管朝廷對災民也進行了一些救濟安撫措施，但無異於杯水車薪，難以解決根本問題，因而國家也便得不到安寧。

第五，東漢人的迷信思想相當嚴重，他們對上天的警示格外重視，故對地震及星象變異記錄甚為詳盡。奇怪的是，在明帝、章帝時出現過的珍禽、瑞獸、奇花、異草之類所謂「祥瑞徵兆」，竟無一件，有的只是天災人禍，突現了王朝背離天運人心的沒落境遇和皇帝的怵惕心境。

第六，每遇天災人禍，皇帝即下詔罪己，施行寬大罪犯、救濟貧民等政策，這固然比嚴刑苛法、敲骨吸髓增加賦稅要好一些，但總覺皇帝的罪己詔缺乏誠意，是老調重彈，是官樣文章，未必能落到實處。

第七，沖帝在幾個月大小就被立為皇帝，質帝是八歲時，順帝是十一歲時，僅從本卷中即可發現，封建君主傳承制度盡管沿襲了兩千年，其實是多麼的荒唐可笑，多麼的不合理。讓嬰兒、幼兒承擔這種名義上的沉重的歷史責任，而一些老人在背後操縱，他們的聰或愚、善或惡，便成了這一階段的指揮棒。不消滅君主專制，歷史只能停留在古代。（趙芳遠注譯）

卷七

孝桓帝紀第七

【題解】本卷是漢桓帝劉志的帝紀，記錄了他短暫一生的重要經歷和作為。他是宗室旁支，在大將軍梁冀一家扶持下入繼大統。這個十五歲的少年，成了梁家的傀儡，對驕橫跋扈的梁氏家族言聽計從，讓他們用朝廷的名義殘害忠良。直到劉志二十八歲時，才在宦官支持下誅滅梁氏家族。人們歡欣鼓舞，以為社稷有望。但他又把大權交給寵信的宦官，縱容閹豎及其爪牙混亂朝綱，迫害剛正忠直的朝臣及知識分子，興起黨錮之禍。一直到他三十六歲去世，朝政從來沒有清平過。在位期間，漢廷的內憂外患有增無已，人民被迫反抗，此伏彼起，外族侵擾犯邊也接連不斷，天災頻仍，竟至「人相食」，「飢死者什四五」，朝廷除下罪己詔做出些許讓步措施外，官貪吏暴，社會黑暗依舊，這個專事享樂的皇帝更把漢王朝推向衰亡之境。

1 孝桓皇帝諱志❶，肅宗❷曾孫也。祖父河閒孝王開，父蠡吾侯翼❸，母匽氏❹。翼卒，帝襲爵為侯。

2 本初元年❺，梁太后徵帝到夏門亭❻，將妻以女弟。會質帝崩，太后❼遂與兄大將軍❽冀定策禁中，閏月庚寅，使冀持節，以王青蓋車❾迎帝入南宮❿，其日即皇帝位，時年十五。太后猶臨朝政⓫。

3 秋七月乙卯，葬孝質皇帝于靜陵⓬。

4 齊王喜薨。

5 辛巳，謁高廟、光武廟。

6 丙戌，詔曰：「孝廉、廉吏皆當典城牧民，禁姦舉善，興化之本，恆必由之。詔書連下，分明懇惻，而在所翫習，遂至怠慢，選舉乖錯，害及元元。頃雖頗繩正，猶未懲改。方今淮夷⓭未殄，軍師屢出，百姓疲悴，困於徵發。庶望群吏，惠我勞民，蠲滌貪穢，以祈休祥。其今秋滿百石，十歲以上，有殊才異行，乃得參選。臧吏⓮子孫，不得察舉。杜絕邪偽請託之原，令廉白守道者得信其操。各明守所司，將觀厥後。」

7 九月戊戌⓯，追尊皇祖河間孝王曰孝穆皇，夫人趙氏曰孝穆皇后，皇考蠡吾侯曰孝崇皇。冬十月甲午，尊皇母匽氏為孝崇博園貴人。

8 建和元年⓰春正月辛亥朔，日有食之。詔三公、九卿、校尉⓱各言得失。

9 戊午，大赦天下。賜吏更勞一歲；男子爵，人二級，為父後及三老、孝悌、力田人三級；鰥、寡、孤、獨、篤癃、貧不能自存者粟，人五斛；貞婦帛，人三匹。災害所傷什四以上，勿收田租；其不滿者，以實除之。

10 二月，荊揚二州人多餓死，遣四府掾分行賑給。

11 沛國言黃龍見譙⑱。

12 夏四月庚寅，京師地震。詔大將軍、公、卿、校尉舉賢良方正能直言極諫者各一人。又命列侯、將、大夫、御史、謁者、千石、六百石、博士、議郎、郎官⑲各上封事，指陳得失。又詔大將軍、公、卿、郡、國舉至孝篤行之士各一人。

13 壬辰，詔州郡不得迫脅驅逐長吏⑳。長吏臧滿三十萬而不糾舉者，刺史、二千石㉑以縱避為罪。若有擅相假印綬者，與殺人同棄市㉒論。

14 丙午，詔郡國繫囚減死罪一等，勿笞。唯謀反大逆，不用此書。又詔曰：「比起陵塋㉓，彌歷時歲，力役既廣，徒隸尤勤。頃雨澤不沾，密雲復散，儻或在茲。其令徒作陵者減刑各六月。」

15 是月，立阜陵王代兄勃遒亭侯便為阜陵王。

16 郡國六地裂，水涌井溢。芝草生中黃藏府㉔。

17 六月，太尉胡廣罷，大司農杜喬為太尉。

18 秋七月，勃海王鴻㉕薨，立帝弟蠡吾侯悝為勃海王。

19 八月乙未，立皇后梁氏㉖。

20 九月丁卯，京師地震。

21 太尉杜喬免，冬十月，司徒趙戒為太尉，司空袁湯為司徒，前太尉胡廣為司空。

22 十一月，濟陰言有五色大鳥見于己氏㉗。

23 戊午，減天下死罪一等，戍邊。

24 清河劉文反，殺國相射暠，欲立清河王蒜㉘為天子；事覺伏誅。蒜坐貶為尉氏侯，徙桂陽㉙，自殺。

25 前太尉李固、杜喬皆下獄死㉚。

26 陳留㉛盜賊李堅自稱皇帝，伏誅。

【章　旨】以上記述桓帝劉志的被立，以及察舉孝廉中的「請託」之風氾濫，孝廉名不副實。同時記述了「荊揚二州人多餓死」史實。李固等忠正良吏「下獄死」，昭示了外戚專權的黑暗。

【注　釋】❶孝桓皇帝諱志　〈謚法〉：「克敵服遠曰桓。」《伏侯古今注》：「志」之字曰「意」。❷肅宗　東漢第三任皇帝漢章帝劉炟的廟號。❸祖父二句　河間國，故地在今河北中部偏東之滄州境內。蠡吾，故城在今河北蠡縣博野一帶。順帝劉保在位時，劉開上書，願將封地中之蠡吾縣分封給兒子劉翼，被批准。故為蠡吾侯。❹母匽氏　匽氏，名「明」，是劉翼的媵妾。❺本初元年　西元一四六年。本初，東漢質帝劉纘年號。❻夏門亭　洛陽城北面西頭門為夏門。故址在今河南洛陽東白馬寺一帶。❼太后　指順帝皇后梁妠。❽大將軍　為全國武裝總司令，位在三公之上。❾王青蓋車　皇太子、皇子，外出所乘車，朱班輪，青蓋，金華蚤。金華蚤，指其規格、樣式。蚤，指車輻插入車輞的榫。❿南宮　此指漢時的宮名，故地在洛陽東北二十六里洛陽故城中。⓫太后猶臨朝政　自順帝死後，梁太后在沖帝朝、質帝朝是實質上的皇帝，今桓帝立，他仍行皇帝權，故曰「猶臨朝政」。據《東觀漢記》：「太后御卻非殿」處理國事。⓬靜陵　東漢質帝劉纘的陵園，在今洛陽東南三十里。⓭淮夷　指永嘉元年（西元一四五年）秋季，廬江郡反民攻潯陽、盱眙；廣陵郡反民殺江都長等事。盱眙、江都均近淮，故曰淮夷。⓮臧吏　貪贓枉法的官吏。臧，通「贓」。指官吏通過貪賄得到的或盜賊偷盜來的財物。⓯九月戊戌　九月癸丑朔，沒戊戌日。戊戌為十月十六日。⓰建和元年　西元一四七年。建和，東漢桓帝的年號，西元一四七—一四九年。⓱三公九卿校尉　都是東漢中央政府的要員。東漢時的三公指太尉、司徒、司空，又稱三司，是共同負責軍政事務的最高長官。九卿，東漢時的九卿指太常（掌禮儀祭祀）、光祿勳（秦時稱郎中令，掌宿衛宮殿門戶）、衛尉（掌宮門衛士）、太僕（掌車馬）、廷尉（掌平獄）、大鴻臚（掌諸侯及四方歸義蠻夷）、宗正（掌諸王國及宗室事務）、大司農（掌錢穀金帛貨幣）、少府（掌宮中御衣、珍寶、御膳之類）。校尉，軍事官員，地位略次於將軍，常隨其職務冠以名號，如中壘、屯騎、步兵、越騎、長水、胡騎、射聲、虎賁等，總稱八校尉，為掌管特種軍隊的將領。⓲譙　郡名。後漢置。治今安徽亳縣。⓳又命列侯句　列侯，謂爵位為侯爵的人。將指五官中郎將、左中郎將、右中郎將、虎賁中郎將、羽林中郎將等，都屬光祿勳領導，是宮廷的警衛官員。大夫，指光祿大夫、太中大夫、中散大夫、諫議大夫等，「凡大夫、議郎皆掌顧問應對，無常事，唯詔令所使。」是準備執行臨時性任務的官員，自比二千石到六百石不等。御史，秦以前為史官，漢代御史因職務不同，前加稱呼，如侍御史，掌糾察；治書侍御史，察疑獄。謁者，為郎中令的屬官，掌傳達、引見、賓贊之事。千石、六百石，指年俸為千石、六百石的中、初級官員。博士掌通古今，按《五經》等各流派設立，「掌教子弟。國有疑事，掌承問對。」比六百石。議郎，本為郎官的一種，隸屬於光祿勳，但不入值宿衛。比六百石。郎官，指三中郎將下之屬官，有中郎、侍郎、郎中。⓴長吏　指吏秩之尊者。西漢時指六百石以上官員，相當大夫，皆為長吏。也指縣吏之尊者，《漢書‧百官公卿表上》：「縣令、長，皆秦官，掌治其縣。萬戶以上為令，秩千石至六百石。減萬戶為長，秩五百石至三百石。皆有丞、尉，秩四百石至二百石，是為長吏。」㉑刺史二千石　漢時分全國為十三州，州的軍政長官為刺史，居郡守之上，掌握一州的軍政大權，也曾稱作「州牧」。二千石，是漢代對郡守的通稱。因郡守年秩為二千石，即月俸為百二十斛，故有此稱。郡守為一郡行政的最高長官，又稱太守。㉒棄市　古代處死犯人的方式之一，在鬧市斬殺人犯，屍體要示眾。㉓比起陵塋　這裡指為東漢質帝劉纘修建的靜陵工程。㉔中黃藏府　《漢官儀》：「中黃藏府掌中幣帛金銀諸貨物。」㉕勃海王鴻　此勃海王劉鴻為章帝劉炟之曾孫，樂安夷王劉寵之子，質帝劉纘之父。㉖立皇后梁氏　此梁氏名女瑩，為梁商之女。當時皇太后梁妠和大將軍梁冀的妹妹。詳見本書卷十下。㉗己氏　縣名。屬兗州濟陰郡。故城在今山東曹縣東南。㉘清河王蒜　即為永嘉元年被徵至京師準備繼承沖帝劉炳皇位之人，因年長於八歲的劉纘，梁冀怕不好控制，結果選定劉纘繼位，劉蒜仍當清河王。但他在大臣心目中有相當高的威望和地位。㉙桂陽　郡名。西漢高帝置。治郴縣（今湖南郴州）。㉚前太尉李固句　李固、杜喬均曾任太尉，因不阿附梁冀，被免職，又因直言敢諫，在士人中享有崇高的威望而遭梁冀忌恨，遂被誣下獄死，曝屍嚇眾。《續漢志》：「順帝之末，京都童謠曰：『直如弦，死道邊；曲如鉤，反封侯。』曲如鉤，謂梁冀、胡廣等。直如弦，謂李固等。」李固、杜喬事，詳見本書卷六十三。㉛陳留　郡名。屬兗州，轄十七城。故地約為今河南東部與山東西南部一帶鄰接地區。

【語　譯】孝桓皇帝名叫劉志，是肅宗章帝的曾孫。他的祖父是河間王劉開，父親是蠡吾侯劉翼，母親是匽明。劉志的父親死後，他承襲爵位稱蠡吾侯。

2　質帝本初元年，梁太后把蠡吾侯劉志徵召到洛陽，住在夏門亭那裡，打算把妹妹嫁給劉志。正遇上漢質帝劉纘去世，太后就與她哥哥大將軍梁冀在宮禁內議定國策，讓劉志繼承大統。閏六月庚寅日，讓梁冀手持朝廷信物「節」，用親王及皇子專用的青蓋車，把劉志迎入洛陽南宮，當天就登上皇帝的寶座。當時劉志十五歲。太后梁妠仍繼續臨朝聽政。

3　秋季七月乙卯日，把孝質皇帝劉纘安葬在靜陵。

4　齊王劉喜去世。

5　七月辛巳日，漢桓帝劉志叩謁告祭漢高祖的高廟和中興祖劉秀的光武廟。

6　八月丙戌日，朝廷下詔說：「孝廉和廉吏都應當管理城邑治理百姓；禁止奸邪，推舉良善，是振興家邦教化黎民的根本，為政通常一定要由此入手。朝廷的詔書接連頒布，明白懇切，詞惻動人。而奉詔的官吏玩忽職守，怠慢失職，甚不重視。選拔薦舉的人不合要求，反而給百姓帶來禍害。近來雖然下大力氣糾正，仍然未能警戒改正。現今淮地一帶的叛亂尚未殄滅，圍剿的軍隊屢屢出動，百姓為此負擔很重，已經疲勞，被徵發賦役，苦不堪言。希望各級官吏，仁愛我勞苦的黎民，剷除蕩滌貪汙穢行，以祈求吉祥。現令祿秩滿百石，任職十年以上，有特殊才能和不平凡的操行的人，才能參加官吏選拔。贓官的子孫，不得參與選拔。杜絕奸邪造假請託的源頭，令那些清白廉潔恪守正道的人能伸其德操。諸官員要明其職守，朝廷將觀察眾官今後的表現。」

7 十月戊戌日，桓帝追尊他的祖父河間孝王劉開為「孝穆皇」，他的夫人，即劉志的祖母趙氏為「孝穆皇后」，劉志的生父蠡吾侯劉翼為「孝崇皇」。冬十月甲午日，尊皇帝的生母匽氏為「孝崇博園貴人」。

8 漢桓帝建和元年，春季正月辛亥日是本月初一，發生日蝕。下詔讓三公、九卿、校尉等高級官員各自上書，直陳朝政的得失。

9 正月戊午日，大赦天下。賜賞屬吏輪班更替著勞作休逸一年。賞給男子爵位，每人二級。作為繼承父親的長子、三老、孝悌、力田，每人三級；賜給成年無妻的鰥夫、成年無夫的寡婦、失去父母的孤兒、沒有子女的孤老、病重和體弱的、貧窮得不能養活自己的，每人五斛粟糧。賞給堅守貞操的婦女，每人三匹帛。凡是災害傷害農民當年收成占十分之四以上的，不要再收當年田租。災害損傷程度不到四成的，按實際受害情況減徵田賦。

10 二月，荊州、揚州一帶百姓不少人因春荒餓死。朝廷派大將軍府及三公府的屬吏，分別到災區賑濟救助，發給衣食。

11 沛國上報說，有黃龍在譙郡出現。

12 夏季四月庚寅日，京師洛陽發生地震。朝廷下詔，令大將軍、三公、九卿、校尉等大臣，舉薦賢良方正能直言極諫者，各一人。又命列侯、將、大夫、御史、謁者、千石、六百石、博士、議郎、郎官等各級官員，都要上書封奏言事，指明陳述朝政的得失。又下詔令，讓大將軍、公、卿各高級大員以及各郡、各封國，舉薦特別孝敬父母，行為特別篤實厚道正直端方的人，每單位舉薦一人。

13 四月壬辰日，朝廷下詔，各州郡長官不許任意逼迫威脅驅逐下屬長吏。所屬各長吏若貪贓滿三十萬卻不進行糾察舉報的，州刺史和郡太守以縱容隱瞞獲包庇罪。若有擅自私下把印綬相互借用的，與殺人罪相同依棄市論處。

14 四月丙午日，詔令各郡國扣押在獄的囚犯，減死罪一等，不要用刑杖笞擊他們。只有犯謀反大逆罪的除外，不適用於此詔書規定。又下詔說：「近來因修建質帝的陵墓墳塋，經過這滿一年的時間，動用的勞力多，徵發地區又廣，囚徒奴隸尤其勤苦。近來天旱不雨，聚了的濃雲又散開，或許是這原因造成的。現命令修造陵寢的犯人們各減刑六個月。」

15 這個月，立阜陵王劉代的哥哥勃遒亭侯劉便為阜陵王。

16 有六個郡國發生地裂現象，地下水湧溢出來。靈芝草在中黃藏府生出。

17 六月，太尉胡廣被罷官。大司農杜喬升任為太尉。

18 秋七月，勃海王劉鴻去世。把桓帝劉志的弟弟蠡吾侯劉悝立為勃海王。

19 八月乙未日，把梁冀的妹妹梁女瑩立為皇后。

20 九月丁卯日，京師地震。

21 剛上任三個月的太尉杜喬被免官。冬十月，司徒趙戒被任命為太尉。司空袁湯被任命為司徒，前太尉胡廣被任為司空。

22 十一月，濟陰郡上言有五色大鳥在己氏縣出現。

23 十一月戊午日，減天下死罪犯一等，免死，遣往邊郡屯戍。

24 清河國劉文造反，殺死國相射暠，想立清河王劉蒜為皇帝；事情暴露，劉文被殺。劉蒜受連累被貶為尉氏侯，又遷徙他到桂陽郡，劉蒜自殺。

25 曾任過太尉的李固、杜喬都被誣陷下獄而死。

26 陳留郡的盜賊李堅自稱皇帝，被誅殺。

1 二年春正月甲子，皇帝加元服❶。庚午，大赦天下。賜河間、勃海二王黃金各百斤，彭城諸國王各五十斤；公主、大將軍、三公、特進❷、侯、中二千石、二千石、將、大夫、郎吏、從官、四姓及梁鄧小侯❸、諸夫人以下帛，各有差。年八十以上賜米、酒、肉，九十以上加帛二匹，綿三斤。

2 三月戊辰，帝從皇太后幸大將軍梁冀府。

3 白馬羌寇廣漢屬國❹，殺長吏，益州❺刺史率板楯蠻討破之。

4 夏四月丙子，封帝弟碩為平原王，奉孝崇皇祀。尊孝崇皇夫人馬氏為孝崇園貴人。

5 嘉禾生大司農帑藏❻。五月癸丑，北宮掖廷中德陽殿及左掖門火，車駕移幸南宮。

6 六月，改清河為甘陵，立安平王得子經侯理為甘陵王。

7 秋七月，京師大水。河東言木連理。

8 冬十月，長平❼陳景自號「黃帝子」，署置官屬，又南頓❽管伯亦稱「真人」，並圖舉兵，悉伏誅。

9 三年春三月甲申，彭城王定薨。

10 夏四月丁卯晦，日有食之。五月乙亥，詔曰：「蓋聞天生蒸民⑨，不能相理，為之立君，使司牧之。君道得於下，則休祥著乎上；庶事失其序，則咎徵見乎象。間者，日食毀缺，陽光晦暗，朕祗懼潛思，匪遑啟處⑩。傳不云乎：『日食修德，月食修刑。』昔孝章帝愍前世禁徙，故建初之元，並蒙恩澤，流徙者使還故郡，沒入⑪者免為庶民。先皇德政，可不務乎！其自永建元年⑫迄乎今歲⑬，凡諸妖惡，支親從坐，及吏民減死徙邊者，悉歸本郡；唯沒入者不從此令。」

11 六月庚子，詔大將軍、三公、特進、侯，其與卿、校尉舉賢良方正能直言極諫之士各一人。

12 乙卯，震憲陵寢屋。秋七月庚申⑭，廉縣雨肉⑮。八月乙丑，有星孛于天市⑯。京師大水。九月己卯，地震。庚寅，地又震。詔死罪以下及亡命者贖，各有差。郡國五山崩。

13 冬十月，太尉趙戒免。司徒袁湯為太尉，大司農河內張歆為司徒。

14 十一月甲申，詔曰：「朕攝政失中，災眚連仍，三光不明，陰陽錯序。監寐寤歎，疢如疾首⑰。今京師廝舍⑱，死者相枕，郡縣阡陌，處處有之，甚違周文掩胔之義⑲。其有家屬而貧無以葬者，給直，人三千，喪主布三匹；若無親屬，可於官壖地⑳葬之，表識姓名，為設祠祭。又徒在作部，疾病致醫藥，死亡厚埋藏。民有不能自振及流移者，稟穀㉑如科。州郡檢察，務崇恩施，以康我民。」

15 和平元年㉒春正月甲子，大赦天下，改元和平。

16 乙丑，詔曰：「曩者遭家不造，先帝早世㉓。永惟大宗之重，深思嗣續之福，詢謀台輔，稽之兆占。既建明哲，克定統業，天人協和，萬國咸寧。元服已加，將即委付，而四方盜竊，頗有未靜，故假延臨政，以須安謐。幸賴股肱禦侮之助，殘醜消蕩㉔，民和年稔，普天率土，遐邇洽同。遠覽『復子明辟㉕』之義，近慕先姑歸授之法㉖，及今令辰，皇帝稱制。群公卿士，虔恭爾位，勠力一意，勉同斷金㉗。『展也大成㉘』，則所望矣。」

17 二月，扶風妖賊裴優自稱皇帝，伏誅。

18 甲寅，皇太后梁氏崩。

19 三月，車駕徙幸北宮。

20 甲午，葬順烈皇后。

21 夏五月庚辰，尊博園匽貴人曰孝崇皇后。

22 秋七月，梓潼㉙山崩。

23 冬十一月辛巳，減天下死罪一等，徙邊戍。

【章旨】以上記建和二年至和平元年間的大事。桓帝劉志仍在外戚梁冀的控制之下，「帝從皇太后幸大將軍梁冀府」一語，證明了這一情況。梁太后歸政於帝，隨即死去，表明太后遲遲不肯放權。裴優造反，公開挑戰皇權，也表明社會矛盾之尖銳。

【注釋】❶元服　帽子。元，首也。冠者，首之所著，故曰元服。❷特進　是自西漢末始置的一種官名，主要授給列侯之中有特殊地位者，允許他們自己徵辟僚屬。❸四姓及梁鄧小侯　四姓指樊、郭、陰、馬等外戚家，再加上梁家、鄧家等外戚家，因他們的子弟幼小即被封侯，故稱小侯。❹廣漢屬國　屬國名。東漢永初三年（西元一〇九年）改廣漢郡北部都尉置廣漢屬國都尉。治所在陰平道（今甘肅文縣西北）。❺益州　「十三刺史部」之一。治所在今四川成都。轄境大體相當今雲南全部及四川、貴州大部地區以及陝西南部等地區。❻大司農帑藏　主管全國租稅錢穀鹽鐵和國家財政收支的機關所屬的國庫。❼長平　縣名。屬豫州陳國。故城在今河南西華東北。不要與戰國時秦坑趙降卒四十萬的長平相混。❽南頓　縣名。屬豫州汝南郡。故城在今河南項城西。❾天生蒸民　上天生養眾多百姓。蒸，眾多。❿匪遑啟處　沒有閒暇休息。遑，暇。啟處，意為安居休息。啟，跪。古人席地而坐，兩膝著地，臀部坐在腳掌上。《詩．四牡》：「王事靡盬，不遑啟處。」意即大王分派給的勞役沒完沒了，我沒有一點閒暇工夫能坐下來休息休息。⓫沒入　沒收犯罪者的家屬或財產入官。⓬永建元年　西元一二六年。永建，東漢順帝劉保年號，西元一二六—一三二年。⓭今歲　指桓帝建和三年，西元一四九年。⓮七月庚申　七月無庚申日，庚申應為八月二十五日。⓯廉縣雨肉　廉縣下雨時從天空往下掉肉。可能是龍捲風把別處已死動物的腐屍肉塊捲到了廉縣，但當時認為是上天示警。唐李賢注引「《五行傳》云：『棄法律，逐功臣，時則有羊禍，時則有赤眚赤祥。』是時梁太后攝政，兄冀專權，枉誅李固、杜喬，天下冤之。」羊禍，《續漢志》：「肉似羊肺，或大如手。」廉縣，屬北地郡。故地在今甘肅中北部，是牧區，「雨肉」並不為奇。⓰有星孛于天市　有星孛于，指有彗星掠過。孛，孛星，彗星的一種。天市，星名。《史記・天官書》：「東北曲十二星曰旗，旗中四星曰天市。」⑰監寐寤歎二句　雖睡下難以成眠，醒著深深歎息，就像得了發燒頭痛病那樣。監寐，猶假寐也，雖寢而不寐也。寤，覺也。疢，專指熱病，泛指疾病。《詩・小弁》：「心之憂矣，疢如疾首。」意謂心中的煩憂就像得了頭疼病那樣。⑱廝舍　服賤役之人的住所。⑲甚違周文掩胔之義　很不合周文王掩埋死者屍骨的大義。胔，腐肉。《禮記・月令》：「掩骼埋胔。」注：「骨枯曰骼，肉腐曰胔。」據《呂氏春秋》載，文王使人掘地，得死人遺骸，文王讓吏人換個地方重新埋葬，天下人均稱其賢，「澤及枯骨」，爭相歸附。⑳壖地　空地；城郭牆外的空地；宮寺旁邊的閒地。㉑稟穀　官府給予糧食。稟，通「廩」。糧倉。㉒和平元年　西元一五〇年。和平，桓帝第二個年號，僅一年。㉓曩者二句　遭家不造，遭遇家道未成。造，成也。或讀為穀，吉也，善也。《詩・閔予小子》：「閔予小子，遭家不造。」可憐我孩童時的周成王，遭遇家庭的不幸。先帝，謂順帝劉保。㉔幸賴二句　股肱，本指人的大腿和胳膊，比喻對朝廷起重要作用的文武大臣。殘醜消蕩，殘留的醜類被消滅蕩平。指此前幾年內反抗朝廷的幾支農民軍被鎮壓下去。㉕復子明辟　交還給您明君的君位。復，恢復原狀；交還。子，指接受君位的人。明，明君之政。辟，國君；皇位。《尚書》：「周公曰：『朕復子明辟。』」周公旦攝政輔成王，要把皇權還給成王時語。㉖先姑歸授之法　指安帝劉祜的閻皇后把政權交還給順帝劉保。先姑，死去的婆婆。《爾雅・釋親》：「婦人謂夫之父曰舅，夫之母曰姑。在則曰君舅、君姑，歿則曰先舅、先姑。」㉗斷金　斬斷堅硬的金屬的東西。喻同心協力將無堅不摧。語出《易・繫辭上》：「二人同心，其利斷金。」㉘展也大成　展，誠然，假設之辭。大成，大功告成，指達到天下太平的程度。語出《詩・車攻》：「允矣君子，展也大成。」意謂信然偉大的君子，真的能有很大的成功。㉙梓潼　縣名。屬益州廣漢郡，因地倚梓林而枕潼水而得名。故地在今四川梓潼。

【語譯】桓帝建和二年，春季正月甲子日，皇帝劉志行加冠禮。正月庚午日，大赦天下。朝廷賞賜給河間王、勃海王兩位親王黃金各百斤，給彭城諸國王，黃金各五十斤。公主、大將軍、三公、特進、侯、中二千石、二千石、將、大夫、郎吏、從官，外戚樊、郭、陰、馬四姓小侯及梁氏、鄧氏小侯，諸夫人以下人員，賞給不等數量的帛。年齡在八十歲以上的，賜給米、酒、肉，九十歲以上的，加賞二匹布、三斤綿。

2 三月戊辰日，皇帝劉志跟隨皇太后梁妠，前往大將軍梁冀的府邸探視。

3 羌人的白馬部侵擾廣漢屬國，殺所屬縣長及其他官員。益州刺史率板楯蠻人征討並擊敗白馬羌。

4 夏季，四月丙子日，劉志封他的弟弟劉碩為平原王，奉祀他們父親劉翼的皇陵。尊奉孝崇皇劉翼的夫人馬氏為孝崇園貴人。

5 嘉禾生於大司農所屬國庫院內。五月癸丑日，北宮側院裡的德陽殿及左掖門失火，皇帝移到南宮。

6 六月，改清河國為甘陵國，封安平王劉得的兒子經侯劉理為甘陵王。

7 秋季七月，京師洛陽大水。河東郡上言，那裡出現連理枝樹木。

8 冬季十月，長平縣陳景自號為「黃帝子」，設置官署，封部下屬官。又有南頓縣管伯也自稱「真人」，相約謀圖舉兵造反，全部被破獲斬首。

9 建和三年，春季閏三月甲申日，彭城王劉定去世。

10 夏季，四月丁卯日是這月的最後一天，有日蝕發生。五月乙亥日，朝廷下詔書說：「聽說上天生下眾生黎民，不能互相管理，上天才替他們立天子為國君，使國君管理庶民。國君的正道實行於民間，則吉兆瑞徵在天象上表現出來；眾事在社會上顛倒失序，則災禍的徵兆從怪異災變上呈現。近來，日有蝕虧，陽光暗淡不明。我只有心懷畏懼暗中思考檢查自己，顧不得休息。《春秋公羊傳》不是說過嗎：『發生了日蝕，國君要整修為政的道德；發生了月蝕，要整嚴刑獄，看有無缺失不當。』過去孝章皇帝憐憫上一代被拘禁流徙的囚犯，所以在建初紀元開始時，讓這些人也受到朝廷的恩德惠澤，流放遷徙的人讓他們回到故鄉去；被沒收入官充當奴僕的，免其罪身，恢復平民百姓的身分。先皇的仁德政治，能不去追求仿效嗎？現自順帝永建元年到今年，凡是各種奸邪妖惡，旁系親屬受連坐的，以及犯法的官吏百姓由於減死而去戍邊的，全部寬大處理，都可以回到本郡故鄉去。唯獨被沒收入官府當奴隸的人不按此詔令處理。」

11 六月庚子日，下詔令讓大將軍、三公、特進、侯，與卿、校尉一起，舉賢良方正能直言極諫的士人，每位推薦一人。

12 六月乙卯日，埋葬漢順帝劉保的憲陵中的祭祀正殿，因地震受損。秋季八月庚申日，位於北地郡的廉縣，下雨時從空中往下掉肉。八月乙丑日，在天市星區有彗星出現。京師洛陽發大水。九月己卯日，發生地震。九月庚寅日，大地又震。朝廷下詔，死罪以下的犯人和逃亡的重犯，可以出不同量的財物贖罪。有五個郡國發生山崩。

13 冬季十月，太尉趙戒免官。司徒袁湯被任命為太尉，大司農河內郡人張歆被任命為司徒。

14 十一月甲申日，皇帝下詔書說：「我執掌政權有失中和之道，各種災害變異接連不斷出現，日月星辰三種發光天體不明亮，陰陽的規律錯亂失序。我睡不安寢，醒來長歎，像得了熱病似的頭疼難受。現在京師賤役人的住所內，貧病而死的屍體相互枕藉；各郡縣的郊野道路上，到處都有此慘象，這非常不合周文王教育我們的及時掩埋死者屍骸的大義。現命令各級官府過問此事，那有家庭有親屬的死人是由於家貧無力埋葬的，要發給喪葬費，每人三千錢，喪主給布三匹；若沒有親屬，可在官家的空閒土地上埋葬，要樹立標記，寫上死者的姓名，給他們設立祭祀的祠堂。又有在司寇作服勞役的刑徒，患了疾病的，要給醫給藥治療；死亡了的，要厚厚安葬。老百姓中有不能自己養活自己的，以及流亡轉徙的，按規定發給官倉的糧食。各州各郡的主管官員，要認真檢點視察，務必盡力推恩實施，以康惠我百姓庶民。」

15 漢桓帝和平元年，春季正月甲子日，大赦天下，改年號為和平。

16 乙丑日，臨朝執政的皇太后梁妠下詔書說：「從前皇族家內遭遇家道不幸，先皇順帝英年早逝。永遠思念著皇統的重要，深深考慮繼承統緒的福祉，向中央的臺輔大臣詢問請教傳承的謀略，再用徵兆和占卜結果來進行驗證，然後建立既明且哲的傳承大計，遂決定了皇統大業。上天和人望和諧一致，萬國都得以安寧。現今皇帝已舉行過加冠典禮，我就要把治國重擔交付給他，但是四方的強盜和竊賊作亂，還有很多地方未能寧靜，故而我代替他臨政，以等待天下安謐。多虧仗著股肱大臣抵禦侵擾侮慢的輔助，反叛的醜類消滅蕩平，百姓和諧，年成豐稔，普天之下，率土之濱，國境之內，無論遠近，都融洽和睦，同心同德。我遠覽史冊效仿周公還給成王賢明君主大位的正義之舉，從近說欽慕死去的閻氏婆母歸政給先皇順帝的作法，現在趁今天的良辰吉日，我將大權交出，皇帝要臨朝稱制。各位公卿大臣，朝廷百官，都要虔誠恭敬地在你們的工作崗位上盡職，要同心協力，一心一意，努力做到《易經》中所說的『二人同心，其利斷金』的團結程度。真正能達到誠心致太平的境界，則是我的最大的期望啊。」

二月，扶風郡的妖賊裴優造反，自稱皇帝，被官府鎮壓誅殺。

二月甲寅日，皇太后梁妠逝世。

三月，皇帝劉志遷住到北宮。

四月甲午日，安葬已去世的順烈皇后梁妠。

夏季，五月庚辰日，皇帝劉志尊自己的生母博園匽貴人為孝崇皇后。

秋季七月，廣漢郡的梓潼縣發生山崩。

冬季，十一月辛巳日，天下判死罪的犯人減罪一等，免去死罪，被流放到邊境荒涼地區戍守邊境。

元嘉元年春正月，京師疾疫，使光祿大夫❶將醫藥案行。

癸酉，大赦天下，改元元嘉。

二月，九江❷、廬江❸大疫。

甲午，河間王建薨。夏四月己丑，安平王得薨。

京師旱。任城❹、梁國❺飢，民相食。

司徒張歆罷，光祿勳吳雄為司徒。

秋七月，武陵蠻❻叛。

冬十月，司空胡廣罷。

十一月辛巳，京師地震。

10 閏月庚午，任城王崇薨。太常黃瓊為司空。

11 二年春正月，西域長史王敬為于窴國所殺❼。

12 丙辰，京師地震。

13 夏四月甲寅，孝崇皇后匽氏崩。庚午，常山王豹薨。五月辛卯，葬孝崇皇后于博陵。

14 秋七月庚辰，日有食之。八月，濟陰❽言黃龍見句陽❾，金城❿言黃龍見允街⓫。冬十月乙亥，京師地震。

15 十一月，司空黃瓊免。十二月，特進趙戒為司空。

16 右北平⓬太守和旻坐臧，下獄死。

17 永興元年春二月，張掖⓭言白鹿見。

18 三月丁亥，幸鴻池⓮。

19 夏五月丙申，大赦天下，改元永興。

20 丁酉，濟南王廣薨，無子，國除。

21 秋七月，郡國三十二蝗。河水溢。百姓飢窮，流冗⓯道路，至有數十萬戶，冀州尤甚。詔在所賑給乏絕，安慰居業。

22 冬十月，太尉袁湯免，太常胡廣為太尉。司徒吳雄罷，司空趙戒免；以太僕黃瓊為司徒，光祿勳房植為司空。

23 十一月丁丑，詔減天下死罪一等，徙邊戍。

24 是歲，武陵太守應奉招誘叛蠻，降之。

【章　旨】以上記桓帝元嘉元年至元興元年三年間的大事。這一時期各種自然災害發生，大面積蟲災，黃河氾濫，百姓窮困飢餓，竟發生「民相食」這種人間慘劇。盡管朝廷加以賑濟，但杯水車薪。

【注　釋】❶光祿大夫　掌顧問應對的官員，屬光祿勳，比二千石。❷九江　郡名。屬揚州，轄十四城。故地為今安徽中南部地區。治今安徽壽縣。東漢移至陰陵（今安徽定遠西北）。❸廬江　郡名。屬揚州，轄十四城。故地約今安徽西部偏南一帶地區。治今安徽廬江縣西南。❹任城　侯國名。治今山東濟寧東南。❺梁國　郡、國名。治今河南商丘東南。❻武陵蠻　秦漢時南方少數民族蠻族的一支。因聚居武陵郡地，故名。武陵，郡名。轄境約當今湖南安鄉、漢壽、雪峰山以西，澧縣與湖北鶴峰、咸豐以南，貴州芙蓉江、施秉、凱里以東，廣西三江以北的廣大地區。❼西域長史句　于窴國，又作「于闐國」。西域城國名。故地為今新疆維吾爾族自治區和田一帶。李賢注曰：「敬殺于窴王建，故國人殺之。」可見事由王敬而起，而本書不記原因，只記結果，缺乏客觀態度。❽濟陰　郡名。屬兗州刺史部，轄十一城。故地在今山東西南部。治所在今山東定陶西北。❾句陽　濟陰郡下轄縣名。治今山東菏澤西北。❿金城　郡名。屬涼州，轄十城。故地為今甘肅蘭州一帶地區。治今甘肅永清西北。⓫允街　金城郡下轄縣名。故地在今甘肅永登南。⓬右北平　郡名。屬幽州，下轄四城。故地為今北京東邊河北廊坊一帶。東漢治所在土垠（今河北豐潤東南）。⓭張掖　郡名。屬涼州，轄八城。故地為今甘肅張掖一帶，河西走廊中段，武威、酒泉之間。⓮鴻池　在洛陽東面。⓯流宂　流離失所。宂，散失其事業。

【語　譯】元嘉元年春季正月，京師洛陽發生傳染性疾病，朝廷派光祿大夫攜帶醫藥巡行疫區，察明情況，給予救助。

2 正月癸酉日，大赦天下，改年號為元嘉。

3 二月，揚州下屬的九江、廬江二郡境內，大面積的發生流行性傳染病。

4 二月甲午日，河間王劉建去世。夏季四月己丑日，安平王劉得去世。

5 京師一帶發生旱災。兗州之任城國、豫州之梁國發生大饑荒，出現了人吃人的悲慘景象。

6 司徒張歆被罷官，光祿勳吳雄被任命為司徒。

7 秋季七月，荊州之武陵郡的蠻民發動叛亂。

8 冬季十月，司空胡廣被罷官。

9 十一月辛巳日，京師洛陽發生地震。

10 閏十二月庚午日，任城王劉崇去世。太常黃瓊被任命為司空。

11 元嘉二年春季正月，負責西域事務的長史王敬被于闐國誅殺。

12 正月丙辰日，京師洛陽地震。

13 夏季四月甲寅日，劉志的生母孝崇皇后匽明去世。四月庚午日，常山王劉豹去世。五月辛卯日，把皇帝母親孝崇皇后安葬在博陵。

14 秋季七月庚辰日，有日蝕發生。八月，濟陰郡報告說，句陽縣出現黃龍，金城郡說，黃龍在允街縣出現。冬季十月乙亥日，京師洛陽地震。

15 十一月，司空黃瓊被免職。十二月，特進趙戒被任命為司空。

16 右北平郡太守和旻被判貪贓，逮捕入獄而死。

17 漢桓帝劉志永興元年春季二月，張掖郡報告說，那裡有瑞獸白色鹿出現。

18 三月丁亥日，皇帝駕幸鴻池。

19 夏季五月丙申日，大赦天下。改年號為永興。

20 丁酉日，濟南王劉廣去世。由於沒有兒子承襲王位，封國撤除。

秋季七月，有三十二個郡、國發生蝗災。黃河水氾濫。老百姓飢餓窮困，走投無路，流離失所，填塞道路，多達數十萬戶，冀州一帶尤為嚴重。朝廷下詔，令災民所處的地方官，賑濟那些乏絕之人，給予撫恤安慰，並安頓他們住下來就業生產。

冬季十月，太尉袁湯被免職，太常胡廣被任命為太尉。司徒吳雄被罷官，司空趙戒被免職。任命太僕黃瓊為司徒，光祿勳房植被任命為司空。

十一月丁丑日，下詔天下死罪犯人減刑一等，遷往邊境地區當戍卒，防守邊疆。

這一年，武陵郡太守應奉，用引誘手段把反叛的蠻人招降。

二年春正月甲午，大赦天下。

二月辛丑，初聽刺史、二千石行三年喪服。

癸卯，京師地震，詔公、卿、校尉舉賢良方正能直言極諫者各一人。詔曰：「比者星辰謬越，坤靈震動，災異之降，必不空發。勑己修政，庶望有補。其輿服制度有踰侈長飾者，皆宜損省。郡縣務存儉約，申明舊令，如永平故事。」

六月，彭城泗水❶增長逆流。詔司隸校尉、部刺史曰：「蝗災為害，水變仍至，五穀不登，人無宿儲。其令所傷郡國種蕪菁❷以助人食。」

京師蝗。東海朐山❸崩。

九月丁卯朔，日有食之。詔曰：「朝政失中，雲漢❹作旱，川靈涌水，蝗螽孳蔓，殘我百穀，太陽虧光，飢饉荐臻。其不被害郡縣，當為飢餒者儲。天下一家，趣不糜爛，則為國寶。其禁郡國不得賣酒，祠祀裁足。」

7 太尉胡廣免，司徒黃瓊為太尉。閏月，光祿勳尹頌為司徒。

8 減天下死罪一等，徙邊戍。

9 蜀郡李伯詐稱宗室，當立為「太初皇帝」，伏誅。

10 冬十一月甲辰，校獵❺上林苑❻，遂至函谷關，賜所過道傍年九十以上錢，各有差。

11 太山、琅邪❼賊公孫舉等反叛，殺長吏。

12 永壽元年春正月戊申，大赦天下，改元永壽。

13 二月，司隸❽、冀州飢，人相食。勑州郡賑給貧弱。若王侯吏民有積穀者，一切貣❾十分之三，以助稟貸；其百姓吏民者，以見錢雇直。王侯須新租乃償。

14 夏四月，白烏見齊國。

15 六月，洛水溢，壞鴻德苑。南陽大水。

16 司空房植免，太常韓縯為司空。

17 詔太山、琅邪遇賊者，勿收租、賦，復更、筭❿三年。又詔被水死流失屍骸者，令郡縣鉤求收葬；及所唐突壓溺物故，七歲以上賜錢，人二千。壞敗廬舍，亡失穀食，尤貧者稟，人二斛。

18 巴郡、益州郡⑪山崩。

19 秋七月，初置太山、琅邪都尉官。

20 南匈奴左薁鞬臺耆、且渠伯德等叛，寇美稷⑫，安定屬國都尉張奐討除之。

21 二年春正月，初聽中官⑬得行三年服。

22 二月甲申，東海王臻薨。

23 三月，蜀郡屬國夷叛。

24 秋七月，鮮卑寇雲中⑭。太山賊公孫舉等寇青、兗、徐三州，遣中郎將段熲討，破斬之。

25 冬十一月，置太官右監丞官⑮。

26 十二月，京師地震。

【章　旨】以上記元興二年至永壽二年三年間的大事。由於饑荒，司隸、冀州也發生「人相食」的悲劇。朝廷下令，讓百姓種蕪菁以代食，同時禁止酒類買賣，以節省糧食。內有蠻民反叛，外有鮮卑侵擾，令朝廷焦頭爛額。桓帝即位以來頻頻改元，不僅無濟於事，且徒增諷刺。

【注　釋】❶彭城泗水　彭城封國屬徐州郡，轄八城，治今江蘇徐州。泗水，又稱泗河，發源於今山東泗水縣陪尾山。因其四源合為一水，故稱。南流入淮河後東流入海。❷蕪菁　又名蔓菁。十字花科，一二年生草本，直根肥大，呈球形或扁圓形。葉片全緣或有深缺刻。性喜冷涼。根和葉均可作蔬菜，鮮食或醃製。亦可作家畜飼料。常與蘿蔔、萊菔並稱。❸東海朐山　東海，郡名。屬徐州，轄十三城，故地當今之山東東南部與江蘇北部之鄰接地區。朐山，即今江蘇連雲港市西南之錦屏山。有雙峰如削，形似馬耳，故又名馬耳峰。❹雲漢　又稱銀漢，即銀河、天河。晴朗的天空中夜晚用肉眼即可看到的雲狀的光帶。古人迷信認為，它可以決定人間的水旱災澇。❺校獵　在狩獵場上周圍安設木柵欄，把野獸趕進去進行射獵。校，木柵欄。❻上林苑　是漢代皇家的御用大花草動物園，西漢的上林苑在長安西郊，司馬相如有〈上林賦〉鋪寫其豪奢。東漢的上林苑在洛陽西郊，方圓三百里，宮殿七十座。❼太山琅邪　太山，又作「泰山」。郡名。屬兗州，轄十二城，故地為今山東中部泰安周圍一帶。琅邪，國名。屬徐州，轄十三城，故地為今山東諸城周圍一帶。❽司隸　漢行政區劃名稱，相當州刺史部，叫司隸校尉部，共轄洛陽周圍及長安四圍的七個郡，含縣、邑、侯國一百零六個。治所在洛陽。❾貣　又作「忒」。向人求物；乞貸。❿更筭　漢代兩種賦稅名稱。更賦，漢代規定：男子年二十三至五十六，要輪番戍邊服兵役，稱為更；不能去的，可交錢入官，雇人代替，此錢稱更賦。筭，本指古代計算用的竹籌。這裡指按人口數計徵的賦稅。⓫巴郡益州郡　都屬益州刺史部。巴郡，轄十四城，故地為今重慶市一帶。益州，郡名。轄十七城，故地為今雲南晉寧東北。⓬美稷　是并州西河郡所屬的一個縣名，故地為今內蒙古準噶爾旗一帶。⓭中官　也叫內官。如中長侍之類，本為侍從皇帝的官員，東漢時專用宦官任此職，掌理文書，傳達詔令，權力極大。⓮鮮卑寇雲中　鮮卑族是中國北部的少數民族，曾是東漢初中期北方的主要威脅。詳見本書卷九十。雲中，郡名。屬并州，轄十一城，故地為今山西西北部及其與內蒙古相鄰接地區。治今內蒙古托克托旗。⓯太官右監丞官　是少府下的屬官。少府，是管宮中衣物寶貨珍膳之類的機關。太官令掌飲食，原有左丞、甘丞、湯官丞、果丞各一人，此時始置右監丞官，比六百石，是中下級官員。

【語　譯】桓帝劉志永興二年，春季正月甲午日，大赦天下。

2　二月辛丑日，開始允許州刺史、二千石郡太守級以上高官為父母守三年之喪期。

3　二月癸卯日，京師洛陽地震。朝廷下詔令三公、九卿、校尉等官員舉賢良方正能直言極諫者，各舉一人。詔書說：「最近星辰運行錯位，地靈之神震動，災異的降臨，一定不是憑空發生的。大家要加強自己的道德修養修明政治，希望對各種災害損失有所彌補。凡車服規格制度有超越規定過分奢華的，都應該減省。各郡縣做事，務必注意儉省節約，反覆申明執行過去規定的制度，依照明帝永平年間的先例。」

4 六月，彭城國境內的泗水因水量增大出現逆向而流的情況。詔令司隸校尉、部刺史說：「蝗蟲成災，為害農田，水流發生變異也屢次出現，五穀不得豐收，百姓沒有隔夜的儲糧。現令受到災害損傷的郡國種植蔓菁，以補充百姓的食品。」

5 京師洛陽發生蝗災。東海郡的朐山發生山崩。

6 九月丁卯日是這月的初一，有日蝕發生。朝廷下詔說：「朝政失去中和之道，天上的銀河也呈現旱象，管水的神靈使河流湧水，蝗蟲螽斯大量繁殖，肆虐蔓延，殘害我們的各類莊稼，太陽也虧蝕不全，穀菜不收，饑饉接連到來。那些未受災害的郡縣，應當為災區飢餓的人儲備糧食。天下一家，急促間能不糜爛，便是國家寶物。現禁止各郡國不許賣酒，祭祀祖宗和神靈的物品剛剛夠用即可。」

7 太尉胡廣被免官，司徒黃瓊出任為太尉。閏九月，任命光祿勳尹頌為司徒。

8 減天下死刑罪犯從輕一等，遷往邊地戍守。

9 蜀郡人李伯詐稱自己是劉姓宗室，應當被立為「太初皇帝」，結果被殺。

10 冬季十一月甲辰日，皇帝劉志到上林苑校獵。順路繞到函谷關，賜給所路過道旁年齡在九十歲以上的人各不等量的錢。

11 太山郡和琅邪國一帶的強賊公孫舉等人反叛朝廷，攻殺各縣的官吏。

12 永壽元年，春季正月戊申日，大赦天下，改年號為永壽。

13 二月，司隸、冀州兩地大饑荒，人們餓得互相殘害，靠吃人肉活命。敕令該州各郡賑濟供給貧弱的人。如果王侯及富有的吏民積存有糧食的，一律借出儲糧的十分之三，來幫助官倉的貸糧救濟。是百姓吏民借出的，用現錢作為糧食款項。凡是王侯家借出的，要等到國家收繳上新的田租後才償還。

14 夏季四月，有白色羽毛的烏鴉在齊國出現。

15 六月，洛水氾濫，沖壞了皇家的鴻德苑。南陽郡也發大水。

16 司空房植被免官，太常韓縯被任命為司空。

17 下詔令太山、琅邪二郡中遭遇反賊禍害的人家，不再收田租和賦稅，免除更賦、算賦三年。又下詔，凡被大水淹死，屍骸被大水沖走的，令郡縣從水中尋找鉤上來收葬，以及意外匆忙間被壓被淹而死的，七歲以上的都發給救濟金，每人二千錢。因災害倒塌房屋，丟失糧食，特別貧困的人，救濟糧食，每人二斛。

18 巴郡、益州郡發生山崩。

19 秋季七月，開始在太山郡、琅邪郡設置管捕盜賊的都尉官。

20 南匈奴汗國的左薁鞬臺耆、且渠伯德等叛漢，侵犯擄掠美稷縣。安定屬國的帶兵武官張奐征討叛軍並打敗他們。

21 永壽二年，春季正月，開始准許宦官為死去的父母服喪三年。

22 二月甲申日，東海王劉臻去世。

23 三月，蜀郡屬國內的夷人叛亂。

24 秋季，七月，鮮卑族侵擾雲中郡。太山郡的反賊公孫舉等人攻擊青州、兗州、徐州等地，朝廷派中郎將段熲去征討，打敗並斬殺了他們。

25 冬季十一月，設置太官右監丞官。

26 十二月，京師洛陽發生地震。

1 三年春正月己未❶，大赦天下。

2 夏四月，九真❷蠻夷叛，太守兒式討之，戰歿；遣九真都尉魏朗擊破之。復屯據日南❸。

閏月庚辰晦，日有食之。

六月，初以小黃門❹為守宮令，置冗從右僕射❺官。

京師蝗。秋七月，河東地裂。

冬十一月，司徒尹頌薨。

長沙蠻叛，寇益陽❻。

司空韓縯為司徒，太常北海孫朗為司空。

延熹元年春三月己酉，初置鴻德苑令❼。

夏五月己酉，大會公卿以下，賞賜各有差。

甲戌晦，日有食之。京師蝗。

六月戊寅，大赦天下，改元延熹。

丙戌，分中山置博陵郡❽，以奉孝崇皇園陵。大雩。

秋七月己巳，雲陽地裂。

甲子，太尉黃瓊免，太常胡廣為太尉。

冬十月，校獵廣成❾，遂幸上林苑。

17 十二月，鮮卑寇邊，使匈奴中郎將張奐率南單于擊破之。

18 二年春二月，鮮卑寇鴈門⑩。

19 己亥，阜陵王便薨。

20 蜀郡夷寇蠶陵⑪，殺縣令。

21 三月，復斷刺史、二千石行三年喪。

22 夏，京師雨水。

23 六月，鮮卑寇遼東。

24 秋七月，初造顯陽苑⑫，置丞。

25 丙午，皇后梁氏崩。乙丑，葬懿獻皇后⑬于懿陵。

26 大將軍梁冀謀為亂。八月丁丑，帝御前殿，詔司隸校尉張彪將兵圍冀第，收大將軍印綬，冀與妻皆自殺。衛尉梁淑、河南尹梁胤、屯騎校尉梁讓、越騎校尉梁忠、長水校尉梁戟等，及中外宗親數十人，皆伏誅。太尉胡廣坐免。司徒韓縯、司空孫朗下獄。

27 壬午，立皇后鄧氏⑭，追廢懿陵為貴人冢。詔曰：「梁冀姦暴，濁亂王室。孝質皇帝聰敏早茂，冀心懷忌畏，私行殺毒。永樂太后⑮親尊莫二，冀又遏絕，禁還京師，使朕離母子之愛，隔顧復之恩。禍害深大，罪釁日滋。賴宗廟之靈，及中常侍單超、徐璜、具瑗、左悺、唐衡，尚書令尹勳等激憤建策，內外協同，漏刻之間，桀逆梟夷⑯。斯誠社稷之祐，臣下之力，宜班慶賞，以酬忠勳。其封超等五人為縣侯⑰，勳等七人為亭侯⑱。」於是舊故恩私，多受封爵。

28 大司農黃瓊為太尉，光祿大夫中山祝恬為司徒，大鴻臚梁國盛允為司空。初置祕書監官。

29 冬十月壬申，行幸長安。乙酉，幸未央宮。甲午，祠高廟。十一月庚子，遂有事十一陵⑲。

30 壬寅，中常侍單超為車騎將軍。

31 十二月己巳，至自長安，賜長安民粟人十斛，園陵人五斛，行所過縣三斛。

32 燒當等八種羌叛，寇隴右⑳，護羌校尉段熲追擊於羅亭㉑，破之。

33 天竺國㉒來獻。

【章旨】以上記永壽三年至延熹二年三年間的大事。桓帝依靠宦官之力，誅除了外戚梁冀之勢力；但外戚勢除，宦官勢張，可謂前門驅虎，後門迎狼。

【注釋】❶正月己未　正月癸未朔，月內無己未，己未為二月初七。❷九真　郡名。屬交州，轄五城，故地為今越南北部。

❸日南　郡名。屬交州，轄五城，故地為今越南中南部地區。❹小黃門　此處指皇帝的貼身太監。黃門，本義是黃色的宮門，因為皇帝居住宮室的門扉全部用黃色，故可代指宮禁。後宮禁中的官署也叫黃門，其官員有黃門侍郎、給事黃門侍郎等，全是為皇帝內宮服務的官吏。東漢時，給事內廷的黃門令、中黃門諸官，全部由閹者宦官充任，故宦官又被稱作黃門。❺宂從右僕射　官名。東漢桓帝永壽三年置。或併原中黃門宂從僕射為二。宂從，官名。散職侍從官。出則騎從，居則宿衛。❻益陽　縣名。屬荊州長沙郡，故城在今湖南益陽東，因位於益水之陽而得名。❼鴻德苑令　管理皇家御花園鴻德苑的長官，秩六百石，與外十二州的刺史相當。❽博陵郡　故治在今河北保定之博野。郡治後曾移往安平（今河北安平）。❾廣成　廣成苑，故地在今河南新安境內。❿鴈門　或作雁門。郡名。屬并州，轄十四城，故地為今山西左雲、右玉一帶。東漢治陰館，今山西代縣西北。⓫蠶陵　縣名。屬益州蜀郡管轄，以地有蠶陵山而得名。故地在今四川松潘境內。⓬顯陽苑　皇家御花園之一，在洛陽城西。據《蔡邕集》載，冬季施工，役徒凍餓而死者甚眾。⓭懿獻皇后　桓帝劉志的皇后梁女瑩，順帝皇后梁妠及大將軍梁冀之妹。詳見本書卷十下。⓮鄧氏　鄧猛。東漢和帝劉肇的皇后（和熹皇后），鄧綏娘家的姪孫女。⓯永樂太后　指劉志的生母匽明。和平元年（西元一五〇年）有司奏稟，太后所居皆以「永樂」為稱，設置官屬太僕、少府為之效勞。⓰桀逆梟夷　反叛的逆賊被斬首蕩平。桀逆，兇狠忤逆。桀，兇暴。梟，斬首後將頭顱懸在木樁上示眾。夷，平定。⓱封超等五人為縣侯　單超為新豐侯，食邑兩萬家；徐璜為武原侯，具瑗為東武陽侯，左悺為上蔡侯，唐衡為汝陽侯。采邑各一萬戶人家，世稱「五侯」。⓲勳等七人為亭侯　七人是：尹勳，宜陽都鄉侯；霍諝，鄴都亭侯；張敬，山陽西鄉侯；歐陽參，脩武仁亭侯；李瑋，宜陽金門侯；虞放，冤句呂都亭侯；周永，下邳高遷鄉侯。亭侯，在漢時為三級侯爵，食祿於鄉、亭的列侯。⓳有事十一陵　有事，古代指關乎國家命運的大事，如戰爭之類。此處指到祖宗陵寢那裡祭拜告稟。十一陵，埋葬西漢十一位皇帝的陵園。即葬高祖劉邦的長陵，葬惠帝劉盈的安陵，葬文帝劉恒的霸陵，葬景帝劉啟的陽陵，葬武帝劉徹的茂陵，葬昭帝劉弗陵的平陵，葬宣帝劉詢的杜陵，葬元帝劉奭的渭陵，葬成帝劉驁的延陵，葬哀帝劉欣的義陵，葬平帝劉衎的康陵。這些陵墓都位於今陝西西安郊外及附近各縣境內。⓴隴右　今陝西隴縣至甘肅平涼一帶，有六盤山之南段，曰隴山，此山以西至黃河以東之地，稱隴右。㉑羅亭　在今甘肅臨夏之積石山附近。㉒天竺國　印度的古稱，又名身毒，訛轉為賢豆。

【語譯】永壽三年春季，二月己未日，大赦天下。

2 夏季四月，九真郡的蠻夷反叛，郡太守兒式去征討，戰敗亡身。派九真郡的都尉魏朗帶兵攻擊叛民，打敗了他們。又讓軍隊駐紮在日南郡。

3 閏五月庚辰日是這月的最後一天，有日蝕發生。

4 六月，開始用貼身太監充任守宮令，設置亢從右僕射官。

5 京師洛陽地區發生蝗災。秋季七月，河東郡發生地表裂溝現象。

6 冬季十一月，司徒尹頌去世。

7 長沙郡的蠻族反叛，攻擊益陽縣城。

8 任命司空韓縯為司徒，太常北海人孫朗被任命為司空。

9 延熹元年，春季三月己酉日，開始設置鴻德苑令一職。

10 夏季五月己酉日，大規模地會見群臣，公卿以下均得到不同等級的賞賜。

11 五月甲戌日是這月的最後一天，有日蝕發生。京師洛陽地區發生蝗災。

12 六月戊寅日，大赦天下。改年號為延熹。

13 六月丙戌日，分出中山國的一部分，設置博陵郡，用以奉祀皇帝劉志的生父孝崇皇的園陵。舉行祈雨大典。

14 秋季七月己巳日，司隸部左馮翊所屬之雲陽縣發生地面裂紋現象。

15 七月甲子日，太尉黃瓊被免官，太常胡廣升任太尉。

16 冬季十月，皇帝到廣成苑校獵，順路又駕幸上林苑。

17 十二月，鮮卑族侵犯邊境地區，使匈奴中郎將張奐率領早已附漢的南匈奴部單于回擊鮮卑入侵，並打敗他們。

18 延熹二年，春季二月，鮮卑族侵犯雁門地區。

19 二月己亥日，阜陵王劉便去世。

20 蜀郡的夷人攻擾蠶陵，殺死縣令。

21 三月，又禁斷刺史、太守等高級官吏行三年喪禮的規定。

22 夏季，京師洛陽多雨水。

23 六月，鮮卑族侵犯遼東郡。

24 秋季七月，開始建造顯陽苑，置顯陽苑管理官員苑丞。

25 七月丙午日，皇后梁氏去世。七月乙丑日，安葬懿獻皇后於懿陵。

26 大將軍梁冀陰謀作亂奪權。八月丁丑日，皇帝劉志駕臨前殿，下詔令司隸校尉張彪率軍隊包圍梁冀的府第，收回他的大將軍印信、璽綬。梁冀與其妻都自殺。梁氏家族、黨徒，當衛尉的梁淑、河南尹梁胤、屯騎校尉梁讓、越騎校尉梁忠、長水校尉梁戟等，以及梁族內外宗親數十人，皆被誅殺。太尉胡廣受牽連被免官。司徒韓縯、司空孫朗被捕下獄。

27 八月壬午日，立鄧氏為皇后。把葬梁冀妹妹梁女瑩的懿陵稱號廢掉，撤銷她的皇后資格而降級稱為貴人冢。劉志下詔書說：「梁冀奸邪橫暴，混亂朝綱，攪壞王室。孝質皇帝聰明機敏，早呈才華，梁冀對他又恨又怕，心懷毒計，私下進行毒殺。我的生母永樂太后與我關係親密，地位尊崇沒有第二個人能比。梁冀又阻止隔絕我們母子，強令她常居博園，不許她回京師洛陽居住，使我遠離母子親情之愛，隔絕母親照看養育之恩。他禍造成的危害極為深重，罪惡日甚一日。幸而依賴祖廟的英靈，再加上中常侍單超、徐璜、具瑗、左悺、唐衡、尚書令尹勳等激於義憤，積極出謀定策，皇宮內外，協力同心，頃刻之間，橫暴的逆賊被斬首示眾，反叛被平定。這實在是宗廟社稷佑護幫助，諸位臣下的力量。應當依等級頒令慶賀並給予封賞，用以酬報忠誠勤勞之人。現封單超等五人為縣侯，尹勳等七人為亭侯。」於是皇帝的故舊及對他有過恩遇的私交，大多數都受到不同的封爵。

28 任命大司農黃瓊為太尉，光祿大夫中山國人祝恬為司徒，大鴻臚梁國人盛允為司空。開始設置祕書監官。

29 冬季十月壬申日，皇帝劉志前往長安。十月乙酉日，駕至未央宮。十月甲午日，祭拜高祖劉邦的宗廟。十一月庚子日，祭告西漢的十一位先祖的陵園。

30 十一月壬寅日，任命太監中常侍單超為車騎將軍。

31 十二月己巳日，皇帝劉志自長安返回洛陽。賜給長安百姓每人粟十斛，賞給守護西漢皇帝陵園的人每人五斛粟。皇帝車駕路經縣裡的百姓，每人賞三斛粟。

32 羌人的燒當部等八個部落叛亂，侵擾隴右地區。護羌校尉段熲追擊叛軍於積石山附近的羅亭，打敗了他們。

33 天竺國派來使臣向漢廷進獻貢品。

1 三年春正月丙申，大赦天下。

2 丙午，車騎將軍單超薨。

3 閏月，燒何羌叛，寇張掖，護羌校尉段熲追擊於積石，大破之。

4 白馬❶令李雲坐直諫，下獄死。

5 夏四月，上郡言甘露降。五月甲戌，漢中山崩。

6 六月辛丑，司徒祝恬薨。秋七月，司空盛允為司徒，太常虞放為司空。

7 長沙蠻寇郡界。

8 九月，太山、琅邪賊勞丙等復叛，寇掠百姓，遣御史中丞趙某持節督州郡討之。

9 丁亥，詔無事之官權絕奉，豐年如故。

10 冬十一月，日南蠻賊率眾詣郡降。

11 勒姐羌圍允街，段熲擊破之。

12 太山賊叔孫無忌攻殺都尉侯章。十二月，遣中郎將宗資討破之。

13 武陵蠻寇江陵，車騎將軍馮緄討，皆降散。荊州❷刺史度尚討長沙蠻，平之。

14 四年春正月辛酉，南宮嘉德殿火。戊子，丙署火。大疫。二月壬辰，武庫火。

15 司徒盛允免，大司農种暠為司徒。三月，省冗從右僕射官。太尉黃瓊免。夏四月，太常劉矩為太尉。

16 甲寅，封河閒王開子博為任城王。

17 五月辛酉，有星孛于心❸。丁卯，原陵長壽門火。己卯，京師雨雹。六月，京兆、扶風及涼州地震。庚子，岱山及博尤來山並穨裂❹。

18 己酉，大赦天下。

19 司空虞放免，前太尉黃瓊為司空。

20 犍為屬國❺夷寇鈔百姓，益州刺史山昱擊破之。

21 零吾羌與先零諸種並叛，寇三輔❻。

22 秋七月，京師雩。

23 減公卿以下奉，貣王侯半租。占賣關內侯、虎賁、羽林、緹騎營士、五大夫錢各有差❼。

24 九月，司空黃瓊免，大鴻臚劉寵為司空。

25 冬十月，天竺國來獻。

26 南陽黃武與襄城惠得、昆陽樂季訞言❽相署，皆伏誅。

27 先零沈氏羌與諸種羌寇并涼二州，十一月，中郎將皇甫規擊破之。

28 十二月，夫餘❾王遣使來獻。

【章　旨】以上為延熹三年至四年間的大事記。這兩年國內民變此起彼伏，山雨欲來風滿樓。朝廷財政吃緊，於是減官員之俸祿，借貸王侯之租稅，公開賣官鬻爵，這無異飲鴆止渴。同時社會上「訞言相署」，也表示社會動盪加劇。

【注　釋】❶白馬　縣名。屬兗州東郡所轄，故城在今河南滑縣東邊。❷荊州　相當今河南西南部、湖北大部、湖南，共轄南陽、南郡、江夏、零陵、桂陽、武陵、長沙等七郡，有縣、邑、侯國一百一十七個。治所在今湖南常德東北。❸有星孛于心　心宿旁有彗星出現。心，心宿，二十八宿之一，東方蒼龍七宿的第五宿，有星三顆，其主星也叫商星、鶉火、大火、大辰。古人認為心星是天之正位。❹岱山及博尤來山並穨裂　岱山，即泰山，也叫岱宗，是五岳之首，在今山東中部，主峰玉皇頂在泰安北，海拔一五二四公尺。為聯合國確認的人類自然遺產和世界文化遺產之一。博，縣名。屬兗州泰山郡，岱山在其西北。尤來山，又作尤崍山或尤徠山，今常稱徂徠山或徂來山，位於今泰安東南的一座小山。穨，今作「頹」。崩塌；衰敗。

❺犍為屬國　東漢永初元年析犍為郡南部置。治今雲南昭通。轄境相當今雲南東川市東北至大關、綏江縣，貴州六盤水市、威寧等市縣地。❻三輔　為西漢時首都長安及周圍一帶地區，即京兆尹、左馮翊、右扶風所管轄的區域。❼占賣句　占賣，口報賣價。關內侯，秦漢時爵位的十九級，位次列侯。虎賁，武士的通稱，如猛虎之奔。漢時設虎賁郎，掌皇帝出入儀仗及護衛之事，其頭領為虎賁中郎將，比二千石，是光祿勳的屬官。羽林，羽林中郎將，比二千石，掌宿衛侍從，管羽林郎，比三百石。尚有羽林左監、羽林右監，主管羽林左騎、羽林右騎，中下級官員。緹騎營士，秦時設緹騎中尉，掌京師治安，皇帝出行時，在駕前先導，戒備非常。漢武帝時改名執金吾，下有緹騎二百人，職責相同，東漢時相承未改。因服裝為橘紅色，營士均乘馬，故稱緹騎。五大夫，爵位名。漢時二十等爵中之第九級，漢初曾有食邑，漢文帝以後，改以五大夫以上為高爵，五大夫為賞軍功的爵位，僅得免役優惠。❽訞言　即妖言。邪說；蠱惑人心的言論。❾夫餘　也作「扶餘」。位於我國東北松花江流域的古國，地宜五穀，居民務農，後漢時與中原交往密切。詳見本書卷八十五。

【語　譯】延熹三年，春季正月丙申日，大赦天下。

2　正月丙午日，車騎將軍單超去世。

3　閏正月，羌人的燒何部叛亂，侵擾張掖郡，護羌校尉段熲追擊叛軍到積石山，打敗他們。

4　白馬縣縣令李雲，由於直言朝廷的過失，被判罪下獄而死。

5　夏季四月，上郡報告說有甘露天降。五月甲戌日，漢中郡山體崩塌。

6　六月辛丑日，司徒祝恬去世。秋季七月，任命司空盛允為司徒。太常虞放被任命為司空。

7　長沙郡的蠻族侵擾郡界。

8　九月，太山郡、琅邪郡的盜賊勞丙等又一次反叛朝廷，侵擾擄掠百姓。朝廷派御史中丞趙某人拿著朝廷的符信督促州郡的官員前往攻討叛民。

9　九月丁亥日，下詔令，沒有實際任務的官員暫時停止發給俸祿，等年成轉為大豐收後才照舊給俸。

10　冬季十一月，日南郡叛亂的蠻族首領率領部眾到郡守處投降。

11　羌人的勒姐部圍攻允街，段熲率兵打敗了他們。

12 太山郡的反賊叔孫無忌攻擊並殺害了都尉侯章。十二月，朝廷派中郎將宗資前往征討並打敗反賊。

13 武陵郡的蠻人攻擊江陵，車騎將軍馮緄帶兵去征討，叛蠻有的投降有的逃散。荊州刺史度尚征討長沙郡的叛蠻，平定了他們。

14 桓帝延熹四年，春季正月辛酉日，洛陽南宮嘉德殿發生火災。正月戊子日，丙署（宮）失火。瘟疫流行。二月壬辰日，皇家武器庫失火。

15 司徒盛允被免職。大司農种暠被任命為司徒。三月，廢止才設置一年多的宂從右僕射官。太尉黃瓊被免職。夏季四月，太常劉矩被任命為太尉。

16 四月甲寅日，封河間王劉開的兒子劉博為任城王。

17 五月辛酉日，彗星出現在心宿區域。五月丁卯日，光武帝原陵園的長壽門失火。五月己卯日，京師洛陽下冰雹。六月，京兆、扶風及涼州等地區發生地震。六月庚子日，泰山及博縣的尤來山都有岩裂崩塌現象。

18 六月己酉日，大赦天下。

19 司空虞放被免職，前太尉黃瓊被任命為司空。

20 犍為屬國的夷人侵擾劫掠百姓，益州刺史山昱攻擊打敗他們。

21 羌人的零吾部落與先零部落等多個部落都反叛朝廷，侵擾長安周圍的三輔地區。

22 秋季七月，京師洛陽舉行求雨的祭祀儀式。

23 朝廷削減三公、九卿以下官員的俸祿，向各封國的王侯借貸他們食邑中所收賦稅的一半。開價出賣關內侯、虎賁、羽林、緹騎營士、五大夫等官職爵位，等級不同，售價也不等。

24 九月，司空黃瓊被免職。大鴻臚劉寵被任命為司空。

25 冬季十月，天竺國來使奉獻。

26 南陽郡的黃武與襄城的惠得、昆陽的樂季用妖言邪說及文字互相題寫交流，都被斬殺。

27 西羌的先零部落、沈氏部落與其他多個部落一起侵犯并州、涼州等地。十一月，中郎將皇甫規率兵擊敗他們。

28 十二月，夫餘國國王派遣使臣來漢廷敬獻貢品。

1 五年春正月，省太官右監丞。

2 壬午，南宮丙署火。

3 三月，沈氏羌寇張掖、酒泉。

4 壬午，濟北王次薨。

5 夏四月，長沙賊起，寇桂陽、蒼梧❶。

6 驚馬逸象突入宮殿。乙丑❷，恭陵東闕火。戊辰，虎賁掖門火。己巳，太學西門自壞。五月，康陵園寢火。

7 長沙、零陵賊起，攻桂陽、蒼梧、南海❸、交阯❹，遣御史中丞盛脩督州郡討之，不克。

8 乙亥，京師地震。詔公、卿各上封事。甲申，中藏府❺承祿署❻火。秋七月己未，南宮承善闥火。

9 烏吾羌寇漢陽、隴西、金城，諸郡兵討破之。

10 八月庚子，詔減虎賁、羽林任寺不任事者半奉，勿與冬衣；其公卿以下給冬衣之半。

11 艾縣[7]賊焚燒長沙郡縣，寇益陽[8]，殺令。又零陵蠻亦叛，寇長沙。

12 己卯[9]，罷琅邪都尉官。

13 冬十月，武陵蠻叛，寇江陵，南郡太守李肅坐奔北，棄市；辛丑，以太常馮緄為車騎將軍，討之。假公卿以下奉。又換王侯租以助軍糧，出濯龍[10]中藏錢還之。十一月，馮緄大破叛蠻於武陵。

14 京兆虎牙都尉宗謙坐臧，下獄死。

15 滇那羌寇武威、張掖、酒泉。

16 太尉劉矩免，太常楊秉為太尉。

17 六年春二月戊午，司徒种暠薨。

18 三月戊戌，大赦天下。

19 衛尉潁川[11]許栩為司徒。

20 夏四月辛亥，康陵東署火。

21 五月，鮮卑寇遼東屬國。

秋七月甲申，平陵園寢火。

桂陽盜賊李研等寇郡界。

武陵蠻復叛，太守陳奉與戰，大破降之。

隴西太守孫羌討滇那羌，破之。

八月，車騎將軍馮緄免。

冬十月丙辰，校獵廣成，遂幸函谷關、上林苑。

十一月，司空劉寵免。

南海賊寇郡界。

十二月，衛尉周景為司空。

七年春正月庚寅，沛王榮薨。

三月癸亥[12]，隕石于鄠[13]。

夏四月丙寅，梁王成薨。

五月己丑，京師雨雹。

秋七月辛卯，趙王乾薨。

野王[14]山上有死龍。

37 荊州刺史度尚擊零陵、桂陽盜賊及蠻夷，大破平之。

38 冬十月壬寅，南巡狩。庚申，幸章陵⑮，祠舊宅，遂有事于園廟，賜守令以下各有差。戊辰，幸雲夢⑯，臨漢水⑰，還，幸新野⑱，祠湖陽、新野公主、魯哀王、壽張敬侯廟。

39 護羌校尉段熲擊當煎羌，破之。

40 十二月辛丑，車駕還宮。

【章　旨】以上為延熹五年至七年的大事記。此時期內部叛亂有增無已，水災頻繁發生，百姓不滿情緒增長。朝廷又向三公九卿以下官員借俸。鮮卑又寇亂東部邊境。

【注　釋】❶桂陽蒼梧　桂陽，郡名。屬荊州，下轄十一城，故地為今湖南郴州一帶。治所在今湖南郴州。蒼梧，郡名。屬交州，下轄十一城，故地為今廣西東北部一帶。治所在今廣西梧州。❷乙丑　四月癸未朔，沒有乙丑日。乙丑應為五月十三日。❸南海　郡名。屬交州，下轄七城，故地為今廣東番禺一帶。治所在今廣東廣州。❹交阯　郡名。屬交州，轄十二城，故地為今廣東、廣西與越南共和國接壤地區。東漢治龍編（今越南河內東北）。❺中藏府　又作中臧府。府庫名。為東漢內庫，設有令、丞，主管儲藏府中金錢貨物收支等事。❻承祿署　官署名。主管中藏府貨物錢財出入的官署之一。❼艾縣　屬揚州豫章郡，故地為今江西永修一帶。❽益陽　荊州長沙郡所轄縣名，故地為今湖南益陽。❾己卯　八月無己卯，應為七月二十八日。❿濯龍　苑囿名。在今河南洛陽東北東漢都城洛陽北宮西北。⓫潁川　豫州下轄郡名，轄十七城。故地在今河南南部與湖北相鄰一帶。治所在今河南禹州東。⓬三月癸亥　三月壬申朔，無癸亥。癸亥是四月二十三日。⓭鄠　縣名。屬司隸右扶風。故地為今陝西戶縣境。⓮野王　縣名。東漢屬司隸河內郡，故地為今河南沁陽境。境內有太行山南段。⓯章陵　縣名。治今湖北棗陽境。⓰雲夢　古代大澤名。在荊州境內，漢代的雲夢澤，大體相當於今湖南益陽、湘陰以北，湖北江陵、安陸以南，武漢以西地區。是長江中游兩岸的大塊沼澤地。後逐漸演變成一些湖泊，終至於消失。⓱漢水　又稱漢江，是長江最大的支流。源出陝西寧強北之嶓冢山。初出山時稱漾水，東南經沔縣稱沔水，東經褒城，合褒水後始稱漢水。東南流經陝西南部、湖北西北部和中部，又有十餘條大小支流匯入，至武漢漢陽入長江。⓲新野　荊州南陽郡所屬縣名，故地為今河南新野一帶。

【語　譯】延熹五年春季正月，撤銷永壽三年設置的太官右監丞官署。

2 正月壬午日，南宮丙署發生火災。

3 三月，羌人的沈氏部落侵犯騷擾張掖郡和酒泉郡。

4 三月壬午日，濟北王劉次去世。

5 夏季四月，長沙郡爆發叛民起兵，攻打桂陽郡和蒼梧郡。

6 受驚的奔馬和逃逸入城的大象衝入朝廷的宮殿。五月乙丑日，安帝劉祜的恭陵東闕樓失火。五月戊辰日，虎賁郎住所旁門失火。己巳日，太學西門無緣無故地自行塌壞。五月，漢殤帝劉隆的康陵正殿失火。

7 長沙和零陵盜賊起事，攻打桂陽、蒼梧、南海、交阯等地。朝廷派遣御史中丞盛脩監督著州郡官員去征討變民，沒能取勝。

8 五月乙亥日，京師洛陽地震。下詔讓三公、九卿各大臣封好奏章上書言事。六月甲申日，中藏府承祿署發生火災。秋季七月己未日，洛陽南宮承善門失火。

9 羌人的鳥吾部落侵犯漢陽、隴西、金城等地，各郡派兵征討羌人並打敗他們。

10 八月庚子日，朝廷下詔，減去虎賁武士、羽林官員閒住在官署而無實際職務的老弱病殘人員俸祿的一半，不再發給他們冬季的服裝；那些公卿以下的官員也只發給冬衣的一半。

11 艾縣的盜賊焚燒長沙郡中各縣，攻打益陽縣，殺死縣令。又有零陵郡的蠻人也起兵反叛，侵犯長沙。

12 七月己卯日，撤銷琅邪都尉官一職。

13 冬季十月，武陵郡的蠻族叛亂，侵犯江陵，南郡太守李肅因臨陣脫逃被斬首示眾。十月辛丑日，任命太常馮緄為車騎將軍，去征討武陵叛蠻。向三公九卿以下官員借俸祿。又換取各封國王侯食邑的田租來補助軍糧，拿出濯龍錢庫中的錢幣償還他們。十一月，馮緄在武陵把叛蠻擊敗。

京兆虎牙都尉宗謙，因貪贓被判刑，下獄而死。

羌人的滇那部侵擾武威、張掖、酒泉。

太尉劉矩被免官，太常楊秉被任命為太尉。

桓帝延熹六年，春季二月戊午日，司徒种暠去世。

三月戊戌日，大赦天下。

任命衛尉潁川人許栩為司徒。

夏季四月辛亥日，殤帝劉隆的康陵東廂配殿失火。

五月，鮮卑族入侵遼東屬國。

秋季，七月甲申日，西漢昭帝劉弗陵的平陵園正殿失火。

桂陽郡的盜賊李研等騷擾寇掠郡界。

武陵郡的蠻人重新反叛，太守陳奉同叛民交戰，大勝他們並降服他們。

隴西郡太守孫羌征討羌人的滇那部落，攻破他們。

八月，車騎將軍馮緄被免職。

冬季十月丙辰日，皇帝到廣成苑校獵，遂順路前往函谷關和上林苑。

十一月，司空劉寵被免職。

南海郡的反賊侵擾郡界。

十二月，衛尉周景被任命為司空。

延熹七年春季正月庚寅日，沛王劉榮去世。

四月癸亥日，鄠縣有隕石墜落。

33 夏季四月丙寅日，梁王劉成去世。

34 五月己丑日，京師洛陽下冰雹。

35 秋季七月辛卯日，趙王劉乾去世。

36 野王縣的山上發現有死龍的屍體。

37 荊州刺史度尚攻擊零陵、桂陽二郡的反叛盜賊及變亂的蠻夷，大敗他們，叛亂平息。

38 冬季十月壬寅日，皇帝劉志自洛陽出發，向南巡行視察外地。十月庚申日，到達葬有光武帝劉秀之父劉欽之墓地的章陵縣，祭祀遠代祖宗在舂陵的舊宅，於是在陵園和宗廟中舉行祭拜儀式。賞賜給郡守縣令以下官員各不同等級的錢物。十一月戊辰日，到雲夢澤去，抵達漢水水濱。往回走，到達新野縣，祭祀劉秀的姐姐湖陽長公主、新野長公主，劉秀之兄魯哀王，劉秀之舅壽張敬侯樊重等神廟。

39 護羌校尉段熲率兵攻擊羌人的當煎部落，攻破了他們。

40 十二月辛丑日，皇帝回到洛陽皇宮內。

1 八年春正月，遣中常侍左悺之苦縣，祠老子[1]。

2 勃海王悝謀反，降為廮陶[2]王。

3 丙申晦，日有食之。詔公、卿、校尉舉賢良方正。

4 二月己酉，南宮嘉德署黃龍見。千秋萬歲殿火。

5 太僕左稱有辠自殺。

6 癸亥，皇后鄧氏廢。河南尹鄧萬世、虎賁中郎將鄧會下獄死。

7 護羌校尉段熲擊罕姐羌，破之。

8 三月辛巳，大赦天下。

9 夏四月甲寅，安陵園寢火。

10 丁巳，壞郡國諸房祀。

11 濟陰、東郡、濟北河水清。

12 五月壬申，罷太山都尉官。丙戌，太尉楊秉薨。

13 六月丙辰，緱氏❸地裂。

14 桂陽胡蘭、朱蓋等復反，攻沒郡縣，轉寇零陵，零陵太守陳球拒之；遣中郎將度尚、長沙太守抗徐等擊蘭、蓋，大破斬之。蒼梧太守張敍為賊所執，又桂陽太守任胤背敵畏懦❹，皆棄市。

15 閏月甲午，南宮長秋、和歡殿後鉤楯❺、掖庭❻朔平署❼火。

16 六月，段熲擊當煎羌於湟中❽，大破之。

17 秋七月，太中大夫陳蕃為太尉。

18 八月戊辰，初令郡國有田者畝斂稅錢。

19 九月丁未，京師地震。

20 冬十月，司空周景免，太常劉茂為司空。

21 辛巳，立貴人竇氏為皇后。

22 勃海妖賊蓋登等稱「太上皇帝」，有玉印、珪、璧、鐵券，相署置，皆伏誅。

23 十一月壬子，德陽殿西閤、黃門北寺火，延及廣義、神虎門，燒殺人。

24 使中常侍管霸之苦縣，祠老子。

25 九年春正月辛卯朔，日有食之。詔公、卿、校尉、郡國舉至孝。

26 沛國戴異得黃金印，無文字，遂與廣陵人龍尚等共祭井，作符書，稱「太上皇」，伏誅。

27 己酉，詔曰：「比歲不登，民多飢窮，又有水旱疾疫之困。盜賊徵發，南州❾尤甚。災異日食，譴告累至。政亂在予，仍獲咎徵。其令大司農絕今歲調度徵求，及前年所調未畢者，勿復收責。其災旱盜賊之郡，勿收租，餘郡悉半入。」

28 三月癸巳，京師有火光轉行，人相驚譟。

29 司隸、豫州飢死者什四五，至有滅戶者，遣三府掾賑稟之。

30 陳留太守韋毅坐臧自殺。

31 夏四月，濟陰、東郡、濟北、平原河水清。

32 司徒許栩免。五月，太常胡廣為司徒。

33 六月，南匈奴及烏桓、鮮卑寇緣邊九郡。

34 秋七月，沈氐羌寇武威、張掖。詔舉武猛，三公各二人，卿、校尉各一人。

35 太尉陳蕃免。

36 庚午，祠黃、老於濯龍宮。

37 遣使匈奴中郎將張奐擊南匈奴、烏桓、鮮卑。

38 九月，光祿勳周景為太尉。

39 南陽太守成瑨、太原太守劉質，並以譖棄市。

40 司空劉茂免。

41 大秦國[10]王遣使奉獻。

42 冬十二月，洛城傍竹柏枯傷。

43 光祿勳汝南宣酆為司空。

44 南匈奴、烏桓率眾詣張奐降。

45 司隸校尉李膺等二百餘人受誣為黨人，並坐下獄[11]，書名王府。

【章　旨】以上記延熹末二年的大事。桓帝廢黜皇后鄧猛女，因其以梁家勢力而進入后宮，梁冀既誅，鄧女自然難容。另外，國家心臟地區司隸和豫州，餓死人幾近一半；黨錮之禍蔓延，國家危機日趨嚴重。

【注　釋】❶老子　即老聃。姓李，名耳，字伯陽，楚國苦縣厲鄉曲仁里人。是春秋時的思想家，曾做過周朝管理藏書的史官。苦縣屬豫州陳國所轄，故地為今河南鹿邑。❷廮陶　縣名。屬冀州鉅鹿郡，故地為今河北寧晉西南一帶，距光武帝即位之鄗南千秋亭遺址僅二十多公里。❸緱氏　縣名。東漢屬司隸河南郡，故地為今河南偃師境。❹畏儒　畏懼懦弱。儒，懦弱怕事。❺鉤楯　又作「鉤盾」。官署名。漢代少府屬官有鉤盾令、丞，主近池苑囿游觀之處。❻掖庭　也作掖廷。既可指妃嬪居住的宮中旁舍，也可指掌管宮人的宮中官署名。掖廷令、丞多由宦官充任。❼朔平署　宮署名。在洛陽皇宮中掖庭旁，為防守北門吏士所居。❽湟中　漢時羌人所居地區，因湟水，流經其中而得名。地當今日之青海東北部。又曾有湟中城，位於西寧、張掖之間，漢時曾為小月氏所居。❾南州　泛指荊州南部的長沙、桂陽、零陵各郡。❿大秦國　古代稱羅馬帝國為大秦。東漢稱黎鞬。因在海西，又稱海西國。本書卷八十八〈西域傳〉：「延熹九年，大秦王安敦遣使自日南徼外獻象牙、犀角、瑇瑁，始乃一通焉。」⓫司隸校尉李膺二句　李膺，字元禮，是當時有名的正直官吏，他與太學生的首領郭泰、賈彪等聯合，反對宦官專權，太學生稱「天下楷模李元禮」。宦官忌恨他，誣其「誹訕朝廷」，遂因「黨人」之名與二百多同道一起被捕下獄，這便是歷史上有名的第一次「黨錮之禍」。後雖經陳蕃等人極力營救出獄，但終身不許再為官。

【語　譯】延熹八年，春季正月，派遣中常侍左悺到陳國苦縣去祭祀老子。

2 勃海王劉悝陰謀造反，劉志把他弟弟降為只有一個縣采邑的廮陶王。

3 正月丙申日是這月的最後一天，有日蝕發生。下詔讓公、卿、校尉，舉薦賢良方正優秀人才。

4 二月己酉日，洛陽南宮嘉德署有黃龍出現。千秋萬歲殿發生火災。

5 太僕左稱有罪自殺。

6 二月癸亥日，皇后鄧氏被廢。鄧后之叔父河南尹鄧萬世、鄧后兄之子虎賁中郎將鄧會，都被拘押下獄而死。

7 護羌校尉段熲攻擊羌人罕姐部落，打敗了他們。

8 三月辛巳日，大赦天下。

9 夏季四月甲寅日，西漢惠帝劉盈的墓園安陵正殿失火。

10 四月丁巳日，下令拆除各郡各封國多餘的不恰當的祭祀祠堂。

11 流經濟陰、東郡、濟北等地的黃河水流變清。

12 五月壬申日，撤銷永壽元年設置的太山都尉官。五月丙戌日，太尉楊秉去世。

13 六月丙辰日，緱氏縣發生地裂。

14 桂陽郡胡蘭、朱蓋等又重新造反，攻打並陷沒郡縣，轉而寇略零陵。零陵太守陳球率眾抵禦他們。朝廷派中郎將度尚和長沙郡太守抗徐等攻擊胡蘭、朱蓋，大敗並斬殺他們。蒼梧太守張敘曾被盜賊擒俘，又有桂陽太守任胤見賊而逃，懦弱畏敵，均被在鬧市斬首示眾。

15 閏七月甲午日，洛陽南宮長秋宮、和歡殿後面之鉤盾署、掖庭的朔平署接連發生火災。

16 六月，段熲追擊羌人的當煎部落於湟中，大敗他們。

17 秋季七月，太中大夫陳蕃被任命為太尉。

18 八月戊辰日，開始命令各郡各封國對有田人家按地畝數多少徵收賦稅。

19 九月丁未日，京師洛陽地震。

20 冬季十月，司空周景被免職，太常劉茂被提升為司空。

21 十月辛巳日，立貴人竇氏為皇后。

22 勃海郡妖賊蓋登等人，妖言惑眾，自稱是「太上皇帝」，製作了玉印、玉珪、玉璧、鐵券，且互相封官設衙署，全部被鎮壓誅殺。

23 十一月壬子日，德陽殿西閣和黃門北寺發生火災，延燒到廣義門和神虎門，燒死了人。

24 派遣中常侍管霸到苦縣，祭祀老子。

25 延熹九年春季正月初一辛卯日，有日蝕發生。朝廷下詔令三公、九卿、校尉、各郡國舉薦「至孝」之人。

26 沛國人戴異鋤地時得一黃金印信，上面沒有文字，於是和廣陵人龍尚等人，一起祭拜神井，製作妖言文書，自稱「太上皇」，被朝廷誅殺。

27 正月己酉日，朝廷下詔書說：「連年莊稼不收，百姓多數饑餓貧窮，更加上有水災旱災疾病瘟疫的折磨。因盜賊頻仍向百姓加緊徵收賦稅和攤派勞役，南方荊州各郡尤為嚴重。各種災變異常和日蝕，上天對我們的譴責警告接連到來。政事混亂的責任在我一身，連連得到政事有缺的徵象。現令大司農免去今年的調度徵求，以及前年所徵調而尚未完成的，不再督責收取。那些發生災旱盜賊的郡縣，不再收取田賦。其他所有郡縣只收租稅一半。」

28 三月癸巳日，京師洛陽有發光的火球轉動著飄行，人們互相驚惶呼譟。

29 司隸和豫州一帶，餓死的人占十分之四五，甚至有全家死絕的。朝廷派三公府中的掾吏賑濟災民，並發給他們公倉的糧食。

30 陳留郡的太守韋毅因犯貪贓罪自殺。

31 夏季四月，黃河流經的濟陰、東郡、濟北、平原等地段，水質變清。

32 司徒許栩被免職。五月，太常胡廣被任命為司徒。

33 六月，南匈奴及東北方的烏桓、北方的鮮卑侵擾靠國境邊的九個郡。

34 秋季七月，羌人的沈氐部落侵犯武威、張掖二郡。下詔令推舉「武猛」之人，太尉、司徒、司空，各舉二人，九卿和校尉，各舉薦一人。

35 太尉陳蕃被免職。

36 八月庚午日，在濯龍宮祭祀黃帝和老子。

37 派遣使匈奴中郎將張奐，回擊犯邊的南匈奴、烏桓、鮮卑。

38 九月，光祿勳周景被任命為太尉。

39 南陽郡太守成瑨、太原郡太守劉質，都因為被人中傷譖告斬首示眾。

40 司空劉茂被免去官職。

41 大秦國國王派使臣到漢廷奉獻貢物。

42 冬季十二月，洛陽城附近的常青竹柏卻枯萎而損傷。

43 光祿勳汝南人宣酆被任命為司空。

44 南匈奴和烏桓的首領率部眾向張奐投降。

45 司隸校尉李膺等二百多人被誣陷為黨人，全部被拘捕下獄，並將姓名記錄在王府。

1 永康元年春正月，先零羌寇三輔，中郎將張奐破平之。當煎羌寇武威，護羌校尉段熲追擊於鸞鳥❶，大破之。西羌悉平。

2 夫餘王寇玄菟❷，太守公孫域與戰，破之。

3 夏四月，先零羌寇三輔。

4 五月丙申，京師及上黨❸地裂。

5 廬江❹賊起，寇郡界。

6 壬子晦，日有食之。詔公、卿、校尉舉賢良方正。

7 六月庚申，大赦天下，悉除黨錮，改元永康。

8 丙寅，阜陵王統薨。

秋八月，魏郡❺言嘉禾生，甘露降。巴郡言黃龍見❻。

六州大水，勃海海溢。詔州郡賜溺死者七歲以上錢，人二千；一家皆被害者，悉為收斂；其亡失穀食，稟人三斛。

冬十月，先零羌寇三輔，使匈奴中郎將張奐擊破之。

十一月，西河言白菟見❼。

十二月壬申，復廮陶王悝為勃海王。

丁丑，帝崩于德陽前殿，年三十六。戊寅，尊皇后曰皇太后，太后臨朝。

是歲，復博陵、河間二郡，比豐、沛。

【章　旨】以上記述桓帝永康元年事。三十六歲的劉志中年早逝，他在內憂外患中仍窮奢極欲，把王朝推向衰亡。

【注　釋】❶鸞鳥　縣名。屬涼州武威郡，因境內有鸞鳥山而得名。故城在今甘肅武威南。❷玄菟　郡名。屬幽州，轄六城，故地當今遼寧東部與朝鮮鄰近一帶。東漢時治所在今遼寧瀋陽東。❸上黨　郡名。屬并州，轄十三城，故地為今山西東南部之長治一帶。東漢治所在今山西長治北。❹廬江　郡名。屬揚州，轄十四城，故地當今安徽西部一帶。東漢治所在今安徽廬江縣西南。❺魏郡　屬冀州，轄十五城，故地相當今冀南、豫北、魯西三地結合部，郡治在鄴城（今河北臨漳）。❻巴郡言黃龍見　巴郡，屬益州，轄十四城，故地為今四川東部、重慶市一帶。據《續漢志》記載，當時有人想到沱江中洗浴，見江水渾濁，就開玩笑恐嚇別人：「這沱江裡邊有黃龍。」這戲言傳到郡裡官員那裡，就上報朝廷，說本郡出現黃龍。史書中記載的瑞徵祥兆，大體都類似此種情況。❼西河言白菟見　西河，郡名。屬并州，轄十三城，故地當今山西西南部一帶。菟，菟絲子，是一種寄生類一年生植物名，莖柔細，呈黃色，白色的為其變異品種，比較少見。

【語　譯】永康元年春季正月，羌人的先零部族侵擾長安附近的三輔地區，中郎將張奐率兵回擊，打敗入侵者，平定騷亂。羌人的當煎部落入侵武威郡，護羌校尉段熲率軍追擊羌人到鸞鳥城，大敗他們。西羌的入侵者潰散，西部邊疆全部平定。

2 東北的夫餘國國王侵犯玄菟郡，太守公孫域率眾接戰，攻破了夫餘國人。

3 夏季四月，羌人的先零部又入侵三輔。

4 五月丙申日，京師洛陽及其北邊不太遠的上黨郡發生地表開裂現象。

5 廬江郡盜賊起事，攻犯郡界。

6 五月壬子日是這月的最後一天，有日蝕發生。下詔讓三公、九卿、校尉等大員推薦賢良方正。

7 六月庚申日，大赦天下。全部解除對黨人的禁錮。改年號為永康。

8 六月丙寅日，阜陵王劉統去世。

9 秋季八月，魏郡報告說有嘉禾產生，甘露天降。巴郡上報說有黃龍出現。

10 六個州發生水災，勃海郡海水溢上陸地。下詔書，令州郡賜給溺死的人七歲以上的每人二千錢；全家被淹死的，官府要全管收殮；那些丟失糧穀的，公家發給每人三斛糧食。

11 冬季十月，羌人先零部侵犯三輔地區，朝廷派使匈奴中郎將張奐回擊並打敗他們。

12 十一月，西河郡上奏有白色的菟絲子草出現。

13 十二月壬申日，恢復廮陶王劉悝的勃海王封號。

14 十二月丁丑日，皇帝劉志在德陽前殿去世，年齡為三十六歲。戊寅日，尊皇后竇氏為皇太后，太后竇妙臨朝執掌政務。

15 本年，免除博陵、河間二郡的賦稅和勞役，比照高祖劉邦對待他自己的出身地豐、沛那樣實行的優惠政策。

論曰：前史❶稱桓帝好音樂，善琴笙。飾芳林而考濯龍之宮❷，設華蓋以祠浮圖、老子❸，斯將所謂「聽於神❹」乎！及誅梁冀，奮威怒，天下猶企其休息❺。而五邪❻嗣虐，流衍四方。自非忠賢❼力爭，屢折姦鋒，雖願依斟流彘❽，亦不可得已。

贊曰：桓自宗支❾，越躋天祿❿。政移五倖⓫，刑淫三獄⓬。傾宮雖積，皇身靡續⓭。

【章旨】史家對桓帝劉志一生的評論。他原來與後世的唐玄宗李隆基有相同處，是個音樂專家。可惜他一生從政並且失敗了。史家對他既有惋惜同情，也有譴責抨擊，態度還算是公允的。

【注釋】❶前史　指《東觀記》，也稱《東觀漢記》，是東漢時期官修的本朝紀傳體史書。從漢明帝時開始編寫，以後累朝增修，到桓、靈帝時，共修一百四十三卷，尚未最後定稿。參加撰述的先後有班固、劉珍、李尤、伏無忌、邊韶、崔寔、延篤、馬日磾、蔡邕等。東觀，為洛陽宮中殿名，為當時修史之處。❷飾芳林而考濯龍之宮　美化芳香茂盛的樹林從而建造好濯龍宮。芳林，指宮殿旁栽植的木蘭樹。考，落成；宮殿完成後而祭之。❸設華蓋以祠浮圖老子　華蓋，指帝王或貴官所用的裝飾華美的傘蓋，或指貴族車上支起的華麗傘蓋。浮圖，也作浮屠，或音譯為佛陀，是梵語「佛」的音譯。《續漢志》：「祠老子於濯龍宮，文罽為壇，飾浮金扣器，設華蓋之坐，用郊天樂。」❹聽於神　《左傳》：「史嚚曰：『國將興，聽於人；將亡，聽於神。』」❺休息　休養生息。❻五邪　指同時被封為侯爵而禍害國家百姓的五個太監，即單超、徐璜、左悺、唐衡、具瑗五人以及他們的爪牙。❼忠賢　忠君愛民正直賢德之大臣，指李膺、陳蕃、竇武、黃瓊、朱穆、劉淑、劉陶等人，他們均曾上書極諫，指出倚重宦豎對國家政權的危害。❽依斟流彘　依靠斟灌、斟尋同姓之國庇護，被流放於彘地。依斟是夏帝相的故事，他被后羿所逐，就到商丘建都，依靠同姓諸侯國斟灌和斟尋氏。流彘，見《史記・周本紀》：「厲王……好利行暴虐侈傲……國莫敢出言，三年，乃相與畔，襲厲王。厲王出奔於彘。」❾桓自宗支　桓帝劉志本非上一代皇帝的嫡親骨肉，而是劉氏宗室的旁支宗親。❿越躋天祿　超越正常的承襲位次，登上皇帝的寶座。天祿，天位；享受上天賜給的福祉俸祿。⓫政移五倖　把執掌國柄的大權交給五個佞倖的權奸。五倖，指幫助劉志除掉梁冀的五個受寵的內侍，即單超、徐璜、左悺、唐衡、具瑗等五人。⓬刑淫三獄　濫施刑罰，多次興起懲治忠臣賢良的大案件。三獄，指聽信讒言，冤殺李固、杜喬、李雲、杜眾、成瑨、劉質等忠直之士。⓭傾宮雖積二句　後宮裡雖然眾多位后妃及宮女，卻沒有留下後代。指桓帝荒淫好色，曾三納皇后，又博采宮女五六千人，卻並無子嗣。傾宮，整個後宮中。

【語　譯】史家評論說：前代史書記載，桓帝劉志喜好音樂，善於演奏琴和笙。他大量栽植芳香的木蘭樹，美化裝飾濯龍宮使之完美落成，安置漂亮的華蓋座來祭祀佛祖和老聃，這就是古人說的「國家快要滅亡，對忠良的直言聽不進去，而向神靈求助」的意思吧！等到誅滅權臣外戚梁冀的時候，他振奮天子的權威和積累多年的受制於人的怨憤，天下人還都盼望著能夠喘口氣休養生息，他卻倚重太監，使五個閹人繼續為非作歹，流毒播撒於四方，百姓苦不堪言。若不是有一班忠貞賢良的大臣冒死諫諍，多次挫敗姦賊們篡奪皇權的銳氣，免掉了篡殺謀逆的禍端，不然的話，皇帝想仿效夏帝相去倚靠借重同姓國或如周厲王逃亡到彘那樣保全性命的結局，恐怕也是難以得到的。

史官評議說：桓帝劉志是從旁系宗室支脈，超越正常的世襲次序登上皇位的。他把政權移交給五個佞倖的大太監去胡作非為，又濫施刑獄迫害忠良。後宮中雖然集中數千名女子供他淫樂，但他作為皇帝卻沒有留下直系繼承人。

【研　析】讀完本卷，對諸葛亮〈出師表〉中的幾句話的深刻含義有了深入的體會：「親小人，遠賢臣，此後漢所以傾頹也。先帝在時，每與臣論此事，未嘗不嘆息痛恨於桓、靈也。」

本文除篇末的史家的「論」、「贊」表達了作者的觀點和傾向外，其餘文字，皆平實記錄，不示愛憎，而且不少地方「為尊者諱」，沒有暴露皇帝的荒淫無道，但由於中國史家崇尚「實錄」，我們仍能從字裡行間，看出當時社會的混亂，政治的黑暗，青年皇帝只知享樂，政治上卻毫無建樹的實際情況。比如以下突出的幾點：

第一，桓帝依賴外戚梁家，使其比順帝朝有了更炫赫的權勢，對百官的生殺予奪，對百姓敲榨剝削，使朝政混亂不堪，官吏的頻繁升降，李固、杜喬等的被誣陷而死，即表明權奸對政權的巨大的破壞作用。桓帝放縱梁族暴虐十餘年，初期尚屬年少，後來已是青年，若不表明他是傀儡，便說明他是昏庸無道，不辨忠奸。

第二，桓帝除梁冀，不是靠忠臣良將，而是倚重宦官，而且事後給了他們極高的封賞和權力。這種「前門驅虎，後門迎狼」的作法，對平民來說，無異於雪上加霜。正是閹豎的弄權，才導致了東漢歷史上第一次「黨錮之禍」，多少正直忠貞的賢良之臣和知識分子，憂國憂民，以天下為己任，卻遭受牢獄之災，甚至失去性命。這說明當權者是多麼昏庸殘忍！難怪後世明君對這種「親小人，遠賢臣」的糊塗作法要「嘆息痛恨」不止了。

第三，桓帝朝的天災人禍更為嚴重。有些天災，如地震、水災、山體崩裂滑坡，人力難以控制。但宮殿陵寢連連失火及蝗災，饑饉，人相食，中原地帶餓死人「什之四五」，估計主要是政治昏暗、官貪吏虐造成的，盡管政府對災民也實施了一些救濟，給幾斛糧粟或幾匹布，但對處於水深火熱中的百姓來說，無異於杯水車薪。難怪全國各地，到處有「盜賊」蠭起，官府的鎮壓，只能增加更多的冤魂，卻解決不了社會不公不平的現實。當這些矛盾激化到難以化解的程度，便形成更大規模的社會大動盪，加速王朝的滅亡。

第四，皇朝頻頻改元，美化其名，且用「白烏」、「嘉禾」、「白菟」、「黃龍」等「瑞徵」欺騙自己，麻醉人民。起事者便用「黃金印」、「訞言」鼓動自己，發動群眾，可謂是針鋒相對。

第五，羌人和鮮卑仍是主要邊患，幸有段熲、張奐諸將能夠擊破之，可見帶兵將領的重要作用。

第六，在內憂外患災害頻仍的情況下，皇帝照常校獵、遊幸，糜費無度，向大臣富室借錢，以緩解財政上的困窘。更由「贊」中透露，劉志是個荒淫無道荒唐昏庸的皇帝。（趙芳遠注譯）

卷八

孝靈帝紀第八

【題解】本卷是漢靈帝劉宏的傳記，記錄了他自十二歲登基到三十四歲去世在位二十一年間的主要事跡。劉宏也是由宗室別支入繼大統的，其決定者是外戚竇武家族。但外戚在與宦官鬥爭中很快失利，朝政落於中常侍曹節、趙忠等權閹之手。直到劉宏去世，號為「十常侍」的十二宦官，始終是這個昏庸皇帝的倚重對象。內政依舊腐敗黑暗，賣官鬻爵公開標價進行，天災不斷，苛賦增加，百姓無法忍受，只能鋌而走險，爆發了在中國古代史上影響深遠的黃巾之亂；當時雖遭鎮壓，卻後繼有人。劉宏對「黨人」和太學生照樣手段嚴刻，株連無已；後怕與黃巾呼應才稍作讓步，赦免黨人。靈帝朝外患並不特別突出。只是在平定內亂中，各路帶兵將領逐步強大，形成勢力，以致他死後政局大亂，流血不斷。權閹殄滅而軍閥又起，劉漢王廷傾危在即。

1 孝靈皇帝諱宏❶，肅宗玄孫也。曾祖河閒孝王開，祖淑，父萇。世封解瀆亭侯❷，帝襲侯爵。母董夫人。桓帝崩，無子，皇太后❸與父城門校尉❹竇武定策禁中，使守光祿大夫❺劉儵持節，將左右羽林❻至河閒奉迎。

2 建寧元年⑦春正月壬午，城門校尉竇武為大將軍⑧。己亥，帝到夏門亭，使竇武持節，以王青蓋車迎入殿中。庚子，即皇帝位，年十二。改元建寧。以前太尉⑨陳蕃為太傅⑩，與竇武及司徒⑪胡廣參錄尚書事⑫。

3 使護羌校尉段熲討先零羌⑬。

4 二月辛酉，葬孝桓皇帝于宣陵，廟曰威宗。

5 庚午，謁高廟。辛未，謁世祖廟。大赦天下。賜民爵及帛各有差。

6 段熲大破先零羌於逢義山⑭。

7 閏月甲午⑮，追尊皇祖為孝元皇，夫人夏氏為孝元皇后；考為孝仁皇，夫人董氏為慎園貴人。

8 夏四月戊辰，太尉周景薨。司空⑯宣酆免，長樂衛尉⑰王暢為司空。

9 五月丁未朔，日有食之。詔公卿以下各上封事，及郡國守相舉有道之士各一人，又故刺史、二千石清高有遺惠，為眾所歸者，皆詣公車⑱。

10 太中大夫⑲劉矩為太尉。

11 六月，京師雨水。

12 秋七月，破羌將軍段熲復破先零羌於涇陽⑳。

13 八月，司空王暢免，宗正[21]劉寵為司空。

14 九月辛亥，中常侍[22]曹節矯詔誅太傅陳蕃、大將軍竇武及尚書令[23]尹勳、侍中[24]劉瑜、屯騎校尉馮述，皆夷其族。皇太后遷于南宮。司徒胡廣為太傅，錄尚書事。司空劉寵為司徒，大鴻臚[25]許栩為司空。

15 冬十月甲辰晦，日有食之。今天下繫囚罪未決入縑贖，各有差。

16 十一月，太尉劉矩免，太僕[26]沛國聞人襲為太尉。

17 十二月，鮮卑及濊貊寇幽并二州[27]。

18 二年春正月丁丑[28]，大赦天下。

19 三月乙巳，尊慎園董貴人為孝仁皇后。

20 夏四月癸巳，大風，雨雹。詔公卿以下各上封事。

21 五月，太尉聞人襲罷，司空許栩免。六月，司徒劉寵為太尉，太常許訓為司徒，太僕長沙劉囂為司空。

22 秋七月，破羌將軍段熲大破先零羌於射虎塞外谷，東羌悉平。

23 九月，江夏蠻叛，州郡討平之。

24 丹陽[29]山越[30]賊圍太守陳夤，夤擊破之。

25 冬十月丁亥，中常侍侯覽諷有司奏前司空虞放、太僕杜密、長樂少府㉛李膺、司隸校尉㉜朱寓、潁川㉝太守巴肅、沛㉞相荀昱、河內太守魏朗、山陽㉟太守翟超皆為鉤黨，下獄，死者百餘人，妻子徙邊，諸附從者錮及五屬。制詔州郡大舉鉤黨，於是天下豪桀及儒學行義者，一切結為黨人。

26 戊戌晦，日有食之。

27 十一月，太尉劉寵免，太僕郭禧為太尉。

28 鮮卑寇并州。

29 是歲，長樂太僕曹節為車騎將軍，百餘日罷。

【章　旨】以上記述靈帝劉宏被立經過，及建寧元年至二年間的大事。此時宦官曹節專權，迫害正直的良臣及知識分子。一旦被誣為「黨人」，即墮入地獄。

【注　釋】❶孝靈皇帝諱宏　〈謚法〉：「亂而不損曰靈。」《伏侯古今注》：「『宏』之字曰『大』。」❷世封解瀆亭侯　劉宏的祖父劉淑、父親劉萇襲封亭侯，故曰世封。亭侯為以鄉、亭為采邑的列侯，比縣侯小。解瀆亭屬冀州河間王國，故地在今河北安國東北。❸皇太后　這裡指桓帝劉志的皇后竇妙。劉志死，她由皇后升為皇太后。其父為竇武。❹校尉　是東漢時帶兵的軍官名稱，地位略次於將軍，常隨其職務冠以不同的名號，如掌北軍軍壘者有中壘校尉，還有掌特種軍隊的越騎校尉、步兵校尉等，城門校尉職掌京師城門的屯兵，隸屬於南軍。❺光祿大夫　是光祿勳的下屬官員，光祿勳是掌領宮廷宿衛侍從的官員，秦時曾稱郎中令。光祿大夫掌顧問應對。後世曾為文職官員加官及褒贈的稱號。❻羽林　是皇帝的禁衛部隊。其名稱源於天上的星辰名稱。《史記・天官書》：「北宮玄武，虛、危……其南有眾星，曰羽林天軍。」唐張守節《正義》曰：

「羽林四十五星，三三而聚，散在壘壁南，天軍也。」羽林軍也稱羽林監、羽林郎。❼建寧元年　即西元一六八年。建寧是東漢靈帝劉宏年號，西元一六八－一七二年。❽大將軍　戰國時始置，漢代沿置，為將軍的最高稱號。執掌統兵征戰，多由貴戚擔任。❾太尉　漢代三公之一，掌四方兵事。為全國軍政首腦。漢武帝時曾稱大司馬。❿太傅　皇家師傅，負責對太子的訓導教育，是皇帝的老師。⓫司徒　東漢時三公之一，掌民事。與後世之宰相、現代之總理，職權範圍大致近似。⓬參錄尚書事　此處是讓陳蕃、竇武、胡廣等三人共同總攬大權，故曰「參錄尚書事」。錄尚書事，也稱領尚書事。獨攬大權，無所不總。⓭使護羌校尉句　羌人是東漢時期生活在洛陽西部今青海、甘肅一帶最大的一支少數民族，他們是繼西漢時北方匈奴之後對中原政權威脅最大的游牧民族的武裝力量。因漢代官吏的盤剝欺淩，羌人忍無可忍，故屢屢犯邊或被迫反抗。但羌人分為上百個部族，不似匈奴有統一指揮的王廷，所以力量較弱。漢時為鎮壓羌人起義，專設了護羌校尉等官職來統兵對付這些不臣服的部族。詳見本書卷八十七。⓮逢義山　在今甘肅固原一帶。⓯閏月甲午　閏三月戊申朔，沒有甲午日。甲午當為夏四月十七日。⓰司空　漢時三公之一，掌管工程，也作司工，司水土建築等事。⓱衛尉　漢代九卿之一，掌管宮門警衛。⓲公車　漢代官署名，是衛尉的下屬機構。設公車令，掌管宮殿中司馬門的警衛工作。臣民上書和徵召，都由公車接待。漢代曾用公家車馬接送應舉的人，後來便以「公車」作為舉人入京應試的代稱。⓳太中大夫　年俸千石的官員，屬光祿勳。凡大夫、議郎皆掌顧問、應對，無常事，唯詔令所使。⓴涇陽　縣名。屬涼州安定郡。故地在今甘肅平涼境內。㉑宗正　漢代九卿之一，為皇族事務機關的長官，多由皇族中人充任。㉒中常侍　秦始置，西漢沿置，出入宮廷，侍從皇帝，常為列侯至郎中的加官。東漢時則專用宦官為中常侍，以傳達詔令和掌理文書，權力極大。㉓尚書令　秦置，西漢沿置，本為少府的屬官，掌章奏文書。漢武帝以後，職權漸重。東漢時，政務皆歸尚書，尚書令成為直接對君王負責總攬一切政令的首腦。㉔侍中　秦始置，西漢沿置，為自列侯以下至郎中的加官，無定員，侍從皇帝左右，出入宮廷，初僅伺應雜事，由於接近皇帝，地位漸形貴重，猶為親近之職。㉕大鴻臚　漢代九卿之一，漢武帝時由「典客」改稱此名，原掌關於接待少數民族等事，後漸變為贊襄禮儀之官。王莽時曾改為「典樂」。㉖太僕　漢代九卿之一，掌皇帝的車駕馬匹和馬政等有關事務。㉗鮮卑句　鮮卑是東漢時北方及東北方主要少數民族，其主要情況詳見本書卷九十。濊貊是我國古代北方的少數民族名稱，因居住在濊水之濱而得名。濊水在今遼寧鳳城以東。幽州在今河北北部及東北遼寧、吉林、內蒙古東部一帶。并州故地為今山西中北部及鄰近內蒙古的一片廣大的地方。㉘正月丁丑　正月甲辰朔，沒有丁丑。丁丑日應為二月五日。㉙丹陽　漢郡名。轄十六城，屬揚州刺史部。故地為今江蘇南部及安徽南部一帶。故治宛陵，即今安徽宣城。東漢末，孫權移郡治建業，即今江蘇南京。

㉚山越　秦漢時，對居住於江淮一帶的少數民族，總稱為百越，其居於山區者稱作「山越」。㉛少府　東漢時為九卿之一，掌宮中御衣、寶貨、珍膳等。西漢時曾為皇帝的私府，掌山海池澤收入和皇室手工業製造。㉜司隸校尉　司隸本為《周禮》秋官司寇之屬官。漢武帝時始置司隸校尉，掌糾察京師百官及所轄附近各郡，相當於州刺史。㉝潁川　漢郡名。轄十七城，屬豫州。故地為今河南中南部一帶。治所陽翟（今河南禹州）。㉞沛　漢代封國名。轄二十一城，屬豫州。故地為今河南東部及江蘇西北部相鄰接一帶地區。王城在相縣（今安徽濉溪縣西北）。㉟山陽　漢郡名。轄十城，屬兗州。故地為今山東西南部一帶。故治在昌邑（今山東金鄉西北）。

【語　譯】東漢的孝靈皇帝名字叫劉宏，是肅宗孝章皇帝的玄孫。劉宏的曾祖是河閒孝王劉開，祖父是劉淑，父親叫劉萇。祖父和父親世襲封爵為解瀆亭侯，劉宏也承襲了這亭侯爵位。劉宏的生母是董夫人。桓帝劉志去世，沒有兒子，皇太后竇妙與她父親城門校尉竇武在宮廷內部議定國策，派遣代理光祿大夫劉儵，帶著朝廷的信物，率領著宮廷衛隊左右羽林軍，到河閒國去迎接劉宏來京師。

2　建寧元年春季正月壬午日，任命城門校尉竇武為大將軍。己亥日，解瀆亭侯劉宏抵達洛陽夏門外之萬壽亭，皇太后派竇武手持符節，用皇太子、皇子專用的青蓋車把劉宏迎入禁中宮殿內。庚子日，劉宏登上皇帝寶座，當年他十二歲。改元為建寧。任命前任太尉陳蕃為太傅，和大將軍竇武以及司徒胡廣共同總領主管宮廷機要。

3　派遣護羌校尉段熲征討羌人的先零部落。

4　二月辛酉日，安葬孝桓皇帝劉志於宣陵，廟號稱作威宗。

5　庚午日，拜謁供奉著高祖劉邦靈位的祖廟。辛未日，拜謁祭祀世祖光武帝神靈的祖廟。大赦天下。賞賜給百姓爵位及布帛各有等級。

6　段熲在涼州安定郡境內的逢義山，大舉攻破羌人的先零部落。

7　閏三月甲午日，劉宏追尊他的祖父劉淑為孝元皇，劉淑的夫人夏氏為孝元皇后；劉宏去世的父親劉萇為孝仁皇，劉萇的夫人董氏為愼園貴人。

8 夏季四月戊辰日，太尉周景去世。司空宣酆被免官，長樂宮衛尉王暢被任命為司空。

9 五月丁未日是這月的初一，發生日蝕。朝廷下詔，三公九卿以下各官員都要上密封的奏章提建議，指陳政事之得失，以及令各郡郡守、各封國國相，舉薦道德高尚的人士各一名，又過去舊任的州刺史、郡的太守凡是品德清廉高潔曾給百姓留下恩惠是眾望所歸的，都要到公車府報到。

10 任命太中大夫劉矩為太尉。

11 六月，京師洛陽下大雨。

12 秋季七月，破羌將軍段熲又一次在涇陽地區打敗羌人的先零部落。

13 八月，司空王暢被免職，宗正劉寵被任命為司空。

14 九月辛亥日，中常侍曹節假託皇帝的詔令，誅殺太傅陳蕃、大將軍竇武及尚書令尹勳、侍中劉瑜、屯騎校尉馮述，並且誅滅其族屬。皇太后竇妙被遷往洛陽南宮。任命司徒胡廣為皇家師傅，總攬朝政大權。司空劉寵被任命為司徒，大鴻臚許栩升任司空。

15 冬季十月甲辰日是這月最後一天，日蝕。下令全國被拘押的囚犯尚未處決的，可以根據罪情輕重交納不同等級的細絹贖罪。

16 十一月，太尉劉矩被免職，太僕沛國人聞人襲升任為太尉。

17 十二月，鮮卑人和濊貊人侵犯騷擾幽州和并州一帶。

18 靈帝建寧二年，春季正月丁丑日，大赦天下。

19 三月乙巳日，皇帝劉宏尊稱自己的生母慎園董貴人為「孝仁皇后」。

20 夏季四月癸巳日，狂風大作，夾以冰雹。朝廷下詔，三公九卿以下官員，都要上密封的奏章言事。

21 五月，太尉聞人襲被罷官，司空許栩免官。六月，司徒劉寵被任命為太尉，太常許訓升任司徒，太僕長沙人劉囂升任司空。

22 秋季七月，破羌將軍段熲大舉攻破羌人的先零部落於射虎邊塞外的山谷中，羌人鄰近漢族居地的東邊部落全部被平定。

23 九月，荊州江夏郡的蠻人反叛朝廷，州郡派兵征討並平定之。

24 丹陽郡山越族變民圍攻郡太守陳夤，陳夤帶兵擊敗變民。

25 冬季十月丁亥日，中常侍侯覽暗示唆使有關主管官員，檢舉劾奏前任司空虞放、太僕杜密、長樂宮少府李膺、司隸校尉朱寓、潁川郡太守巴肅、沛國相荀昱、河內郡太守魏朗、山陽郡太守翟超等人，誣陷他們是相互鉤連的黨人，都被逮捕下獄，整治而死的一百多人，妻子兒女被流放到邊疆，那些擁護他們的人以及五服以內的親族戚屬都被禁錮，不得為官。朝廷下詔各州郡大舉檢舉鉤連的黨人，於是天下的豪士俊傑以及信奉儒學實行道義的優秀人才，一切都被看作相互勾結的黨人。

26 戊戌日是本月的最後一天，日蝕。

27 十一月，太尉劉寵被免職，太僕郭禧升任太尉。

28 鮮卑部族侵擾并州。

29 本年，長樂宮太僕曹節被封為車騎將軍，任職百餘日又被罷官。

1 三年春正月，河內❶人婦食夫，河南❷人夫食婦。

2 三月丙寅晦，日有食之。

3 夏四月，太尉郭禧罷，太中大夫聞人襲為太尉。秋七月，司空劉囂罷。八月，大鴻臚橋玄為司空。

4 九月，執金吾❸董寵下獄死。

冬，濟南賊起，攻東平陵[4]。

鬱林[5]烏滸[6]民相率內屬。

四年春正月甲子，帝加元服[7]，大赦天下。賜公卿以下各有差，唯黨人不赦。

二月癸卯，地震，海水溢，河水清。

三月辛酉朔，日有食之。

太尉聞人襲免，太僕李咸為太尉。

詔公卿至六百石各上封事。

大疫，使中謁者[8]巡行致醫藥。

司徒許訓免，司空橋玄為司徒。夏四月，太常來豔為司空。

五月，河東[9]地裂，雨雹，山水暴出。

秋七月，司空來豔免。

癸丑[10]，立貴人宋氏為皇后。

司徒橋玄免。太常宗俱為司空，前司空許栩為司徒。

冬，鮮卑寇并州。

熹平元年[11]春三月壬戌，太傅胡廣薨。

20 夏五月己巳，大赦天下，改元熹平。

21 長樂太僕侯覽有罪，自殺。

22 六月，京師雨水。

23 癸巳，皇太后竇氏崩。秋七月甲寅，葬桓思皇后。

24 宦官諷司隸校尉段熲捕繫太學⑫諸生千餘人。冬十月，渤海王悝被誣謀反，丁亥，悝及妻子皆自殺。

25 十一月，會稽⑬人許生自稱「越王」，寇郡縣，遣揚州⑭刺史臧旻、丹陽太守陳夤討破之。

26 十二月，司徒許栩罷，大鴻臚袁隗為司徒。

27 鮮卑寇并州。

28 是歲，甘陵王恢薨。

【章　旨】以上記述建寧三年至熹平元年三年間的大事。饑荒進一步擴大，竟然出現「婦食夫」、「夫食婦」這樣的慘劇。不與宦官同流合汙的太學生被捕「千餘人」。大赦天下，「唯黨人不赦」，可見宦官專權的黑暗。

【注　釋】❶河內　漢代郡名。轄十八城，屬司隸校尉部。故地為今山西東南部及河南北部一帶地方。❷河南　東漢設河南尹，管轄京師洛邑及周圍一帶二十一城，屬司隸校尉部。故地相當今河南洛陽為中心的四圍地區。治所在洛陽。❸執金吾　為督巡京師治安的長官，類似現代的首都警備司令。金吾為兩端塗金的銅棒，此官執之以示權威。❹濟南賊起二句　濟南為漢代青州所轄的封國名，下轄十城。東平陵為其所轄縣名，故地在今山東濟南東。❺鬱林　漢代郡名。轄十一城，屬交州。故地為今廣西之東北部一帶。治所在布山（今廣西桂平西南）。❻烏滸　部族名。秦漢時南方少數民族中蠻族的一支，一說為越族中的一支。❼元服　帽子。《儀禮・士冠禮》：「令月吉日，始加元服。」古人注曰：「元者，首也。冠者，首之所著，故曰元服。」❽中謁者　即中宮謁者，為大長秋下屬官員，掌管賓贊受事。中下級官員，多由宦官充任。❾河東　漢郡名。轄二十城，屬司隸校尉部。故地為今洛陽西北、山西南部一帶地方。❿癸丑　七月己未朔，無癸丑日。癸丑是八月二十五日。⓫熹平元年　西元一七二年（也是建寧五年，當年五月己巳改元）。熹平，東漢靈帝劉宏年號，西元一七二－一七八年。⓬太學　西漢武帝元朔五年（西元前一二四年）始設的國家最高學府，立《五經》博士以教授貴族子弟。後世沿置，全國優秀人才均可入太學，稱作諸生。⓭會稽　漢時郡名。轄十四城，屬揚州刺史部。故地為今浙江東北部之紹興一帶。治所在山陰（今浙江紹興）。⓮揚州　是漢代全國十三州之一。轄九江、丹陽、廬江、會稽、吳郡、豫章六郡。故地相當今長江下游之江西、安徽、江蘇、浙江等省之鄰接區域。治所在歷陽（今安徽和縣）。東漢末移治壽春，今安徽壽縣。又移治合肥，今安徽合肥西。

【語　譯】建寧三年春季正月，河內郡發生妻子吃丈夫肉，河南尹有丈夫吃妻子肉以求活命的事。

2 三月丙寅日是本月最後一天，日蝕。

3 夏季四月，太尉郭禧被罷官，太中大夫聞人襲升任為太尉。秋季七月，司空劉囂被罷官。八月，大鴻臚橋玄被任命為司空。

4 九月，執金吾董寵被捕入獄而死。

5 冬季，濟南郡變民起事，攻打東平陵。

6 鬱林郡的烏滸部族百姓先後歸服中原，接受東漢王朝的管轄。

7 建寧四年，春季正月甲子日，皇帝劉宏舉行加冠典禮，大赦天下。賜給三公九卿以下官員不同等級的錢物，只有「黨人」不在赦免範圍之內。

8 二月癸卯日，發生地震，海水漲溢上岸，黃河水流變清。

9 三月辛酉日是本月的初一，日蝕。

10 太尉聞人襲被免官，太僕李咸升任為太尉。

11 朝廷下詔給三公九卿至六百石年俸的中下級官員，各自上密封的奏章言事。

12 發生大規模的瘟疫性流行病，朝廷派中宮謁者巡行疫區，派人醫治，發放藥物。

13 司徒許訓免官，司空橋玄被任命為司徒。夏季四月，太常來豔升任司空。

14 五月，河東郡地面開裂，下冰雹，山中暴雨洪水急猛湧出。

15 秋季七月，司空來豔被免官。

16 癸丑日，立貴人宋氏為中宮皇后。

17 司徒橋玄被免官。太常宗俱升任為司空，前司空許栩被任命為司徒。

18 冬季，鮮卑族侵擾并州。

19 熹平元年，春季三月壬戌日，太傅胡廣去世。

20 夏季五月己巳日，大赦天下，改年號為熹平。

21 長樂太僕侯覽有罪，自殺。

22 六月，京師洛陽下大雨，發生水災。

23 癸巳日，皇太后竇妙去世。秋季七月甲寅日，把桓思皇后竇妙安葬於宣陵。

24 宦官示意並唆使司隸校尉段熲逮捕拘押國學在校生一千多人。冬季十月，渤海王劉悝被人誣告要謀反，丁亥日，劉悝及妻子兒女全部自殺。

25 十一月，會稽郡人許生自稱為「越王」，攻打郡縣，朝廷派揚州刺史臧旻、丹陽郡太守陳夤率兵征討，打敗了起事者。

26 十二月，司徒許栩被罷官，大鴻臚袁隗升任為司徒。

27 鮮卑族入侵并州。

28 本年，甘陵王劉恢去世。

1 二年春正月，大疫，使使者巡行致醫藥。

2 丁丑，司空宗俱薨。

3 二月壬午，大赦天下。

4 以光祿勳楊賜為司空。

5 三月，太尉李咸免。夏五月，以司隸校尉段熲為太尉。

6 沛相師遷坐誣罔國王，下獄死。

7 六月，北海❶地震。東萊❷、北海海水溢❸。

8 秋七月，司空楊賜免，太常潁川唐珍為司空。

9 冬十二月，日南徼外❹國重譯貢獻。

10 太尉段熲罷。

11 鮮卑寇幽并二州。

12 癸酉晦，日有食之。

三年春正月，夫餘國[5]遣使貢獻。

二月己巳，大赦天下。

太常陳眈為太尉。

三月，中山王暢薨，無子，國除。

夏六月，封河間王利子康為濟南王，奉孝仁皇祀。

秋，洛水溢。

冬十月癸丑，令天下繫囚罪未決，入縑贖。

十一月，揚州刺史臧旻率丹陽太守陳寅，大破許生於會稽，斬之。

任城王博薨。

十二月，鮮卑寇北地[6]，北地太守夏育追擊破之。鮮卑又寇并州。

司空唐珍罷，永樂少府許訓為司空。

四年春三月，詔諸儒正五經[7]文字，刻石立于太學門外。

封河間王建子佗為任城王。

夏四月，郡國七大水。

五月丁卯，大赦天下。

28 延陵園災，遣使者持節告祠延陵。

29 鮮卑寇幽州。

30 六月，弘農、三輔❽螟。

31 遣守宮令之鹽監❾，穿渠為民興利。

32 令郡國遇災者，減田租之半；其傷害十四以上，勿收責。

33 冬十月丁巳，令天下繫囚罪未決，入縑贖。

34 拜沖帝母虞美人為憲園貴人，質帝母陳夫人為渤海孝王妃。

35 改平準為中準，使宦者為令，列於內署。自是諸署悉以閹人為丞、令。

【章旨】以上記述熹平二年至四年間的大事。會稽許生之反被鎮壓，百姓反叛仍不時發生。值得重視的是熹平四年立於太學的〈熹平石經〉，對於規範經書文字，以至弘揚書法藝術，都是一件大事。

【注釋】❶北海　封國名。轄十八城，屬青州。故地為今山東膠東半島偏南一帶。東漢改北海郡置，故治劇縣（今山東昌樂西）。東漢末又改為郡。❷東萊　漢代郡名。轄十三城，屬青州。故地為今山東膠東半島北部一帶地方。東漢治黃縣（今山東龍口市東）。❸海水溢　據《續漢志》載：「時出大魚二枚，各長八九丈，高二丈餘。」❹日南徼外　日南郡的邊境以外。日南郡是東漢王朝管轄範圍內最南邊的一個郡，位於京師洛陽南一萬三千四百里，轄五城，屬交州。故地在今越南中部。❺夫餘國　又作「扶餘國」。位於我國東北松花江流域的古國名，地宜五穀，居民以務農為主。東漢時與中原交往比較密切。參閱本書卷八十五中有關內容。❻北地　漢代郡名。轄六城，屬涼州。故地當今陝西西部鄰近甘肅一帶。東漢治所在富平（今寧夏吳忠西南黃河東岸）。❼五經　是在西漢時確立的五部儒學經典性著作，是中國封建科舉時代的必讀書。指《易》、《禮》、

《詩》、《書》、《春秋》等五部名著。而此處由蔡邕書寫刻立的《五經》，是《尚書》、《周易》、《禮記》、《春秋公羊傳》和《論語》。❽弘農三輔　漢代地名。弘農郡轄九城。故地在今洛陽西南到陝西華山以南一帶。治所在弘農（今河南靈寶東北故函固關城）。三輔，指長安附近的三塊行政區域：京兆尹轄十城，以長安為中心的周圍區域；左馮翊，轄十三城，故地在今西安東北；右扶風，轄十五城，故地在今西安西北一帶。以上四地均屬司隸校尉部管轄。❾鹽監　今山西運城有鹽池，古代即煉鹽，稱「解池」，並派去鹽官監察。這裡鹽監為地名，在今山西運城。

【語譯】熹平二年春季正月，瘟疫等傳染性疾病大肆流行，朝廷派專門官員到疫區巡行視察，並帶給災民醫生和藥物。

2 丁丑日，司空宗俱去世。

3 二月壬午日，大赦天下。

4 任命光祿勳楊賜為司空。

5 三月，太尉李咸被免職。夏季五月，任命司隸校尉段熲為太尉。

6 沛國相師遷因犯誣告沛王之罪，被捕下獄而死。

7 六月，北海郡發生地震。東萊郡、北海郡海水漫溢，沖上陸地。

8 秋季七月，司空楊賜被免職，太常潁川人唐珍升任司空。

9 冬季十二月，日南郡境外國家派遣使者通過輾轉翻譯來到京師奉獻貢品。

10 太尉段熲被罷官。

11 鮮卑族入侵寇略幽州和并州地面。

12 癸酉日是本月最後一天，日蝕。

13 熹平三年春季正月，夫餘國派遣使臣來京師奉獻貢物。

14 二月己巳日，大赦天下。

15 擢升太常陳耽為太尉。

16 三月，中山國國王劉暢去世，沒有兒子，封國撤銷。

17 夏季六月，封河閒王劉利之子劉康為濟南國王，敬奉劉宏之父孝仁皇劉萇的香火祭祀之禮。

18 秋天，洛水漲溢。

19 冬季，十月癸丑日，詔令天下，在押的囚犯沒有行刑的，可以交納細絹贖罪。

20 十一月，揚州刺史臧旻率丹陽郡太守陳寅，打敗了會稽變民許生等人，並將其斬首。

21 任城國王劉博去世。

22 十二月，鮮卑族侵犯北地郡，北地郡太守夏育追擊入侵者，打敗他們。鮮卑人又入侵寇略并州一帶。

23 司空唐珍被罷官，永樂宮少府許訓升任為司空。

24 熹平四年，春季三月，朝廷下詔，令各大儒學家勘正校訂《五經》的文字，鐫刻在石碑上，立在太學的門外。

25 封河閒王劉建的兒子劉佗為任城王。

26 夏季四月，有七個郡和封國發生水災。

27 五月丁卯日，大赦天下。

28 西漢成帝劉驁的陵寢地延陵園發生火災，朝廷派遣使臣持節代表皇帝到延陵祭祀告慰。

29 鮮卑族攻擾幽州。

30 六月，弘農郡和三輔地區螟蟲成災。

31 朝廷派守宮令到鹽監地方，主持開鑿水渠為百姓興辦有利事業。

32 朝廷下令，凡各郡及封國遭遇天災的，減收田賦的一半；那些被傷害到十分之四以上的，免收當年的田賦。

33 冬季十月丁巳日，令天下在押囚犯沒有行刑處決的，可交納細絹贖罪。

34 拜封漢沖帝劉保的母親虞美人為憲園貴人，漢質帝劉纘的母親陳夫人為渤海孝王妃。

35 把平抑物價的平準改為中準，使太監為中準令，列於宮廷內署。從此之後，宮內外各署全部由宦官充任丞、令。

1 五年夏四月癸亥❶，大赦天下。

2 益州郡❷夷叛，太守李顒討平之。

3 復崇高山名為嵩高山。

4 大雩。使侍御史行詔獄亭部，理冤枉，原輕繫，休囚徒。

5 五月，太尉陳耽罷，司空許訓為太尉。

6 閏月，永昌❸太守曹鸞坐訟黨人，棄市。詔黨人門生故吏父兄子弟在位者，皆免官禁錮。

7 六月壬戌，太常南陽劉逸為司空。

8 秋七月，太尉許訓罷，光祿勳劉寬為太尉。

9 冬十月壬午，御殿後槐樹自拔倒豎。

10 司徒袁隗罷。十一月丙戌❹，光祿大夫楊賜為司徒。

11 十二月，甘陵王定薨。

12 試太學生年六十以上百餘人，除郎中、太子舍人至王家郎、郡國文學吏。

13 是歲，鮮卑寇幽州。沛國言黃龍見譙❺。

14 六年春正月辛丑，大赦天下。

15 二月，南宮平城門❻及武庫東垣屋自壞。

16 夏四月，大旱，七州蝗。

17 鮮卑寇三邊❼。

18 市賈民為宣陵孝子者數十人，皆除太子舍人。

19 秋七月，司空劉逸免，衛尉陳球為司空。

20 八月，遣破鮮卑中郎將田晏出雲中❽，使匈奴中郎將臧旻與南單于出鴈門❾，護烏桓校尉夏育出高柳❿，並伐鮮卑，晏等大敗。

21 冬十月癸丑朔，日有食之。

22 太尉劉寬免。

23 帝臨辟雍⓫。

24 辛丑⓬，京師地震。

25 辛亥，令天下繫囚罪未決，入縑贖。

十一月，司空陳球免。十二月甲寅，太常河南孟彧為太尉。庚辰，司徒楊賜免。太常陳耽為司空。

鮮卑寇遼西。

永安太僕王旻下獄死。

光和元年春正月，合浦、交阯[13]烏滸蠻叛，招引九真[14]、日南民攻沒郡縣。

太尉孟彧罷。

二月辛亥朔，日有食之。

癸丑，光祿勳陳國袁滂為司徒。

己未，地震。

始置鴻都門學生[15]。

三月辛丑，大赦天下，改元光和[16]。

太常常山張顥為太尉。

夏四月丙辰，地震。

侍中寺[17]雌雞化為雄。

司空陳耽免，太常來豔為司空。

40 五月壬午，有白衣人入德陽殿門，亡去不獲⑱。六月丁丑，有黑氣墮所御溫德殿庭中⑲。秋七月壬子⑳，青虹見御坐玉堂後殿庭中㉑。八月，有星孛于天市㉒。

41 九月，太尉張顥罷，太常陳球為太尉。司空來豔薨。冬十月，屯騎校尉袁逢為司空。皇后宋氏廢，后父執金吾酆下獄死。

42 丙子晦，日有食之。

43 十一月，太尉陳球免。十二月丁巳，光祿大夫橋玄為太尉。

44 是歲，鮮卑寇酒泉㉓。京師馬生人。初開西邸賣官，自關內侯、虎賁、羽林，入錢各有差。私令左右賣公卿，公千萬，卿五百萬。

【章　旨】以上記述熹平五年至光和元年三年間的大事。朝廷對「黨人」進一步迫害，連「黨人門生故吏父子兄弟」等都「免官禁錮」。北夷未平，南蠻又起。朝廷開設專門衙門賣官，公開標價，「公千萬，卿五百萬」。衰世之政，竟然如此。

【注　釋】❶四月癸亥　夏四月壬辰朔，無癸亥日。癸亥為五月三日。❷益州郡　屬益州刺史部，轄十七城。故治在今雲南晉寧東北晉城鎮。❸永昌　漢代郡名。轄八城，屬益州。故地為今雲南昆明正西方向保山一帶。治所在不韋（今雲南保山市東北金雞村）。❹十一月丙戌　十一月戊子朔，無丙戌日。丙戌是十月二十八日或十二月二十九日。❺譙　沛國縣名。故地在今安徽亳州。❻南宮平城門　秦漢時洛陽宮殿名。當時洛陽有南北兩個宮殿群，南宮位於宮城南部。故址在今河南洛陽東白馬寺一帶。平城門，是南宮的正陽之門，與皇宮相連，郊祀時法駕從此門出去，以示鄭重，是各門中最尊貴的。❼三邊　指與鮮卑鄰接的東漢王朝疆土的東邊、北邊和西邊等邊郡地區。❽雲中　漢代郡名。屬并州刺史部，轄十一城。故地為今山西北端及內蒙古南部與山西鄰接地區。郡治在今之內蒙古托克托境內。❾鴈門　漢代郡名。轄十四城，屬并州。故地當今山西西北部左雲、右玉一帶。東漢治所在陰館（今山西代縣西北）。❿高柳　漢代縣名。屬幽州代郡。故城在今山西陽高。⓫辟雍　又作辟廱、辟雝、璧廱。本為周王朝為貴族子弟所設的大學。取四周有水，形如璧環為名。古之大學有五：南為成均，北為上庠，東為東序，西為瞽宗，中曰辟雍。《禮記・王制》：「大學在郊，天子曰辟雍，諸侯曰頖宮。」此處指東漢時的貴族子弟學校。⓬辛丑　十月癸丑朔，無辛丑日。辛丑是十一月二十日。⓭合浦交阯　漢代二郡名。都屬交州刺史部。合浦郡轄五城，故地當今廣西北海一帶。交阯郡轄十二城，故地位於今越南共和國北部與中國鄰接的地方。⓮九真　漢代郡名。轄五城，屬交州。故地在今越南境內北部地區，在交阯之南、日南之北。⓯始置鴻都門學生　鴻都為洛陽城門之一，於內置學校，其中的學生有上千人之多，都是各州各郡及三公舉薦徵召應試而錄取的，考試內容為作公文尺牘、辭賦，以及工書鳥篆文字合格的人士。⓰光和　東漢靈帝劉宏年號，西元一七八—一八四年。⓱侍中寺　侍中所在的官署內。寺為官員辦公的機關、處所，不是後世的佛寺。⓲有白衣人二句　據《東觀漢記》載：「白衣人言：『梁伯夏教我上殿。』」與中黃門桓賢語，因忽不見。」⓳有黑氣句　《東觀漢記》：「墮所御溫明殿庭中，如車蓋隆起，奮迅，五色，有頭，體長十餘丈，形貌似龍。」⓴七月壬子　七月己卯朔，無壬子。壬子是八月五日。㉑青虹句　玉堂為洛陽宮殿名，洛陽南宮有玉堂前殿、玉堂後殿。㉒有星孛于天市　古人把彗星（掃帚星）叫做孛星。天市，星名。《史記・天官書》：「東北曲十二星曰旗，旗中四星曰天市。」㉓酒泉　漢代郡名。轄九城，屬涼州。故地在今甘肅酒泉市一帶。治所在祿福（今甘肅酒泉市）。

【語譯】嘉平五年，夏季四月癸亥日，大赦天下。

2 益州郡的夷人反抗朝廷，郡太守李顒征討平定叛亂。

3 把中嶽崇高山的名字恢復為原來的嵩高山。

4 朝廷舉行隆重的祈雨大典。派遣侍御史巡行朝廷經手案件的亭部，審理冤案，寬恕輕罪被扣押的犯人，讓服勞役的罪犯得到休息。

5 五月，太尉陳耽被罷官，司空許訓被任命為太尉。

6 閏五月，永昌郡太守曹鸞因上書替黨人辨誣而犯罪，在鬧市被斬首示眾。朝廷下詔，凡是黨人的學生、門徒，以及舊部父兄子弟仍在當官的，全部免去官職，剝奪政治權利，今後禁止再為官。

7 六月壬戌日，提升太常、南陽人劉逸為司空。

8 秋季七月，太尉許訓被罷官，光祿勳劉寬升任為太尉。

9 冬季十月壬午日，皇宮御殿後有棵槐樹自己拔出根來倒豎在那裡。

10 司徒袁隗被罷官。十一月丙戌日，光祿大夫楊賜被任命為司徒。

11 十二月，甘陵王劉定去世。

12 對六十歲以上的太學生一百餘人進行考試後，分別任命為郎中、太子舍人以至封國國王家的郎官、郡國的文學吏等職。

13 本年，鮮卑族入侵幽州。沛國上報說，所屬的譙縣有黃龍出現。

14 熹平六年春季正月辛丑日，大赦天下。

15 二月，洛陽南宮平城門以及禁兵藏兵器的武庫的外牆，不明原因自壞。

16 夏季四月，天氣大旱，有七個州發生蝗蟲災害。

17 鮮卑族侵犯漢王朝北疆的東、北、西三面的邊郡。

18 洛陽有幾十名市賈小民來到漢桓帝劉志的宣陵墓園，自稱是「宣陵孝子」，漢靈帝讓他們都去當年俸二百石的太子舍人。

19 秋季七月，司空劉逸被免官，衛尉陳球升任司空。

20 八月，朝廷派遣破鮮卑中郎將田晏，率兵從雲中郡出發；派使匈奴中郎將臧旻與早已降漢的南匈奴單于一起率眾出鴈門；護烏桓校尉夏育率兵從高柳出發，三路大軍聯合共同討伐鮮卑，結果田晏等吃了大敗仗。

21 冬季十月癸丑日是本月的初一，日蝕。

22 太尉劉寬被免官。

23 皇帝劉宏到辟雍視察。

24 辛丑日，京師洛陽地震。

25 辛亥日，詔令天下在押囚犯罪尚未判決的，可以交納細絹贖罪。

26 十一月，司空陳球被免職。十二月甲寅日，太常河南郡人孟彧升任為太尉。庚辰日，司徒楊賜被免官。提升太常陳耽任司空之職。

27 鮮卑族人侵劫掠遼西郡。

28 永安宮太僕王旻下獄而死。

29 靈帝光和元年，春季正月，合浦郡、交阯郡的烏滸蠻反叛朝廷，招引九真郡、日南郡的百姓攻打並占領郡縣城池。

30 太尉孟彧被罷官。

31 二月辛亥日是本月的初一，日蝕。

32 癸丑日，光祿勳陳國人袁滂被任命為司徒。

33 己未日，發生地震。

34 開始在鴻都門太學中培訓學生。

35 三月辛丑日，大赦天下，改年號為光和。

36 提升太常常山人張顥為太尉。

37 夏季，四月丙辰日，發生地震。

38 侍中衙門有隻母雞變成了公雞。

39 司空陳耽被免職。太常來豔升任為司空。

40 五月壬午日，有個通身穿白衣服的人進入德陽殿門，突然不見，找不到蹤影。六月丁丑日，有道黑氣墜落在皇帝常去的溫德殿庭院中。秋季七月壬子日，南宮玉堂後宮皇帝御坐附近庭院中出現青顏色的彩虹。八月，彗星出現在天市星區。

41 九月，太尉張顥被罷官，太常陳球升任為太尉。司空來豔去世。冬季十月，屯騎校尉袁逢升任司空。皇后宋氏被廢黜。皇后的父親執金吾宋酆下獄而死。

42 丙子日是本月最後一天，日蝕。

43 十一月，太尉陳球被免職。十二月丁巳日，光祿大夫橋玄被任命為太尉。

44 這一年，鮮卑族侵犯酒泉郡。京師洛陽有匹母馬生了個人。朝廷開始在西園官邸公開賣官，從關內侯到虎賁、羽林等衛士官員，價錢各不等。皇帝私下讓身旁的人賣公卿級別的官位，買公位的，千萬錢，買卿位的，五百萬錢。

1 二年春，大疫，使常侍、中謁者巡行致醫藥。

2 三月，司徒袁滂免，大鴻臚劉郃為司徒。乙丑，太尉橋玄罷，太中大夫段熲為太尉。

3 京兆地震。

4 司空袁逢罷，太常張濟為司空。

5 夏四月甲戌朔，日有食之。

6 辛巳，中常侍王甫及太尉段熲並下獄死。

7 丁酉，大赦天下，諸黨人禁錮小功❶以下皆除之。

8 東平王端薨。

9 五月，衛尉劉寬為太尉。

10 秋七月，使匈奴中郎將張脩有罪，下獄死。

11 冬十月甲申，司徒劉郃、永樂少府陳球、衛尉陽球、步兵校尉劉納謀誅宦者，事泄，皆下獄死。

12 巴郡❷板楯蠻❸叛，遣御史中丞蕭瑗督益州刺史討之，不剋。

13 十二月，光祿勳楊賜為司徒。

14 鮮卑寇幽并二州。

15 是歲，河間王利薨。洛陽女子生兒，兩頭四臂。

16 三年春正月癸酉❹，大赦天下。

17 二月，公府駐駕廡自壞❺。

18 三月，梁王元薨。

19 夏四月，江夏❻蠻叛。

20 六月，詔公卿舉能通古文尚書❼、毛詩❽、左氏❾、穀梁春秋❿各一人，悉除議郎。

21 秋，表是⓫地震，涌水出。

22 八月，令繫囚罪未決，入縑贖，各有差。

23 冬閏月，有星孛于狼、弧[12]。

24 鮮卑寇幽、并二州。

25 十二月己巳，立貴人何氏[13]為皇后。

26 是歲，作罼圭、靈昆苑[14]。

27 四年春正月，初置騄驥廄[15]丞，領受郡國調馬[16]。豪右辜搉[17]，馬一匹至二百萬。

28 二月，郡國上芝英草。夏四月庚子[18]，大赦天下。

29 交阯刺史朱儁討交阯、合浦烏滸蠻，破之。

30 六月庚辰，雨雹。秋七月，河南言鳳皇[19]見新城[20]，群鳥隨之。賜新城令及三老、力田[21]帛，各有差。九月庚寅朔，日有食之。

31 太尉劉寬免，衛尉許馘為太尉。

32 閏月辛酉，北宮東掖庭永巷署災。

33 司徒楊賜罷。冬十月，太常陳耽為司徒。

34 鮮卑寇幽并二州。

35 是歲帝作列肆於後宮，使諸采女販賣，更相盜竊爭鬭。帝著商估服，飲宴為樂。又於西園弄狗，著進賢冠㉒，帶綬。又駕四驢，帝躬自操轡，驅馳周旋，京師轉相放效。

【章　旨】以上記述光和二年至四年間的大事。司徒劉郃等四人謀除宦官，事洩，「下獄死」。「立貴人何氏為皇后」，亦是宦官主使。靈帝在後宮「列肆」，自己「著商估服」進行買賣。如此荒唐！

【注　釋】❶小功　古代喪服名稱五服之一，用較粗的熟布製成，服期五個月。對祖之兄弟，父之從父兄弟，本身之再從兄弟所服之喪服。五服是舊時依親疏遠近關係為死者所穿的喪服制度，分斬衰、齊衰、大功、小功、緦麻五種名稱。❷巴郡　巴郡屬益州，轄十四城，故地當今四川東部、重慶一帶。治所在江州（今重慶市北嘉陵江北岸）。❸板楯蠻　我國古代西南地區少數民族之一種，世居巴郡閬中一帶，喜歌舞，勇猛善戰。西漢時，服從中原，光武中興後，曾阻遏羌人南行。東漢後期，因不堪忍受官府盤剝勞役，屢屢反抗朝廷。❹正月癸酉　正月庚子朔，無癸酉日。癸酉是二月五日。❺公府句　公府，太尉、司徒、司空三公之府邸。駐駕，車駕停駐之處。廡，廊屋。❻江夏　漢代郡名，轄十四城，屬荊州。故地當今湖北中部武漢及其周圍一帶。治所在西陵（今湖北新洲西）。❼古文尚書　《尚書》又名《書》、《書經》，是儒家經典之一。尚即上，尚書即上古之書。是中國上古歷史文獻和部分追述古代事跡著作的彙編。相傳由孔子編選而成。西漢初存二十八篇，此稱《今文尚書》。《古文尚書》又稱《逸書》，據說是西漢武帝末年魯共王劉餘在曲阜從孔子住宅的舊壁中發現的，比《今文尚書》多十六篇。因是用秦漢以前的「古文」寫成，故稱《古文尚書》。據信是秦時儒生為躲避秦始皇焚書坑儒時的災難而藏進去的，還有《偽古文尚書》二十五篇，是東晉人梅賾獻出的，亦流傳至今。❽毛詩　亦稱《詩》、《詩三百》、《詩經》，是我國古代第一部詩歌總集，共三〇五篇，相傳經孔子整理刪定。因現存的《詩經》經漢時魯國人毛亨所傳，故稱《毛詩》（古代尚有《韓詩》、《齊詩》、《魯詩》三家，因《毛詩》流傳而廢）。❾左氏　即《春秋左氏傳》、《左氏春秋》、《左傳》，是我國第一部較詳盡的編年體史書，起於魯隱公元年（西元前七二二年），終於魯悼公十四年（西元前四五四年）。舊傳為魯國史官左丘明所撰，文字優美，記事詳明，是儒學經典之一種。❿穀梁春秋　又稱《穀梁傳》、《春秋穀梁傳》，是專門從字義上闡釋《春秋》的一部書。與《左傳》注釋《春秋》補充大量歷史事實的寫法不同。起於魯隱公元年（西元前七二二年），終於魯哀公十四年（西元前四八一年）。初僅師徒口說流傳，到西漢時才成書。是研究秦漢間儒家思想重要資料。舊題為穀梁赤撰，是儒學十三經中之一種。⑪表是　又作「表氏」。漢代縣名。屬涼州酒泉郡。故地在今甘肅張掖西北。⑫狼弧　二星名。或作一星，即天狼星，在西方，與地上之秦地相應。⑬何氏　南陽郡宛人，車騎將軍何真之女，其兄即何進。⑭罼圭靈昆苑　是皇家御花園，都在京師洛陽宣平門外。罼圭苑分東西兩處，東罼圭苑周一千五百步，中有魚梁臺；西罼圭苑周三千三百步。⑮騄驥廄　養良馬的機構。騄驥，良馬；善馬。⑯調馬　徵調馬匹。⑰豪右辜搉　豪門大族進行壟斷。豪右，豪強大姓。辜搉，獨占；壟斷。辜，通「固」。專固。搉，專也。謂控制他人賣買而自取其利。⑱四月庚子　四月癸亥朔，無庚子日。庚子當為五月九日。⑲鳳皇　又作鳳凰。傳說中的吉祥鳥，雄曰鳳，雌曰凰。與麒麟、神龜、神龍合稱四種瑞獸瑞禽。⑳新城　河南尹所屬縣。故地在今山西曲沃境內。㉑三老力田　都是漢代農村基層官吏。三老本為古時掌教化的鄉官。漢代每鄉置三老一人，年五十以上，有修行，能帥眾為善之人當之，擇鄉三老一人為縣三老。力田，是鄉間農官，常與孝弟並舉，漢時有孝弟力田科。㉒進賢冠　《三禮圖》：「進賢冠，文官服之，前高七寸，後高三寸，長八寸。」

【語　譯】光和二年，春季，瘟疫大肆流行，朝廷派常侍、中謁者等宮中及內廷官員巡行疫區，送醫給藥。

2 三月，司徒袁滂被免官，大鴻臚劉郃被任命為司徒。乙丑日，太尉橋玄被罷官，太中大夫段熲被任命為太尉。

3 京兆長安一帶地震。

4 司空袁逢被罷官，太常張濟升任為司空。

5 夏季四月甲戌日是本月的初一，日蝕。

6 辛巳日，中常侍王甫及太尉段熲一起被逮捕入獄而死。

7 丁酉日，大赦天下，被禁錮的那些黨人及受牽連的人凡是到五服之「小功」以下那種疏遠關係的，全部解除禁錮。

8 東平王劉端去世。

9 五月，提升衛尉劉寬為太尉。

10 秋季七月，使匈奴中郎將張脩因擅自斬殺、更立單于，被判有罪，下獄處死。

11 冬季十月甲申日，司徒劉郃、永樂宮少府陳球、衛尉陽球、步兵校尉劉納，密謀策劃誅殺宦者，機謀洩露，都被逮捕入獄處死。

12 巴郡的板楯蠻人反叛，朝廷派御史中丞蕭瑗督促益州刺史去征討，沒有取勝。

13 十二月，任命光祿勳楊賜為司徒。

14 鮮卑族侵擾幽州和并州地面。

15 本年，河間王劉利去世。洛陽有個女子產下怪胎男嬰，兩個頭，四隻胳膊。

16 光和三年，春季正月癸酉日，大赦天下。

17 二月，公府中停放車駕的廊屋自己塌壞。

18 三月，梁王劉元去世。

19 夏季四月，江夏郡的蠻人叛亂。

20 六月，朝廷下詔，令三公九卿舉薦能通曉《古文尚書》、《毛詩》、《左傳》、《春秋穀梁傳》等經書的人才各一人，全都授以議郎之職。

21 秋季，表是縣地震，有地下水湧出。

22 八月，下令在押囚犯未行刑的，可以交納不等數量的細絹贖罪。

23 冬季閏月，有行於狼、弧間的彗星出現。

24 鮮卑族入犯幽州和并州邊界。

25 十二月己巳日，把貴人何氏立為皇后。

26 當年，修建罼圭苑和靈昆苑。

27 光和四年，春季正月，開始設置騄驥廄丞一職，負責接受各郡各封國徵調來的良馬。豪強大戶壟斷控制徵馬的行業，一匹馬的價錢升值到二百萬錢。

28 二月，有郡國上獻朝廷芝英瑞草。夏四月庚子日，大赦天下。

29 交阯刺史朱儁率兵征討交阯、合浦反叛的烏滸蠻族，打敗了他們。

30 六月庚辰日，下冰雹。秋季七月，河南上言有五色彩鳥鳳凰在新城出現，群鳥跟著牠飛。朝廷賜給新城縣令及那裡的三老、力田諸鄉官不同等級的帛。九月庚寅日是本月最後一天，日蝕。

31 太尉劉寬被免職，衛尉許馘被任命為太尉。

32 閏九月辛酉，洛陽北宮東掖庭永巷署發生火災。

33 司徒楊賜被罷官。冬季十月，太常陳耽升任為司徒。

34 鮮卑族入侵劫掠幽州和并州邊郡。

35 這一年，二十六歲的皇帝劉宏，在皇宮的後宮倣造建築一排排市井中的店鋪商肆，使宮女扮做商人進行交易販賣，引起宮女之間發生盜竊財貨及爭鬥事件。皇帝本人也身穿商人的服裝，穿行飲宴其間，以此為樂。皇帝又在西園玩狗，戴著文官戴的進賢冠，身披彩色綬帶。又坐上套四匹驢拉的車，皇帝親自手執轡繩駕車，趕著驢在園中奔馳轉彎，操縱自如，京師人們競相仿效。

1 五年春正月辛未，大赦天下。

2 二月，大疫。

3 三月，司徒陳耽免。

4 夏四月，旱。

太常袁隗為司徒。

五月庚申，永樂宮❶署災。秋七月，有星孛于太微❷。

巴郡板楯蠻詣太守曹謙降。

癸酉，令繫囚罪未決，入縑贖。

八月，起四百尺觀於阿亭道。

冬十月，太尉許馘罷，太常楊賜為太尉。

校獵上林苑，歷函谷關，遂巡狩于廣成苑❸。十二月，還，幸太學。

六年春正月，日南徼外國重譯貢獻。

二月，復長陵縣❹，比豐、沛❺。三月辛未，大赦天下。

夏，大旱。

秋，金城❻河水溢。五原❼山岸崩。

始置圃囿署，以宦者為令。

冬，東海、東萊、琅邪井中冰厚尺餘。

大有年。

中平元年春二月，鉅鹿人張角自稱「黃天」，其部帥有三十六方，皆著黃巾，同日反叛❽。安平、甘陵人各執其王以應之❾。

20 三月戊申，以河南尹何進為大將軍，將兵屯都亭。置八關都尉官❿。壬子，大赦天下黨人⓫，還諸徙者，唯張角不赦。詔公卿出馬、弩，舉列將子孫及吏民有明戰陣之略者，詣公車。遣北中郎將⓬盧植討張角，左中郎將皇甫嵩、右中郎將朱儁討潁川黃巾。庚子⓭，南陽黃巾張曼成攻殺郡守褚貢。

21 夏四月，太尉楊賜免，太僕弘農鄧盛為太尉。司空張濟罷，大司農張溫為司空。

22 朱儁為黃巾波才所敗。

23 侍中向栩、張鈞坐言宦者，下獄死⓮。

24 汝南黃巾敗太守趙謙於邵陵⓯。廣陽⓰黃巾殺幽州刺史郭勳及太守劉衛。

25 五月，皇甫嵩、朱儁復與波才等戰於長社⓱，大破之。

26 六月，南陽太守秦頡擊張曼成，斬之。

27 交阯屯兵執刺史及合浦太守來達，自稱「柱天將軍」，遣交阯刺史賈琮討平之。

28 皇甫嵩、朱儁大破汝南黃巾於西華⓲。詔嵩討東郡，朱儁討南陽。盧植破黃巾，圍張角於廣宗[19]。宦官誣奏植，抵罪[20]。遣中郎將董卓攻張角，不剋。

29 洛陽女子生兒，兩頭共身。

30 秋七月，巴郡妖巫張脩反[21]，寇郡縣。

31 河南尹徐灌下獄死。

32 八月，皇甫嵩與黃巾戰於倉亭，獲其帥[22]。

33 乙巳，詔皇甫嵩北討張角。

34 九月，安平王續有罪誅，國除。

35 冬十月，皇甫嵩與黃巾賊戰於廣宗，獲張角弟梁。角先死，乃戮其屍。以皇甫嵩為左車騎將軍。十一月，皇甫嵩又破黃巾于下曲陽[23]，斬張角弟寶。

36 湟中[24]義從胡[25]北宮伯玉與先零羌叛，以金城人邊章、韓遂為軍帥，攻殺護羌校尉伶徵、金城太守陳懿。

37 癸巳，朱儁拔宛城[26]，斬黃巾別帥孫夏。

38 詔減太官珍羞，御食一肉；廄馬非郊祭之用，悉出給軍。

39 十二月己巳，大赦天下，改元中平[27]。

40 是歲，下邳王意薨，無子，國除。郡國生異草，備龍蛇鳥獸之形。

【章　旨】以上記述光和五年至中平元年三年間的大事。國內矛盾尖銳，終於爆發大規模的黃巾之亂。黃巾主力堅持半年以上，東漢朝廷雖然將暴亂鎮壓下去，但朝廷亦元氣大傷，一蹶不振。

【注　釋】❶永樂宮　漢宮殿名，太后所居，在德陽前殿西北方向。故址在今河南洛陽東白馬寺一帶。❷太微　星區名，三垣之一。位於北斗之南，翼軫以北，在黃道北面，緊臨黃道。以五帝座為中樞，由東、西、南藩組成屏藩狀的星空區域。共含二十星官，七十八星。在今后發、獅子、室女等座。❸校獵三句　校獵，在圍獵場周圍架設起木柵欄，將野獸驅入，然後射獵。校是木棍相交成柵欄之意。上林苑與廣成苑，都是皇家御花園。在洛陽近郊。函谷關，秦代的函谷關為秦的東關，東自崤山，西至潼關，深險如函，故名函谷。故址在今河南靈寶南。漢之函谷關向東移三百里，是武帝元鼎三年（西元前一一四年）移置，故址在今河南新安東北。❹長陵縣　屬左馮翊轄，因有安葬漢高祖劉邦的長陵而得名。故地在今陝西咸陽東北。❺豐沛　是劉邦的老家所在地，沛國轄二十一城，屬豫州，下轄有沛縣、豐縣。故地當今江蘇西北部鄰接山東、河南一帶。❻金城　漢郡名。轄十城，屬涼州。故在今甘肅蘭州一帶。治所在允吾（今甘肅永靖西北湟水南岸）。❼五原　漢代郡名。轄十城，屬并州。故治當今內蒙古包頭西北。❽鉅鹿人張角四句　鉅鹿，漢代郡名。轄十五城，屬冀州。故地當今河北南部邢臺、邯鄲所轄部分地區。郡治在今邢臺東平鄉境內。張角開始時傳「太平教」，曾受到郡縣鼓勵，以為是教人向善，推廣教化。前後十餘年，信徒遍布青、徐、幽、冀、荊、揚、兗、豫等八州，造出「蒼天（劉漢王朝）已死，黃天（張角自稱）當立，歲在甲子（中平元年），天下大吉」的預言，原定甲子年三月五日，其三十六方各部約三十六萬人同時發動，因有人告密，便提前到二月起兵。❾安平句　安平國（今河北冀州境內）親王劉續、甘陵國（今山東臨清東北）親王劉忠，都被該封國內變民生擒，以響應黃巾軍推翻漢王朝的號召。❿八關都尉官　八關指函谷關、廣成關、伊闕關、大谷關、轘轅關、旋門關、小平津關、孟津關。⓫大赦天下黨人　當黃巾起義之後，中常侍呂彊對靈帝說：「黨錮久積，若與黃巾合謀，悔之無救。」靈帝害怕這兩種力量合而為一，才全部赦免黨人。⓬中郎將　秦時所置官名。西漢時分五官、左、右三署，各設中郎將以統領皇帝的侍衛，隸屬光祿勳。東漢時，凡統兵將領多用此名。⓭庚子　三月丙午朔，無庚子日。庚子為二月二十五日或四月二十六日。⓮張鈞坐言宦者二句　張鈞上書皇帝說：「現在砍掉您身旁親近太監的腦袋，把他們的頭掛在洛陽南郊的木樁上，向天下人謝罪，那叛亂就自動消失了。」皇帝把這奏章拿給太監看，向栩、張鈞便馬上被捕入獄處死了。⓯汝南句　汝南為豫州所屬郡名，轄三十七城。故地當今之河南中部地區。治所在上蔡，即今河南上蔡西南。邵陵，又作「召陵」。漢縣名。屬汝南郡。故地在今河南郾城境。⑯廣陽　漢代郡名。轄五城，屬幽州。故地為今河北廊坊一帶，郡治在今薊縣境內。⑰長社　漢代縣名。屬豫州潁川郡。故地在今河南長葛城西。⑱西華　漢代縣名。屬豫州汝南郡。故地在今河南中部之西華。⑲廣宗　漢代縣名。屬冀州鉅鹿郡。故地在今河北廣宗，境內有秦始皇病死地沙丘平臺遺址。⑳宦官誣奏植二句　盧植連破黃巾，皇帝派貼身太監小黃門左豐去監軍，因沒收到賄賂，誣告盧植不戰，皇帝大怒，檻車徵植，判處死刑，減罪一等。㉑巴郡妖巫張脩反　巴郡人張脩用法術給人治病，治好後只需病家出五斗米，號稱「五斗米教」。㉒戰於倉亭二句　倉亭為兗州東郡所屬地，故地在今山東陽穀北古黃河岸上。帥，指黃巾軍將領卜巳。㉓下曲陽　縣名。屬冀州鉅鹿郡。地當今河北晉州境。㉔湟中　地區名，因湟水流經其中而得名。故地為今青海東北部，曾為羌人之居住地。㉕義從胡　湟中月氏胡住張掖者的稱號。霍去病開湟中，月氏來降，與漢人錯居。其大種有七，勝兵合九千餘人，分在湟中及令居。又數百戶在張掖，號曰義從胡。㉖宛城　縣名。屬荊州南陽郡。故地為今河南南陽。㉗中平　東漢靈帝劉宏年號，西元一八四—一八九年。

【語　譯】光和五年，春季正月辛未日，大赦天下。

2 二月，瘟疫大流行。

3 三月，司徒陳耽被免官。

4 夏季，四月，大旱成災。

5 太常袁隗升任為司徒。

6 五月庚申日，永樂宮署發生火災。秋季七月，有彗星出現在太微垣旁。

7 巴郡的板楯蠻到郡太守曹謙處歸降。

8 癸酉日，朝廷下令凡是在押的囚犯尚未判決的，可以交納不同等級的細絹贖罪。

9 八月，在阿亭道興建四百尺高的觀臺。

10 冬季十月，太尉許馘被罷官，太常楊賜升任為太尉。

11 皇帝劉宏到上林苑舉行校獵活動，途經洛陽西邊的函谷關，順路又到廣成苑打獵。十二月，皇帝回到洛陽，視察太學。

12 光和六年，春季正月，漢代南邊最遠的日南郡境外國家，通過重重翻譯，派使者到洛陽奉獻貢品。

13 二月，免除葬有劉邦遺體的長陵縣的賦稅，比照劉邦的祖籍地豐縣和沛縣那樣的優惠政策。三月辛未日，大赦天下。

14 夏季，大旱。

15 秋季，金城郡一帶的黃河水漫溢。五原郡發生山體和堤岸崩塌現象。

16 開始設置「圃囿署」，讓宦官做署令。

17 冬天，位於山東半島的東海郡、東萊郡、琅邪郡，天氣奇寒，井中水結冰，厚達尺餘。

18 本年是個大豐收的年頭。

19 中平元年，春季二月，鉅鹿人張角，自稱「黃天」，他的部眾統帥分三十六方，每方萬人，都頭紮黃色頭巾，於同一天起事，反抗朝廷。安平國、甘陵國的百姓各自攻捕該國的劉姓親王來響應黃巾軍。

20 三月戊申日，朝廷用河南尹何進為大將軍，率領大軍駐紮在都亭。朝廷設置八座關隘的都尉官，來阻斷黃巾軍間的聯繫。壬子日，大赦全國被禁錮的黨人，讓流放邊郡的犯人回到原籍，只有張角一夥不得免罪。朝廷下詔，令三公九卿出馬匹、弓箭等戰備物資，推薦列將家的子孫以及官吏百姓家有懂得戰陣之事攻略才能的人，到公車府報到，以備選用。派遣北中郎將盧植討伐張角，派左中郎將皇甫嵩、右中郎將朱儁征討潁川郡的黃巾軍。庚子日，南陽郡黃巾軍張曼成部攻破並斬殺南陽郡守褚貢。

21 夏季四月，太尉楊賜被免官。太僕弘農人鄧盛升任為太尉。司空張濟被罷官，大司農張溫升任為司空。

22 朱儁被黃巾軍波才部打敗。

23 侍中向栩、張鈞因向皇帝奏報宦官的罪狀，而被捕入獄處死。

24 汝南郡的黃巾軍在邵陵把郡太守趙謙所率官兵打敗。廣陽郡的黃巾軍殺死幽州刺史郭勳及郡太守劉衛。

25 五月，皇甫嵩與朱儁再一次與黃巾軍的波才部大戰於長社，大敗黃巾軍。

26 六月，南陽郡太守秦頡進擊黃巾軍的張曼成，戰勝並斬殺了他。

27 交阯郡的屯兵捕捉了交州刺史及合浦郡太守來達，屯兵首領自稱「柱天將軍」反抗朝廷。朝廷派遣交阯刺史賈琮討平叛軍。

28 皇甫嵩和朱儁在西華一帶大舉擊潰汝南郡的黃巾軍。朝廷下詔，命令皇甫嵩征討東郡的黃巾軍，命令朱儁征討南陽郡的黃巾軍。盧植攻破黃巾軍，把張角包圍在廣宗縣。宦官讒言誣陷盧植，盧植被判罪。朝廷派中郎將董卓攻擊張角，沒能取勝。

29 洛陽有一女子產下連體男嬰，兩個頭共一個身軀。

30 秋季七月，巴郡張脩利用迷信手段聚眾造反，攻打郡縣。

31 河南尹徐灌下獄而死。

32 八月，皇甫嵩與黃巾軍大戰於倉亭，俘獲了他們的統帥。

33 乙巳日，朝廷下詔令皇甫嵩率軍北上，討伐張角。

34 九月，安平國國王劉續因犯罪被殺，撤銷了封國。

35 冬季十月，北上的皇甫嵩與黃巾反叛軍大戰於廣宗，捕獲了張角的弟弟張梁。張角在此前已死，被剖棺戮屍。朝廷任命皇甫嵩為左車騎將軍。十一月，皇甫嵩又在下曲陽擊敗黃巾軍，斬殺張角另一個弟弟張寶。

36 湟中地區的義從胡人北宮伯玉與羌人的先零部落反叛，擁立金城人邊章、韓遂為軍隊的統帥，攻擊並斬殺了護羌校尉伶徵和金城郡太守陳懿。

37 癸巳日，朱儁攻下宛城，斬殺了黃巾軍的別部統帥孫夏。

38 朝廷下詔，減省太官的美味佳餚，皇帝御用食譜，每次只用一種肉食；御馬廄中的馬匹，除去郊祭時用的，其多餘的全撥給軍隊用。

39 十二月己巳日，大赦天下，改年號叫「中平」。

40 這一年，下邳國國王劉意去世，沒有兒子承襲王位，撤銷封國稱號。有的郡和封國生長出了珍異的草木，有的像龍，有的像蛇，還有像其他鳥獸的形狀。

1 二年春正月，大疫。

2 琅邪王據薨。

3 二月己酉，南宮大災，火半月乃滅。癸亥，廣陽門外屋自壞。

4 稅天下田，畝十錢❶。

5 黑山賊張牛角等十餘輩❷並起，所在寇鈔❸。

6 司徒袁隗免。三月，廷尉崔烈為司徒。

7 北宮伯玉等寇三輔，遣左車騎將軍皇甫嵩討之，不剋。

8 夏四月庚戌，大風，雨雹。

9 五月，太尉鄧盛罷，太僕河內張延為太尉。

10 秋七月，三輔螟。

11 左車騎將軍皇甫嵩免。八月，以司空張溫為車騎將軍，討北宮伯玉。九月，特進楊賜為司空。冬十月庚寅，司空楊賜薨，光祿大夫許相為司空。

12 前司徒陳耽、諫議大夫劉陶坐直言，下獄死。

13 十一月，張溫破北宮伯玉於美陽，因遣盪寇將軍周慎追擊之，圍榆中❹，又遣中郎將董卓討先零羌，慎、卓並不克。

鮮卑寇幽、并二州。

是歲，造萬金堂於西園。洛陽民生兒，兩頭四臂。

三年春二月，江夏兵趙慈反，殺南陽太守秦頡。

庚戌，大赦天下。

太尉張延罷。車騎將軍張溫為太尉，中常侍趙忠為車騎將軍。

復修玉堂殿，鑄銅人四，黃鍾四，及天祿、蝦蟆❺，又鑄四出文錢。

五月壬辰晦，日有食之。

六月，荊州刺史王敏討趙慈，斬之。

車騎將軍趙忠罷。

秋八月，懷陵上有雀萬數，悲鳴，因鬬相殺。

冬十月，武陵蠻叛，寇郡界，郡兵討破之。

前太尉張延為宦人所譖，下獄死。

十二月，鮮卑寇幽并二州。

四年春正月己卯，大赦天下。

二月，滎陽賊殺中牟令❻。

29 己亥，南宮內殿罘罳❼自壞。

30 三月，河南尹何苗討滎陽賊，破之，拜苗為車騎將軍。

31 夏四月，涼州刺史耿鄙討金城賊韓遂，鄙兵大敗，遂寇漢陽❽，漢陽太守傅燮戰沒。扶風人馬騰、漢陽人王國並叛，寇三輔。

32 太尉張溫免，司徒崔烈為太尉。五月，司空許相為司徒，光祿勳沛國丁宮為司空。

33 六月，洛陽民生男，兩頭共身。

34 漁陽❾人張純與同郡張舉舉兵叛，攻殺右北平❿太守劉政、遼東⓫太守楊終、護烏桓校尉公綦稠等。舉自稱天子，寇幽、冀二州。

35 秋九月丁酉，令天下繫囚罪未決，入縑贖。

36 冬十月，零陵人觀鵠自稱「平天將軍」，寇桂陽，長沙太守孫堅擊斬之。

37 十一月，太尉崔烈罷，大司農曹嵩為太尉。

38 十二月，休屠各胡⓬叛。

39 是歲，賣關內侯⓭，假金印紫綬，傳世，入錢五百萬。

【章 旨】以上記述中平二年至四年間的大事。在國步維艱之時，朝廷卻增加賦稅，大興土木，而且「直言，下獄死」，依然倒行逆施，因而盜賊更多。同時朝廷繼續賣官鬻爵，以解燃眉之急。

【注 釋】❶稅天下田二句　向天下的農田徵稅「以修宮室」。此主張也是宦官張讓等出的主意。❷黑山賊張牛角句　黑山是位於今河南浚縣西北的一座山，石色蒼黑，也稱墨山。山上巉巖峻壁，張燕等造反曾在此聚眾。張牛角，博陵人，聚眾造反，曾占領黑山。❸寇鈔　又作「寇抄」。攻劫掠奪。❹榆中　涼州金城郡所屬縣名。故地在今甘肅蘭州東。❺天祿蝦蟆　此處指銅鑄的獸形裝飾品，亦可作辟邪用。天祿，古代傳說中一種獸名。蝦蟆，蛙類和蟾蜍的統稱。❻滎陽賊殺中牟令　滎陽和中牟都是漢代縣名，都屬司隸校尉管轄下的河南尹（洛陽及其周圍）。故地分別當今河南滎陽及中牟境。❼罘罳　指設在宮闕上交疏透孔的窗櫺。宋代程大昌作《雍錄・罘罳》：「罘罳者，鏤木為之，其中疏通，可以透明，或為方空，或為連瑣，其狀扶疏，故曰罘罳。」❽漢陽　東漢時郡名。轄十三城，屬涼州。故地為今陝西渭水上游天水一帶。治所在冀縣（今甘肅天水市西北）。❾漁陽　漢代郡名。轄九城，屬幽州。故地當今北京東北部一帶。治所在漁陽（今北京市密雲西南）。❿右北平　漢代郡名。轄四城，屬幽州。故地當今河北盧龍一帶。東漢治所在土垠（今河北豐潤東南）。⓫遼東　漢代郡名。轄十一城，屬幽州。故地當今之遼寧中東部。治所在襄平（今遼寧朝陽）。⓬休屠各胡　亦作「休屠」、「休屠各」。部族名。為漢時匈奴中部族之一。⓭關內侯　秦漢時的爵位名，為第十九級。

【語 譯】中平二年，春季正月，瘟疫大流行。

2 琅邪王劉據去世。

3 二月己酉日，洛陽南宮火災，大火延燒了半個月才滅。癸亥日，洛陽城西面南端的廣陽門外的房屋自己圮壞。

4 徵收天下農田稅，每畝十錢。

5 黑山反賊張牛角等十多支變民同時起事，攻劫掠奪所在地區的百姓。

6 司徒袁隗被免官。三月，廷尉崔烈被任命為司徒。

7 北宮伯玉等劫掠長安附近的三輔地區，朝廷派左車騎將軍皇甫嵩去征討，沒有戰勝。

8 夏季四月庚戌日，颳大狂風，下冰雹。

9 五月，太尉鄧盛被罷官。太僕河內人張延升任為太尉。

10 秋季七月，三輔地區螟蟲成災。

11 左車騎將軍皇甫嵩被免官。八月，以司空張溫為車騎將軍，率兵去征討北宮伯玉。九月，特進楊賜被任命為司空。冬季十月庚寅日，司空楊賜病故。光祿大夫許相被任命為司空。

12 前司徒陳耽和諫議大夫劉陶，由於直言朝政，得罪宦官，被誣犯罪，下獄處死。

13 十一月，車騎將軍張溫在美陽打敗了北宮伯玉。於是派盪寇將軍周慎追擊北宮伯玉，並將其圍困於榆中縣城。張溫又派中郎將董卓征討羌人的先零部落。但周慎與董卓都沒有戰勝敵軍。

14 鮮卑族侵擾劫掠幽州和并州的邊郡。

15 這一年，皇帝命人在西園修建萬金堂。京師洛陽有百姓產連體男嬰，兩個頭四隻胳臂。

16 中平三年春季二月，江夏郡駐軍趙慈反叛朝廷，殺死南陽郡太守秦頡。

17 庚戌日，大赦天下。

18 太尉張延被罷官。車騎將軍張溫被任命為太尉，皇帝寢殿侍奉宦官中常侍趙忠被任命為車騎將軍。

19 朝廷再次修復洛陽南宮玉堂殿，讓工匠鑄造四座銅人，四座合黃鍾律的大銅鐘，以及天祿、蝦蟆等動物形狀的裝飾物，又鑄造四出文的銅錢。

20 五月壬辰日是本月最後一天，日蝕。

21 六月，荊州刺史王敏率軍征討變兵趙慈，斬殺其人。

22 車騎將軍趙忠被罷官。

23 秋季八月，安葬沖帝劉炳的墓園懷陵上有數萬隻鳥雀集結，發出悲哀的鳴叫聲，且相互咬鬥，咬死甚多。

24 冬季十月，武陵郡的蠻族反叛，侵掠郡境百姓，郡內駐軍征討並打敗叛眾。

25 前太尉張延被太監讒毀，受誣下獄被處死。

26 十二月，鮮卑族入侵幽州和并州一帶。

27 中平四年，春季正月己卯日，大赦天下。

28 二月，滎陽縣反賊攻殺中牟縣令。

29 己亥日，洛陽南宮內殿的罘罳自己壞損。

30 三月，河南尹何苗征討滎陽的反賊，打敗了他們。朝廷封何苗為車騎將軍。

31 夏季四月，涼州刺史耿鄙率部征討金城郡的反賊韓遂，耿鄙被打得大敗。韓遂順勢攻略漢陽郡，漢陽郡太守傅燮戰敗陣亡。扶風人馬騰，漢陽人王國同時舉兵反叛朝廷，侵犯長安周圍的三輔地區。

32 太尉張溫被免官，司徒崔烈被任命為太尉。五月，司空許相被任命為司徒。光祿勳沛國人丁宮被擢升為司空。

33 六月，洛陽有百姓產一男嬰，兩個頭共一個身軀。

34 漁陽郡人張純與同郡人張舉聯合興兵反抗朝廷，攻敗並斬殺了右北平太守劉政、遼東郡太守楊終、護烏桓校尉公綦稠等。張舉自稱天子，侵犯幽州和冀州。

35 秋季九月丁酉日，下令讓全國在押的囚犯罪尚未判決的，可交納細絹贖罪。

36 冬季十月，零陵郡人觀鵠自己號稱「平天將軍」，率眾寇略桂陽郡，長沙郡太守孫堅擊敗觀鵠並斬殺他。

37 十一月，太尉崔烈被罷官，大司農曹嵩升任為太尉。

38 十二月，匈奴的休屠各胡叛變。

39 本年，朝廷出賣關內侯爵位，暫允許佩帶金印和紫綬，可把爵位傳給子孫，凡購買者交錢五百萬。

1 五年春正月，休屠各胡寇西河❶，殺郡守邢紀。

2 丁酉，大赦天下。

3 二月，有星孛于紫宮❷。

4 黃巾餘賊郭太等起於西河白波谷，寇太原、河東。

5 三月，休屠各胡攻殺并州刺史張懿，遂與南匈奴左部胡合，殺其單于。

6 夏四月，汝南葛陂❸黃巾攻沒郡縣。

7 太尉曹嵩罷。五月，永樂少府樊陵為太尉。

8 六月丙寅，大風。

9 太尉樊陵罷。

10 益州黃巾馬相攻殺刺史郤儉，自稱天子，又寇巴郡，殺郡守趙部，益州從事賈龍擊相，斬之。

11 郡國七大水。

12 秋七月，射聲校尉馬日磾為太尉。

13 八月，初置西園八校尉❹。

14 司徒許相罷，司空丁宮為司徒。光祿勳南陽劉弘為司空。衛尉董重為票騎將軍❺。

15 九月，南單于叛，與白波賊寇河東。遣中郎將孟益率騎都尉公孫瓚討漁陽賊張純等。

冬十月，青、徐黃巾復起，寇郡縣。

甲子，帝自稱「無上將軍」，燿兵於平樂觀❻。

十一月，涼州賊王國圍陳倉，右將軍皇甫嵩救之。

遣下軍校尉鮑鴻討葛陂黃巾。

巴郡板楯蠻叛，遣上軍別部司馬趙瑾討平之。

公孫瓚與張純戰於石門❼，大破之。

是歲，改刺史，新置牧。

六年春二月，左將軍皇甫嵩大破王國於陳倉。

三月，幽州牧劉虞購斬漁陽賊張純。

下軍校尉鮑鴻下獄死。

夏四月丙午朔，日有食之。

太尉馬日磾免，幽州牧劉虞為太尉。

丙辰，帝崩于南宮嘉德殿，年三十四。戊午，皇子辯即皇帝位，年十七。尊皇后曰皇太后，太后臨朝。大赦天下，改元為光熹。封皇弟協為渤海王。後將軍袁隗為太傅，與大將軍何進參錄尚書事。上軍校尉蹇碩下獄死❽。五月辛巳，票騎將軍董重下獄死❾。六月辛亥，孝仁皇后董氏❿崩。

29 雨水。

30 秋七月，甘陵王忠薨。

31 庚寅，孝仁皇后歸葬河閒慎陵。

32 徙渤海王協為陳留王。司徒丁宮罷。

33 八月戊辰，中常侍張讓、段珪等殺大將軍何進，於是虎賁中郎將⓫袁術燒東西宮，攻諸宦者。庚午，張讓、段珪等劫少帝及陳留王幸北宮德陽殿。何進部曲將⓬吳匡與車騎將軍何苗戰於朱雀闕下，苗敗斬之。辛未，司隸校尉袁紹勒兵收偽司隸校尉樊陵、河南尹許相及諸閹人，無少長皆斬之。讓、珪等復劫少帝、陳留王走小平津⓭。尚書盧植追讓、珪等，斬數人，其餘投河而死。帝與陳留王協夜步逐熒光⓮行數里，得民家露車⓯，共乘之。

34 辛酉，葬孝靈皇帝于文陵。

35 辛未，還宮。大赦天下，改光熹為昭寧。

36 并州牧董卓殺執金吾丁原。司空劉弘免，董卓自為司空。

37 九月甲戌，董卓廢帝為弘農王。

38 自六月雨，至于是月。

【章　旨】以上記述了靈帝最後兩年的大事、黃巾餘部活動情況，以及他死後京師的亂象。靈帝死後，政局突變，圍繞少帝劉辯，各種勢力進行角逐。袁紹、袁術、董卓等紛紛走向前臺，已開東漢末年群雄割據之先河。

【注　釋】❶西河　漢代郡名。轄十三城，屬并州。故地為今山西西南部臨汾一帶。東漢治所在離石（今山西離石）。❷紫宮　又稱紫微垣，星區名，為人間帝王的象徵。❸汝南葛陂　汝南為漢代豫州所轄郡名。葛陂為其境內地名，故地在今河南新蔡西北。❹初置西園八校尉　最初設置西園官邸的八個校尉：任命小黃門蹇碩為上軍校尉，虎賁中郎將袁紹為中軍校尉，屯騎校尉鮑鴻為下軍校尉，議郎曹操為典軍校尉，趙融為助軍左校衛，馮芳為助軍右校尉，諫議大夫夏牟為左校尉，淳于瓊為右校尉，八個校尉都受蹇碩統領。❺票騎將軍　又作驃騎將軍，是僅次於大將軍而高於車騎將軍的帶兵將領。❻平樂觀　在京師洛陽上西門以外的宮殿臺觀。故址在今河南洛陽東白馬寺一帶。❼石門　山名。在今遼寧朝陽西北。❽蹇碩下獄死　李賢注：「時蹇碩謀欲立渤海王協，發覺。」都是靈帝之子，立劉辯便是正統，立其弟劉協便要被處死，皇位爭奪，殘酷血腥。❾董重下獄死　董重是靈帝劉宏之母孝仁董皇后兄長之子，靈帝去世，與何皇后之兄何進發生權勢衝突，故下獄而死。❿孝仁皇后董氏　東漢桓帝之后，靈帝之母。⓫虎賁中郎將　統領皇帝的警衛部隊虎賁軍的武官之一，主宿衛侍從。虎賁，言勇猛如猛虎之奔。⓬部曲將　為統兵將領將軍的屬官，「其領軍皆有部曲，大將軍營五部，部校尉一人，比二千石……部下有曲，曲有軍侯一人。」⓭小平津　古渡名。故址在今河南孟津東北黃河岸邊。⓮熒光　螢火之光。⓯露車　無蓋、無帷的敞車。

【語　譯】中平五年春季正月，匈奴的休屠各胡侵犯西河郡，殺死郡守邢紀。

2 丁酉日，大赦天下。

3 二月，天帝所居之中垣紫宮星座中有彗星出現。

4 黃巾軍的餘部郭太等又在西河郡白波谷起兵，侵擾劫掠太原郡與河東郡。

5 三月，休屠各胡攻擊並斬殺并州刺史張懿，於是同南匈奴左部的胡人聯合，殺死其單于。

6 夏季四月，汝南郡葛陂的黃巾軍，攻打並占領郡縣。

7 太尉曹嵩被罷官。五月，任命永樂宮少府樊陵為太尉。

8 六月丙寅日，大風成災。

9 太尉樊陵任職方一月被罷官。

10 益州的黃巾軍餘部馬相攻殺州刺史郗儉，馬相自稱天子，又進攻巴郡，殺死郡守趙部。益州從事賈龍率兵攻擊馬相，斬殺了他。

11 有七個郡和封國發大水。

12 秋季七月，任命射聲校尉馬日磾為太尉。

13 八月，開始設置西園八個校尉官。

14 司徒許相被罷官，司空丁宮被任命為司徒。光祿勳南陽人劉弘為司空。朝廷封衛尉董重為驃騎將軍。

15 九月，早已降漢的南匈奴單于叛漢，與白波谷的黃巾軍聯合侵擾河東郡。朝廷派中郎將孟益率騎都尉公孫瓚征討漁陽郡的反賊張純一伙。

16 十月，青州、徐州已被鎮壓的黃巾軍重又起兵，攻打當地郡縣。

17 甲子日，皇帝劉宏自稱「無上將軍」，在平樂觀檢閱軍隊，展示軍事力量。

18 十一月，涼州變民王國率眾圍攻陳倉。右將軍皇甫嵩前去援救。

19 朝廷派下軍校尉鮑鴻率兵征討汝南葛陂的黃巾軍。

20 巴郡的板楯蠻反叛，朝廷派上軍別部司馬趙瑾前往征討並平定叛亂。

21 公孫瓚與漁陽叛軍張純大戰於石門山，大勝張純。

22 這一年，改州部長官刺史為州牧。

23 中平六年春季二月，左將軍皇甫嵩在陳倉大舉攻破王國的叛亂部眾。

24 三月，幽州牧劉虞懸賞買到漁陽叛民首領張純的人頭。

25 下軍校尉鮑鴻被捕入獄後處死。

26 夏季四月丙午日是本月初一，日蝕。

27 太尉馬日磾被免官，幽州牧劉虞被任命為太尉。

28 丙辰日，皇帝劉宏在洛陽南宮嘉德殿去世，年三十四歲。戊午日，靈帝與何皇后生的兒子劉辯即皇帝位，年十七歲。尊何皇后為皇太后，何太后臨朝執政。大赦天下，改年號為光熹。封皇弟、靈帝與王美人生的兒子劉協為渤海王。任命後將軍袁隗為太傅，與大將軍何進共同掌管宮廷機要事務。上軍校尉蹇碩因與何進爭立不同皇子被捕下獄處死。五月辛巳日，驃騎將軍董重被何進逮捕，下獄處死。六月辛亥日，孝仁皇后董氏去世。

29 大雨成災。

30 秋季七月，甘陵王劉忠去世。

31 庚寅日，把劉宏母親孝仁皇后董氏的靈柩歸葬於冀州河閒封國的慎陵墓園。

32 改渤海王劉協為陳留王。司徒丁宮被罷官。

33 八月戊辰日，中常侍張讓、段珪等計殺大將軍何進，於是虎賁中郎將袁術火燒東西宮，攻擊那些宦官。庚午日，張讓、段珪等劫持脅迫少帝劉辯和陳留王劉協移駕到北宮德陽殿。何進的下屬部曲將吳匡與車騎將軍何苗大戰於朱雀門的闕樓之下，何苗戰敗被殺。辛未日，司隸校尉袁紹布置指揮軍隊收繫太監任命的不合御制的司隸校尉樊陵、河南尹許相以及眾多的太監，不分老幼統統斬首。張讓和段珪等宦官又劫持少帝劉辯、陳留王劉協逃跑到洛陽北邊的黃河渡口小平津。尚書盧植追捕張讓、段珪等，斬殺數人，其餘宦者投入黃河淹死。少帝劉辯與他的弟弟陳留王劉協在黑夜中藉著螢火蟲的微光走了好幾里，找到一輛百姓家用沒篷的平板車，才一同乘車回到洛陽。

34 辛酉日，把孝靈皇帝劉宏安葬在文陵。

35 辛未日，少帝回到皇宮。大赦天下，改年號光熹為昭寧。

36 并州牧董卓殺掉執金吾丁原。司空劉弘被免職，董卓自己任為司空。

37 九月甲戌日，大權獨攬的董卓宣布廢掉劉辯的皇帝稱號，改稱弘農王。

38 自六月起下雨，一直下到這個月。

論曰：秦本紀說趙高譎二世，指鹿為馬❶，而趙忠、張讓亦紿靈帝不得登高臨觀❷，故知亡敝者同其致矣。然則靈帝之為靈也優哉❸！

贊曰：靈帝負乘，委體宦孽❹。徵亡備兆，小雅盡缺❺。麋鹿霜露，遂棲宮衛❻。

【章旨】以上是史家對靈帝劉宏的一生功過是非所作的評論。

【注釋】❶指鹿為馬　見《史記‧秦始皇本紀》：「八月己亥，趙高欲為亂，恐群臣不聽，乃先設驗，持鹿獻於二世，曰：『馬也。』二世笑曰：『丞相誤邪？謂鹿為馬。』問左右，左右或默，或言馬以阿順趙高。或言鹿，高因陰中諸言鹿者以法。後群臣皆畏高。」❷而趙忠張讓亦紿靈帝句　見本書卷七十八〈宦者列傳‧張讓傳〉：「宦者得志，無所憚畏，并起第宅，擬則宮室。帝因登永安侯臺，宦官恐其望見居處，乃使中大人尚但諫曰：『天子不當登高，登高則百姓虛散。』自是不敢復升臺榭。」❸然則靈帝句　據〈謚法〉「亂而不損曰靈」，劉宏在位，社稷動亂卻沒有覆亡，比起秦二世的江山動亂而國脈終止還算略勝一籌，所以他當得起這「亂而不損」的謚號。❹靈帝負乘二句　靈帝以小人的材質而乘君子之器，把國家和自己交給宦官去處理。負乘，比喻小人居於君子之位。《易》：「負且乘，致寇至。」負，背負；以背載物。指小人之事。乘，登；乘車騎馬。指君子之器。委體宦孽，靈帝時寵信宦官張讓、趙忠等十二人，「皆為中常侍，封侯貴寵，父兄子弟布列州郡，所在貪殘，為人蠹害」，「帝常云：『張常侍是我公，趙常侍是我母。』」見本書卷七十八。❺小雅盡缺　〈小雅〉是《詩》中重要的組成部分之一，是周王朝京師近畿的詩歌，大部分用於貴族宴會，小部分指責當時政治的得失或抒發民間的怨憤。《詩・小雅》：「〈小雅〉廢，則四夷交侵，中國微矣。」缺，即廢之意。❻麋鹿霜露二句　意為江山易主，社稷滅亡，宗廟毀圮，宮殿丘墟，野生動物棲於宮衛也。《史記・吳太伯世家》載：伍子胥諫吳王，吳王不聽，子胥曰：「臣今見麋鹿遊於姑蘇之臺，宮中生荊棘，露沾衣也。」此處言劉宏為政貪亂，任寄不得其人，不久即在獻帝朝大權旁移，國都遷播，洛陽成丘墟，麋鹿棲於宮衛了。

【語　譯】史家評論說：〈秦始皇本紀〉記載說，趙高欺詐二世胡亥，把鹿硬說成是馬，而權閹趙忠、張讓也欺騙靈帝劉宏不要登上高臺向皇宮外眺望，由此可知，國家將要破亡的情形是毫無二致的。但是靈帝在位時，東漢尚未敗亡，這與秦二世相比，劉宏的諡號按「亂而不損曰靈」來定，還算勝出一籌呢！

史官評議說：靈帝以小人之資質掌國家之重器，把大政和己身委託給宦豎殘孽。亡國之徵兆全部呈現，正如《詩・小雅》所描繪的殘破景象。政毀家亡，洛陽很快就要變為丘墟成為野獸棲息之地了。

【研　析】讀完本卷，我們可以了解諸葛亮為何在〈出師表〉中將「桓、靈」並提，原來劉志和劉宏竟有那麼多相似之處：

㈠二人都是由宗室旁支繼承皇位，都是由外戚扶上臺的。劉志是梁太后與其兄大將軍梁冀「定策禁中」，劉宏是竇太后與父城門校尉竇武「定策禁中」，他們上臺時都還是從小生活在封國少不更事的少年，劉志十五歲，劉宏十二歲。這更便於擁立他們的外戚控制朝政。他們的在位時間分別是二十一年和二十二年，都死於正當中年應該大有作為的時候（三十六歲和三十四歲）。

㈡他們在位期間沒有留下值得後人肯定的業績，除〈熹平石經〉尚被今人稱道外，桓、靈二朝人們常說的總是那些負面的讓人扼腕痛惜的事件：黨錮之禍，五侯專權，十常侍行奸，外戚把持朝政，宦官迫害忠良等等，如果說他們上臺時尚身不由己，但成人以後亦以荒淫享樂為最高目的。桓帝後宮美女數千，一生三換皇后；靈帝著商人服，逗狗駕驢為樂。如此當政，社稷何堪！

㈢二人都忠奸不分，寵幸佞臣和權閹，正直忠良受迫害，奸邪小人逞兇殘，這怎不惹得天怒人怨？古人迷信，把社會上的怪異事件和自然現象當作天象示警，固不足信；但地震、海嘯、水旱蟲災等應是如實記錄，兩朝皆頻頻發生，這主要是用人不當、管理不善，「人禍」也就發展成「天災」了。

㈣兩朝都有人吃人慘象的記錄，這便是「盜賊」蠭起的根本原因。人生的首要條件是一要生存二要溫飽，當這最基本的需求不能滿足時便會鋌而走險，冒死抗爭。這便是在全國各地接連不斷地有變民舉事，攻擊離他們最近、迫害他們最凶的州郡官吏的直接原因，也便會理解，張角等人一下子就能發動起八個郡三十六方數十萬人參加具有如此浩大聲勢的暴動，即使主力被鎮壓之後好幾年，仍有人高舉「黃巾」的旗號，可見這一事件在歷史變革中影響之深遠。

㈤桓、靈兩朝「外患」依然不斷，但並未對東漢王朝形成致命的威脅，倒是早已歸服中原的南匈奴休屠各部復叛，表明漢後期對境內外少數民族政策的失誤，仍是「親小人，遠賢臣」這錯誤的用人路線的惡果。

㈥這種路線在對內的影響，便是頻繁地更換高級官員，似乎對誰都信不過。立過大功的武將，直言敢諫的文臣，只要不合宦官的意，便會受到訐誣，動輒「下獄死」，這種自毀干城的愚蠢行徑，在桓、靈朝幾乎是相同的。

東漢末年戰亂頻仍，武人爭權，社會動亂，百姓受難，血腥屠戮的慘劇在本卷結尾前已露端倪，更悲慘更混亂的局面將在獻帝朝展現。（趙芳遠注譯）

卷九

孝獻帝紀第九

【題解】本卷是東漢獻帝劉協的傳記。他九歲登基，四十歲「禪讓」，在位三十一年；退位後當「山陽公」十四年，五十四歲時去世。從稱帝時間及在世年紀看，在漢代，甚至在中國兩千多年的封建歷史上，他都算不上是短命皇帝。然而本卷中關於他本人甚至當時朝廷的活動記載，著實太少，太簡單了。這是因為：劉協不是一個名副其實的皇帝，他只是一個任人擺布受人驅使的傀儡。董卓、李傕一夥，曹操諸人，只是把他當作號令天下、擴展個人勢力的工具。他在位前期，擁護劉氏的保皇派們，還有不少人為維護皇統獻出了生命，而後期，連此類事件也不見了。各種軍事集團間的爭鬥、兼併，強弱形勢漸趨明朗，三國鼎足之勢逐步形成，劉家皇帝的地位已不重要了，故記之甚略。而在這簡略的記述中，我們也能看出社會之動盪，百姓之苦難和王室之衰微，從而了解那段慘痛的歷史。

1 孝獻皇帝諱協❶，靈帝中子也。母王美人，為何皇后所害。中平六年❷四月，少帝❸即位，封帝為勃海王，徙封陳留王。

九月甲戌，即皇帝位，年九歲。遷皇太后於永安宮。大赦天下。改昭寧為永漢。丙子，董卓❹殺皇太后何氏。

初令侍中❺、給事黃門侍郎❻員各六人。賜公卿❼以下至黃門侍郎家一人為郎❽，以補宦官所領諸署❾，侍於殿上。

乙酉，以太尉❿劉虞為大司馬⓫。董卓自為太尉，加鈇鉞、虎賁⓬。丙戌，太中大夫⓭楊彪為司空⓮。甲午，豫州⓯牧黃琬為司徒⓰。

遣使弔祠故太傅⓱陳蕃、大將軍⓲竇武等。冬十月乙巳，葬靈思皇后⓳。

白波賊寇河東⓴，董卓遣其將牛輔擊之。

十一月癸酉，董卓自為相國㉑。十二月戊戌，司徒黃琬為太尉，司空楊彪為司徒，光祿勳㉒荀爽為司空。

省扶風都尉，置漢安都護㉓。

詔除光熹、昭寧、永漢三號，還復中平六年。

【章　旨】以上交代獻帝的身世及初即位幾個月內大事，主要是幾項官吏的任免及吏制的改變。「董卓自為太尉」、「董卓自為相國」，此種明目張膽專橫霸道的情景，在歷史上並不多見，側面反映出朝廷的黯弱及史家的不滿。

【注　釋】❶孝獻皇帝諱協　〈謚法〉：「聰明睿智曰獻。」《帝王記》：「協之字曰合。」❷中平六年　西元一八九年。中平，東漢靈帝年號，西元一八四—一八九年。❸少帝　指漢靈帝劉宏之長子劉辯，即劉協之兄，即位數月後，被董卓廢為弘農王。❹董卓　東漢隴西臨洮（今甘肅岷縣）人，字仲穎。本為涼州豪強，後擁兵自強，把持朝政，殘暴專橫，權傾一時，後為王允、呂布所殺。本書卷七十二有傳。❺侍中　秦始置官名，漢代沿置，為自列侯以下至郎中的加官，無定員。侍從皇帝左右，出入宮廷。初僅伺應雜事，由於接近皇帝，地位漸形貴重。❻給事黃門侍郎　省稱為黃門侍郎。黃門本義指黃色的宮門，亦即禁門黃闥。漢代設有黃門官，給事於黃門之內，稱黃門郎。東漢時併給事中與黃門侍郎為一官，稱給事黃門侍郎，出入禁中，省尚書事。❼公卿　古代的高級官員。漢代設三公九卿，為政府部門的最高職位。東漢時三公指太尉、司徒、司空，又稱三司或三事。九卿指太常、光祿勳、衛尉、太僕、廷尉、大鴻臚、宗正、大司農、少府。❽郎　古代帝王侍從官的通稱。郎，古廊字。指宮殿的廊。郎官的職責原為護衛陪從，隨時建議，以備顧問和差遣。秦漢時有議郎、中郎、侍郎、郎中等名，初屬郎中令（後改光祿勳）。至東漢時，以尚書臺為政務中樞，其分曹任事者為尚書郎，職責範圍與過去的專職陪從護衛有所不同。❾宦官所領諸署　靈帝熹平四年（西元一七五年），「改平準為中準，使宦者為令，列於內署。自是諸署悉以閹人為丞、令。」現令士人代領諸署丞、令，以替代閹人。❿太尉　東漢時三公之一，掌四方兵事功課，歲盡即奏其殿最而行賞罰。曾稱「大司馬」，為全國的軍政首腦。⓫大司馬　漢武帝時罷太尉置大司馬，東漢初改為太尉，東漢末又別置大司馬，為上公，位在三公之上。⓬鈇鉞虎賁　鈇即斧，鉞為大斧。斧鉞本為兩種兵器，也泛指刑罰、殺戮。此處指專殺之權。虎賁，又作「虎奔」。言如猛虎之奔走，喻其勇猛。周代設虎賁氏，掌王出入儀衛之事。漢代設虎賁郎，置中郎將，主宿衛。⓭太中大夫　屬光祿勳之中上級官員，一般掌議論之職。⓮司空　東漢時三公之一，掌水土事。也曾稱司工，主要管國家營造工程，水利建設，修墳造陵之事。⓯豫州　東漢之豫州，轄潁川、汝南兩郡及梁國、沛國、陳國、魯國四個封國，共有縣、邑、公、侯國九十九個。治所在譙縣（今安徽亳州）。⓰司徒　東漢時三公之一，掌民事，「凡教民孝悌、遜順、謙儉、養生送死之事，則議其制、建其度。凡四方民事功課，歲盡則奏其殿最而行賞罰。……凡國有大疑之事，與太尉同。」⓱太傅　古代為三公之一，周始置，職務是「傅相天子」。西漢時高后元年置太傅，位次於太師，後省。東漢每一帝即位，必置太傅，錄尚書事參與中樞機要，位在三公之上。⓲大將軍　古代武官名稱，是實際帶兵的最高指揮官，相當於現代的總司令。其地位在三公之上，常由貴戚充任。⓳靈思皇后　漢靈帝之皇后，姓何，劉辯的生母。⓴白波賊句　黃巾軍餘部郭泰等起事於西河白波谷，故被漢廷稱為白波賊。河東，東漢郡名。屬司隸校尉部，轄二十城。故地為今河南西北部與山西西南部相鄰接的地區。㉑相

國　即丞相或宰相的另一種名稱。丞相始置於戰國時，為百官之長，輔佐皇帝綜理全國政務。西漢時，丞相與太尉、御史大夫合稱三公。西漢末改為大司徒。東漢末又稱丞相或相國。㉒光祿勳　又曾稱郎中令。是皇帝左右親近的高級官職，所屬有大夫、郎、謁者、期門、羽林宿衛官等，主要職掌為守衛宮殿門戶。㉓省扶風都尉二句　扶風即右扶風，是長安附近的一個行政區劃名稱，三輔之一，故地在今陝西西安西興平一帶。都尉為專管某一任務的帶兵將領。當時因羌人屢屢侵擾三輔地區，故裁去此官，設漢安都護，職權範圍擴大，統領西方的防衛武裝力量。

【語譯】孝獻皇帝的名字叫劉協，是漢靈帝劉宏的中子。他的生母王美人，是被皇后何氏害死的。中平六年四月，少帝劉辯繼承其父劉宏的皇帝位，封劉協為勃海國國王，不久又改封為陳留國國王。

2 當年九月甲戌日，劉協即皇帝位，年齡為九歲。董卓強令皇太后何氏由太后常住的永樂宮遷往永安宮。宣布大赦天下。把上個月剛剛改的年號昭寧又改為永漢。丙子日，董卓毒死皇太后何氏。

3 朝廷開始令本無定員編制的侍中、給事黃門侍郎等內廷官員定員為每種六人。恩賜允許三公九卿以下的官員人家至黃門侍郎每家出一人充任郎官，來補充原由宦官擔任的內廷各署的丞、令，在宮殿內侍奉皇帝。

4 乙酉日，任命太尉劉虞為大司馬。董卓自己充任太尉，讓皇帝允許他加上表示具有殺伐大權和威勢的斧鉞儀仗以及用虎賁勇士擔當警衛。丙戌日，任命太中大夫楊彪擔當司空之職。甲午日，提升豫州牧黃琬為司徒。

5 朝廷派遣專使去慰問祭弔已故的太傅陳蕃、大將軍竇武等。冬季，十月乙巳日，安葬靈帝之皇后靈思皇后。

6 黃巾餘黨白波部侵擾河東郡一帶，董卓派他的部將牛輔去攻擊他們。

7 十一月癸酉日，董卓封自己為相國。十二月戊戌日，司徒黃琬被任命為太尉，司空楊彪被任命為司徒，光祿勳荀爽被擢升為司空。

8 撤銷扶風都尉，設置漢安都護。

9 朝廷下詔，廢除本年三次頒改的光熹、昭寧、永漢三個年號，仍舊恢復中平六年的年號。

1 初平❶元年春正月，山東❷州郡起兵以討董卓。

2 辛亥，大赦天下。

3 癸酉❸，董卓殺弘農王。

4 白波賊寇東郡❹。

5 二月乙亥，太尉黃琬、司徒楊彪免。

6 庚辰，董卓殺城門校尉❺伍瓊、督軍校尉周珌。以光祿勳趙謙為太尉，太僕❻王允為司徒。

7 丁亥，遷都長安。董卓驅徙京師百姓悉西入關❼，自留屯畢圭苑。

8 壬辰，白虹貫日。

9 三月乙巳，車駕入長安，幸未央宮❽。

10 己酉，董卓焚洛陽宮廟及人家。

11 戊午，董卓殺太傅袁隗、太僕袁基，夷其族❾。

12 夏五月，司空荀爽薨。六月辛丑❿，光祿大夫种拂為司空。

13 大鴻臚⓫韓融、少府⓬陰脩、執金吾⓭胡母班、將作大匠⓮吳脩、越騎校尉王瓌安集關東，後將軍袁術、河內太守王匡各執而殺之，唯韓融獲免。

14 董卓壞五銖錢，更鑄小錢。

15 冬十一月庚戌，鎮星、熒惑、太白合於尾⑮。

16 是歲，有司奏，和、安、順、桓四帝無功德，不宜稱宗，又恭懷、敬隱、恭愍三皇后並非正嫡，不合稱后，皆請除尊號⑯。制曰：「可。」孫堅殺荊州刺史王叡，又殺南陽太守張咨。

17 二年春正月辛丑，大赦天下。

18 二月丁丑，董卓自為太師⑰。

19 袁術遣將孫堅與董卓將胡軫戰於陽人⑱，軫軍大敗。董卓遂發掘洛陽諸帝陵。夏四月，董卓入長安。

20 六月丙戌，地震。

21 秋七月，司空种拂免，光祿大夫濟南淳于嘉為司空。太尉趙謙罷，太常⑲馬日磾為太尉。

22 九月，蚩尤旗見于角、亢⑳。

23 冬十月壬戌，董卓殺衛尉張溫。

24 十一月，青州㉑黃巾寇太山㉒，太山太守應劭擊破之。黃巾轉寇勃海㉓，公孫瓚與戰於東光[24]，復大破之。

25 是歲，長沙有人死經月復活。

26 三年春正月丁丑[25]，大赦天下。

27 袁術遣將孫堅攻劉表於襄陽，堅戰歿。

28 袁紹及公孫瓚戰于界橋[26]，瓚軍大敗。

29 夏四月辛巳，誅董卓，夷三族。司徒王允錄尚書事[27]，總朝政，遣使者張种撫慰山東。

30 青州黃巾擊殺兗州刺史劉岱於東平。東郡太守曹操大破黃巾於壽張[28]，降之。

31 五月丁酉，大赦天下。

32 丁未，征西將軍皇甫嵩為車騎將軍。

33 董卓部曲將李傕、郭汜、樊稠、張濟等反，攻京師。六月戊午，陷長安城，太常种拂、太僕魯旭、大鴻臚周奐、城門校尉崔烈、越騎校尉王頎並戰歿，吏民死者萬餘人。李傕等並自為將軍。

34 己未，大赦天下。

35 李傕殺司隸校尉黃琬，甲子，殺司徒王允，皆滅其族。丙子，前將軍趙謙為司徒。

36 秋七月庚子，太尉馬日磾為太傅，錄尚書事。八月，遣日磾及太僕趙岐，持節慰撫天下。車騎將軍皇甫嵩為太尉。司徒趙謙罷。

37 九月，李傕自為車騎將軍，郭汜後將軍，樊稠右將軍，張濟鎮東將軍。濟出屯弘農㉙。

38 甲申，司空淳于嘉為司徒，光祿大夫㉚楊彪為司空，並錄尚書事。

39 冬十二月，太尉皇甫嵩免。光祿大夫周忠為太尉，參錄尚書事。

【章旨】以上記述董卓專權，亂施殺戮，強迫獻帝劉協遷都長安，「發掘洛陽諸帝陵」等罪惡。司徒王允誅董卓，主持朝政。董卓部曲李傕等人又攻陷京師，大亂朝政。

【注釋】❶初平　東漢獻帝劉協年號，西元一九〇—一九三年。❷山東　秦漢時指崤山以東。崤山，又作殽山，一名嶔崟山。在今河南洛寧北，西北接陝縣界，東接澠池界。崤山和函谷關，是古代中原地區進入關中的門戶，位置十分衝要。❸癸酉　正月壬寅朔，無癸酉日。癸酉是二月三日。❹東郡　漢代郡名，轄十五城，屬兗州刺史部轄，故地當今之河南東北部與山東西部鄰接地區。治所在濮陽（今河南濮陽西南）。❺城門校尉　負責守護京師城門的校尉。校尉是漢代軍職的名稱，地位略次於將軍，常隨其職務冠以不同的名號，如督軍校尉，中壘校尉等。❻太僕　東漢時九卿之一，掌皇帝的御馬與馬政。❼入關　進入函谷關。函谷為秦漢時由西部進入中原的咽喉要地。東自崤山，西至潼津。深險如函，故名函谷。秦時設關城於今河南靈寶南，為秦之東關。漢時移關城於今河南新安東北，二關城相距三百里。董卓驅民入關大體上走的是今之隴海鐵路所過洛陽以西之路線。❽未央宮　西漢初由相國蕭何所經營監造的一座有名的宮殿。遺址在今陝西西安北，為國家明令保護的遺址地。❾董卓殺太傅二句　袁隗是袁紹的叔父，袁基是袁術之舅父，山東諸雄起兵反董卓，以袁紹、袁術兄弟勢力最強，兵多將廣，故董卓殺其戚屬。《獻帝春秋》載：「尺口以上男女五十餘人，皆下獄死。」可為「夷其族」之注。❿六月辛丑　六月己巳朔，無辛丑日。辛丑是七月三日。⓫大鴻臚　漢時九卿之一，漢武帝時由「典客」改稱大鴻臚，原掌接待少數民族等事務，後漸變為贊襄禮儀之官。⓬少府　漢代九卿之一，秦和西漢時掌山海地澤收入和皇室手工業製造，為皇帝的私府。東漢時掌宮中御衣、寶貨、珍膳等事。⓭執金吾　兩漢時為督巡三輔治安的長官，相當今之首都警備司令。金吾為兩端塗金的銅棒，巡行時以手執此以示權威。一說，「吾」音「御」，手執金以禦非常。一說，金吾為鳥名，可避不祥。後二說可供參考。⓮將作大匠　東漢時職掌宮室、宗廟、陵寢及其他土木營建的官員。⓯鎮星句　這裡記錄了一種天文現象。鎮星，土星的別名，也作「填星」。熒惑，火星的別名，因其隱現不定，令人迷惑，故得此名。太白，金星的別名，又叫啟明星，長庚星。尾，星名，二十八宿中東方蒼龍七宿中之第六宿。此句中說：土星、火星、金星都運行到了尾宿的區域內。古人認為這是一種奇特的現象，是上天對當時朝政的一種警示的表現。⓰有司奏六句　主管官員對以前幾位皇帝的尊號及非正式皇后的尊號提出異議，得到了董卓控制下的皇帝劉協的認可。和帝劉肇號穆宗，安帝劉祜號恭宗，順帝劉保號敬宗，桓帝劉志號威宗；和帝尊母梁貴人曰恭懷皇后，安帝尊祖母宋貴人曰敬隱皇后，順帝尊母李氏曰恭愍皇后。⓱太師　西周時始置，原為高級武官，全國軍隊的最高統帥。春秋時，晉楚等國沿用，成為輔弼國君的高官，戰國後廢。漢時又置，與太傅、太保，並稱三公。後世逐步演化成榮譽性的虛銜。此處之太師，當為太傅之上的最高官職。⓲陽人　聚落名稱。陽人聚屬河南郡。故地在今河南臨汝西。⓳太常　漢代九卿之一，掌宗廟禮儀，兼掌選試博士。⓴蚩尤旗句　蚩尤旗是彗星之一種，與彗星類似而尾部後曲，像旗之形。古代認為，此星出現，將有征伐之事。《呂氏春秋》：「其色黃上白下，見則王者征伐四方。」角、亢，是二十八宿東方蒼龍七星中之一、二宿。㉑青州　東漢時全國十三州之一。轄濟南、北海、樂安、齊四個封國和平原、東萊二郡。故地當今山東半島及以西偏北大片區域。治所在臨淄（今山東淄博臨淄北）。㉒太山　又作泰山。我國東部名山，為五嶽之尊。此處指漢代郡名。屬兗州，轄十二城。故地為今山東泰安周圍一帶。治所在奉高（今山東泰安東）。㉓勃海　漢代郡名。屬冀州，轄南皮等八城。故地為今河北滄州部分區域。治所在南皮（今河北南皮東北）。㉔東光　勃海郡所屬縣名。故城在今河北滄州東光境內。㉕正月丁丑　正月庚寅朔，本月無丁丑日。丁丑是二月十八日。㉖界橋　古橋名。遺址在今河北威縣東之古清河上。㉗錄尚書事　總領一切政務大事。錄，總領之意。指當政者獨攬大權，無所不總。西漢初稱領尚書事，東漢自和帝起，每帝即位，輒置太傅，錄尚書事。此後幾朝，凡掌重權的大臣每帶此名號。㉘壽張　漢代縣名。屬兗州轄之東平國。故地為今山東東平西南。㉙弘農　漢代郡名。屬司隸校尉部所轄，下轄九城。故地當今陝西與河南相鄰接的函谷關周圍一帶地區。治所在弘農（今河南靈寶東北黃河南岸）。㉚光祿大夫　屬光祿勳管轄的一類大夫，掌顧問應對，無定員。

【語譯】初平元年，春季正月，崤山以東各州各郡紛紛起兵討伐董卓。

2 辛亥日，大赦天下。

3 癸酉日，董卓毒死十五歲的弘農王劉辯。

4 黃巾軍的白波谷餘部攻打東郡地區。

5 二月乙亥日，太尉黃琬、司徒楊彪被免職。

6 庚辰日，董卓借故處死城門校尉伍瓊、督軍校尉周珌。任命光祿勳趙謙為太尉，太僕王允被提升為司徒。

7 丁亥日，把國都由洛陽遷往關中的長安。董卓令軍士強行驅迫京師洛陽的百姓全部西行，入函谷關，他自己留駐在洛陽城郊的皇家花園畢圭苑。

8 壬辰日，天空出現預示君王遇害的天象徵兆，有道白虹直貫麗日。

9 三月乙巳日，皇帝的車駕進入長安城，皇帝劉協住進未央宮。

10 己酉日，董卓下令焚燒洛陽的宮殿、宗廟和百姓的住宅。

11 戊午日，董卓誅殺太傅袁隗、太僕袁基，並夷滅他們的全部親族。

12 夏季五月，司空荀爽去世。六月辛丑日，光祿大夫种拂升任司空。

13 大鴻臚韓融、少府陰脩、執金吾胡母班、將作大匠吳脩、越騎校尉王瓌等到關東安撫收集西遷時離散的人眾，被反董卓的後將軍袁術、河內郡太守王匡分別擒獲並斬殺，唯獨韓融獲准免死。

14 董卓毀掉五銖錢，改鑄小錢流通。

15 冬季十一月庚戌日，鎮星、熒惑、太白都會合到尾宿星區。

16 這一年，主管官員奏報皇帝，認為和帝、安帝、順帝、桓帝四位皇帝，既無卓越的功勳，又無崇高的德行，不應當被稱為「宗」；又，恭懷、敬隱、恭愍三位皇后，生前並非皇帝的正室，不是嫡位，不應當稱「后」，請朝廷全部廢除他們和她們的尊號。制書批復說：「可行。」孫堅殺死了荊州刺史王叡，又殺死南陽郡太守張咨。

17 初平二年春季正月辛丑日，大赦天下。

18 二月丁丑日，董卓封自己為太師。

19 袁術派遣部將孫堅與董卓的部將胡軫在河南郡境內的陽人聚大戰，把胡軫軍隊打得大敗。董卓於是派人挖掘葬於洛陽郊區的已故東漢各皇帝的陵墓。夏季四月，董卓才移往長安。

20 六月丙戌日，地震。

21 秋季七月，司空种拂被免官，光祿大夫濟南郡人淳于嘉被任命為司空。太尉趙謙被罷官，太常馬日磾升任為太尉。

22 九月，一種名叫蚩尤旗的彗星出現在蒼龍之角、亢二宿之間。

23 冬季十月壬戌日，董卓誣陷並棒殺衛尉張溫。

24 十一月，青州的黃巾餘部進攻太山郡，太山郡太守應劭率兵打敗他們。黃巾軍轉向攻打勃海郡，公孫瓚與他們在東光縣境內大戰，又將黃巾軍打敗。

25 這一年，長沙郡有人死去一個月後又復活了。

26 初平三年春季正月丁丑日，大赦天下。

27 袁術派他的將領孫堅攻擊劉表占領下的襄陽城，孫堅戰死。

28 袁紹與公孫瓚大戰於冀州清河封國的界橋，公孫瓚的軍隊被打得大敗。

29 夏季四月辛巳日，王允、呂布等誅殺董卓，滅掉他的父、母、妻三族。司徒王允錄尚書事，總領朝政，派遣專使到崤山以東安撫慰問那裡的軍民。

30 青州的黃巾軍攻擊並斬殺兗州刺史劉岱於東平國境內。東郡太守曹操在壽張縣境內大破黃巾軍，並招降了他們。

31 五月丁酉日，大赦天下。

32 丁未日，征西將軍皇甫嵩被封為車騎將軍。

33 董卓下屬的部曲將領李傕、郭汜、樊稠、張濟等反抗朝廷，攻打京師長安。六月戊午日，攻陷長安城，太常种拂、太僕魯旭、大鴻臚周奐、城門校尉崔烈、越騎校尉王頎等，都在與叛軍作戰時喪生，其餘官吏及百姓在這次變亂中而死的有一萬多人。李傕等叛軍首領都自稱為將軍。

34 己未日，朝廷下令大赦天下。

35 李傕殺死司隸校尉黃琬，甲子日，殺死司徒王允，把黃琬和王允的家族中人斬盡殺絕。丙子日，任命前將軍趙謙為司徒。

36 秋季七月庚子日，任命太尉馬日磾為太傅，錄尚書事。八月，朝廷派遣馬日磾及太僕趙岐，持著朝廷的信物慰問並安撫天下臣民。車騎將軍皇甫嵩被任命為太尉。司徒趙謙被罷官。

37 九月，李傕自封為車騎將軍，郭汜為後將軍，樊稠為右將軍，張濟為鎮東將軍。張濟帶兵出京到弘農郡駐防。

38 甲申日，擢升司空淳于嘉為司徒，提升光祿大夫楊彪為司空，一起參與政樞機要，為錄尚書事。

39 冬季十二月，太尉皇甫嵩被免職。任命光祿大夫周忠為太尉，參與朝政機要決策，為錄尚書事。

1 四年春正月甲寅朔，日有食之。

2 丁卯，大赦天下。

3 三月，袁術殺揚州❶刺史陳溫，據淮南❷。

4 長安宣平城門外屋自壞。

5 夏五月癸酉，無雲而雷。六月，扶風大風，雨雹。華山❸崩裂。

6 太尉周忠免，太僕朱儁為太尉，錄尚書事。

7 下邳❹賊闕宣自稱天子。

8 雨水。遣侍御史❺裴茂訊詔獄❻，原輕繫❼。六月辛丑，天狗❽西北行。

9 九月甲午❾，試儒生四十餘人，上第賜位郎中❿，次太子舍人⓫，下第者罷之。

詔曰：「孔子歎『學之不講』⓬，不講則所識日忘。今耆儒年踰六十，去離本土，營求糧資，不得專業。結童入學，白首空歸，長委農野，永絕榮望，朕甚愍焉。其依科罷者，聽⓭為太子舍人。」

10 冬十月，太學⓮行禮，車駕幸永福城門，臨觀其儀，賜博士以下各有差。

11 辛丑，京師地震。有星孛于天市⓯。

12 司空楊彪免，太常趙溫為司空。

13 公孫瓚殺大司馬劉虞。

14 十二月辛丑，地震。

15 司空趙溫免，乙巳，衛尉張喜為司空。

16 是歲，琅邪王容薨。

17 興平元年春正月辛酉，大赦天下，改元興平。甲子，帝加元服[16]。二月壬午，追尊諡皇妣王氏為靈懷皇后，甲申，改葬于文昭陵。丁亥，帝耕于藉田[17]。

18 三月，韓遂、馬騰與郭汜、樊稠戰於長平觀[18]，遂、騰敗績，左中郎將劉範、前益州刺史种劭戰歿。

19 夏六月丙子，分涼州河西四郡為廱州。

20 丁丑，地震；戊寅，又震。乙巳晦，日有食之，帝避正殿，寢兵[19]，不聽事五日。大蝗。

21 秋七月壬子，太尉朱儁免。戊午，太常楊彪為太尉，錄尚書事。

22 三輔大旱，自四月至于是月。帝避正殿請雨，遣使者洗囚徒[20]，原輕繫。是時穀一斛五十萬，豆麥一斛二十萬，人相食啖，白骨委積。帝使侍御史侯汶出太倉米豆，為飢人作糜粥，經日而死者無降。帝疑賦卹有虛，乃親於御坐前量試作糜，乃知非實，使侍中劉艾出讓有司。於是尚書令以下皆詣省閤謝，奏收侯汶考實。詔曰：「未忍致汶于理，可杖五十。」自是之後，多得全濟。

23 八月，馮翊羌叛，寇屬縣，郭汜、樊稠擊破之。

24 九月，桑復生椹，人得以食。

25 司徒淳于嘉罷。

26 冬十月，長安市門自壞。

27 以衛尉趙溫為司徒，錄尚書事。

28 十二月，分安定、扶風為新平郡。

29 是歲，揚州刺史劉繇與袁術將孫策戰于曲阿，繇軍敗績，孫策遂據江東㉑。太傅馬日磾薨于壽春㉒。

【章旨】以上記述李傕、郭汜等把持朝政，天災頻仍，人互相食。袁術發展其地方勢力，孫策占據江東，軍閥割據已呈初型。

【注釋】❶揚州　漢代「十三刺史部」之一，轄九江、丹陽、廬江、會稽、吳郡、豫章等六郡。故地約相當於今長江下游兩岸江西、安徽、江蘇沿江地帶及浙江北部地區。東漢治所在歷陽（今安徽和縣）。❷淮南　泛指淮水以南之地，大致為今江蘇、安徽兩省長江以北、淮河以南地方。又，漢高帝四年（西元前二〇三年）曾改九江郡為淮南國。後又改為九江郡。故亦指九江郡。❸華山　位於陝西中東部的一座名山，又稱西嶽，同名主峰又名太華山，在華陰山南。海拔一九九七公尺，壁立千仞，為著名的旅遊勝地。❹下邳　屬兗州，封國名，轄十七城。故地為今江蘇北部徐州邳縣一帶。王城在下邳（今江蘇睢寧古邳鎮東）。❺侍御史　秦置官名，兩漢沿置。在御史大夫下，或給事殿中，或舉劾非法，或督察郡縣，或奉使出外執行指定任務。東漢時還曾別置治書侍御史。❻詔獄　奉詔令關押犯人的牢獄。❼原輕繫　寬恕因犯輕罪而被拘押的犯人。原，寬恕；原諒。❽天狗　星名。《史記・天官書》：「天狗，狀如大奔星，有聲，其下止地，類狗。」裴駰《集解》：「星有尾，旁有短彗，下有如狗形者。」❾九月甲午　九月辛亥朔，無甲午日。甲午為八月十四日或十月十五日。❿郎中　戰國時始置官名，秦漢沿之，屬郎中令（後改光祿勳），管理車、騎、門戶，並內充侍衛，外從作戰。是皇帝的警衛官員。⓫太子舍人舍人之名始見於《周禮・地官》，戰國及漢初王公貴官都有舍人，秦漢置太子舍人，屬太子左右親近之官，當時皇后和公主的屬官也有舍人。⑫學之不講　見《論語・述而》：「子曰：『德之不修，學之不講，聞義不能徙，不善不能改，是吾憂也。』」意思是：作為一個人，德行不考究，學問不講求，不復習，聽到合乎道義的事不能跟著去做，自己有了不好的地方，不能立刻悔改，這是我所憂慮的。⑬聽　聽任；聽憑。⑭太學　中國古代的最高學府。⑮天市　星名。《史記・天官書》：「東北曲十二星曰旗，旗中四星曰天市。」⑯元服　頭上著之服，即帽子。此句指皇帝舉行加冠典禮儀式。元，人的頭。⑰藉田　也作「籍田」。古代帝王於春耕前親耕農田，以奉祀宗廟，且寓勸農之意。藉，借也。借民力治之，奉宗廟，勸率天下，故曰藉田。⑱長平觀　長平為阪名（高而平的地塊為阪），上有觀，在池陽宮南，離長安五十里，即後之涇水南原眭城遺址所在地。⑲寢兵　停息干戈。此句指朝廷讓各地暫時中止軍事活動。寢，作止息解。兵，即兵器。⑳洗囚徒　洗雪被誤押的囚徒。即甄別和糾正冤假錯案。洗，洗刷；洗雪壞名聲。㉑江東　長江下游臨近入海那一大段呈西南東北走向的地區。江東即長江以東，也稱江左，泛指今安徽、江蘇南部一帶。㉒壽春　漢揚州九江郡所屬縣名。故地在今安徽壽春境內。

【語　譯】 初平四年，春季正月甲寅日是本月的初一，日蝕。

2 丁卯日，大赦天下。

3 三月，袁術殺掉揚州刺史陳溫，占據了淮南大片地盤。

4 長安城東面北頭的宣平城門有座外屋自己圮壞了。

5 夏季五月癸酉日，天空沒有雲卻打起了雷。六月，長安西邊的扶風郡大風成災，下冰雹。華山發生山崩。

6 太尉周忠被免官，太僕朱儁升任太尉，參與中樞機要，為錄尚書事。

7 下邳國變民首領闕宣自稱天子。

8 下大雨。朝廷派侍御史裴茂審察由詔令而拘押的犯人，釋放罪行較輕的在押囚犯。六月辛丑日，天狗星向西北方向運行。

9 九月甲午日，朝廷考試儒生四十餘人。成績上等的賜給郎中官的職位，其次等的任命為太子舍人，下等的人不給官位。皇帝下詔書說：「孔子慨歎『有些人不講求學問』，不講求、不復習就把所學的知識逐日忘記。

現在老資格的儒士已經年過六十，離開家鄉，謀求吃飯的門路和生活必需品，不能夠專心攻讀研求學問。他們從孩童時入學，到滿頭白髮，兩手空空回鄉，長期委身於農田荒野，永遠斷絕了享受榮華富貴的希望，我內心非常同情可憐他們。那些依照科律條文被罷免的考生，聽任他們去充當太子舍人。」

10 冬季十月，在太學舉行有關禮儀，皇帝的車駕來到永福城門，親自觀看所舉行的儀式，賞賜給博士以下人員各不相等的財物錢帛。

11 辛丑日，京師長安地震。天市星區出現彗星。

12 司空楊彪被免官，太常趙溫升任為司空。

13 公孫瓚誅殺大司馬劉虞。

14 十二月辛丑日，地震。

15 司空趙溫被免官。乙巳日，衛尉張喜被提升為司空。

16 這一年，琅邪王劉容去世。

17 興平元年春季正月辛酉日，大赦天下。改年號為「興平」。甲子日，皇帝劉協行加冠典禮。二月壬午日，劉協追尊他的生母王氏諡號為靈懷皇后。甲申日，將靈懷皇后改葬於她丈夫劉宏的墓園文昭陵。丁亥日，皇帝親自到藉田扶犁耕地。

18 三月，韓遂、馬騰與郭汜、樊稠在長安附近的長平觀大戰，韓遂、馬騰戰敗，協同他們對郭、樊作戰的左中郎將劉範、前益州刺史种劭戰死。

19 夏六月丙子日，把涼州所屬的黃河以西的金城、酒泉、敦煌、張掖四個郡劃出來，另設廱州刺史部管轄。

20 丁丑日，地震。戊寅日，又震。乙巳日是本月最後一天，日蝕。皇帝避離正殿，下詔各地停止軍事行動，五天不處理政務。發生大規模蝗災。

21 秋季七月壬子日，太尉朱儁被免官。戊午日，太常楊彪被提升為太尉，錄尚書事，總領內廷機要。

22 京兆尹及左馮翊、右扶風三輔地區，發生嚴重旱災，自四月到七月未雨。皇帝劉協避離正殿向上天祈雨，派遣使臣巡察，洗雪被屈押的囚徒，寬恕因輕罪被拘押的犯人。當時一斛米穀賣到五十萬錢，一斛豆麥賣價二十萬錢，糧價奇高，發生人吃人的慘象，到處可見拋積的死人屍骨。皇帝讓侍御史侯汶，拿出國家糧倉中的米和豆，熬成稀粥賑濟沒飯吃的挨餓災民，經過數日，餓死的人數並沒有減少。劉協懷疑熬粥賑糧的數目不實，被人剋扣中飽，便親自在御座前監督著量出米豆來試熬糜粥，才知道取出的糧食並未全部用於賑災，情況不實，就令侍中劉艾去責備負責此事的官員。在此情況下，尚書令以下的官員都到宮中謝罪，奏請逮捕侯汶拷問查實。皇帝下詔說：「不忍心把侯汶交給法官審理治罪，可以杖擊五十。」自此之後，災民得到了足額的救濟。

23 八月，左馮翊一帶羌人反叛，攻略該郡屬縣，郭汜、樊稠打敗了他們。

24 九月，桑樹又一次長出了桑椹，人們得以為食。

25 司徒淳于嘉被罷官。

26 冬季十月，長安街市的大門自己壞了。

27 任命衛尉趙溫為司徒，錄尚書事，參與中樞機要。

28 十二月，由安定郡和右扶風郡各分出部分地區，設置新平郡。

29 這一年，揚州刺史劉繇與袁術的部將孫策在曲阿交戰，劉繇軍隊被打敗，孫策就占據了江東。太傅馬日磾在壽春縣去世。

1 二年春正月癸丑，大赦天下。

2 二月乙亥，李傕殺樊稠而與郭汜相攻。三月丙寅，李傕脅帝幸其營，焚宮室。

3 夏四月甲午，立貴人伏氏❶為皇后。

4 丁酉，郭汜攻李傕，矢及御前。是日，李傕移帝幸北塢。

5 大旱。

6 五月壬午，李傕自為大司馬。六月庚午，張濟自陝來和傕、汜。

7 秋七月甲子❷，車駕東歸。郭汜自為車騎將軍，楊定為後將軍，楊奉為興義將軍，董承為安集將軍，並侍送乘輿。張濟為票騎將軍，還屯陝❸。八月甲辰，幸新豐❹。冬十月戊戌，郭汜使其將伍習夜燒所幸學舍，逼脅乘輿。楊定、楊奉與郭汜戰，破之。壬寅，幸華陰❺，露次道南。是夜，有赤氣貫紫宮❻。張濟復反，與李傕、郭汜合。十一月庚午，李傕、郭汜等追乘輿，戰於東澗，王師敗績，殺光祿勳鄧泉、衛尉士孫瑞、廷尉宣播、大長秋❼苗祀、步兵校尉魏桀、侍中朱展、射聲校尉沮儁。壬申，幸曹陽❽，露次田中。楊奉、董承引白波帥胡才、李樂、韓暹及匈奴左賢王❾去卑，率師奉迎，與李傕等戰，破之。十二月庚辰❿，車駕乃進。李傕等復來追戰，王師大敗，殺略宮人，少府田芬、大司農張義等皆戰歿。進幸陝，夜度河。乙亥⓫，幸安邑⓬。

8 是歲，袁紹遣將麴義與公孫瓚戰於鮑丘⓭，瓚軍大敗。

9 建安元年春正月癸酉，郊祀上帝⓮於安邑，大赦天下，改元建安。

10 二月，韓暹攻衛將軍董承。

11 夏六月乙未，幸聞喜⑮。秋七月甲子，車駕至洛陽，幸故中常侍趙忠宅。丁丑，郊祀上帝，大赦天下。己卯，謁太廟。八月辛丑，幸南宮楊安殿。

12 癸卯，安國將軍張楊為大司馬，韓暹為大將軍，楊奉為車騎將軍。

13 是時，宮室燒盡，百官披荊棘，依牆壁間。州郡各擁彊兵，而委輸不至，群僚飢乏，尚書郎以下自出採稆⑯，或飢死牆壁間，或為兵士所殺。

14 辛亥，鎮東將軍曹操自領司隸校尉⑰，錄尚書事。曹操殺侍中臺崇、尚書馮碩等。封衛將軍董承為輔國將軍，伏完等十三人為列侯，贈沮儁為弘農太守。

15 庚申，遷都許⑱。己巳⑲，幸曹操營。

16 九月，太尉楊彪、司空張喜罷。冬十一月丙戌，曹操自為司空，行車騎將軍事，百官總己以聽。

【章　旨】以上記述權將之間，為擴充實力，互相攻殺。皇帝劉協被李傕等劫持。劉協回到洛陽，已無處棲身，群僚或餓死。曹操自董卓、李傕之後，獨攬大權。

【注　釋】❶伏氏　名壽，伏完之女，在后位二十年，被曹操所殺，見本書卷十下。❷七月甲子　七月庚午朔，無甲子日。甲子日當為六月二十五日或八月二十六日。❸陝　陝縣，司隸校尉部所屬弘農郡之縣名。故地當今河南陝縣。❹新豐　漢代司隸校尉部所屬之京兆尹所轄縣名。故地在今陝西西安臨潼境內。❺華陰　華山所在縣，屬弘農郡。故地當今陝西華陰。❻紫宮　星座名，又叫紫微垣，天帝的居室。古人認為，它與地上的皇帝居所對應，故歷代把皇帝居住的禁宮叫紫禁城。❼大長秋　漢代官名。負責宣達皇后的旨意，管理宮中事宜，為皇后的近侍，多由宦官充任。長秋本為漢代皇后所居宮名，其官署稱長秋寺，官員則稱大長秋。秦代曾稱將行。❽曹陽　山澗名。在陝縣西南，俗稱七里澗，向北與黃河相通。❾匈奴左賢王　匈奴是西漢時對漢王朝威脅最大的北方少數民族，後分化為南北兩部，南匈奴歸順漢王朝，移居幽州、并州之代郡、雲中郡一帶；北匈奴被漢將打敗，逃往漠北荒遠之地。此處當指已歸順漢王朝近二百年之南匈奴。左賢王是匈奴王廷中僅次於單于地位的部族首領。❿十二月庚辰　十二月丁酉朔，無庚辰日，庚辰當為十一月十三日。⓫乙亥　十二月丁酉朔，無乙亥日。乙亥當為十一月八日。或此處是己亥，十二月三日。⓬安邑　屬司隸校尉部之河東郡所轄，故地在今山西運城境內。⓭鮑丘水名。在今河北東部唐山所轄縣境內。⓮郊祀上帝　在郊外舉行祭祀天地的儀式。郊祀，古代在野外舉行的祭祀儀式。郊，古指都城百里的地方，泛指城外、野外。這裡專指祭天地的禮儀，郊謂大祀，祀為群祀。與郊祀對稱的尚有廟祀、祠祀，多為祭祖宗或祭聖賢的禮儀。上帝，指上天；天神。⓯聞喜　司隸屬河東郡所轄縣名。故地當今山西曲沃境。⓰稆　又作「穭」。野生的禾。⓱司隸校尉　掌糾察京師百官及所轄附近各郡官員的長官，職權範圍相當於州刺史，但地位重要。東漢時設司隸校尉部，管轄洛陽及長安附近的河南、河內、河東、弘農、京兆、馮翊、扶風等郡軍政要務，拱衛兩京，權位極為重要。⓲許　豫州潁川郡縣名。故地為今河南許昌。⓳己巳　八月甲午朔，無己巳日。己巳應為九月七日。

【語譯】興平二年春季正月癸丑日，大赦天下。

2 二月乙亥日，李傕殺死樊稠，並且與郭汜互相攻殺。三月丙寅日，李傕脅迫皇帝劉協移駕到他所控制的軍隊營壘中，放火焚燒了皇帝原先居住的宮室。

3 夏季四月甲午日，把貴人伏氏立為皇后。

4 丁酉日，郭汜攻打李傕，射出的箭達到皇帝座位面前。當天，李傕劫持皇帝劉協，硬讓他移駕到李傕軍營所在地北塢。

5 大旱成災。

6 五月壬午日，李傕自封為大司馬。六月庚午日，張濟從陝縣來到長安調和李傕和郭汜之間的矛盾。

7 秋季七月甲子日，皇帝離開長安向東方歸去。郭汜自任車騎將軍，楊定為後將軍，楊奉為興義將軍，董承為安集將軍，共同侍奉護送皇帝的車駕。張濟為驃騎將軍，領兵回陝縣駐紮。八月甲辰日，皇帝到達並住在新豐。冬季十月戊戌日，郭汜派他的部將伍習，趁夜間縱火焚燒皇帝所居住的學舍，逼迫威脅皇帝。楊定、楊奉保護皇駕，與郭汜交戰，打敗了他。壬寅日，皇帝到華陰縣，露宿在道路南邊。當天夜裡，見到有道赤色氣流通貫紫微星垣。張濟再次反叛朝廷，與李傕、郭汜勾結到一起。十一月庚午日，李傕、郭汜等帶兵追擊皇帝，在東澗與護衛皇駕的軍隊大戰，護駕王師吃了敗仗，光祿勳鄧泉、衛尉士孫瑞、廷尉宣播、大長秋苗祀、步兵校尉魏桀、侍中朱展、射聲校尉沮儁被斬殺。壬申日，皇帝到曹陽澗一帶，夜晚露宿在田野中。楊奉、董承導引著白波軍將帥胡才、李樂、韓暹及匈奴左賢王去卑，率領軍隊迎接聖駕，與李傕等追兵大戰，打敗了他們。十二月庚辰日，漢獻帝的車駕才能前行。李傕等反叛軍隊又追趕來交戰，護駕的王師大敗，叛軍殺死或搶掠隨行的宮女，少府田芬、大司農張義等都在交戰中亡故。皇帝前行到達陝縣，夜裡渡過黃河。乙亥日，漢獻帝一行到達安邑。

8 這一年，袁紹派遣部將麴義與公孫瓚在鮑丘大戰，公孫瓚的軍隊吃了大敗仗。

9 建安元年春季正月癸酉日，皇帝在安邑郊外舉行祭祀天地的儀式，大赦天下，改紀元年號叫「建安」。

10 二月，白波部首領韓暹攻打衛將軍董承的部隊。

11 夏季六月乙未日，漢獻帝到達聞喜縣。秋季七月甲子日，漢獻帝回到洛陽，住到原為中常侍的趙忠的住宅裡。丁丑日，舉行祭拜天地神靈的郊祀儀式，大赦天下。己卯日，拜謁放有祖宗靈位的太廟。八月辛丑日，皇帝駕幸洛陽南宮的楊安殿。

12 癸卯日，安國將軍張楊被任命為大司馬，韓暹被封為大將軍，楊奉被封為車騎將軍。

13 當時，洛陽的宮殿住室幾乎已全部燒盡，隨行護駕的百官，撥開廢墟上的荊棘雜草，依靠在斷壁殘垣間暫時棲身。各州各郡的首領官員紛紛擁兵自強，擴展自己的地方勢力，而朝廷分派需交納的物資卻不運來，眾多官員饑餓勞乏不堪，尚書郎以下官員都到野外採食野生自長的穀物稆來自救充饑，有的竟餓死在斷牆殘壁間，或被士兵殺死。

14 辛亥日，鎮東將軍曹操自己統領司隸校尉部，總領朝政，參與中樞機要，為錄尚書事。曹操誅殺侍中臺崇、尚書馮碩等大臣。封衛將軍董承為輔國將軍，伏皇后之父伏完等十三人被封為列侯，封贈沮儁為弘農郡太守。

15 庚申日，朝廷決定把國都遷往曹操的根據地豫州潁川郡之許縣。己巳日，皇帝到達曹操的駐軍營地。

16 九月，太尉楊彪、司空張喜被罷官。冬季十一月丙戌日，曹操封自己為司空，代理車騎將軍，百官都要聽從他的指揮和調度。

1 二年春，袁術自稱天子。三月，袁紹自為大將軍。

2 夏五月，蝗。秋九月，漢水❶溢。

3 是歲飢，江淮❷間民相食。袁術殺陳王寵。孫策遣使奉貢。

4 三年夏四月，遣謁者❸裴茂率中郎將段煨討李傕，夷三族。

5 呂布叛。

6 冬十一月，盜殺大司馬張楊。

7 十二月癸酉，曹操擊呂布於徐州，斬之。

8 四年春三月，袁紹攻公孫瓚于易京❹，獲之。

9 衛將軍董承為車騎將軍。

10 夏六月，袁術死。

11 是歲，初置尚書左右僕射。武陵女子死十四日復活。

12 五年春正月，車騎將軍董承、偏將軍王服、越騎校尉种輯受密詔誅曹操，事洩。壬午，曹操殺董承等，夷三族。

13 秋七月，立皇子馮為南陽王。壬午，南陽王馮薨。

14 九月庚午朔，日有食之。詔三公舉至孝二人，九卿、校尉、郡國守相各一人。皆上封事❺，靡有所諱。

15 曹操與袁紹戰於官度❻，紹敗走。

16 冬十月辛亥，有星孛于大梁❼。

17 東海王祗薨。

18 是歲，孫策死，弟權襲其餘業。

19 六年春二月丁卯朔，日有食之。

20 七年夏五月庚戌，袁紹薨。

21 于寘國❽獻馴象。

22 是歲，越巂❾男子化為女子。

【章　旨】以上記述袁術「自稱天子」，袁紹「自為大將軍」，李傕被夷三族。董承等受密詔謀誅曹操，事洩被夷三族。曹操與袁紹大戰於官渡，袁紹敗走。袁術、袁紹先後死，只有曹操與孫權爭雄了。

【注　釋】❶漢水　是長江最大的一條支流，源出陝西寧強北嶓冢山，東南流經陝南，入湖北，一路匯入多條支流，至武漢漢陽入長江。❷江淮　長江和淮河。❸謁者　東漢時屬大長秋領導的官員，掌管傳達等事。❹易京　故地在今河北保定雄縣境內。公孫瓚在北方發動攻戰，屢屢失利，於是在易河畔修建城池打算固守保存實力。其城牆有三重，周長達六里，其內城中築有高臺。❺封事　密封的奏章。古代百官上書皇帝的奏章，如屬機密內容，為防洩露，常用皂囊封緘呈進，故稱封事，也叫封章或封奏。❻官度　又作官渡，以臨官渡水而得名。故地在今河南中牟東北，也稱中牟臺。❼大梁　星次名。二十八宿中西方白虎七宿中間三星，自胃七度至畢十一度為大梁。❽于窴國　漢代西域城國名。故地當今新疆和田境（自敦煌往西到葱嶺東麓的大片區域古稱西域）。窴，又作「闐」。用於地名，簡化作「田」。❾越嶲　漢代郡名，屬益州，轄十四城。本西南夷邛都之地，漢武帝元鼎六年（西元前一一一年）置郡。故地為今四川西昌一帶。

【語　譯】建安二年春天，袁術自稱為皇帝。三月，袁紹封自己為大將軍。

2 夏季五月，發生蝗災。秋季九月，漢水漲溢，氾濫成災。

3 這一年大饑荒，長江下游北岸至淮河流域之間，徐州、揚州一帶，發生人吃人的慘象。袁術殺死陳王劉寵。孫策派使者向漢獻帝敬奉貢品。

4 建安三年夏季四月，朝廷派遣謁者裴茂率中郎將段煨討伐李傕，將其斬殺，並夷滅了他父、母、妻三族。

5 呂布叛變曹操控制下的朝廷。

6 冬季十一月，盜賊殺死了大司馬張楊。

7 十二月癸酉日，曹操攻打徐州，生擒呂布，斬殺了他。

8 建安四年，春季三月，袁紹率軍攻打公孫瓚據守的易京，俘虜並斬殺了他。

9 衛將軍董承被封為車騎將軍。

10 夏季六月，曾自稱皇帝的袁術病死。

11 這一年，開始設置尚書左右僕射官。荊州武陵郡有個女子死去十四天後又復活了。

12 建安五年春季正月，車騎將軍董承、偏將軍王服、越騎校尉种輯，接受皇帝的密詔，策劃誅殺曹操，事情洩露。壬午日，曹操捕殺董承等人，並夷滅他們的三族。

13 秋季七月，皇帝劉協把他的兒子劉馮立為南陽王。壬午日，南陽王劉馮病死。

14 九月庚午日是本月初一，日蝕。朝廷下詔，令太尉、司徒、司空三公，每位舉薦至孝的人兩位，九卿與校尉、郡國的守相各舉薦一位。都要上密封的奏章，不要有所隱瞞、忌諱和顧慮。

15 曹操與袁紹在官度大戰，袁紹戰敗逃走。

16 冬季十月辛亥日，在大梁星次出現彗星。

17 東海王劉祗去世。

18 這一年，孫策中箭死，其弟孫權繼承他沒完成的事業。

19 建安六年春季二月丁卯日是本月初一，日蝕。

20 建安七年，夏季五月庚戌日，袁紹病逝。

21 西域的于闐國給朝廷獻來馴化的大象。

22 本年，越巂郡有個男子變成了女子。

1 八年冬十月己巳❶，公卿初迎冬❷於北郊，總章始復備八佾舞❸。

2 初置司直官❹，督中都官❺。

3 九年秋八月戊寅，曹操大破袁尚，平冀州，自領冀州牧。

4 冬十月，有星孛于東井❻。

5 十二月，賜三公已下金帛各有差。自是三年一賜，以為常制。

6 十年春正月，曹操破袁譚於青州[7]，斬之。

7 夏四月，黑山賊張燕[8]率眾降。

8 秋九月，賜百官尤貧者金帛各有差。

9 十一年春正月，有星孛于北斗[9]。

10 三月，曹操破高幹於并州，獲之。

11 秋七月，武威太守張猛殺雍州刺史邯鄲商。

12 是歲，立故琅邪王容子熙為琅邪王。齊、北海、阜陵、下邳、常山、甘陵、濟北、平原八國皆除[10]。

13 十二年秋八月，曹操大破烏桓於柳城，斬其蹋頓[11]。

14 冬十月辛卯，有星孛于鶉尾[12]。

15 乙巳，黃巾賊殺濟南王贇。

16 十一月，遼東[13]太守公孫康殺袁尚、袁熙。

17 十三年春正月，司徒趙溫免。

18 夏六月，罷三公官，置丞相、御史大夫[14]。癸巳，曹操自為丞相。

19 秋七月，曹操南征劉表。

20 八月丁未，光祿勳郗慮為御史大夫。

21 壬子，曹操殺太中大夫孔融，夷其族。

22 是月，劉表卒，少子琮立，琮以荊州⑮降操。

23 冬十月癸未朔，日有食之。

24 曹操以舟師伐孫權，權將周瑜敗之於烏林、赤壁⑯。

25 十四年冬十月，荊州地震。

26 十五年春二月乙巳朔，日有食之。

27 十六年秋九月庚戌，曹操與韓遂、馬超戰於渭南⑰，遂等大敗，關西⑱平。

28 是歲，趙王赦薨。

【章旨】以上記述曹操戰敗袁紹之子袁尚、袁譚，大破烏桓。征劉表，劉表之子劉琮以荊州降。曹操與周瑜戰於烏林、赤壁，操敗走。曹操又在西北戰勝韓遂、馬超。北部中國已大部屬曹操勢力範圍。

【注釋】❶十月己巳　十月壬午朔，無己巳日。己巳為九月十八日或十一月十九日。❷迎冬　東漢時舉行的迎氣禮儀之一。迎氣是祭迎五帝的禮儀，祈求豐年。在城郊舉行，四方之兆各依其位。中央之兆在未，壇皆三尺。立春之日，天子親率三公、九卿、諸侯、大夫，迎春於東郊，祭青帝、句芒，車服皆青。立夏之日，迎夏於南郊，祭赤帝、祝融，車服皆赤。先立秋十八日，迎黃靈於中兆，祭黃帝、后土，車服皆黃。立秋之日，迎秋於西郊，祭白帝、蓐收，車服皆白。立冬之日，迎冬於北郊，祭黑帝、玄冥，車服皆黑。詳見本書〈祭祀志〉有關內容。❸總章句　總章本為宮室名稱，為明堂之面向西的三間，因為各種禮儀都在這裡舉行而得名，後又作樂官的名稱。八佾舞，是古代天子專用的舞樂。佾是舞列，八佾，即用八八六十四人表演。❹司直官　本由漢武帝元狩五年（西元前一一八年）初置，幫助丞相檢舉不法，位在司隸校尉之上。東漢時改屬司徒，幫助司徒督錄各州郡所舉上奏。建武十一年（西元三五年）裁撤，到本年恢復。❺中都官　漢代對京師各官署的統稱。❻東井　星宿名。二十八宿中之南方朱雀七宿之井宿。❼青州　漢武帝所置「十三刺史部」之一。轄濟南、樂安、北海和齊四個封國及平原、東萊二郡，故地當今之山東半島及其西北內陸地區。❽黑山賊張燕　據《魏志》載：「燕，本姓褚，常山真定人也。黃巾起，燕合聚少年為群盜，萬餘人，博陵人張牛角為主。牛角死，燕代為主，故改姓張。燕剽勇，軍中號曰張飛燕。眾至百萬，號曰黑山賊。」黑山，在今河南浚縣西北，山上巉巖峻壁，石色蒼黑，也稱「墨山」。❾北斗　有兩解：一為在北方天空排列成斗形的七顆亮星，即今稱之為大熊星座的七顆較亮的星，七星的名稱依次是：天樞、天璇、天璣、天權、玉衡、開陽、搖光（或作瑤光）。另一解為：二十八宿中之斗宿，即北方玄武七宿中之首宿，即今之人馬座中的六顆星，作斗形，稱北斗，亦稱南斗。《詩．大東》：「維北有斗，不可以挹酒漿」即指此星。❿齊北海句　八個被撤銷封號的，其中齊、北海、平原屬青州，常山、甘陵（清河）屬冀州，濟北屬兗州，下邳屬徐州，以上七個王國都在北方。阜陵為侯國，屬揚州九江郡，在南方。漢文帝曾封淮南王之子劉安為阜陵侯即在此地，故城在今安徽全椒東南。⓫曹操大破烏桓二句　烏桓是漢代東北方的少數民族之一，本稱東胡，漢初曾被匈奴冒頓所滅，餘類占據烏桓山，因以為號。善騎射，食肉飲酪，逐水草而居。常與北方的鮮卑交並犯漢境，掠財貨。蹋頓是烏桓當時的首領。詳見本書卷九十。柳城，屬幽州遼西郡。故地在今遼寧錦州境。⓬鶉尾　星次名。指翼、軫二宿，古以為楚之分野。「自張十七度，至軫十一度，為鶉尾之次。」即二十八宿中南方朱雀七宿井、鬼、柳、星、張、翼、軫之尾部。⓭遼東　漢代郡名。屬幽州，轄十一城。故地為今遼寧鞍山市周圍一帶。⓮御史大夫　秦及西漢前期的三公之一。地位僅次於丞相，主要職務為監察執法，兼掌重要文書圖籍。西漢成帝時改御史大夫為大司空。⓯荊州　漢武帝所置「十三刺史部」（此時已設雍州，則為十四州）之一。轄南陽、南郡、江夏、零陵、桂陽、武陵、長沙七郡，所屬之縣、邑、侯國一百一十七個。故地當今河南西南、湖北及湖南兩省的大片區域。⓰烏林赤壁　兩個地名，漢代均屬江夏郡。烏林在今湖北嘉魚西，長江北岸，對岸為赤壁山。赤壁為山名，有三處，均在今湖北。此處所指的是在蒲圻，長江南岸，其地石山高聳如長垣，突入江濱，山崖上刻有「赤壁」二字。⓱渭南　渭水之南，指當時京兆尹所轄之新豐縣一帶。⓲關西　指函谷關以西，即今河南三門峽以西，陝西渭河平原及其西邊的大片區域。

【語譯】建安八年冬季十月己巳日，三公九卿等朝廷大員在北郊祭壇開始舉行迎冬的祭神儀式，負責各大典禮的樂官又開始具備帝王用的八佾舞。

2 開始設置負責督察的司直官，用來督察京師各官署官員的政務。

3 建安九年，秋季八月戊寅日，曹操把袁紹的小兒子袁尚打得大敗潰散，平定了冀州地面，曹操自己當該州的最高軍政長官冀州牧。

4 冬季十月，東井星宿區域出現彗星。

5 十二月，朝廷賞賜給三公以下官員各不等量的金錢布帛。從此以後，每三年賞賜一次，定為常規制度。

6 建安十年春季正月，曹操在青州擊敗袁紹的長子袁譚，並斬殺了他。

7 夏季四月，占據黑山反抗官軍的變民首領張燕，率領部眾投降朝廷。

8 秋季九月，朝廷賞賜給百官中特別貧窮的各不等數額的金銀布帛各種財物。

9 建安十一年春季正月，北斗星區域出現彗星。

10 三月，曹操在并州打敗了高幹，並俘獲了他。

11 秋季七月，武威郡太守張猛殺了雍州刺史邯鄲商。

12 這一年，朝廷把已故的琅邪王劉容的兒子劉熙立為琅邪國王。齊國、北海國、阜陵國、下邳國、常山國、甘陵國、濟北國、平原國八個王侯國均被廢除。

13 建安十二年秋季八月，曹操率軍東征烏桓，在柳城將其打敗，斬殺其首領蹋頓。

14 冬季十月辛卯日，在鶉尾星次間出現彗星。

15 乙巳日，黃巾餘部殺死濟南王劉贇。

16 十一月，遼東郡太守公孫康殺掉袁紹的幼子袁尚、次子袁熙。

17 建安十三年，春季正月，司徒趙溫被免官。

18 夏季六月，朝廷罷設太尉、司徒、司空三公之職，設置丞相、御史大夫。癸巳日，曹操任命自己當丞相。

19 秋季七月，曹操率軍南征劉表。

20 八月丁未日，光祿勳郗慮被提升為御史大夫。

21 壬子日，曹操把太中大夫孔融誅殺，並且夷滅了他的家族。

22 這個月，劉表病逝，他的小兒子劉琮立為荊州牧，就以全荊州投降曹操。

23 冬季十月癸未日是本月初一，日蝕。

24 曹操靠戰船利用水軍東下征伐孫權，孫權的將領周瑜在烏林、赤壁把曹操打敗。

25 建安十四年冬季十月，荊州發生地震。

26 建安十五年，春季二月乙巳日是本月初一，日蝕。

27 建安十六年秋季九月庚戌日，曹操與涼州的軍事集團韓遂、馬超部大戰於渭南，韓遂等大敗，關西一帶平定。

28 這一年，趙王劉赦去世。

1 十七年夏五月癸未❶，誅衛尉馬騰，夷三族。

2 六月庚寅晦，日有食之。

3 秋七月，洧水、潁水❷溢。螟。

4 八月，馬超破涼州，殺刺史韋康。

5 九月庚戌，立皇子熙為濟陰王，懿為山陽王，邈為濟北王，敦為東海王❸。

6 冬十二月，星孛于五諸侯❹。

7 十八年春正月庚寅，復禹貢九州❺。

8 夏五月丙申，曹操自立為魏公，加九錫❻。

9 大雨水。

10 徙趙王珪為博陵王。

11 是歲，歲星、鎮星、熒惑俱入太微❼。彭城王和薨。

12 十九年，夏四月，旱。五月，雨水。

13 劉備破劉璋，據益州❽。

14 冬十月，曹操遣將夏侯淵討宋建于枹罕❾，獲之。

15 十一月丁卯，曹操殺皇后伏氏，滅其族及二皇子。

16 二十年春正月甲子，立貴人曹氏為皇后❿。賜天下男子爵，人一級，孝悌、力田⓫二級。賜諸王侯公卿以下穀各有差。

17 秋七月，曹操破漢中⓬，張魯降。

18 二十一年夏四月甲午，曹操自進號魏王。

19 五月己亥朔，日有食之。

20 秋七月，匈奴南單于來朝⓭。

21 是歲，曹操殺琅邪王熙，國除。

22 二十二年夏六月，丞相軍師華歆⑭為御史大夫。

23 冬，有星孛于東北。

24 是歲大疫。

25 二十三年春正月甲子，少府耿紀、丞相司直韋晃起兵誅曹操，不克，夷三族。

26 三月，有星孛于東方⑮。

【章　旨】以上記述曹操自立為魏公，加九錫之禮，繼而又自進為魏王。同時殺獻帝伏皇后，立其女為皇后。劉備占據益州，三分鼎立之勢已見雛型。

【注　釋】❶五月癸未　五月壬辰朔，無癸未日。癸未當是四月二十一日或六月二十二日。❷淯水潁水　兩條河流名稱，都在今河南境內。淯水發源於河南登封東陽城山，東流至新鄭，會溱水後稱做雙洎河，入於賈魯河。潁水，又叫潁河，源出河南登封西南，東南流，經禹州、臨潁、西華、商水，至周口，北合賈魯河，南合沙河，匯入淮河。❸立皇子熙四句　《山陽公載記》：「時許靖在巴郡，聞立諸王，曰：『將欲歙之，必姑張之；將欲奪之，必姑與之。其孟德之謂乎！』」孟德，曹操字。許靖，見《三國志》卷三十八。❹五諸侯　星名。屬井宿，共五星，在東井北。一曰帝師，二曰帝友，三曰三公，四曰博士，五曰太史。由此名稱看來，此星區有被古人視為不祥的掃帚星出現，自然會引起朝廷的不安。❺復禹貢九州　恢復〈禹貢〉中劃分的九州。〈禹貢〉是《尚書・夏書》之篇名，大約成書於周秦之際，篇中把當時中國劃分為九州，記述各區域中的山川分布、交通、物產狀況以及貢賦等級等，保存了我國古代重要的地理資料。當時劃分的九州為：冀、豫、雍、揚、兗、徐、梁、青、荊。漢末建安十八年的九州是：撤銷幽州和并州，其所轄郡國併入冀州；撤銷司隸校尉（二京區域）及涼州，以其郡國併為雍州；撤銷交州，其郡國併入荊州和益州，於是成了兗、豫、青、徐、荊、揚、益、冀、雍九州。益州地域即

〈禹貢〉中的梁州區域，僅此處二者名稱有別。❻九錫　傳說中古代帝王尊禮大臣所給的九種器物，但各書記載的九錫名目及次序有區別。此處獻帝賜給曹操的九錫，據《禮緯・含文嘉》：「一曰車馬，二曰衣服，三曰樂器，四曰朱戶，五曰納陛，六曰虎賁士百人，七曰斧鉞，八曰弓矢，九曰秬鬯。」秬鬯，祭祀時所用的以鬱金草合黑黍釀造的黃色香酒。❼歲星句　歲星即太歲星，木星別名。鎮星又作填星，土星別名。熒惑，火星別名，因其星光閃惑而得名。太微，星垣名，天帝南宮。《史記・天官書》：「南宮朱雀，權，衡。衡，太微，三光之廷。」❽益州　漢代一個大的行政區劃名稱。曾轄我國大西南十二個郡國，一百一十八個縣和道，此時又併入交州部分郡縣，地域當更大一些。故地大約當今四川、雲南及廣西、貴州及越南部分地區。❾枹罕　雍州隴西郡所屬縣名。故地在今甘肅臨夏境內。❿立貴人曹氏句　把曹操的中女貴人曹節立為皇后。此前二年，曹操將三個女兒：曹憲、曹節、曹華，都送進宮中為夫人，次年升為貴人。曹操與皇室聯姻，更提高了他在天下臣民中的地位。詳見本書卷十下。⓫孝悌力田　孝悌，又作孝弟。指孝順父母、友愛兄弟的人。力田，努力耕作的人。這是漢代對最基層的百姓賞給的榮譽稱號。⓬漢中　漢代益州所轄郡名，下轄九城。故地為今陝西南部之漢中一帶。⓭匈奴南單于來朝　此時的南單于為呼廚泉，他來朝後被曹操留於鄴城（今河北臨漳），而遣右賢王去卑歸監其國。⓮丞相軍師華歆　軍師為監察軍務之官，歷代都作為出謀劃策之人，如諸葛亮之於蜀軍。此處說「丞相軍師」，自然是曹操之高級參謀、得力助手。華歆（西元一五六—二三一年），字子魚。東漢平原高唐（今山東高唐）人，官至尚書令。依附曹操，與郗慮一起，同率兵入宮收殺獻帝伏皇后（建安十九年事），為操立一大功，故受提升。《三國志・魏書》卷十三有傳。⓯有星孛于東方　彗星在東方出現。不言星區、星次，是因為天色已亮，眾星皆隱，而只見彗星之故。杜預注《左傳》曾云：「平旦，眾星皆沒，而孛星乃見。」

【語　譯】建安十七年，夏季五月癸未日，曹操誅殺衛尉馬騰，並夷滅他的三族。

2 六月庚寅日是本月最後一天，日蝕。

3 秋季七月，豫州的洧水、潁水泛濫。螟蟲成災。

4 八月，馬騰之子馬超攻破涼州，殺死州刺史韋康。

5 九月庚戌日，曹操把皇帝劉協的兒子劉熙立為濟陰王，劉懿立為山陽王，劉邈立為濟北王，劉敦立為東海王。

6 冬季十二月，彗星出現在五諸侯星區。

7 建安十八年春季正月庚寅日，恢復〈禹貢〉中所載錄的劃分天下為九州的設置。

8 夏季五月丙申日，曹操借皇帝名義封自己為魏公，而且得到「九錫」的優賞。

9 大雨成災。

10 把趙王劉珪改徙為博陵王。

11 這一年，木星、土星、火星都逆行入太微垣。彭城國王劉和去世。

12 建安十九年，夏季四月，天下大旱。五月，才下了些雨。

13 劉備攻破益州刺史劉璋，占據了益州。

14 冬季十月，曹操派他的部將夏侯淵征討宋建，在金城西南之枹罕縣俘虜了他。

15 十一月丁卯日，曹操斬殺獻帝的皇后伏壽，並把其娘家人滿門抄斬，又殺掉伏氏所生的兩位皇子。

16 建安二十年春季正月甲子日，漢獻帝把曹操之女曹節立為皇后。賞賜給天下的男子，每人一級爵位，孝悌和力田，每人賞二級。賜給各位王、列侯、公卿以下的官員各不等量的穀物糧食。

17 秋季七月，曹操攻破漢中郡，張魯投降。

18 建安二十一年，夏季四月甲午日，曹操由魏公自封為「魏王」。

19 五月己亥日是本月初一，日蝕。

20 秋季七月，南匈奴單于呼廚泉來朝見皇帝。

21 這一年，曹操殺死琅邪王劉熙，廢除了他的封國。

22 建安二十二年，夏季六月，曹操任命丞相軍師華歆為御史大夫。

23 冬天，東北方天空出現彗星。

24 當年瘟疫大範圍大規模流行。

25 建安二十三年，春季正月甲子日，少府耿紀、丞相府司直韋晃，聯合起兵誅討曹操，沒有成功，被夷滅父、母、妻三族。

26 三月，東方天空出現彗星。

1 二十四年春二月壬子晦，日有食之。

2 夏五月，劉備取漢中。

3 秋七月庚子❶，劉備自稱漢中王。

4 八月，漢水溢。

5 冬十一月，孫權取荊州。

6 二十五年春正月庚子，魏王曹操薨❷。子丕❸襲位。

7 二月丁未朔，日有食之。

8 三月，改元延康。

9 冬十月乙卯，皇帝遜位，魏王丕稱天子。奉帝為山陽❹公，邑一萬戶，位在諸侯王上，奏事不稱臣，受詔不拜，以天子車服郊祀天地，宗廟、祖、臘❺皆如漢制，都山陽之濁鹿城❻。四皇子封王者，皆降為列侯。

10 明年❼，劉備稱帝于蜀，孫權亦自王於吳，於是天下遂三分矣。

11 魏青龍二年❽三月庚寅，山陽公薨。自遜位至薨，十有四年，年五十四，諡孝獻皇帝。八月壬申，以漢天子禮儀葬于禪陵❾，置園邑令丞。

12 太子早卒，孫康立五十一年，晉太康六年❿薨。子瑾立四年，太康十年薨。子秋立二十年，永嘉⓫中為胡⓬賊所殺，國除。

【章　旨】以上記述曹操去世，其子曹丕繼位，即廢黜獻帝，自立為天子。劉備亦稱帝，孫權自為吳王，於是三國鼎足之勢已成。

【注　釋】❶七月庚子　七月辛亥朔，無庚子日，庚子當為六月二十日或八月二十一日。❷曹操薨　曹操去世時年六十六虛歲（西元一五五—二二〇年），他生前未稱帝號，後被其子追尊為魏武帝。❸丕　曹丕（西元一八七—二二六年），字子桓，曹操次子。他死後諡為魏文帝。以上二人詳見《三國志·魏書》卷一和卷二本紀。（曹操長子曹昂已在征張繡時陣亡。）❹山陽　漢時河內郡縣名，因在太行山之南，故名山陽。故地在今河南修武西北。❺祖臘　兩種祭祀名稱。祖是祭路神，臘是年終祭眾神之名。❻濁鹿城　又名濁城，亦名清陽城。故地在今河南修武東北。❼明年　本年的第二年，即西元二二一年。❽青龍二年　為西元二三四年。青龍，魏明帝曹叡年號，西元二三三—二三七年。❾禪陵　劉協的陵寢名。在濁鹿城西北十里，故址在今河南焦作修武北二十五里。因為獻帝將漢王朝禪讓於魏，故名禪陵。❿太康六年　為西元二八五年。太康，晉武帝司馬炎年號，西元二八〇—二八九年。⓫永嘉　為晉懷帝司馬熾年號，西元三〇七—三一三年。⓬胡　古代對北方少數民族的蔑稱。

【語　譯】建安二十四年，春季二月壬子日是本月最後一天，日蝕。

2 夏季五月，劉備奪取了漢中地區。

3 秋季七月庚子日，劉備自稱為漢中王。

4 八月，漢水泛濫。

5 冬季十一月，孫權奪取了荊州。

6 建安二十五年，春季正月庚子日，魏王曹操病逝。其次子曹丕承襲王爵之位。

7 二月丁未日是本月初一，日蝕。

8 三月，改年號為延康。

9 冬季十月乙卯日，皇帝劉協把帝位讓出，魏王曹丕稱作天子。新皇帝奉劉協為山陽公，食邑一萬戶，地位在其他封國的諸侯王之上，向朝廷上書奏事時不對曹丕稱臣，接受曹丕詔書時不用行跪拜大禮，還可以用天子規格的車馬服飾舉行在郊外祭祀天地的儀式，祭祀祖宗神靈、祭祀路神、歲末祭祀眾神，全都依照漢時制度，不必變更，山陽公以其境內的濁鹿城為其采邑之都。四皇子受封為王的都降級成為列侯。

10 第二年，劉備在蜀地稱皇帝，孫權也在吳地稱王，於是天下成為三分的形勢了。

11 魏青龍二年，三月庚寅日，山陽公劉協去世。從讓帝位到逝世，又過了十四年，終年五十四歲。諡號為「孝獻皇帝」。八月壬申日，魏國朝廷用漢天子的禮制安葬劉協於禪陵，設置祭祀管理陵園的令丞。

12 劉協的太子早年已死，就由他的孫子劉康襲山陽公之位。五十一年後，劉康於晉太康六年去世。劉康之子劉瑾襲位，過了四年，劉瑾於太康十年去世。劉瑾之子劉秋承襲山陽公之位，在位二十年，永嘉年間五胡亂華時，劉秋被入侵的胡人所殺，封國也被廢除了。

論曰：傳稱鼎之為器，雖小而重，故神之所寶，不可奪移❶。至今負而趨者，此亦窮運之歸乎❷！天厭漢德久矣，山陽其何誅焉❸！

贊曰：獻生不辰，身播國屯❹。終我四百，永作虞賓❺。

【章　旨】以上為史家對漢獻帝的評論。同時對漢家天下「四百」國祚之終，無限感慨和同情。

【注　釋】❶傳稱四句　此四句轉引王孫滿言論的大意，謂鼎為國之重器，神靈也視為寶器，不能被隨便搶奪遷移的。重要的是有德者占有之。見《春秋左氏傳．宣公三年》：「定王使王孫滿勞楚子，楚子問鼎之大小輕重焉。對曰：『在德，不在鼎。昔夏之方有德也，遠方圖物，貢金九牧，鑄鼎象物。……桀有昏德，鼎遷于商，載祀六百。商紂暴虐，鼎遷于周。德之休明，雖小，重也。其姦回昏亂，雖大，輕也。』」鼎，本是古代的一種烹飪器，通常為三足兩耳。相傳夏禹收九州之金（銅）鑄成九鼎，遂成傳國之重器，故後世把建立王朝或建都叫「定鼎」。❷至令負而趨者二句　大意是寶鼎雖然至重，但被人背起來小步疾走，這大概是國運窮盡，難以重新振作了。❸天厭漢德二句　上天對失德的漢帝早已不感興趣，想拋棄他已很久了，對劉協有什麼可責備的呢！厭，憎惡；厭倦。誅，責備。漢自和帝之後，政教衰微，奸邪輩出，百姓苦難，災異屢現，故曰「天厭漢德久矣」。❹獻生不辰二句　不辰，生不逢時。辰，時也。播，流蕩遷徙。屯，艱難。《易．屯卦．彖》：「剛柔始交而難生。」後因謂時運艱難為屯難。❺終我四百二句　四百，西漢自高祖元年（西元前二〇六年）至孺子嬰居攝三年（西元八年）為二百十五年。東漢自劉秀建武元年（西元二五年）到劉協建安二十五年（西元二二〇年）為一百九十六年。兩漢首尾共四百一十年。此處言其整數。虞賓，古史稱舜受堯禪，待堯子丹朱以賓禮，因稱丹朱為虞賓。此處喻山陽公劉協為魏之賓客。

【語　譯】史家評論說：書傳中稱說，鼎這種東西，作為一種器物，由於是國家的象徵，雖然形體小，但分量極重，所以神靈也視之為寶，不能輕易奪搶轉移的。至於到了有人背起來小跑而移走的時候，這大概是國運到了盡頭的必然歸宿吧！上天對漢德已經厭倦很久了，雖然皇權的轉移發生在山陽公在位時期，但怎麼能責備他一個人呢！

史官評議說：漢獻帝劉協生不逢時，一輩子也沒有趕上好時候。他本身受挾持自洛陽遷長安、遷許都，多次遷徙，國家也遭遇空前的艱難。在他做皇帝的時候，結束了漢朝劉姓天下四百年的基業。他也像古代唐堯的兒子丹朱做虞舜的賓客那樣，由大漢皇帝的主人地位永遠成了魏國皇帝的客人山陽公。

【研　析】東漢獻帝劉協與後世的明思宗朱由檢和清德宗愛新覺羅載湉一樣，本身都不是荒淫無道和特別昏庸無能的人，然而祖宗開創的基業都是在他們在位時被葬送的。獻帝之前是桓、靈二帝的昏亂，崇禎前是明熹宗的重用宦官，光緒朝是慈禧太后專權，（儘管清亡於宣統時，實則敗於光緒朝。）這都可表明：冰凍三尺非一日之寒。這些「亡國之君」儘管本人想有所作為，而大廈將傾，獨木難支。在多方因素的作用下，他們即使想力挽狂瀾，也是無力回天的。所以，無論是他們祖宗從延續皇統的角度，還是從百姓受苦受難的立場，這些人是不該受到嚴切責備的。（崇禎稍有例外，他是能行施最高權力的。）

本卷名為〈孝獻帝紀〉，但記錄獻帝本人的活動並不多。沒有他的祖先們戰爭時期的殺伐征戰，和平時期的政令改革，甚至連面對天災人禍的罪己詔書和派專使慰問都極少見。唯一能展示他個人品德和性格的，是初平四年考試儒生安排職位時，他對年老儒生表示同情的那番話，很有人情味，表現了少年皇帝的善良和寬厚。至於興平元年他對剋扣救濟糧事件的親自調查和從寬處理，也表明了他並不昏庸的仁慈胸懷。這也許對貪官會有所縱容，卻是他親政時期的唯一亮點。其餘年分，連這點活動也不見了。

獻帝在位三十一年，他九歲登基，受董卓控制；董卓被殺，他又受李傕、郭汜等人劫持；建安時期，他由青年到中年，正是該大有作為的時候，他又受到曹操的挾持。他的一生，雖名為至尊，真不知實際上有多少個人自由。他不能保護皇后伏氏不死，又不能拒絕曹操的女兒稱「后」。他的精神世界能有多少快樂可言！四十歲時被迫讓位去當「山陽公」，恐怕連「樂不思蜀」的劉禪都比不上。這真是一位倒霉皇帝，經歷了悲劇的一生。

獻帝朝天災人禍依然頻頻發生，軍閥混戰，三遷國都，連皇帝都露宿道旁，官員都饑餓而死，可以想像到普通百姓過著怎樣的生活。

本卷中前部分記軍閥間的鬥殺和攻戰，極少記朝廷中的活動；建安以後，活動更少，甚至有三年（建安六年、十四年、十五年）只記天象和災變，無一句人事活動。我以為：這些都是史家的曲筆，表明了劉協已完全失去自主權，他難以有所作為，完全成了被人忽視、聽人擺布的傀儡。（趙芳遠注譯）

◎新譯燕丹子

曹海東／注譯　李振興／校閱

《燕丹子》是我國現存較早的一部古代文言歷史小說，記述戰國時期，燕太子丹派遣荊軻行刺秦王的故事。在敘事記言、狀物寫景、議論抒情以至塑造人物形象、表現人物性格等方面，顯示了高超的技巧，在我國小說發展史上占有相當重要的地位。本書以白話注釋、翻譯，讓讀者越過文字障礙，領略這段可歌可泣的歷史故事。

國家圖書館出版品預行編目資料

新譯後漢書(一)紀㈠／魏連科等注譯.－－初版二刷.
－－臺北市：三民，2024
面；　公分.－－(古籍今注新譯叢書)

ISBN 978-957-14-5781-9（平裝）
1.後漢書 2.注釋

622.201　　102005832

古籍今注新譯叢書

新譯後漢書(一)紀㈠

注譯者	魏連科等
創辦人	劉振強
發行人	劉仲傑
出版者	三民書局股份有限公司(成立於1953年)

三民網路書店
https://www.sanmin.com.tw

地址	臺北市復興北路386號　(復北門市)　(02)2500-6600 臺北市重慶南路一段61號(重南門市)　(02)2361-7511
出版日期	初版一刷2013年6月 初版二刷2024年4月
書籍編號	S033730
ISBN	978-957-14-5781-9